贝尔塔和利奥·维纳,大约 1900 年。

诺伯特·维纳,大约 1896 年。维纳两岁,此时他已经学会了字母表。

幼年维纳,摄于位于哈佛广场旁的希利厄德街的家门口,大约 1900 年。

"世上最了不起的男孩儿",7 岁,1901 年。

诺伯特·维纳博士学位照，18岁，1913年。

列兵维纳（右一）和第21新兵连战友在一起，阿伯丁试验场，1918年10月。

维纳和同事(不在照片里)以及妻子在瑞士阿尔卑斯山登山,1925年。

维纳和麻省理工学院物理学家马克斯·玻恩在一起,1925年。

维纳和妻子玛格丽特、女儿芭芭拉(左)及佩吉在一起,1931年。

维纳和女儿们在新罕布什尔,大约1933年。

苏黎世国际数学大会期间,维纳和同事扮演小丑拍照,1932年。

维纳和妻子玛格丽特在中国清华大学,1936年。

维纳在麻省理工学院漫步,20 世纪 40 年代。

维纳和同事罗森布鲁斯在墨西哥城国家心脏病研究所,1945 年。

刚来麻省理工学院不久的沃尔特·皮茨,1943年。

沃尔特·皮茨(左)和奥利弗·塞尔弗里奇在路上,1946年。

沃伦·麦卡洛克和鲁克·麦卡洛克在康涅狄格州莱姆镇的自家农场，1944年。

沃伦·麦卡洛克（左）和杰里·雷特文在莱姆镇野炊，1947年。

玛格丽特·米德和格雷戈里·贝特森,第二次世界大战前夕。

沃尔特·皮茨和沃伦·麦卡洛克在苏格兰,1953年,一年前他们和维纳分道扬镳。

梅西基金会会议文献汇编编辑冯·弗尔斯特,大约1950年。

维纳和电子研究实验室副主任杰尔姆·威斯纳（中）、李郁荣在麻省理工学院电子研究实验室，身边是自相关器，1949年。

总工程师朱利安·比奇洛（左），项目主任赫尔曼·戈德斯坦，高级研究员、主任罗伯特·奥本海默以及冯·诺依曼在普林斯顿高级研究院（IAS）计算机揭幕仪式上，1952年6月。

李郁荣（左）、阿马尔·博斯和维纳在麻省理工学院，1957年。

维纳在麻省理工学院做讲座，1957年。

维纳,麻省理工学院官方肖像,20世纪50年代。

沃伦·麦卡洛克,大约1960年。

维纳的朋友斯瓦米·萨尔瓦加塔南达大师,他属于麻省理工学院牧师办公室和波士顿罗摩克里希那·吠檀多学会。

维纳在印度参加传统庆典仪式，1956年2月。

维纳、玛格丽特、佩吉（中）、芭芭拉以及芭芭拉的丈夫雷兹贝克，1960年。

维纳（左）在莫斯科第一届国际控制与自动化大会上，1960 年夏。

退休晚宴上，维纳和麻省理工学院校长朱利叶斯·A. 斯特拉顿（左）、信息理论家香农在一起，1960 年春。

维纳和外孙迈克尔·诺伯特·雷兹贝克在新罕布什尔，20 世纪 50 年代。

维纳在白宫接受美国总统林登·B. 约翰逊颁发的国家科学奖，图中还有总统科学顾问杰尔姆·威斯纳（左）和其他获奖者，包括贝尔实验室工程师约翰·R. 皮尔斯、范内瓦·布什、生物学家范尼尔和物理学家路易斯·W. 阿尔瓦雷茨，1964 年 1 月 13 日。

梅西基金会的弗里蒙特－史密斯（左）、中央情报局苏联科学和技术分析师约翰·J. 福特与沃伦·麦卡洛克在美国控制论研讨会上，1968 年。

维纳传

信息时代的隐秘英雄

[美]弗洛·康韦　[美]吉姆·西格尔曼_著

张国庆_译

图书在版编目（CIP）数据

维纳传：信息时代的隐秘英雄/(美)弗洛·康韦,
(美)吉姆·西格尔曼著；张国庆译. -- 北京：中信出
版社, 2021.8
书名原文: Dark Hero of the Information Age: In Search of Norbert Wiener, The Father of Cybernetics
ISBN 978-7-5217-2919-1

Ⅰ.①维… Ⅱ.①弗… ②吉… ③张… Ⅲ.①诺伯特·维纳—传记 Ⅳ.①K837.126.11

中国版本图书馆CIP数据核字（2021）第048327号

Dark Hero of the Information Age
Copyright ©2009 by Flo Conway & Jim Siegelman
This edition published by arrangement with Basic Books, an imprint of Perseus Books, LLC., a subsidiary of Hachette Book Group, Inc., New York, USA.
Simplified Chinese translation copyright ©2021 by CITIC Press Corporation
ALL RIGHTS RESERVED
本书仅限中国大陆地区发行销售

维纳传——信息时代的隐秘英雄

著　者：［美］弗洛·康韦　　［美］吉姆·西格尔曼
译　者：张国庆
出版发行：中信出版集团股份有限公司
　　　　（北京市朝阳区惠新东街甲4号富盛大厦2座　邮编 100029）
承　印　者：北京诚信伟业印刷有限公司

开　本：880mm×1230mm　1/32　　印　张：17.5
插　页：8　　　　　　　　　　　　字　数：432千字
版　次：2021年8月第1版　　　　　印　次：2021年8月第1次印刷
京权图字：01-2020-0369
书　号：ISBN 978-7-5217-2919-1
定　价：88.00元

版权所有·侵权必究
如有印刷、装订问题，本公司负责调换。
服务热线：400-600-8099
投稿邮箱：author@citicpub.com

谨以此书献给我们的父亲
罗伯特·帕特里克·康韦和伦纳德·西格尔曼

现在的时间与过去的时间

两者也许存在于未来之中

而未来的时间却包含在过去里……

脚步声在记忆中回响

沿着我们没有走过的那条走廊

朝着我们从未开过的那扇门进入玫瑰园。

我的话就这样在你的心中回响

然而为何

——艾略特《烧毁的诺顿》

目录

推荐序
时代的叛徒，未来的使者　　　　　　III

序 言
过去，现在　　　XV

第一部分　大象的孩子　001
　　　一　世界上最不寻常的男孩儿　003
　　　二　青年维纳　038
　　　三　天才青年和教授夫人　062
　　　四　弱电流，轻型计算机　082
　　　五　维纳行走（一）　107
　　　六　一门科学的诞生　134

第二部分　控制论　167
　　　七　循环因果的骑士　169
　　　八　梅西会议早餐　198
　　　九　大变革：控制论　220
　　　十　维纳行走（二）　250
　　　十一　决裂和背叛　273

第三部分 后果   **303**

十二 一位科学家造反了 305

十三 政府反应 327

十四 维纳行走（三） 349

十五 向大象的孩子致敬——常怀求知之心 381

十六 前尘隔海，童年不再 404

后记 乘风破浪，涅槃永生   **439**

致谢 455

注释 461

参考书目 506

索引 519

推荐序

时代的叛徒，未来的使者

2018年6月中旬，我应邀赴斯德哥尔摩参加瑞典皇家理工学院的一次博士论文答辩。答辩开始之前，我问参会的其他教授："维纳死在哪里？"没想到，来自欧美五国的五位同事和当地的教授不但不知道，有的还反问："Who is Norbert Wiener?"（谁是诺伯特·维纳？）原来，这里没人知道控制论之父——鼎鼎大名的诺伯特·维纳教授，更不知道他就死在这座校园里。

次日，顺利完成答辩的新科博士帮我找到了维纳的去世地点：1964年3月18日下午，"就在那长长的台阶之上，他的心脏停止了跳动，呼吸也随之停止"。我正诧异，这台阶分明只是宽而已，其实一点儿也不长，难道后来改建了？正想问，蓝天白云之下，忽然一阵大风袭来，我急忙转身并扣住自己的帽子，结果动作太急，墨镜落地。当我站稳睁开眼睛，只觉得一团烈火向我扑来，原来是办公楼前的一簇簇红花。这一切，这么快又这么短，让我一时头晕目眩、不知所措，脑中竟奇怪地闪现出维纳生前的自我评价：他就是盗火给人类而牺牲自己的普罗米修斯，把机器的"自动智能"新技术带给了人类，却担心人类屈从于机器,放弃选择和控制的权利,内心总是充满了"悲剧感","觉得自己是一个会给人类带来灾难的先知"。

2018年6月,由金峻臣博士抓拍于维纳猝死之地。

其实,纵观维纳的一生,悲剧是其褪不掉的底色。维纳猝死之后,他的批评者说,其瑞典之行是"觊觎诺贝尔奖"的一次游说之旅;但支持者则反驳道,维纳访问瑞典就是为了传播控制论,而不是去游说诺贝尔奖委员会的。他们都忘了或者根本就不知道,维纳的工作曾经直接帮助四人获得了三个诺贝尔奖:玻恩(获得1954年物理学奖)、海森堡(获得1932年物理学奖)、沃森和克里克(获得1962年生理学或医学奖)。他们在获奖时或者获奖前都曾公开承认维纳对他们的研究工作做出了重大贡献。1925年,玻恩曾亲赴麻省理工学院,直接和维纳合作。他需要依靠维纳的帮助，来调和摇摇欲坠的原子粒子模型与突如其来的波函数之间的关系。尽管两人合作发表的论文奠定了量子力学的基础，但玻恩承认他没有完全理解维纳的计算方法，也"几乎没有接受"维纳的波函数理论的核心概念。然而，数年后，玻恩因"对波函数的统计阐释"获得了诺贝尔奖，他曾公开承认维纳是"卓越的合作者"。1927 年，玻恩的学生海森堡运用维纳"几年前……在哥廷根介绍过"的谐波分析方法推导出了著名的不确定性原理，并因此获得诺贝尔奖。按照维纳自己的说法，他 10 岁时完成的第一篇哲学论文《无知理论》就讨论了所有知识的不完整性，这成了他终生坚持的理念，而海森堡的不确定性原理不过是这一理论的一个具体体现而已。1951 年，年轻的沃森来到剑桥大学，此时，维纳的控制论在英国的影响达到高潮，这使沃森和克里克产生了利用控制论分析 DNA（脱氧核糖核酸）分子结构的想法。1953 年，他们给《自然》杂志写信，提出"控制论将在细菌层面的研究领域发挥重要作用"的推断。几周后，他们公布了 DNA 的分子结构与模型，并因此获得诺贝尔奖。克里克随后正式提出"信息是生物系统的一项基本属性"的观点，清晰地揭示了生命的新奥秘，但其运用的模式和"10 年前维纳提出的模式惊人地相似"。面对这些诺贝尔奖，无人知道维纳内心的真实感受，他是否认为自己也应该获得诺贝尔奖呢？世人不得而知。可以确定的一点是，维纳觉得世人没有给他应得的赞扬，这是他患上狂躁抑郁性精神病的重要原因之一，维纳终生受其所害。

正如维纳女儿所说："我父亲永远要求得到大量的称赞和安慰，他在处于情感混乱时需要得到更多。"然而，维纳在这一方面不但"供需严重失衡"，而且陷入了个人生活的泥潭。这位 20 世纪的第一位少年天才、美国首批媒体的宠儿和明星，在遭遇两位心上人的"断然拒绝"之后，不得不与父母安排，但其内心一直拒绝的女友结婚。婚后，这位教授夫人尽管在生活上给予了维纳精心照料，但是她的主要心思花在了如何控制维纳的情感和"朋友圈"方面，成了家里"控制控制论大师的大师"，在社交圈里赢得了"名誉教授"的称号：维纳一高兴，就想着如何让他"抑郁"，使他便于控制；一旦看到维纳与自己不喜欢的人太亲密，便想方设法进行破环，甚至不惜拿女儿的贞洁名誉作为"核武器"，诬告维纳学术上的关键同事，设局让维纳的"不止一个"学生"诱奸"其女儿。这不仅是维纳个人与家庭的悲剧，更改变了人工智能发展的历史进程。许多年后，人们才知道，这便是令人不解的控制论"金三角"（维纳、麦卡洛克、皮茨）分道扬镳的神秘原因。

我在美国学习与工作时，有幸结识了一批犹太裔学者和朋友，他们告诉了我许多与维纳相关的故事和传说。特别是那些来自东欧的朋友，描述了很多关于20世纪70年代之前，美国学界有种族歧视倾向的白人和犹太裔学者之间的冲突与纠葛，维纳及其控制论就是这些故事中最精彩的篇章。记得《维纳传：信息时代的隐秘英雄》英文原版一出，同系的犹太裔同事鲁斯就兴冲冲地拿着他买的书来办公室找我，让我一定读一下："终于有人给维纳伸张正义了！"这本书深深地吸引了我，但当时没时间细读。10年后，我有幸获得维纳奖，于是又托在美国的学生专门为我买了一本寄回国。此后我进行了细读并做了大量笔记，这让我对维纳本人和他所处的时代及相关技术的发展有了更加深刻的认识。2015年10月，在香港IEEE SMC（系统、人、控制论）学会年会上，我做了维纳奖讲座的学术报告，核心之一就是平行智能控制与"维纳运动"及其学术之道，报告引用了《维纳传》中"维纳行走"三部曲的大量史料。我还一度安排学生专门做这一方面的科学史与科学哲学的研究工作，但终因内容不符合理工科的学位要求而作罢,这也是我积极参与并推动重新设立中国科学院哲学研究所的主要原因之一。

这是一本传记,但更是一部传奇,因为它不但揭示了现代智能科技的源头与发展过程,真实地叙述了人类社会及其时代对技术进步的向往与恐惧,更重要的是,本书通过描写一批科技领军人物的探索与努力,直指人心的深处与远处。我相信每一位读者都有自己欣赏本书的独特角度,找到自己希望了解的东西。在此,我罗列了三个问题,以飨读者。这三个问题在相关学术界广泛流传,但与所谓的科学"正史"相悖,却与本书有着千丝万缕的关联,可供大家在阅读时思考。

现代计算机的先驱?

众所周知,今天我们看到的计算机都是基于所谓的"冯·诺伊曼体系结构"设计制造的,但其真名应该是"维纳–冯·诺伊曼体系结构"还是"冯·诺伊曼体系结构"?维纳从20世纪20年代初就开始进行现代计算机的研究,早于目前已知的绝大多数现代计算机先驱。他于1925年秋与麻省理工学院工程系的新秀、第二次世界大战时的美国军事科研领袖布什进行了合作。布什在战后以《科学:无尽的前沿》一书而闻名于世。布什不但承认维纳的方法具有相当大的应用价值,并在他的成名专著中对维纳的方法进行过介绍。1936年,维纳曾来中国清华大学任教,同他的第一个博士毕业生李郁荣教授一起提出了离散计算机的设想,并安排清华大学向麻省理工学院购买相应设备器件,希望进行实验,可惜因种种原因被时任麻省理工学院院长的布什否定。美国参加第二次世界大战后,维纳于1940年再次向布什提出现代计算机设计的"五项原则",但依然没有得到回应。冯·诺伊曼最初参加控制论梅西会议的主要目的就是了解维纳关于计算机设计的构想,这让维纳十分兴奋,产生了把冯·诺伊曼从普林斯顿大学"挖"到麻省理工学院做数学系主任的想法,并立即付诸行动。为此,维纳于1944年底将美国研究电子计算和相关技术领域的顶级数学家,以及人工神经元网络计算的主要理论专家召集起来,与冯·诺伊曼在普林斯顿大学开了为期两天的会。后来,还把他在这一方面最得力的助手介绍给冯·诺伊曼,推进相关工作。终于在1945年6月底,他们正式提出了今天被称为"冯·诺伊曼体系结构"的现代计算机体系结构。按照冯·诺伊曼自己的描述,其计算机是第一台"将维纳提交给布什的五项原则整合为一的机器"。

这就是美国军方和学界有人认为,"冯·诺伊曼体系结构"的真名应该是"维纳–冯·诺伊曼体系结构"的原因。然而,计算机界人士没有此种看法。实际上,这在1947年于哈佛大学举行的世界上第一个重要的计算机大会上就已注定了。那一年,哈佛大学物理学家、哈佛 Mark 计算机的发明者霍华德·艾肯在完成 Mark II 之际,召开了一次自动计算机会议。欧美157名大学代表、103名政府代表、75名产业代表参会。但大会期望的主角维纳却因为计算机与"制导导弹项目太紧密",在最后时刻拒绝参加,这件事不但让组织者艾肯愤怒,更使媒体在关注后对其进行大肆宣扬。维纳被迫在私下声明:"我放弃所有计算机相关的研究。"此外,他公开宣布:"我不再从事和美国政府有关联的任何研究工作。"维纳此后成了资助艾肯研究的海军情报机构的监视对象,后来成了陆军、空军情报机构的监视对象,并受到联邦调查局长达17年的严密监视,直到去世。这样的后果导致当时的计算机研究人员,包括人工智能的研究人员,争先恐后与维纳保持安全距离，除了担心研究经费受影响，他们更担心自己受到政府军方情报部门的骚扰。

现代信息论的先驱？

现代信息论之父是香农还是维纳？这可能是最让维纳伤心与悲愤的问题。维纳自其学术生涯之始，就萌生了现代通信与信息论的思想，一直把自己视为信息时代的"先驱和引路人"。第二次世界大战期间，他像帮助自己的学生一样，毫无保留地帮助已经毕业但不断来麻省理工学院找他答疑的香农，特别是关于熵的研究，但最后却拒绝再见香农，因为他觉得香农是来"挖他脑浆"的。最让维纳恼火的是，他关于现代通信与信息论最核心的研究和成果，被香农的上司（一位数学家）束之高阁，划为"绝密"材料归档，而且轻蔑地将其称为"黄祸"，只有极少数人才可以看到。更可气的是，香农与他的这位上司抢在维纳之前发表了著名的《通信的数学理论》，成为现代通信和信息论的奠基之作。而维纳因为签署了保密条约，迟迟无法发表自己的成果。这也是至今还有人为他愤愤不平，认为维纳才是真正的信息论之父的原因。有人认为香农的熵只是把维纳的熵改了正负号重新解释，这相当于没改，香农主要是靠重新解释和转述他人的成果而出名，从布尔代数到维纳的信息论都是如此。香农也承认自己的"新数学理论的一些中心观点要归功于维纳"，而且"明确地说，通信理论的提出，在很大程度上要归功于维纳的基本哲学和理论"。香农晚年否认了"'信息论'这个词是由他创造的"，他的夫人进一步解释道："'这件事'让香农烦恼过好几次，但到那时，他也无法控制了。"在相当大的程度上，维纳就是因为信息论这个词被人占用而发明了"控制论"

一词，维纳试图挽回局面。而且，里面除了通信、信息，还添加了智能这一研究领域，但却少了控制这一研究领域。

我的同事鲁斯在哈佛大学与麻省理工学院取得了文学学士和工程博士学位，他告诉我，维纳认为，在信息论方面自己是被牺牲的"先驱"。这件事的根源在于哈佛大学数学系一帮传统白人精英对他的"迫害"：先是让维纳失去了在哈佛大学数学系任教的机会，他失业并陷入困境后险些自杀；维纳来到麻省理工学院数学系之后，哈佛大学数学专业权威还逼他放弃自己开创的研究方向，以确保其在普林斯顿大学的学生没有竞争对手，他还顺手堵死了维纳去普林斯顿大学的路。更让维纳气不过的是，在他事业将要"起飞"的时刻，这些人竟然"追杀"到欧洲，挑拨他的好朋友与其反目，突然取消承诺给他的在哥本哈根大学的教职，幸亏英国剑桥大学的朋友救急，否则维纳将再一次陷入困境。正是哈佛大学数学系对他的这类"打压"，使隔壁的麻省理工学院也开始效仿，导致身边人肆意掠夺其学术成果。维纳与哈佛大学数学系之间纠缠不清的复杂关系也成了后人的谈资。

主流人工智能领域的叛徒？

人工智能的英文原名是否就是"Cybernetics"（控制论）？维纳对人工智能的起步与发展到底做出了多大的贡献？这是一个极其复杂但又十分有趣的问题。我无法回答，但我知道，维纳自己也不知道他做出了多大贡献。维纳的思路与方法，直到今天才发挥作用，并将在未来的类脑智能、类人智能和社会智能研究中发挥更加重要的作用。实际上，将 Cybernetics 译成"控制论"的学者自己也认为这个词应该译成"机械大脑论"，选择"控制"而非"机械大脑"有当时的政治原因。说维纳是主流人工智能领域的"叛徒",是因为他背弃了自己从业初期以逻辑分析开路的主流逻辑智能道路,回到少年时代以动物生理研究和计算手段研究人工智能的初心。在他的理念赢得一大批人,特别是青年学者的支持后,他的"循环因果论"又引起了学者的重视。麦卡洛克和皮茨因此坚信,大脑的神经元网络连接就是头尾相连的生物。他们于1943年提出"人工神经元"计算模型,开辟了计算智能和认知科学的新时代。然而维纳却又一次"背叛"了自己的追随者,在毫无警示的情况下与麦卡洛克和皮茨等人决裂,致使"金三角"分道扬镳。这就是人工智能史上无人愿意提及的一段黑暗历史。这次决裂不但断送了麦卡洛克和皮茨当时一片光明的学术前途,还导致年轻的皮茨长期借酒浇愁,最后因急性酒精中毒而英年早逝。皮茨"深爱着维纳,维纳给了他从未感受过的父爱。失去维纳,他就失去了生活的意义"。这使皮茨的一生以悲剧结束,更使刚刚起步的计算智能研究陷于困境,导致相关研究的有志之士,特别是青年学者纷纷离开维纳。

"离维纳的控制论越远越好",这就是当时提出"人工智能"一词的青年人麦卡锡的想法,他曾在"控制论"和"自动机"两个词之间犹豫不决,最后选择了"人工智能"一词。麦卡锡1948年在加州理工大学读书时因听冯·诺依曼讲维纳的认知和控制论而萌生了研究智能计算的想法,后来他表示:"人工智能本应叫控制论,或智能自动化。"这正是20世纪40年代末到60年代初流行的"自动智能""自动计算"思想。

就人工智能而言,正如维纳的学生与同事,相当程度上也是他的敌对者的威斯纳承认的那样:"称他为催化剂式的人物还不足以描述他扮演的角色。"他的另一个学生,也是维纳学术核心圈最年轻的成员塞尔弗里奇，是人工智能发展历史中的一个关键人物，其设计的程序 Pandemonian 开启了模式识别和机器自学习的研究序幕。塞尔弗里奇后来与麦卡锡一同组织了 1956 年召开的第一次人工智能研讨会，紧接着他又在麻省理工学院组织举办了第一次认知科学研讨会，他显然没有完全背叛维纳的理念与方法。可惜，没有维纳的参与，面对新生的人工智能，作为源头的控制论很快就在"较量中败下阵来，不仅没有得到资金的支持，还失去了自己的地盘"。但"维纳的科学在科技新时代更广阔的领域赢得了人心"。深度学习和 AlphaGo（阿尔法狗）的成功，在相当程度上证明了维纳的远见，更重要的是，证明了维纳的认识对未来智能的影响：一、"信息的传播极大提高了人类感觉的阈值……整个世界都被纳入人类的感知范围"；二、为了避免智能技术"给人类带来负面影响，唯一的答案在于建造这样一个社会，它的基础是人类价值，而不是买卖"。

第二次世界大战之后，维纳陆续做出了一些令人震惊的举动："粗暴地辞去院士的头衔"；称美国科学院的学者们是"一帮自私、不负责任的人"；公开写信登报，在会议杂志上声明与美国军方、大公司、政府断绝关系，不再为他们从事科研工作；甚至还从麻省理工学院的"数学系辞职过 50 次"……但在维纳生命的最后时刻，他的家庭迎来了一个"巨大的喜讯"：维纳被肯尼迪政府授予美国科学界的最高荣誉"美国国家科学奖"，"这枚奖章象征着国家对他在战时以及和平时期对科学做出的卓越贡献的认可和感谢"。与他共同获奖的是他的老对手以及老朋友：皮尔斯和布什。皮尔斯是香农和布什的上司。在谁是真正的信息论开创者这个问题上，皮尔斯出于一己私利，支持香农而非维纳。在获奖时，维纳"眼睛里反射出绚烂的光芒"，其实他"气色不佳、脸色苍白，十分憔悴"。此时，他担心夫人的病情，忧心大女儿因"金三角"事件依然不理家人，她甚至连电话都不接……获奖仪式结束后，他就接受了荷兰中央大脑研究所的聘书，启程赴欧。一个多月后，维纳猝死在斯德哥尔摩。

读《维纳传》，最让我感动的是维纳对弱者的同情和尊重：他与自己的第一位博士生李郁荣的关系，与李郁荣的第一位博士生，印度人博斯（创立了著名的 Bose 音响公司）的关系，与他同强势的白人精英的关系形成了鲜明对比，而且，维纳"对各个国家的古老文化传统都满怀敬意"。在当时，他认为强大的日本"太势利"，而选择来中国任教。或许，这与他自己的身世和所受的磨难相关，但无论如何，这都令人敬佩。1949 年末，当雄视天下的波音公司来信向他寻求技术支持时，他把回信公开发表在《大西洋月刊》上，还用了一个具有挑衅意味的标题"一位科学家造反了"。维纳呼吁从事科研的科学家不参加战后国家间新的军事装备竞赛，因为研究成果"可能落入不负责任的军国主义者手里，用来做害人的事情"。但当贫穷的印度政府希望维纳赴印指导，把印度建成"自动化生产巨头"时，他立即答应。维纳赶赴印度，进行相应的调研活动，并发表"印度的未来：论建设自动化工厂的重要性"的演讲，获得圆满成功。他帮助印度政府制定的发展纲要，成了印度科技发展的一个重要拐点。维纳的梦想是培养一批"体制外的科技工作者"，这一设想对当时印度未来的发展十分有价值。30 多年前，我实验室的印度同事曾告诉我："印度信息产业和软件外包企业之所以如此发达，就是由于维纳在 20 世纪 50 年代播下了种子。"

有人认为，维纳的魅力来自大自然的某种魔力，他的思想神秘、深邃、沧桑，难以描述，却"能唤醒我们沉睡已久的思想与感官""越过栅栏看见远方的路"。同事和朋友在他身边工作时，常有"整个人仿佛得到了升华""猛然有种豁然开朗的感觉，这种感觉真是太不可思议了""只要和维纳交谈,你的思维一定能上个新台阶"一类的感想。而维纳临终前与之交往最密切的萨尔瓦加塔南达大师说:"那就是维纳,他是个纯粹的人,我知道。"

如果用当下人工智能领域流行的话来说,那么我对维纳的评价应该是这样的:我不知道自己是否知道维纳是何人,但我知道,自己真的不知道维纳对科技领域,特别是智能科技领域的贡献有多大。我认为这个世界对维纳最大的不公就是把布什列为互联网的第一位先驱。现代通信和网络技术的真正奠基人和赛博空间的创造者其实是维纳。在相当程度上,诺伯特·维纳就是时代黑暗的叛徒,未来光明的使者。

王飞跃

2021 年 7 月 23 日于怀德海学院

中国科学院自动化研究所复杂系统管理与控制国家重点实验室

序言

过去，现在

他是信息时代之父。他从事的工作塑造了亿万人的生活，他的发现改变了世界经济和文化格局。

他是 20 世纪最杰出的人物之一；他年少时聪慧过人，成为世界级的天才和拥有远见卓识的思想家；他是心不在焉的教授，古怪又充满神秘色彩；他是美国第一拨高科技发展到鼎盛时期家喻户晓的畅销书作家。

如今，他的足迹无处不在：铭刻在硅芯片上，徘徊在网络空间里，散布在我们日常生活的每一个角落。然而，他的话语却被世人遗忘，不留一丝回响。

这是一个被信息时代忽视、遗忘的隐秘英雄的故事，是一个他为人类而战的传奇故事。

诺伯特·维纳出生于 19 世纪末，他的祖辈中有东欧的犹太教拉比、学者，据说还包括中世纪犹太哲学家摩西·迈蒙尼德。他 11 岁上大学，18 岁获得哈佛大学的博士学位，师从多位欧洲著名数学家，1919 年成为麻省理工学院的教员。

他早期从事的数学研究解决了困扰工程师数十年的电子学理论上的实际问题。20世纪20年代，他致力于第一台现代计算机的设计工作。第二次世界大战期间，他参与了首批智能自动化机器的研制工作。维纳在战争期间所形成的构想逐渐成为一个涉及通信、计算和自动化控制的全新跨学科科学，跨越了工程学、生物学和社会科学的前沿领域。他的思想吸引了一群兼容并蓄的科学家和学者，包括计算机先驱约翰·冯·诺伊曼，信息科学理论家克劳德·香农，人类学家玛格丽特·米德和格雷戈里·贝特森。维纳将这门新科学命名为"控制论"——来自希腊文"舵手"一词。

他1948年出版的著作《控制论》引发了一场科学和技术的革命。不到十年，控制论改变了每一个产业工人的日常劳动方式，向战后社会潮水般投放了令人眼花缭乱的新设备。

维纳赋予了"feedback"（反馈）这个词现代意义，使其成为一个流行语。他是第一个理解"信息"这种新鲜事物本质的人。他和著名的生物学家和神经生理学家一道，破解了人类神经系统的通信密码，然后又和工程师合作，将这些通信密码整合到第一台由程序控制的"电子大脑"的电路中。他领导了一个医疗小组，成功地制造出第一个通过使用者自己的意念控制的仿生手臂。

在想象中，他能预见正在显露的新世界带来的技术前景和现代奇迹，而当时很少有人能想象到这些。但是，维纳也看到新的控制论时代灰暗的一面，这在他同时代的人当中也是绝无仅有的。他预测，随着计算机和自动化技术的大规模应用，世界性的社会、政治和经济动乱将会出现。他预测，一种无情的动能会诱使人类追求智能机器带来的速度和效率，从而伤害人类自身。他担忧，省时省力的新技术会促使人类屈从于机器，从而放弃自身的目的性、思考能力和最为宝贵的选择能力。

他担忧人类的未来。

维纳晚年孜孜不倦地向政府首脑、企业和工会领导以及广大民众发出警告，让他们当心正发生在日常工作和生活中的这些影响深远的变革。他是第一个对智能机器发出警告的人，因为它们可能会从经验中学习，无限制地自我复制，并且具有其人类制造者无法预测的行为方式。他呼吁科学家和技术人员承担起更大的道德和社会责任，以迎接这个正在蓬勃兴起，建设性和破坏性能量并存的时代。在他的文章和讲话中，维纳饱含深情地谈到人类价值观、自由和精神所面临的种种威胁，尽管这些威胁在几十年后才开始显现。因为所做的巨大努力，他获得了美国国家图书奖和国家科学奖，后者是美国科学界的最高奖项。

然而，尽管他的新思想开始被美国和世界其他地方接受，维纳开创的具有远见卓识的科学领域却日渐式微。到 20 世纪 50 年代末，控制论开始被它派生出的专业化技术领域和分学科替代，维纳本人沦落为自己所引领的革命潮流的局外人。他的道德立场被同事及喜爱新奇电子产品的消费者抛弃，很多人对他做的严峻预测嗤之以鼻，他们认为那只不过是一位古怪老学究的世界末日式的预言。1964 年，他在欧洲旅行时溘然长逝，时年 69 岁。那时，他所做的很多预言开始变成现实。

———

维纳做出的革命性贡献很大程度上被人们遗忘，背后的原因到现在还不甚清楚。本书追溯到信息时代被人遗忘的一段历史，尽管它年代久远，但是和那些影响 21 世纪人们生活的技术和社会现实有密切的关系。本书按时间顺序记录了维纳的生活和工作，从早熟的童年到揭开控制论革命的序幕，再到随后的信息时代第一次信息爆炸浪潮。然而，维纳的遗产不仅仅是技术性的。正如他在著作中明确表明的那样，控制论不仅是范围窄小的工程类学科，也是一种新的关于世界（关于技术，也关于生活）的思维方式，完全不同于之前的任何事物。

维纳的科学发现提供了一种强有力的工具，帮助人们理解现代社会所有形式的错综复杂的关系，从人类基因组的运行方式，到人类交流的流动、当今全球经济动态，再到互联网拥挤的网络系统。维纳的成就带来的技术革新，还有他所持的人类应该掌控新的发明创造的公共立场，使他成为人们心目中的英雄，包括他在世时的大部分民众以及他去世后的一小部分忠实粉丝。然而，他的故事远远不是人们熟知的那些事实，比如他是一个少年天才、世界知名科学家等。

从一些资料中，我们可以深入了解维纳的童年以及他后来成为数学家的生活经历。这些资料包括 1980 年和 1990 年出版的两部学术传记、科学期刊上刊载的少许职业回忆录以及 20 世纪 50 年代出版的两卷本维纳的自传。但是，作为一个名人，维纳的资料是比较难找的。他在麻省理工学院独领风骚 45 年，麻省理工学院提供的官方信息包含对他恰当的褒奖，但他的档案中存在很大的空白，并存在一些令人不安的潜台词。他的科学发现和对社会的警告现在已经淡出人们的视野，然而他所担忧的许多事情开始显现，因此，现在是时候重拾被历史中断的诺伯特·维纳的研究，重新评估他留下的遗产以及他发出的警告的历史准确性，解开围绕在他周围，在其死后 40 多年依然悬念重重的问题。

这些问题包括：维纳童年时承受的高度压力对他的成年生活产生

了什么影响,维纳和同事之间混乱的关系给早期控制论革命蒙上阴影的谣言,维纳从事的为劳工辩护、抵抗社会"掌权的人"(维纳语)的活动涉及的政治问题,还有一些深层次的哲学问题,比如他晚年的心路历程以及他对人类和机器之间关系的令人费解的论述。

同样重要的是关于控制论未来命运的问题。维纳的科学发现能做出怎样的持久贡献?为什么控制论虽然造成了如此大的影响,却在他离世十年后完全从美国消失了?青年一代应该找回维纳革命中哪些被遗失的东西,来应对全球信息社会面临的技术挑战和复杂的人际关系?

通过和维纳的同事、家人进行的广泛交谈以及充分梳理信息时代留下的档案资料,我们可以回答其中的很多问题。

维纳生平的故事包含了天才的事迹和一些杜撰的古怪行为。有很多故事讲述他如何喜爱社交、求知若渴、充满好奇心。这种好奇心直接成就了他的"维纳行走",这是一条条蜿蜒的步行道,穿过麻省理工学院的校园、波士顿的市郊以及新英格兰的乡下。维纳行走在这些小道上,寻找灵感和顿悟,也寻找愿意倾听他的新思想的听众。也有很多滑稽可笑的故事,比如,他在听同事的讲座时鼾声如雷(通常嘴里还叼着一支点燃的摇摇欲坠的雪茄)。

但是,维纳不是卡通式的天才。在这些传奇故事和滑稽可笑的古怪行为背后,是一片更为黑暗的领地。维纳描述自己是"弯曲的树枝",他幼年时接受的快速成才的养育方式给他的成年生活造成了伤害,严重影响到他和别人建立良好的关系。只有很少几个密友圈的人才了解别人无从知晓的内情:一方面,他聪慧过人,为自己协助创造的具有魔鬼力量的新技术感到担忧;另一方面,他一生都在和自己内心的魔鬼做斗争。他的愤怒源于青年时期受到的严重心理创伤以及随后患上的令人发狂的躁郁症。

情绪高涨时,维纳神采飞扬、冲动鲁莽,也常常焦躁任性;情绪低落时,他深受抑郁之苦,丧失行动能力,以至经常在家人面前威胁要自杀,有时对麻省理工学院的同事也是如此。但是,在很多方面,维纳表现的极端性和他妻子表现的类似的极端性是非常相配的。这位教授夫人非常挑剔,具有典型的欧洲价值观。玛格丽特·维纳是个尽职尽责的妻子,竭力保护高度神经质的丈夫,她采取一切措施摆平维纳的同事、亲近他的女人以及任何她认为会威胁到丈夫重要地位的人,她采取的一种计谋甚至给维纳本人和他的事业带来了事与愿违的灾难性后果。

十多年来,维纳和先驱神经科学家沃伦·麦卡洛克、沃尔特·皮茨展开了富有成效的合作,两位都是暗中研究控制论的新一代天才青年。但维纳突然终止了和麦卡洛克、皮茨以及慕名前来麻省理工学院研究控制论的其他有才华的年轻科学家的合作,这对维纳以及所有参与的人来说,都是一次危机。这次分手给处于关键时期的控制论革命造成了极其严重的打击,从而改变了新技术时代的发展与走向,它的不利影响一直持续到现在。

在政治风险大的年代,维纳从事的社会活动使他成为被关注的对象。最近公布的政府文件显示,冷战早期他直言不讳地反对军事研究,致使联邦调查局着手调查他是否在进行"颠覆活动",是否"同情共产党"。冷战的狂热也对维纳的研究工作造成了打击。20世纪50年代中期,苏联的科学家和政府官员积极支持控制论的研究,而中央情报局则采取措施评估控制论的威胁,并想反制它。但是数年的秘密调查并没有让美国情报部门认识到控制论的能量,一些政府官员开始公开对其表示反对。在冷战的鼎盛时期,美国终止了研究控制论的经费,控制论理论和应用研究进展缓慢，再也没有恢复到以前的水平。政府的阻挠只不过是维纳沦落到默默无闻地步的诸多原因之一，但这可能是导致美国控制论研究衰落并明显缺席 21 世纪知识库的主要因素。

———

时间已经证实，维纳的研究工作在科学界具有革命性的意义。他确定了构成宇宙的一系列新的基础实体：消息、信息、基础通信、控制过程。这些在生活的各个领域都能观察到。他将思维现象和物质现象纳入控制论的理解范围，而这两种现象是几个世纪以来哲学家和科学家刻意回避的对象。他所引领的是第一个跨学科的科学革命，它不仅根植于无生命的自然世界，也根植于有生命的世界和人类日常行为中。这也是第一个美国的科学革命，第一个主要起源于美国、完成于美国的科学革命。

有数十个新的技术和科学领域，要么直接来源于控制论，要么得益于控制论的灵感或贡献，比如人工智能、认知科学、环境科学和现代经济学理论。然而，维纳的很多贡献被否定或归功于其他人，他的研究工作中最深邃的领域几乎无人探究。和大多数科学革命先驱不同，维纳不辞辛苦地明确告诉我们，他为什么担忧他的科学发现的命运，甚至留下一些基本的指导意见帮助我们自我拯救。他认为，我们面临的最伟大的任务是确定人类应该拥有的目标和价值观，以及如何与人类根据自己的形象创造的机器共存。

维纳所做的最为严峻的预言还未成为现实，但是他的遗产正在 21 世纪的全球化社会中慢慢显露出来，我们可以在扰乱新技术市场的脆弱泡沫中看到它——几十年来，维纳观察着这些泡沫的形成和破灭，他警告急切的投资者要"看管好自己的帽子和外套"——也可以在制造业全球化离岸外包的大趋势和新技术产业中看到它。

维纳遗产的另一个重要方面也已显露。他从事的工作为数字革命铺平了道路,但他的热情主要在于模拟。激发他灵感的不是一串串 0 和 1 组成的数字,而是可以模拟人类肌肉和四肢运动的自动化机械,是模拟人脑创造奇迹的智能设备。数字技术的进步让很多模拟过程的研究被迫中断,然而今天它们东山再起,成为 21 世纪的科学黑马。在生物技术、基因工程、机器人技术和传感技术以及诱人的原子级纳米技术等方面取得的最新突破,有望改变人们的日常生活,它们产生的影响比当今所有的数字技术要深远得多。它们正在释放出巨大的新能量,造福人类,抑或毁灭人类。新模拟世界的出现使人们开始正面审视维纳的科学发现和他对社会的担忧,评估他早期警告的分量:"控制论是一把双刃剑,它迟早会给你造成深深的伤害。"

维纳生前以及死后很长一段时间一直是个谜,即使对与他最亲近的人而言也是如此,人们对他的精神世界知之甚少。有些报道听起来不可信,说维纳晚年每周都私下和一位印度哲人见面,尽管这位迈蒙尼德的子孙挥金如土,也是个自封的不可知论者。后来这些报道被证明情况属实。他终生对东方文化抱有兴趣,这促成他于 20 世纪 50 年代访问印度。在印度政府的请求下,他为印度制订了长期的技术发展计划,从而奠定了印度技术强国的基础,使印度科学家和技术人员在当今全球信息经济环境中处于领先地位。

维纳是新技术时代的巨人,喜欢引用古老文化里的黑色预言表达对现代世界的警告，也是新的充满智慧的寓言派的代表人物。就像英国作家吉卜林的《原来如此的故事》中"大象的孩子"一样，维纳充满了"永不知足的好奇心"（他喜爱这个人物，与其在外形上也有几分相似），这驱使他做出伟大的发现。他的多面人格让人想起另一个著名的关于大象的寓言：一个描述盲人摸象的印度故事。几位盲人以自己局部的触摸竭力描述大象的样子。的确，很多目击者描述了不同的、有时甚至是相互排斥的诺伯特·维纳，或才华横溢，或满身缺点，或健康强壮，或疾病缠身，或幽默顽皮，或满腔愤怒，或争强好胜，或宽宏大量，或缺乏自信，或傲慢自大，或自吹自擂，或极度谦卑。像许多历史人物一样，维纳是个充满矛盾的人，然而即使是在著名的天才人物中，他的例子也是很极端的。

像古时的黑暗英雄和当代文化中的反英雄一样，维纳蔑视社会的肤浅规范，他追求的是更远大的目标和更高的真理。

暗物质的存在，只能通过它对周围事物的作用力，才能被推断出来。同理，维纳的科学发现和思想将继续影响我们这个世界的方方面面。

第一部分 大象的孩子

DARK HERO
OF
THE INFORMATION AGE

一
世界上最不寻常的男孩儿

> 可是大象有个宝贝——一头小象——一头新象,他每天好奇心撑破肚皮,一天到晚问个不停。他生在非洲,对非洲的好奇心填也填不满。他问高个子姑妈奥斯翠她的尾羽是怎么长成的,挨了结结实实一耳光。他问大个子叔叔基瑞夫干吗要弄一身泥,受了货真价实一脚踹……可他的好奇心还是用不完!无论他见了、听了、摸了、闻了、动了什么,都要拿来烦死人。
>
> ——鲁德亚德·吉卜林 《原来如此的故事》

1906年秋,在美国新英格兰,一个清冷的早晨,20世纪第一位神童降临到这个世界上。约瑟夫·普利策旗下某旗舰报纸的一名记者从纽约北上到波士顿去采访"美国历史上最年轻的大学生"。普利策的报纸每天都刊登大量新闻,报道新发现的天才人物、杰出发现以及改变机器时代的美国社会令人眼花缭乱的发明。一年前,一位名叫阿尔伯特·爱因斯坦的26岁瑞士专利办公室职员在一本不知名的科学期刊上发表了三篇深奥的论文,他被誉为物理科学革命的先驱。世界各地的新闻记者像猎狗一般,凭着敏锐的嗅觉四处打探下一个重大发现。而这次,普利策旗下报纸的这位记者在一个小人物身上找到一条大新闻。

"嘿,妈妈!"一个孩子站在楼梯口上方喊道,"到上大学的时间了吧?"

"是的,亲爱的。"年轻的妈妈刚刚和来访的记者打过招呼,随即回应道。孩子轻快地下楼,脚步踏在楼梯上发出咔嗒咔嗒的声响。

第一眼见到这位 11 岁的"波士顿天才儿童",记者有些发蒙。

"跑进客厅的是一个普普通通的男孩儿,穿着长筒袜,膝盖处照例是有洞的……上身是仿男式女衬衫,戴着金边眼镜,"几天后记者是这样描述的,"胳肢窝夹着一本书,是希本的《哲学问题》。"

"您好,先生!"孩子问候记者。声音清晰、顿挫有致。记者暗暗吃惊,对他这个年纪的孩子来说,这语气相当古雅。他礼貌地坐下来,回答记者的问题。

"嗯,是的,我觉得阅读是开心的事情,"他一边说,一边偷看了一眼窗外院子里朝他摇尾巴的狗,"但我不明白为什么人们因为我年纪小才对我感兴趣,其他的男孩儿也年纪小,我不明白喜欢学习有什么好称道的,我不想学习的时候是不会学习的。"

关于这位早熟少年的种种故事,早已传到马萨诸塞州坎布里奇以外的地方,其父利奥·维纳是哈佛大学斯拉夫语言和文学专业的老师。男孩儿名叫诺伯特,他在 18 个月大时就掌握了 26 个英文字母。在父亲的指导下,他 3 岁开始阅读;5 岁开始用希腊语和拉丁语朗诵,不久又可以用德语朗诵;7 岁开始学习化学;到 9 岁时已经学了代数、几何、三角函数、物理学、植物学、动物学;11 岁那年秋天,进入附近的梅德福镇的塔夫茨大学学习,而此时他只接受过 3 年半的正规学校教育。

记者搞不懂，为什么11岁的孩子不爱童话故事"糖果屋"而喜欢赫胥黎和达尔文。

"哲学比童话故事更有趣，仅此而已，"少年诺伯特自信地说，"事实上，哲学是我的童话世界。"他引用19世纪深受欢迎的自然哲学家恩斯特·海因里希·海克尔的一小段话来说明自己的观点，海克尔首创了"生态学"这个术语，拗口的"个体发育是系统发育简短而迅速的重演"也是他提出的。目瞪口呆的记者变成了抄写员，快速记下诺伯特说的话。诺伯特曾经用德语研究过海克尔的自然论思想，也阅读了荷马和其他古典诗人的经典原著。相较而言，他更喜欢前者，而不是后者笔下的欢乐颂歌。他告诉记者："海克尔试图揭示宇宙之谜，而荷马只不过是编造故事。"

假以时日，这位少年会潜心研究哲学和诗歌，但目前他有很多事情要做：要完成大学的学业任务，也要抽出时间享受匆匆而逝的快乐童年。"我有时间玩儿吗？当然，我也玩儿！"看到记者对他的话表现出明显的怀疑，他这样辩护道，"游泳是我的专长，但我也喜欢学习。我和其他男孩儿做完游戏后，就转而钻研赫胥黎或斯宾塞。从他们那里，我可以获得启发，他们引导我思考更伟大的事情。但我最喜欢数学。"

妈妈贝尔塔身材小巧、举止拘谨，她把儿子打发回房间，想单独和记者说几句话。"当然，我们为诺伯特骄傲。谁家父母不是这样呢？"她轻声说道。但接着她强调说："我们努力把他当作普通孩子来养育，从未让他觉得自己有什么不同，我们希望他做一个正常的孩子……"

"诺伯特，亲爱的，"她大声喊道，"请关上房门。"

"好的，妈妈。"他在楼上轻声回答。

"我们无论如何都不会让他以为我们对他另眼相看，"她低声说，"但是，当然，我们觉得他异于常人。"

记者欣喜若狂，写了一篇题为"世界上最不寻常的男孩儿"的报道，占据了报纸的整个头版，随即又刊登在 1906 年 10 月 7 日星期天出版的《世界杂志》上。该篇文章让当天的毛里塔尼亚号邮轮下水首航的新闻报道相形见绌，要知道毛里塔尼亚号蒸汽邮轮有望用仅仅 5 天时间从纽约开到伦敦。它也使当天刊登的每月只要付 11.6 美元就可以购买曼哈顿上东区公寓房的广告无人问津。

人们看到，一份报纸的整个版面全是如诺伯特本人一半大小的巨幅照片。只见这位未到青春期的少年穿着漂亮的水手服，叉着腰，手放在裤兜里，下身是深色长筒袜和高扣鞋，双腿向外敞开。这幅天真无邪的照片是叠加在另一幅插图上的，插图里有几本装订精美的达尔文的《物种起源》和柏拉图的《对话录》，诺伯特摆着姿势站在书上。

报道把他描述为神的孩子，字里行间让人看到宙斯之子赫拉克勒斯小时候的形象：他是"健康的男孩儿……体格健壮，有些胖。腿和胳膊粗壮、胸膛宽阔、皮肤光滑、肌肉结实、头不大不小"。

"但是他有一双会说话的眼睛，"记者称赞道，"黑色的大眼睛熠熠生辉，眼神里有种近乎神秘的东西。用孩子自己的话说，这双眼睛似乎已经解决了宇宙之谜。"

接下来，记者在哈佛校园的办公室里采访了利奥·维纳。"我非常不喜欢谈论我的儿子，"维纳言不由衷，"不是因为我不为他感到骄傲，而是因为我说的话可能会传到他耳朵里，让他骄傲自满。"这次，维纳教授毫不吝啬地夸奖了儿子"敏锐的分析性思维"和"超群的记忆力"，此后他在公开场合再没有这样说了。"他不是鹦鹉学舌，靠死记硬背来学习的，而是靠推理。"教授还称赞儿子精通恺撒、西塞罗、奥维德、维吉尔和比较语言学。

"但是他的爱好永远是哲学。"他的声明否认了儿子自己说的喜欢数学,坚持说儿子"懒惰,学习没有他同龄的孩子用功"。

这种勉强的称赞让记者有些困惑,对自己采访对象的命运没有多大把握。像报道的开头一样,报道的结尾言辞夸张,但也留有余地:

不管他将来可能会成为什么样的人,但现在,即使在世界史上排不上第一,诺伯特·维纳也可谓美国历史上最年轻的大学生,不对,是少年大学生。

那时,夸张的艺术才刚起步,报纸是人们主要的消息来源,无线电广播还处在实验阶段,对很多人而言,电还只是一个奇迹。就是在这样一个简单的年代,这位"信息时代之父"登上了历史的舞台,他将成为美国20世纪首批媒体宠儿中的一个。

———

在很多方面,波士顿的这位神童是旧的知识体系的产物,他学习的哲学是古典希腊和罗马的哲学,他的科学思想源头既有经典物理和微积分的创始人牛顿和莱布尼茨,也有维多利亚时代英国的生物学先驱和他们欧洲大陆的同人。

但是这位叫维纳的男孩儿的基因组遵循的是一条不同的遗传线路,这将实实在在地改变他的生活和思维方式。

"我自己就是犹太人,"他在1953年出版的自传《昔日神童:我的童年和青年时期》的开头这样说道。他和父亲、祖父一样,都不信教,然而对于他的犹太血统以及父辈们一代代传递下来的,和宗教仪式没有关系的犹太价值观,他是全心全意接受的。成年以后,维纳将自己的成功很大程度上归于犹太人在面对几百年的种族和宗教偏见过程中所形成的"生活态度"。他高度赞扬了犹太教对学问的热爱，自豪地梳理了维纳家族谱系中知名的《塔木德》学者的脉络，其中包括700多年前的一位犹太哲人。

根据家族传说，维纳家族可以追溯到12世纪的犹太哲学家兼医生摩西·迈蒙尼德。迈蒙尼德原名摩西·本·迈蒙，犹太教徒都称他为"摩西第二"，也有人根据他名字的希伯来语首字母叫他"迈蒙尼德"。他1135年出生在西班牙的科尔多瓦，和诺伯特·维纳一样，也是神童。1159年，为了逃避一个狂热的穆斯林宗派对犹太人的迫害，他们一家逃离西班牙，最终定居在埃及，在那里，犹太人是受欢迎的。在埃及，年轻的迈蒙尼德成为一名熟练的翻译和信仰疗法术士，小有名气，被开罗的苏丹萨拉丁指派为私人宫廷医生。迈蒙尼德是那个时代知识的集大成者，是中世纪最重要的犹太学者。他最著名的著作《迷途指津》被中东和欧洲的犹太人和穆斯林广泛阅读，对天主教多明我会会士托马斯·阿奎那产生了重要影响。

诺伯特·维纳总是认为他和迈蒙尼德之间的联系不大。据家族史的记录，19世纪晚期，一场大火烧毁了他祖父在波兰的房子，唯一的族谱也被毁掉。第二次世界大战期间，纳粹德国洗劫了该地区的犹太城镇，家族剩下的所有历史联系都被割断。维纳承认："经过这么长时间，我们所假定的家族血统其实是非常靠不住的传奇。"然而，尽管他自己拥有强烈的世俗主义思想，维纳还是为自己可能拥有这种令人敬畏的历史联系感到高兴。

几年后，维纳的一位表亲有了新的发现，其将家族的历史追溯到法国大革命之前的波兰普里佩特沼泽地，在那里的比亚拉河冲积平原上，利奥·维纳的先辈扎营安家。系谱专家发现，这里的人和几百个迈蒙尼德的现代后裔之间存在血缘联系,这间接证明了维纳和迈蒙尼德之间的血缘关系。后来的事实证明,迈蒙尼德后裔分布的东波兰地区和邻近的立陶宛地区,同诺伯特·维纳父亲的出生地——波兰比亚韦斯托克省的一个小村庄,在地理上具有很紧密的三角关系。

18世纪晚期,欧洲最后的野牛还漫游在比亚拉河两岸,那时的比亚韦斯托克及周边地区还是俄罗斯帝国的一个半自治政府,利奥·维纳的外曾祖父萨洛蒙·拉比诺维奇于1810年出生在那里。他是个木材商人,在比亚韦斯托克的主街上开了一家豪华酒店,这条街是宽阔的林荫大道,从火车站一直通向市中心大市场。酒店位于犹太人集聚区的黄金地段,因此同样深受最高贵和最卑贱的旅行者的欢迎,既有波兰贵族,也有贫穷的《塔木德》学者,萨洛蒙的妻子罗莎在酒店的餐厅里为他们提供安息日晚餐。

罗莎·拉比诺维奇出生于邻近扎布武杜夫镇的一个富裕的皮匠家庭,家庭成员先后做过邮政官员、政府承包商,最终成为"比亚韦斯托克世袭荣誉公民",这是俄罗斯帝国时期犹太人渴望获得的最高头衔。罗莎不是一位典型的犹太母亲,她每周都斋戒,但复活节也会给孩子们彩蛋,在拉上的窗帘后放一棵圣诞树。夫妇俩养育了6个孩子,其中一个女儿弗丽达后来成了利奥·维纳的妈妈。

利奥的父亲萨洛蒙·维纳是这位家族天才的监护人。萨洛蒙1838年出生在克罗托辛,这是位于比亚韦斯托克西面几百英里[①]的一个大

[①] 1英里 ≈ 1.61千米。——编者注

镇，当地居民和邻近的德国有着很密切的关系。萨洛蒙个子矮、粗壮、肩膀结实，脖子像摔跤运动员。他在柯尼斯堡上的高中，沉浸在德国语言和文学的环境中，但由于听力问题，未能进入大学，在柯尼斯堡邮局谋得一份差事。一次，老萨洛蒙·拉比诺维奇沿着维斯瓦河摆渡木筏时，碰到了年轻的萨洛蒙·维纳，他敦促这位心灰意冷的邮局职员搬到比亚韦斯托克去，那里的企业都在急切寻找德语教师和同德国商行往来的联络人。那时，比亚韦斯托克是个语言"大熔炉"，城里的大多数犹太人讲意第绪语，这是一种德语、希伯来语和斯拉夫语的混合语言，大多数非犹太人讲波兰语或俄语，富裕家庭的孩子聘请家庭教师教授德语和法语。

1859年，21岁的萨洛蒙·维纳搬到比亚韦斯托克，给城里富有的工厂老板和商人提供德语服务。两年后，他娶了弗丽达·拉比诺维奇。萨洛蒙意志坚定，对自己的信仰坚定不移，后来他儿子和孙子也一样。他用"疯狂的愤怒"主宰着家庭：他从小深受启蒙思想影响，也是摩西·门德尔松开创的德国犹太人运动的拥护者，他在家里教育自己的6个孩子，禁止他们说东欧犹太人的杂交语言。弗丽达只说意第绪语，她花了好几年时间才学会足够的德语，使她能同丈夫和孩子进行交流。

萨洛蒙有颗烦躁不安的心，习惯步行，他的男性晚辈都继承了这一点，他也有家族性的心不在焉的倾向。他常常离家几天，到无人知晓的地方漫步。有一天，他突然踪影全无，留下妻子照看3对儿女，而她基本不能和他们对话。

利奥·维纳是萨洛蒙和弗丽达6个孩子中的老大，生于1862年。受父亲的普鲁士血统和改革思想的影响，他的第一语言是德语，但他很快就学会了比亚韦斯托克的各种语言。他跟当地的一位老师学习了希伯来语，不久又自然而然（也是偷偷摸摸）地学会了意第绪语。他 7 岁时跟着表兄的家庭教师学会了法语，8 岁时一位叔父教他说俄语，9 岁时就开始自己的教师生涯，靠现学现卖教一个朋友说俄语，学费是每小时一夸脱[①]醋栗。

在家庭教育早期，利奥走马灯似的更换专业学校和辅导教师。他幼年聪颖，萨洛蒙夫妇为了满足儿子的学习需求不停地搬家，若干年后利奥和妻子为了诺伯特也是这么做的。1873 年，利奥 10 岁时，参加了高中升学考试，次年进入白俄罗斯明斯克的一所高中，在那里学了更多语言，包括拉丁语、希腊语和德语方言。一年后转学到华沙的高中，学习了波兰语和意大利语，又跟着一位曾在布鲁塞尔念过书的表兄学会了荷兰语。毕业后，他到柏林理工学院学习工程学，跟着一位同学学会了克罗地亚语，还从另一位亲戚那里学会了丹麦语。十几岁时他掌握的语言就超过 10 种，最终他可以流利地说 40 多种语言。

利奥和父亲一样，个子矮小，身高刚到 5 英尺[②]，体重刚过 100 磅[③]，但是他继承了维纳家族男性成员的运动员体格和充沛体力。年轻时，利奥举止自负，黑色的头发、浓密的胡子和金边眼镜让他看起来更显得智商超群。他热衷远足、徒步和谈话，与人交谈时别人常常插不上嘴。在政治上他也很早熟，19 世纪 70 年代，在明斯克上高中时就和大量集聚在城里的革命学生混在一起。在柏林，他参加了有理想主义色彩的托尔斯泰社团，发誓禁绝烟酒和肉食，也从未食言。家里人非常希望他在门德尔松银行找份体面、待遇好的工作，但他没打算

---

① 1 夸脱（英）=1.136 5 升。——编者注
② 1 英尺 =0.304 8 米。——编者注
③ 1 磅 =0.453 6 千克。——编者注

安定下来过如此世俗平凡的生活。

———

然而，这位自称"年轻的斯拉夫工程学学生"的煽动者，来到普鲁士首都见到辉煌的巴洛克建筑时，心里不免有些失落。其时，建立帝国的渴望在民众心中激荡。利奥走完了柏林流光溢彩的菩提树大街，一路寻找走出"俄罗斯理想死胡同"和摆脱"科学和啤酒并置的德国式的平庸和市侩"的第三条道路。他晚上泡在鲍尔咖啡馆，仔细阅读世界各地的报纸，寻找"一个科学引领更高思想、理想得以实现的地方"。所有的迹象都表明，这个地方只存在于"海外的新大陆"。在一次托尔斯泰社团的聚会上，利奥策划出一个富有远见的方案，计划在中美洲热带地区的英国殖民地伯利兹建立一个"素食的、人道主义的、社会主义的公社"。一年后，他的同志们还在为殖民地宣言的导言用什么语言而争论时，已经变成"狂野、长发的俄国人"的利奥只身前往新大陆，身穿他唯一有派头的阿尔伯特牌双排扣长礼服，心中充满了对"腐朽欧洲"的厌恶。

1882年2月，19岁的利奥从汉堡启航。在利物浦短暂停留时，他读了一些语法书，开始自学英语。在轮船驶往哈瓦那的漫长航程中，他跟一位在西班牙拉科鲁尼亚上过寄宿学校的乘客学习西班牙语。在新奥尔良登陆时，他口袋里只有25美分，随即在法国人定居区的水果摊上花掉了，为了品尝美味的古巴大蕉和其他热带水果。

因为缺钱，伯利兹之行被迫中断，但是利奥已经成熟，懂得欣赏简单劳动带来的浪漫愉悦。他在一家工厂打包过棉花，也在密西西比州的铁路上干过活儿，后来去了堪萨斯州，因为他听说有人正在十多年前俄国知识分子和美国唯灵论者建立的一个进步社区的废墟上兴建一个素食公社。到达后,他发现此地已经被遗弃。利奥凭借一己之力重整了坍塌的建筑和荒芜的田地。他种花生和西瓜,和草地鹨一同歌唱,满怀敬畏地看着巨大的雷暴雨横扫整个草原。他兴高采烈地给柏林的同志们写信,召唤他们过来,但没有一个人来。

一年后,他剪掉长发,重新回归文明,来到密苏里州的堪萨斯市,又身无分文。他在一家干货店找到一份看门的工作,忍受着"高贵女士的蔑视态度"。他放弃了这份工作,当起了卑贱的街头小贩。一天,他碰巧来到市图书馆,一头扎进英国文学和经典名著的书堆里,盘算着有朝一日他要证明给那些住在高楼大厦里的人看看,"他和他们是平等的,甚至比他们更强"。于是,在一个晴朗的日子,他抖掉阿尔伯特牌双排扣长礼服上的灰尘,一个接一个地拜访公立学校的校长。第二天早晨,当地报纸报道了这位"皮肤黝黑的体力劳动者"如何在大街上卖花生,又如何被市高中聘为老师的故事。

利奥教学生的方法和他之后教儿子的方法是一样的,"不是根据死记硬背得来的一套法则",而是传授"驱动自我的生活观念和态度",比如他对荷马、西塞罗、歌德、席勒以及语言学、代数方程丢番图解法的热爱。他带领学生到山上和森林里远足,告诉他们如何区分番木瓜和柿子,并且很快成了当地哲学协会的热门人物。他学了乔克托语、达科他语,后来又学了汉语、班图语和盖尔语。几个星期之内,他就被任命为市爱尔兰协会的主席,被堪萨斯市的文化老前辈称为"俄籍爱尔兰人"。他和上层社会过从甚密,兑现了自己的誓言,且尤其迷恋"勃朗宁崇拜"(他自己这么说的),这是19世纪当地的一场文化运动的一部分,这个运动把英国诗人罗伯特和伊丽莎白·勃朗宁的诗歌提升到神谕般的高度。

一天晚上，他给勃朗宁女子协会做完演讲后，碰到了年轻漂亮的贝尔塔·卡恩，她是圣约瑟夫一家百货商场的老板亨利·卡恩的女儿，父母从德国莱茵兰来到密苏里的低洼地区，她是第二代移民。贝尔塔的母亲是南方美女，有一半犹太血统，19世纪20年代她父亲一家从德国移民美国。卡恩一家已经完全融入当地社会，像很多德国犹太人一样，毫不掩饰对东欧和俄罗斯犹太人的敌意。贝尔塔皮肤白皙，面容圆润，个子小但和利奥一样很结实。她是个规规矩矩的美女，一开始就决心把自己放荡不羁的情郎改造成彬彬有礼、能被社会接受的绅士。

利奥先在一所学院当了一段时间的教师，直到1892年被聘为密苏里大学哥伦比亚分校的现代语言教授。次年，他和贝尔塔在堪萨斯结婚。他们的第一个孩子是个男孩儿，1894年11月26日出生在哥伦比亚的教员公寓里，并以罗伯特·勃朗宁的诗剧《阳台上》的男主角名字命名为诺伯特。

———

小诺伯特很早就显露出早熟的迹象。1896年夏，他18个月大，看到保姆在新家附近的海滩上写字，于是用两天的时间学会了字母表。同年，利奥因为学校员工重组而丢掉了教职。他在密苏里没有多少关系，于是决定搬到波士顿，但对波士顿知之甚少，只知道那里有很多大学，因此似乎是个适合当教师、发挥他语言才能的地方。他马上找到一份工作，帮助一位知名的教授翻译塞尔维亚民谣，在教授的帮助下，他获得了哈佛大学斯拉夫语言和文学专业的讲师教职，这是美国首个这一类型的教职。讲师薪水微薄，为了贴补家用，他到附近的拉德克利夫一所新开的女子学院上课，还给《韦氏词典》做词源考证工作。

一家人很快喜欢上了新英格兰，在坎布里奇聪明人多的环境里混得风生水起。1897年秋，他们从拥挤的底层公寓搬到位于哈佛广场旁希利厄德街的一栋漂亮房子里，这栋房子还带有一个小花园。每天，贝尔塔在花园里给诺伯特读故事，他最喜欢的是出生于印度的英国作家鲁德亚德·吉卜林写的色彩斑斓的丛林故事。3岁时，诺伯特开始给妈妈读故事。

诺伯特是个敏感的孩子。当路过"绝症病人"医院时，他会闷闷不乐。在铁匠铺看到铁匠的脚趾被马踩伤时，他会产生对病痛和身体残疾的痛恨之情，这种情感伴随了他一生。他最刻骨铭心的记忆是那些堆放在家里、描写野蛮对待动物的"可怕的、毛骨悚然的"宣传小册。诺伯特小时候经历的这些事情，使他像父亲一样注定成为终身素食主义者。但是，在其他大多方面，他是个很正常的小男孩儿，和邻居的孩子们一起玩耍，拽着玩具轮船在希利厄德街上走。

诺伯特的教育是从父亲书房的地板上开始的，他在父亲硕大的木质办公桌下面玩耍，在父亲的书架里翻找有漂亮木版画的图书或者自己认识的词。各种类型的科学图书让他着迷。他3岁生日那天，一位父母的朋友给他带来一本关于博物学的书。不久，他就迷上了儿童插图科学杂志所呈现的奇妙世界。

1898年春，诺伯特的妹妹康斯坦丝出生，她的名字也来自勃朗宁的《阳台上》。同年秋，诺伯特还不到4岁，就开始到坎布里奇的幼儿园上学。这个幼儿园更像是个玩乐的学校，而不是学习的地方，但是在利奥的教导下，诺伯特在家里有着繁重的学习任务。那年，他阅读了《爱丽丝梦游仙境》，为那个从兔子洞里掉进一个奇怪、无逻辑的动物世界的小女孩的命运担忧。他读了《一千零一夜》，也产生了同样的忧虑。那个关于装在瓶子里、报复心强的神灵的故事让他久久不能忘怀，后来时常出现在他的科普作品中，成为他指出那些看似奇妙的小器械所固有的危险的一种隐喻。

诺伯特满 5 岁不久，新的世纪就开始了。那年春天，利奥重归乡野，寻找心中的根。他用教书和翻译攒下的钱在波士顿南边的福克斯伯勒买了一个老旧的农场，其位于一条乡间公路上，四周梓树环绕。一家人在梓树农场度过夏天，诺伯特熟悉了新英格兰奇妙的动物和植物，发现蚯蚓被截成两段后能重新长好的惊人恢复力（因为这件事本身很容易让人入迷，蚯蚓也只是遭受"适度的不便"，所以这种残忍的行为仅仅刺痛了他的良心）。利奥带着他到田野、森林里"流浪"，把自己最喜欢的采集可食蘑菇的游戏介绍给儿子。那个夏天，诺伯特还第一次接触到住在纽约的亲戚。他的奶奶弗丽达·维纳已经和利奥的兄弟姐妹一起移民美国，她和诺伯特的几位姑姑、表兄弟一道从城里来到梓树农场，呼吸这里新鲜的空气，和利奥一家叙叙旧。奶奶带来一些报纸，上面是一种奇怪的语言，他后来得知是意第绪语，但当时没有人告诉他奶奶和家里的其他人是犹太人。

诺伯特接受正规学校教育一直是个问题。他去福克斯伯勒的村小学上过几天学，之后利奥又把他转到一所更远的小学，那里有红色的校舍。尽管诺伯特身体还没有成熟，但智力的发展速度已经远远超出他的同龄人。1901 年秋，利奥卖掉了梓树农场，送诺伯特去了坎布里奇的一所进步学校——皮博迪学校。他开始上三年级，之后跳到四年级，还是觉得不合适。他的阅读能力极强，数学技能欠缺，7 岁时还要靠扳指头计算，乘法口诀表也记不住。询问儿子后，利奥了解到，学校传统的死记硬背的教学方法让他觉得无聊透顶，他学傻了。确信自己可以更好地教儿子，利奥让诺伯特离开学校，开始了为期三年激进的家庭教育实验。

两年前，利奥就开始在语言和文学领域对儿子进行非正式的训练，一开始教他读希腊和拉丁经典名著，接着是自己喜爱的德国诗人和哲学家的著作。现在，利奥在儿子的课程大纲里增添了达尔文、赫胥黎以及其他一些科学家的著作，"以便给他灌输某种科学精神"。诺伯特着迷于植物学和动物学，他追寻达尔文和其他著名博物学家的旅程，去过很远的地方，也到过很远的野外探险。他研读父亲收藏的关于精神病学、神秘学和特洛伊考古发掘等方面的图书。他是英国作家赫伯特·乔治、威尔斯和法国作家儒勒·凡尔纳的忠实粉丝，喜爱他们那些影响极大的科幻小说。看完父亲书架上的藏书后，父亲又从哈佛图书馆借来图书和杂志满足他的阅读胃口，内容包括物理、化学、光的属性以及新奇能源——电。

利奥并非维纳传奇丛书宣称的那样，一开始就致力于把儿子打造成天才少年，只是当他看到自创的训练计划产生了非凡的效果时，这个目标才慢慢成形，他开始提炼天才培训的驱动性准则，他称这为"机智的强制力"。正如他对当地和全国媒体不厌其烦的描述，这个方法的目标是对孩子的语言和行为保持"持续的警觉"，以确立他的智力能力和兴趣，摒除死记硬背，鼓励他的儿子提出问题、"不断独立思考"。他还希望儿子懂得"大错之福"。利奥说了这样一段很有表现力的话："应该用一种和善的方式，迫使孩子自己解决问题，这样他会获得一种成就感，一种胜利的喜悦，这些本身会激励他付出更大的努力。"

———

在诺伯特的回忆里事情可不是这样的。在《昔日神童：我的童年和青年时期》中，他把利奥描述成一位导师，他的确费尽心思来激励诺伯特的智力和想象力，但这也让诺伯特确确实实地感受到了痛苦。利奥私底下的行为不是和善的，他用军事般的准确性和军训教官的举止不断给儿子灌输古典名著、数学和其他科目。实际上，他大棒式的教学方式汇集了正式的背诵、凶狠的责骂以及事先策划好的"系统性的贬损"。

50年后，诺伯特依然能清晰地感受到这种痛苦："我父亲在做他哈佛大学的课后作业，我被迫站在他旁边背诵我的功课，甚至有希腊文的，而我只有6岁。他全然不理睬我，直到我犯下一个微小的错误，然后把我骂得一文不值。"当诺伯特发错了音时，利奥就会使用英语、德语和其他40多种他能流利使用的语言，无情地大声斥责他"畜生！""蠢驴！""傻瓜！""笨蛋！"。诺伯特自幼从父亲办公桌的下方朝上看着他，看到的是一个心肠好却依旧"严肃、冷漠的人"。在家上课时，父亲的形象变得灰暗了很多，他可能会因为一个简单的代数方程，突然由温文尔雅变得恐怖万分。

维纳回忆道："一开始讨论时，他语气随和，是对话式的，一旦我犯下第一个数学错误，一切就都变了，温和、充满爱意的父亲变成了嗜血的复仇者。"利奥的话深深伤害了维纳，他说："我父亲说话的语气就是蓄意让我情绪变得激烈，如果还带着讽刺和挖苦，就会像一根皮鞭，不断地抽打在我身上。"每次上课最后的结局都是一样的，"父亲暴怒，我在哭泣，我母亲竭力袒护我，但往往拗不过我父亲"。利奥会在吃饭时或当着外人的面奚落他，让他保持谦卑。他责备儿子"年少愚笨"，直到儿子"精神上伤痕累累"才罢休。

诺伯特努力做得更好，他学习更刻苦了，学习时间更长了。每天的功课需要阅读大量的图书，不到一年，他眼睛就高度近视了。8岁时，他的近视已经很严重了，家庭医生命令他6个月内不得看书，因为担心他会永久失明。这种严格的治疗手段给了诺伯特一段喘息的时间，但可能会中断他父亲的儿童教育实验，这项实验已经吸引了学术圈的关注。利奥是了解希腊悲剧的，他不想自己的第一个儿子成为盲人，但也没有打算放弃自己的实验，因此贝尔塔被要求给诺伯特朗读功课。利奥每周派一位自己的学生到家里给诺伯特复习拉丁文词尾变化和德语发音。他雇用哈佛大学的一位学化学的学生教诺伯特化学反应，还临时在家里搭建了一个实验室。

整整6个月，利奥让儿子在脑子里做推理、推算和算术。

这么做的效果是极为显著的。8岁时，诺伯特学会了解答代数、几何和三角函数问题，不是在纸上，而是在脑子里。他练就了照相机般准确的记忆能力，他和父亲一样，对语言有敏锐的分辨力。他后来告诉麻省理工学院的同事，8岁那年，"我重新了解了世界，我的心灵被完全打开，我能看到以前从未看到的东西"。他回忆说，从那时起，他的头脑就能够做即便现在他也"依然感到非常诧异"的事情。

的确，诺伯特已经开始他毕生所从事的跨学科研究，同时参与多个项目。等到他被允许看书阅读时，他研读了一些儿童科学杂志，发现动物骨骼和自然界其他一些结构存在类似性。人们开始发现新兴的电学和成熟的生物学之间存在诸多联系，诺伯特对此产生了特别的兴趣。他读到一篇有关最新发现的文章，感到非常惊奇，文章说电脉冲信号沿着神经纤维传导的方式和在金属导线中传播的方式完全不同，用他自己的话说，这个过程"类似于一连串方块从高处落下"，而不是电流的持续流动，当时对电就是这么描述的。

年轻的诺伯特觉得其他一些科目高深莫测。作为一个崭露头角的科学家，他对植物和动物的性生活非常着迷。9岁时，他掌握了细胞的有丝分裂、胚胎学的基本知识，了解了卵子和精子的区别，但脊椎动物繁殖的一些微妙的要点让他感到很困惑，他带着这些问题去问父母，然而并没有得到他们的鼓励。他曾经异想天开，认为可以使用正确的咒语把玩具娃娃变成小孩。大约1903年，他产生了一种更为现实、而后又被证明是终生的愿望，他要做一个后来被他称为"类生命体自动装置"的东西，那是一种可以模拟动物和人类行为的机械装置。

在那几年里，对诺伯特产生过最重要影响的人物之一就是他父亲的朋友沃尔特·坎农，坎农是哈佛大学知名的生物学家和先驱神经生理学家。坎农所做的工作，为美国将X光射线用于医疗诊断和治疗开辟了道路，他对神经系统应对即将发生的威胁和感知到的危险所采取的"抵抗或逃跑"的天然反应过程进行了命名和解释。20世纪20年代，他创造了"体内平衡"这个术语，描述身体通过自我调节的行动和反应维持健康、稳定的内部平衡状态的组织机制，比如身体过热时，会通过出汗来降温，释放激素来刺激或抑制身体器官和神经细胞的活动。很多年后，坎农的理论会成为维纳新科学的核心原则。

诺伯特参观过几次坎农的实验室，迷恋于实验室里奇妙的科学新设备。坎农既是诺伯特孩童时期的榜样，也是他的支持者，他对电学日益增长的浓厚兴趣得以释放，他可以在这里做实验，探索电的实际应用。但毫无疑问，利奥希望儿子将来以哲学作为职业，诺伯特本分地听从了父亲的建议，开始朝着这个方向走下去。但他默默地以坎农为榜样，确立了自己第一个和父亲的指令不一样的目标：他要做一个拥有现代装备的伟大的传统博物学家。

———

初到坎布里奇的那几年，是诺伯特和维纳家族关键的成长期。

1902年春,家里的第三个孩子——是个女孩儿——出生了,取名贝尔塔,以纪念祖母。一家人又搬家了,搬到哈佛广场北边的埃文街一座令人愉快的老房子里,它有个不错的图书室和一个大大的后院。相隔两户,住着马克西姆·伯歇尔教授,他是哈佛有名的代数学家和几何学家,公认的美国数学创始人。

那时,坎布里奇是知名大学教授和富裕商人的集聚地,但总体还是个安静的乡下小镇:土路、马车、大片孩子们可以玩耍的空地,也是利奥和诺伯特寻找可食蘑菇的地方。在简易的街道上和杂乱的荒地里,诺伯特和其他哈佛教授的孩子们一起打雪仗。有一次,诺伯特离家出走,打算和一帮博学的玩伴一道去征服土耳其人,以拯救受压迫的亚美尼亚人(他们走到哈佛校园以东几个街区的中心广场,就不了了之,放弃了这个使命)。

1903年春,利奥的职业生涯出现变故,影响到诺伯特和整个家庭。他接受波士顿一家出版社的委托,将托尔斯泰的作品翻译成英文,共24卷,1万美元稿酬,这在当时是很低的单价,但总额不错。利奥要用仅仅两年时间完成这项苦行僧般的任务,当然,翻译托尔斯泰的著作是应该付出这样的努力的,因此他需要一个安静偏僻的地方。那年夏天,他用出版社提前支付的稿酬,在波士顿西北30英里的哈佛镇(和哈佛大学没有关系)买了一个农场,全家又搬到了乡下。

和之前简朴的梓树农场不同,老磨坊农场是个货真价实的工作农场,养牛养马,有一个内战前建的农舍、一个大型谷仓、一个小湖和30英亩[①]果园和草地,草地里长满了野花。作为一个年轻的博物学家,诺伯特喜爱这种呈现在他面前的新生活。他可以识别附近每一个品种

---

① 1英亩 ≈ 4 046.86 平方米。——编者注

的蟾蜍、蝌蚪和水蛭，可以对每一种花和沼泽蕨进行分类，但他非常想念埃文街上的伙伴和与他们一起做过的可笑事情。他结识了几个附近农场的男孩儿，开始了新一轮的恶作剧。有一次，他们搞了一个业余无线电实验，差一点儿触电身亡。但是，尽管有这些乡下牧歌式的历险经历，诺伯特在老磨坊农场同样感到寂寞和孤独。

利奥很忙，要做农场里的杂活，每天花很长时间去坎布里奇上班，还要飞速翻译托尔斯泰的作品，再没有时间事无巨细地过问儿子的教育了。他搜索本地区的学校，在1904年诺伯特9岁时，送他到附近艾尔镇的一所公立中学上学。女校长让他从高二开始上，他的拉丁文、德文和英语文学已完全熟练掌握。至于代数和几何课，得益于父亲以前非常规的教学方法，他也都懂，上课时只是耐心地坐在那里混时间。在家里，利奥继续迫使儿子每天晚上大声背诵课文，他在旁边用打字机翻译托尔斯泰的著作，依然能够听出儿子犯的所有错误，于是大声责骂儿子，连头都不抬。高中第一年结束后，诺伯特直接跳级到高中四年级。

10岁那年夏天，诺伯特写了自己的第一篇哲学论文，论述知识的不完全性，用了一个勇气十足的题目：无知理论。论文观点远远不够严谨，阐述一看就是孩子写的，但他的"理论"预示了更为深刻的主题。在这样小小的年纪，诺伯特就已经可以很自信地提出"人类不可能确知一切事情"的观点。他强烈质疑"人类的知识是无止境的"，称这是"人类的傲慢"。他分析了"不确定性"的诸多原因，指出"通过不确定性，一种观念在头脑中扎根"。他说，不确定性这个问题"经常被无视"，他断言，不考虑这个问题，"哲学是没有价值的"。他坚持认为，科学也一样，不确定性存在于"每一个实验"。他得出结论："事实上，所有人类的知识都是基于近似值的。"

诚然,他的理论不过是一个自负少年使用规范的格式表达自己的观点而已,但他自信的假设却蕴含着未来发展的思想萌芽,其不久将动摇 20 世纪哲学和科学的基础。

他敏捷的头脑以前所未有的速度进步,过快的速度却扭曲了他身体、情感和社交的发展,在儿童发展的某个方面,情况开始变得有些糟糕。

上艾尔高中四年级时,诺伯特 11 岁,他爱上了一个在学校音乐会上弹钢琴的女孩儿,她 15 岁,满脸雀斑。几十年以后,他回忆起那一见钟情的时刻,依然认为那不仅仅是小孩之间的幼稚爱恋。"这段恋情尽管无疾而终,但它是真爱,不是未成年人之间的无性爱情。"他坚持说。但是现实浇灭了他的欲望,尽管他智力超群,谈情说爱方面却是个新手,对在自己身体里激荡的新力量一无所知。父母注意到他情窦初开,他们去了解情况,以确保"那个女孩儿不会将……我的心灵带入毁灭——尽管从来就没有任何危险存在"。

但是在这个方面,利奥夫妇是提供不了多少帮助的,在诺伯特早年的朋友关系中,年龄差异一直是个问题。至于那场毫无希望的初恋,年龄依然是无法逾越的障碍。"我一点儿都不希望长大。"他回忆说。他发现自己还没有和同龄女孩儿有什么交往就"匆匆长大成熟了"。他承认,这个问题长久地影响着他以后的生活,"到了 20 多岁时,我远远没有走出困扰"。

1906 年年初,诺伯特家最小的弟弟弗雷德里克(大家都叫他弗里茨)出生了。同年春,诺伯特以全班第一的成绩从艾尔高中毕业,但在其他方面他远远落后于同班同学。父母在农场为他开了个毕业晚会,但他感觉是"盛宴的局外人"。年纪大一些的男生女生在客厅里跳舞,他因为年小而无法参与,蜷缩在父亲办公桌下面,注视着他们眉来眼去的青春游戏。虽然父亲桌下那片小小的熟悉空间已经几乎容不下他的身躯，那晚，楼上和房外是热闹的舞会，他蜷缩在地板上，度过了最后的纯真时光。

——

尽管诺伯特在艾尔高中和坎布里奇一带已经是个小名人了，但利奥不愿让儿子生活在哈佛大学少年天才的光环下，他选择了塔夫茨大学，这是一个很明智的选择。塔夫茨大学位于哈佛广场北两英里的梅德福，战略位置重要，是所很好的大学。利奥在梅德福买了一栋新房子，诺伯特可以步行上学，也可以坐有轨电车到坎布里奇。1906年9月，诺伯特上大学了，他依然穿着短裤，这是当时区别男人和男孩儿的标志。

一个月后，《纽约世界报》刊文，称诺伯特为世界上最年轻的"大学男子"，但刊登的照片有点儿问题。乔·普利策的星期天副刊上刊登的这位"世界上最了不起的男孩儿"的照片，一点儿都不完美，他没有健壮的身体、自信的姿势和深邃的目光。身体上的缺陷一直困扰着他，带着这种困扰度过了青年时期的大部分时间。《纽约世界报》也承认这一点，称他"身材壮实"，但"接近肥胖"，这很可能归因于他幼年一直吃高淀粉的素食，肚子吃大了，不久就迅速膨胀到相当规模。早年阅读过多，他虽然保住了视力，但高度近视。他的动作控制力很差，缺少肌肉协调能力，因此不管在室内还是在室外，他总是笨手笨脚的。自从幼年在埃文街上和伙伴们玩耍之后，他的动作灵活性日渐恶化，甚至接不住丢给他的球，部分原因也可能是他看不清来球。

不过，给他造成更加严重影响的，是他父亲无情的、多种语言的责骂。长年累月的语言虐待，让这位世界上最年轻的大学生感觉到他早熟的思想是"无益的",这种不安全感让他束手无策,成为他一生的重负。

尽管父亲敦促他选择哲学作为专业,但他决定选择动物学,这是一条充满障碍的道路,肥胖的身躯、高度近视和笨拙的动作使他无法胜任实验室工作和任何需要身体技巧的活动。他的书写虽然可以辨认,但是非常潦草,"素描画出来的东西像怪物"。他认为自己的思想比身体反应快,因此身体的外在感受器被抑制了,这当然是从好的方面解释自己的身体障碍。他的化学实验室工作大概是"塔夫茨大学力学本科生的每项实验在仪器上花费最多的"。在生物课上,一想到痛苦和残缺的肢体,这位温和的素食者就想躲开,他解剖角鲨、猫和荷兰猪完全是在糟蹋标本。这门课程学完后,他终生反对活体解剖。

大二时,为了安抚父亲,他选了几门哲学课程。他去哈佛大学听了几次威廉·詹姆斯的讲座,詹姆斯是哈佛大学哲学,以及不怎么受待见的新学科——心理学领域的权威。詹姆斯建成了美国第一所实验心理学实验室,还和其他人共同创立了实用主义哲学流派。这是一个彻底现代派的、完完全全美国式的哲学学说,它摒弃了自命不凡的哲学理论,关注实践活动,通过日常生活的具体应用来评价实践活动。早年,利奥将詹姆斯的教育理论和他自己折中主义的训练方法结合起来,从而使诺伯特间接地受到詹姆斯的一些影响。利奥甚至还带儿子到詹姆斯家里,让他单独给儿子讲课,然而诺伯特后来说他钦佩詹姆斯多彩的风格,而不是他的逻辑性,少年时期,他就觉得詹姆斯的逻辑性不强,组织结构杂乱。

对科学的热情不断地促使诺伯特离开哲学,他利用业余时间研究新世纪的能源代表——电。班里其他年龄大的同学帮他做体力劳动,他成功组装了由简陋电子设备组成的小型变电站。经历了创纪录的实验室灾难后,诺伯特开始迷恋上数学,他满意地发现,这是"一个犯下的大错……用铅笔轻轻一擦……就可以更正的领域"。他成功地征服了塔夫茨大学最难的高级代数课程,于是马上转了专业。他精通微积分和微分方程,熟练掌握了一堆混杂的让人迷惑的抽象符号和数学函数。不久,他的数学教授把课堂交给他,让他来上课。

1909年春,仅仅用了3年,诺伯特就从大学毕业,获得数学学士学位,可是大学读得太快也产生了负面作用,一向精力充沛、年轻高效的诺伯特感到身心疲惫。他后来写文章说:"我一直马不停蹄,不能休息。"整个夏天,他一直低烧。早早地被逐出童年,又火速地读完大学,因此,情感上他感觉无所事事,对未来茫然无措,这是一种不祥之兆。像很多大学毕业生一样,毕业带来的短暂快乐随即被对未来去向的担忧替代,天才诺伯特的感受更加深刻,他得独自一人去承担:"将来我要做什么?我有多少成功的希望?"

这个问题一直在他的脑海里盘旋着。十三四岁的时候,这种状态就开始伤害他的健康,侵蚀着过去的成功留给他的不多的自豪感。他毕业时获得了荣誉学位,但并没有进入美国大学优等生之荣誉学会,他被告知没有入选的原因是"天才神童的未来发展是否配得上这个荣誉还存在疑问"。这种侮辱让他刻骨铭心。"我第一次完全意识到我被当成天生的怪物,我开始怀疑身边的一些人在等着看我的失败。"

弹指一挥间,3年前,他呈现给《纽约世界报》的那种男子汉的自信迅速消退。尽管他还保留着少许青春年少的狂妄自大,对于自己被广泛宣传的潜在能力,他是第一个质疑的。很多年后,他是这样描述这个夏天感受到的不祥之兆和几年后就可以见分晓的黯淡前景的:"早慧的孩子在智力上过早消耗生命的能量,将注定早早衰竭,永远是二流水准,即使不至于沦落为靠救济生活或者被送进疯人院。"

这种不祥的预兆一直萦绕在他的心头,他深切地感受到失败即将降临,生命即将终结。他有种病态的想法,觉得自己的生命不会长久,这14年将很可能占据他生命的很大一部分。他害怕死亡,也害怕因为从他黑暗心灵里反弹回来的种种罪孽而遭受报应,比如在生物实验室里让动物遭受痛苦的罪孽,性觉醒的罪孽(父母对此保持沉默,使其成为双重禁忌)。厄运即将降临的忧虑使他遭受了一波又一波的痛苦折磨,出现了现代人才能理解的症状:惊恐,迷恋死亡,持续、无法解释的身体疾病,等等,但是在1909年,这位"世界上最了不起的男孩儿"无处可以寻求帮助,无人可以诉说。那年夏天,他第一次发作的抑郁症并不是突然结束的,而是"慢慢消失的"。

对这个14岁脆弱的少年而言,哈佛大学这个对毕业生未来职业预期很高的地方,可不是最理想的起航之地。

———

9月,带着父亲的祝福,诺伯特进入哈佛大学研究生院。为了筹集搬回坎布里奇的资金,利奥卖掉了老磨坊农场和在梅德福的房子,用这些钱在哈佛广场以西几个街区的地方建了一座很气派的房子。去哈佛校园的时候,诺伯特步履艰难地走在布拉托大街砖铺的人行道上,尽情享受着晚夏凉爽的空气,他心里对自己还是相当有把握的:他热爱户外以及自然表现出的每一种形式,对世界上最重要的语言和文学具有足够的知识,数学技能越来越好,而这一项他当时认为是"可以打开成功之门的利剑"。

但是成功之门前面总是人潮汹涌,文质彬彬的哈佛学子个个挥舞着自己的利剑，哈佛校园爬满常春藤的围墙外也集聚着大量野蛮人。

美国最古老的高等学府可不是轻而易举就应付得了的。历史上的哈佛校园有一片22英亩参天大树的林地、一块一块的草地以及一条条穿行在庄严、肃穆的石头和红砖建筑之间的步行小道，校园周围围着带刺的铁栅栏，几个拱形的大门小心翼翼地面向校园外俗不可耐的大街。铁栅栏后面的哈佛大学依然是个高层次僧侣隐居修行的地方，开设的很多课程都体现了马萨诸塞州第一批殖民者的清教哲学，这些殖民者成立哈佛大学的使命就是为牧师提供服务。

诺伯特是1909年这个吉祥的秋季进入哈佛大学学习的四位神童中的一位。其他几位是：威廉·詹姆斯·席德斯，11岁，父亲鲍里斯·席德斯博士是个精神病学家，和利奥一样用一套培养神童的方法在孩子们身上做实验；小阿道夫·奥古斯塔斯·伯利，14岁，父亲是当地公理教会的牧师，一心想把儿子培养成政治家；锡德里克·温·霍顿，15岁，出身哈佛和波士顿的贵族家庭；第五位神童罗杰·塞欣斯是个音乐天才，来自纽约积极进取的布鲁克林区，他是第二年入校的，也是14岁。

当媒体记者意识到有一群而不是一个天才少年在哈佛田园牧歌般的校园觅食的时候，他们像发现了猎物的猛禽，从空中俯冲而下，狂乱地袭击这些年幼的雄狮，包括这位"大象的孩子"。若干年后，诺伯特回忆他如何躲避蜂拥而至的小报记者，称他们"急切地以一分钱一行的价格卖掉我的基本人权"。第一天踏进神圣的哈佛校园，诺伯特就明显感受到一种敌意，记者们的出现更是加重了这种敌意，但是他很快就学会了如何躲避跟踪的记者，当他看到他们从哈佛校园走过来时，他马上躲进一个侧门，消失在哈佛广场的背街小巷里。

利奥的态度与以前一致，他千方百计地让胆小的儿子免受媒体的关注，但也感受到小报带来的诱惑。利奥在学术界有很好的名声，翻译的作品和学术出版物都有很高的质量，但在哈佛他感到有些失意，因为他觉得他所做的具有开创性的斯拉夫语言和文学研究工作并没有完全受到重视。在小报的帮助下，加上善于自我推销，利奥找到机会在公众面前兜售育儿经验。1909年开始不久，波士顿的《星期日先驱报》刊文称赞"哈佛的四位儿童学生"是"他们父亲的新教育体系的结晶"，戏称"他们的家长宣称其他人可能会效仿"。这篇文章的焦点不是诺伯特，也不是威廉·席德斯和他的精神病学家父亲，而是利奥·维纳。

利奥抓住机会详细解释自己的教育方法，宣称他的方法对他所有的孩子都产生了可观的效果。

"我的孩子们不是反常之人，他们不是天才……他们甚至不是特别聪明，"利奥坚持这么认为，然后无缘无故地损了儿子一通，"诺伯特本可以8岁就上哈佛，当时没人强迫他。他甚至有些懒惰。"他这么说，依然坚持1906年接受《世界杂志》采访时对儿子的评价。利奥在媒体面前和私下一样责骂儿子。他甚至用儿子经常犯的数学方程式错误做广告，证明自己的训练方法如何有效，证明自己的"有意识的错误是一件伟大的事情"的观点。

1909年很快过去了。1910年漫长的暑假让诺伯特可以好好放松一下，他需要休息。另外一方面，这个暑期对他来说也很重要。这是维纳一家第一次到新罕布什尔州的桑威奇度假，他们住在位于怀特山的一个村庄里，南边是形状不规则的温尼伯索基湖，北边是高耸的桑威奇山脉。美丽的景色、凉爽的山间空气和当地乡民都让他们一家着迷，诺伯特后来称赞这些乡民"清醒威严、含蓄谨慎"，都传奇般"沉默寡言"，这些正是新英格兰人既谦卑又骄傲的性格特点。那个夏天，诺伯特已经长大成人，身高差不多 5 英尺 6 英寸[①]，体重 146 磅，他和父亲利奥、妹妹康塔（全名康斯坦丝）一起爬上了山顶覆盖花岗岩的怀特菲斯山，这是桑威奇山脉的一座高达 4 000 英尺的山峰。崎岖的大山并没有因为他行动笨拙而阻挡他的步伐，相反却滋补着他的心灵。三人于是又一路跋涉登上了海拔 6 288 英尺的华盛顿峰，这是全长 2 000 英里的阿巴拉契亚山脉步行道的最高点。等到登上山顶时，诺伯特完全迷上了步行。两年后的夏天，他加入了阿巴拉契亚山脉俱乐部，参加俱乐部组织的户外活动，他们在怀特山脉的荒野之地开辟步行道路，这些道路到现在还有人走。他对徒步的热爱以及对新罕布什尔州这个角落的热爱合二为一，他余生每年夏天都要回到这里。

———

哈佛的天才少年们没有被哈佛的课业压倒，也没有屈从于小报要求他们彼此竞争的鼓噪。他们经常在路上不期而遇，甚至还会欢喜地雀跃嬉戏，但是他们五人从未发展成朋友。维纳后来写道："我们共同接受的早熟教育就像我们共同遭受的残害一样，都不会使我们成为伙伴。"

1909 年是哈佛大学的重大之年，其培养的五位天才毕业生的命运各不相同。阿道夫·伯利后来成了富兰克林·罗斯福总统的智囊团成员，人们对此赞许有加。音乐天才罗杰·塞欣斯成了 20 世纪最受人钦佩的作曲家之一，获得三个普利策奖。令人悲哀的是，锡德里克·温·霍顿没有机会证明自己，在即将毕业时他因阑尾穿孔失去了生命。威廉·席德斯有过短暂的辉煌，随即变得默默无闻，他精神崩

---

① 1 英寸 =2.54 厘米。——编者注

溃了，46 岁时死于脑出血，在这之前，《纽约客》杂志发表了一篇措辞尖刻的人物简介，嘲笑他过着"不负责任的游荡生活"，未能充分发挥自己的潜能，是个凄凉的失败者。

很多年来，维纳一直为席德斯遭受的来自父亲和媒体的恶语感到愤愤不平。在《昔日神童：我的童年和青年时期》里，他严厉批评了《纽约客》的文章，称其对席德斯的攻击是"残忍、毫无道理的"，"让他像街头小丑一样带枷示众，供一帮傻瓜驻足观看"。1952 年，一家全国发行的星期日副刊上重新提起席德斯的故事，题目是"你可以使你的孩子成为天才"。这篇粗暴愚蠢的文章给了维纳最后一次机会来反驳小报上的观点和那些未经证实的传言，即天才的父亲们，比如利奥和鲍里斯·席德斯都明确说过，正确的训练方法每次都能培养出天才：

那么，你可以使你的孩子成为天才，是吗？是的，就像你可以把空白的帆布变成达·芬奇的名画，或者把一令白纸变成莎士比亚的名著。（但是）要让那些想根据自己的想法来塑造一个人灵魂的人明白，他们一定要先有一个值得效仿的榜样，并且要让他们知道，塑造非凡智慧的力量是一种生的力量，也是一种死亡的力量。

在哈佛大学，诺伯特感受到巨大的竞争压力，也感受到大学社区为很多人搭起了一道"潜在敌意"的墙，他们似乎急切地想要看到他和他的天才伙伴们失败，看着这帮皮格马利翁般自恋的教授父亲得到报应。经过一年在化学实验室的挫折以及不断被小报骚扰，在利奥的坚持下，诺伯特正式转向哲学。他成功申请到位于纽约州伊萨卡市乡下的康奈尔大学一年的奖学金，利奥在密苏里州时认识的一位同事在那里担任哲学系主任，挺有名的。诺伯特十分痛恨父亲干涉他的职业选择，但他很乐意逃离哈佛。这标志着他憎恶哈佛大学和与其有关联的学者的开始。

但是在康奈尔的一年也让他经历了很多打击，还有一个很大的意外。

———

给诺伯特带来折磨的不仅是父亲利奥和小报，他的母亲在他通向成年的曲折道路上也加重了他的心灵创伤。贝尔塔·卡恩·维纳在教育孩子的问题上屈从于丈夫，但因为她妈妈是位美国南方美女，爸爸是个完全被同化的德国犹太人，她自己也个性坚定，所以她以其他方式来影响孩子们的成长。比如，鼓励孩子在当地学术圈努力往上爬，赞同当时社会上罪恶的反犹太情绪。一位老友是这样描述贝尔塔的："她有点儿像电影《毒药与老妇》里的两位表面看起来十分和善慈祥的老太太。"很大程度上是由于她的怂恿，他们一家在世纪之交的坎布里奇才像非犹太人那样生活。这样做也许是为了提高他们的社会地位，也许是为了避免孩子们受到新英格兰根深蒂固的种族和宗教歧视的伤害。不管是什么原因，贝尔塔的做法都有些过头了。根据维纳的叙述，在他的整个童年时期，母亲不仅宽恕反犹太情绪，而且不断发表一些谩骂、嘲讽的言论，指名道姓地说某位犹太人或所有犹太人的品质如何令人憎恶。

父母都没有告诉自己的天才儿子他不仅有犹太血统，而且祖先还包括东欧著名的《塔木德》学者、受人尊敬的摩西·迈蒙尼德（起码家庭传说是这样的）。

15岁时，诺伯特在康奈尔大学准备自己的毕业论文，无意中了解到了事情的真相。在一次交谈中，当着诺伯特的面，利奥的一位朋友弗兰克·梯利，康奈尔大学的伦理学教授提到维纳家族"很早以前的哲学家"迈蒙尼德，还提到了利奥的父亲在一场大火中失去了证明这种联系的族谱。诺伯特马上跑出去就近找到一本百科全书，因为他不知道迈蒙尼德这个名字，对犹太传统也一无所知。之后，他和父亲很严肃地谈到维纳家族和卡恩家族的历史——他很早就了解到，卡恩（Kahn）是科恩（Cohen）的变体，科恩是以色列大祭司的希伯来名字。

这个消息颠覆了诺伯特的整个世界，用他自己的话说，他感到"被剥夺了继承权"。了解到自己具有犹太血统后的震惊触及了他的"内在精神安全"，让他感到"确确实实的疼痛"。他克服了母亲的言行强加给他的丑恶逻辑。"我自己是这么推断的，我是犹太人，如果犹太人具有我母亲认为可恨的那些特征，那么为什么我必须有这些特征，并且要和所有我敬爱的人共享这些特征……我很清楚其中的意义：我不能接受自己是个有任何价值的人。"他这种刻板的三段论充满了悖论和不可能性。"既是个犹太人，从小也被灌输接受敌视、贬低犹太人的态度……这在道德上是不可能发生的事情……我既不可能也不愿意过着虚伪的生活，我的任何反犹太的情绪都是自我仇恨，仅此而已……然而，我同样不可能接受犹太教。我从未接触过犹太教，在我的早期教育中，我以一个局外人的角度看犹太社区，对他们的宗教仪式和习俗知之甚少。"

这个难以承受的困境让他别无选择，只有放弃祖辈的信仰和一般意义上的宗教，这从一位年轻的学者和科学思想家的理性角度看也是合理的。若干年后他是这样为自己的决定辩护的："对于任何信念，不管是宗教的、科学的还是政治的，要我不加选择地接受，是违背我真实意愿的。学者应该保留随时改变自己观点的权利,只要能提供证据。"对诺伯特而言,提供证据是逃脱不掉的。"我不相信保守的新英格兰人是上帝的选民,但是即使是厚重的犹太传统也不能使我确信以色列是上帝的选民……那么,我能做什么呢?"

经过多年的内心挣扎,诺伯特最终得到的答案是,他要接受一种通用的精神信仰和人文主义的信念,这将构成他个人哲学的基石,也为他后来从事的科学和社会活动提供了人文基础。在《昔日神童:我的童年和青年时期》中,他追溯了自己从犹太教到人文主义的转变过程,这种转变使他兜了一圈后,又回到被遗忘的先辈迈蒙尼德那里,和他建立起深深的精神联系:

我很早就明白一件事情:反犹太的偏见不是世界上唯一的偏见……我读了吉卜林的很多书,了解到英国的帝国主义态度……我的中国朋友和我非常坦率地谈到西方国家对中国的侵略,我也耳闻目睹了美国黑人的境遇……我相当了解波士顿老居民和新来的爱尔兰人之间相互怨恨的情况……最终的结果是,我仇恨反犹太的偏见,不是因为它是针对我本人的族群,只有这样我才能获得内心的安宁……我反对对东方人的偏见,对天主教的偏见,对移民的偏见,对黑人的偏见,因此我觉得我反对对犹太人的偏见是有可靠的基础的。

但现在他要把那种智慧的思考搁置一段时间了。那年,他的学术表现一落千丈,一是由于他所遭受的精神焦虑,二是由于他不良的学习习惯,没有父亲的监管,这一缺陷马上就显露出来。他没能继续获得奖学金,利奥把他带回波士顿。那年夏天,他回到家里,这一年里的种种新发现让他感到迷茫,曾经的身份认同和青春年少的自信都被剥夺,他凝视着充满不确定性的未来,它像"一个浑浊、令人压抑的池塘"。

———

1911年夏,利奥又给了儿子一次打击。当诺伯特准备开始研修第三年的博士学位课程时,利奥又一次出来公开声明,说儿子的智力和成就以及两个女儿突出的早期学业成绩都是他的功劳。利奥在受欢迎的《美国杂志》上刊文,向全美读者重申了他之前在《星期日先驱报》上发表的观点:"有些人说,诺伯特、康斯坦丝和贝尔塔都是极具天赋的孩子,这完全是胡说八道。如果说他们比同龄的孩子懂得更多,是因为训练他们的方法不同。"这种老生常谈的话,诺伯特却是闻所未闻。之前父母搭起一道屏障,不让他接触媒体,这是他第一次从媒体那里听到父亲这么说。这些话出现在全国性的权威杂志上而不是小报上,这让他感到极为震惊:"这些话被白纸黑字地写下来……等于向公众宣布,失败是我自己的,而成功是我父亲的。"

那年,利奥获得了终身教授资格,成为哈佛大学第一位获得这个资格的犹太人。同年9月,诺伯特重新开始了哲学博士学位课程的学习。头一年,威廉·詹姆斯辞世,现在诺伯特整天泡在位于哈佛大学中心的爱默生大楼里,认真审视詹姆斯的不足,开始在新的哈佛学术大鳄的指导下学习,这些人包括乔治·桑塔亚纳,他是出生在西班牙的哲学家、詹姆斯的门徒,主讲课程有道德和美学;乔赛亚·罗伊斯,他是神学家、唯心主义者、实体实在主义者,诺伯特从他那里接受了严谨精确的科学教育。

两位学者带领诺伯特接触到20世纪正在兴起的科学世界观和新

的"数学逻辑"流派,前者被哲学家称作"新现实主义",后者是由英国哲学家兼数学家伯特兰·罗素和怀特海开创的。罗素和怀特海合著的三卷本鸿篇巨制《数学原理》上一年出版了,它寻求实现自莱布尼茨以来数学家的一个梦想,即收集整理所有分散的数学分支学科,将它们打散,找出它们的基础构件,然后根据逻辑的基本原理,系统性地构建一个数学整体大厦。

本能地,诺伯特被新现实主义吸引。他这段时间的哲学论文涉及一些观点,几十年后他将这些观点运用到科学研究工作中。这些观点包括:对现实和理性思维的物理基础进行激进的再构建,用新的科学方法研究自然的目的和设计。就像他10岁时所写的关于无知的论文一样,他的博士论文提出的观点不是天才的思想,也谈不上是成熟哲学家的观点,但是到诺伯特16岁左右时,那些即将带来本世纪科学革命的原始观点已经在他的头脑里播下了种子。

在哈佛学习新哲学,诺伯特得心应手。他写了一篇很不错的论文,内容是研究罗素和怀特海的《数学原理》的,他毫不费力地通过了笔试,参加面试的时候,因为恐惧而"神情恍惚"。父亲利奥决心帮助儿子越过他伟大实验的最后一道障碍,每天陪他在坎布里奇的大街上散步,安慰他,给他信心,给他讲每个考官可能会提出的意想不到的问题。诺伯特成功地经过了这次考验,在18岁这个懵懂年少的时候,他戴上了博士帽。

诺伯特这种情况是没有历史先例的。像他这样的天才在西方有预言传统的社会里被看成是"世界即将改变"的预兆,是"神话怪兽",诺伯特非常讨厌这种说法。有些现代的聪明人认为,这种罕见天才的出现是自然精心安排的伟大"开局"的前兆。由于内在天赋、早期影响和偶然时机的共同作用,天才的出现是世人的"榜样和灯塔",他们"预示着一种力量,将打破人类在地球上持续生存而需要的平衡"。这样的个体通常在某一特殊领域显露出超凡的才能,但小维纳是异常中的异常。根据怪才分类,他属于"综合天才","在语言、数学和自然科学方面极其有天赋",并且像吉卜林的"大象的孩子"那样,"好奇心强,几乎到了难以置信的程度"。然而,崇高的赞誉并不能确保他未来取得很高的成就,维纳也心如明镜。几百年的事实证明,"鲜有少年才俊成长为真正的天才",即那种大家公认的成熟英才,他们会"引领某一基础的、不可逆转的知识领域转型"。

1913年温暖的春天,哈佛大学校史上最年轻的博士大步走上桑德斯剧院的舞台接受他的博士学位证书,这位半盲、战战兢兢的少年才俊对自己的才智、身份和自我价值充满了困惑和发自内心的怀疑——当然他不是唯一的人。他生命中最为重要的人——他父母和弟妹都参加了毕业仪式,父母为他们自己的伟大成就感到无比骄傲,弟妹坐在位子上局促不安。对他们而言,诺伯特依然是他们亲爱的、笨手笨脚的"努宾"(Nubbins),这个亲密绰号实际含义有二:一是小的或不成熟的玉米穗;二是任何发育不良的东西。

二
青年维纳

哦！如果我能够反复无常，能够把过失推诿给气候，推诿给第三者……那我心头难忍的重负也可以减轻一半。怜悯我吧！……从前，我在情真意切的意境中浮游，每一步都有一座乐园陪随，我的心慈爱地拥抱着整个世界，现在在我胸中的还不是同一颗心？

——歌德《少年维特的烦恼》

1913年9月一个晴朗的日子，年轻的诺伯特·维纳，刚毕业的少年哲学博士，从马萨诸塞州坎布里奇体体面面地出发，踏上通往英格兰剑桥的路途。他手里拎着沉重的行李箱，沿着台阶走入哈佛广场下面的新地铁站，几分钟后到达波士顿东站，附近的波士顿港破旧的码头上，英国莱兰航运的一艘小蒸汽船正在装载乘客。

诺伯特被授予哈佛大学最有价值的毕业生奖学金，有机会在国外进行为期一年没有任何限制的旅行和学习。他盼望开始自己的新生活，远离专横的父母，但是逃离不会那么容易。

他的家人和他一路同行。利奥利用儿子在国外学习一年的机会请了学术假，他依然渴望获得欧洲学者的尊重，接受他折中学派的哲学研究，并且他和妻子都非常想在欧洲的文化中心促进两个女儿的教育。诺伯特拖着自己的小提箱和家人的行李走上码头，而父亲在一旁不断尖叫着对他发出"冲突的、自相矛盾的"指令，仿佛他是家里请的搬运工，而不是有名气的天才。这时，他的身体和精神感到双重重压。

登上轮船，诺伯特感到"如释重负，极其轻松"。他一直在观看海浪，全神贯注地琢磨船上无线电报务员的一举一动，惊叹他一边熟练操作无线电设备一边灵巧地应对"老船长女儿的调情"。当轮船停靠利物浦时，利奥给自己和儿子买好了去伦敦的火车票，并安排其他家人去德国慕尼黑，那是他们事先安排好的欧洲之行的大本营。

———

年轻的诺伯特阔步走进现代哲学和新数学逻辑的圣地剑桥三一学院的大门，父亲紧跟其后。他们穿过巨大的石头大门，透过蒙蒙细雨，看到三一学院的巨庭。他们沿着鹅卵石小道疾走，走过牛顿发现微积分、开展具有历史意义的光学实验的冰冷禅房，走过拜伦饲养宠物小熊的烟熏塔楼，走过大学食堂旁边诗人丁尼生曾经一步跨过的台阶。

这是父子俩比较愉快的一次步行。

在巨庭对面的一个宽敞套房里，利奥亲手把儿子交给英美世界最重要的哲学家伯特兰·罗素，还大大地夸奖了儿子的天赋，也没忘记自我推销一番。这是迄今为止利奥采取的最大胆的行动，他要在儿子有可能做出成就的领域为他找到最出名的老师。瘦长、高傲的罗素爵士那时才40岁出头，他一边抽着烟，一边打量着这位自己要看管的学生。诺伯特也打量着这位新导师。

师从罗素，诺伯特是有备而来的。他的博士论文研究的就是《数学原理》的头几卷，并且1913年整个夏天他都在抓紧温习数学。但是，他的这些准备工作与他在哈佛读博士期间受到的严格训练，并没有让他准备好面对三一学院令人畏惧的学术环境，或者没有让他准备好接受罗素更加让人生畏的个性。利奥离开剑桥去慕尼黑后没几天，诺伯特写信给父亲，悲哀地描述了头几次罗素给他单独辅导、双方互动时的紧张情形："罗素的态度完全是冷漠的，夹杂着轻蔑……我想我去看看他上课的样子就心满意足了。"

他上了两门罗素的课，一门是关于《数学原理》的，一门是关于感知数据的，后者是当时精神哲学领域里一个非常紧迫的研究问题。这两门课诺伯特完全可以轻松应对，但是他从赫赫有名的导师那里得到相反的印象。显然，青年维纳没有能够"感知数据"，或者未能按照三一学院的巨人规定的方法进行哲学研究。新学期过了一个月，诺伯特向利奥承认：

罗素先生的课程学起来还行，但和他单独在一起所做的工作，让我感到很沮丧。我觉得我是个失败的哲学家……我提出的观点是有缺陷的。罗素对我的哲学才能……似乎非常不满，对我个人也不满。他说我的观点"很糟糕，让人迷惑"，说我对观点的论述比观点本身还糟糕……指责我过于自信……他的话非常伤人，尽管他总是可以找到理由。

相比于罗素敏捷的思维能力和傲慢的风格，利奥严厉的训练方法显得笨拙低效。他气势汹汹的语言攻击大大地伤害了诺伯特的自信心。他忍受痛苦，熬过了这段时期，之后罗素的折磨激发了他一种新的反应：反抗。一个星期后，诺伯特给利奥写了一封言辞尖刻的信，对罗素进行了反批评，这预示了他将来对所有过分逻辑化的人和机器的感情态度：

我非常不喜欢罗素……我憎恶这个人……他是一座冰山。他的思想给人的感觉就是一个尖刻、冷漠、狭隘的逻辑机器，把整个宇宙分割成一个个整齐的小包裹，每个长宽高只有 3 英寸。他用来分析事实的数学分析方法，是一种强求一致的方法：内容如果太多，他的系统无法解释，他就会对其加以裁剪；内容如果不够，他就会对其加以拉伸。

为了显得不和自己的导师一样残忍，他给罗素丢了一块小面包："不过，在他的局限范围内，他还是非常准确的思想家。"

在这段师生关系中，彼此的反感是非常深的。罗素在同一星期写给朋友的信中，抨击了这位"叫作维纳的天才神童"：

这位年轻人被奉承惯了，自认为是万能的上帝——我和他之间一直存在竞争，到底谁才是老师。

一开始，青年维纳在剑桥也感到消极低沉。根据哈佛和三一学院达成的协议，他的身份是高年级学生，但三一学院不允许他住在学院里。利奥为他找的房东太太脾气不好，"是个邋遢、刻薄的小个子女人"，她同意以很低的价格出租房间，每天还提供蔬菜和奶酪，但在剑桥的头几个星期，他"孤独绝望透了"。他独自一人走在学院庭院的石砌地面上，在剑河边的树林里闲逛，最终总算找到几个可以说话的人。他和一些本科生一起去喝茶，参加他们的晚会，他们称之为

"挤扁晚会",因为房子偏小,人多拥挤。研究生和博士后同学都像大哥哥一样,把他当朋友看待,但他感受得到他们根深蒂固的英国式势利和反美情绪,以至他这个美国佬感到有些不自在。

随着时间的推移,他发现剑桥除了美丽的景色,还有更多令人喜爱的东西。他喜欢到道德科学俱乐部参加辩论,表达自己的观点。他结交了年纪比自己大的学者朋友。到第一学期末,他感到"快乐多了,也更像一个男人了",对剑桥同学们的态度也变得相当友好了。他后来多次访问英国,承认"自己和英国之间具有一个亲密、永恒的纽带,特别是自己和剑桥之间"。他肯定地说:"一旦你刺破他们对美国人和其他外人披上的保护性外壳,就会发现英国人是非常不同的。"

青年维纳在剑桥还学到了其他东西。他发现那些智力超群者和没落贵族身上有种种怪癖,他们将这些怪癖上升为一种艺术形式。剑桥有三位哲学导师,共同构成了童话中的"疯狂茶社"的三一学院版,是刘易斯·卡罗尔小说《爱丽丝梦游仙境》中活生生的人物。这三个人是罗素;G.E.摩尔,新兴"常识哲学"的拥趸;J.E.麦克塔格特,英国黑格尔唯心哲学最后的堡垒。罗素就是小说中"疯狂的制帽匠",他身材瘦长,是狂野的贵族子弟,常常和布鲁姆斯伯里文化圈的朋友们寻欢作乐,和迷人的英国女人、美国女人风流韵事不断,丑闻迭出。在摩尔身上,维纳看到了"完美的三月兔",他不修边幅,"长外套上总是沾满粉笔灰……头发像一团乱草,一辈子都没有梳过似的"。小说中的"睡鼠"非懒散的麦克塔格特莫属了,他"双手短粗……整天睡眼惺忪,横着走路"。

在剑桥,全新的思想和个性的自由让维纳欢喜,他第一次感觉到自己不是与众不同的怪人。他把剑桥和哈佛进行了比较,肯定地说:"哈佛一直仇视怪人和有个性的人……而剑桥十分珍惜怪癖,以至没有怪癖的人也被迫装出几分怪癖来。"数年后，维纳自己的怪癖举世闻名，他对他多年的英国朋友忽冷忽热，朋友指责他的一些古怪行为是故意学三一学院那些活宝的。

在三一学院中，维纳最为敬重的人是戈弗雷·哈罗德·哈代。他是当时英国最重要的纯数学家，外表清秀、热爱运动，因此看上去像大二学生，但他30多岁了，内心脆弱、容易害羞。哈代的课对维纳是"一种启示"，他早期涉足高等数学——初等微积分以外的数学王国时，不是很顺利，基本上没有什么收获。当时，他已经不需要扳手指头算算术了，但无法理解数字理论的抽象概念、泛函分析、微分方程、向量几何。哈代带着他慢慢理解这些高深领域的基础逻辑，训练他的数学证明方法，于是，他的数学分析引擎开始点火发动了。

维纳感谢哈代，是哈代而不是罗素给他提供了现代数学的新工具，包括突变函数和复变函数，测量光滑曲线和不规则曲线的高等微积分，尤其是勒贝格积分——一种测量不规则几何形状和分散在无限空间的点集的统计工具。10年之后，维纳运用这些统计理论的基础工具取得了一些初步的成果，他在该领域的研究就是在哈代的指导下起步的。1913年11月，他的第一篇论文出版了。"现在看来，我觉得这篇论文不是特别好，"他后来说，"然而，它第一次让我们闻到了油墨的香味，这对一个崭露头角的年轻学者来说是巨大的鼓舞。"他的下一篇论文是写给哈代的，这篇论文对数学逻辑领域做出了重要贡献。

两人不久就分道扬镳了。维纳越来越注重实用性，渴望运用这些新的数学工具解决现实问题，而哈代非常珍惜自己纯数学家的地位。两人成了亲密的朋友，但在接下来的30年里，他们一直争论纯数学和应用数学的优点。哈代称维纳研究的工程方向是"骗人的东西"，维纳坚定地为自己实用数学家的角色辩护，打算找到解决具有重大影响的现实问题的途径。

在这一点上，维纳和罗素的看法是一致的。罗素对数学工具的实际应用没有什么疑虑。尽管他对自己这位刚愎自用的学生没有表现出什么外在的情感，但他在维纳的早期职业生涯中帮了他两次大忙。在他们每周进行例行的个别指导时，他把维纳带到纯逻辑王国以外的领域，提醒他注意一些激动人心的、将动摇20世纪上半叶物理科学基础的新发展动向，即正在欧洲大陆兴起的物质电子理论和新量子物理学。更重要的是，罗素指示维纳注意爱因斯坦1905年出版的三篇论文，当时科学界还苦苦挣扎试图理解他提出的三个理论。一篇提出相对论，指出物质、能量、空间和时间彼此存在亲密的物理关系。另一篇提出光电理论，解释了金属的光电效应，即当光照在金属表面时，金属会抛出电子从而产生电流。还有一篇尽管难懂但具有历史意义的论文，它解开了布朗运动之谜。在第三篇论文中，爱因斯坦研究了液体中微粒的不规则运动，解释了这些微粒不规则运动的原因，为热动力学和整个物理学提供了重要的理论支撑，这种运动最初是由苏格兰植物学家罗伯特·布朗发现的。这篇让人难以忘怀的论文即将成为维纳数学研究的跳板。

作为对罗素好意的回报，青年维纳彻底摒弃了导师的杰作《数学原理》的逻辑前提。1914年，英格兰的冬天潮湿无比，还不到20岁的维纳对罗素巨著中提出的观点投下了冷冷的一瞥。维纳分析后认为，罗素缺乏逻辑，他所宣称的已经找到一种逻辑方法来演绎整个数学的说法是有基础性缺陷的。的确，通过在三一学院的研究，维纳开始相信，任何自称完备的独立逻辑系统注定是要失败的。次年，他在《哲学、心理学和科学方法》杂志上发表了一篇很短的论文，表达了相同的观点：

在我看来，我们不可能对罗素先生的一套假设进行详述……无论如何，很可能出现的情况是……我们无法得到逻辑和数学命题所绝对不可缺少的那种确定性，也无法确定这些逻辑前提所演绎出来的结论的可信性。

维纳的批评是他 10 岁时撰写的第一篇哲学论文《无知理论》中表达的观点的重现，只不过这次形式更为成熟，也是奥地利数学家库尔特·哥德尔 20 年后提出的更为具体的"不完全性定理"的预言，这个定理淘汰了罗素和怀特海的大胆设想。维纳的侧面打击没有造成什么影响，但是它发生在罗素的地盘上，正值罗素影响力处于鼎盛的时期，这不啻《皇帝的新装》中小男孩儿说皇帝没穿衣服。

很多年后，维纳才承认在剑桥的第一个学期从罗素那里学到了很多东西。40 年后，他承认："即使经过这么多年，要我写点儿东西谈谈我和罗素接触的情况以及在他的指导下从事的研究工作，依然不是一件很容易的事情。"然而，他承认和罗素之间有争执，就像承认从父亲利奥那里得到的沉痛教训一样。"这些争执让我受益巨大。"尽管在信件中说了一些不好听的话，罗素还是看好维纳的。在罗素的私人信件中，他提到维纳父亲主动来信详细说明他训练儿子的方法，他赞赏地说："然而，他最终的结果是不错的。"维纳本人在给哈佛大学一位教授的短笺中透露，罗素读了他的博士论文后称赞它是"相当好的技术作品"，并送了他一本《数学原理》第三卷作为礼物。

———

维纳牢牢记住导师的指示。1914 年春，罗素去美国讲学，维纳动身前往欧洲大陆。他在慕尼黑短暂停留，和家人团聚，然后乘火车到哥廷根。这是位于下萨克森州丘陵地区有几百年历史的大学城，是一个知识力场，其吸引力穿越古城厚厚的防御城墙，远达四方。19世纪，哥廷根巨人卡尔·弗里德里希·高斯和波恩哈德·黎曼奠定了现代数学的基石。他们的继承人和门徒引领现代数学进入20世纪，正动摇着物质本身的物理基础。

维纳在哥廷根只停留了一个学期，但这次停留对他后来成为数学家和物理学家至关重要，10年后，量子革命就是在哥廷根大学的物理大厅里爆发的。在那里，维纳跟随德国数学界顶尖人物戴维·希尔伯特学习微分方程，多年后维纳称希尔伯特是他碰到的"数学界唯一真正的全能天才"。听从罗素的建议，维纳阅读了爱因斯坦1905年的德语论文，第一次仔细了解了新的原子理论，开始应用学到的全新数学概念来解释物理世界的实际现象。为了更充分地领悟德国主流学术界的真谛，他选修了埃德蒙德·胡塞尔的课程，胡塞尔是继承了康德和黑格尔传统的最后一位伟大的德国哲学家，但是维纳已经19岁了，他是为了哲学而选择哲学以外领域的。作为一个雄心勃勃的应用数学家，他意识到他"不具备哲学头脑，不擅长抽象概念，除非有一个现成的桥梁把这些抽象概念和某些科学领域的具体观察或计算连接起来"。

他在哥廷根大学数学协会从事的研究工作使他的思想跨越了这座桥梁。协会的阅览室汇集了世界上最伟大的数学著作和期刊，他可以自由浏览。在专题研讨室，希尔伯特主持每周一次的研讨会，会上大家阅读新的研究论文，充满激情地、准确地对其加以分析。会后，学生和教授一路走到山顶上可以俯瞰美丽小城的咖啡馆，一边谈数学一边结交朋友。这种亲密友好的氛围体现了德国人根深蒂固的"科学与啤酒并置"的观念，当年父亲利奥就是因为厌恶这个才逃到美国的。尽管年纪比博士后同学们小几岁，但是维纳喜欢这些生机勃勃的讨论，也愿意参与其中，和大家互动大大地提高了他的社交技巧。

在哥廷根，青年维纳还取得了另一个令人兴奋的突破。当对数学逻辑中几个小问题迷惑不解时，他突然想到一个点子，并很快意识到可以将它运用于更广泛的逻辑系统。整整一个星期，他的脑子里全是这个想法，日夜不停地补充具体细节，只抽空吃了几口黑面包和奶酪充饥。后来回忆起自己第一次持久的数学创造过程中所经历的痛苦，他说："不久之后，我意识到我有个好的想法，但是这个悬而未决的想法对我确实是一种折磨，直到我最终把它写下来，彻底从脑子里清理掉。"最终成果是一篇论文，第二年发表在剑桥的一家杂志上，他认为这是他早期最好的作品之一。

这次经历激发了他对数学原创研究的热爱，他将之比作艺术家或雕刻家的创作，是被神圣的灵感驱动的。"看到一个棘手、毫不妥协的原材料慢慢成形，开始有了意义……无论原材料是石头还是石头般坚硬的逻辑……你都会感受到创造的乐趣。"他说。在哥廷根大学的学术氛围里，19岁的维纳开始慢慢了解到自己的内在能力，他找到成熟的理论工具，有惊人的记忆力和"自由流动的、万花筒般的想象力"，"差不多可以自动地"、源源不断地产生大量新的想法，来解决复杂的数学问题。他第一次认清自己的形象，不再是接受训练的笨拙幼熊，也不是他父亲或罗素手下懒惰的学生，而是一个积极主动的学者，日渐成熟，具有创造伟大成就的潜力。

在哥廷根，维纳不是一直在工作。下课后，他沉迷于最喜爱的户外活动，享受着下萨克森州田园牧歌般的快乐：到城南的森林漫步，或到莱茵河上的天然学生游泳场懒散地泡在水里。晚上，他到城里的素菜馆吃饭，一头扎进人来人往的酒吧，或者到学生经常光顾的啤酒厅大喝一通。和剑桥拘泥的"挤扁晚会"不同，哥廷根的啤酒狂欢"时间长、柔润、和谐"。一天晚上，他参加了在一家啤酒屋举办的喧闹的唱歌比赛，"胡乱地"用德语和英语唱歌，一直到警察把这一帮狂欢者驱赶走。

夏天到来时，欧洲大陆一直以来积蓄的紧张的政治形势突然爆发。1914年6月28日，奥匈帝国皇储斐迪南大公在萨拉热窝被塞尔维亚民族主义分子刺杀，一个月后，奥匈帝国对塞尔维亚的斯拉夫盟友俄国宣战，几天后德国参与进来，对俄国和法国宣战，以攫取土地和权力，德国将军和工业巨头为此已经做了数十年的准备。

几个月前，利奥就带着家人回到美国，当巴尔干的种族冲突吞噬欧洲大陆时，青年维纳乘坐汉堡到美国的班轮回家。轮船驶离英国海岸线后两天，船长传达了轮船无线电接收到的消息，德国和英国已经开战了。大批德国潜艇在北大西洋海底潜游，轮船一路穿越大西洋，人们非常紧张，直到安全到达波士顿港才松了一口气。

———

几个星期之内，他鼓起很大的勇气只身返回英格兰，此时德国U型潜艇的活动更为频繁，双方在西部战线上挖了很多战壕。哈佛大学的资助人给他续了1914—1915学年的旅行奖学金，罗素在剑桥写信告诉他英格兰是安全的。但是，曾经的田园牧歌般的大学城完全变样了。尽管远离前线，剑桥还是弥漫着战争的气氛。英国很多优秀的年轻人在第一波壕沟拉锯战中战死，最新的伤亡名单每天都在学校工会张贴公布。沿剑河的绿地很多被改建成临时伤员医院，晚上全城宵禁，白天的剑桥则笼罩在阴沉昏暗中。罗素爵士本人因为直言不讳反对这场战争，政府和英国人都把他看成罪犯，他即将被开除出三一学院，并最终被监禁起来。

整个秋季学期,维纳都待在剑桥,假期他逃到伦敦,在那里认识了同样来自哈佛并享受旅行奖学金的年轻哲学家、诗人艾略特。艾略特发现牛津的氛围和剑桥一样压抑、阴郁。两人在布鲁姆斯伯里的一家餐馆一起吃了一顿"不是太高兴的圣诞晚餐"。艾略特年长维纳 6 岁,也更懂得人情世故,但两人有一些共同之处。艾略特已经开始创作日后让他成名的现代诗歌,但那时他依然专心于哲学。那年春天,他在哈佛大学见过罗素,还选修了他的数学逻辑课程。之后,艾略特来到牛津大学,开始重写日渐过时的关于形而上哲学的博士论文,他对维纳在三一学院从事的新研究工作表现出真诚的兴趣。

那年,维纳又写了四篇论文,包括《至善》(这是一篇关于伦理学的论文)、《相对主义》,《相对主义》这篇文章试图调和没落的唯心论和新现实主义、数学逻辑之间的矛盾,两者针锋相对,以争夺在现代思想领域的首要地位。他把论文样稿寄给艾略特,后者报以有分寸的热情。那年圣诞节,在英吉利海峡对面,战事不断升级,在伦敦沉闷的圣诞晚餐中,"大象的孩子"和年轻的文豪一边吃一边兴致勃勃地谈论着哲学的新发展势态,他们回顾了旧哲学的终结,展望了新哲学可能带来的冲击。

餐前,艾略特对维纳说:"你似乎是搞哲学的,而不是数学。"他对罗素的逻辑无法理解,但很高兴维纳没有被罗素的新逻辑学迷惑。

的确,维纳在关于相对主义的论文中指出,一切知识都是相对的,都是依赖于其他事实和语境的,他再次争辩说:"没有知识是自给自足的……根本就不存在确定无疑的知识。"他重复了童年时期撰写的论文观点,但这次是明确针对新数学逻辑学家所主张的确定性和"完整性"。"所有的哲学都是……相对主义,"维纳坚持认为,"我们永远……离不开概念之间的相互比较。"在关于伦理的那篇论文里,他表达了相同的观点，摒弃了伦理学的核心观点，即认为人可以识别且获得"至善"。"那种认为至善存在的假设是值得怀疑的，"他说，并且再一次提供了可靠的逻辑证据，"如果我们最高的理想确定可以实现，那么它一旦实现，道德进步就会停止……若不能实现，那么……道德最终注定失败。"

艾略特是虔诚的现实主义者，但是那个圣诞节，他对旧唯心论和新现实主义之间的激烈争论感到沮丧，甚至对哲学本身倍感失望。他对维纳说："在某种意义上，搞哲学就是颠覆现实……就是试图把混乱、矛盾的常识世界组织起来……其结果永远是成败参半。几乎每一种哲学一开始都是常识对其他理论的反叛……但最后人人都觉得哲学荒谬，而哲学家浑然不知。"

维纳有更好的看法。他已经开始着手运用从罗素那里学到的新物理学准则，用科学术语来重构哲学信仰。艾略特正在通过诗歌探索另一条通向真理的道路。他说："我非常愿意承认，相对主义给我们的启示就是：远离哲学，专心于真实的艺术或真实的科学。世界上有艺术，也有科学。有艺术作品，也可能有科学作品，只要大家不受哲学的影响，不久就会出现科学作品。"

他们的行动胜于雄辩。不久之后，两人都逃离了哲学领域，去寻找更有意义的天地：艾略特致力于诗歌创作和文学批评，维纳专注于研究应用数学领域更具体的问题。维纳的伦理论文后来获得哈佛大学著名的鲍登奖，艾略特也写了评论，对此赞赏有加，但是当时没有人——包括维纳本人——能估量他到底会取得怎样的成就。和他的哈佛毕业论文一样，他的第一篇哲学论文播下的种子也要等到几十年后才会开花结果。

回到剑桥后，维纳收到父亲发来的一封电报，告诉他一个英国报纸没有报道的战争消息，北大西洋的潜艇战升级了，父亲敦促他马上乘坐最近一班轮船回国。1915年2月，德国宣布对大不列颠实行潜艇封锁。剑桥大学关门了，维纳买了一张船票，乘坐一艘老旧的蒸汽船，冒着寒冷从利物浦一路颠簸到纽约港。几个星期之后，英国客轮卢西塔尼亚号在同一航线上被德国潜艇击沉，1 195人丧生，其中包括128名美国人。

欧洲战场的战事正在如火如荼地进行，美国不久就参与进来。但目前，对青年维纳而言，他正经历着前所未有的内心宁静和心智成熟。在国外的两年是他思想"解放"的两年，从剑桥和哥廷根回来后，他感觉自己是个"更合格的世界公民"，已经融入世界科学界的圈子，并发现"在那里做出一些成就也不是完全没有希望的"。他现在可以和罗素平起平坐了，和欧洲的"知识精英"也不分上下。他已经学会照顾自己，社交活动也比较成功。他第一次感到，自己已经完全从大学毕业后陷入的"绝望的泥沼"，以及在哈佛期间遭受的一连串自信心挫伤、身份认同危机中走了出来。

但是，他的流浪生涯还只是刚刚开始，重回美国的生活将被证明是艰难的，这是他没有预料到的。

———

对青年维纳来说，第一次世界大战时期是动荡不安的。博士后奖学金还可以支持他一个学期，他选择到比较安全的纽约完成自己的研究任务。在纽约，他再次听从罗素的建议，到哥伦比亚大学跟杜威学习哲学。杜威是美国佛蒙特州人，他继承了威廉·詹姆斯美国实用主义的衣钵，将之广泛应用于知识理论和他感兴趣的教育实践中。但是，维纳向艾略特甚至罗素抱怨杜威的哲学理论拘泥于旧的哲学语言风格，也不具备足够的系统性，让接受过英国和欧洲逻辑分析、科学思维训练，接触过诸多新学派的思维敏捷的年轻人不以为然。

哥伦比亚大学的生活和自由的欧洲生活相比逊色不少。他住在毫无生气的研究生宿舍里，和其他学生也没有什么智识上的交流。经历过海外的美好时光后，他很吃惊地发现，和自己的同胞在一起，他又感到尴尬和不自在了，并对他们大加批评，他后来也承认这些批评是"完全不动脑子"的。为了赢得同学们的尊重，他采取了荒谬的办法：他对研究生同学大谈晦涩难懂的事实和从国外搜集到的关于新知识的各种理论。他未经邀请闯入他们的桥牌游戏。为了报复他，一群愤怒的研究生在他读报纸时把报纸烧了。为了安慰自己，他开始徒步。他从炮台公园一直走到斯派滕戴维尔，穿越了整个曼哈顿。他还到哈得孙河对面的帕利塞兹徒步。周末，他会按时去看年迈的奶奶，她住在城市另一端的一所公寓里，他很谨慎，因为他知道母亲讨厌儿子和他的犹太亲戚搅在一起，也不喜欢他与纽约表亲们过于亲密。

在哥伦比亚大学的这一学期是他博士后生涯的"低谷"。他满腔热情地从欧洲回来，渴望用自己熟练掌握的新逻辑和前沿科学知识开启自己的哲学家生涯，结果发现在美国学术沙文主义的环境里，他的知识并无用武之地。他想在该领域谋得一份教职，结果很震惊地发现，要在哈佛大学或任何一个重点大学获得一个永久职位，他还不够资格，因为尽管在剑桥和哥廷根磨砺了自己的学术才能，但他没有研究"美国环境中的人"。在他看来，那种环境大部分是"肤浅的""质地缺少某种厚重感"，这种情况只有等到美国参与战争、急需更为复杂艰巨的现实应用时才可能改变。但是，在1915年秋天，美国依然荒谬地坚持孤立主义的立场，于是这位失业的昔日神童只好回到波士顿的家里，和过分保护他的母亲以及专横跋扈的父亲生活在一起，想当初他攀登欧洲学术高峰时曾经是多么具有男子气概。

那年秋天，维纳确实又回到哈佛大学，在哲学系做志愿讲师。那时哈佛有个规定，所有哈佛的博士毕业生经申请可以获得志愿讲师这种无足轻重的荣誉。但是，维纳干得并不好。头几次上课，他很紧张，讲课内容杂乱无章，神态"自负傲慢"，说话是欧洲的声调节奏，让人想到维多利亚时代。他奇怪、散漫的讲课方式后来被他解释为"年轻人话多""口齿伶俐"，但这预示了后来贯穿他整个职业生涯的非常正式的说话和写作风格。

落后于时代的说话和写作方式是成年时期维纳的一个传奇式的古怪行为，他这第一次表现出的古怪行为也许可以解释为他用不恰当的方式来弥补自己首次获得学术职位时年纪相对较轻的劣势，但没有做作的成分。其中的原因可以追溯到早年父亲学究般迂腐地指导他背诵课文，以及战前他浸淫于欧洲日益衰败的学术文化。他说话紧张、喋喋不休，这是个很普遍和突出的问题。就像他在实验室动作笨拙一样，他说话时语言散漫、句子有歧义，这不是因为他的思想缺乏组织性，而是思维太快，语言表达跟不上。然而，对他的听众来说，他只不过是在发出刺耳的噪声，他"自负傲慢"的风格也掩盖不住早年那种笨拙、心神不定的内心感受，从欧洲回到美国后这种感受重新回来了。

维纳的表现没有打动他的成绩鉴定者们，因此，他没有获得哈佛的终身教职。他承认这有自己的部分原因，"我以自己没有经验为借口，没有意识到我的表现到底如何"，但是，他还是有其他的辩护理由。他觉得哈佛大学的很多人对他和他父亲还是有怨恨情绪的，其中的缘由是当年父亲厚着脸皮自我推销，诺伯特本人"咄咄逼人""不顾及别人""不是个友好的年轻人""肯定不是有社交风度的楷模"，这些指控都是他自己承认的。他还认为，哈佛大学当时的反犹太倾向也是他被淘汰的原因，这种指责是有一定道理的。1909年，贵族出身的阿伯特·劳伦斯·洛厄尔担任哈佛大学新校长，哈佛大学反犹太的官方态度得到强化。洛厄尔后来还呼吁对哈佛的犹太学生和教工的数量实行严格的限制，对此偏见，利奥和贝尔塔都是完全反对的。

G.D. 伯克霍夫是位年轻又有才华的数学家，甚至连维纳都承认他是"一流的明星"，他和一些德裔或者在战争期间亲德的教工出于种族考虑，可能会积极反对给维纳一个教职。维纳宣称，他赢得了伯克霍夫的"特别反感"，"因为我是犹太人，但最终是因为我是个可能的对手"。他还坚信，针对他父亲的类似怨恨也给他带来伤害。在寒冷的慕尼黑度过他的学术假期后，利奥变成了坚定的反德者，他对日益兴起的德国军国主义倍感愤怒。一有机会，他就用英语和德语公开表达自己的看法，这无疑使哈佛大学很多位高权重的亲德派疏远了他。

对青年维纳而言，他无法忍受这样一种具有讽刺意味的结果：像伯歇尔之后所有重要的美国数学家一样，他到德国跟随本领域的世界领军人物学习前沿知识、接受训练，然而却在自己的地盘上，被一个有偏见的德裔教授驱逐出哈佛，此人虽然站在美国数学领域的巅峰，但"没有任何在国外接受训练的优势"。

就这样，这位哈佛大学的回头浪子被迫回归荒野了。

———

那年和次年夏天，维纳和妹妹康塔一同去怀特山徒步。1916年春，世界大战日益逼近美国，政府在坎布里奇建立了军官训练营，招募身体好和脑子好的人，为不可避免的军事部署做准备。由于急于为自己的国家做些力所能及的事情，维纳立即报名参加，和其他新招募的人一起接受行军和射击训练。在一名富有同情心的教官的帮助下，他甚至成为一名神枪手，但是他自己非常清楚，"由于视力不好，我甚至不能在一排谷仓中射中其中的一个"。他参加在纽约州北部举办的军官训练营，希望在美国陆军中获得一个官职。他在山间徒步的经历锻炼了他的耐力，使他可以应对长距离的行军和森林模拟战，但他的射击技能被证明有造假，因此训练营结束后，他没有获得任何任命。

尽管有耀眼的资历证明文件，但他在学术界的职业前景近乎零。在父亲的威逼下，他在当地一家教师中介服务机构登记，于1916年秋得到在缅因大学欧洛诺分校教数学的工作，学生是"一帮身材魁梧的年轻农民和伐木工人，在课堂上做到了保持安静，但什么也不干……和常春藤盟校的学生一样，但花销只有三分之一"。和在哈佛大学一样，他的教学方式是毫无效果的，但学生没有那么客气。他上课时，百般无聊的乡村男孩儿往地上扔一分硬币，制造噪声烦扰他们这位枯燥乏味的年轻教授。整个冬天，他穿着雪地靴，冒着大风，步履沉重地到学校上课，虽然是自己第一份拿薪水的专业工作，但是他每分钟都担惊受怕。休息时，他回到波士顿的家里，开始接触奇妙的大众娱乐新工具——电影，他后来一直迷恋电影。

但是，现实世界在召唤他，世界大战进行正酣。1917 年春，维纳再次努力报名参加任何可以接受他的军事部门，但正如他自己说的，"因为眼睛的原因，我到处碰壁"。他又回到哈佛大学，竞争刚成立的预备军官训练营的一个职位，但身体测试不及格，并且在骑马考试时从一匹老马身上摔了下来。像战争一样，现实是不可回避的，他只好退而求其次，开始准备在民用部门找一个力所能及的工作，为祖国效力。

他接受了位于波士顿北部林恩市的通用电气工厂的面试，因为数学技能获得了在公司涡轮部门当见习工程师的工作。尽管远离学术界，但这也是他一直想找的工作，有机会为战争做点儿贡献，同时还可以在工作过程中学习数学、热动力学和实用工程技能。一开始，他很喜欢这份工作，他在解决基本工程问题时能够学到实用的新本领，但是他父亲开始干预他的新职业选择。利奥坚持认为诺伯特动作笨拙，不适合当工程师。一想到儿子要当一个低层的工厂工程师，他倾注心血的伟大实验就要泡汤了，他感到十分震惊，于是他强迫儿子"羞愧地辞职"。

利奥开始自己行动为诺伯特找一份合适的工作。他联系自己的熟人，为维纳争取到一个总部位于纽约奥尔巴尼的享有盛誉的《美国百科全书》的职位。自己失败了这么多次，未能找到合适的工作，诺伯特感到过于依赖父亲了，所以"不敢违抗他的命令"，就前往奥尔巴尼上班。这是一份高等级的写手工作，他意外发现自己喜欢用百科全书的轻松活泼但权威的风格写短小的文章，他到当地图书馆查阅关于写作话题的资料，仔细校对参考文献（尽管他也承认写了一些完全"胡说八道"的东西）。

接着，美国意识到战争的迫切性，只有战争才能改变青年维纳的命运。1918年夏，《美国百科全书》的写手工作让他日益不安起来。他也尝试寻求更好的学术职位，但都无功而返，就在这时，他收到普林斯顿大学数学系主任、杰出的数学家维布伦发来的一份紧急电报。维布伦被指派负责美国陆军阿伯丁试验场，它位于马里兰州切萨皮克湾西海岸，是一个新建的武器训练和测试基地。在他的主持下，每位能抽出时间的美国数学家都被征召到试验场，来计算关键的大炮射程表，因为美国即将参与日益升级的欧洲战争，需要这些数据为军队提供支持。

接到电报，维纳就乘坐火车出发了。

突然间，那些从事最抽象的学术工作、被人们视为"笨手笨脚、只会摆弄符号的废物"的数学家，在美国国防事业中扮演着关键性的角色。第一次被征召在一起的数学家们被要求计算出不同类型的陆海火炮的可能弹道轨迹的范围，以及各种可能变量所产生的修正数据，比如大炮的仰角、弹药的重量、吹过战场的风力等等，甚至还要考虑炮弹飞行期间地球自转的情况。

然而，维布伦和他的数学团队很快发现，传统计算方法使用的铅笔、纸、不精确的计算尺和第一批机械台式计算机，不仅速度慢，而且具有数学上的局限性，无法满足现代战争的技术要求。在面对20世纪第一次出现的超级武器——飞机时，这些手段几乎毫无用处。有效使用大炮作为防空武器，击中在三维空间沿着环形、之字形的空中轨道高速移动的目标，远远超出现有弹道学所能提供的可行技术好几个维度。这需要依靠枪炮制造空气动力学和复杂微分方程方面的知识，只有组建一支专门的科学家和高等数学家的队伍才能解决问题。这次为备战而做的努力，将会奠定解决这个问题的基础，并将迎接更大的挑战。

第一次世界大战期间，阿伯丁对美国的重要性类似于几十年后新墨西哥州的洛斯阿拉莫斯对美国的重要性。在阿伯丁，美国最擅长数学的人，不管老少，聚集在一起，神圣的使命和友情将他们团结起来，这是前所未有的。试验场坐落于切萨皮克河口的沼泽地带，与世隔绝。街道泥泞，房子是匆匆搭建的木板小屋。但维纳在这里和在欧洲获得解放的那几年一样开心。他特别喜欢自己承担的"计算机"研究的重要任务，这是送给被雇用在阿伯丁帮助军方开发战争武器的男人和女人的绰号。他喜欢自己所做的实实在在的工作，喜欢这里生机勃勃的合作气氛，喜欢如此多的数学家集聚在一起不间断地进行专业交流。他在阿伯丁写给家人的信中洋溢着兴奋之情，尽管他每天工作10小时，工作环境肮脏，"灰尘、苍蝇、闷热——什么都有，就是没水"。他吹嘘自己第一次到现场测量射击数据时的情形："我一天所见的炮弹和榴霰弹爆炸的次数比在欧洲西部前线一个星期看到的还多。"

他的工作表现也比一些世界著名的数学家好。到阿伯丁不久，他发明了一种新的插值法，用来计算已知坐标之间的数值，他的这个方法优于常用的由 J.E. 李特尔伍德开发的计算方法，李特尔伍德是哈代在剑桥三一学院的年轻同事，也是英格兰最好的数学分析家之一。

但仅仅是理论上的胜利对 23 岁的维纳而言是不够的。在试验场充当"计算机"，辛勤工作 3 个月后，他依然渴望身体力行地为国效力。他决心"不做一个逃避兵役者"，1918 年最后一次争取入伍参军。对参军入伍的憧憬比数学更让他激动，这是一种新的欲望，他要和普通人同命运共患难。"如果我只是愿意当一名军官而不愿意当一名士兵，那么我会觉得自己是个低贱的猪。"他写信这样告诉父母。在同一封信中，他透露了要寻求一种父亲和导师都没有教给他的、更根本的东西，那就是一定程度的自律，这是军队里条件反射般的军事训练和毫厘不差的准确性要求使他被动接受的东西，他希望这种自律能够延续到他在专业领域的研究工作中。"我有犯愚蠢错误的特殊本领，"他在那年秋天写给家里的信中附和了利奥对他的一贯指责，"我的错误都没有什么致命的后果……但我那该死的粗心大意的毛病很难被克服。"

让他高兴的是，军队接受了他。1918 年 10 月，他坐船离开试验场去接受基本的军事训练。突然间，梦寐以求的军队生活现实击碎了他的梦想。他说："我非常惊恐，因为我走了一步不可悔改的棋。我感觉就像被关进了监牢。"以前多次申请参军所经历的折磨、极差的视力、军队里不友好的生活环境、同伴们的粗鲁，这些都让他倍感难受。训练结束后，他被分派到新的军事单位——第 21 新兵连，驻扎在阿伯丁试验场。

返回阿伯丁后两天，停战协议签订。

随之而来的和平是上帝对他的惩罚。他在一支射击队服役,扛着带有固定刺刀的步枪站岗放哨,恬淡寡欲。随着备战的日渐懈怠,部队正在加快解散,他开始觉得自己是个毫无用处的人,甚至是愚蠢的军队附属物。的确,在阿伯丁和部队一块儿巡逻时,列兵维纳显得特别刺眼,戴着厚厚的眼镜,军装"因为肥胖而显得紧绷"。他的战友们发现这位矮个子壮实的"努宾"虽然去过世界各地,但依然幼稚,让人意外,因为他巡逻的时候大谈亚里士多德和中世纪哲学。他成了战友们讲粗话和取笑的对象。有一次,他们甚至哄骗他剃掉了心爱的胡子。

也就是大约在那个时候,维纳在写给家里的信中开始明确提到自己正遭受持续的抑郁症困扰。他的抑郁症症状已经有很多年了,可以追溯到童年时期的心理创伤,以及在塔夫茨大学和哈佛大学读书期间紧张的学习造成的身体透支和抑郁状态。待在欧洲的那段时间似乎给了他一次喘息的机会,那时他从国外写给家人的信中从来没有公开提到他抑郁的情况,即使在剑桥被罗素粗暴对待或者战争爆发时也没有。但是,他23岁那年年末,他再次陷入"绝望的泥沼"。另外,之前短暂的疲惫状态和非确定的绝望似乎开始慢慢凝结成一种更深刻的周期性痛苦,典型特点是抑郁反复发作,在高兴或幸福的时候他会突然陷入抑郁状态。

维纳在写给家人的信中提供了足够的证据证明他已经在1918年秋天经历过这种情绪上的波动。"亲爱的爸爸,我很好,很开心。"10月他这样安慰利奥。

几天后,他给妹妹讲了不同的情况:"亲爱的康塔,我刚刚经历了一段时间的抑郁,现在恢复过来了,人很好。"

一个月之后,他给母亲的信中又乐观起来:"亲爱的妈妈,我在这里很好,很开心。"

又过了两个月,他告诉母亲他再一次情绪低落,但随即补充了一些令人欣慰的新信息:"亲爱的妈妈……我未能及时回信,因为在收到我即将自由的消息之前,我相当郁闷。我那阵子一直在站岗放哨,非常累且厌烦。这种情绪已经过去了,我很开心。"

———

阿伯丁也成为过去了。1919年2月,维纳回到坎布里奇的家,重新和父母、弟妹住在一块儿。战争结束了,利奥卖掉了新房子,在两个街区远的地方买了一个相对陈旧、狭小的房子,再用结余的钱在艾尔以北几英里的格罗顿买了一个小小的苹果农场。那年夏天,利奥领着所有孩子在农场和家庭花园里干活。诺伯特明显感觉到父母又要开始控制他的生活,于是他重新开始全身心地去找工作。

战后的美国青睐那些英雄数学家,美国最好的大学都急需那些在阿伯丁试验场工作的人类"计算机"。维纳非常希望维布伦能够给他提供一个普林斯顿大学的教职,但是"有很多优秀的候选人,我不在他的选择之列",他实事求是地说。尽管他取得了技术上的成就,但他会想到自己在阿伯丁犯了"很多愚蠢的错误",有数学方面的,也有个人方面的。他相信,哲学错误会让维布伦和他身边的数学家"对我整个人品产生不好的印象"。现在看起来,他正在为此付出代价。

看到儿子精神涣散、事业迷茫,利奥又找到一位熟人,是新罕布什尔州的一位旧邻居,他碰巧是《波士顿先驱报》的出版人。因为诺伯特曾经为《美国百科全书》工作过,而且干得不错,所以获得了《波士顿先驱报》星期天版专栏作家的职位。他的第一个主要工作任务就是被派到北部的劳伦斯镇采访报道当地纺织厂移民工人的劳工纠纷,劳伦斯镇是当时美国最大的羊毛制品生产基地。在采访过程中，他见到来自欧洲的熟练手工艺人，目睹了他们恶劣的居住环境和不利的工作条件，他们地位卑微，只是美国最新大机器生产流水线上的一个齿轮。

战前，劳伦斯镇的3万工人吸引了整个美国社会的关注，他们为争取更高的工资待遇和更安全的生产环境举行了罢工，创造了美国劳工运动的历史。但是，7年之后，维纳发现，毁灭性的战争结束后，大批希腊和意大利移民涌入劳伦斯镇，工人们的生产和生活环境几乎没有什么改善。维纳参加了当地举办的"美国化"学习班，他发现这些学习班"和当地移民社区受过教育的人群完全脱节"，使用的教材"告诫工人们要像对待耶和华一样，热爱和尊重老板，服从工头。这种羞辱性的无稽之谈注定会疏远那些具有个性和独立性的工人"。他如实报道了自己看到的一切，让公众意识到工人日益遭受的苦难，但这让工厂富裕的老板和波士顿的统治集团很不高兴。他拒绝了下一个分派给他的任务，这是一项轻松的工作，写一篇宣传《波士顿先驱报》老板支持的总统候选人的文章，他因为不听话立即被解雇了。被解雇让他懊恼，但他"不是不愿意离开"。

整个1919年春天和夏天，他都在寻找一个学术性的职位。哈佛大学的大门依然对他和所有犹太候选人关闭着，他又在一家教师中介中心注册登记，还参加了克利夫兰的凯斯科学学院的开放日活动，但都无功而返。

最终，在W.F.奥斯古德的指点下，他应聘了一个临时讲师的工作，这个职位根据工作表现可能会转为永久性职位。奥斯古德是哈佛大学数学教授，也是利奥的朋友，他"对我和这份工作评价不是很高"。维纳获得了这份工作，但不是在哈佛大学，而是在附近的一所新兴技术学校，叫麻省理工学院。

三
天才青年和教授夫人

我认为生命只不过是一种东西
用来测试心灵的力量，显现人的本性……
于是我会抓住和利用一切手段来证明
和显示这心灵是我的
　　　　　——罗伯特·勃朗宁《阳台上》

从哈佛广场到麻省理工学院正大门只有两英里，维纳坐地铁上班只要几秒钟，坐有轨电车只要几分钟，步行上班也用不了多长时间。他是个风风火火的年轻人，当穿过麻省理工学院壮观的大门，走进迷宫般的校园时，他兴奋又惊恐。接下来的45年，他将在这里度过。

麻省理工学院，熟悉的人叫它"理工"，和哈佛比起来它还是个面带稚气的孩子，它的使命和哈佛明显不同。它的使命不是培养合格的教会执事，而是训练新工业时代的新型工程师来建设美国。1865年2月20日麻省理工学院成立时，美国对技术的需求和兴趣方兴未艾，新世界的轮船、火车和工厂锅炉刚刚开始使用蒸汽发动机，第一条横贯大陆的电报线路 4 年前才开通。

前 50 年，这所致力于"工业科学"的新学校校舍分散在波士顿科普利广场周边的几栋房子里。那段时间，美国工厂已经开始生产重工业产品，电力带来了现代生活的曙光，新的交通和通信方式出现，汽车、飞机、电话、无线电改变了人们和时空之间的关系，也改变了人们彼此的关系。社会需要大批掌握实用知识和专门技术的新型工程师，这些知识和技术在这代人之前是根本不存在的。新一代麻省理工人顺应时代潮流，接受这种挑战。1916 年秋，学院搬到河对面的坎布里奇，在一个 50 英亩的垃圾填埋场上建起了一个宽敞的校园，毗邻新挖掘的查尔斯河盆地。

麻省理工学院新校区是技术的殿堂。其 U 字形状的主楼由六栋面向查尔斯河的建筑连接而成，具有工业时代的新古典主义风格，中心是一座圆顶的图书馆，两侧是系大楼宽阔的副楼，墙面由沙黄色的碎石灰岩砌成。阁楼上一条高高的装饰带蛇形环绕，上面刻满了从古代到 20 世纪的 100 位科学家和数学家的名字。尽管面朝马萨诸塞大道的大门高大气派，但是麻省理工学院的内部相当简朴。一条简陋、迷宫般的走廊穿行其间，像立体派画家画的消化道。其机构和功能模仿新英格兰的棉纺厂，目的是让大楼里的居民免受该地区多雨天气和寒冷冬日的烦扰，一条人来人往的通道也可以促进麻省理工学院教师和学生接触，方便他们共同探讨专门的技术问题。临近的建筑没有名字，用数字命名。在麻省理工学院，每转过"无穷无尽的走廊"的一个弯儿，你就会发现一片完全相同的教室和办公室，没有任何装饰。

麻省理工学院是不能容忍任何废话的，它没有小教堂，而且在那时也没有称得上数学系的部门。1919 年秋，麻省理工学院数学系完全是个服务部门，教工是一些绅士教授，只满足于给学院的本科生上些基础的代数、三角函数、几何和微积分课程，以帮助他们完成上面分派下来的工程任务。然而，战后工业和技术的进步要求培养更多掌握新工程技能的人才，因此急需新一代的数学教员，他们应该具有更广泛的知识和现代意识，来教学生进行更复杂的数学运算。

维纳进入这个正迅猛发展的领域，这一领域涉及最新的数学和逻辑研究、日益出现奇迹的电子学和正在转变的原子理论基础。他24岁，一心想干点儿实际的工作，但还未确立技术方向，他不是工程师，甚至不是熟练的技术工人，但渴望进入战后这个注重实用任务和严格的应用数学的新世界。他也是麻省理工学院几位新教师中的一个，他们决心从事数学前沿研究，并"为工程师后卫们打掩护"。

在麻省理工学院绵延不断的走廊和毫无装饰的大厅里，维纳找到一个避难所，尽管这里离父亲只有咫尺之遥。在这里，他有时间成长，获得了事业独立所需的时间。他学会了放慢说话速度，克服了在讲台上演讲的恐惧。他成了一位有能力的老师，也是一位有爱的导师，尽管也经历了很多次艰难的个别指导。从一开始，他就喜欢麻省理工学院年轻的学生，在他看来，"理工男孩儿们"是想学习的，他和他们相处得很好。

更重要的是，在麻省理工学院里，诺伯特找到一片肥沃的土壤，让自己富有想象力的头脑开花结果。很快，他开始攻克纯数学和应用数学领域一些令人欲罢不能的难题，解决了问题并发表了论文，让全世界高等数学界刮目相看。

———

维纳长期坚持步行，他对自然的热爱难以抑制，从第一个学期开始,他就走出麻省理工学院没完没了的走廊,来到宽阔的户外,漫步在学校偏僻的小路和步行道上,寻找新的灵感,发现可供思考的新的现实问题。一天,风很大,他站在2号楼的办公室窗前欣赏查尔斯河的壮观景象,突然对宽阔的查尔斯河里汹涌的浪花激起的泡沫产生了兴趣。翻滚的泡沫启发了他,他想到一个数学难题:

如何运用一个数学模型来研究一大片不断变化的涟漪和浪花呢?在混乱之中发现秩序难道不是数学的最高目标吗?有时候,浪花很高,带着一堆堆泡沫;而有时候,只是肉眼刚刚可以察觉的涟漪;有时候,浪的高度只有几英寸;有时候,可能有好几码[①]。我可以使用什么样的语言来描述这些清晰可见的事实,而不必使用复杂的语言来完整地描述水面情况呢?

他开始尝试使用一些数学公式解释激荡的河水,希望能够运用战争期间分析炮弹运动轨迹那样的思路解析在风浪中推动浪花起伏的脉冲力。但是,正如一些头脑敏捷的人发现的那样,不规则浪花的运动轨迹处于一个完全不同的复杂纬度,它包含的相互作用的动态力量、环境影响因素以及抵消性因素比当时的数学家所了解的还要多,更不用说将其精确计算出来了。

维纳说的"浪花问题",数学家和科学家都了解,这是个令人困扰的流体湍流现象。他在剑桥大学阅读G.I.泰勒的文献时第一次接触这个概念,那时这个问题已经被提出200多年了。泰勒对流体湍流现象的研究具有分水岭般的意义,为后来的混沌理论奠定了基础。维纳

[①] 1码=91.44厘米。——编者注

借鉴了泰勒的观点，利用自己在剑桥三一学院和哈代一起研究勒贝格积分的研究基础，他开始慢慢揭开"浪花问题"的谜底。勒贝格积分是法国人亨利·勒贝格发明的一种统计方法，测量分散的点和曲线的复杂点集。

在维纳看来，点和曲线是数学家研究库中的两个重要存货，它们类似于河水里飞溅的水珠和跳跃的浪花。他试图使用两种方法来勾画浪花和水珠复杂的运动轨迹：一是求平均值和近似值这两种简单的统计方法，这也是分析随机和不确定事件最基础的数学方法；二是勒贝格更新更复杂的统计方法。但是两种方法都不能让他满意地解决问题。当他凝视河水时，他隐隐约约找到一种新的、大胆的解决浪花问题和其他关联现象的方法，他还从翻滚的泡沫中收获了即将指导他数学家生涯的同一性准则："我渐渐明白，我要寻找的数学工具是一个适合用**来描述自然的工具，我越来越意识到，它存在于自然本身，我必须寻找到我从事数学研究的语言和问题**。"

他的追寻引领着他进入一个日益成熟的物理科学领域，这是20世纪初约西亚·威拉德·吉布斯奠定的新领域。吉布斯是美国本土的世界级科学理论家。1863年，耶鲁大学授予吉布斯工程学博士学位，这是美国大学授予的第一个工程学博士学位。毕业后的3年里，他在德国和法国研究热动力学，这是一门研究蒸汽机和能量的新科学。之后他回到耶鲁大学，立即被评为数学物理学教授。在耶鲁，吉布斯在英格兰人詹姆斯·克拉克·麦克斯韦和奥地利人路德维希·玻尔兹曼提出的热动力学物理原理的基础上，创立了自己的新学科，他称其为**统计力学**，这是一套数学工具，用来分析蒸汽机中的水分子运动和其他微小粒子的不规则运动。

吉布斯1902年出版的《统计力学基本原理》沉重打击了统治西

方科学界 300 多年的牛顿学说的世界观。他提出的研究压力下微粒子物理问题的新统计方法，揭示了一个并不遵守牛顿永恒运动定律的自然王国。吉布斯的力学将**或然率**这个新的要素引入物理世界，确立了它是分子层面上的事件这一指导原则。在牛顿学说的决定论世界里，行星的运动轨迹或者任何沿着固定轨道运动的物体的轨迹都能被准确计算出来，与之相反的是，在吉布斯的或然世界里横冲直撞的能量粒子的运动轨迹无法被确定。他的概率方法不能解释某一瞬间的运动粒子或物体的状态，但可以解释某一粒子或粒子群在具体的物理条件下的可能状态。然而，这种或然性力学给科学家提供了明确的信息，来解释那些不能用现有手段测量或者不能直接观察到的物理事件。

统计力学将在欧洲原子理论研究和亚原子层面上新的量子力学研究领域扮演重要角色，然而在麻省理工学院，新教师维纳看到了吉布斯的或然理论的其他实用价值，他发现可以用吉布斯的公式计算点状抛射体和其他所有类型和大小物体的空间运动的**或然轨迹**。他后来这样说过，发现吉布斯的研究成果是"我一生中一次具有里程碑意义的智力事件"。

维纳致力于研究的这种新的运动轨迹不是简单的炮弹抛物线，而是极为不规则的运动形式，比如查尔斯河汹涌的波涛和沸腾的蒸汽机锅炉里的水粒子混乱的运动轨迹，或者蜜蜂弯弯曲曲的飞行线路，或者醉汉在空无一人的操场上行走的路线（维纳最喜欢的例子）。他观察到，在任何一种情况下，物体将来的位置和它过去的线路，甚至现在的方向几乎没有可以观察到的联系。它的运行速度在不同的点上也不同。更重要的是，关于物体在任一时刻的位置，观察者完全不能确定。

有可能系统地勾勒出这种无序运动的轨迹吗？如何科学、准确地描述这些不规则的运动呢？这是个对维纳胃口的难题，一个关于或然性的完美难题，够这位聪明、年轻、专注于解决现实问题的数学家忙活一阵的，这也是个合适的挑战机会，让这位前神童来证明他胜任自己的第一个全职学术职位。童年时期起就感兴趣的那些关于确定性和不确定性的问题将推动着他的事业向前发展，因为对于表面上看是多余的日常生活事件，他都习惯于动脑筋琢磨琢磨，虽然持续的时间短暂，却锻炼了他的脑力，并最终为他揭示出一个以前从未被描述过或者分析过的全新研究领域。这种脑力锻炼引领着维纳去大规模地研究不规则和不确定的运动，他称其为"宇宙本质的不规则性"，他要找到一种有意义的数学手段，来描述这种不规则性，不管它们发生在哪里。

维纳思考这个问题时，想起爱因斯坦那篇关于布朗运动的著名论文。所谓布朗运动，就是静态液体中粒子高度不规则、表面上看是随机性的运动，它们的运动明显不遵循运动、重力，甚至热动力学的物理定理。布朗运动是苏格兰植物学家罗伯特·布朗于1827年观察到的，他在显微镜下观察漂浮在水面上的花粉颗粒时，发现虽然没有任何力的作用，花粉颗粒仍然不稳定地晃动着。这个现象直到1905年才由爱因斯坦揭开谜底。爱因斯坦解释说，布朗运动中，粒子的可观察运动是由粒子和比液体自身更小的分子之间不断碰撞造成的。他确定，所有物质内在动能（就是热量）的存在造成了这些分子处于永动状态。爱因斯坦通过数学计算证明了这一判断。

现在，维纳开始了下一步工作。在布朗那些跳动的花粉颗粒中，他看到一个全新的复杂结构体系。运用吉布斯的统计学原理（1905年爱因斯坦是不知道这个的），维纳开始着手描述和计算布朗运动中的单一粒子的或然运动轨迹，然后描述和计算所有粒子运动的或然率。1920年，他完成了第一篇用数学分析方法研究布朗运动的论文，并于次年发表。论文揭示了自然界里存在的一个惊人的悖论。维纳证明，布朗运动中粒子的运行轨迹是连续的，运动过程中没有不可解释的跳跃和间隙，但永远是"奇怪的"，无法用数学方法来解释，具有无限的不规则性，并且完全是不可能的——在任何时候，单个粒子永远不会有明确的、在统计学上可以预测的方向。维纳结合吉布斯和勒贝格的统计方法，使用一种新的数学公式，从而提供证据证明概率定律支配着布朗现象。他用来描述或然轨迹的新公式，不是用于单一粒子的，而是用于布朗运动中的粒子群，这标志着概率理论的一次进步，后来被称为"维纳测度"，再后来，希尔伯特和他在哥廷根的学生们使用新的量规中称其为"维纳空间"。

———

当麻省理工学院的电气工程师找到维纳，请求他帮助解决电子信号发射的理论和实践问题时，他找到了下一个智力挑战。

差不多有一个世纪，人们一直在这一技术领域开发新的实用设备。19世纪30年代，美国人塞缪尔·莫尔斯和两位英格兰工程师威廉·库克和查尔斯·惠特斯通分别单独发明了电报，这是一种通过导线传递编码电信号的方式来长距离传输信息的简单装置。1876年，亚历山大·格雷厄姆·贝尔发明了电话，利用声波压力通过导线传递声音。1895年，意大利人伽利尔摩·马可尼利用看不见的电磁波传递通过莫尔斯码编码的信息。1914年，首次出现无线电广播。

到1920年，工业革命进入电子传输信息的新时代。新设备的使用为人类提供了全新的领域，让人类从事发明和商业活动，获得新的体验，然而很显然，这一新技术背后没有坚实的科学基础。电子信号发挥着无限潜能，在世界各地传递信息，但是当时电子本身的特性越来越让人费解，电话和无线电工程师没有系统的知识储备帮助他们解决在设计新的电子设备和网络时所面临的复杂技术问题。

他们可以利用的工作流程和工程方法大部分是含糊、怪异的"运算微积分"，这是19世纪80年代古怪的英国科学家和数学家奥利弗·赫维赛德设计发明的，他胡乱写在纸上的理论和公式使电话通信变成现实。现在，麻省理工学院的工程师恳求维纳为赫维赛德"强大的新通信技术"提供一个坚实的理论基础，就像他之前为粒子和布朗运动轨迹所做的那样。维纳满怀兴趣和热忱，接受了这一挑战，他要找到新的数学方法来描述自然界内在的混乱和不规则性所导致的可预测现象。

在电子技术这个新领域，科学和日常生活紧密结合在一起。正是在这个领域，一个不起眼的现象再一次吸引了维纳的注意力。

当电子以电流的形式沿着铜导线流动，或者当电子穿越真空电子管时，就会产生所谓的"散粒效应"。顺便说一句，真空电子管是新无线电技术的动力源泉。电话和无线电工业的前沿工程师吃惊地发现，高速带电粒子在传输声音和信号时，其流动方式不是平滑、规则的，而倾向于像铅弹一样聚集成束，不管媒介是金属还是真空都是如此。实际上，粒子在这些无限小的空间流动时的运动轨迹和布朗运动中的粒子运动一样不规则和奇怪。散粒效应对电话接线员和使用者来说几乎不是什么问题，因为他们靠耳朵听不到这种不规则性所产生的干扰。但是到20世纪20年代，它开始在美国引起真正的麻烦——真空管放大器出现了，这种不规则性产生的干扰被放大了数千倍甚至数百万倍，结果是产生了可以听到的噪声和一阵阵静电噪声，就像早期无线电广播一样。

维纳不是从工程师的角度来研究散粒效应的，而是从数学家和哲学家的角度来研究的，旨在探究最微小层面上的电子新纬度。他渐渐明白，散粒效应是最为基础的"宇宙离散性"表现出来的一种现象，即单个原子和亚原子粒子之间的不可约空间构成了物质世界和我们的世界经验。然而，维纳和欧洲新量子科学家同时了解到，那些离散粒子运行彼此同步，很诡异，像**波浪**一样。电话和无线电信号不是通过莫尔斯码非连续的点和画，而是通过连续不断变换的电磁能量流来传递逼真的信息的。这种波浪连贯性让维纳又想到早年的波浪问题，以及液体湍流典型的不规则波浪运动。

散粒效应促使维纳采取一种全新的方法来研究电流波。20世纪20年代，无线电广播首次出现，维纳开始着手对承载信号的人造电波进行"功能分析"，旨在准确解释一束流过电话线的不稳定电子或不可触摸的无线电波如何如实地传递"从呻吟到尖叫的一切声音"。

从数学领域研究充分的规则波形，以及琴弦发出的重叠音频的现实生活实例中，维纳找到全新的研究不规则电子波的出发点。从毕达哥拉斯开始，数学家就一直研究琴弦振动时的弯曲波形，以及琴弦自然发出的弦外之音或和音。19世纪早期，法国数学家兼物理学家、拿破仑的科学顾问让·巴蒂斯特·约瑟夫·傅立叶观察到，像声音一样，热能和其他形式的电磁能一样，也是以波的形式在空气和金属中传递的。他设计出一系列数学公式，可以将散漫的热波或**任何**形式的复杂波形解析为一定数量便于使用的简单、规则的正弦波。

傅立叶简洁的波动方程确定了新的"谐波分析"领域，但有批评家坚持认为他的数学"不够完美，因为缺乏通用性，甚至准确性"。因此，一个多世纪以来，谐波分析一直脱离于它产生的物理现象。早期的电话和无线电工程师一直在黑暗中苦苦挣扎，探求解决现实世界的问题，而对于这个问题，傅立叶早就找到解决的模型，直到维纳重新系统论述了傅立叶的研究，使它和现实世界建立了联系。傅立叶的正弦曲线在维纳的脑海里起伏，他重新做了一遍法国人的工作，使用他的公式分析被用来传递复杂声音信号的电磁辐射波。维纳的天才之举在于，他看到了沿着金属导线、真空管和广播天线传递的，看不见的不规则电流与琴弦振动时表现出来的诸多变化形式之间的联系。

就像他利用爱因斯坦和布朗运动的研究成果一样，维纳接下来将傅立叶的热波运动经典分析加以扩展，确定它在不同媒介和在数学纬度上的通用性。他经过艰苦努力得出的新公式适用于所有类型的连续波状运动，也适用于让电气工程师感到棘手的**非连续性**波状运动，比如电报的脉冲信号，以及电话、无线电的声音信号，后者要么从一点传递到另一点之后终止，要么随即变成完全不同的杂乱电波。维纳的方法解释了如何捕捉这些不断变化的电子信号，如何在时间上对其加以固定，如何测量它们的物理属性，并用数学方法加以分析，这些对电气工程师是非常有用的，也是维纳对电子理论做出的首个现实性的贡献。

20世纪20年代，维纳开始零碎地发表关于他的"广义谐波分析"新统计方法的论文。这种新的统计方法连同他的布朗运动研究和或然性研究，奠定了信息时代新科学的基础。然而，维纳最重要的研究，在美国数学家和工程师看来是"胎死腹中"（他自己的话）的。直到10年后，他对电子学理论的贡献才被承认。又过了10年，电气工程师才完全理解他的新谐波分析在实际应用中的价值，开始使用它们来调制和控制电子信号，并达到了前所未有的精确。

在此期间，维纳又在数学家和电气工程师极其感兴趣的领域开辟了新道路。他初次涉足势能理论时，又一次亲密接触哈佛大学，他向本领域的领军人物O.D.凯洛格教授请教。势能理论是20世纪20年代另一个热门理论，可以用来解决现实的工程问题。凯洛格教授给他指出电子势能中的一个很好的数学问题，于是维纳开始着手单独解决这个问题。然而，当他把自己的解决方案交给凯洛格时，被告知凯洛格在普林斯顿大学学习的两名年轻学生正在为他们的论文做类似的研究，维纳应该忘掉自己所做的工作，"为两名博士生扫清障碍"。

话不投机半句多。维纳对凯洛格的请求感到很生气。凯洛格和他的同事G.D.伯克霍夫（维纳的死对头）对维纳"大声咆哮"，要他放弃势能研究，但是维纳没有理会。他在麻省理工学院的新数学期刊上发表论文，并写了几篇相同主题的论文。这次冲突促使维纳正视自己的竞争意识，面对一直以来在美国数学界属于局外人的自己。这促使他坚定决心，无怨无悔地从事自己认定的学术工作。

我差不多是反感高强度的工作压力的，一开始我的工作就注定充满竞争压力，然而我十分清楚我的竞争力远远超出年青一代数学家，我同样清楚这不是一个很好的态度。然而，这种态度不是我可以自由选择或抛弃的。我非常明白，我是个局外人，我如果不更强势些，就不会得到任何形式的认可。如果你不欢迎我，那么好吧，让我做个危险的人物，让你无法忽视。

―

在麻省理工学院的头几年，维纳依然住在家里，还要受到父亲的责骂和父母的控制。童年的时间被大大压缩，战争时期在欧洲流浪，新的教学岗位又面临很多新的压力，所有这一切使他在"社交礼仪"方面大大落后于同龄人。他几乎没有异性朋友，婚姻前景渺茫。然而，就是在这个方面，利奥和贝尔塔也准备干涉。

母亲贝尔塔有喝下午茶的习惯，第一次世界大战结束后不久，她更加频繁地邀请利奥的学生、访问学者和其他相熟的客人星期天到家里来喝下午茶。下午茶也是给维纳家的孩子们提供社交培训的机会，后来还成了暗中为他们物色对象的场合。大一点儿的孩子，尤其是诺伯特、康斯坦丝和小妹妹贝尔塔都在这些亲切友好的聚会上缔结了友谊，结识了志同道合的朋友，这使他们的事业终身受益。他们三个都是在这些场合碰到未来的爱人的。

但是维纳的初恋一直磕磕绊绊。在家人的密切监督下，他的恋爱没什么起色，父母又对他看上的女孩儿行使"绝对否决权"。维纳说，他们判断的依据是"女孩儿如何对待家里人，而不是和我直接有关的因素"。1920年秋天的一个下午，维纳的父母把一位活泼、穿戴正式的年轻女士介绍给他，她后来成了他的妻子。

玛格丽特·恩格曼14岁时从德国东部的西里西亚移民美国，一路努力考上了拉德克利夫学院，主修罗曼斯语，还跟着利奥学习俄语。她和哥哥赫伯特一同来维纳家喝茶，赫伯特碰巧是诺伯特麻省理工学院的一位学生。兄妹俩刚和妈妈一起从犹他州搬到波士顿郊区的韦弗利。他们的妈妈黑德维希·恩格曼来自农场主家庭，嫁给了一位旅馆老板，老板发了财，却在30多岁时突然去世。黑德维希只身移民美国西部，做了很多工作，不比利奥当年在西部荒野时干得少，目的是挣钱把自己的三个儿子和小女儿（即第五个孩子）玛格丽特接到美国，老大是个女儿，继续留在德国由亲戚照看。

玛格丽特接受过高地德语方言训练，行为举止也很高雅，尽管不是日耳曼人的长相。她的头发是黑色的，皮肤是橄榄色的，眼睛则是淡褐色。她比维纳大2个月，身高比维纳矮2英寸，身形单薄，气质和维纳完全不同。从各方面来说，玛格丽特非常聪明、通情达理、做事认真，性格中只有微量的幽默和贪玩的成分。她说话轻言细语，措辞优雅，是个具有日耳曼人品质和维多利亚道德观念的合格的拉德克利夫学院女生，这些都是维纳家人看重的，也是诺伯特当年虔诚称赞的。

在利奥、贝尔塔和妹妹们看来，玛格丽特是他们家不擅长社交的"努宾"的完美伴侣。但她不是维纳的首选，甚至也不是第二选择。维纳曾在文章里充满柔情地提到先前爱上的一位拉德克利夫学院女生，这是他到麻省理工学院教书后不久的事情。女孩儿主修法语、漂亮，"具有前拉斐尔派画家画中女性的那种美丽"。他追求她一年多，直到有一天她告诉他她已经订婚了。"我没有优雅地接受现实，这并不是个优雅的处境。"他说。他很伤心。

当他几乎重陷"绝望的泥沼"时，他们一家集中全部精力撮合他和玛格丽特。母亲贝尔塔一直认为自己是德国人而不是犹太人，她坚信玛格丽特简单、正式的欧洲做派和他们家的风格一致，也符合诺伯特越来越需要人照顾的客观需要，于是她开始准备社交活动。1921年初冬，诺伯特和玛格丽特开始约会，但对父母的算盘保持着警惕，也不愿看到事情按照玛格丽特的意愿发展。他回忆说，父母"不是默默赞同的，我感到很尴尬，因为他们明显偏爱玛格丽特，我的反应是要暂且离开她"。

———

1922年、1924年和1925年三个夏天，维纳逃避到欧洲，渴望见见老朋友，也希望结识一些英国、法国和德国的数学同行，在他看来，这些国家气候比较暖和，更加利于他考虑问题。第一次去欧洲时，维纳向凯洛格和哈佛的朋友表明，他捍卫自己学术领域的决心是不可动摇的。在法国，他公开挑战，把自己关于势能理论的一篇有争议的论文寄给了著名数学家勒贝格本人，后者把它发表在法国科学院期刊上，还写了前言称赞维纳为本领域做出的重要贡献。

后两次去欧洲，维纳了解到一些行业新发展，这后来被证明具有更重要的意义。欧洲大陆的量子革命已经如火如荼地开展起来。1923年，在哥廷根从事原子理论前沿研究的物理学家马克斯·玻恩意识到，如果他的丹麦同行尼尔斯·玻尔关于原子结构的先进理论是正确的，那么"物理学的整个概念系统必须从基础开始重新建构"。次年，玻恩创造了"量子力学"这个新术语，来描述这个有待建构的新物理学科。法国年轻的物理学家路易·德布罗意在索邦大学的博士论文中提出一个非常激进的概念，认为物质和能量、热以及光一样，呈现的形态是粒子，也可能是波。

1924年，维纳被评为麻省理工学院数学系副教授，同年夏天，他去了哥廷根，这是十年前他在那里当访问学者后第一次回去。他很高兴地发现，他的那些"胎死腹中"的观点吸引了大学里的数学家和物理学家的注意。次年夏天，他又回到哥廷根，给大学里一些特定人士开了一个研讨会，专门讨论他的波浪问题和用数学方法进行的谐波分析。尽管维纳刚过30岁，但在这些被吸引到哥廷根大学从事新量子力学研究的年轻、聪明的学术明星眼里，他和他们一样是**天才青年**。

维纳在哥廷根的讲座虽然没有涉及量子理论，但是着重谈到这门新物理学科的一个核心困境，即观察和测量在时空中运动的电子产生振动波时所面临的问题，以及在亚微观层面上这些观察存在的局限性。维纳用音乐的例子来说明这种困境和他的新谐波分析理论，玻尔和其他有文化的哥廷根同行都可以很容易理解，因为玻尔钟爱钢琴。

像量子理论一样，我在哥廷根大学的讲座……是关于谐波分析的，换句话说，将复杂的运动分解为单个的振动，就像乐器琴弦的运动那样……振动有两个独立的特征……频率和……持续时间。（但是）一个音符的频率和时间的互动方式非常复杂……侧重时间的准确就意味着音高要马虎一些。同样，侧重音高的准确性就无法兼顾时间……这个问题不仅具有理论上的重要性，而且反映了音乐家真正的局限性。你不可能在管风琴最低音域区弹奏快步舞曲。如果你弹出每秒振动 16 次的音符，而只持续 1/20 秒……那么它听起来就不像一个音符……根本就不是音乐。

就像他那篇早慧的论文《无知理论》和早期指出罗素数学逻辑问题的几篇论文所表达的观点一样，在哥廷根，他再一次解释，说新的谐波分析理论也存在局限，即如果音阶的音程低于某一水平，那么不管是琴弦、风琴管还是电子发出的主振动，都不可能通过科学方法准确观察和测量出来。他的谐波理论和玻尔的得意门生沃纳·海森堡的观点不谋而合，那天他也参加了维纳的研讨会。1927 年，海森堡将在他著名的"不确定理论"中更为正式地表达相同的结论，他运用维纳"几年前……在哥廷根介绍过"的数学分析方法，分析后得出结论，认为人们无法在量子层面上同时确定粒子的准确位置和它的动量。

1925 年秋，玻尔来到麻省理工学院讲授新的量子物理知识，开始直接和维纳合作。玻尔试图调和摇摇欲坠的原子结构粒子模型和突如其来的波浪理论之间的关系，他需要维纳的协助。两人合作发表的论文奠定了量子理论发展的基石，也是对该理论的"显著贡献"，尽管玻尔承认他没有完全理解维纳的计算方法，也"几乎没有接受"他的谐波理论的核心概念。数年后，玻尔因为"对波函数的统计阐释"获得诺贝尔物理学奖，他公开承认维纳是"卓越的合作者"。

———

1925 年夏，维纳在哥廷根收获颇丰，他结识了很多重要的人物。

他又一次坠入爱河，这次是年轻的天文学家塞西莉亚·海伦娜·佩恩，一个皮肤细腻白皙的美女，来自英格兰。她1925年春获得哈佛大学博士学位。维纳在哥廷根大学数学协会讲学时，她正在天文物理协会访问。有一篇报道说，维纳特别喜欢佩恩，因为她"性情和兴趣非常像他自己"。当他们回到美国后，维纳"开始了浪漫攻势，希望能与她走入婚姻殿堂"。但是佩恩已经献身于事业，要做本领域的第一位女性研究者，不愿意维纳或者任何其他追求者分散她的精力。

这段恋情无疾而终，父母催促维纳赶紧和恩格曼结合，他们都支持这门婚事，但不管是事业还是爱情，维纳都不愿意屈从于父母。他和玛格丽特断断续续地谈了5年恋爱。这段时间，维纳在麻省理工学院和欧洲数学界的名气越来越大，玛格丽特也获得了硕士学位，在宾夕法尼亚州的一个比较小的女子学院找到一份教现代语言的工作。他们分隔两地，偶尔在两地之间的朋友家里会会面，期末放假时才在一起，但正如维纳自己所说，这段恋情"断断续续的，不适合我们"。

维纳在哥廷根大学的讲学给人留下深刻印象。玻尔和希尔伯特伙同哥廷根大学数学系新主任、希尔伯特的学生理查德·库朗邀请维纳来哥廷根大学访学一年。1926年年初，他获得了新成立的纽约古根海姆基金会的资助，支持他访问哥廷根大学。他旋即向玛格丽特求婚，她答应了，但他们的时间安排产生了冲突。维纳应该4月到达哥廷根，而玛格丽特想学期结束后再走。最终他们达成一致意见，春天结婚，几个月之后再在德国会面。

终于，他的爱情和事业结合在了一起，他庆幸自己的好运气。对于即将在哥廷根度过的一年，他是这样回忆的："我处于一种欢欣鼓舞的情绪状态，我觉得这是我第一次百分之百地被承认，我恐怕是对报纸讲得太多了，有些不合适……人们一定觉得我是个爱吹牛、沾沾自喜、令人讨厌的年轻人。"关于即将举行的婚礼，他真心觉得自己已经走出长期以来父母干预、感情不顺的困境。

诺伯特和玛格丽特1926年3月在费城结婚，两人都是31岁的大龄青年。他们到大西洋城度了短暂的蜜月。那几天，两人欢爱甜蜜。维纳用宾馆的信笺给父母写信："亲爱的爸爸妈妈，玛格丽特和我的蜜月棒极了，她是个可爱的女孩儿，我真幸运。"维纳开始用玛格丽特的德语爱称"格蕾特尔"称呼她，显示他对自己新娘的感情是真心实意的。新婚夫妇一起到了纽约，维纳从那里动身前往欧洲。几天之后，在驶往欧洲的明尼卡达号轮船上，维纳自感是世界之王，他用轮船上提供的廉价信纸给父母写信，炫耀自己获得自由，不再对父母有孝顺的义务："我的蜜月很开心。"落款是："你们（不再）顺从的儿子诺伯特。"

当轮船到达欧洲大陆时，英国德文郡田野里的报春花开得正艳。维纳动身前往哥廷根，心中充满热情和乐观。两个月后，玛格丽特乘船登陆，她第一次回到祖国，同样情绪高涨，心想，自己是一位知名教授的妻子，在德国出生，也是个小有成就的学者，在哥廷根这个有着深厚欧洲学术历史和社会传统的地方应该会如鱼得水。

但是，发生在哥廷根的一件事将永远改变这对新婚夫妇的生活。和维纳前两次令人愉快的哥廷根之行不同，正当他准备长期住下来时，正在兴起的德国纳粹主义渐渐控制了德国的大学。民主主义极端分子干扰他的学术和社会活动，他们相信这位哈佛毕业的年轻的古根海姆基金会资助学者就是哈佛大学那位大嘴巴的老维纳教授，小维纳说了一些大话，刊登在德国的报纸上，老维纳曾经严厉批评过德国在第一次世界大战期间的行为，被纳粹的褐衫军列入黑名单。

这次，维纳还碰到另一个障碍。哥廷根大学数学系新主任理查德·库朗也和他过不去。库朗出生在波兰，是个有才华的犹太数学家，几年前新成立了数学系。维纳到来后，他却积极讨好维纳在哈佛的死对头 G.D. 伯克霍夫。伯克霍夫那年春天也在哥廷根，被洛克菲勒基金会派到德国考察，旨在选择资助战后德国有价值的重建项目，伯克霍夫认为库朗的数学系可以成为被资助对象。

库朗夹在两个死对头之间，他还要考虑数学系自身的利益。同时，因为他是犹太人，学校和政府日益兴起的对纳粹的热情也给了他很大的压力，而政府又是他的主要财政来源，得罪不起。考虑各方的压力后，库朗最终背弃了维纳。当维纳告诉库朗他和伯克霍夫之间发生的事情后，库朗严厉地责备了维纳向媒体发表的夸大其词的评论。他收回了聘任维纳为访问讲师的正式确认函，或是解除，或是很不情愿地给予维纳事先承诺过的各种津贴补助。纳粹的暴政和库朗的学术侮辱浇灭了维纳的希望和热情，他陷入了精神崩溃的边缘。

这种压力很明显地表现在他的学术报告上。他的见解滔滔不绝，却极其混乱，讲的德语也乱七八糟。他的系列讲座听者少得可怜，观众都暗暗奇怪他是如何获得**神童**的头衔的。为了获得心理平衡，他向大学里的美国和英国朋友求助，他们照顾他，使他度过了这段"忧郁的时光"，但他们的帮助徒劳无益。

等玛格丽特到达时，维纳已经陷入狂乱了，他自己也承认，他在"黑暗的抑郁"里苦苦挣扎。

在哥廷根看到的景象，令玛格丽特高兴不起来。维纳失魂落魄的样子使她震惊和难过，这不是她漫长恋爱时期的恋人，也不是蜜月期间的新婚爱人。更糟糕的是，玛格丽特到达后不久，维纳的父母到欧洲旅游，顺道来到哥廷根。维纳回忆说，他们来"半是为了分享我的成功，半是过来监督这对新婚夫妻"。维纳告诉父亲，他在大学遭受的恶意主要是因为父亲说过德国的坏话，还有纳粹弄混了父亲和儿子。这番话引起了更多问题，反而加重了他受到的精神折磨。他们在一起度过了悲惨的一周，然后父母离开哥廷根到欧洲其他地方去了。

不久后，维纳和玛格丽特动身前往瑞士阿尔卑斯山的偏僻之地养病。当他们到达目的地时，维纳接到父母的一封信，叫他们到奥地利因斯布鲁克参加下一轮家庭聚会，维纳内心深处过于软弱，无法拒绝父母的强制要求，这是他自童年以来的风格。在因斯布鲁克，玛格丽特用全新的眼光观察了维纳一家的生活状态，她下决心帮助丈夫摆脱他父母的情感控制。他们很礼貌地告别父母，疲惫、狼狈的新婚夫妇动身前往南方，到意大利开始他们推迟了很久的欧洲蜜月旅行。

但是，蜜月还未开始就结束了。无论是威尼斯浪漫的运河，还是佛罗伦萨文艺复兴时期的辉煌建筑，都无法阻止维纳如影随形的黑暗抑郁症。40年后，他还在为那次旅行和随后的婚姻考验道歉："玛格丽特要面对情绪低落、神经过敏的丈夫所带来的诸多问题，这不是一段令人愉快的经历。我已经不仅仅是个让她头疼的问题，因为我父母一直在掩饰我的情感问题，他们没有直接告诉玛格丽特嫁给我要承担的真正义务。"

玛格丽特在了解到丈夫的混乱情绪状态后所要面对的家庭生活，我们可以从维纳那些坦率的话语中窥见一斑。在他们写给父母的信件中，两人都暗示，巨大的压力正在撕裂他们只有几个月的婚姻。维纳含混地说，他们需要"解决如何调整的问题"，而玛格丽特明确表示，维纳在哥廷根经历过一阵严重的抑郁，她说她"真的害怕他可能会精神崩溃"。她也给维纳家里的其他人写信，做了语气严肃的保证："诺伯特需要绝对的安静，我将确保他得到安静。"

从那一刻开始，玛格丽特发生了深刻的变化，她丢掉了曾经幻想的欢乐无忧的**教授夫人**角色，发誓要照顾好、保护好高度敏感的丈夫，他正处在学术加速发展时期，她要帮助他成为世界级科学明星。

四
弱电流，轻型计算机

宙斯的雷电在哪里？……被遗弃的厄勒克特拉独自面对风暴。

——索福克勒斯《厄勒克特拉》

维纳和玛格丽特离开哥廷根，前往哥本哈根。在那里，他利用古根海姆基金会的资助，和丹麦最重要的数学家哈那德·玻尔合作，哈那德是尼尔斯的弟弟。在哥本哈根的这段时间，夫妻俩的精神状态得到改善，为维纳启程回美国做好了准备。

他们冒着寒冷的海风启程，在遭遇一场猛烈的东北风后，于1927年1月中旬在波士顿靠岸登陆。整个波士顿正忙于暴风雨袭来的抢险救灾，夫妻俩却四处找房子。他们在普莱森特街找到一个舒适的公寓，维纳开始勇敢地去适应他并不擅长的"杂务工般的家庭生活"。他学会了给家具上油漆、打理壁炉，但也仅限于此。他说，熟练从事琐碎家庭事务"从来不是我的专长"。

他的专长是数学，麻省理工学院的电子工程师和他们的美国同行都急切需要他的聪明才智。直到 1927 年，美国的通信渠道都处于混乱状态。在短短几十年间，电话已经从对讲机发展成为美国文化中无所不在的应用产品。在高速发展的美国电话电报公司中，对电话接线员的需求剧增，几年前公司的发展报告就发出警告，要运转这个通信系统需要雇用全美所有的年轻女性做接线员。直拨电话的应用消除了对美国女性产生的威胁，但是市话和长途电话量的剧增使通信系统变得越来越复杂，产生了巨大的工程挑战。

随着廉价收音机的畅销，20 世纪 20 年代初期开始的第一个全国性广播网络的建设，新的无线电通信技术也呈指数级增长。整个美国，有 500 多家电台使用小频段的无线电频率进行广播，彼此相互干扰，而且通过长途电话线转播广播信号到地方电台，大大超出线路的传输能力。电话和无线电工程师需要更强大的组件、更有效的设计和制造电路的方法，来解决通信网络超载、相互干扰和刺耳的振荡等问题。

其他新的通信装置纷纷出现，给电路系统带来更大的压力，这包括高速股票电报自动报价机（它直接导致了 20 世纪 20 年代投机市场的狂热），以及远程打印机、供报社远程传送图片和文字的有线传真机。1927 年，录音技术得到实际应用，出现了有声电影，进行了第一次长距离电视信号传输的试验。所有这些进步都产生了更大的技术挑战。纽约贝尔电话实验室里的科学家和数学家在电话、无线电和录音技术方面取得了巨大进展。贝尔实验室成立于 1925 年，由美国电话电报公司内部各工程部门合并而成，是现代企业研究中心的原型。贝尔实验室里的科学家和公司的工程师合作，研发出新的技术工具来改善整个国家的电话系统，比如自动电话交换、多路复用（使用不同的频率在同一线路同时传送多路通信信号）和整理不同信号，并把每一通电话传送到不同目的地的专用电子"滤波器"。

尽管取得了这些成就,但是新兴的电子通信领域从科学的角度来说,依然是荒芜的前沿地带。维纳的电子信号谐波分析新公式还没有应用于日常工程实践,系统性研究方法也有待开发,用于设计电子线路或执行很多其他日常工程任务。一些长期存在的技术问题也一直找不到实际的解决办法。

接着出现了一个新问题,这个问题甚至无法明确地描述。早在1924年,贝尔系统的工程师注意到,通过美国电话电报公司的电话线路传送广播节目,比传输语音信号需要多大约两倍的"信息量"。为了充分使用美国电话电报公司的设备,最大限度地提高信号中转的速度和公司的利润,其工程师需要确定"信息量的大小""信息传输"的编码方式,以及进行更好的科学描述和测量"**通过电话系统传送商品**"的方法。

但是,那种含糊不清的"商品"是什么?那时,贝尔公司的科学家和工程师对他们所传输的东西的属性没有一点儿概念,更不用说如何去测量它。这是新电子时代一个最基本的问题,但是,尽管他们拥有专业技能和熟练的工程培训流程,美国电话电报公司和其他电子公司羽翼未丰的通信技术奇才还是不能理解他们从事的新技术革命的宏观格局。在这一领域,没有现成的爱因斯坦从事高瞻远瞩的思想实验,没有罗素利用物理学原理和逻辑定理从头构建体系。

在20世纪20年代诺伯特·维纳认真地开始进行这一领域的新研究前,就没有严格意义上的通信科学。全面考察了这种混乱状况后,维纳决心运用他那"胎死腹中"的数学来研究新通信技术面临的实际问题,把谐波理论提升到一个新高度。

在研究工作初期,他就注意到,在改变"喧嚣的 20 年代"的景观和声响的新电子信号中,有一种几乎检测不到的"弱"电流,它和电力工程中的"强"电流截然不同。这种区分弱电流和强电流的标准是欧洲工程师确定的,但是在美国,电力工程师、电话工程师和无线电工程师都叫"电气工程师"。这两个领域后来被分为电气工程和电子工程,在维纳看来,欧洲做出的这种区分是非常重要的。

那些流过美国电报和电话线路的微弱电流,使现代信息得以快速传输,但奇怪的是,它们只是用几伏特和几瓦特的微小电动势来驱动,和通过电力线路和重金属电网传输的数千伏特和数兆瓦特的原能量完全不同。新的无线电波更是转瞬即逝,它们在空中传播,来去无踪,被真空管中的"电子阀"捕获。可以说,这些电子阀成了决定大众通信文化的洪水是否泛滥的闸门。

维纳很早就注意到,那些离奇的弱电流完全是未知的量,它们既不是沿着固定轨道运行的有形物体,也不是遵循量子力学新原理转瞬即逝的亚原子现象。它们的行为和河面上浪花的跳动、静止水面上花粉颗粒的舞动以及小提琴琴弦的颤动更为相似,因此,和其他工程师和数学家相比,维纳的地位独一无二,用科学方法解决这个难题非他莫属。

在早期研究工作的基础上,维纳开始构想一个激进的新方法来统观整个通信工程事业,这是一种**统计学**的方法。他从吉布斯包罗万象的统计力学系统得到灵感。统计力学的基础是或然性的数学概念,维纳认为它是打开电子信号新领域大门的重要钥匙。但是,通过更仔细的考察,维纳吃惊地发现,吉布斯统计力学的基本假设——即使是最不规则、表面上看似随机的系统,其行为方式在一段时间内也可以通过或然性原理和现代统计方法进行预测——最初的数学描述是"其存在的形式不仅是不充分的,也是不可能的"。

按照自己的节奏,维纳一步一步地纠正旧的错误,开始补充新的东西。整个 20 世纪 20 年代后期和 30 年代初期,他为通信工程这门统计科学奠定了新的逻辑和数学基础。他在欧洲和美国期刊上发表了十多篇论文,将欧洲的科学和美国的独创性这两个伟大传统结合起来,也在大西洋两岸的通信工程师使用的不同方程式之间建立起基本的联系。他的巅峰成就是 1930 年在瑞典著名期刊《数学学报》上发表的《广义谐波分析》。在这篇论文里,维纳命名并正式确立了全新的、统一的、严格统计意义上的方法,用来解决困扰他 10 年之久的"波浪问题"和通信工程领域里所有波的问题。

他少年时期的论文《无知理论》得出这样一个明确的结论:"事实上,所有人类知识都是基于近似值的。"他全新的统计视角标志着这一早期思想发展到鼎盛时期。在几年时间内,其他杰出的科学家和数学家相继提出一些震撼世界的新理论,比如"不确定性"原理、"不完全性"定理、或然理论等等,这些都参考了维纳的统计方法,是对他的理论的再构建。

在通信工程领域,他的新统计方法描述了承载信息的电子波的运动形式,它和布朗运动中的花粉颗粒以及单个或成束的电子的运动方式类似,不是确定性的运动,而是**或然性的,在数学上可以用从 0 到 1 的变量来表示**,0 表示完全不确定和不可能性,1 表示完全可能性和可预测性。正如他几年后解释他的新思维时说的那样,他的统计理论的强大力量源于所有科学数据自身的非准确性,这是个大多数工程师和科学家普遍不愿意承认的生活现实。他知道新的统计方法具有巨大的优势,不仅可以测量和分析不规则的电子波,而且可以用于所有要求准确测量和进行数学计算的科学过程——从天气预报到经济预测。

在通信领域，维纳用于电子信号谐波分析的新统计公式给工程师提供了一种手段，不仅可以用来控制和利用当时所有已知的不规则弱电流，从人类声音的复杂振动到新广播娱乐网络提供的日常喧嚣（交响乐的旋律或爵士乐的疯狂节奏），而且可以用于对它们进行数学测量，得出准确、可处理的数据。然而，维纳的新数学并不仅限于此。他的广义谐波分析公式是一种通用工具，可用来解析和分析所有可能存在的振动，无论它们是可听见的声音、可见光或者看不见的电磁辐射，无论它们传播的媒介是金属导线、稀薄空气或真空，也无论波动的空间是两维、三维或无限维度。

尽管不是工程师，但是维纳在论文里准确描述了他的新统计方法如何将电流中的信号流，从电流不规则运动所产生的可听见的"噪声"中分离出来。他证明了，当这些噪声信号被输入一个恰当的滤波器后，输出的信号在本质上是具有统计学意义的，它提供了"一种有价值的测量电荷的方法"，这是一次电子理论的突破。他的新方法可以运用于所有类型的电子技术，是首批分析电子信号的重要工具，这些电子信号是"一系列数据"，以指定的传输频率在时间和空间里流动。在尝试清晰、定量地描述工程师借以贩卖信息新商品的通信手段时，维纳采用一种独创的方法测量和准确预测由"无限序列的选择"构成的电子数据流，他使用新奇的"二进制"来代表一系列两种可能性完全相同的选择，用数字 1 或 0 来表示。

所有这些革命性的概念最终都成为现代通信科学的核心要素。维纳 1930 年发表的《广义谐波理论》又是一次理论突破。他视野宽广的科学架构确定了随机过程的一般理论基础，提供了驾驭它们所需要的统计方法，这里所谓的"随机过程"是自然界和人类事务中存在的无限不规则事件。他所做的工作开启了概率或"随机"过程的研究，他和其他人在未来几年中，将在数学、物理、工程学和其他更边缘学科的前沿领域建功立业。在这个过程中，他引领了自己引以为豪的科学思维新"运动"。

单单是维纳的数学理念就领先他那个时代10年、20年，在有些方面，甚至是30年。不久，这两个包含整个或然率宇宙的小小数字——0和1——以及它们所代表的新二进制逻辑和电子过程，将主宰整个新通信技术领域。但是，当时几乎没有人察觉到这一点。事实上，美国多数通信工程师甚至没有注意到维纳在他们的领域里所做的实际工作，那些注意到了的人还未开始理解他的新统计理论和方法，更不用说应用它们了。

像他早期的数学论文一样，维纳关于弱电流卓有成效的研究工作在麻省理工学院以外的圈子几乎没有引起什么反响。

———

再回到1927年春天的普莱森特街，维纳和玛格丽特适应了那里的新家庭生活。他们在哥廷根遭受的痛苦折磨已经消退，这一次他感到在美国比在欧洲快乐，这让维纳感到意外。

玛格丽特毅然承担起住在寓所里的**教授夫人**的新职责。她靠维纳当助理教授的微薄薪水维持起一个舒适、整洁的家，家庭开支她精打细算，分毫不差，她这么说过："维纳是做数学的，我是做算术的。"她菜也做得很好吃，尽管自己不吃素，但很快她学会给维纳做他爱吃的素食。玛格丽特以务实的方式来宠爱丈夫。早上，维纳刮脸时，她把他要穿的西装摆好放在床上；维纳出门时，她递给他吃午饭的钱。

至此，维纳已经放松了年轻时期种种维多利亚式的约束，对玛格丽特"表现出相当外露的深情"。然而，她在私下或公开场合并不倾向于显露感情。

维纳意识到，甚至很喜欢自己享受的这种优越感，他称这是"我作为已婚男人的新个性"。他也喜欢在整个维纳大家族里新获得的独立自主。父母都很高兴儿子开始了新的家庭生活，但是他们也明明白白地告诉维纳和玛格丽特，希望他们遵从他们为自己的孩子和其配偶制定的家庭养生法。维纳很高兴看到"这根本不可能"。他和玛格丽特都下定决心要证明，如果父母认为维纳娶了玛格丽特就能确保"无限期地延长"对他的"家庭束缚"，那么他们就"太过于想当然了"。

那年夏天，维纳带着新同事 D.J·斯特罗伊克去了位于新罕布什尔州的他最喜欢又经常去的地方，从此斯特罗伊克也爱上了爬山。斯特罗伊克是位很有才华的荷兰数学家，1925 年维纳在哥廷根认识了他，两人很快成为朋友，一年后维纳怂恿他来到麻省理工学院，充实数学系的力量。现在，两人匆匆踏上旅程，用了一周的时间向北穿过怀特山脉崎岖的荒野地区，登上狂风呼啸的华盛顿峰，维纳 15 岁时第一次登上这座山峰。回来时，两人都健壮无比，满脸大胡子。维纳说，斯特罗伊克的胡子"使他看起来像伦勃朗画中的人物"。玛格丽特把维纳的大胡子剃成了山羊胡，从此维纳就一直留着山羊胡。

那年夏末，玛格丽特和维纳开始在新罕布什尔州的大山里寻找属于自己的房子，他们在桑威奇东 9 英里的南塔姆沃思村找到一个不错的地方。这座白色木质结构的农舍是建于内战前的一所待修老房，和他小时候在老磨坊农场的房子一样。它坐落在一座小山上，俯瞰两个山脊间的一片峡谷，峡谷里草场青葱。房子周围枫树高耸，这些枫树已有 200 年的树龄。这些枫树的存在，使这个小小的地方有了巍峨之气，风格和周边迥然不同，周边是漫山遍野茂密的云杉和松树林，一直延伸到远方。房子雅致、宽敞、亮堂，木地板宽大。起居室里有个很大的砖制壁炉，另一端是间舒适的书房。房子的前半部是两间小小的紧挨着的卧室，一段短短的楼梯通向阁楼，阁楼的屋顶很低，向屋檐两侧倾斜。房子后面是一个很大的带有门窗的门廊，对面是桑威奇山脉的壮丽景色。

这个地方使玛格丽特想起她度过童年的西里西亚东部的"巨大的山脉"，这让她感到温暖。这里给维纳提供了大量的空间让他四处闲逛，又远离喧嚣的坎布里奇，幽静的环境适合维纳思考和写作，他在这里度过漫长的暑假。每年来新罕布什尔住上一段时间，他不认为这是一个大学教师应该享受的奢侈待遇，而是精神和情感的必需。他的研究工作要求他经常和麻省理工学院的同事保持联系，但是当研究工作结束，需要写研究成果时，他便需要足够的时间和空间。正如他所说："我的生活是两种状态的简单交替，精力集中的脑力劳动和……完全不需要脑力的娱乐。"他年少时，有几个夏天来过此地短暂逗留。现在他可以好好享受乡间简单而快乐的生活，在山间和草场徒步，和结识的本地朋友交往，长时间地游泳，或者在新罕布什尔温柔的山间湖泊沙滩上晒太阳。

此外，宁静、美丽的乡间还滋润着他们的身心。那年夏天，玛格丽特告诉丈夫她怀孕了。维纳不像他父亲那样热切地追求田园生活，他并不假装喜欢农业，也不强求自己的孩子帮助干农活。但是他内心的博物学家的冲动和对户外活动的终生热爱使他坚信，他的孩子不应该只了解城市生活和波士顿的中产阶级的郊区。维纳知道，这个古老的农舍和周边华丽的环境会"让我的孩子体验到乡村和自由的生活，我们觉得这是每个孩子生而具有的权利"。沿着一条道路向北是一个池塘，池塘边有块小小的沙滩，长长的波堤延伸到温暖的水中。天然沙坑可供孩子们玩耍，是个安全的港湾。除了当地人，波士顿地区的专业人员常带着家人来这里举行聚会。

夏末，维纳投标中标，获得了这座老房子以及周围 35 英亩的森林和灌木丛。当父亲利奥得知儿子即将购买这块地时，他称赞了儿子的选择，并且于 1927 年 9 月寄来一张支票，帮助他支付购买地产的费用。

次年 2 月，夫妻俩的第一个孩子出生了，是个女孩儿，取名芭芭拉。芭芭拉这个名字是唯一符合逻辑的选择，它取自三段论式列表中第一格的名称。三段论式列表是中世纪的一种助记列表，用特定结构的单词来表达每条经典演绎推理规则。比如，第一格的 Barbara 一词中的三个元音"a"用来表示三个肯定的命题，它们是所谓的"纯粹全称"，也就是原始三段论：如果所有的 a 是 b，所有的 b 是 c，那么所有的 a 是 c。（例如，如果所有的希腊人都是逻辑学家，所有的逻辑学家都是哲学家，那么所有的希腊人都是哲学家。）

对维纳而言，这个新生的婴儿不仅是他的第一个孩子，也是最高形式的归纳论证——一个"纯粹全称"。当注视着摇篮里弱小的新生命时，他吟唱起小时候父亲让他背诵的三段论式列表中的四种格：

Barbara, Celarent, Darii, Ferio

Cesare, Camestres, Festino, Baroco…

维纳看着自己的孩子，就像博物学家看着一个神奇的自然景观。他开始了全新的、勤勉的人生阶段，他承认"在照看婴儿和晾晒长长的尿布方面，我是个笨手笨脚的小学生"。那年夏天，全家将大部分家产从普莱森特街的公寓搬到南塔姆沃思村的新家里。7 月，维纳给父亲写信说："这里一切都非常好，孩子、玛格丽特还有其他一切都好。"

他们的第二个孩子也是个女孩儿，出生于1929年12月。玛格丽特一直希望生个男孩儿，所以非常失望，为了安抚她，孩子取名为玛格丽特，没有归纳论证，没有逻辑推理，什么都没有。就像所有叫玛格丽特的小女孩儿一样，她的名字不久就变成了佩吉，意思是"珍珠"。维纳通过取名字表达了对大女儿的肯定和赞许，但是小女儿一直是玛格丽特的心头肉，她充满爱意地把她抱在怀里，对芭芭拉可从未这样。

维纳给两个女儿讲述他小时候妈妈给他读过的故事：

一个晴朗的早晨……大象宝宝问了一个它以前从未问过的好问题。他问："鳄鱼晚餐吃什么？"……克罗科洛鸟悲哀地叫了一声，说道："宽阔的林波波河泛着灰绿色，上面飘着油污，两岸长满疟疾树，你去那里看看，就会知道……"

他用不同的语言给女儿们朗读，就像30年前在父亲面前所做的特殊表演一样。他能用古希腊语流畅地背诵荷马《伊利亚特》第二卷里的轮船名录，能唱出贺拉斯令人眼花缭乱、头晕目眩的颂歌，它表达了诗人听到克娄巴特拉（埃及艳后）死讯后的喜悦，歌颂了罗马军队迈着整齐、震天动地的步伐从亚克兴海战凯旋。

很多年后，芭芭拉回忆说："我耳边依然回响着他朗诵拉丁诗文的声音，仿佛听到恺撒兵团行进在罗马街头的沉重脚步声。我在能够翻译出这些文字的很久很久以前就爱上了这种声音。"

———

当维纳和玛格丽特忙着构建幸福小家庭时，这位骄傲的父亲也在努力工作着，为世界做出新的贡献。几年前的1925年秋天，维纳就和麻省理工学院的一位同事开始了积极的学术讨论，这位同事已经开始着手组装第一台现代计算机。

用机器进行数学运算的想法已经酝酿了好几个世纪。1642年，19岁的法国数学家布莱瑟·帕斯卡组装了一台可以进行加法计算的机器，它可以对排列在一排棘轮驱动的齿轮上的数字进行计算，齿轮箱上方有一个小窗口，可以显示总数。30年后，莱布尼茨制作了一台性能更好的计算机，能够通过重复加法来做乘法计算。第一次世界大战期间，维纳和同事们在阿伯丁试验场所使用的笨重计算机的工作原理和这些早期计算机的基本原理一样。

自动计算是另一个完全不同的概念。1819年，三一学院的查尔斯·巴贝奇起草了第一份"差分机"的设计图，这是一个由黄铜、锡镴和炮铜制成的蒸汽引擎，可以计算天体导航表，这标志着具有自动计算功能的梦幻机器进入起步阶段。1833年，他又推出了改进型"分析机"的新设计方案，可以根据事先规定的顺序对多达1 000个数字进行运算，每个数字都多达50位数。这台新型蒸汽计算机整合了现代计算机的所有基本构件，但是巴贝奇的设想只不过是早产儿，他那个时代的技术不足以使其成为现实。

100年后，麻省理工学院工程系新秀范内瓦·布什重拾巴贝奇的精巧设计，着手运用20世纪的技术制造新的计算机。和20世纪20年代的大多数电气工程师一样，布什的专长是电力，而不是通信。他希望制造一种计算机，帮他解决微分方程的计算问题，微分方程是多部件的数学表达式，工程师们大量使用它们来模拟现实问题，比如一个或多个物理要素随着时间不断发生改变。布什的"微分分析机"不是数字设备，而是严格意义上的模拟设备。它不像台式计算机那样是通过计数进行运算的，而是通过模拟的方式计算的，即数量的改变引起物理作用力的相应改变，通过作用力的改变达到计算的目的。他的机器是运用机械手段计算出差分值的，和巴贝奇使用的由动力驱动的复杂机械装置有几分类似。

布什大胆地向维纳求教，寻求他的看法。维纳从小就梦想着制造机械自动装置，因此很乐意帮助布什。维纳后来回忆说，他于1926年春去哥廷根之前，就已经和布什就这个计划"进行了密切的联系"，并且"我也独自一人在努力设计一种计算装置"。

两人就彼此对机器计算的不同看法达成了君子协定。布什的原型机电计算机只能解析**普通**微分方程，即只有一种变量是不断变化的，这是电力工程中常出现的问题，因为电力工程关心的是强电流的起伏问题。而维纳心目中的机器能够解析更为复杂的**偏微分**方程，这是数学界的洪水猛兽，其中涉及两个或多个同时变化的变量，是弱电流技术领域常出现的问题。这些复杂的"偏微分"是电话和无线电工程师解决承载信息的电磁波在时间和空间上不规则振动这个技术难题不可缺少的工具，它们碰巧也是维纳写进广义谐波分析理论里的那些令人头昏脑涨的微分方程。

1926年春，维纳开始担心布什的笨重机械装置的速度和可靠性，不确定它是否适合难以逾越的"偏微分"计算。他后来写道："解决偏微分方程问题所需的运算量是巨大的。"而布什的机器运算速度太慢，没有任何实际价值。作为替代方案，维纳提出一种新型计算机的激进设计方案，使用了当时正在迅猛发展的真空管技术。自从真空管首次应用于商业，维纳一直着迷于真空管无形的电子束带来的潜在可能性，真空管电子束以光的速度传输，不受物体的摩擦力和惯性的影响，其潜在应用前景不仅仅是在电话和无线电领域。几年前电视还只是个可行的技术设想，现在已经有了实际应用的前景，这激发了维纳的想象力。不久，他又听说直播图像传输新技术，这让他突然想到，以光为基础的计算机或许能解决偏微分方程和复杂的谐波理论问题，比布什的机械分析机更快、更准确。

维纳回忆了他在波士顿市中心一个灯光暗淡的剧院里突然想到这个新的计算概念时的情形："我正坐在老旧的科普利剧院看戏，脑子里突然出现一个想法，让我无法集中注意力看演出，这是个利用光学计算机来进行谐波理论运算的想法。我已经养成一种习惯，从不忽视那些突然冒出的想法，不管是在什么时候。于是我赶紧离开剧院，勾画出这个新方案的一些具体细节。第二天，我和布什商讨了此事。"

维纳早期从事的关于光波谐波分析的研究工作使他确信，电视所采用的新奇的光扫描技术可以应用于图像传输以外的广大领域。维纳建议布什放弃他那老旧的机械计算装置，而采用电视所使用的先进弱电流技术，并且将新的扫描技术应用于全电子**光学**计算机。

一开始，布什是接受建议的。维纳回忆说："这个想法是可行的，我们在一起尝试过好几次，希望弄出一个工作模型。"但是，他毫无工程学方面的能力，对此也不抱有任何幻想。"我能够帮得上忙的完全是脑力劳动，我是世界上最笨手笨脚的人之一，完全没有能力把哪怕是两根导线牢固地连接在一起。"在接下来的几个月里，维纳继续和布什讨论这两种完全不同的计算机设计方案。1926年秋，经过在哥廷根的灾难性经历后，维纳和玛格丽特去欧洲旅行，其间，他给父母写了一封信，愉快地汇报他"收到布什的关于我的机器和他的机器的信件"。回到美国以后，他马上重新投入计算机联合开发工作，他希望能够利用这个新的计算机进行电子信号的统计分析工作。

这是计算机历史上一段短暂的插曲。布什和他的优秀工程学研生一道制造出两种原型机，布什的机电式"产品积分仪"和维纳的光学"电影积分仪"。然而，维纳的机器更为复杂，需要准确测量通过系统的光束，而这在当时的技术条件下是很难实现的。

20世纪20年代，布什没有选择维纳的光学计算方法，但他的确采纳了维纳关于真空管的重要建议。他的最高成就是设计制造出一台重达100吨的模拟计算机，这在当时是个绝密工作，他从1934年就开始为军方着手设计，1942年交付阿伯丁试验场。机器使用的导线加起来有200多英里长，使用了150个电动马达和2 000个真空管。计算机能在15分钟内完成一个射表的计算，而这以前需要一个人使用台式计算机花费20小时进行计算。

维纳和布什的合作也产生了其他一些重要的副产品。1929年，布什出版了一本不厚的书，向电气工程师介绍电路理论。在这本书中，布什承认维纳的谐波分析新数学"具有相当大的应用价值"，他是第一位这么做的杰出工程师。书中的很多章节在撰写过程中，布什都征求了维纳的建议，而且要求他写了一个附录，介绍他的新统计方法的实际应用。这项高度技术性的工作激励着他们，尽管两人性情不同，但他们在一起工作很愉快。维纳常常深情地回忆起"我们在一起工作的美好时光"。在书的前言里，布什也承认，在他们开始合作之前他"没想到工程师和数学家竟然可以这么愉快地一起工作"。

接下来的几年里，布什的才干使他一步步进入美国科学官僚机构的高层。后来维纳向布什提出更多有关计算机技术最佳发展方向的建议，遭到了布什的拒绝，但维纳的见解将再次被证明是更加具有前瞻性的。维纳呼吁使用真空管计算机，这比真空管计算机的实际应用早了20年，他在20世纪20年代所具有的远见卓识正确地预示了从机械到电子的伟大转变。20世纪50年代，他确定地说："今天的高速计算机所遵循的发展道路，和我当时给布什提供的建议非常接近。"在激光扫描仪和其他日用光学数据处理设备出现的前几十年，维纳就提出光学计算的概念，在回顾此事时，维纳说："我确信，扫描技术在计算机以及其他相关领域比在电视工业领域本身更具社会意义。"也正因如此，维纳表示："计算机和控制机器的未来发展，我相信，已经证实了我这个观点的正确性。"

———

到20世纪20年代末，科学家兼发明家单打独斗的时代结束了。美国新的研发模式是贝尔实验室模式，根据这个模式，资金雄厚的公司召集纯科学和应用科学领域里最好的科学家，放手让他们从事指定的或者被他们的想象力和好奇心驱动的研究工作，然后获取他们的研究成果和发明专利。

维纳不是那种类型的科学家，他不是公司型的，但也不是单打独斗型的。在内心深处，他渴望参与有众多精英人士参与的大型项目，就像在阿伯丁试验场那样。在麻省理工学院的头几年，他满足于在2号楼里的一个角落里默默无闻地潜心做自己的事情，在这个过程中，他帮助麻省理工学院提升了学术声望，使其成为一个顶级的科研机构。但是这位昔日神童有自己远大的抱负，内心激荡着竞争的冲动，他的目的不仅仅是帮助麻省理工学院实现其组织目标。他面临一个不容易解决的困境：在这个大规模的机构性通力合作日益占主导地位的时代，如何进一步发展他的数学理论，为科学做出更大的贡献，同时保持自己的节奏？

30多岁时，维纳找到适合他的第三种方式。他具有非凡的数学才华，也是新电子时代的开拓者，除此之外，他现在开始证明自己同样具有另一种天赋，那就是找到聪明的合作者，他们能弥补自己技能上的缺陷，给他打开全新的视野，帮助他取得更大的成就。维纳的数学、通信科学以及他所从事的研究工作所带来的科学革命，都具有一个明显的特征，那就是相互协作。

他和马克斯·玻恩以及布什一起从事的研究项目是早期很著名的两个例子。和奥地利数学家埃伯哈德·霍普夫的合作是另外一个例子。1930 年，霍普夫来到美国，在哈佛天文台学习天体力学——恒星物理学。他遇见维纳，不久两人开始运用维纳的新统计力学研究方法解决经典牛顿力学无法解决的现代天文学难题。两年后，两人共同发表了"维纳-霍普夫方程"，计算了恒星的物理特征，即原子物质和放射性原子能的精确比率，前者构成恒星的质量，后者构成了光线。

和维纳早期研究布朗运动一样，"维纳-霍普夫方程"是统计学里具有开创性意义的研究成果，它提出最早的预测理论之一，根据这个理论，包含过去物理测量数据的统计公式可以用来预测未来的事件。这项成果使维纳的新统计工具可以应用于以前任何人或者任何方法未曾涉猎的科学领域。10 年后，在第二次世界大战期间，这些新统计工具得到应用，有些是维纳支持的，而有些是维纳感到悲哀的。好的方面是，这些新工具大大帮助了他自己的战时研究项目，使开发武器的工程师能够准确预测飞机的飞行位置，使防空炮火能够准确瞄准定位。不好的方面是，新工具被用来计算第一颗原子弹的爆炸威力大小。

维纳开始了另一次重要的合作，这次是和自己的一位博士生，来自中国的年轻、聪颖的工程师李郁荣。20 世纪 20 年代末，维纳和李郁荣联手，心怀一个伟大的目标。找到分析承载信息的电子信号的统计方法后，维纳发现了进一步发展通信工程科学的机会，那就是运用自己的新统计方法，寻找一种全新的途径来解决电路设计上的随意性问题。

李郁荣性情温和、为人谨慎，维纳觉得他是个值得信赖的合作伙伴。维纳很欣慰地说："他的稳健和判断力正是我所需要的制衡因素。"第一次商议研究课题时，维纳大致勾勒出设计一种新的可调节电路的想法，这种电路将使用维纳的广义谐波分析理论过滤掉高频电子信号，只让某一带宽的特定频率的信号通过系统。李郁荣简单记录下维纳的话，很快意识到他的想法是新奇可行的，但是"代价是浪费大量的元器件"。他重新调整了维纳的设想，使用更多的通用电子部件，让它们同时执行多种功能，"化繁为简，将庞大、蔓生的装置精简为设计精良、经济适用的网络"。

这种灵活的网络可以广泛用于实际应用领域，从交通引导到电话系统，从弱电流无线电信号的过滤和放大到改善电子录音的质量。这种设计优于早期电路设计者采用的权宜之计，并且维纳的统计理论能够确保这种方法设计出来的电路是现有物理条件下能够实现的最佳方案。两人对自己的成果非常自信，他们雇用了一位专利律师，于1931年9月2日申请了专利，维纳排名第一、李郁荣排名第二。在等待专利批复期间，李郁荣在博士论文里正式论述了维纳的新设计方法。

阿马尔·博斯是麻省理工学院的一位工程师，他若干年后曾师从维纳和李郁荣，他转述了李郁荣的回忆，讲述李和维纳一起工作、开启现代网络理论新时代的经历。博斯说："李不是数学家，每次应用维纳的理论时，总是不奏效。于是他找到维纳，说：'你看，你的理论一定是哪里出了问题。'他花了一年时间才理解维纳的意思，但他没有放弃，最终获得了成功。这个理论非常具有革命性，以至没有人相信它。"

博斯转述了李郁荣博士论文答辩时遭遇的可怕经历："李答辩时，

整个电子工程系的 20 名教员都到场了。他们对他狂轰滥炸，把他打倒在地，所有麻省理工学院的大佬都这么干。李是个很有修养的中国人，被问得无从回答。最后，维纳站起来，尽管他自己那时也是个年轻人，他说道：'先生们，我建议你们把文件带回家好好研究一下，你们会发现它说得是正确的。'他就说了这些，然后答辩结束。"

麻省理工学院的教授们给出了最后的判决，但他们对李郁荣（间接地对维纳）的认可非常勉强，这让博斯感到很惊骇："两周后，李郁荣收到一个短短的邮件通知，'你通过了'。他们应该保持尊严，对李说：'天哪，多么了不起的贡献！'但李只收到一句'你通过了'。"

李郁荣的论文是电子工程领域的里程碑，标志着维纳的新通信理论和数学取代了赫维赛德那杂乱无章的电路设计方法。维纳和李郁荣两人将继续推行他们的发明和合作，将为羽翼未丰的通信工程科学提供宽广的理论和实践基础。

———

1929 年 10 月的股市大崩溃以及随后的大萧条让数百万美国人破产，但这对一向节俭的维纳没有什么影响。那年，维纳的职称从助理教授升到副教授，工资略有增长，年收入超过 5 000 美元，足够维持一家人的简朴生活，但依然远远低于哈佛大学和其他常春藤盟校教授的工资水平。

他迸发的创造力使自己进入国际数学舞台的前沿，他的声望也与日俱增，世界一流的数学家、物理学家和工程师都渴望和他合作。但是，维纳依然感觉到他的美国同行并不欣赏和理解他从事的研究工作，没有欧洲和亚洲的同行表现出来的那种热情。他在美国最亲密的朋友是位荷兰人，他生意上的伙伴是个中国人，他最大的崇拜者是苏联数学家J.D.塔马尔金，他们是在哥廷根认识的。塔马尔金逃离苏联，定居在罗得岛的布朗大学。1929年，他邀请维纳到布朗大学当客座教授，开始很热情地宣传维纳所从事的研究工作。

另一位给予维纳很大帮助的是三一学院的导师哈代，他在美国各地做讲座，一有机会就向人兜售他的这位学生。维纳相信，在塔马尔金和哈代的共同努力下，"在这个国家开始有人听说过我了"，但是他得到的依然是无声的承认。甚至在纷争不断的苏联，政治孤立的数学家比他的美国同事更早承认并接受了维纳具有开创意义的数学。对于这种学术和地理上的差异，维纳感到很痛苦。他相信，在玛格丽特的调教下，他变得更加成熟和随和，这使他"有可能去接受在美国数学界所遭受的敌意"。现在他开始考虑自己面临的其他选择，他申请了伦敦国王学院和澳大利亚墨尔本大学数学系的教职，但是没有成功。

遭受拒绝无益于他建立自信心，但是向外申请教职这件事给麻省理工学院带来了振动。1930年12月，麻省理工学院新校长卡尔·康普顿写信给维纳，他弄错了情况，说："另外一所大学很显然渴望得到你的服务，但我们更希望你留在这里。"康普顿个人所表现出来的关注，以及他提出的加强麻省理工学院科研工作、争创一流大学的开明办学新方针，给了维纳很大的鼓舞，但他还是觉得愤愤不平。收到康普顿来信后两个月，他申请了普林斯顿大学新成立的著名"高等研究院"的职位，但被高等研究院的首任主任、维纳战争时期的指挥官维布伦拒绝了。

美国科学界的那些重要人物，那些在维纳成长期认识他、反感他粗暴处事方式的人不可能认为他是个正在升起的巨星。维纳渴望投入舞台更大、更宽容的国际科学界，于是在1931年秋天带着家人来到英格兰，打算在母校三一学院当一年的访问学者。

在三一学院访学的两个学期，维纳没有获得任何学位，他觉得有必要在自己的左边"戴上三一学院的徽章，上面有道表示私生子身份的斜条纹"，因为他"只不过是半个剑桥人"。但是剑桥大学张开双臂接纳了他，他也很快适应了剑桥几个世纪的古老传统。他每周在三一学院的贵宾餐桌吃饭，也常常参加正式教工才能参加的保龄球运动。他经常和恩师哈代见面，继续为纯数学和应用数学孰劣孰优而争吵。哈代非常尊重自己的这位学生，他负责安排出版了维纳的第一本著作，是关于傅立叶分析和实际应用的专著，封面上印有剑桥大学出版社的威严徽标。

1931年，三一学院著名的茶社关门了。罗素被流放，直到1944年才回到剑桥大学。为了寻找一点儿激励自己的东西，维纳常去剑桥哲学学会图书馆，在那里他发现他早期发表的一些论文和旧书放在书架上，堆满了灰尘。也是在这里，他邂逅了一个人，成就了一段珍贵的友谊，这个人也是位杰出的人物，是那个时代最具有自由科学精神的人之一。

维纳一直热衷于阅读科幻小说和侦探故事。一天，他在一本流行杂志上读到英国传记作家J.B.S.霍尔丹的一篇科幻故事，杂志封面上是个"很高、非常结实、眉毛突出的男人"的照片，这人他经常在哲学学会图书馆里见到。维纳再次在图书馆书架前看到霍尔丹时，主动上前介绍自己。他称赞了霍尔丹的故事，但指出其中的一个瑕疵，说霍尔丹"把丹麦人的姓名安在冰岛人身上"。从那天开始，他们成了最好的朋友。

维纳说："我从没有碰到过比霍尔丹更会聊天、知识更丰富的人。"和维纳一样，霍尔丹拥有百科全书式的科学、历史和文学知识。他是折中主义者、活动家兼科学家，他在自己身上做实验，在英国媒体上发表有争议的观点，话题从恰当使用化学武器到试管婴儿的前景。那时，他差不多已经成为英国最热心、最敢说话的共产主义者之一了。

维纳的父亲年轻时是个"狂野、蓄长发的"俄国乌托邦分子，对他来说，霍尔丹的政治观点没什么了不起的。他和霍尔丹有很多相同的特点：维纳是个数学家，终生爱好生物学；霍尔丹是个生物学家，爱好数学，并且和维纳一样，在实验室里笨手笨脚，这种困境促使他放弃需要灵巧身手的研究工作，转而选择运用现代统计方法探究遗传或然性。就像维纳在麻省理工学院一样，霍尔丹在剑桥大学也是个局外人，大家都知道他爱"在餐桌上大声谈论各种不宜说出口的事情"。维纳的或然理论研究是霍尔丹最关心的问题，而霍尔丹所从事的科学研究重新激发了他对生物学的兴趣，自从父亲强迫他学习哲学后，他对生物的兴趣就被压抑了。这两个特行独立的人从未合作研究过任何项目，但在维纳剑桥访学期间以及之后的30多年里，两人大量交换看法，要么通过频繁的信件往来，要么约好在英格兰或美国碰面。

1931—1932学年，维纳精力充沛，去了英格兰很多地方进行山间徒步，有一次还差一点儿丢了性命。阴雨连绵的4月，他在英国湖区走了很长时间，不幸感染病毒，得了猩红热。因为身体虚弱，他被疾病击倒，住进了剑桥传染病医院。他在医院住了几个星期，又花了几个月时间才得以康复。病痊愈时，一个学期结束了，盛夏来了。

有一段时间他再也不敢冒险徒步了，但是他和霍尔丹到康河偏僻安静、靠近霍尔丹家的河段游泳。霍尔丹有很多标志性的动作，一边游泳一边抽烟是其中一个。维纳后来回忆说："我也学他的样子，游泳时抽着雪茄，还戴着眼镜，这是我的习惯。"他无意中暴露了在剑桥学到的一个怪癖。"在船夫的眼里，我们看起来一定像两头海象，一高一矮，在河里上下起伏。"在以后的日子里，维纳会经常去池塘、游泳池游泳，一边游一边抽着短粗的雪茄，眼镜镜片在波浪中泛着白光。

———

假期维纳和家人都是在欧洲大陆度过的，其间他收到欧洲同事无数个学术讲座的邀请。寒假时，他进行了一次雄心勃勃的旅行，访问了很多知名的德国数学家。和欧洲很多科学家一样，这些人后来为了逃避纳粹迫害都去了美国。6年前在哥廷根跟踪维纳的民族主义势力开始在德国攫取权力，一股报复风暴横扫欧洲。在维纳看来，他热爱的欧洲，连同它雄厚的学术和科学传统，似乎正在土崩瓦解。但对玛格丽特来说，回德国就是回娘家。她带着孩子从柏林回到布雷斯劳去见自己的姐姐和其他亲戚，他们很多年没有见面了。维纳继续前行，前往奥地利，然后到布拉格和家人团聚。

1932年夏末，维纳到苏黎世参加国际数学大会，这是他和家人最后一次在欧洲逗留，随后他们乘船回到波士顿。回来后，玛格丽特就开始着手寻找一处住所，过"相对安稳的生活"。她在贝尔蒙特找到一个新家，它位于坎布里奇西边一个现代风格的郊区，有轨电车能直接开往麻省理工学院。对家庭人数不断增加的在职专业人员而言，搬到贝尔蒙特标志着地位的上升，哈佛大学和麻省理工学院很多教授都搬到了那里。但维纳的工资不高，只能在城里一般的小区租房子住。

突然间，他们周围的世界似乎不再有向上发展的空间。美国正深陷大萧条的泥沼，维纳的情绪也像整个国家一样低落。在自己的国家和研究领域一直受到冷落怠慢，他感到受伤、沮丧，这重新勾起了他神童时期的旧情感和成年时期黑暗的创伤记忆。太多的痛苦迷惘与学术成就感、幸福婚姻和家庭的自豪感交织在一起，维纳感到头昏眼花，情绪大幅波动起来。

德克·斯特罗伊克注意到了维纳情绪的波动。在这之前，斯特罗伊克就感觉到维纳"非常敏感"，但他觉得这是他的优点而不是缺点。斯特罗伊克坚持认为："他的心灵非常贴近自然，贴近他生活的时代技术，所以也一定具有非常纤细敏感的触角。"但是这种敏感性也让维纳成为"一个情绪化的人"，斯特罗伊克很委婉地这样评价他："不被人承认让他非常郁闷，不管这种不承认是真实存在的还是他想象的。而有时候，因为一个新想法、一次被人认可或者一次成功（不管这成功是他自己的、学生的、朋友的，还是同事的），他又极度兴奋、情绪高昂。"

到20世纪30年代初，维纳这种周期性的情绪高涨和抑郁变得越来越频繁。1932年秋，三一学院的数学明星雷蒙德·E.A.C.佩利来到麻省理工学院，重新恢复他和维纳在剑桥大学开始的研究工作。1933年4月，佩利在滑雪时遭遇意外死亡，这使维纳陷入漫长的抑郁不能自拔。"我花了很长时间才获得精神平衡，勉强能够继续进行我的研究工作、恰当地关注我周围的环境"，他后来这样写道，用一种委婉的方式承认自己这段严重的抑郁时期。

精神重获平衡后，维纳独自完成了他们的联合研究项目，第二年发表了研究成果。他很慷慨地将自己的第二本《复数域的傅立叶变换》的第一作者署名为佩利，把自己的新方程命名为"可实现滤波器的佩利–维纳准则"。这个新方程和前面的维纳–霍普夫方程一样，在接下来的20年里，是通信工程师使用的标准工具。

美国大萧条初期，维纳终于获得美国同行的一些承认。1932年，他被评为正教授。1933年，当选为美国国家科学院院士。在同一年，他因为对美国数学分析的突出贡献获得了美国数学协会颁发的伯歇尔奖，以他在埃文街的老邻居的名字命名。

他有稳定的工作、忠诚的妻子和两个成长中的孩子，甚至在乡下还有栋房子。他似乎打破了以前神童们的宿命。真的是这样吗？在学术发展成长期间，要么是凭借一己之力，要么和别人通力合作，他将欧洲科学理论研究的优势和美国实用知识和发明的才干结合起来。他为通信工程提供了严谨的新理论和新数学，为创造首批现代计算机做出了贡献，为美国新兴的传媒文化设计出了精密的电子网络和过滤器。但他的内心深处隐藏着一种不安全感，他知道他的成就是零碎的，他大多数突出的成就都没有得到承认，很大程度上都局限于理论方面。鉴于很多美国同行都看不起或者抵制他的研究工作，他是否会或能不能完成他的综合性研究旅程，并从根本上、不可逆地改变一个知识领域，还有待时间的证明。

五
维纳行走（一）

> 那我只有离开，跑到外面去！远远地在荒野里盘桓，在攀登悬崖峭壁中寻找快乐，或者披荆斩棘，穿过无路可通的森林……这样才感到稍微轻松些！稍微！
>
> ——歌德《少年维特的烦恼》

他是个几乎永远闲不住的人。维纳天性好奇、喜爱社交、话多，他养成了一个习惯，每天都要把麻省理工学院教学楼之间迷宫般的走廊里里外外快速走一遍。到20世纪30年代中期，整个麻省理工学院校园每天都在上演这样一种壮观的场景：戴着眼镜的维纳摇摇晃晃地走在大学偏僻的小径和人行道上，手里永远夹着一只雪茄，用他那浑厚的声音评说着最靠谱和最不靠谱的话题。还有人写日记描述说，他仰着头，像抬头鸣叫的大象："将花生抛向空中，然后用嘴巴接住。"

久而久之，麻省理工学院的师生们都熟知了维纳四处漫步的习惯，称之为"维纳行走"。维纳的朋友德克·斯特罗伊克称这为"游猎"："他每天都把麻省理工学院的所有走廊走个遍，逮住哪个同事就说个没完，有时学生也不放过，他告诉他们他最新的想法。我经常被他逮住听他说个没完。有时，他说的完完全全是废话，而有时也有一些预见性的看法。"

维纳也有亚里士多德逍遥学派的派头。漫步的时候，他常常陷入沉思，似乎忘掉了周围的世界。维纳众多的逸闻趣事中最为著名的一件发生在20世纪30年代的一个下午，当时他正穿过麻省理工学院的走廊和沃克纪念馆之间的一个庭院，这个纪念馆也是麻省理工学院校园里的主要食堂和社交场所。他碰到了物理系一年级学生伊万·A.格廷，他们曾在电子实验室见过，于是维纳主动上前搭讪。按照格廷的说法："我们碰巧是朝不同的方向走着，他半道上拦住了我，提出一些问题想和我讨论。等我们谈完了，他动身离开，突然又转身回来问我：'对了，你碰到我的时候，我是朝哪个方向走着的？'我说：'您是朝8号楼方向走的。'他说：'谢谢，这就意味着我已经吃过午饭了。'"

有时候，他完全没有意识到他的讲话对象是谁。有时候，他很认真地要求别人把自己介绍给他已经见过的人。他总是懒得敲门就闯进同事的办公室。有一次，他在走廊和另外一位数学家聊天，其间，他需要写什么东西，于是他径直走进最近的一间办公室，开始在黑板上写起来，而办公室的主人是个物理学教授，他站在一边看着，不相信自己的眼睛。维纳不知疲倦地行走让他驰骋思想、释放焦虑；他不断和人交谈，这滋润了他的心灵，给他源源不断地提供数学、电子学和其他附属领域的新观点。

在麻省理工学院，维纳也担负着培养美国下一代工程师的任务，当然他是以自己的方式来做这件事情的。他是个前后不一致的老师，有时候可以说是"有名的坏老师"。物理学家史蒂夫·J.海姆斯写了两本关于维纳和他同时期科学家的学术著作，他是这样描述维纳的讲课风格的：

  课堂上，维纳不是在黑板上推导数学定理，而是用他自己的直觉方式……省掉了很多步骤，等他算出结果，写在黑板上时，学生不可能看懂论证的过程。有个沮丧的学生……很巧妙地问他是否可以另外再讲一个证明方法……维纳兴高采烈地回答："当然没问题。"他接着想出一个证明方法，但还是在自己脑子里进行的。几分钟的沉默后，他在答案后面打了个对号，学生还是感到莫名其妙。

  德克·斯特罗伊克这样评价道："他可能既是最糟糕的也是最好的老师，这就要看他是否把全部的心思放在工作任务上……他可能会把学生讲得昏昏欲睡，但我也看到，有时候他上课时想象力迸发，能很好地表达自己的看法，学生都全神贯注地听着。"

  在实际工作中，维纳将数学的神秘符号和炫目的速度、惊人的熟练结合在一起。麻省理工学院流传的传奇故事说，他在数学系的黑板上双手奋笔疾书，同时算出两套复杂方程的答案，一只手一套。他从前的学生也证实了他的数学才能和丰硕的成果，他能够一口气写出5英尺长的方程式而不用参考任何笔记。他的数学记忆力是惊人的，就像他能背诵希腊古典著作一样，这要归功于他幼年视力不好，被迫放弃看书的那几个月，其间，他的记忆和回忆能力极大地提高了。

  然而，他记忆超强的大脑却装不住大学教授应该具有的一些礼节。他经常在上课的路上和碰到的人攀谈起来，完全忘了时间，以至他的学生满世界找他。和他传奇般的天才故事一样，人们也津津乐道他是如何心不在焉、丢三落四的。上课的时候，学生也许会看见他"使劲地"挖鼻孔，完全不顾及社交礼仪。他不止一次走错教室，兴致勃勃地上起课来，下面的学生听得云里雾里。有一次，他走进坐满学生的阶梯教室（这次没有走错），在黑板上写了个大大的"4"，然后离开了教室。后来他的学生才明白他要离开学校 4 周。

为了弥补这些犯规的行为，维纳确保上他课的学生都能轻松过关。他在父亲和罗素手下当学生的时候吃尽了苦头，所以只要是咬牙坚持上完他的课，学生都可以得到慷慨的分数。熟悉内情的人证实说："他班上的每个学生都得了 A，根本没有什么分数正态分布这回事。"

他作为导师的仁慈、友善不仅仅是这些。1933 年秋，维纳年轻的合作伙伴佩利死后几个月，一个叫作诺曼·莱文森的工程系本科生选修了维纳的一门数学课。莱文森发现维纳是个"非常能激励学生的老师"，维纳也发现莱文森是个非常有前途的学生。莱文森回忆说："看见我开始稍微有些理解他所从事的研究工作，他就马上交给我他的佩利-维纳手稿，叫我修改。我发现一道算式中有遗漏……把它改了过来。维纳于是坐了下来，在打字机上把我的算式打出来，前面还冠上我的名字，然后寄给一家杂志。一般知名教授是不会这样给年轻学生当秘书的。"

次年春，维纳已经成功说服莱文森从电气工程系转到数学系，他还张罗着让莱文森到英格兰师从剑桥大学的哈代学习高等数学一学年。莱文森的遗孀依然记得维纳对莱文森和其父母的好：

诺曼来自一个贫穷的俄罗斯犹太人家庭，他们是坐客船普通舱移民美国的。当他们听说儿子要回到欧洲，都非常慌乱。于是，维纳亲自到诺曼父母住的一个小小贫民窟去安慰他们。诺曼在欧洲期间，维纳常常周末去他们家，和他们聊天，不是聊数学定理，而是关于英格兰的一些美好、实际的东西，比如英格兰、房东、下午茶和贵宾桌。

莱文森从英格兰回来，获得了博士学位，在麻省理工学院得到一个教职。在以后的几年里，他也成了数学系的一位明星，同时是解释维纳数学思想及其工程应用的专家。

维纳的研究走出了麻省理工学院，进入更为广阔的学术领域。20世纪30年代，他和老对手伯克霍夫联手，共同主持了哈佛-麻省理工数学专题研讨会。然而，尽管维纳具有超强的智力，但他非常容易疲倦。参加研讨会的人回忆说，开会时，维纳一坐下来，"他就身体后仰，开始打起盹来"。一个经常出席研讨会的人目睹了维纳的一种神奇的本领，他能够一边打盹，一边清晰明白地理解研讨会的内容。他回忆说："他总是坐在前排最右的位子上，总是带着一本杂志，一般是《生活杂志》。他似乎睡着了，突然又醒过来，翻翻杂志。但你看到的不是真实的诺伯特，因为他频繁地做出一些评论，来证明自己根本没有睡着，而是一直认真地听着。实际上，他可以做到既睡觉又能发言评论！"

哈佛大学的一次偶遇，维纳结识了他科学事业上最重要的一个合作伙伴。1933年，他遇见了阿图罗·罗森布鲁斯博士。罗森布鲁斯是来自墨西哥的神经生物学家、哈佛医学院教授，他主持了为期一个月的午餐研讨会，和哈佛医学院学生以及一些经过挑选的圈外人士一起讨论科学问题。罗森布鲁斯是哈佛大学拓路先锋、生物学家沃尔特·坎农的弟子和得力助手。坎农是维纳童年时期的偶像，激励着他立下志向，成为一名掌握现代调查工具的博物学家。罗森布鲁斯是维纳的密友和科学上的精神伴侣，两人都对科学方法论感兴趣，都确信传统的科学分类只不过是出于管理的便利，科学研究要求掌握其他领域的专业知识，因此科学家应该自由抛弃这种区分。两人都认为科学是一种相互协作的事业。

维纳是罗森布鲁斯科学午餐会的常客，一想到自己将要寻回被放弃的生物领域，他就兴奋不已，他说生物学"是在他之前很少有真正的数学家进入的领域"。他的强势参与使罗森布鲁斯的研讨会变成了一个多学科的事业，烙上了维纳明显的痕迹。"最终，罗森布鲁斯和我在私下或研讨会上讨论的很多话题就是将数学，尤其是通信理论，应用于生理学的研究方法，"维纳在日记里这样写道，并做了一厢情愿的预测，"我们在这些领域确立了通力合作的规划，将来我们可能会更加密切地合作。"

在这些午餐会期间，维纳和罗森布鲁斯共同开启了一段愉快的旅程，进入"不同成熟学科领域之间的无人之地"。他们是美国新兴跨学科运动的首批支持者，这项运动在20世纪30年代初期就开始在世界范围内深入人心。不久之后，两人将开始应用他们在生命科学领域的发现，来解决具体的现代技术难题。

———

维纳一边结识新的朋友、建立新的工作关系，一边继续支持他的学生和合作者。他努力帮助年轻的中国同事李郁荣在电子工业领域找到一份好工作，但是像美国社会其他方面一样，早期美国电子行业还没有为亚洲人敞开大门。"这叫作拒绝购买，"用维纳的话说，"是我们无法克服的问题。"李郁荣回到中国，在电子行业或学术界谋求一份差事。

李郁荣越过太平洋回国之际，大西洋两岸正感受到灾难即将降临欧洲。1933年，德国纳粹上台执政，犹太学者被**大规模**地驱逐出德国的大学。欧洲局势在不断恶化，美国却坚定地推行孤立主义的外交政策，但是美国科学家和美国大学对他们遭受威胁的欧洲同事张开了双臂。到 20 世纪 30 年代中期，源源不断的德国和欧洲其他国家的科学家，有犹太人也有非犹太人，移居美国，进入美国数学和科学领域。爱因斯坦 1932 年年末离开德国，在美国普林斯顿大学著名的高等研究院安定下来。哥廷根大学年轻的数学神童约翰·冯·诺依曼 1933 年离开德国，也进入高等研究院和爱因斯坦共事。库尔特·哥德尔 1934 年从维也纳来到普林斯顿讲学，几年后他搬到研究院。

维纳积极参与了大规模的欧洲科学家重新安置工作，他是"援助流离失所的德国学者"机构中的"紧急委员会"的成员，知名度很高，这个机构旨在游说议会放松限制性的移民政策。他知道，现在美国科学家的工作"被迫中断了"，"我们应该团结起来，通过系统性的努力为很多流离失所的学者找到工作，为他们提供可能的生活……有些人就是通过我的手得到安置的"。他帮助了很多知名或不太有名的欧洲数学家在美国大学定居安家，包括匈牙利数学分析家乔治·波伊亚和加博尔·塞格，他们被他安置在斯坦福大学；德国数论学家汉斯·拉德马赫，一开始去了斯沃斯莫尔，后来去了宾夕法尼亚大学；哥德尔的导师卡尔·门格尔，是维也纳的概率几何大师，维纳帮他在诺特丹大学找到了工作。

到 1935 年，维纳开始收到来自世界另一端的工作邀请，他接受了亚洲最东部地区两个国家的客座讲师职位，一个是日本著名的东京大学和大阪大学的联合邀请，一个是中国国立清华大学的邀请。日本的邀请是池原止戈夫策划安排的，他是维纳的另一位有才华的亚洲博士生，他和李郁荣一样，遭遇了美国人才市场的"绝望困境"，回到自己的祖国。维纳 1935—1936 学年在清华大学的教职是中国当局听从李郁荣的建议后提供给他的，李郁荣当时是清华大学的教授。

虽然他有很多机会去欧洲旅行，但是一想到要去亚洲进行一场伟大的旅行，这大大地激发了维纳的旅游兴趣，满足了他看看另一个半球文化的好奇心。这次旅行吸引他的也有他从童年时期就坚定信奉的"普遍人文主义"思想，这也是他妻子认同的：

我从来没有觉得欧洲文化比伟大的东方文化优越，欧洲文化只不过是人类历史的一个短暂的插曲。我渴望亲眼看看欧洲以外的国家，直接审视和观察他们的生活方式和思想，在这方面，我得到妻子的全力支持，她一直和我一样，完全没有国民歧视和种族歧视。

1935年的夏天，维纳是在新罕布什尔的乡间别墅度过的，他在为漫长的海上旅行做准备，玛格丽特忙着处理各种家庭事务。7月，维纳和玛格丽特带着两个7岁和5岁的女儿，坐火车来到旧金山，登上了横渡太平洋的轮船。池原止戈夫在日本横滨迎接维纳一家人，然后陪同他们到东京、大阪。维纳发现日本的数学教授有点儿势利，他觉得"大学视其地位为首要任务，制定了刻板的制度，大学教授深受影响"。尽管如此，维纳和日本数学教授的互动是友好的。他更喜欢在大阪大学认识的那些更友好、思想更进步的人物。池原止戈夫就在大阪大学，这里后来还出现了角谷静夫、吉田耕作和其他一些世界级的数学家。

然而，在首次亚洲最东部地区的旅行中，维纳发现那里的气氛非常压抑，其程度和欧洲一样糟。日本领导人寻求扩大帝国版图，煽动新军国主义和文化排外主义情绪。所有的外国人被监视，每个服务生和商店店主都可能是帝国间谍，随时准备"向管理人员并最终向警察报告我们所说的任何话和态度"。尽管被人监视，天气又闷热，但是维纳一家人还是充分利用在日本的时间，他们甚至还很开心地游览了日本的文化名胜，但是他们还是渴望早点儿去亚洲大陆。

他们在海上曲曲折折地向西航行了几天，1935年8月初到达塘沽港口，李郁荣在码头迎接他们。李郁荣带着他们穿过不断向外扩张的古都北平，来到清华大学附近的一片由现代平房组成的住宅小区。他们见到了李郁荣的妻子贝蒂，让维纳感到意外的是，贝蒂不是中国人，而是个苗条、迷人的加拿大人。他们是在美国认识的，李郁荣找到工作后就带她回到中国。李郁荣夫妇找到"一位穿长衫、个子高高的、端庄威严的老先生"，他英文不错，可以教维纳一家中文。他每天都来，胡子花白稀疏，穿蓝色的长棉袄，像个幽灵。三个星期后，维纳就掌握了中文的诀窍，甚至可以像当地人那样，用中文大声指挥黄包车车夫走街串巷。

维纳陶醉于当地的建筑和北平奢华的皇家宫殿，但给他留下更深刻印象的是中国人。他很容易地结交了中国各个社会阶层的朋友，从家庭用人到大学同事，什么人都有。他感觉中国人几千年的佛教传统中的一些价值观念和他认同的普遍人文主义精神非常契合。他注意到，"绝大多数人共同接受的观念就是，爱整个世界，而不是某个具体的人，这是佛教的特征"。

很快，维纳的中文水平能够使他自信地用中文做讲座，但他没有冒险用中文做数学讲座，大部分还是用英文。不上班时，他和学生一起品茶，还尝试学习复杂的围棋，但没有成功。围棋是有三千多年历史的中国棋类游戏，当时在美国数学圈风靡一时。

维纳关注的不是棋类游戏而是电子电路。他和李郁荣合作，重新开始他们4年前在麻省理工学院中止的研究工作，旨在打造一种新型的"电子网络系统"。1935年9月，两人在北平得到消息，美国电话电报公司提出以5 000美元的低廉价格购买他们的发明专利。他们接受了，心里清楚美国电话电报公司会在它们的设备中使用这项专利设计，他们会获得丰厚的提成费。当他们的第一个专利应用被批准后，他们又申请了两项专利，详细地说明了"这种新型滤波器相比于其他所有已知滤波器的优势"，并且自豪地宣布，他们的发明"可以用于产品的批量生产"。

但是，维纳和李郁荣梦想的商业成功没有成为现实。他们后来得知，美国电话电报公司的贝尔实验室也申请了一个类似的专利，购买维纳-李郁荣的专利是为了阻止其他公司利用他们的创新来获利。"我们所有的努力只换来一张专利证书……这项专利贝尔实验室的人压根儿就没有打算使用，他们只不过是持有专利来**警告**竞争对手。"维纳强烈抗议道。他和李郁荣的三项专利没有再赚到一分钱，从此维纳终生痛恨美国电话电报公司。

维纳和李郁荣毫无畏惧地开始了另一项更为雄心勃勃的电路设计工作。两位夫人在李郁荣家的客厅里聊天，了解彼此，而两位发明家在实验室里埋头设计一种全电子的模拟计算机。他们的目的是建造一种全新的机器，它和维纳以前与范内瓦商议过的笨重机电装置不同，也不同于维纳 10 年前在麻省理工学院构想但失败了的光学计算机。现在，维纳和李郁荣构想了一种能够进行复杂计算的机器，其能够计算维纳的广义谐波分析理论里那些令人生畏的偏微分方程，现有的技术条件至少在理论上是可以实现的。但是在项目初期，他们碰到了意外困难。他们无法设计出一种专门的电路，来执行维纳谐波公式中的重复计算，即一个计算结果被反馈到电路的起点，开始下次运算。

1935 年，维纳令人讨厌的"反馈"难题在技术上超出了他的专业技能，在概念上他也不能领悟。若干年后，他是这样反省他和李郁荣在中国无法解决的整个难题的：

我们的研究工作缺乏的是充分理解设备设计中存在的问题,即部分输出信号被反馈到整个过程的初始端,作为新的输入信号……我们本应该一开始就专攻这个问题,形成完整的反馈机制理论体系。我当时没有这么做,失败是当然的。

这些技术上的挫折没有减弱维纳探索中国的热情。一家人坐黄包车到北平市中心,玛格丽特和两个女儿到大市场购买纪念品,而维纳一路步行,探索这座"魅力和肮脏并存"的城市。他回忆说:"有趣的是,我走在地面破损的小巷子里,贫民窟似乎一个接一个,但是穿过朱红色的圆门,你就会发现一个珠宝般的后院和花园,周围是很美、很有品位的小亭子。"春天到来的时候,维纳和李郁荣两家人去乡下游览,还去了长城。

1936年初夏,日本军队开始入侵中国大陆,整个国家动荡不堪。出于安全考虑,维纳一家选择离开。维纳向李郁荣道别,不知道什么时候再见,也不知道能不能重逢,一家人就这样匆匆离去。他们绕道向南,然后向西渡过中国南海和印度洋,向北穿越苏伊士运河(其间短暂停留在埃及,并游览了埃及金字塔),接着驶入地中海。在马赛,维纳放弃轮船,搭上夜班火车赶到巴黎,和波兰出生的数学家曼德尔勃罗伊见面,他们曾相约在奥斯陆即将召开的国际数学大会上联合发言。玛格丽特带着两个女儿去了英格兰,在那里她找到了一家寄宿营地,可以让两个孩子待上一个月,然后她去了挪威和丈夫团聚。

在奥斯陆,夫妇俩吃着国际数学大会提供的豪华晚餐,维纳和欧洲同行、美国同事交谈,他们一年没有见面了。他和曼德尔勃罗伊共同宣读了论文,大会发言结束后,维纳沐浴着午夜的阳光和老朋友们一同散步。会议结束后,维纳和玛格丽特分头行动,各自去体验两种截然不同的经历。玛格丽特抽出几个星期的时间去探望德国的亲戚,其时，1936年奥运会正在柏林举行，成了彰显新纳粹政权的空前盛事。维纳深知，在新纳粹德国，犹太人的苦难日益深重，他选择回到英格兰，和霍尔丹一家在他们威尔特郡的乡下别墅里休息了一阵子。

8月底，夫妻俩重逢，领回了两个孩子，然后一家人乘船回到波士顿。富有讽刺意味的是，维纳的这次世界旅行时逢欧洲和亚洲的政治环境恶化，但于他而言充满了美好的回忆和深刻印象。若干年后，他回忆说那次环球旅行，是他的家庭生活和事业的一个转折点：

现在，玛格丽特和我有很多共同的经历供我们一起回忆并享受快乐。我的孩子们不再是小孩了，她们开始彼此陪伴……我开始看到我工作的成就……作为一门新兴学问，它不应该继续被忽视。在我的职业生涯中，如果说有一个分界线，标志着从科学学徒到一定程度上能独当一面的大师，那么我认为是1935年的中国之行。

从中国回来以后，一家人又要开始找住的地方了。玛格丽特发现了一个宽敞的双层公寓，它是贝尔蒙特镇比较安静的奥克利路上的一栋双户住宅的顶层。维纳一家人住在二楼，玛格丽特的母亲黑德维希·恩格曼也搬了进来，一个人住在阁楼。

维纳恢复了在麻省理工学院和周边的徒步漫行。人到中年，视力日益恶化，甚至连找路都成了问题，其实他很多古怪的行为是因为他看不清自己行走的方向。当然，别人是可以看见他的。他肥胖的身躯、鸭子一样摇摆的步态老远就能很容易被人识别出来。麻省理工的教工野餐时，他是个巨大的存在，横冲直撞，给别人造成威胁。他喜欢运动，但庞大的身躯和糟糕的视力使他的搭档懊丧不已。

伊凡·格廷回忆了他上本科时第二次和维纳遭遇时的情形,这让他备受折磨。"他在大厅里叫住我,问我打不打网球,我说打,于是他问我是否可以和他一起打网球。我说没问题。我们在沃克纪念馆旁的网球场碰头。他拿着网球拍,我也拿着网球拍。我站在球网的这边,他在那边。我把球缓慢地打过去,球从他身边过去后三四秒后他才挥球拍。我们很快就没球打了,所有的球都在他身后。有些学生停下来驻足观看这场盛况,他们把球给我扔回来,然后我把球打过去,3个,6个。"格廷发了100个球,每次都是球过去了维纳才拼命地、徒劳无益地在空中挥动球拍,于是他走到网前问格廷:"要不我们换球拍吧?"

人们经常看见维纳在麻省理工学院游泳池里高谈阔论,就他关心的任何话题发表评论,吸引了一群人的注意力。有时他又光着肥胖的身子不知疲倦地游蛙泳(泳池在只有男性的时段,是不要求穿泳衣的),嘴里叼着的雪茄飘出一缕细细的轻烟。他风雨无阻地去游泳池游泳。20世纪30年代,有一次适逢新英格兰大暴风雪,我们这位动作笨拙、心不在焉的教授穿着雪地靴从家里出发了,他可能是迷路了,在雪地里艰难走了7英里后才到达被大雪围困的麻省理工学院,他是唯一来学校的。

维纳行走的范围向外延伸,遍及整个大坎布里奇地区,从波士顿近郊一直到他们位于新罕布什尔的乡间别墅附近的乡镇。每到一个地方,他的知识储备就开始派上用场。去贝尔蒙特本地集贸市场时,他到希腊和意大利裔杂货店,用他们祖国的历史语言和店主说话。他对古典文学的热爱引起了当地神职人员的不满,常常和他一起漫步的两个女儿可以做证。芭芭拉回忆说:"他喜欢大声背诵希腊和罗马名著。我们常常路过圣约瑟夫教堂,有一次一位牧师从教堂走出来,告诉我,每次我父亲经过圣约瑟夫教堂,都要用拉丁文高声喊叫,结果教堂会众都不听他的,都听我父亲的。他问我是否可以让他不这么干,但我根本不能阻止他。"

维纳的流浪癖好以及对沟通的迫切需求,使他越过了所有的边界和时区。在贝尔蒙特宁静的星期天上午,他常常突然走进邻居的家里,等待他们起床,陪他玩乐。住在他家附近的一位麻省理工学院的同事是这样说的:"他常常来到家里……我们都没穿好衣服,没有吃早餐。他很有耐心,坐在客厅里,一个人在那里沉思……然后他什么都谈,世界大事、困扰他的政府问题……科学新动态。他的洞察力永远是让人陶醉的。"

当维纳情绪状态不好时,他有可能让别人精疲力竭。德克·斯特罗伊克的家离他家只有两条街远。20世纪30年代,维纳常去这位邻居家里,一聊几个小时,向斯特罗伊克和其妻子"诉苦","直到他们受不了了,把他送回家"。他们两人是最好的朋友,但斯特罗伊克证实:"他是个可能让你心烦意乱的朋友。"

在新罕布什尔山间和谷地漫游,是维纳最快乐的时光。他常常带着孩子们在山间小道徒步,对她们进行启蒙教育。夏日大多数时候,他从家里出发,沿着一条土路向下走到池塘边,一边游泳一边抽雪茄。他会仰游1/4英里,游到池塘中间的小岛上,然后返回。

从中国回来后的那年夏天,维纳对位于南塔姆沃思的房产进行了改建。他雇用了当地的一位承包商,拆除了房子旁的老旧谷仓,建了能容纳两辆车的新车库。车库和房子连接在一起,中间是个厨房,里面安装了一个烧油的炉子。维纳并没有为房子改建帮上什么忙,当然他有个好理由,他有其他的事情要干:他的邻居们互相传看着某人拍的一张照片,照片上维纳一个人孤独地站在门廊里,手里拿着刷子,困在自己刷的油漆里出不来。

维纳的很多传奇故事和逸闻趣事出自他的信步漫游。在布朗大学做完演讲后,他在普罗维登斯搭上火车,准时到达波士顿南大街火车站。他给玛格丽特打电话,要她来接他。

困惑不解的**教授夫人**说:"可是你是**开车**去的呀!"

维纳还有一个最著名的故事。从学校回家时,维纳因为想事情迷路了,他停下来向一个小女孩儿问路,结果这个女孩儿是自己的女儿。这个故事不断被人传诵、润色,成了维纳心不在焉的铁证,但它只有部分是真实的。当时,他们又搬了一次家,从奥克利路的双户住宅搬到几个街区以外的锡达路的新房子里。出于习惯,维纳走到了老房子那里。这一点得到芭芭拉的证实:"我们搬到了锡达路的房子,他从麻省理工学院回到奥克利路的房子,忘了我们已经搬家了。"但是佩吉揭穿了整个故事的不可信:"完全有可能他不加思考就去了旧房子,也完全有可能妈妈派我们中的一个去找他。但完全不可能的是他竟没有认出我们。"

然而,到 30 年代末期,一些更严重的事情让维纳和家人担忧。首先是女儿们的教育问题。几年前,维纳还在剑桥大学访学时,芭芭拉上的英格兰幼儿园的一位老师发现她 3 岁就可以独自阅读了,就像她父亲小时候那样。老师把这件事情告诉了她父母。芭芭拉回忆说:"这个消息让全家震惊不已,大家都在说:'这孩子是不是发育过早?''如果是发育过早,我们应该给她什么样的教育?'我父母得出结论说我不是发育过早。我也认为他们都不希望我这样,因为这样给他们造成的问题比解决的问题多。"佩吉也显示出早慧的迹象。他们全家去中国那年,她开始上学,已经可以熟练阅读了,具有超强的学习能力。佩吉回忆说:"我的燕京小学成绩单上写着,'佩吉像海绵吸水一样吸收知识'。"

女儿们表现出来的天赋重新勾起了他的童年记忆。和他父亲不同，维纳没有专心去培养孩子们。他甚至公开否认他的女儿们需要接受特别的教育。他明确指出，任何少年接受他小时候接受的那种高强度训练必须具有一些前提条件："在我考虑给任何孩子——不管是男孩儿还是女孩儿——提供这样的训练前，我必须确信，这孩子不仅具有智力条件，而且还应该具有身体、精神和道德上的持久耐力。"他还直率地补充说："对我的孩子而言，还没有迹象表明他们需要这种高度专门化的训练。"

对于这样的陈述，芭芭拉感到很伤心，也很生气。她说："我发现父亲经常说他不想让佩吉和我接受他接受的那种华而不实、自我辩解的伪教育。这部分是因为他工作很累，没有多余的精力顾及我们；另一部分是因为他不愿承认他是他父亲的成就。关于他自己的教育，他的看法和情感一直是混乱的，他解决这个冲突的方法就是否认我们真的具有那种才干。"佩吉并不怨恨维纳对待孩子教育的做法和看法，但她赞同这样一种说法，维纳"不顾一切，决不让发生在他身上的事情发生在我们身上"。

———

其他一些紧张局面也开始出现。随着维纳在数学上取得越来越大的专业成就，他在国际科学舞台上的名气越来越大，他情绪上周期性的亢奋和抑郁变得越来越严重，成为麻省理工学院的同事关注和私下议论的对象。然而，要排遣他悲伤的情绪波动和反复出现的不安全感，公众帮不上什么忙，主要还得在私下进行。沉默了很久之后，芭芭拉回忆了维纳经历的混乱情绪状态，给我们提供了维纳一家人私密的生活状态。

"我父亲表现出来的从来不是一个人,他是并列在一起的好几个人,而且每个都互相矛盾,"芭芭拉说,"他具有炫目的创造力,但有时候他是个黑暗、陌生的人物,情感强烈而又局促不安,很容易突然一下坠入抑郁的深渊,一会儿兴高采烈,一会儿低迷疲惫,反反复复,大起大落。"维纳性格中的这种黑暗面就像是"客厅的大象,明摆着的","大家都知道它就在那儿,但没有人谈及它"。

从小时候开始,芭芭拉便近距离目睹了父亲暴躁的情绪状态。他在家里会"突然爆发",有时会有更为严重的情绪反应,芭芭拉将之描述为"情感风暴"。那些年,维纳的情感生活深受他的学术挫折影响。尽管在学术上很成功,他还是有深深的挫折感。芭芭拉说:"整个世界和他作对,同事背叛他,他甚至想辞去教授不干,还有这样那样的职位。"

维纳的情感风暴是反复无常的,常常无法预测,和风细雨转眼间就变成狂风暴雨。"有时候,在我父亲旁边谈论诗歌是件很危险的事情,一开始,他会背出几句诗句,然后开始大声咆哮,再就是哭叫,不能自已。他不能控制自己的情绪,情绪让他失去理智。"每一位诗人、每一种语言和文化都会激发他特有的情绪反应。"谈论英语诗歌和古典著作,他通常还好,但一背诵德语诗歌,他就会受诗歌里的情感变化影响,完全失去控制。"

像他父亲一样,维纳喜欢歌德和海涅的抒情诗,后者是受过洗礼的德国犹太人。他大声朗诵海涅的诗,带着令人揪心的情感。毫无疑问,他是在重现那精神迷茫的童年。芭芭拉回忆了维纳沉浸在海涅诗歌《公主安息日》里的情形。在这首诗里,诗人痛苦地挣扎着,试图在犹太人传统的宗教虔诚和他们作为贱民的历史地位之间找到一种平衡点。海涅把犹太人描写成被巫术变成狗的绅士,每天卑躬屈膝,直到星期五的晚上,卑贱的狗变成了王子,来迎娶"安息日新娘"。这首诗让维纳心碎。

接下来发生的情感风暴是他童年时期经历的咆哮、哭泣的家庭场景的翻版。不过现在不同的是，拯救成年的维纳、使其避免坠入崩溃边缘的不是他母亲，甚至不是他妻子，而是他年幼的女儿。"他常常站在前厅，大声哭喊，我努力把他拽到安全地带，不让他坠入悬崖，"芭芭拉回忆说，"我母亲躲在厨房里，但我努力和他待在一起。"

在情感风暴期间，维纳不止一次威胁要自杀。"他会揪扯自己的头发，然后用手提箱收拾好行装，说要到旅馆去，还说带了一把枪，准备自杀，因为他'是个废物'。"

芭芭拉从来没有看见父亲挥舞过枪支，但是她那时还是个孩子，没有资格为父亲辩解。"我不记得父亲拥有任何枪支，但我确实记得他说过他手提箱里装有一把枪。我看见他收拾好手提箱，从楼上提下来，走到前门廊。好几次，他确实离开了家，但在外面待了几个小时就回来了。"

维纳的情感波动周期"从顶峰到低谷大约是 9 个月"，芭芭拉回忆说，"但你永远不知道风暴什么时候来。他情绪好的时候，真的很有创造力。他完成一项大项目后，就很脆弱，很容易突然爆发。当风暴来得越来越密集的时候，我们知道他即将崩溃，进入另一个漫长的抑郁期"。

作为小女儿，佩吉关于维纳那段时间的记忆很少，但是她回忆说父亲是"发孩子脾气"（这是她对维纳情感风暴的描述），"每年发两三次，让我感到很恶心。我经常被他的喊叫吵醒，我坐在楼梯台阶上，很害怕"。

玛格丽特躲在厨房里、佩吉坐在台阶上发抖时，芭芭拉站在父亲的身边。久而久之，她找到了引导维纳走出混乱情感状态的办法。

"我父亲永远要求得到大量的称赞和安慰，他处于情感混乱时需要得到更多。最终，我发现，最大的安慰是告诉他，以前他也有过类似的绝望时期，他永远能够从中走出来。我认为，他需要有人告诉他，他不会这样一直螺旋状恶化下去直到崩溃。"

最终，维纳的狂风暴雨会自行消退。"风暴高潮过后，他通常会开始讲英语，然后拿着一个奶酪三明治和一杯牛奶回到房间里。"

当维纳的情感风暴一次次爆发时，玛格丽特就叫芭芭拉去把他从崩溃的边缘拉回来，但她自己没有芭芭拉那样的移情能力去安慰和使维纳平静。相反，她很不恰当地误读了女儿做法的可取之处。

"她从厨房里出来，会对我说，我能够应对这种局面的唯一原因是我鼓励了他对我的'反常感情'。"一位母亲对自己的女儿说这样的话是很奇怪的，但很明显，玛格丽特是在暗示，芭芭拉对父亲产生的强化效果里有性的因素。"我应该去让他平静下来，但如果我做到了，那在她看来我可能是使用了性的手段。"

对于母亲的责备，芭芭拉有自己的解释。她相信她母亲也遭受着情感紊乱的折磨，她称这为"情感失聪"。她不能察觉别人的情感变化，对父亲的感受她毫不知情。"如果在父亲情感爆发时我能给他一些安慰，那么一定是我用了某种魔法，她首先想到的就是性。"

佩吉也否认了她母亲关于芭芭拉利用父亲对她的"反常"反应的暗示。"我父亲的反应**完全**是正常的，"她说，"是妈妈自己脑子里有肮脏的想法。"她支持姐姐的看法，认为妈妈不能理解维纳的情感风暴，更不用说去安慰他。"说真的，妈妈根本不知道如何应对，她往往用讲道理的办法去安慰他，结果完全无效。"

维纳承认，20世纪30年代末期他陷入混乱的精神状态。在自传中，他描述了那些年给他造成"内部风暴"背后的诸多因素。他在书中写道："这段时期，我遭受了大量不同的情感伤害，我陷入混乱状态……多年的生活重压开始对我产生影响……在这种状况下，我需要心理分析的帮助一点儿都不奇怪。"

在玛格丽特的敦促下，他开始寻求弗洛伊德心理分析师的建议，不是一个人，而是两个。但是这种努力失败了，因为他找不到能够理解他非典型性童年的弗洛伊德心理分析师。于是，他接受了一位心理分析师的常规心理分析疗法，他对他透露了内心深处对创造性数学研究工作的冲动和对文学、诗歌的热爱，他描述了他背诵最喜爱的海涅诗歌时不能自已的情感反应。但是，对于袒露自己真诚的心声，心理分析师的反应让他十分惊骇。心理分析师说，维纳的话不是他真实潜意识的表达，相反清楚地证明了他对弗洛伊德的方法是"抵触的"。维纳承认，从严格意义上讲，心理分析是只强调早期的童年经历，他关于科学研究工作和诗歌的激情会被认为是不相关的、不合作的，但他坚持认为，这些事实是分析他的体验的重要线索，也是分析"我精神构成里最深层次部分"的重要线索。半年后，他放弃了努力，确信心理分析师永远不会"懂得我是一个怎样的人"。

慢慢地，那些很了解他的人开始逐渐认识到，维纳得的是狂躁抑郁性精神病。在 30 年代，人们对其临床特征的了解还很肤浅，很长时间都对它的病理琢磨不透。狂躁抑郁性精神病的诊断标准是 1913 年才确定的，也就是维纳获得博士学位那年。他十三四岁时，曾反复经历过抑郁，对 1926 年在哥廷根差点儿精神崩溃这件事他毫不忌讳，但是他是什么时候第一次表现出狂躁的症状就很难确定了。他曾抱怨过老是感到疲劳，然而他利用大量的能量储备到山里徒步，进行爆发式的、创造性的数学研究和写作。他美满婚姻带来的极度愉悦，以及 1926 年春获得著名的古根海姆基金资助时所体验到的"欢欣鼓舞的心情"，用他自己的话说，首次证明了他的喜悦心情可能会走向极端，对他的职业产生一些影响。到 30 年代早期，他的狂躁抑郁症状已经很明显了，有学生和同事回忆说，他炫耀自己的渊博学识，让大家不胜其扰。他老是争强好胜，显示自己的精力、思想和热情比别人强。

像抑郁症一样，精力和创造力的爆发在那些富有创造力的人身上是很常见的，但是大量证据和后来的临床研究都表明，40岁之前，维纳周期性的狂躁和抑郁状态被某种深层次的神经化学机制控制着。关于狂躁抑郁性精神病这样的"情感"紊乱，现代医学观点认为，维纳所经历的情绪波动是一种**两极化**的表现，这种精神病学状态在本领域的大多数文献中是这样被定义的："大脑紊乱，特征是极度的情绪变化……持续的极度欢愉状态和持续的极度悲哀状态交替出现。"教科书上描述的狂躁抑郁性精神病症状包括"寻求人们的注意""不断讲话的迫切感""自杀的念头""无价值感"和强烈的"情感风暴"。这种疾病被认为有很强的基因成分，但环境因素决定了某个个体是否会得病，因为童年的创伤经历会通过神经化学的作用使基因倾向于越过发病的阈值。

维纳天才少年时期的系列性精神压力符合早期负面的生活体验所引起的神经化学紊乱的临床描述。他肥胖的身体引发了棘手的呼吸暂停症，一种睡眠时呼吸暂停的现象，它可以使人每晚醒来几百次。严重的呼吸暂停症会引发狂躁的行为，这可能是他从轻微的抑郁转变为狂躁抑郁的物理原因。

还有一个因素给维纳造成了很大的影响。20世纪20年代中期，他弟弟弗里茨被诊断患有精神分裂症而被送进精神病院。弟弟被认为能够超过维纳，成为父亲在天才儿童教育上最伟大的成就，他的遭遇搅动了维纳埋在心底的深深恐惧，他害怕他们的家族基因注定让他失败、平庸或者更糟的是——疯狂。1926年，他在哥廷根与精神崩溃擦肩而过后不久，写信给弗里茨并安慰他。维纳表达了内心的恐惧，他说:"我们真的很像……我们的社会适应性都不强……我们都内向、情绪化……我们都是用自己的行为把自己逼到恐慌的状态。"即使他事业有成、家庭幸福,一想到弗里茨的精神疾病,维纳也很痛苦,经常担心自己会遭受类似的命运。

芭芭拉说:"我父亲真的害怕他会像弗里茨那样。"佩吉同意这一看法:"我认为他的确相信这一点,我也觉得是妈妈促成了这种看法。"的确,因为玛格丽特"情感失聪",她有时候引发了丈夫的抑郁,还经常让他的状态恶化。芭芭拉回忆说:"他常常找到她,明显是寻求赞同或支持,然后她就找出他做得不好的地方,用一种温和的、似乎很理解他的语气给他指出来。有时候,他感觉良好,她往往会说一些扫兴的话。每次他要出门时,她才告诉他,'你头发没梳''你不应该穿那件外套',或者'你为什么不换件干净的衬衫'。"

芭芭拉不认为妈妈这种损人面子的做法是故意的。"我认为她没有意识到她的所作所为产生的后果。我母亲在察觉别人的感受方面是有缺陷的,对她而言,**任何情感的显露都是一种威胁**。"佩吉觉察到家庭关系中的两个方面,她既看到父亲的情感抑郁,也承认母亲很失望,对维纳和他父母有股被压抑的恼怒,因为从一开始维纳的父母就没有重视他的情感问题。然而,佩吉感觉到玛格丽特也没有做到开诚布公。她说:"爸爸是个非常温暖、慷慨的人,他需要爱的表达,但他从未从母亲那里得到。但是婚姻也没有给母亲带来她想要的东西。她来自德国中产阶级家庭,来到美国后她处在社会的底层。我认为她的一个驱动力就是重新获得社会地位。她相信成为**教授夫人**能够实现这个目标,然而她和我父亲在一起后的社会地位远远低于她在德国的社会地位,落到这个地步,我认为她非常失望。"

维纳的病史完全符合狂躁抑郁性精神病的范畴,然而尽管经历过情绪急剧变化、情感风暴和不断的自杀威胁,维纳依然保持着惊人的创造力。用临床术语说,他的症状更吻合"躁郁性气质"的诊断,这是狂躁抑郁性精神病的一种类型,发病期间症状没有那么严重,永远不会发展到出现幻觉、妄想和变成彻底的精神病的地步。

孩童时期佩吉的感受和维纳麻省理工学院的同事们的感受没有什么不同,尽管他们只是在和维纳的日常交往中偶尔窥见他内心的混乱。"现在回想起来,我看到的是一个严重抑郁的人,他满腔愤怒,但不是针对某个人,而是针对整个世界。然而,在一个孩子的眼里,我觉得这只是个人的性格缺陷。只有很久以后,我才意识到他到底经历了什么,他该有多么痛苦啊。"回顾当时维纳的秘密情感风暴、学术成就以及之后发生的一切后,佩吉给出她不言而喻的评价:"他能够生存下来,还能正常地工作、生活,是件令人诧异的事情。他一定非常坚强。"

———

尽管精神状态起起伏伏,维纳还是尽最大努力保持家庭和工作的平衡,处理好时间、精力和情感上越来越大的压力。白天,他频繁地打盹休息,晚上很早就上床睡觉,大多数是7点或8点,但他常常夜里3点左右醒来,到楼下厨房吃一碗冷牛奶泡麦片,然后上床睡觉。在家里,"到处都散落着记满数学笔记的纸张,还有大量的铅笔,他要时刻准备着记下突然出现的想法",芭芭拉回忆说。夜晚,他的床头柜上总是放着铅笔和纸。

从青年时期开始,维纳就注意到,他最好的想法来自他的潜意识,"它来自意识下面很深的地方,以至很多时候是在睡梦中发生的"。他这样描述在似睡非睡状态下灵感突现的过程:

这种时刻常常发生在我刚刚醒来的时候，这很可能意味着，在晚间的某个时候，我经历了一种思绪整理的过程，要产生新的想法，这个过程是有必要的……很有可能在人等待进入睡眠状态时的那种所谓的似睡非睡的状态下，这种情况更容易产生。它和人似醒非醒状态下脑子里的那些意象有紧密的联系，这些意象和感官错觉是类似的。

这种隐秘的过程使他相信："我思考的时候，我的思想是我的主人，而不是我的仆人。"

芭芭拉证实了父亲的观察。"他经常不知道是如何得到答案的，它们好像是深夜悄然冒出来的，或者是从云丛中掉下来的。"她说。然而，维纳的思维过程他自己都不是很清楚，所以"他生活在恐惧之中，害怕他的思想对他失去兴趣，悄悄走开到别人那里去了"。

然而，维纳的家庭生活有时候看起来基本是正常的。一家人在一起玩游戏，各有胜负。"爸爸的桥牌打得很差，"佩吉回忆说，"他总是心不在焉，总是很草率地叫牌过高，而母亲又叫牌过低。芭芭拉和我把他们打得落花流水。"但是，吃饭是一家人最开心的时刻。维纳积习难改，爱用双关语说俏皮话，喜欢吃晚饭时和女儿们玩文字游戏。他会说一个双关语，往往是比较糟糕的，然后自己在那里开怀大笑。女儿们马上心领神会，也如法炮制，但玛格丽特很少参与这种开心的事。"我母亲听不懂反语。"芭芭拉说，这是玛格丽特情感失聪的另一种表现。佩吉同意这个看法："她是个聪明的女人，这很显然，但她没有我们和爸爸那样敏锐的头脑，我觉得她感到她无法参与我们的对话，这让她感到有些迷茫。"玛格丽特本身不是完全没有幽默感的人，但"她的幽默感倾向于幸灾乐祸，"佩吉说，"非常德国。"

玛格丽特德国背景中的其他一些因素也开始显露出来。和她的西里西亚亲戚以及成千上万德国同胞一样,德国新领袖希特勒和他的纳粹意识形态开始对玛格丽特产生了持久的吸引力,她非常坦率地告诉女儿们她的迷恋。

"一天,她告诉我们她在德国的家人获得了**无犹太血统**的证书——'没有被犹太人玷污'。她觉得我们听到这个消息应该很高兴。早年,她是非常支持纳粹的。"芭芭拉说。随着纳粹对德国犹太人的迫害越来越厉害,玛格丽特发表了更多令人不安的言论。"她说我们不应该为德国犹太人感到难过,因为他们'不是好人'。"芭芭拉回忆说。圣诞节时,玛格丽特和她有一半犹太血统的女儿一起在布置圣诞树,"她告诉我耶稣是驻扎在耶路撒冷的一位德国雇佣兵的儿子,这已经得到科学证明",芭芭拉说。

30年代末,玛格丽特公开表示对纳粹事业的同情。"她的梳妆台上放着两本书,一本德文的,一本英文的,它们是《我的奋斗》的复印本,"芭芭拉说,"我母亲经常把这两本书强行介绍给朋友,解释说希特勒和德国'被严重误解了'。"芭芭拉零零碎碎地读了《我的奋斗》英文版,对书中的内容感到不安,她直接找到母亲表达了自己的担忧。"我好几次向母亲提到希特勒针对犹太人的计划,她说我不了解德国犹太人和我认识的犹太人的不同,他们'很危险,对其他德国人具有破坏力'。她说话的声音很好听,这些丑陋的想法用她那种语气说出来,让你不知道是她疯了还是你疯了。"

维纳也了解玛格丽特的观点,觉得它们"让人痛苦"。芭芭拉说:"我父亲不跟我讲母亲的政治观点,但是我听到了他们关起门来吵架。当我试图谈论这个话题时,他总是在空中挥挥手,说:'我为什么要把你带到这个世界来受苦?'"

其他人也目睹了玛格丽特极端的政治观点以及维纳忍无可忍的愤

怒。莱文森的遗孀法吉回忆说,她和丈夫同维纳夫妇交往的时候就发现他们不和:"玛格丽特直言不讳地说她在德国的亲戚是纳粹党员,她说'毕竟,他们需要工作'时,诺伯特就会满脸通红,但什么都不说,因为她是他的妻子,对他忠诚,容忍他的脾气和其他种种不是。"

维纳一直没有完全了解妻子在和孩子们谈话时是如何拥护纳粹意识形态的,但他起码知道玛格丽特不是像他曾经宣称的那样,是个"一直和我一样,完全没有国民歧视和种族歧视"的人。私下里,维纳表达了他对玛格丽特种族、政治观点的强烈感受,但在公开场合,他只是很间接地提及婚姻生活的痛苦和紧张关系。早期维纳寻求精神病医生的帮助,虽然对效果不满意,但他的确提到承受了很多情感压力,他认为"纳粹主义有统治整个世界的危险",但又承认他纠缠不清的犹太血缘"使我的情感状态有点儿自相矛盾"。他被"持续的噩梦"纠缠着,担心"在世界的某个地方,我们正面临着灭亡的危险"。他还注意到,"纳粹反犹太主义已经在美国某些社会领域引起反犹太主义的回响"。

———

1939年夏,住在新罕布什尔州的黑德维希·恩格曼身体日渐虚弱。和女儿不同,她不爱希特勒和纳粹主义,她祈祷欧洲不要再发生战争。7月底,在乡间别墅楼上的小房间里,她在睡梦中悄然离世,此刻,希特勒的军队正在波兰边境集结。

几个月后,维纳的父亲在波士顿去世,享年77岁,去世前几年他一直饱受中风之苦。父亲去世后,维纳才完全承认父亲对他的生活产生了持久的影响,以及父亲将自己的很多天赋都传给了他,比如父亲对古典著作和德国浪漫主义诗歌的热爱,同情和关爱受压迫者、社会底层人民的人文主义价值观,"光荣而有效率地工作,尽情享受生活和生活带来的情感"的个人品质,关于"做学问是一种使命和风险,不是一种工作"的信念。更重要的是,维纳也继承了父亲坚定不移的学术诚实和"对一切虚张声势和卖弄知识的痛恨"。这些父亲苦心打造让他接受的禀赋,使维纳终身受用。维纳说:"正因为这些,正因为监督我的工头同时也是我崇拜的英雄,我所经历的难以忍受的训导,才没有让我堕落为愤愤不平、毫无价值的人。"

整个30年代,维纳为他的新通信理论打下了坚固的数学基础。这10年,除了出版的两本书,他还发表了40篇论文,他一边进行生理学和电路理论的探索,一边在等待时代和技术赶上他。在新罕布什尔州,恩格曼和利奥·维纳去世后的次年春天,他买了一座小木屋,大约有10英尺宽,有个尖尖的屋顶和3个小窗。小木屋位于森林的边缘,走路一会儿就到。他每天都去那里,思考问题和写东西,没人打扰他。在这个比父亲的小书房大不了多少的小空间里,这位大象的孩子(现在已经没有父亲了)一边凝视窗外的森林和远方的群山,一边思考、酝酿他的新书和新论文,它们将照亮通信科学和技术的革命之路。

1940年初夏,维纳从新罕布什尔州开车到威斯康星州的麦迪逊出席美国数学协会的会议。在路上,他得知,大多数美国人都无意参与的世界大战不可避免地来临了。德国侵占了东边和南边的邻国后,以狂暴之势向北向西进军。"很奇怪,这让我想起24年前的经历,那时得知第一次世界大战爆发时,我也是在旅行途中,在航行于北大西洋深处的一艘德国轮船上。"

会后,维纳和一位来自英格兰的同事一道开车回来。路上,两人停下来,在纽约州北部的一家葡萄园摘葡萄,"评估一下我们的情感和期待"。

六
一门科学的诞生

> 天才每个时代都有,但是这些天才总是处于麻木状态,直到发生异常事件,天才才会被激发并勇敢向前。
>
> ——德尼·狄德罗

1940年夏,和以前很多个夏天一样,维纳在新罕布什尔州乡下农舍附近的大熊营地池塘里仰面朝上来回游泳,湖面宁静。维纳嘴里叼着雪茄,镜片闪闪发光,气球般的大肚子在波浪里滚动。但是此刻,他的思绪飞到4 000英里外的地方。

在欧洲,在纳粹德国更加先进的武器的支持下,西班牙国民军打败了共和国的守卫者,赢得了内战。意大利法西斯和德国签订了《钢铁条约》,希特勒国防军的战争机器横扫整个大陆。到1940年春,奥地利、捷克斯洛伐克和波兰都被完全征服,丹麦、挪威和低地国家也被迫臣服。6月,33万同盟国部队在敦刻尔克被赶出欧洲大陆。法国沦陷,一个月后,纳粹德国空军战机越过英吉利海峡,开始了惨烈的不列颠之战。

以南北两极为界，轴心国把整个世界撕裂为两半。维纳离开中国后不久，日本的军事入侵演变为对亚洲大陆的全面战争。在南京，30万中国人被屠杀，另外有100多万人在黄河战死、淹死。1940年5月，为了阻击日本入侵，美国总统罗斯福将美国海军太平洋舰队调往夏威夷，进行战争威慑。

维纳密切注视着事态的每一次进展，预感灾难即将来临。整个令人心神不定的夏天，维纳或者在大熊营地池塘懒散地游泳，或者到凉爽的怀特山脉徒步。他在家里热情接待来自被围困国家的同事，和女儿们一起到野外郊游时也努力保持着愉悦的情绪。虽然距离珍珠港事件爆发还有一年多时间，但是他和同事们都清楚，美国参与第二次世界大战是不可避免的结局，新的战争将提出前所未有的科学和技术挑战。

麻省理工学院副校长范内瓦·布什一年前被调往华盛顿，担任卡内基研究院主任。这是一个私人基金会，致力于基础研究，它已经成为美国科学界的主要资助机构。范内瓦·布什来自新英格兰，他做事高效、干练，在这个美国知识界至高无上的位置上，他可以直接给政府官员提供军队事务在科学方面的建议。1940年6月12日，盟军从敦刻尔克仓皇撤退后一周，布什在白宫会见了罗斯福总统。根据总统的行政命令，他接受任命组建新的国防研究委员会，并担任主任，负责启动并协调美国国防科学研究。他采取的第一项主动措施是组织一个由700所大学和研究机构形成的网络，其职责是为战争相关的科学和技术项目招募人员。他还给同事写信，恳请他们提出建议，以在即将到来的战争中更好地和科学家合作。

维纳很乐意提供他自己的建议。

1940年9月，维纳给布什写了第一份备忘录，接下来的一段时间，他们之间都有书信往来。维纳回顾了他第一次世界大战期间在阿伯丁试验场工作的经历，总结了自己和很多科学家、工程师多次合作的得失，介绍了他正在和阿图罗·罗森布鲁斯讨论的关于跨学科科学研究价值的情况。他建议布什采取一个大胆的战争研发战略："组建由不同学科领域的科学家组成的小型、机动的团队，联合开展技术攻关……将研究成果移交给一个开发团队，再一起攻克下一个难题。"

布什从未对维纳的建议做出回应。维纳认为他的关于组建跨学科团队开展战时科学研究的建议不会有什么结果，但是他的结论也许下得有些过早。几个月后，布什再次和罗斯福总统会面，随即美国国会授权组建第二个研究机构——美国科学研究与发展局，属于独立的联邦机构，布什任主管。布什主管的国防研究委员会和美国科学研究与发展局一起协调 6 000 名美国科学家从事和战争有关的科研活动，包括从事绝密的原子弹理论和技术研究的著名的"曼哈顿计划"。就像维纳建议的那样，这些科学家多数是协同工作，以小型、流动、跨学科的团体形式，解决一个又一个棘手的问题，直到战争胜利。

维纳还有其他要考虑的事情，它们将直接影响人们为战争所做的种种努力。1940 年 9 月 11 日，他给布什寄送备忘录的前 10 天，到新罕布什尔州的达特茅斯学院参加美国数学协会的夏末会议。会议期间，人们不再像平常那样闲聊学术问题，而是很严肃地讨论肆虐欧洲的战争冲突。在会议室外的走廊里，有台电传打字机，这个技术展示吸引了维纳的注意力，它通过长途电话线同美国电话电报公司位于纽约总部的新型"复杂数字计算机"连接起来。机器的发明者是 36 岁的贝尔实验室数学家乔治·R. 施蒂比茨。他向围观的人介绍了这台机器。看到这帮数学协会成员不怎么相信，他又进行了首次实际远程计算演示。

和布什的模拟微分分析机一样,斯蒂比茨为贝尔实验室建造的这台机器还不是真正的计算机,它没有内存,也没有处理逻辑操作指令程序的内部系统,但它朝这个方面迈出了一步:它是世界上首台**数字**电子计算机,处理的是离散量而不是连续量。它能够在一分钟内通过一排450个两位电话继电器开关进行复杂数字的基本数学运算。观众中有两位马上理解了这台机器的意义。一位是宾夕法尼亚大学莫尔工程学院的约翰·莫奇利,他不久就和同事J.普雷斯伯·埃克特开始了第一台可编程数字计算机的研发工作,名为埃尼阿克(ENIAC)。

另一位就是维纳。贝尔实验室模型1号继电器式计算机的生动演示,重新点燃了他关于自动计算的全部念头,自从和中国的李郁荣合作建造电子模拟计算机的努力失败后,他就雪藏了这个念头。回到麻省理工学院后,他整理了关于建造更好的计算机,来支持科学家和工程师的战时科研活动的想法。在1940年9月20日的一份长篇备忘录中,他将十多年前提供给布什的想法加以扩展,拟出五条指导计算机设计的简明指令。他的新指令是第一次对功能完善的现代计算机进行的描述,也可能是首套技术参数。

维纳声明,他偏向数字计算方法而不是模拟方法,他向布什建议说:"计算机设备应该是数值的……而不是基于度量的。"布什的微分分析机就是度量式的。他极力主张使用真空电子管,这是他自20年代以来一贯的看法,他强调"为了确保更快的速度",计算机"应该依赖电子管,而不是齿轮或机械继电器"。几天前他看到的贝尔实验室的装置就是使用了齿轮或机械继电器。他衷心赞同施蒂比茨使用的"二进制计算方法……而不是十进制",这也是维纳10年前首次用来处理一系列数学数据的方法。接着,维纳提议使用新的电子记忆系统,采用在线圈或金属磁带上记录微观电磁痕迹的方式,给新的计算机提供"新的数据储存设备，能够很快地记录数据，可靠地保存、读取和删除数据，并且很容易被调用来存储新的数据"。

最后，维纳用了很大的篇幅呼吁发明计算机软件，通过逻辑指令程序指导计算机进行运算，但是当时在他的脑海里，程序的概念更多是硬件的而不是软件的。他这样建议布什：

整个运算顺序被设置在机器本身，这样从数据被输入到产生最终计算结果，都不需要人的干预，所有必需的逻辑决策都被内置在机器本身。

维纳向布什明确表示，这些建议不是他脑子里冒出的虚无缥缈的概念，而是具体可行的想法，有实际的计算方法作为基础，全世界的数学家和工程师都在对这些计算方法进行理论和样本试验上的探索。英国数学家艾伦·图灵在1936年写的一篇论文中提出关于可以进行数字计算的"通用"机器的假设，美国工程师、艾奥瓦州立大学的约翰·V.阿塔纳索夫1939年建造了一个具有上述特征的原型机。但是，维纳是第一个将这些分散的概念整合在一起，具体提出建造具有内部逻辑程序的全电子计算机建议的人。

布什回复，确认收到了维纳的备忘录，但是几个星期后，他向维纳提出临时意见，说他不太确信这种设计方案是否可行。1940年12月底，布什拒绝了维纳的建议。他断然拒绝了维纳建造一个全电子数字计算机的提议，拒绝分派任何其他人参与这样一个项目，坚持认为："它毫无疑问是个长期类型的项目，而目前要尽可能利用这些领域里合格的人才来从事短期能见到成效的工作。"

那时，两人都没有意识到，在战争结束前，维纳极具远见的备忘录中提到的每一个想法都将在一台无所不包的机器里得到实际应用，或者得到积极的研发。

―――

  1940年，计算机是布什襁褓中的宝宝，也是少数数学家和电气工程师的"宠物项目"。维纳知道，研究计算机不是他战时科学研究的领域，但他非常急切地想要为之做贡献。他写信给布什："我希望在这个紧急时期，你能为我提供一个小小的角落，让我为这项任务做点儿事情。"然后，他着手寻找一个合适的岗位，以便充分发挥他的特殊才能，运用他的新数学方法和前沿通信理论来解决现代战争中面临的实际问题。

  1940年秋天，欧洲局势发生了不祥的转变。不列颠之战初期，德国实行闪电战，在夜间轰炸英格兰广大乡村地区的城镇，现在转而集中力量对伦敦进行狂轰滥炸，这在后来被称为伦敦大轰炸。从9月到11月这段时期，德国轰炸机向伦敦投下了1.3万吨炸弹和燃烧装置，目的是在英国人民中制造恐怖气氛，挫败他们的士气，并最终打败他们。但是，英国人没有屈服。

  伦敦大轰炸开始不久，一个由英国技术专家和军事官员组成的高级代表团来到华盛顿，带来一件绝密防卫武器——最新开发的"空腔磁控管"微波雷达装置。当时美国科学界刚刚开始考虑在现有的长波雷达技术的基础上开发新型雷达，英国的这种高能量、高分辨率的雷达装置为美国提供了技术改进的思路。英国将这个电子宝贝交给了布什和他的国防研究委员会研究团队，作为交换，美国要帮助英国解决三个最为紧迫的战术和技术需求问题：机载微波雷达系统问题，帮助英国战斗机夜间拦截来犯的德国轰炸机；远程地面雷达系统问题，引导英国轰炸机轰炸欧洲大陆的目标并顺利返航；改进防空炮弹的瞄准雷达和火控系统以挫败德国的大轰炸，帮助盟国军队取得空中优势。对布什而言，最后一项极具诱惑力，他相信，空袭防御不仅英国需要，也是美国战备最重要的问题。

几个星期之内，关于国防研究委员会新研究项目的消息在布什召集的科学家中间悄悄传开，维纳也找到了他战时研究工作的新挑战，即发明一种更好的方法来引导和控制防空炮火。他没有对外宣布，开始低调地展开研究工作。像国防研究委员会的每一个研究项目一样，这是一项秘密研究工作，受战时严格的安全规则限制。维纳瞄准了自己的目标。他知道，自第一次世界大战的空战以来，现代战机的速度和操控性大为改善，这使防空炮火瞄准变得更为困难。他将防空炮兵面临的挑战比作射击"飞行的鸭子"的游戏，成功的猎手会"引导"目标，预测子弹和鸟儿的飞行轨迹，瞄准鸟儿飞行的前方，使两者刚好在空中相遇。

这项复杂的战争任务远远不只是计算普通的火炮射程表那么简单。维纳现在的主要任务就是进行预测：根据快速移动的战机的过去位置和不断变化的当前位置的准确信息来预测它的未来位置，然后计算关键的射程和瞄准参数，瞄准后在极短的时间内准确开火。这是他第二次寻求设计出一种电子系统，来模仿并"取代一种人类独有的功能"。从20世纪20年代开始，他的第一个目标是试图取代繁重、复杂的脑力计算劳动。现在，他努力设计一种电子系统，能够想象并预测未来事件，然后采取前瞻性行为，这是类似于人类智力的超级绝活儿。

这项任务非常艰巨，但还有其他障碍。第一次世界大战期间，炮弹可以通过简单弹道来瞄准固定的或者缓慢移动的目标，而第二次世界大战时期的新式战机更为灵敏，飞行员是王牌飞行员，受过规避动作的训练。他们之字形的飞行线路不是线性的，非常不规则，很难预测飞机的未来位置，就像大黄蜂的飞行线路或者醉汉穿过足球场的行走路线。在每一次飞行操作时，敌机飞行员都会突然转向，进入完全不同的飞行线路，每一个新的飞行线路就意味着有多个可能的未来位置。

这项技术挑战是为维纳的天赋和专业技能量身打造的。绘制并预测敌机的飞行线路，他可以借鉴早年用数学方法绘制布朗运动中不规则运动颗粒的轨迹的经验，运用在维纳–霍普夫方程和佩利–维纳准则中他首创的过滤和预测新统计工具，也可以借鉴早年和布什共同参与的模拟计算研究以及和李郁荣合作研究的电子线路和复杂校正网络。

维纳手中还有一个强大的新工具供他使用。20世纪30年代中期雷达的出现，为无线电波的实际运用开辟了新天地。雷达（无线电探测和测距）利用电磁辐射弱电流，不仅仅可以用来传播携载有声信息的电子信号。10年前，人们发现无线电信号在传播途中遇到金属物体会反射回来。工程师了解到，这些被反射回来的无线电信号可以被捕捉并加以分析，从而让人们了解到有关移动物体的位置和距离等具体信息。英国人的新微波雷达让现有的雷达技术产生了飞跃性的进展。它使用的短波、高频脉冲可以通过小型的移动设备发射，能够侦测不同高度的小型飞行物体。它强大的信号可以轻松穿越云层，白天和晚上同样有效。

对维纳和其他审视这项新技术潜力的科学家而言，其应用前景是广阔的：反射雷达波可以被开发利用以准确预测敌机未来的位置，使用电子手段将之和防空炮火的瞄准系统连接起来，进行自动瞄准、开火。

1940年11月初，维纳向塞缪尔·H.考德威尔教授提出一项建议，表达了他的想法。考德威尔是麻省理工学院的工程师，具体负责运用布什的微分分析机来解决实际战时问题。考德威尔赶紧让维纳保密，这让他很沮丧，因为他被禁止和外人谈论此事。维纳提出一个实验性构想，来解决飞行器的预测问题。他和考德威尔以及另外一位麻省理工学院的工程师花了三个星期时间，在布什的微分分析机上试运行新的数学预测理论。结果是令人鼓舞的，但也纯粹是假设性的。维纳和考德威尔共同起草了一份文件，详细描述了研制新的试验性设备的构想，这个新设备可以将维纳的数学理论转化为机械运动。1940年11月22日，考德威尔向D2部门（国防研究委员会下属的火控部门）递交了一份正式提案。

圣诞节前不久，提案被批准，维纳的战时项目开始实施。

——

朱利安·比奇洛是麻省理工学院的一位年轻员工，彬彬有礼，极度追求细节的准确性，他是参加这个项目的首席工程师。1936年，比奇洛获得麻省理工学院硕士学位，到美国国际商业机器公司工作。4年后，罗斯福总统宣布进行和平时期征兵，比奇洛所在的当地征兵委员会计划让他提前入伍。他匆忙回到麻省理工学院工程系领取他的证书，并希望获得一份延期入伍的证明。

1940年圣诞节前夕，比奇洛27岁，他被招到工程系主任卡尔·怀尔兹的办公室。怀尔兹不仅同意给他一个延期入伍的证明，而且要求他必须延期。

比奇洛回忆说："他说，'你不能去参军。我们这里需要你和维纳一起工作，你要弄清楚他试图干什么，或者他实际在干什么。没有人知道他在说什么'。"怀尔兹派比奇洛去见沃伦·韦弗，他是纽约洛克菲勒学院主任，也是位受人尊敬的数学家，负责国防研究委员会D2

部门的火控研究工作。短暂闲聊后，韦弗也确信麻省理工学院需要比奇洛。比奇洛是偶然碰到维纳的，当时维纳正在麻省理工学院工程系的走廊里漫步。他们聊了起来，"在我们的讨论过程中，我明白了，他关于预测器的想法比现有的一些想法更为灵活"。

他是这项工作的合适人选。比奇洛可以理解维纳的技术语言，同样重要的是，这位镇定自若的新英格兰人可以完美地克服维纳反复无常的个性。1941年年初，两人借用了2号楼2楼数学系的244空教室，开始在黑板上工作起来。维纳给自己的新合作伙伴简要介绍了火控问题，他给比奇洛讲解射击飞行中的鸭子所涉及的数学问题，一边讲一边在黑板上草草写下图表和微分方程。他还给比奇洛讲解了他的理论研究工作和在布什微分分析机上测试过的公式。然后两人开始讨论炮兵在战场上实际碰到的火控问题。

两人来到位于弗吉尼亚和北卡罗来纳海滨的陆军基地，实地观看了战机飞行，参观了最新大炮和陆军防空司令部正在开发、测试的新式武器。通过几次实地参观，他们了解到实际火力控制的具体情况，这比射击鸭子要复杂得多。他们也了解到，美国武器装备和轴心国空军力量之间的差距越来越大，自第一次世界大战以来，美国的武器装备几乎没什么进步。

最好的德国轰炸机能以每小时300英里的速度飞过轰炸目标，高度可达3万英尺。炮弹飞行到这一高度需要的时间是20秒。击中目标的点与飞机被瞄准的点之间差不多有两英里，要准确命中目标不是一项简单的任务。需要多达14个人组成的小组不断地用双筒望远镜跟踪飞机的位置，将它不断变化的位置信息传递给负责计算的人，他们再手工计算出飞机的预期位置，将它的坐标传给炮手，炮手使用手动摇柄转动笨重的炮塔进入瞄准位置，最后向指定的会合点发射一阵炮弹。

维纳觉得这个过程非常有趣，也觉得它太过笨重、可笑，改进的时机成熟了。

———

完成实地考察后，维纳和比奇洛回到麻省理工学院，从头开始思考火力控制问题。回到 2-244 教室后，维纳来到黑板前。

他自言自语道："在某种程度上，这纯粹是个几何问题。飞机的未来位置只能通过观察它过去的位置才能确定，这是一个我们称为**外推法**的问题。最简单的方法是沿着一条直线外推飞机当前的飞行线路。"他在黑板上画了两个点，代表飞机过去和当前观测到的位置，通过两点画一条直线，指向飞机未来的位置。他继续说："从纯数学的角度来看，这种方法有很多优点。"

但是那种方法有个很明显的问题。维纳注意到，一旦遭受第一波防空炮火攻击，飞行员就"很可能会之字形飞行，做特技动作，或者采取规避动作"。于是，他画了一条分割线，以一系列小角度的之字形不断突然变换方向。维纳说，计算方程一旦加入人的因素，"只有懂得飞行员在想什么的预言家才能完全确定地预测飞机的未来位置"。万幸的是，比奇洛是个业余飞行员，他向维纳指出，飞机的飞行线路也受飞行员采取规避动作时的物理因素制约。

于是，维纳陷入沉思："飞行员并**不能**随心所欲地做各种飞行动作。首先，他是坐在一架高速飞行的飞机上，大幅度突然偏离飞行轨道会让他失去意识，也可能使飞机解体。其次，只能通过移动操纵面才能控制飞机，飞机需要的新气流状态也需要一定时间才能达到。"

维纳很容易就理解了比奇洛讲解的航空动力学道理，他擦去黑板上那条曲曲折折的分割线，画了一条更为平滑的波浪曲线。比奇洛对此印象深刻。

"维纳是位哲学家，对事物的发展过程有很好的把握，"比奇洛回忆说，"他从概念上很好地理解了火力控制问题，那就是，如果你驾驶飞机在飞行，要做决定改变方向，飞机本身的动力学因素限制了你改变方向的速度。你虽然迅速做出决定，但是因为飞机周围气流的动力学以及对飞机控制的种种限制因素，飞机的反应是延迟的，状态变化过程变得更为平滑。"

这样，尽管飞机的飞行路线是高度不规则的，但并不是完全变幻莫测的。黑板上的那些波动的曲线对维纳来说再熟悉不过了。他用一种罕见的语气轻描淡写地说："事实上，是有办法来完成准确预测这项小小的任务的。"

维纳是对的。他用了20年时间研究偏微分方程式，在这些令人生畏的方程式中，两个或多个因素连续发生变化。他打下的坚实基础帮助他建立了一种模型，来确立不断快速飞行的飞机的时空坐标。然后，利用他在布朗运动研究中积累的专业技能，他绘制出飞行员采取规避动作的随机函数图，用来计算飞机最可能的未来位置，这有点儿像布朗运动中颗粒沿着布朗轨迹快速运动的现象。到这时，对这位昔日神童而言，找到环形飞行的飞机和弧形飞行的炮弹之间的未来会合点就是个相对简单的问题了。

但是，解决这个预测问题只是解决了一半的挑战。研究小组的战时任务是设计、建造一个自动预测和瞄准装置，这项具体的工作落到比奇洛身上。作为建造测试模型的第一步，比奇洛需要设计出一个实验装置，来模拟轴心国飞机和盟军炮火在空间里的复杂线路。他将维纳的想法画成素描图，然后用一堆电阻、导线、电容器、电磁线圈和两个与电动马达连接的光源，组装成原始的新设备。第一个光源投射一个白色光点到教室的天花板上，代表近似圆形轨道飞行的战机。第二个光源代表炮手的跟踪光束，由一个安装在砝码和弹簧组件上的曲柄来控制，旨在模拟重型防空炮塔的机械控制装置。

比奇洛回忆说："控制光束的手柄是红色的，我将它和一个小小的红色聚光灯连接起来。我的想法是，人工操作者努力让红色的光点跟随满屋子移动的白色光点。"

这个想法很好，但有一个很严重的缺陷：由马达驱动的白色光点留在天花板上的圆形轨迹是平滑的，没有变化。为了忠实反映维纳的想法，比奇洛还得想办法，以再现维纳在他的复杂预测方程中考虑到的不规则运动，即模拟出飞行员在面临炮火时采取的规避动作所产生的轨迹。比奇洛找到一个很巧妙的解决方案，他把白色光束的接触点从天花板降低到教室的墙上。

他解释了一项小小的调整如何可以产生重要的改进：

"白色光点在教室墙面四处移动，因为教室是方形的，当光束越过墙角时，它是跳动的。然后，我使用了一些延时电路，使光束控制产生一些延时现象，这和炮手跟踪反应延时类似。我的想法是，让操作者移动手柄，让红色的光束跟踪白色的光束，而白色的光束在屋里做环形运动，越过墙角时产生跳动，它的运动轨迹是非正弦、不光滑的。"

维纳非常高兴。他和比奇洛找到了模拟敌机遭受地面防空炮火攻击时不规则运动轨迹的方法。这种模型所体现的"操作者延时反应"完全符合大炮炮台的实际情况。比奇洛回忆说："操作者应该预测飞机的行为，在红光实际运动前很久就开始移动手柄，这样才能跟上白色光点。因此，我们的模型和实战状况有一定程度的类似。"

在某些方面，这种类似性过于完美。随着原型机实验工作的进行，维纳发现了"一个有趣、令人兴奋，但实际上并不意外的"问题。能够完美跟踪模拟飞行平滑曲线的操作部件过于灵敏，以至在越过墙角时会产生"剧烈的震荡"。维纳仔细思考了这个问题，得出一个熟悉的悖论，这将给他的研究项目带来深刻的影响。他写道：

也许这个难题在于事物的秩序，我没有办法克服它。也许这是预测的属性，适用于平滑曲线的精确装置对复杂曲线而言过于灵敏。也许这是海森堡不确定理论描述的恶意属性的一个例子。根据这个原理，我们不能准确、同步地确定粒子在哪里，它的运动速度是多少。

维纳仔细研究了这个悖论，他越想越确信他们面临的这个问题是个根本性问题，解决这个问题同样具有深远意义。他写道：

如果我们不能……开发出一种完美的、通用的预测装置……那我们就应该削足适履，开发出一种在现有数学理论条件下最好的预测装置。唯一的问题是……如果不确定性的错误和过度敏感的错误总是背道而驰，那么我们要依据什么在这两种错误之间达成妥协呢？

答案是，我们只能在统计的基础上实现这种妥协。

再一次，维纳对现实世界问题的关注将他引到自然界的悖论王国，在这个王国里，没有确定性，只有或然性、妥协以及统计结论。严格的线性预测方法没有考虑敌机飞行员的想法和战机在面临炮火时所做出的各种规避动作等因素，维纳没有考虑这种选择，他从自己众多的知识储备中选择了一个强大的武器，那就是叫作"均方误差"的经典统计工具。其结果是得到了更现实可行、更为准确的坐标数据，来预测炮弹和飞机的会合点。

———

他们已经取得了很好的进展，有可能有重要的发现，但是维纳和比奇洛不是在真空状态下工作。在他们研究项目的前几个月，伦敦大轰炸愈演愈烈。1941年5月，英国人发动了一系列主动反击，但他们力量悬殊，处于极大的弱势，他们亟须改进雷达和火控设备，急切地期待着国防研究委员会答复他们的技术请求。

经过5个月的研究和理论探讨后，维纳的监督者韦弗召集维纳、比奇洛和贝尔实验室的一帮工程师开会，他们也在研究火控问题。贝尔实验室团队对当时美国军方大量使用的M-6机械防空预测机进行改进，匆匆忙忙推出了电子版的预测机，但是贝尔实验室的工程师依然采用老式的工程思维方式，依然使用第一次世界大战期间防空观察员和手工绘图员使用的线性预测公式。比奇洛证实说："他们使用的公式根本没有考虑随机变量，也没有考虑规避行为，更没有考虑设置飞机飞行线路的自然曲度。"

韦弗有一种预感，麻省理工学院的这两位科学家已经找到了更好的办法。

1941年6月4日，维纳和比奇洛前往位于新泽西州惠帕尼的贝尔实验室开会。在这次会议上，维纳向贝尔实验室的工程师介绍了他的新统计预测方法，它可以更准确地反映瞄准飞行中的战机所面临的实际问题。他的预测方法远远领先于现有的火控设施或任何正在开发的设备，但是和维纳预料的一样，在这种冷漠、充满技术官僚气氛的环境中，贝尔团队拒绝接受维纳的非常规方法。

贝尔实验室的工程师心怀疑虑，他们不能完全理解维纳的统计方法。比奇洛承认："他们都是很聪明的人，理解他的目的，但是不相信可能飞行轨迹曲线集合的**存在**，并且从中找出最可能的一条。"当然，20年前，维纳就已经证明了这种曲线集合的存在，他还用自己的名字命名了它。但是，贝尔实验室的数学家和工程师还不能接受维纳的集合和他的新数学思维模式。

维纳和比奇洛发言结束后，贝尔实验团队简单介绍了他们的项目，他们要开发一种更简单、纯粹线性的自动射击指挥装置，"完全不涉及任何形式的统计概念"。他们解释说，他们"提出的方案完全出于形势的紧迫性……有意将功能限制在现有设备和工具能够达到的程度上"。然后会议暂停，他们去了放着贝尔原型机样本的房间。

谈到贝尔实验室的机器，或者他和维纳看到的那个东西，比奇洛说："我觉得它不怎么样。"现在回想起来，他觉得"他们给我们说得很少，他们只想我们告诉他们，维纳的想法是什么，怎么去实现这些想法"。贝尔实验室没有表示出和两人继续合作的兴趣。他们也没有告诉维纳和比奇洛他们这个项目还有一个麻省理工学院的外部合作对象。麻省理工学院的这个团队是一个高度机密的雷达研究实验的一部分，1940年10月成立于麻省理工学院，故意取了"放射实验室"这个误导性的名字。放射实验室由范内瓦·布什和国防研究委员会的核心成员负责组织，只有一个紧迫使命：研究和开发可供战时运用的雷达技术。它的首要任务之一就是利用英国新的微波雷达，开发自动雷达制导防空跟踪装置。

1941年1月，秘密的放射实验室在麻省理工学院6号楼屋顶的小木屋开始工作。同月，维纳和比奇洛在附近的2号楼里开始他们的合作。到第二年春，迫于伦敦大轰炸日益升级的压力，放射实验室团队组装了一台原型微波天线。5月底，这台装置锁定并且自动跟踪了飞过麻省理工学院校园上空的一架实验飞机。同月，贝尔实验室和放射实验室联合，两位放射实验室成员来到新泽西州的贝尔实验室，在那里全职工作。到秋天，考虑实际情况，两个项目合并。1941年12月，日本偷袭珍珠港之后几天，放射实验室的实验型XT-1跟踪雷达、贝尔实验室的M-9预测机和防空炮火指挥仪项目正式合并，进行联合开发。

当比奇洛和维纳开始合作时，他们不知道麻省理工学院或其他别的地方有任何相关的火炮控制装置的开发研究。5个月后和贝尔实验室的工程师见面时，也没有人告诉他们放射实验室的雷达跟踪装置，但是他们最终还是听说了在6号楼屋顶进行的研究项目。

———

在贝尔实验室受到冷遇后，维纳和比奇洛回到麻省理工学院继续他们的统计预测机的研究工作。他们整个夏天都在工作，改善计算方法，制订建造实体原型预测机的计划。

由2-244教室改造而成的"小实验室"靠着微薄的资金运行着。国防研究委员会拨给这个项目的启动资金共2 325美元。（相较而言，麻省理工学院绝密的放射实验室承担不同的雷达项目，有30到40名物理学家和技术人员参与，第一年的预算是81.5万美元。）维纳微薄的经费提供了足够的资源支持他和比奇洛从事研究工作，并雇用了两位员工：一位是熟练的机械师兼电工，用维纳的话说，"只要我们想出一个方案，他立马就能把它变成技术实物"；另一位是"人工计算机"，战争动员前是一名会计。

1941年12月，日本偷袭珍珠港，对维纳而言，"它让人感到意外，但更多是羞耻和屈辱"。这之前好几个月，他和很多美国人一样，一直感觉到"太平洋上要出大事"。当战争真的发生时，维纳和他的同事开始全力以赴，拼命工作。袭击发生的前几周，维纳一边等待着比奇洛和他小小的团队组建出他们的原型预测机，一边开始起草新炮火控制理论的书面报告。比奇洛请求维纳仔细讲解他的数学理论，以便为他的工程工作提供帮助，但是维纳看问题的视野更大。

1942年2月1日，他向国防研究委员会寄送了第一份正式报告，这也是他为自己的战时项目写的唯一技术文件。这部120页的手稿有个神秘、拗口的题目："外推法、内推法和平稳时间序列平滑法"。当报告送到D-2部门负责人韦弗手中时，他马上将手稿进行加密分类，包上亮黄色的封面，并分发给一些经过挑选的战时科学家和工程师，他们都具有必要的安全许可。不久，他们都表现出对这份气势不凡的文件的歧视，并称之为维纳的"黄祸"（Yellow Peril）。

在这份充满理论和复杂方程的文件里，维纳陈述了他独创性的防空炮火预测新方法的具体细节，清楚地解释了他的新统计方法，即外推法（通过观察物体过去的位置预测它将来的位置）、内插法（预计物体在两个已知观察点之间的位置）和改进型平滑法（将一系列观察点组成的参差不齐或非连续的线经过平滑或者过滤处理，变成准确、连续、更为有用的数学方程式）。

他的新火控理论本身是一项重大成就，但是维纳这份被歧视的报告远远超越了防空炮火控制的范围，它重新定义了"控制"的整个概念，对任何领域的工程师而言，这都是个基本概念，在电子时代需要进行新的科学定义。维纳这篇令人眼花缭乱的论文很清楚地向他的战时同事表明，一场技术革命，即使算不上是彻底的科学革命，也即将来临。他第一次将充分发展的电力工程和新兴通信工程区分开来。前者在几个世纪里致力于用纯粹的机械方法控制重型机械从事繁重的工作，并且从爱迪生时代开始，致力于产生和利用原始电能提供的强大电流。维纳的论文清楚地表明，电话信号、无线电波和反射雷达光束等代表了一个欣欣向荣的新领域，也是一个新兴的科学领域，在这个领域，任何形式的现代技术控制工具，从电子产品到大炮炮塔，都将永远和我们同在。

维纳受歧视的报告的历史性贡献是确定了通信工程的不同领域，并将它们联合起来，不管不同等级的工程师是否愿意。像外科手术一样，他将整块控制工程切下，将它划归到通信的阵营，而在控制工程的历史上，它一直是电力工程的分支。他将通信和控制这门更大的技术科学整体定义为"信息和信息传输的科学"。在早年研究电子信号的数学分析基础上，维纳第一次用最宽泛的技术术语对最基本的通信单元——信息——进行了定义，"在时间上分布的一批可测量的量"，并且提供了准确的统计方法，对"被噪声污染的……信息"进行过滤、优化和重构。

他还取得了关键性的概念突破，提出信息通信不局限于"人类有意识地努力传递思想"。维纳写道，控制电动马达，自动调节的"伺服机构"——第一批自动化工业机器的技术术语——或者任何机械或电动装置的信号"也是信息，而且……属于通信工程领域"。同样，利用他在模拟计算机方面长期的工作经验和早年对新型数字化计算的洞察力，维纳将新兴的计算事业和更宏大的通信科学结合起来。维纳毫不含糊地宣称："所有通过电或机械或其他类似方法实现的通信作业，在本质上和通过计算机实现的通信作业没有什么不同。"

在确定了通信所有领域的基础单位后，维纳为他的新科学做出最后一个极其重要的区分。他先描述了信息的属性，这是所有"信息传输"设备共同处理的对象,是一种不可捉摸的商品,接着他使用电话工程师已经开始使用的一种新技术方法,来描述如何测量信息传输的效率。他用最基本的术语来描述,**特定信息从一个更大的"可能信息的度量和概率"中产生的数学可能性——这个度量最终被称为"比特"**。最后,他总结了20多年的开拓性研究工作,并提出一个将指导所有领域的通信工程师工作的原则:"这些信息将普遍具有统计学属性。"

———

多年后,维纳的那份报告被解密,公开出版,被誉为新通信技术科学的奠基文献,这是很恰当的评价,但是在1942年那个阴沉的冬天,他突出的研究工作被战时官僚机构生生吞没了。

比奇洛证实说:"我认为这份报告分发给了大约50个人。给不同的地方寄送了复印件,但都给了战争期间宣誓保密的人。"

在那些有看这份报告资格的保密者中,就有韦弗在D-2部门的联系人乔治·施蒂比茨,他就是1940年维纳在达特茅斯看到的那台数字计算机的发明人。维纳寄送他那份报告后一个星期,施蒂比茨也写了一份报告,试图阐述维纳的论文。接着,他将自己的报告分发给D-2部门参加其他项目的团队,包括贝尔实验室从事M-9预测机研究和放射实验室从事XT-1自动跟踪雷达研究的研究人员。

这些团队里很多头脑聪明的人都对维纳的统计理论和数学感到迷惑不解,有些人完全不予理会。当时,XT-1项目的主任伊凡·格廷记得维纳"从事过一些将统计方法应用于火控的研究工作,但那时我就觉得毫无意义"。格廷对维纳和他的研究工作不屑一顾,放射实验室其他很多年轻雇员也抱有类似的态度。维纳对放射实验室的"大佬们"的态度也类似。他们各自的研究工作平行进行，其间维纳被请到放射实验室，给那些年轻的物理学家讲授高等数学和电子学理论。据放射实验室主任讲，他们"对微波电子学知之甚少，要将英国人的磁控管改造成可用的雷达系统，微波电子学必不可少"。

然而，在向国防研究委员会提交那份报告后一个月，维纳辞去了放射实验室的工作，理由是受不了排得满满的教学工作，认为这会给他的战时研究工作带来潜在的灾难。在写给国防研究委员会驻放射实验室监督人的信中，维纳抱怨"放射实验室里的理论研究极其混乱、充满无政府主义状态"，宣称"我的努力被证明是不受欢迎的，是在浪费时间"。

没有了维纳，放射实验室的年轻物理学家和年长一些的员工也干得挺好。1942年4月1日，维纳辞职后的第十天，放射实验室和贝尔实验室联合开发的原型火控装置在陆军防空司令部进行测试。参加测试的人都认为测试非常成功。第二天，美国陆军订购了1 256套该装置，部署于欧洲和太平洋战场。

测试后不久，维纳和比奇洛再次拜访陆军防空司令部，实地观察新装置演示。他们发现，这套系统的表现远非完美，呈现在放射实验室圆形雷达显示屏上的靶机影像，随着雷达脉冲从不同平面的飞机机身上反射回来而前后左右急剧晃动。贝尔实验室这套装置的线性预测点也不是刚好在目标上，但是考虑到珍珠港事件后盟军防空的紧迫需要，维纳和比奇洛都同意，这套系统效果足够好，加速生产和部署是有道理的。

比奇洛承认："确实是这样的，因为在实战中，我们向敌人目标发射的射弹是对高度很敏感的炮弹，被发射到一定高度后在空中爆炸，爆炸碎片会覆盖很大一片区域，因此它们不一定要非常准确，虽然这样要浪费很多炮弹才能击中一个目标。我还记得炮弹射向天空在大洋上空爆炸的情形。事后，我们可以看到所有碎片都散落在水中。"

比奇洛回忆了维纳在试验场默默不语的反应："他没怎么说话。我们俩都知道，这个预测机远远没有我们正在做的预测机精致。"

维纳和比奇洛加紧项目研究工作，他们依然自信，认为他们的统计方法最终会提供优越的瞄准能力。与此同时，放射实验室里那些收到维纳那份报告的数学家和工程师开始重视和理解他新提出的平滑和过滤的技术。随着战地实验的进一步开展，放射实验室找到了稳定雷达影像的方法，这项技术改进可以帮助贝尔实验室的预测机准确计算出在炮弹抵达时飞机将到达的位置。比奇洛回忆说，至少有两个放射实验室成员找过他，寻求如何将维纳的统计方法应用于雷达跟踪装置。他还同实验室"理论小组"的负责人一起讨论过维纳从事的研究工作。比奇洛回忆说："他们感觉，维纳的那些他们看不懂的数学运算中隐藏着某种伟大的理论秘密，因为维纳讲的话和表达方式是工程领域和电路设计领域的其他人搞不懂的。"

不久，维纳自己开始接受来自放射实验室高层关于他的新理论的咨询请求。咨询量很大，以至维纳恳求韦弗增加一名员工来处理此事。他告诉韦弗："放射实验室的人不断来到我们这里，带着希望我们回答的问题。我累得半死，都没有机会休息。"他申请"分派少量年轻的数学家……来处理放射实验室的咨询请求"。

1942年春末，维纳和比奇洛组装了他们自己的预测机样机。和贝尔实验室的M-9预测机一样，他们的装置是一台特制模拟计算机，比面包箱大一点儿，但比小型平面钢琴小，维纳的新统计方法使这台机器在数学和电子上更为优越。它的电路系统能够将10秒到20秒内观测到的目标飞机的位置信息转换成一系列电子信号，并计算出未来某一特定时刻飞机在空中的位置。

对机器进行测试时，维纳和比奇洛将预测机同模型防空控制器上的红色聚光灯连接起来，到此时，这个模型防空控制器已经得到改进，可以更准确地模拟防空大炮的实际瞄准过程。比奇洛调暗了实验室的灯光，握住装置的控制柄，开始在墙面上追踪不规则飞行的模拟飞机。预测机引导着飞机，**提前**半秒准确预测了飞机要到达的坐标点！

维纳高兴极了。比奇洛回忆说："维纳拼命地抽着雪茄，屋里全是白烟。他差不多是又蹦又跳。"

对维纳而言，这是一次重要的征服，是他的新统计预测理论的第一次实际应用的展示，也是他第一次用机器实物证实"他的计算是相关的、有用的"。

当年夏天，他们的样机准备好了被公开展示。实验团队把2-244教室打扫得干干净净，7月1日，维纳和比奇洛向韦弗和施蒂比茨演示了这台依然没有名字、没有编号的装置。演示结束后，评估的结果显示，维纳和比奇洛的预测机比贝尔实验室的线性预测机准确4倍，比当时正在开发、仅次于贝尔实验室的方法准确10倍。

韦弗称维纳-比奇洛预测机是一个"奇迹"，但他问："这是一个有用的奇迹吗？"到目前为止，该预测机能够提前预测差不多整整一秒。韦弗发现，尽管只有一秒的提前时间，但是预测机的表现非常棒，非常接近飞机的实际飞行位置，效果"令人惊讶"。但是，若要在战场上有实际使用价值，它的有效预测时间应该延长两三倍，至少要留出足够的时间让高性能炮弹到达它们的目标高度。演示之后，韦弗给维纳写了一封信表达了自己的观点，他认为维纳的理论工作已经成功完成，相信他的理论会得到更广泛的应用。他唯一的问题是，他们的样机是否能够很快大规模地转化为实际应用的火控装备。

这不是一项容易的任务。维纳知道，运用他的统计预测理论，大规模生产用于实战的预测装置将是一项伟大的技术成就，这将是一个前所未有的工程挑战。和贝尔实验室的线性预测机一样，他们的统计预测机将需要和放射实验室的雷达跟踪装置连接起来，也需要和一连串的防空大炮的炮台对接，各个部件要相互交换控制数据，系统根据实际效果连续提供反馈信息，进而对运算进行调整。为了解决这些实际的工程问题，维纳和比奇洛开始直接面对高深莫测的反馈过程，以及那些他与李郁荣在中国的合作项目中没有注意到的棘手问题。现在，要尽快将他的预测理论转化为实用的生产样本，摆在维纳和比奇洛面前的焦点问题和最后的障碍就是反馈这个新出现的问题。

"反馈"这个术语在工程领域还是个新词，尽管从古代起人们就明白这个道理。古希腊人运用浮子的反馈动作，发明了自动售酒机和滴漏，这和现代人使用的抽水马桶类似。1789年，苏格兰工程师詹姆斯·瓦特发明了一种非常聪明的新装置，他称其为"调节器"。调节器利用他发明的新蒸汽机输出动力的一小部分来自动调节蒸汽机的速度。这样，这个当时还没有命名的原理成了工业革命的象征。19世纪50年代，欧洲造船厂运用相同的原理制造出"从动电机"（或者叫作伺服机构），作为远洋蒸汽船的自动操舵引擎。英国和法国海军船只使用了类似的装置来旋转和稳定巨型大炮炮台。但是，这些早期的机械装置不能解决维纳和比奇洛在他们的射击指挥装置样机上遇到的问题：机械装置常常因为过度补偿而突然失去控制，结果大炮会围绕瞄准目标大幅摆动。

20世纪20年代，通信工程师在他们的网络中也发现了类似的剧烈振动现象。当一个被放大的声音被附近的麦克风捕捉，通过一系列的恶性"正"反馈被重新放大后，就会产生一种恶鬼号叫般的啸叫噪声，他们称这为"歌唱"。这个问题直到1927年才被解决，当时刚成立不久的贝尔实验室里一位年轻的电气工程师发现，如果将放大信号输出的一部分反相输入电路（电子学的术语是负反馈），那么令人讨厌的啸叫声就消失了，信号会变得更清晰、声音更大。

到1942年，工程师常常运用反馈原理制造自动调节自己操作的机器。在机械和电子领域，成千上万的伺服机构被投入商业应用。麻省理工学院甚至于1940年冬组建了第一个"伺服机构实验室"。但是，在这些不同的反馈发明的背后，没有一个支撑理论，并且工程师也很少了解一种形式的反馈和另一种形式的反馈之间有什么关系。这和电子电路在实际应用几十年后依然面临的问题一样。

维纳是从比奇洛那里了解到关于反馈的一些情况的。他给维纳介绍了他在贝尔实验室杂志上读过的一篇文章和工程文献里的其他一些论文。比奇洛说："我一讲他就懂了。"维纳马上明白了反馈对于电路理论、伺服机构设计以及羽翼未丰的电子计算领域的重要意义。但是，维纳考虑的不仅有他们在射击控制指挥机上应用的反馈电路和机械装置，还有现实射击控制情形下人的因素，他和比奇洛在设计统计设备时已经考虑到这些因素。它们包括内在动机、目的、瞬间的决策过程（它决定了敌机飞行员采取之字形的飞行线路）、复杂的感官运动能力（它控制着飞行员的操作和炮手的跟踪、射击行为）、不可避免的人为错误（比如实战操作员用摇柄转动大炮，通过瞄准十字架跟踪目标时所犯的观察和瞄准错误）、补偿或过度补偿所犯错误时的反射性反应。

这些感官知觉和运动反应方面的基本问题让维纳想到生物学和哈佛医学院的好朋友阿图罗·罗森布鲁斯。1942年夏，维纳请求韦弗批准他同罗森布鲁斯分享他这项保密项目的信息。不久，维纳、比奇洛和罗森布鲁斯开始了三方合作，试图解决防空炮火控制中涉及的纠缠不清的物理、神经生理学问题。

维纳和比奇洛告诉罗森布鲁斯他们在样机上碰到的奇怪问题，模拟炮台常常会开始振动，左右剧烈摇摆，距离目标很远。罗森布鲁斯想起一个非常类似的叫作"目标震颤"的神经障碍疾病，这种障碍症可能会导致病人在执行一个简单、有目的性的行为时（比如捡起一支铅笔）不受控制地来回挥舞手臂，以至完全错过目标。神经生理学家已经发现，这种紊乱是由小脑内部神经线路的缺陷造成的，小脑负责控制和调节肌肉运动。这两种紊乱极其类似，一种是机械的，一种是神经的。

对维纳而言，发现了反馈就像发现了火。在罗森布鲁斯的帮助下，加上他对恩师沃尔特·坎农提出的"体内平衡"概念的了解，维纳在机械反馈、生理反馈以及大脑和神经系统内部的电路网络中存在的无数反馈环路之间建立了联系，这样反馈的整体局面就清晰地呈现在他面前了。随着对火控装置中人为因素研究的深入，维纳和比奇洛通过数学模型分析发现，就像他们根据负反馈原理整合到系统中的自动机械装置一样，飞机飞行员和防空大炮炮手也会本能地运用负反馈，他们"通过观察某一类型动作所造成的错误，再有意减少这些动作来克服错误，从而达到调整行为的目的"。

牢牢记住反馈这个关键问题，维纳和比奇洛在原型预测机中加装了反馈电路，整合从敌机反射回来的雷达跟踪数据，将它反馈到计算机的瞄准装置。罗森布鲁斯的卓越见识帮助他们找出了样机的机械"神经障碍"，他们采取措施尽量减少了它的影响。尽管他们付出了最大的努力，但是样机还是有一些残余震颤和其他不稳定的运动，这时维纳开始学会接受这些不可避免的行为，他称其为"每一个大反馈都会有的病理状态"。有罗森布鲁斯的参与，维纳和比奇洛坚信，他们可以将粗糙的样机打造成完善的防空控制和预测设备。在理论上，维纳解决了反馈的问题，然而，他又一次发现，在实践中，复杂的反馈问题不是那么容易解决的。

1942年10月，施蒂比茨回到麻省理工学院来评估维纳和比奇洛的工作进展，他了解到比奇洛和他的团队碰到了技术问题，他们不能在计划的时间内将维纳的反馈理论整合到装置硬件中。一个月后，和韦弗会面时，比奇洛证实他们的样机不可能大规模生产用于实战。他承认："制造用于执行维纳写下的非常复杂的数学运算所需要的机械装置和电路是一项非常巨大的任务，将它们组装在一起要花费很长时间，需要很多设备和其他一些东西。"

在维纳面前，可没敢这么直率："我很清楚，美国科学研究与发展局也很清楚，我们不可能将维纳的想法付诸生产，起码这次战争不行，但是我会尽量避免和维纳谈这件事。"当比奇洛试图委婉地告诉维纳现实情况时，"他总是忽略不谈，继续做他的工作。他毫不动摇，他感觉是在为战争做贡献，你不能搞破坏"。但是，那年秋天，维纳被迫收回了为贝尔实验室的预测机提供重大改进的承诺。比奇洛说："我想，那个时候他开始面对现实了。"

最终，维纳也于11月底联系到韦弗，很不情愿地报告说，他和比奇洛全力打造的最好的系统只能为贝尔实验室的M-9预测机提供10%的改进，维纳自己也觉得这种改进不够显著。不久，双方终止了合同。

———

1943年7月，放射实验室和贝尔实验室联合开发的火控系统进入批量生产，设计者在阅读了维纳那份受歧视的报告，以及直接咨询维纳和比奇洛后，系统性能得到明显改善。到 1944 年 2 月，首批设备运到欧洲，在罗马南部的安齐奥挽救了很多盟军士兵的性命。6 月，39 套设备随盟军士兵一起在诺曼底登陆。几个星期后，几百门火炮，连同装备有由雷达控制的近炸引信炮弹及时抵达英格兰，以对抗德国 V-1 型 "喷射推进式炸弹" 对伦敦的攻击。12 月，更多的雷达跟踪预测机到达法国，在阿登高地展开的关键性坦克大决战期间为盟军提供了防空保障。放射实验室和贝尔实验室共同开发的系统成了美国战争机器 "最成功的故事" 之一。

最终，维纳基于统计的射击指挥仪没能用于战场，但是这位高度近视的数学家为防空火力科学和艺术做出了重要贡献，而在第一次世界大战期间，他还年轻时，他甚至不能用步枪 "射中一排谷仓中的一个"。正如放射实验室战时报告证实的那样，放射实验室的理论专家直接利用了维纳的理论和数学来帮助他们解决雷达跟踪和平滑问题。贝尔实验室团队也利用维纳的研究成果改善线形预测机的性能。另外，其他一些工程师和数学家被指派对维纳的那份报告的部分内容进行精选，以用来紧急解决其他战时技术问题。这些人当中包括维纳在麻省理工学院的学生诺曼·莱文森，他现在是普林斯顿大学的一位重要人物了。

除此以外，和他早期从事的数学研究工作、开创性的电子电路和过滤器等其他理论研究一样，维纳战争期间所从事的研究工作证明了工程师的知识是有限的，他们也有不知道的东西。他用确定的统计数据和一定的误差范围清楚地表明，他们的项目希望取得的成果是有物理界限的。他的贡献帮助同盟国赢得了战争，正如放射实验室的理论专家承认的那样，他研究通信和自动控制系统的方法最终取得了成功，在整个通信工程领域，以及设计雷达系统、伺服机构方面是首选的方法。

维纳在 D-2 部门的监督官员也高度评价了他的研究工作。当一名海军上校使用新安装的火控装置碰到问题时，他被指示和维纳联系以寻求帮助。麻省理工学院的战时档案是这样记述的：

战争后期的一天，费城海军基地的一艘军舰上一门大炮火控系统表现不稳定。海军军官急忙给麻省理工学院参加设备开发的数学家发来信息，描述了在大炮炮口某个位置发生短路的现象。这位教授告诉他们，在装置的某个地方爬进了一只老鼠，死在里面了。这结果被证明是对的。

———

尽管维纳战争期间做出了突出的贡献，但是很多年轻的科学家和工程师对维纳的态度是轻蔑的。比奇洛试图解释这种差异背后的原因。他列出的原因有维纳臭名昭著的性格，还有他 50 岁时以永恒神童自居的派头，这让实验室的年轻物理学家和工程师不以为然。

比奇洛说："在很多人眼里，维纳是那个喧闹、可笑的小个子，总觉得自己是一切活动的中心。不管在哪里，人还没到这种坏名声先到。人们对他有太多的偏见。"但是，在比奇洛看来，维纳作为科学思想家的优点也被证明是他性格上的缺陷。

"维纳是个慷慨、可爱的人，极其聪明，不仅有很好的直觉感，而且富有洞察力。他能很快抓住要点，很快领悟问题是什么、针对具体的应用应该采取哪些最有效的措施，很少有人能像他这样。但是，我们在战争期间面临的问题是迅速拿出东西投入实战，以帮助射击控制作业。维纳一直在努力围绕这个大问题逆向解决一个又一个问题。"

麻省理工学院及校外的一些有头脑的人很快就意识到，维纳的确逆向解决了很多问题。这些年间，维纳在2-244教室促成了两门新通信科学的诞生，而不是一门。在他那份受歧视的报告里，他提出了新的测量方法，来测量信息的"有效性"和"预测哪些信息频繁、哪些信息罕见"，这是他对这门新技术科学的重大贡献，它将独立出来，成为著名的"信息理论"。然而，战争期间，维纳的手稿处于被封锁的状态，像他战争期间所做的贡献一样，他在通信理论上的开创性工作只有国防研究委员会这个小圈子里被政府许可的科学家和工程师了解。

年轻数学家克劳德·香农是这个小圈子的成员之一，他经常光顾维纳的2-244实验室，他刚从麻省理工学院博士毕业，被贝尔实验室录用，同时参与两个团队的研究工作，一个是贝尔实验室的火控研究团队，另一个团队的任务是为战时通信设计开发安全的密码程序。他后来发表了一篇有重大影响的论文，被认为是信息理论的奠基之作。战争早期，香农找到维纳，跟着他在源头学习新通信理论。两人见面时比奇洛也在场，比奇洛观察到维纳差不多全盘将自己的想法告诉了这位年轻的同事。

比奇洛回忆说："我和维纳共事时，香农每几个星期都来找维纳聊一两个小时。维纳非常慷慨地和他交换想法，因为他对信息理论的前景有深刻的见解，他把自己所有的想法、建议都告诉了香农。"

比奇洛记得多次看见两人一起在黑板上研究公式。比奇洛相信，这些公式奠定了香农自己理论的基础，他的理论将成为信息时代数学和电子工程的基石。事实上，比奇洛说，他印象最深的是："看见维纳一次又一次给予香农建议、帮助和灵感。香农经常过来，和他讨论通信观点和如何表达这些观点。维纳信马由缰，什么都说。我认为，维纳为香农的观点和其很多关于信息理论的思考提供了支持。"

维纳毫不吝啬地和香农分享了自己的思想，他对所有有天赋、对他的研究真正有兴趣的年轻学生都是这样。但是，不久，香农的频繁拜访耗尽了维纳的慷慨。莱文森的遗孀私下听维纳这么说过。她说："维纳十分友善，但是当香农来到麻省理工学院时，维纳说，'他是来采摘我的头脑的'。他不想见他，躲着他。他担心别人盗用他的想法，从他的研究工作中获利。"

———

战争后期，维纳继续给国防研究委员会和美国科学研究与发展局建言献策，但是自从他的火控项目结束后，他并没有得到重用。尽管他是那个时代最伟大的数学家之一，但他从没有被重用，也没有为政府全力以赴的"曼哈顿计划"做出贡献。

其中一个原因可能是他们不喜欢维纳这个人，年轻的战时科学家和他的同事都不能容忍他的怪异性格。但是毫无疑问，维纳没有参加原子弹的研制和后来的战争项目，主要原因是官方担心安全问题。维纳强烈反对政府要求参与战争项目的科学家对此进行保密的规定。他觉得，作为国际科学界的一员，保密在伦理上是不能接受的，对他这样一个爱好社交的人在实践上也是不可能的。

随着战争的进行，政府对安全的担忧因维纳的情感问题而变得更为严重。对他那敏感的心灵，战争带来的压力是巨大的。为了按时完成自己设定的项目任务，他没日没夜连续工作。为了保持清醒，他服用苯丙胺类药物，没有考虑其给身体带来的副作用。不久，综合压力、保密限制和身体疲劳开始给他敲响警钟。他的家人和同事开始担心他的身体和心理健康。有一次,他将自己逼到了崩溃的边缘,他自己也承认了。

那些日子,维纳还有其他烦心事,其中一件就是他越来越担心妻子对纳粹的同情心以及她在敌占区的家庭联系。玛格丽特在德国的亲戚是忠诚的纳粹分子,她的一位表亲是集中营的管理人员。她妹夫负责规划布雷斯劳周边地区的火车线路,布雷斯劳离奥斯威辛集中营不远。从德国传来的具体细节不多,但他听到的每条关于纳粹德国针对犹太人的种族灭绝战争的消息,都会让他产生感同身受的痛苦。

随着战争消息越来越糟,维纳的情绪也阴暗下来。比奇洛注意到他越来越抑郁,"不是因为我们的项目,而是因为一种无力感",他痛恨自己不能为战争做出更大的贡献。到1945年春,维纳告诉一位同事他得了"战争疲劳征"。8月,第一枚原子弹在日本投下,维纳焦虑不安。德克·斯特罗伊克回忆说,他尤其"憎恶对亚洲人使用原子弹所表现出来的傲慢"。

到那时,维纳和国防项目已经没有任何关系了。1944年5月,在他的战时保密项目结束一年多后,他的老朋友范内瓦·布什给他写信,正式解除他和战争动员的关系。这个生硬的样板文件承认了他"战争早期所提供的帮助",解释了"被录用者定期核查,不被录用的人员将被除名"的官僚程序,最后感谢他"杰出的合作"。

―――

虽然他的统计预测机没有用于实战,但是用"杰出"来形容维纳的贡献毫不为过。在维纳从事默默无闻的战时工程项目的两年内,他孕育、定义并安静地宣布了新的通信科学的到来。他确定了新科学的基本单位，一种新的统计物质，他称其为信息。他在更大的概念框架内，奠定了信息反馈典型过程的基础。他将现代远程通信、计算和自动化的基本运行过程和人类神经系统的通信过程联系起来。

他的新统计理论和通信概念预示着新科学的诞生，让世界第一次看到我们可以通过一种新的方法，去理解和利用现代技术、认识世界、从事科学研究。然而，"战争期间的科学混乱"让维纳心有余悸，他感到伤心和失望，因为他看到年轻的理论家和技师摘取了他的研究成果，而他自己在战争期间的理论和著作依然受到官方的压制。很多年后，他谴责战争期间"科学界普遍斯文扫地"。他隐晦地说："我发现我信任的人中有些人不值得我信任。"

他主张的通过合作从事跨学科科学研究的方法渐渐成为主流，但是战后他对人们如何利用新知识和技术产生了深深的忧虑。50多岁时，他已经开始担心他的天才头脑渐渐退化。同事们记得他常问这样一个问题："告诉我，我的状态是不是在变差？"

可是，他最伟大的成就还在后面呢。

第二部分 控制论

DARK HERO
OF
THE INFORMATION AGE

七
循环因果的骑士

> 这些圆桌骑士比大富大贵更让我开心。
>
> ——托马斯·马洛礼爵士《亚瑟王之死》

诺伯特·维纳是个能保守秘密的人,但你要让他有个好主意却不告诉别人,他是做不到的。他的战时研究工作还处于保密期,这让他非常沮丧,迫使他为新通信概念寻找新的出路。他的确找到了。事实上,在美国参加第二次世界大战后仅仅5个月,维纳就开始不动声色地在雄伟的科学殿堂上丢了几颗炸弹,在美国最杰出的科学家和具有创新精神的思想家的脑子里引发了熊熊大火。

形势的变化标志着战后科学革命的开始,它将改变人们的精神面貌和整个世界的社会形态。然而,当他的新通信思想强势登上科学舞台时,维纳不在舞台上,也不能自由地宣称这些思想是他自己的。

1942年5月13日上午,在梅西基金会的赞助下,一帮心理学家、生理学家和社会科学家在纽约比克曼酒店举行秘密会议。维纳新思想的火花点亮了安静的会议室。梅西基金会是 10 年前由纽约一个著名海上商人家族的继承人出资成立的，资助有不同学派参加的跨学科会议，而这次会议的议题是讨论心理学和大脑科学交叉领域的一些问题。

二十多位参会者都是业界杰出的人物，包括沃伦·麦卡洛克（伊利诺伊大学神经生理学家，也是世界上研究大脑功能和组织的顶级权威）、拉斐尔·洛伦特（纽约洛克菲勒学院神经生理学领域的重要人物）、劳伦斯·库比（神经学家，后转为弗洛伊德心理分析师，为纽约很多艺术家和剧作家提供服务）、格雷戈里·贝特森和玛格丽特·米德夫妇（两位著名的人类学家，他们在遥远的太平洋海岛上开展开拓性的人类学研究，享有世界声誉）。维纳那天在坎布里奇正忙着准备防空炮火指挥仪的首次演示，他向会议提交的论文由好朋友兼同事阿图罗·罗森布鲁斯代为宣读。罗森布鲁斯是哈佛大学的神经生理学家，他自己也给会议带来了很多好的意见。

会议刚开始讨论大脑和心智的问题，罗森布鲁斯的发言便出人意料，引起了与会者的注意。罗森布鲁斯是个引人注目的人物，"他中等身材、结实、精力充沛，动作和说话都很快"。他出生于墨西哥的奇瓦瓦，先后在墨西哥、柏林和巴黎学习医学，1928 年来到美国，他有匈牙利犹太人、西班牙、墨西哥原住民血统，他以贵族般的风度接受自己的血统。他风度翩翩、温文尔雅地介绍了维纳正在成形的通信科学的初步思想，这些思想维纳也才刚刚写进那份受到歧视的报告中，提交给他的政府监管领导。罗森布鲁斯没有提到维纳正在从事保密研究工作，但给与会者介绍了信息、反馈的概念，介绍了他、维纳和比奇洛共同发现的存在于电子设备、自动机器和人类神经系统行为之间的形似性。他描述了他们三人从人机交互研究中得到的有关人类行为和生理反应的丰富而深刻的见解。

然后，罗森布鲁斯透露了他和坎布里奇的同事正开始完善的一个激进的想法。在研究解决通信和自动控制问题时，他们在自然界和人类世界观察到一个由有序过程构成的新王国。这些新的通信过程不受传统的线性、因果关系逻辑的支配，虽然这种逻辑关系从科学诞生的那天起就一直驱动着科学方法的发展。它们受新的逻辑准则支配，罗森布鲁斯称其为"循环因果关系"，他是从维纳和比奇洛在开发预测高速飞行的飞机未来位置的预测装置中使用的迂回反馈回路中得到启发的。

这种新的因果关系支配着生物和机器的**有目的性**的行为。这个概念的提出是一次巨大的飞跃，它超越了瞄准目标的机器，提出机器和生物一样具有它们自己的目标。这个概念第一次用科学的术语清晰地表达了反馈的奇怪环形逻辑，而反馈是所有智力行为的根本。

很显然，罗森布鲁斯的报告是想给那些精明的听众带来冲击。他承认，在20世纪，他目的性的概念对很多严肃的科学家而言是异端邪说。有目的性的行为这个概念本身挑战了在科学上占统治地位的因果范式。因果关系认为，任何最终的目的和结果都不能支配在时间上发生在它前面的行为。遵循因果范式的人认为，讨论无生命物体甚至有生命物体的目的性，是非法无效的。为了使现代人的头脑变得更精准，还原论哲学家和科学家——从英格兰的罗素和怀特海到颇具影响力的维也纳"逻辑实证主义"学派的维特根斯坦及其追随者，再到主宰美国心理学的严格行为主义者——已经禁止提及"心智"这个词本身，以及关于人类经验、情感、目的和其他有争议的"内在状态"，这些都不能靠感官感知，不能用数学的方法进行描述，也不能用实验加以证实。

但是，这些反对意见给维纳和他的同事带来的阻力只是暂时的。他们在维纳战时的实验室里以大胆的新逻辑，通过数学计算和实验发现了一个庞大的生物和机械装置群体，它们沿着环形的路线进行着有目的的行为，它们的行为和任何因果关系的行为一样真实、具体。罗森布鲁斯给与会代表举了一个实际的例子，说明同一类型有目的性的装置是存在的，那就是战争期间大家都很熟悉的鱼雷。鱼雷内置目标寻踪装置，它利用轮船或潜艇外壳的磁力或螺旋桨放出的声音实现目标跟踪。他接下来举了生物活动的例子，这些生物活动在动物和低等有机体中很容易被观察到，它们明确无误地显示了"旨在实现目标"而采取的有目的性的行为的迹象：植物和原始生物的趋光性和趋热性；身体内部的平衡过程，如调节食欲和温度的体内机制；以及几乎所有高等动物的行为。

所有这些有目的性的行为都受循环通信过程的支配，通过纠正错误的负反馈被引导指向目标，用维纳的新通信术语来说，是通过不断回送到输入端的"信息"来实现的，这些信息告诉系统偏离目标的程度以及如何更正才能到达目标。罗森布鲁斯说，这种深刻的洞察力为生物学、大脑科学以及所有其他科学的理论和研究提供了令人兴奋的新可能性。维纳的通信原理和统计方法为验证这些复杂的生活过程提供了理论基础和严密的数学计算，这项技术意味着在工作模型中再现这种过程。罗森布鲁斯向他的同事们提议，他们应该在那些理论和技术突破的基础上开展这样一个研究项目。

罗森布鲁斯的发言占尽了梅西基金会会议的风头。他的话对与会的心理学家而言不啻引爆了一枚深水炸弹，他们中有些人多年来就动物和人类行为中目的的重要性与严格的行为主义者争论不休。他的反馈和循环的概念引起了大脑科学家的共鸣。12年前，劳伦斯·库比发表了一篇论文，提出脑电活动中的圆形波可能会在大脑相互连接的神经元网络中产生，它们"沿着路径移动，并最终回到起点"。几年后，洛克菲勒学院的拉斐尔·洛伦特证实了那些环形神经网络的存在。

沃伦·麦卡洛克是会议上最重要的神经生理学家，也是具有很强哲学倾向的人，他利用罗森布鲁斯的发言，集中表达了自己的看法。他认为，新的通信概念非常有趣，非常适合应用于他自己的实验室工作，与他在芝加哥和年轻同事沃尔特·皮茨共同开发的脑功能逻辑理论有直接的关系。他终生都在探究大脑脑电活动不断产生的震颤是如何产生了人类心智的高级能量的，他首创使用新的电器技术来研究大脑的功能和生理结构。他一直关注着电子计算领域的新进展，思考着它们和他在实验室里观察到的神经过程之间的类似性。对麦卡洛克而言，罗森布鲁斯描述的新通信视野和研究计划，为新奇的跨学科项目研究提供了令人兴奋的远景，将为古老的大脑和心智问题提供新的启示。

感到兴奋的不仅仅是麦卡洛克一个人。与会的社会科学家中，格雷戈里·贝特森尤其热心。他从罗森布鲁斯对维纳新通信概念的简单介绍中，看到了他自己多年来一直在热切寻找的东西：人类学和所有社会科学理论和研究所需的新的丰富资源。作为遥远文化的研究者，贝特森很快就领悟了通信科学给人类带来的可能影响，他认为通信科学严密的逻辑、数学上精准的过程和原则，为解决复杂的人类关系提供了实用的工具，这些人类关系塑造了个人生活和社会生活。

玛格丽特·米德听到这些，如遭雷击，惊愕万分。很多年后，她在回忆录中说："直到会议结束，我才发现我咬掉了一颗牙齿。"

首批循环因果的骑士不久就因为一项共同的事业走到一起，他们有一个更伟大的目标：发现并确定人类的决定性特征，即所有内在和外在表达背后的人类智慧的基本原理，为进一步的研究打下逻辑学、神经学的理论和实践基础，进而替代20世纪盛行的科学还原论的力量。他们是科学思想上的一股反势力的先锋，即将成为后来被称为

"控制论小组"的先驱，维纳不久就成了他们的领军人物。但是他们的美好前景和科学远征将被延期，直到他们赢得另一场战争。

——

第二年年初，维纳新科学的一些初步想法被公之于众。维纳、罗森布鲁斯和比奇洛在著名杂志《科学哲学》上联合发表了一篇很短的文章，题目为"行为、目的和目的论"，论文里没有复杂的公式和保密的工程设计。相反，这是一篇广义上的哲学论文，在很多方面比维纳那份受歧视的报告要深刻得多。在这篇只有 6 页的论文里，维纳和他的同事提出，自动机器、电子计算机以及有生命的神经系统的复杂工作原理，都可以用通信科学统一的视角进行研究。他们正式宣布，他们的科学框架提供了一种全新的方式，可以审视无所不在的通信和控制过程，包括智能机器、人类和所有生物，所有这些非凡的实体都是通过**受负反馈和循环因果逻辑支配的有目的性的行为来实现它们的目标的**。

这是通信革命的第一个宣言，提出了一个真正具有煽动性的东西，即一种理解通信和控制过程新王国的替代系统，这些过程本质上是有目的性的、以目标为导向的、是**目的论**的。他们使用了"目的论"这个比"目的"更激进的术语。这个词可以追溯到古希腊，出现在维纳小时候在父亲办公桌底下阅读的古典文本中。在亚里士多德的《物理学》中，除了可以解释事物的存在和行为的纯粹物理原因，还存在着事物的目的性，或者叫作"终极原因"（希腊语的 telos 是"终端""目标"的意思）。和维纳一样，亚里士多德认为，目标是首位的。目的高于一切，它是最高形式的善，"因为成为目的就意味着是事物中最好的，是所有其他事物的目标"。

在黑暗时代，终极原因问题的讨论服务于宗教，目的论这个概念也因此无法受到关注。人们不断进行神学大辩论，讨论上帝的伟大创造，从而使终极原因得以弘扬。但现在，维纳和他的队员齐心协力，努力复兴目的论在通信新科学的中心地位。他们意志坚定，争辩说："目的性和目的论的概念……尽管现在不受待见……但很重要。"他们拒绝接受传统的因果论智慧，坚持认为他们审视有目的性的通信过程的视角能够帮助人们更好地理解人类和所有生物。它可以为设计智能机器过程中碰到的紧迫问题提供启示，为制造具有基本的学习和记忆能力的计算机、机器人和其他自动设备指明方向。

他们的宣言是占主导地位的正统势力的眼中钉。原则上，它提供了一种理性的方法，来解释自然界中为什么会出现有目的性的智能行为，而不需要求助于形而上学或者神学的干预。同时，它构建了一个系统的计划，将他们的新原则应用于广泛的科学和技术实践领域。

维纳为这个美好的前景感到兴奋。不久，很多人也会像他一样。

———

在芝加哥，沃伦·麦卡洛克扛起了维纳新思想的旗帜，为这场革命贡献了巨大的能量。麦卡洛克身材瘦长，面宽须浓。他是个历经艰险的苏格兰裔美国人，带有苏格兰高地农场主的威严气派。他1898年出生于新泽西州的奥兰治，父亲是成功的商人，母亲是有虔诚宗教信仰的南方美女。他是在宾夕法尼亚州一个很小的大学念书的，毕业后想当牧师，但是因为天性好奇，他转而学习哲学，和牧师职业背道而驰。

有传言说，20世纪20年代，麦卡洛克还在读本科时，问了一个问题，他后来一辈子都在思考这个问题：什么样的数字能被人认知？什么样的人能认知一个数字？这个问题具有高度的预示性，在以后的40年里，他都在思考和研究这个问题，就像维纳一样。他后来转学到耶鲁大学继续读本科，潜心研究罗素和怀特海的《数学原理》，努力寻找思维的逻辑结构。在哥伦比亚大学读心理学硕士期间，他确信，要研究思维和数学逻辑的真实基础，必由之路是系统研究大脑和神经系统。

1927年，麦卡洛克获得哥伦比亚大学医学硕士学位，他开始一头扎进大脑的迷宫，这个迷宫里有数亿计的单个细胞、神经元和由神经突触相互连接构成的复杂网络。他怀疑，大脑最顶层的神经元（即大脑皮质，被认为是推理和计算发生的区域）相互连接的方式和《数学原理》里描述的逻辑关系一致。如果能够通过实验证实这种类似性，麦卡洛克相信它可以解释人类是如何进行逻辑推理和运算的（也就是说，人是如何认知一个数字或任何其他事情的）以及思想是如何在大脑里形成和传输的。

1934年，麦卡洛克回到耶鲁大学，在耶鲁医学院神经生理学实验室当研究员。在接下来的6年多时间里，他系统、详细地勾画出第一个大脑皮质的机能解剖图。40年代初期，麦卡洛克找到了坚实的证据证明，大脑的神经网络的激活方式遵循数理逻辑的形式规则。他证实，神经元是"独一无二的"决策者，它们能否被激活，取决于来自邻近神经细胞的信号总量加起来是传达"真实的"（激活）还是"虚假的"（不激活）"申明"。它们相互连接的网络通过一系列复杂的电化学"申明"来进行复杂的数学加法运算，每个"申明"都因上一个"申明"的不同而不同，这可以比作扩展逻辑论证中的命题。

麦卡洛克提出一个重大假设：人脑，思想的物理基质，是进行数学逻辑运算的小型机电引擎。这一假设似乎解释了大脑是如何实现逻辑推理、演绎、数字运算等理性过程的，是如何执行基本的感官知觉功能以及完成更高层次的语言、学习和记忆任务的。除了这些逻辑联系，麦卡洛克还在大脑中发现了他没有料到的东西，一种完全**没有逻辑**的东西。就像梅西基金会的同事 10 年前所观察到的那样，麦卡洛克在自己的实验室里证实，大脑的很多分支网络都包含着令人费解的**循环**连接回路。它们实际上是先天连接在一起的，不断产生循环往复的神经信号。从神经学的角度说，这些神经信号相互矛盾，并最终消失得无影无踪。这些似乎非理性的神经信号对麦卡洛克来说是个棘手的问题，就像几十年前罗素和怀特海在写《数学原理》时碰到的数学悖论中的符号问题一样。

麦卡洛克碰到的"环形网络"悖论超越了他的理解力。一想到大脑中那些闭路循环的神经信号没完没了地在神经系统中分流、回环，麦卡洛克头都大了。它们没有……目的。但这是麦卡洛克在梅西基金会会议上碰到罗森布鲁斯之前的事情。罗森布鲁斯关于反馈和循环因果的启示似乎让麦卡洛克找到了解释困扰他的逻辑问题的钥匙，但是他还是不能独自将拼字板上最后几块拼图拼上。

1941 年年底，麦卡洛克调到芝加哥，担任伊利诺伊大学医学院神经心理研究所新成立的研究实验室主任。到 1942 年春，他的实验室已经成为周边地区最好的实验室之一，差不多有 30 名员工，还网罗了一批本领域最好的大脑研究人员。但是，没有人能解决那个矛盾的神经网络问题。

接着，他碰到一个聪明的小伙子，给他指出了解决问题的方向。

———

沃尔特·皮茨是个笨手笨脚、极其害羞的神童数学家。和他充满烦恼的青年时期相比，维纳的青年时期简直如田园牧歌一般。1923年，他出生在底特律一个工人阶级家庭，13岁时离家出走，来到芝加哥。

杰里·雷特文是麻省理工学院电气工程系和生物医学工程专业的退休教授，是他撮合了麦卡洛克和皮茨的合作，也是他提供了关于皮茨的信息。人们对皮茨知之甚少，研究20世纪科学史的历史学家都认为皮茨的名声是虚构的，并不真实。雷特文1938年第一次碰到皮茨时，他是芝加哥大学医学院的预科生。他说："沃尔特的父亲是个管子工，经常打他。最终他离家出走，流浪街头。有一天，他被几个小恶霸追赶到图书馆，躲在一排数学书架后面。他无意中看到一本《数学原理》，一下子就被吸引住了。他在图书馆里待了一周，看完了全部三卷。接着他写了一封信，就第一卷中的一大部分内容提出了批评意见，然后寄给了远在英格兰的罗素。罗素回信给予了肯定，并邀请沃尔特到剑桥读他的博士。请注意，这是个13岁的孩子。"

很显然，罗素对皮茨比对"神童维纳"更有兴趣，但皮茨没条件接受罗素的邀请。两年后，皮茨来到芝加哥，参加罗素的一场关于数学逻辑的讲座。罗素是于1938年秋应邀来芝加哥大学做访问教授的。根据雷特文和麦卡洛克各自单独的描述，罗素指示皮茨师从鲁道夫·卡尔纳普。卡尔纳普是维也纳"逻辑实证主义"学派的领导人，刚从奥地利调到芝加哥大学。那年秋天，没有高中毕业文凭的皮茨成了芝加哥大学的非正式学生。

雷特文回忆了皮茨无规律的大学生活："沃尔特偶尔去上课，他没有钱，所以不能注册课程。他是无家可归的流浪儿，住在一间很寒酸的房子里，房租每周4美元，但很快别人都知道他是'古怪的儿童天才'，他从芝加哥大学得到一份小额助学金。"沃尔特偶然遇见卡尔纳普，经历和之前同罗素的书信往来有些类似。"卡尔纳普刚写了一本关于逻辑的书，沃尔特便带着一本写满注释的书找到他，指出书中一些他认为很严重的错误，"雷特文回忆说（他当时就在场），"他带着书走进卡尔纳普的办公室，也没介绍自己，就开始问问题。卡尔纳普完全给迷住了。"皮茨跟着卡尔纳普掌握了这位逻辑大师的符号表示法后就离开了。他接着又迷上了芝加哥大学的另外一位著名的侨居者所从事的研究工作，那就是苏联数学物理学家尼古拉斯·拉舍夫斯基，数学生物物理学的奠基人，这门学科旨在使用最先进的数学逻辑工具，在物理科学的基础上重建生物学。

皮茨个性安静、身材单薄，一副大眼镜让瘦弱的脸显得更小，他的外形很少能给人留下印象。到 1941 年，他看完大学几个图书馆的书，修了大学提供的很多课程，才华横溢，崭露头角。皮茨生性顽皮，他也没打算稍加收敛。雷特文回忆说："有一次皮茨参加科学调查课的期末考试，都是正误判断题。皮茨坐在教室第一排，靠掷硬币决定答案。他一边掷硬币一边写答案。他得到全班最高的分数。当然，他掷硬币仅仅是做个样子引起别人的注意。"

麦卡洛克在芝加哥组建实验室时，雷特文在医学院，他是最早了解到麦卡洛克繁忙的实验室正在从事大脑研究工作的人之一。他碰到麦卡洛克，然后把皮茨介绍给了他。像罗素、卡尔纳普和拉舍夫斯基一样，麦卡洛克很快就意识到皮茨的天赋，他马上行动把皮茨调到实验室，来构思大脑和神经系统的逻辑模式。麦卡洛克个人也对所有进入他科学圈的年轻人感兴趣，经常把经济拮据的学生叫到家里，他的妻子和 4 个孩子也非常欢迎他们。1942 年年初，皮茨和雷特文都搬到麦卡洛克在芝加哥郊区的一个杂乱无章的住宅区。在宁静的晚上，当麦卡洛克自己的孩子们被打发上床睡觉后（皮茨比麦卡洛克的孩子大不了多少），他和皮茨就继续研究大脑神经网络的逻辑问题。在几个星期的时间里,他们以前所未有的努力,解析了大脑分支网络中的流动信号,用雷特文的话说:"以了解大脑心理过程背后的运行机制。"

他们的第一篇合作论文"神经系统内在观念的逻辑演算"于1943年发表在《数学生物物理学会刊》上,它和维纳、罗森布鲁斯、比奇洛同年发表的论文一样,具有深远的革命意义。麦卡洛克和皮茨用复杂的逻辑符号证明:"我们习惯称为精神活动的所有活动,都可以从现有的神经生物机制中严格推导出来。"他们解释了简单的感官体验是如何在大脑中运用逻辑分析而"被计算出来"的。他们画出第一个逻辑"神经元网络"的图解模型,在有充分证据的基础上提出:"每一个概念和每一种感觉都可以通过那个网络来实现。"他们甚至还说明了学习和记忆这类高级脑力过程是如何被计算出来的,又是如何导致神经元之间突触连接形成的。

这样,他们解决了麦卡洛克的环形网络悖论问题。在吸收罗森布鲁斯在梅西基金会会议上提出的循环因果新概念的基础上,麦卡洛克和皮茨确定了一系列法则,描述环形神经网络的功能,这些法则说明了大脑环形网络如何产生自我延续的脑电活动,以及"脑电活动是如何在神经电路中被启动,如何不断进行下去,在网络中永恒地反射回荡的"。他们断言,这种现象仅仅通过脑电活动就能创造持续的记忆。更为重要的是,它可以使大脑的计算网络有能力"根据当前活动预测未来"。麦卡洛克和皮茨意识到,他们的模型可以用来解释"具有目的行为的人类系统"和其他"由很多这种系统构成的……有机体"。

他们还发现另一个不寻常的联系。他们提出的异乎寻常的大脑演算理论描述了一种新型"内在"计算活动,这种活动是**大脑内部固有的**,和英国数学偶像艾伦·图灵提出的"通用"计算机的概念完全吻合。麦卡洛克说,这种计算机"能够计算任何输入的逻辑结果,或者用图灵的话说，能够计算任何可以计算的数字"。维纳设想他的新通信科学既适用于机器又适用于人脑，麦卡洛克和皮茨的发现是在维纳研究基础上的一次巨大的飞跃。

尽管提出了富有远见的观点，麦卡洛克和皮茨却没能和他们急切想接近的人建立起联系。就像维纳20世纪20年代提出通信工程新统计方法的论文20多年没有被通信工程师接受一样，麦卡洛克和皮茨充满秘密数理逻辑符号的论文在主流科学家中也没有引起任何反响。雷特文证实说："整个神经学和神经生理学领域都忽视了麦卡洛克-皮茨理论的框架、内容和形式。"论文甚至也没有引起主流心理学家和哲学家的多少不满。但是，在从事新电子计算理论和设计研究的数学家和工程师中引起了的巨大反响。

最终，他们的论文将被引证为数字计算机发展史上的一个突破，奠定了人工智能的基础，是战后研制世界第一台"电子大脑"的关键催化剂。维纳将成为这项工程的第二个催化剂，不久他将和麦卡洛克、皮茨缔结历史性的联盟，麦卡洛克的科学研究激情和维纳是高度一致的，而皮茨将成为下一代数学天才。

———

到1943年，麦卡洛克已经相当了解维纳和他的研究。几年前，两人在罗森布鲁斯安排的一次晚餐上见过，当时维纳就毫不犹豫地与麦卡洛克讨论了他关于神经网络的初步想法。

麦卡洛克后来是这样写的："我见到他之前，他是个神秘人物。他马上告诉我，我提出的关于大脑运行机制的理论将大有前途。时间证明他是对的。"第一次见面后，麦卡洛克给维纳留下了很好的印象，维纳让麦卡洛克深感敬畏。麦卡洛克回忆说:"我惊叹于诺伯特在神经生理学领域准确的知识、尖锐的问题和清晰的思维。他也谈到不同类型的计算问题,对我提出的大脑是数字计算机的概念感到很高兴。"

1943年,坎布里奇-芝加哥轴心在他们各自发表论文后几个星期内形成了。那年夏天,雷特文前往波士顿,开始神经学研究的实习期。和他一同实习的是维纳年轻的表弟,来自纽约。他邀请雷特文到维纳在麻省理工学院的办公室。维纳接待了两位博士,哀叹自己的博士生无才。雷特文利用这个机会向维纳推荐了他在芝加哥的朋友沃尔特·皮茨。雷特文回忆说:"我说,'我认识一个您想要的数学家'。"他介绍说,皮茨是"少年天才,无师自通,已经自学了梵文、拉丁文和希腊文"。他还描述了皮茨如何和罗素、卡尔纳普和拉舍夫斯基斗智斗勇,如何不到20岁就成了麦卡洛克的合作者。雷特文记得维纳当时的反应:"维纳看着我,说,'不存在这种人'。"

当天晚上,雷特文给芝加哥打了一个长途电话,麦卡洛克帮助皮茨买了一张到波士顿的火车票。几天后,雷特文把皮茨带到维纳的办公室,两位数学奇才一见如故。

"维纳很生硬地和我们打招呼:'你好,你好。'然后说:'来,我给你们看我对遍历定理的证明。'他把沃尔特带到隔壁有几个很长黑板的教室,然后开始在黑板上写起来。一块黑板写到一半时——你知道,维纳偶尔会犯错误——沃尔特说:'等等,教授,这个地方说不通。'他叫维纳解释一下。维纳想了想,解释了。维纳接着写,沃尔特又指出一个有问题的假设。维纳想了想,又解释了一番。到第三块黑板写完时,沃尔特决定留在这里。"

眼前这位分析能力和自己不相上下的杰出年轻人,让维纳看到他们一起合作的美好前景,这是一次帮助这位有天赋的青年成为世界级数学家的机会。维纳邀请皮茨来到麻省理工学院，在自己手下工作，他还承诺给皮茨一个数学博士学位，尽管皮茨从来没有在任何学校毕业，甚至没有在大学正式注册。麦卡洛克对两人的合作表示了祝福。他写信给维纳，用嬉戏的口气说："你知道，你劫持了我非法获得的合作者……没有他，我很可能找你们俩来帮助解决棘手的概念问题。"

1943 年秋，皮茨带着几件个人物品搬到坎布里奇，注册成为麻省理工学院的一位特殊学生，由维纳指导。维纳很快为他量身定制，做了一个博士培养计划，以弥补皮茨教育上的缺失。他让皮茨学习电子电路理论和通信工程数学。同时，他开始和麦卡洛克密切往来，相互交换看法。

三人开始定期往返坎布里奇和芝加哥，为了共同的合作目标协同工作，还制订了其他一些更广泛的合作计划。1944 年，罗森布鲁斯从美国回到墨西哥，当选为墨西哥城新成立的国家心脏病研究所的生理学实验室主任，于是他们又在墨西哥开辟了第三个前沿阵地，维纳和他的队友开始在两国之间穿梭。自从 10 年前哈佛大学的晚餐研讨会以来，维纳和罗森布鲁斯就商议在坎布里奇建立一个跨学科研究所，开展不同科学间的探索研究。现在，罗森布鲁斯回到墨西哥，又有麦卡洛克和皮茨的加入，他们开始梦想一个更宏大、更具有流动性的计划，这将是一个移动的、充满活力的跨学科研究盛宴，活动包括跨边界、跨国家交流，工作访问，延长的学术假期和项目合作，等等。这一切都围绕维纳在麻省理工学院的基地展开。

不久又有人加入团队。雷特文完成了精神病医生的训练，也成了一位能干的大脑研究人员。加入团队的还有一位年轻、英俊的英国人，叫奥利弗·塞尔弗里奇，他是伦敦时尚商场塞尔弗里奇的创始人的孙子。他精力充沛、思维敏捷，是个富有创造力的思想者和研究人员，和皮茨一样也有些淘气。他还在麻省理工学院读工程学本科时，就参与了维纳和罗森布鲁斯好几项棘手的项目，有时在坎布里奇，有时去墨西哥。

研究团队虽然来自不同领域，但队员都多才多艺。他们都喜欢工作和旅行，也常常有意外之举。随着不同项目的开展，他们发现在一起工作是非常开心的事情。但真正让维纳称赞不已的是皮茨。他给古根海姆基金会写信，推荐皮茨申请一项有名的奖学金支持他读博士，这个奖学金和维纳20年前获得的博士后奖学金类似。他对这位新学生和合作者赞不绝口："毫无疑问，他是我碰到的最有实力的年轻科学家。在美国乃至整个世界，他是他这一代人中数一数二的科学家。如果事实证明并非如此，那么我会极其惊讶的……作为科学家，他具有了不起的禀赋。"

和麦卡洛克一样，维纳以自己的方式收养这些"孩子"：皮茨、雷特文和塞尔弗里奇。皮茨，这个备受困扰的少年天才，被维纳当成儿子看待。雷特文留着黑胡子，年纪轻轻就大腹便便，是年轻版的维纳。塞尔弗里奇，这位自信的英裔美国人，具有维纳英国年轻同事都具有的那种活力和蛮勇，维纳对他既欣赏也有些责备。他们三个经常到维纳家里来，维纳的两个女儿也喜欢他们来家里做客。玛格丽特欢迎他们，在家里给他们做饭吃，和维纳的素餐一同端上。她有时也和他们一起搞点儿恶作剧。塞尔弗里奇说："我们常常往汤里偷偷放点儿牛油汁，他妻子也赞成。她会说：'不能让他知道。'"

战争期间，皮茨调到纽约，在一家石化公司从事数学研究工作，这家公司提炼制造原子弹所需的放射性物质。雷特文也跟着去了纽约，在贝尔维尤医院接受培训，准备被公派到海外当精神病医生，两人在纽约合住在一个公寓里。维纳到纽约出公差时会顺便去看他们。"他是个非常不错的同伴。"雷特文回忆说，但他睡觉鼾声如雷，让他们俩无法入睡。"我们只有一个单人间，我睡在沙发上，沃尔特睡一张床，维纳睡另一张床。维纳先开始打鼾，然后突然停了。我和沃尔特惊道：'天哪，他断气了！我们该怎么办？'大约一分钟后，他会发出一个响亮的鼾声，然后一切重新开始。过了两个晚上，我们都筋疲力尽了。"

维纳还会和小伙子们以及自己的两个女儿一起从事一些冒险活动。有一年夏天在新罕布什尔，雷特文和塞尔弗里奇来看维纳，他们陪着一家人去逛乡村集市。维纳干了一件了不起的事情，几十年后人们还津津乐道。集市上他最喜欢的是小隔间里的一种游戏：使用锤子使劲击打一个铁座，冲击力向上弹起一个小球，击打高处挂着的铃铛，如果力气够大，小球弹得够高，就可以击打铃铛发出声音，获胜者可以得到一支雪茄。维纳每次都不停地玩这个，而且每次都赢。佩吉回忆说："雷特文试了几次，但都没能敲响铃铛。然后爸爸敲响了。雷特文比爸爸年轻，个子比爸爸高，比爸爸壮，但爸爸有他的诀窍。"

———

不断有朋友、同事加入，维纳的这个小圈子越来越大，他对他们从事的研究工作抱有很大的希望。随着另一位数学大鳄的加入，他的希望更大了。

在普林斯顿大学，博学的约翰·冯·诺依曼对维纳正在成形的有关通信、控制和计算的思想特别感兴趣。冯·诺依曼是匈牙利犹太人，20世纪30年代早期移民美国，就职于普林斯顿大学高等研究院。他和维纳一样，曾经是少年天才，但性格和所处的社会背景非常不同，在这个快速发展的科学技术世界，他有自己的雄心壮志。1903年，冯·诺依曼出生在布达佩斯，父亲是富裕的银行家。20 年代末，他在哥廷根大学获得一份教职，从此名声大噪，其时维纳已经离开哥廷根大学，告别在那里一个学期的灾难性经历。仅仅几年时间，冯·诺依曼凭借一己之力完成了量子理论的框架工作，还在业余时间提出了新的"博弈数学理论"，这可不是一件小事。

冯·诺依曼充满信心和活力，大大的眼睛，高高的额头，长相让人觉得是个"亲切但胆小怕事的大叔"，但在巨头众多的普林斯顿高等研究院他很快脱颖而出，成为带动其他人的"发电机"。他完全不同于人们对少年天才和心不在焉教授的刻板形象，他的着装和父亲一样，是"保守的银行家行头"，迥异于不修边幅的爱因斯坦。他英语流利，浑身"散发着匈牙利的魅力"。

冯·诺依曼和维纳毫无相似之处，但作为数学家，两位昔日神童有很多共同点，他们注定要走到一起。冯·诺依曼在普林斯顿安顿之后不久，和维纳进行了一次对话，这将改变数学研究的方式，改变从事数学研究的人和机器。两人交换了论文，见面后继续深入讨论数学问题。维纳和玛格丽特来到普林斯顿，到冯·诺依曼家做客，冯·诺依曼也回访维纳家。冯·诺依曼举止有宫廷气派，社交老练，和维纳在一起形成奇怪的反差。芭芭拉回忆说，他们一家人还稍微嘲弄了一下这位"绅士约翰尼"，当然不是当他的面。

机器辅助计算的前景一年比一年好，数学家和电气工程师一样也开始兴奋起来。那段时期，英国年轻数学家艾伦·图灵正在高等研究院读博士，他的博士论文提出了用于数学研究工作的"通用机器"的概念，具有深远影响，它完善了机器辅助计算的理论和思想。冯·诺依曼对图灵的假设机器非常感兴趣，他邀请图灵留在研究院做他的助手，进一步发展他提出的新概念，但图灵选择回到英格兰。

随着战争迫近美国，冯·诺依曼的注意力开始从假设问题转到实际问题，其他美国数学家也开始采取行动将图灵的机器变成现实。在贝尔实验室，乔治·施蒂比茨开始用一堆二位电话继电器开关组装二进位制"复杂数字计算机"。1939年，艾奥瓦州立大学的约翰·文森特·阿塔纳索夫推出了"ABC"计算机样机，这是首台使用电子真空管进行计算的机器，这个设想早在20年代末维纳就向范内瓦·布什提议过。1939年，美国国际商业机器公司在哈佛大学数学家霍华德·艾肯教授的领导下开始了马克一号的研制工作，这是首部大规模电子计算机，运用图灵所描述的原理进行计算，通过执行逻辑指令，将计算结果打印在很长的纸带上。

维纳敏锐地注视着这些进展。1940年，他向范内瓦·布什提议研制具有内置逻辑程序的全电子数字计算机，但他的提议被束之高阁，维纳继续进行防空炮火控制问题的研究，但对计算机的兴趣从未减退。战争期间美国数学协会和美国数学学会联合成立了一个战时委员会，维纳被任命为该委员会的首席计算咨询专家。与此同时，冯·诺依曼进入战时官僚机构的核心领导层，担任阿伯丁试验场的陆军弹道研究实验室和海军军械局的顾问。1943年，他加入"曼哈顿计划"，是该计划的首席数学家和理论家，他证明了引爆第二颗原子弹所使用的爆聚方法是可行的。同年，他去了英格兰，实地考察英国的抗战工作，抓紧实施图灵的研究成果，将他的理论转化为实际应用设备，来破译德国密码。这次访问重新激活了他对机械化数学的兴趣。冯·诺依曼自己承认，到第二年春，他对计算产生了"令人憎恶的兴趣"。

回到阿伯丁试验场，范内瓦·布什一年前新研制出的重达100吨的模拟计算机，为美国源源不断地生产的新型大炮计算射表，已经开始不堪重负了。它的替代型号是一种被命名为埃尼阿克的电子数字积分计算机，这种计算机正在附近的宾夕法尼亚大学莫尔电子工程学院研制中，研制者是一个军人和平民组成的混合团队，负责人是物理学家约翰·莫奇利，首席工程师是普雷斯伯·埃克特。冯·诺依曼到第二年夏天才得知这个项目，当时他正在紧锣密鼓地从事爆聚方法的理论工作。突然，对计算的兴趣让他想到一项新的应用。作为原子弹项目的首席数学家，冯·诺依曼急切需要更快更强大的计算工具，埃尼阿克很快成了他最宠爱的东西。1944年8月，他作为咨询专家进入埃尼阿克研究小组，立即着手运用新计算机处理原子裂变的数学问题。同时，他给埃尼阿克的后续产品提供了改进意见，这是一种已经开始筹划、计算能力更强大的机器。

3个月后，一种非常不同的计算方法诞生了。那天，在冯·诺依曼的地盘——普林斯顿高等研究院举行了一次会议，这次会议将促成第一台模拟人脑的电子计算机的诞生。这次历史性的会议也将促成一次更伟大的技术革命。引发这场革命的不是冯·诺依曼，而是维纳，这场革命完全是在维纳的思想和科学理想启发下实现的。

——

1944年12月，维纳将美国研究电子计算和相关技术领域的顶级数学家以及神经生理学领域的主要理论家召集起来，他邀请他们到普林斯顿出席为期两天的会议，来交流思想和研究情况，本次会议将极大促进计算机的设计工作，为战后更广泛的科学活动打下基础。邀请函由维纳起草，冯·诺依曼和哈佛的霍华德·艾肯共同签名，打印在有麻省理工学院数学系抬头的信笺上悄悄地发给维纳亲自挑选的代表：

一群对通信工程，即计算机工程、控制设备工程……神经系统的通信和控制因素感兴趣的人已经初步达成共识，认为这些研究领域之间已经形成了很密切的关系，因此对它们感兴趣的人搞个聚会是件非常值得做的事情。

因为在战争时期，邀请函明确指出聚会不是"一个完全开放的会议"，但提供机会"召集少数有兴趣讨论共同感兴趣的话题的人在一起，制订本领域未来发展计划，这个领域甚至还没有一个名字"。

这封邀请函只发给7个人：两位顶级大脑研究专家，拉斐尔·洛伦特和麦卡洛克；麦卡洛克的年轻合作者，目前在麻省理工学院跟着维纳读博士的沃尔特·皮茨；还有4位著名的数学家和统计学家。在第二封也是由维纳起草的信件中，3位会议发起人宣布，维纳提出的目的论新原则是会议的界定性主题，也是他们即将展开的更宏大的科学探索的界定性主题。他们提议，这个新团队将取名为"目的论学会"，因为他们的兴趣是"一方面致力于研究目的是如何在人和动物的行为中得以实现的，另一方面研究如何通过机械和电子的方法模仿目的"。他们的工作日程包括：对这门科学进行命名，制订出版期刊、成立研究中心的计划，讨论有关小组研究成果的"专利和发明政策"，确立"向普通科学大众宣传我们的思想……如何保护本小组研究人员免受危险、轰动性的宣传"以及如何为研究项目寻求制度性支持的具体措施。

据说，关于最后一点，他们3个召集人意见一致：他们不请求或不受惠于商业通信公司、电子公司或商用机器公司的赞助。维纳的担忧毫无疑问和早年同美国电话电报公司打交道的经历有关，当时他和李郁荣将电子过滤网络的专利卖给这家大公司，而公司并没有开发他们的发明，目的是保护公司类似的设备。这段不愉快的企业经历，加上他越来越厌恶科学事务中任何形式的保密和控制，这让他形成一个新的伦理标准，在他以后的职业生涯里，他都坚持这一标准，即科学知识不应该用来谋求个人利益,而应该用于改善全人类生活的共同利益。

维纳的立场得到艾肯的支持,他和美国国际商业机器公司打交道时经历了更大的挫折。冯·诺依曼也在信笺上签字同意,维纳相信或者希望冯·诺依曼的观点和他们一致。在普林斯顿会议还在筹划时,维纳便很兴奋地给麻省理工学院副校长詹姆斯·R.基利安打电话。基利安的秘书在备忘录里记录说:维纳相信,3个会议召集人"都一致认为,像国际商业机器公司、美国无线电公司和贝尔实验室这样的大公司都不应该参加这样的会议,因为它们如果意识到开发计算机控制设备可以带来巨大的经济利益,就会被利益驱动马上开展研究工作"。

在电话里,维纳重申了他的新科学的长远目标:"一旦战争结束,就可以在麻省理工学院成立一个中心,推动该领域的研究。"他向基利安保证,小组成员"会将它视为一项合作任务,经常召开会议,邀请其他大学的代表参加"。基利安的秘书在备忘录末尾这样评论维纳的电话:"昨天,诺伯特可真的是春风得意。"

1945年1月6日至7日,小小的"目的论学会"在普林斯顿高级研究院开会。大多数参加未来通信革命的领袖人物都到场了,除了罗森布鲁斯和艾肯,前者几个月前回到墨西哥城担任新的职务,后者因故不能出席。

与会者的兴奋溢于言表。第一天,冯·诺依曼发言谈到计算机发展状况,维纳谈到通信工程,接着是热烈的讨论。第二天,麦卡洛克和洛伦特合作,据维纳回忆,"就大脑组织问题的研究现状做了一个非常有说服力的报告",还谈到大脑研究成果应用于新技术的可能性。麦卡洛克用他独有的风格记录了会上维纳和冯·诺依曼就电子技术的经典问题"黑盒子"展开激烈辩论的过程,他的描述充分表现出当时的会场气氛:

1945年6月，电子数字积分计算机组装成功，这是迄今最大的电子电路组装体，但3年前设计之初的目标任务还远未完成。欧洲的战事已经结束，距离原子弹最后一次现场试爆还有两个星期，这个"新玩意儿"3个星期后将第一次落在日本人头上。

绅士约翰尼终于要实现建造一台真正的计算机的愿望了。1945年6月30日，冯·诺依曼推出一个宏大的新计算机设计方案，新计算机是一台离散变量自动电子计算机（EDVAC）。他写的题为"离散变量自动电子计算机报告首稿"的报告在军方保密渠道分发传阅，这个报告具有深远影响，提出一些计算机设计的重大创新思想，包括使用比上代机器更具逻辑性的结构、中心化的单一计算单元、新的"程序储存"能力。这种设想后来被称为"冯·诺依曼结构"，直到21世纪之交，几乎所有的数字计算机依然使用相同的基本结构。

离散变量自动电子计算机的设计方案体现了冯·诺依曼的完美逻辑性。新机器比任何上代产品都更小、更灵活，它是首台真正意义上图灵构想的通用计算机，或者按照冯·诺依曼描述的那样，是一部通用、自动数字计算机，能够按照预设的顺序执行操作任务，只要"控制操作任务的指令完整、详细地输入设备"。根据冯·诺依曼的生动描述，离散变量自动电子计算机将还会拥有一些人类特质和"专门器官"，包括中央处理器或"算术器官"、逻辑"控制器官"、"强大的记忆力"和专门化的"输入输出器官"。

冯·诺依曼在他的报告里只引用了一篇公开的论文，那就是1943年发表的被主流神经学家和心理学家忽视的麦卡洛克–皮茨的论文。这篇论文揭示了大脑活跃的电气连接的内在演算过程，它让冯·诺依曼确信类似人脑的通用计算机可以计算任何数字或者执行任何顺序的逻辑运算。另外，它还给他提供了一个可操作的原理图，告诉他如何对基本计算单元进行编程处理，并用麦卡洛克-皮茨揭示的神经网络形式将它们逻辑性地连接在一起。在整个报告中，冯·诺依曼充分使用明确的"神经元类比"证明了下面几点是完全合理可行的：一、"始终使用二进制"，因为二进制反映了神经信号的"全有或全无"的特点；二、"真空管组合体"，它是离散变量自动电子计算机的神经系统和"突触延迟"；三、"逻辑控制器官"和计算机"记忆"，它们相当于人类神经系统的"**联络神经元**"；四、"输入和输出器官"，它们相当于"**感官**（或传入）神经元和**运动**（或传出）神经元"。

以前从未有人使用这样的语言来描述机器的工作原理。具有讽刺意味的是，冯·诺依曼使用的词语及其表达的观点让人确信他的"自动电子计算系统"是一种终极**模拟**计算机，即通过类比建立模型，通过技术手段复制人脑的有机成分、结构和逻辑运行方式。冯·诺依曼将自己的神经元类比归功于麦卡洛克-皮茨的论文，但是他勾画的计算机意象和维纳战争期间同罗森布鲁斯、比奇洛合写的论文中所提出的大量神经类比有惊人的相似之处。

像冯·诺依曼描述的那样，离散变量自动电子计算机是第一台将维纳5年前提交给范内瓦·布什的具有远见卓识的5条建议整合为一的机器，即数字运作，全电子真空管计算部件，二进制计算系统，容易记录和消除的电子记忆，完全自动的、内置的逻辑指令和计算指令程序（尽管在维纳的设计中，程序固化在机器里，而不是电子存储在计算机内存里，1940年这种方法还未出现，实践中也不可能实现）。冯·诺依曼的数字计算机也整合了维纳的模拟火控指挥仪的主要特性，包括内置的根据负反馈原理工作的纠错机制。

布什从未接受维纳的建议，也没有转发他的备忘录，但是维纳很可能在普林斯顿会议上或者平时很多非正式的交流与面对面的交谈中，毫无保留地或者几乎毫无保留地把自己对计算机和自动机器的想法告诉了冯·诺依曼。两位技术裁判，美国海军研究办公室前雇员 D.K. 费里和亚利桑那州立大学电子和计算机工程系主任 R.E. 赛克斯，得出这样的结论：

冯·诺依曼机器的大部分部件，除了内储程序，在（维纳的）备忘录里都有。那么，有趣的是，到底多大程度上维纳和冯·诺依曼相互影响……很难估计两人之间发生了多少"异体受精"。然而，如果布什传阅了维纳的备忘录，那么我们今天谈论的就不是冯·诺依曼机器，而是维纳–冯·诺依曼机器。

1945 年整个夏天，维纳全力以赴想把冯·诺依曼弄到麻省理工学院来。到 7 月初，他非常自信这事肯定能成。他写信告诉罗森布鲁斯："在我看来，他接受这项任命是十拿九稳的事情。"一个月后，也就是美国在日本投下原子弹后几天，维纳再次给罗森布鲁斯写信，依然很乐观："前两天约翰尼来到这儿，他几乎是跑不掉了。"同时，维纳似乎不知道冯·诺依曼从事的秘密原子弹工作，也不知道他已经接受了为军方建造更强大的氢气"超级炸弹"的秘密新工作。维纳可能不知道冯·诺依曼的离散变量自动电子计算机报告，因为这是保密项目，维纳不再有资格看到这类文件。维纳也不知道，当他很有信心地等待冯·诺依曼接受麻省理工学院的工作邀请时，冯·诺依曼正在和高等研究院讨价还价，以获得更好的待遇。

11 月底，冯·诺依曼给维纳写信，正式拒绝了他提出的条件。他还告诉维纳，高等研究院同意他和美国无线电公司合作，在研究院建造属于他自己的离散变量自动电子计算机，这是前所未有的举措，和美国无线电公司合作恰恰是维纳一年前发誓要抵制的。冯·诺依曼热情洋溢地感谢了维纳，还提出一个请求："我希望我们依然可以在这个领域一起工作……月底前能抽时间来我这儿吗？"

冯·诺依曼不愧是个老滑头，他没有完全亮出他的底牌。他声称建造离散变量自动电子计算机（将以高级研究院命名，改名为 IAS 计算机）的目的是为普林斯顿大学建造首台通用、内储程序计算机，但他还有另一个动机，他一直没有告诉维纳或者其他没有高级别安全许可的人。他需要这个功能强大的计算机来帮他和他在洛斯阿拉莫斯的同事设计和建造下一代超级原子武器。冯·诺依曼还有其他合作伙伴，这些他都没有告诉维纳，其中包括美国陆军、海军，后来还有美国空军和新成立的原子能委员会。然而，冯·诺依曼还需要一位关键的人物来推动这个项目的进行，他需要一位首席工程师。

在维纳访问普林斯顿期间，冯·诺依曼找到了他需要的人，那就是维纳自己的工程师朱利安·比奇洛。在维纳的推荐下，冯·诺依曼于 1946 年 3 月雇用比奇洛参与 IAS 项目，他很快成为关键人物，能够将冯·诺依曼新计算的构想变成功能完善的机器。IAS 计算机的重要组成部件是通过复杂的反馈机制调节的，这些反馈机制能够沿着专用线路穿梭传递数据和逻辑指令，直到程序执行完毕。计算结果按照冯·诺依曼的设计方案规定的要求，通过苛刻的纠错电路进行检查。比奇洛是来实施这些原型反馈机制的完美人选。

冯·诺依曼咄咄逼人，向美国军方和联邦政府催要研究经费，加上他和美国无线电公司有合作关系，这些都预示着冯·诺依曼将会在科研、产品开发、计算机的批量生产等方面承担他希望得到的政府和实业角色。最终，他会完全脱离维纳所倡导的公共利益立场。维纳对冯·诺依曼做法的反应不是抨击和反击，而是沉默，这符合他的行为模式，并与他缺乏自信的童年密切相关。

———

第二次世界大战结束前的几个月，各方力量悄悄整合，一个新的科学技术世界正在形成。从纽约梅西基金会会议到普林斯顿目的论学会成立大会，维纳提出的反馈和循环因果概念整整转了一圈，从终点又回到起点：从堂吉诃德式的炮火控制项目，到人脑和神经系统的生命世界，再回到比奇洛为冯·诺依曼的新型计算机所建造的模拟人脑电路。在这个过程中，一些美国最伟大的人物成了"伟大异端"（麦卡洛克语）的追随者。除了共同的技术雄心，维纳和他的同事主动迎接挑战，毫不畏惧地承担起科学的使命，他们要打破牢牢控制西方科学几个世纪的还原论堡垒，揭开人类智慧的秘密，他们使用的杠杆和建筑材料是维纳的新逻辑和通信概念。

这就是维纳的科学革命的最终意义。从一开始，维纳和他的骑士所担负的使命不是修补匠式的制造机器的梦想，而是更高层次的哲学和科学追求。他们这个结构松散的团队已经初步揭开了人脑更高层次的推理和计算能力的秘密，他们的革命将影响到其他自然科学学科、生命科学、人文科学和哲学本身的前沿领域。

战争结束之前，新科学世界观的种子已经冲破旧的束缚呈现在人们面前。在维纳从青年时期就孜孜以求的合作和友情的新氛围下，他所倡导但还没有名字的新科学正在获得新生命。

八
梅西会议早餐

> 所有的选手都没轮到自己就开始打球了,他们一直吵个不停,争抢着当球用的刺猬……"他们的玩法不公平,"爱丽丝抱怨地说……"他们吵得太厉害了,弄得人家连自己说的话都听不清了。而且他们好像没有任何规则,就算有的话,也没人遵守。"
>
> ——刘易斯·卡罗尔《爱丽丝梦游仙境》

1946年3月一个阳光灿烂的上午,维纳走在纽约气派的帕克大街,步伐比平时轻快不少。战争的阴霾已经消散,他在和平时期的研究使命刚刚开始,他来到纽约参加职业生涯中最重要的一次会议,是已经等待很久的战后首次梅西基金会会议。

会议是麦卡洛克组织的,他将担任这次会议以及今后8年里9次会议的主席。这项工作得到梅西基金会医学总监弗兰克·弗里蒙特-史密斯的热情支持,他是罗森布鲁斯在哈佛医学院每月召集一次的"超级俱乐部"的创始会员,现在是梅西基金会跨学科会议的主要推动力量。

但没有人比维纳对即将召开的会议更感到兴奋了。3周前在普林斯顿开预备会议期间，他写信告诉麦卡洛克："这次会议对于我们和我们的事业将是一件大事。我现在来到这里和冯·诺依曼讨论一些计划，我可以向你保证，我们俩将会很好地合作，做好自己的工作。皮茨和我一起也有很多事情忙着做，罗森布鲁斯也一样……我们都等不及开会了……我们将和你见面，讨论很多共同感兴趣的事情。"

所有与会代表都急切地希望继续讨论一年前普林斯顿会议没有讨论完的大脑和计算机问题，他们交流的话题将会涉及更广泛的领域。在大会筹备阶段，人类学家格雷戈里·贝特森就敦促麦卡洛克和弗里蒙特-史密斯兑现承诺，他们曾答应重新召开梅西基金会会议来讨论罗森布鲁斯在1942年会议上提出的新概念和它们的心理、社会影响。之前，从未有任何学术会议试图安排一个如此雄心勃勃的议事日程，来讨论涉及错综复杂的科学思想和诸多学科领域的问题，但是贝特森的目的达到了。这次会议定了一个让人头大的名字，即"生物和社会科学领域里的反馈机制和循环因果系统会议"，这一方面是为了兼顾所有与会代表，另一方面也确实是找不到一个更具体的名称。

一切准备就绪，各路巨头将齐聚一堂，进行智慧的碰撞和融合。维纳将找到他需要的最后一块整合新科学的拼图，与会的各路专家也将把他们的新科学带到世界各地。

会议在曼哈顿上东区的比克曼酒店举行，开了两天两晚，会场是由很多桌子拼成的大圆圈，食宿和鸡尾酒（维纳没碰）都由梅西基金会承担。20位参加会议的代表包括出席普林斯顿会议的一群核心数学家和生理学家，有维纳、冯·诺依曼、麦卡洛克、皮茨、拉斐尔·洛伦特，另外还有维纳的同事罗森布鲁斯和比奇洛，前者从墨西哥赶来参加会议，后者于会议召开的前两天已经开始在冯·诺依曼的计算项目组工作。社会科学家包括参加1942年会议的主要人物，有人类学家贝特森和米德、精神病学家劳伦斯·库比、学习理论家劳伦斯·K. 弗兰克。还有一些重要人物第一次参加：德国移居者、芝加哥大学格式塔心理学家海因里希·克吕弗；麻省理工学院社会心理学家库尔特·勒温，他也是德国移居者，也属于格式塔学派；哥伦比亚大学社会学家保罗·拉扎斯菲尔德，他是奥地利人，在现代大众传播技术的影响方面进行了开创性的研究工作；英国生态学家哈钦森，他是贝特森的同事，是环境系统研究领域的开拓者。

冯·诺依曼首先发言，他的报告是关于电子计算机和它同大脑神经计算网络的类比性问题的。冯·诺依曼一如既往，着装整洁漂亮，西装、小背心，上衣口袋折叠着漂亮的手绢。他介绍了在高等研究院正在组建的新数字计算机的情况，介绍了计算机采用的创新性的存储程序设计，它"可以计算任何可计算的数字、解决任何逻辑问题"。神经生理学家洛伦特从交叉学科的角度对冯·诺依曼的介绍进行了补充说明，与会代表对冯·诺依曼描述的新计算机的美妙前景赞叹不已，这包括计算机人脑般的逻辑和计算能力，强大的存储和记忆能力，这些都具体体现了这个所谓"神经系统计算机"所具有的动态功能。对与会的很多科学家而言，他们第一次如此深入地了解人脑内在的逻辑行为，他们之前想都没想过会有这么一种类似人脑的机器，更不用说其马上要成为现实了。

维纳对于这个新的类似人脑的机器可不是想当然的态度，他打断冯·诺依曼的讲话，质疑他的计算机的逻辑能力。他想知道冯·诺依曼的计算机是如何对人类每天都会碰到的逻辑两难问题做出反应的。在内心深处，他为这个新鲜装置的心理健康担忧。维纳提到一个原始的计算难题,他预测,如果计算机可以通过程序设置来解决罗素著名的悖论问题,比如确定命题"这个陈述是错误的"的真实性,那么它就会进入摇摆的非理性状态,"这样,如果它确定某个东西是真实的,那么接下来它会确定它是错误的,反过来也是如此",结果永远不会得出一个答案。面对质疑,冯·诺依曼自己也不能解决这个悖论。

午餐后,维纳和罗森布鲁斯接着主持会议,议题不再是计算机,而是本次会议的一个更大的使命。维纳介绍了正在成型的新科学的基本要素,给日常使用的信息(information)和消息(message)概念赋予新的准确意义,将它们重新定义为通信的基本单位,可以用数学的方法进行测量。他描述了"反馈"这个新概念和"通过负反馈进行控制"的核心原则,这个原则支配着机器和生物所有有目的、有设定目标的活动。他回顾了自动反馈机制的历史,从古希腊人发明的实用装置到现代伺服机构,还介绍了他和比奇洛在战争期间共同建造的新型智能机器,说它"能够感知周围世界和自己的表现"。

维纳介绍说,这种新型人造机械装置具有内置计算设备,有循环反馈电路和敏感的"接收器和效应器",解释了它如何能够完成现有机器无法完成的更高级的现实任务,如何能够"根据先前的信息预测未来,并调整自己的行为"。接着,罗森布鲁斯具体解释了维纳提出的新概念和他的关切,描述了动态反馈过程的生理学机制,以及当那些重要的通信和控制过程发生病理性崩溃时会给生命体系和自动装置带来什么样的后果。

到吃晚饭时,大家都很清楚,维纳、冯·诺依曼和神经生理学家给他们的新同行带来的是一种通用的新语言和科学框架,可以帮助他们理解人脑的认知能力、身体的器官控制过程以及整个通信新领域。通信过程是人和机器所共有的,对从事人类研究和机器研究的科学家来说，了解它是非常有用的。

当晚，由人类学家格雷戈里·贝特森和玛格丽特·米德夫妇唱主角，他们讨论的是数学和物理学领域的问题。贝特森鹰钩鼻，头发蓬乱，时年42岁，身高6英尺5英寸，是个巨人，"四肢和身子很长，不知道用来干什么"。他出生在上层社会家庭（父亲是生物学家威廉·贝特森，"遗传学"这个词就是他提出的），和维纳一样，他大学学的是动物学，20世纪20年代中期转为人类学，从事人类和文化的起源以及社会发展的研究。当时，传统的人类学研究领域正在转型，开始放弃没有事实根据的种族理论和纸上谈兵的分析研究。贝特森将他博物学家的一些信念带入人类学研究，比如生态学的指导原则，强调生物和环境相互影响的科学新运动。这也是维纳小时候博览群书时欣然接受的知识。

米德身高不到5英尺，圆脸、翘鼻子，一张柔和的笑脸掩藏了她的刚烈。她出生于费城的贵格会家庭，父母都是知识分子。她在纽约巴纳德学院上学，师从现代人类学之父弗朗兹·博厄斯，此人强调实地观察的重要性。在他的影响下，1928年米德出版了《萨摩亚人的成年》，这是一本畅销书，研究太平洋小岛萨摩亚少女不受约束的性行为。这本书使她在26岁时成为美国科学界最有争议的人物之一。在梅西基金会会议上，她气场强大，无声地主宰着所有的会场，当然有时她也不是那么安静。

自从罗森布鲁斯将维纳的新通信概念介绍给他们夫妇后，他们就开始从新的角度看待世界，开始使用通信的话语体系。他们意识到反馈和循环因果的概念可以使传统、过时的社会科学研究方法变得更合理、更具有活力。他们觉得向同行介绍、传递新通信理论对所有社会科学的价值和意义是他们的使命。现在，他们很有信心地向与会代表介绍遥远文化的情况，它们"通过负反馈来实现稳定"。贝特森绘声绘色地描述了他和米德在南太平洋考察时观察到的社会反馈过程，活跃了严肃的会议气氛，譬如新几内亚雅特穆尔部落的异装仪式，贝特森注意到这种仪式扮演稳定性的反馈作用，缓解了男性的侵略性冲动，避免了部落内部爆发战争。

他们进一步展示了如何使用新通信工具从原始社会和现代社会提取不同的知识模式：从个人和团体之间的环形信息流开始，通过不同的习俗、仪式和通信媒介进入文化领域，然后回到信息的发送者，这种连续的信息和反馈环路启发、影响、塑造和不断重新塑造个人的行为、目的和个性，以至更大范围的社会生活。在贝特森和米德看来，新通信概念似乎过于完美以至不像是真实的，但它们确实是真实的。时机已经成熟了，是在富饶的人文科学领域收获成果和重新播种的时候了。

这是漫长的一天，但梅西基金会会议的历史工作已经开始了。

———

像一部机器一样，背景各不相同的会议代表经历了一开始的抖动、怠速不稳后，各个零部件彼此啮合，顺利地运转起来。一些新来的代表也开始加入对话。格式塔心理学家海因里希·克吕弗希望讨论感知问题，即人脑的主观过程，这是格式塔心理学的基本问题，也是占主导地位的美国行为主义学派的天敌。克吕弗呼吁与会代表帮他解决大脑是如何感知**图形**这个格式塔形式的终极谜团，这里所说的图形是指体验的形状和模式，不管是人脸、椅子还是任何其他通用形状。他想了解人脑是如何从时刻变化的混乱的干扰信号中分辨出一个图形或任何东西的，他想知道由简单的类似神经元的部件构成的模拟人脑的电子设备是否也可以做到这一点。

这是一个所有与会代表都可以积极参与的话题，是神经生理学家和心理学家关心的一个主要问题，对人类学家而言，这个问题具有深远的文化意义，对数学家和技术专家也是一项挑战。**"通用"计算机能够只通过逻辑计算出图形（感知）吗？**克吕弗提出的挑战标志着一项新探索的开始，它将成为计算机科学的核心部分，即了解人脑的感知过程，在电子机器上模拟出来。在之后的几个月里，维纳将从通信的角度认真思考这个问题。为了解释人眼中数以百万计的感觉感受器如何获取信息并将它们转换为可感知的图像，维纳假设了一个复杂的有机过程，这和他从 20 世纪 20 年代以来就很感兴趣的电视扫描技术很类似。麦卡洛克和皮茨也开始了一项新的合作研究项目，研究克吕弗提出的问题，这项研究工作后来被证明比先前的神经网络逻辑研究产生了更大的影响。

社会科学领域的其他一些重要人物也参与了这个问题的讨论。社会心理学家库尔特·勒温是人类通信研究的先驱，是群体动力学现代研究的创始人。他早期研究了群体成员之间产生的戏剧性的生理、心理影响，包括加速学习和决策过程、同辈压力以及其他一些施加给群体参与者及其领袖的"电子效应"，研究成果充分证明了群体动力学的一项假设的正确性，即通信的能量明显存在于神经层面，它是一种社会应该加以考虑的力量。勒温决心将瞬息万变的人类通信动态形势纳入研究的科学范畴，和贝特森、米德一样，他马上将维纳的反馈概念和循环因果的流体新逻辑整合到自己的理论和研究方法之中。

社会学家保罗·拉扎斯菲尔德是大众传播研究的开创者。他是哥伦比亚大学应用社会研究所主任，率先开展了关于无线电对美国社会影响的重要研究，也就公共舆论的形成以及投票模式进行了开拓性研究。他对维纳关于通信的统计学属性的理论尤其感兴趣，计划将维纳的技术通信概念和数学方法整合到自己的调查设计和统计分析之中。

会议临近闭幕时，弗里蒙特–史密斯很容易就征集到召开第二次和第三次会议所需的法定人数，维纳的羽翼未丰的目的论学会转型成了梅西基金会资助的一个季节性活动。麦卡洛克对这些决定感到高兴。从一开始，他就为参加梅西基金会的诸多科学革命者吹响了号角，他们完成了战争的使命，积聚在一起，"期待从事通信工作的数学家和工程师"能够和平利用战争时期的研究成果和科学理论。广岛原子弹事件后，物理学家将他们的聪明才智从武器研究转向生命科学，社会科学家发誓放弃针对外国人的宣传和战略研究，转而从事更多有利于全人类的研究工作。

梅西基金会会议达到了基金会和维纳所希望达到的目的，即提供一种契机来克服美国战争时期巨大科学成就的阴影下，科学家们的集体性恐惧，并且以此为出发点提供一套和平时期使用的科学工具，应对战后新社会面临的复杂局面。维纳高度称赞了会议取得的积极成果，尽管会上他的很多概念受到挑战。麦卡洛克用口语化、有时混乱的风格记录了会议的情况，但和维纳的乐观相比，他只看到不好的一面。他如实地记录道："关于第一次会议的情况，维纳写文章说'主要讨论了现场参加过普林斯顿会议的人提交的卖弄学问的论文以及全体与会代表评估本领域的重要性'。"之后他又纠正记录说："实际上，会上没有任何论文，这是与众不同的地方。每个试图发言的人都一次又一次地受到质疑。我现在依然记得维纳大声恳求或命令道：'**能让我讲**

完吗？'提问者则高声喊道：'我插话的时候不要打断我。'"

会后几个月里，麦卡洛克和皮茨开始潜心研究克吕弗提出的感知问题。冯·诺依曼和比奇洛开始组建 IAS 计算机，冯·诺依曼每天乘车到洛斯阿拉莫斯继续秘密的超级原子弹工作。维纳定期去墨西哥，和罗森布鲁斯开始了新一阶段的研究工作，课题是"作为通信装置的神经系统研究"。他们这项由洛克菲勒部分资助的项目，要求维纳每隔一年在墨西哥国家心脏病研究所和罗森布鲁斯一起工作半年，在他的实验室里收集活组织通信过程的实验数据；要求罗森布鲁斯到麻省理工学院从事半年的理论工作研究和筹划他们设想已久的跨学科研究所。

维纳对新科学和墨西哥的风景感到兴奋不已。墨西哥原生态的风景使他忘了高海拔沙漠地区带来的不适，他着迷于康帕纳地区的土砖民居、干旱气候下生长的茂盛植物。他第一体验到"北美地区人民无法拥有的、更具有活力的生活方式"。他能流利地说带有地道拉丁口音的西班牙语。他沉湎于墨西哥丰富多彩的菜肴和辣酱。一旦他的红细胞数量上升到足以适应海拔 7 000 英尺的稀薄空气，他就开始到墨西哥城宽阔的公共广场和拥挤的步行街闲逛，不知疲倦，就像当年逛欧洲国家的首都和中国北平的偏僻小巷那样。

维纳和罗森布鲁斯急切地应用他的统计通信理论，研究猫和其他动物四肢长神经纤维里的信号传输过程。另外，为了完成研究所交代的任务，他们还要研究支配心脏有节奏跳动的密集神经组织网络里的电信号流动的问题。在进行这些有关通信生理学的开拓性研究过程中，维纳和罗森布鲁斯又陷入了战争时期碰到的一个老问题：由"每一个大反馈引起的病理性状况"引发的奇怪问题。在对被麻醉的猫的腿部长运动神经元进行实验时,他们观察到,提高电刺激的强度、增加猫神经的"负荷",猫腿会痉挛性抽搐、大幅摆动,节奏比失控的大炮炮座还快,神经生理学家称这种现象为阵挛。

维纳和罗森布鲁斯再次开始探究这种现象背后的病理学机制,以及类似影响人类四肢的痉挛问题。他们试图在实验室里用数学的方法破解阵挛的密码,解决抽筋的问题,但这项任务的难度比战争时期的项目难度还大,维纳感到很沮丧。在他们研究工作的早期,维纳给在坎布里奇的皮茨和雷特文写信,说:"我再也不想搞神经系统了。见鬼去吧。我完全无法分析它的属性。"然而,尽管满腹牢骚,他和罗森布鲁斯还是坚持下来了,夏天结束时,他们有了一些奇妙的发现。

和他们预计的一样,猫腿里流动的脉冲信号不是线形的,而是**对数的**:输入的刺激信号以固定的比率增强,输出信号就会发生指数级的变化。他们发现,猫的腿部神经(不是所有神经组织)里的电信号流动的方式"只有在对数系统里才有可能出现"。这个奇怪的发现让维纳意识到更深层次的理论问题。他们得出的数据,几乎和研究振荡伺服机构痉挛现象的机械工程师不久前测量到的信号和信息数据完全一致,也和早在20世纪20年代电气工程师追踪嘈杂的电话线路里的信号传输速度时得到的数据一致。

几个月后,维纳将系统阐明这种联系的重要意义,他自己还会发现更多令人惊讶的关联。

———

那年秋天,各项活动也指数级地增加起来。1946年9月,保罗·拉扎斯菲尔德组织了为期一天的会议，这是梅西基金会系列会议的一场，议题是"社会目的论机制"。会上，他向更大范围的社会科学家介绍了新通信概念，邀请了更多的著名学者加入梅西基金会会议阵营，这些人有：哥伦比亚大学的同事罗伯特·默顿，此人是研究社会因素对科学进步影响的权威专家；哈佛大学人类学家克莱德·克拉克洪，他是美国人类学的进步力量，地位仅次于贝特森和米德；美国社会学泰斗塔尔科特·帕森斯，他也是哈佛大学社会关系学系主任。帕森斯对梅西团队从事的研究工作尤其热心，他一手将维纳的通信、反馈和循环因果等概念带到美国社会科学的第一梯队。

一个月后，整个梅西团队汇报了他们的夏季研究成果。麦卡洛克和皮茨通报了他们研究图形感知的最新研究成果。他们确信，人类理解通用图形所需的感知过程和模式识别可以通过装备和人类相同的逻辑和电子神经网络的计算机进行复制。维纳和冯·诺依曼意见一致，认为要实现这一伟大壮举，需要计算机具有从过去的运算和运算结果中学习的能力，像人脑从过去的经验中学习一样，这样才能改善它们未来的工作性能，防止重复相同的错误。但是，维纳再次表示，反对在讨论计算机问题时"试图排斥悖论问题"，因为现在可以设计出程序控制的计算机从事逻辑思维和学习两项工作。

对维纳而言，这个问题已经成了当务之急，因为能够推理和学习的机器可能会替代人，在社会工作中做出决策。**这种机器能够在关键场合做出复杂的决定吗？在类似情况下，机器的逻辑推理会比人的"更理性"，或者"更不理性"吗？机器如何处理生活中不可避免的两难情况？**最终，麦卡洛克领会了维纳的观点，觉得这不是个无关紧要的哲学问题，但也不是每个人都关心这个问题，特别是冯·诺依曼，他不会在意悖论问题的。麦卡洛克忧郁地说："我觉得……那天的会议……更多是荷尔蒙迸发的激情，而正式的讨论不多。"

第二次会议人们听到了更多新消息。皮茨透露他正准备在维纳的指导下写博士论文。他的论文主题和他跟随麦卡洛克从事的研究相比有了很大的飞跃。根据维纳的建议，皮茨提议将原来的平面的、二维的逻辑运算图扩展为三维立体模型，其物理外形和人脑实际的通信网络相似。但是，从二维扩展到三维可不是一件容易的事情。还没有人设计出这样复杂的逻辑方案并计算出它的数学参数。并且，如果真的像人脑一样，皮茨的三维神经网络就不应该像他和麦卡洛克一起搞的模型，以及冯·诺依曼的电子大脑的逻辑电路一样，是固定的、可预测的，而应该采取或然性的计算方法，考虑各种随机因素。

皮茨要解析随机神经网络的数学和逻辑问题，这让与会的天才都大吃一惊。麦卡洛克做出了很谨慎的评论，他说："理顺（随机）神经网络的数学还没有诞生。"他的话反映了皮茨面临的挑战有多么大。但是维纳因为自己发明了解释随机运动线路的数学，他知道皮茨和他工作过的任何其他年轻数学家一样棒，他有信心，如果有人可以开辟出这条新的道路，那非皮茨莫属。

库尔特·勒温下一步的工作就是涉入梅西团队的社会科学领域，他做好了准备。在仅仅几个月里，勒温便在实际研究工作中广泛应用了新通信理论。勒温告诉与会代表，他发现循环过程大量存在于"领导……和群体成员的相互作用中"，存在于决定美国人口味的大众营销和大众消费模式中，也存在于美国文化领域里其他很多社会、经济活动过程中。他写了一篇很长的论文介绍自己的发现，论文正准备发表。这篇论文将对社会科学和整个社会产生深远影响。

在与会代表启程回家之前，学习理论家、梅西基金会前执行副总裁劳伦斯·弗兰克在纽约科学院组织了一次特别会议，议题是离经叛道的"目的论机制",维纳被邀请做主旨发言。这次会议标志着这些与世隔绝的代表和他们革命性的概念第一次走到大众面前,也标志着他关于通信和信息的新事物的思想发生了重大变化。

弗兰克在科学院会议的开幕讲话中向科学界保证,梅西团体研究目的论和有目的行为的新方法"不是思想史上的一次倒退,而是一场为了更有效解决现今面临的问题的进步运动"。然而,他告诫听众:"我们不应该……忽视今天召开这次会议的重要的、更宏大的意义。今天,我们进行的是思想史上一次重大转型或剧变,因为我们意识到我们很多旧的思想和假设现在已经过时了,我们要努力建造一个新的参照系统。"然后,弗兰克介绍了维纳,说维纳和罗森布鲁斯、比奇洛合写的论文"在很大程度上开启了这些问题的讨论过程"。

维纳介绍了新科学思想产生的过程以及它们和统计力学的一条基本准则(即热动力学第二定律)之间的联系。他描述了物理系统一般是如何从较高级的组织状态不断衰退为无序的状态,最终达到最大限度的随机和无组织状态的,这种状态被称为"熵"。然后,他指出这条规则的一个重要例外现象。他解释了所有生命物质在生命过程中如何蔑视自然法则,通过目的的循环过程来战胜"熵"的法则,从而向上发展到更高层次的组织状态,并在生命周期里一直维持这种非凡的状态。

他和他的同事开发设计的新自动机器和电子计算机的工作原理与此类似。维纳注意到,这些机器的运算过程可以给我们有益的启发,帮助人们了解复杂的物理和生物系统的工作原理,这包括自然界最杰出的组织系统——人脑。他找到一种"通用过程",它不仅存在于新电子发明以及它们的复杂电路、网络之中,也是每一种生物、人脑以及他的梅西理事会同事在会上讨论的更大的社会体系所遵循的原则。这个无所不在的过程,像河流一样,在过去20多年里一直流淌在他的数学和技术研究(通信)中,只不过现在它才呈现在战后科学前沿领域,获得承认。

维纳第一次向梅西团队和战争时期读过他那份受歧视报告的读者之外的听众透露他通信理论的关键要素。他宣称:"将这些各不相同的学科统一起来的概念是消息(message)。"他重申了这个概念的简单定义:"消息是传递信息(information)的,它代表的是诸多可能的消息中的一个选择。"他将消息概念同或然理论和统计力学的基本原理联系起来。接着,他提出信息的第三个历史性的特征:

这个概念还涉及熵。

在维纳看来,这个来自热动力学的概念是通信科学的基本概念。他利用两个月前在墨西哥的研究成果,提出一个更新的答案,来回答20年前贝尔实验室工程师提出的如何测量消息中信息的量的问题。有记录显示,第一次给信息下定义并被广泛接受的是维纳,他用物理术语将信息定义为熵函数,或者消息的随机程度。他用最简单直白的语言向与会代表介绍:"在这里,熵似乎就是消息中所包含信息的**负数……那么,从本质上讲,信息的量就是熵的负数。**"

他提出的关于信息的新物理概念,是通信工程革命性的进步,和早期的反馈、目的和循环因果等概念一样,它本身是激进、深刻的。他将在电子线路之间、机器内部和人之间加速流动的消息同物质世界里最基本的物理计量和数学关系联系起来,这标志着人们向用有形的手段理解无形的信息这个目标迈出了重要一步。但对维纳而言,它不仅仅是逻辑性的,他告诉参加科学院会议的代表:

事实上,熵和信息互为对方的负数是不意外的。信息度量的是秩序,熵度量的是无序。的确有可能根据消息来构筑所有的秩序。

维纳还建立起另外一种联系。他支持使用二进制测量信息,这和他在墨西哥所采用的对数方法相同,也和他1940年研究数字计算机时的方法一样。在测量任何消息中的信息的量时,不管信息是通过电话线还是神经组织传递的,维纳宣布:

数字的位数……将是以 2 为底的对数。

这个计量标准将成为新技术时代和它的无所不在的信息商品的基准。

维纳向与会代表介绍了,他的新通信理论和信息诸概念是如何实际用来建造具有超凡记忆能力和搜索大量数据能力的计算机的。他预测,还有更多途径利用"这种机器提供的信息,即输出"来从事实实在在的工作,承担起"未来自动控制机器"以及整个自动化工厂的中枢神经的职责。他预测新通信理论将对医学和精神健康领域产生深远的影响。并且,这门新科学将使人们更好地理解"将人相互联系起来形成更大的通信系统"的价值,因为这样的通信系统拥有无限的能力,在个人、团组和整个社会之间传递信息和意义。维纳从梅西团队的实际活动中看到了这一点。

维纳以浓厚的文化气息结束了自己的报告,他将自己的通信新科学同古老的人类通信艺术联系起来,对语言、"表达情感的非语言通信"以及伟大的口头和书面传统表达了敬意,尽管他童年时期被迫放弃了这些。和现代生活中的所有技术一样,它们对人类的进步是不可或缺的。

梅西团队有很多人也参加了这次会议，他们是来表明自己的立场的，听了维纳的报告都兴高采烈。团队的其他一些人发言，对维纳报告的主题进行了延伸拓展。麦卡洛克发言预测，神经生理学将会有好几项延伸研究。贝特森提出了一项雄心勃勃的计划，要将新通信理论的框架应用于社会科学诸领域。他侃侃而谈，说这是来得很及时的社会现象，背后的驱动力是循环反馈过程和"商业循环、武器竞赛……政府的制衡系统"。最后他发出警告："在社会科学方面，我们需要比物理学家更多而不是更少的严谨思维，因为我们研究的对象甚至比他们的计算机更复杂。"

生态学家哈钦森列举了一些全球性的例子，证明反馈过程在环境中发生的作用，"它们可以影响环境，环境也可以对它们施加影响"，这种相互作用是以巨大的循环运作的方式实现的，会对未来产生深远影响，比如绿色植物和地球大气之间的光合作用循环，"现代工业燃料燃烧"引起空气中的氧气和二氧化碳比例失衡，商品生产和消费的周期循环，"自然资源快速枯竭引起的长期贫穷"。他甚至还描述了历史上那些物质性的周期循环给艺术和思想带来的重大影响。他那天的讲话将重新定义生态和环境科学领域。

但麦卡洛克最满意的还是维纳的报告，他非常希望将它推广给科学界更多的人。那年夏天，他将维纳讲话的出版样稿（美国科学院《年鉴》即将发表）寄送给40位世界知名科学家，并建议他们应该"将这视为个人就一些概念进行相互切磋，相信会对你的研究工作有帮助"。收到邮件的人包括贝尔实验室的克劳德·香农和实验室其他一些技术人员，莫斯科苏联社会科学院的或然论理论家柯尔莫哥罗夫和辛钦，诺贝尔奖获得者、布达佩斯大学生物化学学家艾伯特·圣·捷尔吉，奥地利量子物理学家埃尔温·薛定谔。几年前，薛定谔确定了物理系统里的熵和生物生存所需要的负熵之间的关系，维纳从中受到启发，将负熵和信息联系起来。

大家的反应是令人鼓舞的。1947年5月，维纳写信给麦卡洛克说："贝尔实验室的人正在全盘接受我关于统计和通信工程之间关系的论文。"麦卡洛克也在著作中自由使用维纳的概念，他预计会有更多的人要求重印维纳的讲话稿。他告诉维纳："你看看，你的信息思想开始产生多大的影响！"

1947年春第三次梅西基金会会议召开时，关于维纳新科学的争论还在纷纷扰扰地进行着。维纳将现代物理科学最重要的一项原理——对被热力学第二定律奉为神圣的熵的随机性测量——同信息这种转瞬即逝、非随机性、本质上具有人类属性的东西联系起来，这让冯·诺依曼感到非常震惊。他那极具逻辑性的大脑还无法接受这样的事实，即人们可以从统计或然性或纯粹的混乱状态中获得信息。

他也心怀嫉妒，为什么是维纳而不是他自己发现了这种联系。据维纳麻省理工学院的同事海姆斯讲，冯·诺依曼"在维纳之前就注意到熵和信息之间的联系……维纳充分探讨了这种联系，评价了其重要意义，而冯·诺依曼没有这么做，他感到很气恼"。冯·诺依曼的自传作者甚至说得更明白，他声称"约翰尼对维纳的头脑确实佩服，他怀疑维纳的头脑天生比他的好"。他还暗示，冯·诺依曼参加梅西会议的主要原因是获得维纳的思想。两人都是或然理论和统计力学领域的大师级人物，但是维纳处理通信理论和战后兴起的应用科学本身所固有的不确定问题比冯·诺依曼更得心应手。

像维纳上一年夏天在墨西哥碰到的情况一样，冯·诺依曼在解决复杂的大脑和神经系统问题时也碰到了难题。尽管几个月前他曾经倡导和支持用神经网络的方法来研制计算机，冯·诺依曼的态度却发生了令人意外的转变，他给维纳写了一封很长的信，表示严重怀疑用人脑作为新数字计算机的模板是否是明智的选择。冯·诺依曼埋怨说，在研制类似人脑的自动装置时，"我们选择了……天底下最复杂的东西，这一点儿都不夸张。这个东西的复杂性令人敬畏……我感觉我们应该转而选择一些更简单的系统"。作为替代方案，他提议采用单细胞有机体的分子机制作为自动机器的理论模式，几年后他对这个设想进行了更充分的建构。

冯·诺依曼担心他的"反神经论的长篇大论"会引起维纳的激烈反应，但维纳很平静。他和麦卡洛克、皮茨研究的神经网络没有个人利害关系，他的注意力现在被吸引到生物学、身体化学和分子信号系统等更深层的领域。然而，就在这时，维纳和冯·诺依曼温情的个人关系出现了一些问题。冯·诺依曼和维纳的信也许是部分原因，或者是维纳没有及时回复冯·诺依曼决定不去麻省理工学院的答复，或者是维纳个人对冯·诺依曼参加过原子弹研制还热心于研制威力更大的原子弹感到忧心忡忡。不管什么原因，第一次梅西基金会会议后，两人的关系明显冷淡下来。海姆斯报告说："在接下来的会议中……两人之间有明显的冷淡甚至摩擦。冯·诺依曼讲话时，维纳明目张胆地在纸上信手涂鸦，或者鼾声如雷地睡觉。"几个月后的一次数学会议，冯·诺依曼还以颜色："维纳在发言，冯·诺依曼坐在第一排，很张扬地阅读《纽约时报》，尽可能弄出很大的声音，让维纳很烦。"

他们都是极具个性的人，他们的存在使梅西团队常常感觉到火药味。贝特森记得冯·诺依曼发言时像个拳击手："说话滔滔不绝，两个拳头用力捶打。"皮茨尽管平时比较安静，开会时照样好斗，毫不逊色，他的"学术观点犀利，对社会学家草率马虎的逻辑推理的蔑视表露无遗"。物理学家冯·弗尔斯特是几年后加入梅西团队的，担任梅西基金会会议记录的编辑，他描述说，玛格丽特·米德参加梅西基金会会议时碰到有人刁难，如果有必要，她从不妥协。"她主持会议，我记得当时大家开始纠缠文献引用问题，有两个人彼此用希腊谚语怼对方。玛格丽特突然用拳头敲打桌子，说：'我们知道你们会说希腊语。现在，请你们谈谈我们正在讨论的问题！'她扮演着催化剂的重要作用。"

在整个活动中，很多人都扮演着领袖角色，但用弗尔斯特的话说，维纳毫无疑问是这个团队的"老大"："他的存在具有支配性的威力，每个人都听'老大'的想法。"冯·弗尔斯特关于维纳的回忆录，不同于麻省理工学院那群年轻工程师，也迥异于那些认为维纳是个糊里糊涂、自我膨胀的天才的人："他非常和善，表达清晰。在我的印象中，他非常谦逊，他说的每一句话都绝对在他的掌控之中。"

海姆斯也觉得维纳是梅西基金会会议上起支配作用的人物："他扮演的是杰出思想先锋、**老顽童**的角色。"海姆斯说，他"对会议上提出的科学观点表现出不可抑制的热情"，并且"很明显享受会议的过程和自己的中心地位，他时不时站起来，像鸭子一样绕着会议的圆桌一圈又一圈摇摆着走，手里拿着雪茄，滔滔不绝地说话，一副咄咄逼人的架势"。

几年后，梅西基金会会议在克劳夫利召开，对团队的核心成员进行重组。克劳夫利是劳伦斯·弗兰克的家乡，位于新罕布什尔州的一个小湖边，距离维纳在南塔姆沃思的家只有一个小时的车程。贝特森和米德、弗里蒙特–史密斯、库尔特·勒温和其他一些人都带着家人来了。孩子们白天在森林里玩耍，晚上围着篝火唱歌。大人们则聚集在一起没完没了地开会，会议气氛和睦，大家专心思考问题，这种气氛一直持续到休会期间。有十几年的夏天，米德都是在克劳夫利度过的，她要么在会场的走廊上主持会议，要么"在水里躺在轻筏木或轮胎上，一边漂着一边做白日梦"。在贝特森和米德的小女儿玛丽·凯瑟琳的印象中，维纳"经常来访，抽着呛人的雪茄，对拉里或玛格丽特大谈他的新想法，却并不特别在意对方的反应"。

在麦卡洛克位于康涅狄格州老莱姆镇的乡间庄园，大家在一起度过了更多欢乐的时光。在耶鲁大学期间，麦卡洛克购买了一个面积500英亩的老农场，位于纽黑文市以东30英里的沿海小镇。一大群朋友每年夏天都要从芝加哥、波士顿和其他地方来到农场，在他们的帮助下，麦卡洛克小心周到地维护着农场的旧石头房子、谷仓、小湖和种植庄稼的田地。老莱姆镇乡间庄园的夏天是自由自在、无拘无束的。在农场的大房间里，时时刻刻都有人围坐在大餐桌旁进行严肃的科学讨论，不那么正式的讨论会则分散在农场各处进行。麦卡洛克凭着自己"巨大的快乐感"，把整个活动过程升华到神圣、崇高的高度。

维纳也经常来老莱姆镇，他随意参加讨论和玩乐，这种自由的感觉在童年时期和婚后生活中他很少感受到。但是在这里和纽约以及其他所有他参加的活动一样，主人对他都是又爱又怕。麦卡洛克的女儿塔菲说："维纳是个很有魅力的人，但他太孩子气，每个人都要照顾他。他睡在楼上，因为鼾声太大，其他人都不能入睡。早晨他会走错房间，到处找不到自己的房间，因为眼睛不好看不清。"

塔菲依然清晰地记得维纳在野外的形象："他可是个人物了。眼睛突出，像只青蛙。我记得他漂浮在湖面上，肚子朝上，嘴里不断地说着话，手里挥舞着雪茄，还慢慢往水里沉。"在老莱姆镇农场，裸游是基本规范。塔菲补充说："在湖里游泳从没有人穿泳衣。"

老莱姆镇农场自由的气氛有利于维纳的心理健康。在这期间，他从未发过脾气，情绪很稳定，也没有抑郁的症状。但是玛格丽特不喜欢麦卡洛克这帮人的波希米亚风格，她从没有陪维纳来过老莱姆镇农场，对他们在农场如何享受自由自在的生活毫不知情。女儿佩吉证实说："我绝对肯定他从来没有告诉母亲裸游的事情。如果母亲听到什么风声，她会大发雷霆的。"

美国战后生活是热情奔放的，其他一些科学家也欣然接受了波希米亚的生活方式。20年后，新一代年轻的科学家、学者以及整个青年文化群体也开始追随这些波希米亚前辈的生活方式。梅西团队和麦卡洛克的游牧一族规模不断扩大，其鼎盛时期，成员中既有年长的进步分子，也有受其影响的流氓恶棍。成员们无拘无束的行为方式、傲慢不敬的态度和对社会惯常的蔑视给他们从事的工作添色不少。

海姆斯发现，对梅西基金会会议上提出的思想进行"阐释、批判、扩展、精简、贯彻实行""花费了一代人的时间，并一直持续到现在"。他认为，梅西基金会会议"在美国人文和自然科学史上扮演了重要的角色"，新技术科学本可以从这些会议中得到更多的利益。然而，神话般的梅西基金会系列会议不全是甜蜜和阳光。麦卡洛克在一个回忆录里承认："前五次会议令人无法容忍……会上充满战争的硝烟、噪声和气味，气氛无法对外说。"他完全没有要美化当时情形的意思。他愤愤地说：

那些会议的情况，我一辈子都没有经历过……你从来没有听到成年人，有如此学术地位的成年人，用如此的语言来攻击彼此。我看到一个又一个会员流着眼泪离开，再也没有回来……我清楚记得有位科学家，我不想说他的名字，在米德面前挥舞着拳头，叫喊道："见鬼吧，你端着枪走进树林，如果你认为松鼠不知道冠蓝鸦的叫声是什么意思，那么你肯定没打过猎。见鬼吧，你只是端着枪在树林周围盲目乱走。"这还算是比较温和的例子。

但玛格丽特·米德看到的是事情好的一面。她是人类学家，从一个更高的角度看待小小的梅西团队，觉得它是一个教科书般的例子，是"一个文化微观进化单元……是由相互作用、彼此联系在一起的个体组成的群体，他们……做出选择，这决定了更大范围文化的方向"。在她的概念中，"一个具有进化意义的小团体最明显的特征是有至少一个不可替代的个体，他具有特殊的想象和思想天赋。没有他，这个团体会具有完全不同的个性特征"。

在米德、冯·弗尔斯特、麦卡洛克和其他许多梅西团队的人看来，维纳就是这样"一个不可替代的个体"。他给梅西基金会会议开启了通信概念和准则的新世界，毫无疑问，梅西基金会会议也给维纳带来巨大的好处。梅西基金会会议极大地扩大了他的思想范围，让他了解到新通信科学的社会意义。会议让他提早警觉到新技术给人类带来的种种影响，这种影响已经出现端倪。

维纳观察、倾听和接受了所有这一切，凭借昔日少年天才那多才多艺的头脑对这些加以整合。于是，在梅西基金会会议召开后一年，在对所有新知识、新技术进行了伟大整合后，加上他日益加深的对人性的理解和社会担忧，他出了一本小书，这是信息时代的一个重大事件。

九
大变革：控制论

信息是信息，不是物质或能量。

——诺伯特·维纳《控制论》

1947年5月20日，维纳从纽约启程前往欧洲，这是他战后的第一次欧洲之行。那天早晨，天还没亮，一颗明亮的彗星划过南部天空。在轮船起航之前不久，发生了日全食现象。这种巧合的天文现象在历史记录中只出现过一次。

维纳在朋友霍尔丹伦敦的家里暂居几天后，很快到英国各地转了一圈，拜访一些知名科学家，他们都是重量级人物，正在参与英国研制全程序化、通用数字计算机的激烈竞争。他会见了剑桥大学和曼彻斯特大学的研究团队，他们都在冯·诺依曼的构架基础上开发计算机。在特丁顿国家物理实验室，他和艾伦·图灵进行了交流。艾伦·图灵是个很了不起的人物，提出了计算机的概念，他目前正在领导另一项冯·诺依曼式计算机的设计工作，在开发他自己的逻辑程序语言。关于他的新通信和控制科学，维纳有很多问题要和图灵探讨。他发现英国的研究环境很好，"完全具备吸纳、接受（他的）新思想的条件"，也具备"杰出的工程基础"。

但是英格兰只是维纳行程的中转站，他还要去法国法兰西学院参加一个由另外一位老朋友、合作伙伴、出生在波兰的数学家曼德尔勃罗伊组织的国际会议。维纳的研究工作是整个会议的重要内容。

会后，在巴黎，维纳点燃了幸运之灯，他新科学的光芒将照亮整个欧洲大陆甚至全世界。

度过漫长的战争黑夜后，城市之光开始重新点亮都市的夜空。人们在大街上悠闲地散步，或者成群结队走向公园。塞纳河边的书摊上摆满了各种哲学图书，人们又开始围坐在户外咖啡店的桌子旁谈论哲学问题。维纳在左岸弥漫着长棍面包和异域奶酪味道的弯弯曲曲的小巷子里漫步，沿着熙熙攘攘的圣米歇尔大道向北进入旧城的大学中心区域，来到索邦大学对面的一家凌乱的小书店。在这里，麻省理工学院的一位同事安排他和一位绅士会面，他是墨西哥裔法国人、前外交家，也是个万事通。维纳称赞他是"我见过的最有趣的人之一"，这次见面后维纳又称他为"赫尔曼公司的出版商弗赖曼"。

弗赖曼讲了他的专业业绩以及如何娴熟地帮助法国知识界获得出版合同，一番话赢得了维纳的尊重。他还坦率地透露他是如何兑现自己的承诺而成立一个知识型出版社的，"一个几乎没有利润动机的出版社"，这又深深打动了维纳的心。于是，弗赖曼给维纳开出一个他无法拒绝的条件。

法国科学史学家皮埃尔·德·拉蒂尔根据弗赖曼自己的陈述，记录了当时的情形：

"你为什么不写一本书介绍一下你老是谈论的理论呢?""公众还未成熟。也许还需要 20 年……""都一样。我知道一家出版社,它可能有兴趣……""没有出版社会冒这个风险!""哦,我觉得它可能愿意承担风险。"两人的对话如此持续了一会儿,维纳突然说:"我懂了,你就是个出版商。"他们握手达成一致。"3 个月后我将提交手稿。"

维纳事后回忆说:"我们在附近的一家**法式糕点店**一边喝可可饮料,一边把合同签了。"那时,维纳还不知道,他的新出版商没有信心兑现这个合同。拉蒂尔接着写道:

当维纳离开时,弗赖曼微笑着说:"当然,他永远不会再想起这件事。"事实上,在维纳逗留巴黎期间,他再也没有提到这件事情。

但是,维纳的确还记得这件事。他承诺给出版商弗赖曼的那本书,以可控的爆炸方式从他的头脑里创造性地流出,一想到自己的思想将传递给全世界的同行和更广大的读者,他兴奋无比,充满了动力。但是,这本书不是在法国完成的,也不是在美国。7 月中旬,维纳回到波士顿,5 天后他前往墨西哥城,在国家心脏病研究所和罗森布鲁斯一起开展下一阶段的研究工作。他利用业余时间写完了一本小册子,它将命名他的新科学,宣告科学革命的来临。为了这个,他整整等待了 25 年。

经过了那么多年的准备,那么多年在美国科学后方的默默耕耘,维纳非常清楚自己想要说什么,他也早就知道他作为作家的任务不仅仅是技术性的:"一开始我就很清楚,这些通信和控制新概念需要对人类、宇宙知识以及社会进行重新阐释。"

写作工作开始了。他在标准横格信笺纸上用铅笔写作，写得很认真，有"几分狂热的情绪"。他的工作场所不定：时而在研究所附近的小公寓里；时而在院子里的屋顶上，俯瞰整个城市，远方是白雪覆盖的群山；时而在罗森布鲁斯为他提供的位于实验室旁边的一个安静的工作室。他写作效率早晨最高，一早从黎明前的沉思中醒来，他的脑子里充满想法，思如泉涌，他会用超大号的字体将它们写下来。他的新通信理论分别从科学世界的两个相反的方向会合：工程和生物学，热动力学和体内平衡，信息和熵，计算机和神经系统。

维纳快速地运用一系列深奥的高等数学符号和简化符号来证明自己的要点——以后有时间再来检查这些复杂方程式是否有错。他巧妙运用格式塔心理学、人类学和其他社会科学的新概念（他是在梅西基金会会议上学来的），解决他想解决的更大的难题，比如信息和通信对感知和人格的具体影响，大众通信塑造个体和社会的力量，将人和周围世界联系起来的复杂通信过程的相互作用关系。他关于人类、宇宙和社会的"新阐释"很清晰、很自信地流诸笔端，字里行间充满智慧和成熟，富有哲理，自从成年以来他还是第一次这么充分地展示自己的哲学才能。

现在只剩下为这门新科学找个名字了。

在战争期间以及战后，维纳就一直在寻找正确的术语来描述通信和控制新科学的本质特征。现在，他提交书稿的期限快到了，需要确定一个名字，他开始搜索大脑中大量储存的古典语言和科学历史的知识。他后来是这样说的：

我开始很努力地写作，但让我困惑的是如何选择书名和主题的名称。我一开始寻找"信使"的希腊单词，但是我唯一知道的是"angelos"，意思是"天使",上帝的信使。这个词有预设含义,因此无法反映正确的语境。于是我又从控制领域寻找一个合适的词语,我唯一可以想到的是表示"舵手"的希腊词汇"kubernêtês"。因为我要找的是个英语词语,所以我按照英语的发音,想出了"cybernetics"这个词。

这个词很好听,而且有个引以为豪的词源。维纳小时候背诵的古典名著里有很多舵手、领航员,他们出身卑微,但肩负重大使命。舵手在希腊史诗和戏剧中也经常出现,他们驾驭着巨型轮船、带着英雄人物安全渡过漆黑的大海。希腊哲学家也迷恋舵手,苏格拉底关于修辞的一篇对话里充满航海的典故,他偏离了修辞的话题,一番话预言了两千年后维纳所承担的使命:

> 舵手的技艺拯救人的灵魂和身体……免于极端的危险……然而却不摆架子,炫耀自己做了很了不起的事情。他是技艺大师……谦逊地驾驶着自己的船在海上航行,但他知道……不在大海上迷失方向……就是他的乘客的最大利益。

经过时间的洗礼,这个词依然在使用。19世纪,法国物理学家、电学的奠基人安培使用"cybernétique"一词来描述"政府艺术",当然这一点维纳是在自己的书出版后才了解到的。但是他知道"cybernetics"的拉丁语单词"gubernātor",是英语单词"governor"(管理者、统治者)的词源。1789年,瓦特第一次使用这个词语来描述控制蒸汽机速度的飞球反馈装置。一个世纪之后,詹姆斯·克拉克·麦克斯韦确定了这个词语在科学文献中的地位,他的著名论文"论调速器"发表在《英国皇家学会学报》上。但是那个时候,随着第一艘自动的、反馈控制的远洋蒸汽轮船的来到,这个概念已经完全被人们接受了。

为了纪念古代的人类舵手和工业时代的第一批控制装备,维纳将自己的新科学命名为"控制论"(cybernetics),因为"它是我能找到的最好的词语,可以描述这个概念所适用的所有学科领域里的技艺和科学"。

———

据拉蒂尔记载,1947年年末,就在维纳和弗赖曼达成一次这位出版商根本没打算兑现的出版交易后的3个月,"一个航空包裹抵达索邦大街。弗赖曼打开包裹,里面是手稿"。15分钟后,弗赖曼就决定出版这本书。他告诉一位来出版社找活儿干的巴黎印刷商说:"有件事情你可以做,手稿就放在那边的桌子上。"排版工作11天就完成了,长条校样立即被寄送到波士顿,但这并不意味着弗赖曼出版这本书就是板上钉钉的事情了。维纳回复了一个捉摸不透的电报:"你们得以两倍的效率击败美国人。"

《控制论》即将出版的消息让维纳的雇主们大感意外。当维纳把手稿交给"麻省理工学院当局"(维纳自己的话)看时,"他们非常感兴趣……希望能够找到一个途径在美国出版这本书"。的确,麻省理工学院的人很快采取行动想要收回《控制论》的出版权。麻省理工学院科技出版社社长打电话到巴黎,恳请弗赖曼放弃和维纳的出版合同,因为学院"不能让自己教授的著作由另外一家出版公司出版",但是弗赖曼不为所动。打了6个电话后,双方达成共识,结束了这场跨大西洋的拔河比赛,法国胜出。弗赖曼同意和麻省理工学院联合出版这本书,但保留版权,并且法文版在全球发行。

但出版工作进行得不是很顺利。由于工作劳累，维纳视力衰退，还得了白内障，他于是请自己最有才干的两位博士生皮茨和塞尔弗里奇校对弗赖曼提供的两套样稿中的一套。但这中间有人出了差错，把那套没有校对的样稿寄回了巴黎。塞尔弗里奇声称是维纳弄错了，把没有校对的一本寄给了弗赖曼。维纳责怪自己的学生。他后来哀叹这本书"出版后外形不甚令人满意，因为校对没有做好，当时我不能用眼睛，而帮我校对的年轻助手又没有把自己的责任当回事"。

麦卡洛克于 1948 年 3 月在第五次梅西基金会会议上匆匆看了一眼这本书。他注意到维纳非常担忧人们会对这本书有什么样的反应，他觉得这是一种幼稚的焦虑，或者一般作者的内心困扰。麦卡洛克回忆说："我只有一个小时浏览这本书，我们还讨论了书的可能发行量，但我们俩都完全低估了这本书。我当时的确当面称赞了这本书，但他一直过于焦虑，对书的真实价值感到很紧张。他像一个要传达消息的预言家，而不仅是个寻求认可的 12 岁的孩子。"

———

1948 年 10 月 22 日，《控制论》在法国和美国同时出版，两个版本都是英文的。美国的精装本售价 3 美元。出版之后，一些科学评论员不看好它，认为它深奥难懂、结构糟糕，很多复杂数学方程充满错误。考虑到这本书是高度理论性的，第一项指责是不可避免的，而第二项批评是值得商榷的。维纳的写作风格和他的科学一样，是对话性的、多维度的。他常常从理论跳跃到理论的衍生支流，插入大量生动的新科学事例，有科学行动的、有实验室的、有现实生活的，涉及广泛的领域，他的控制论概念都适用。第三项指控是毫无争议的，第一版中有无数数学错误，原因是多方面的，维纳本身有出错的倾向，长条校样也一团糟，加上他得了白内障，不能在出版的最后阶段审读书稿。

尽管有这些缺陷，《控制论》仍然是科学推理和科学写作的卓越成就。世纪之交，据《美国科学家》杂志称，它依然是20世纪"最值得纪念、最有影响力"的科学著作之一。

仅这本书的介绍部分就值得花3美元购买。他用生动活泼、极具个性的风格，对新科学的短暂历史，以及它在欧洲和美国漫长的酝酿时期进行了全面的回顾和总结。他向控制论的哲学、数学和热动力学等领域的先驱表达了敬意，尤其是莱布尼茨和麦克斯韦。他称赞莱布尼茨是"控制论的守护神"（他没有提到吉布斯，在后面的统计力学一章里会专门谈到他）。他也称赞了为这门新科学和技术做出贡献的同行和合作者，包括布什、李郁荣、麦卡洛克、皮茨、图灵、艾肯、冯·诺依曼和香农。他详细描述了战争期间和比奇洛一起从事的研究工作，他记录了1940年秋天提交给布什的那篇关于数字计算机的具有预见性的备忘录。

从一开始，维纳就没有将控制论的源头归因于技术，而是生物学。他回顾了罗森布鲁斯在哈佛商学院举行的晚餐研讨会，他和罗森布鲁斯都深信，科学发展最肥沃的土壤是在"成熟学科领域之间的无人地带"，他认为这是控制论的源头。现在回想起来，维纳觉得当时他和罗森布鲁斯共同追求的梦想具有强大的力量，他们梦想开拓那些"边界地区"和"科学版图上的空白地带"，他们不懈追求，渴望创立一个跨学科的"由独立科学家组成的研究机构，一起耕耘科学的处女地……大家都有共同的愿望、共同的精神需求，就是了解本领域的整体面貌，并通过这种了解获得力量支持彼此的研究工作"。

维纳谨慎地承认了其他一些盟友的工作，包括梅西基金会会议、普林斯顿计算机会议的参与者，以及在剑桥、芝加哥和墨西哥城参与相关研究的所有人员。控制论的诞生得益于他们逐渐认识到，"通信和控制所面临的中心问题也是诸学科共同面临的本质问题……不管是机器还是生物组织"。同时也因为他们作为一个团体"缺乏一个共同的术语，甚至没有一个唯一的学科名称，发展受到严重阻碍"。维纳说，工程师使用的专业术语不久会"被神经生理学家和心理学家使用的术语玷污"，"大家都很清楚……我们应该努力打造共同的术语体系"。

维纳划定了新科学的边界，确定了控制论的新术语和概念。他的著作整合了之前零碎提出的所有通信和控制原理，这包括他和比奇洛、罗森布鲁斯1943年合写的、至今依然是保密文件的那份受歧视的报告，以及1946年在纽约科学院做的报告，但他进行了更大程度的综合，同样适用于动物、机器和人类。他扩大了"信息基本概念"的外延，整合了"通过电子、机械或神经方式传递的"所有信息。6年前，他将信息概念模糊地定义为"统计测量或统计概率"，现在则将其准确定义为"**信息量的统计理论，其中单位信息量是指在诸多相同概率的选择中做出的一个选择所传输的信息的量**"。

随着论述的展开，维纳区分了两种主要信息模式——"离散的或连续的"（即数字的或模拟的）以及它们在通信、电子计算、自动化控制系统中的不同应用。他写了好几页公式证明一个要点，即信息是有秩序的，是物理中的熵或无序的负值，应该以二进制单位对其进行对数测量，他还运用自己的证明解决实际的通信工程问题。他揭示了如何将信息（秩序）和噪声（混乱）分离的数学和工程秘密，解释了他的信息统计方法如何可以用来设计改良的电子线路、反馈装置和自动化机器。他对物理和生物系统以及它们不同的组织模式、自然领域的不同信息形式做了重要区别，用数学方法证明了反馈的工程原理等同于体内平衡的生理过程。

在该书的中间部分，维纳向整个世界——而不仅仅是工程、技术人员的封闭圈子——介绍了他的一些最重要的控制论术语和概念，它们是理解所有复杂系统的钥匙。他宣称，所有信息过程本质上是一致的，揭示了工程师开始普遍用来控制、组织、稳定、自我调节和管理庞大通信网络和智能自动机器的"信息反馈控制"新技术方法，在本质上和很久以前大自然为人类和所有其他生物所选择的，作为其基本运行系统的通用过程是一样的。

维纳在《控制论》中确定了反馈作为普遍法则的地位，这不仅仅是一种优秀的技术思想。他列举了机械、电子和生命系统中存在的正反馈和负反馈的例子，描述了过多或过少的反馈造成的常见混乱。他明确地指出，负反馈根本不是负面的反馈，它提供的重要纠错信息给自动机器、身体和大脑以及日常生活中的人们带来了秩序和自我控制。正反馈是确认和强化通信或控制过程结果的信息，它对控制系统可能具有相同的价值，尤其是人类的控制系统。但它也可能完全是灾难性的，维纳从他的火控研究项目中深刻体会到这一点。如果不加以控制，它的强化作用会加重系统的错误，导致失控和剧烈的振荡，最终引发"灾难性后果"。这种效应也很容易在罹患神经紊乱的病人身上看到，比如意向性震颤、帕金森病。还有一个维纳最喜欢的例子，即在结冰路面上开车的不幸司机，他轻轻踩一下油门汽车就偏向失控，刹车完全不能提供制动车辆所需的负反馈。

维纳明确表示，为了生存和适应周围的世界，所有通信系统都需要一个正负反馈的健康平衡。在维纳的影响下，反馈这个术语将进入个人思想、文化词汇表和信息时代的概念库。

在《控制论》里，维纳还探讨了人类和机器之间更多的相互联系，非常具有启发性。他扩展了这门新科学的视野，吸收借鉴了心理学方面的深刻见解，这些见解萌发于梅西基金会会议时期。他向读者介绍了新型电子计算机，解释了计算机的物理部件和逻辑运算过程是如何模仿人类大脑和神经系统的机能的。在利用格式塔心理学以及麦卡洛克和皮茨研究成果的基础上，他用信息处理新术语解释了人脑感知的主观过程。他提出运用电子扫描装置这项具有类比性的技术来实现计算机的感知功能，电子扫描装置的运行频率和在视觉皮质里运行的脑电波频率是一样。他的这个想法的提出，比计算机和电视摄像机第一次对接早了十多年。他还描述了计算机和大脑这两种类型的控制系统都可以发生类似的故障，引发类似的灾难性后果。

维纳相信，研究新型类人脑计算机所获得的经验教训可以大大促进社会对精神疾病的理解。他提出，人类很多"功能性"（而非器质性）精神紊乱"基本上都是记忆性疾病，是大脑内部信息循环一直处于活跃状态而造成的疾病"，"甚至一些不那么严重的精神紊乱……其产生的身体影响，很大一部分不是器官损伤造成的，而是神经系统中信息流通遭受次级干扰造成的"，他早年就怀疑这种障碍可能和大脑大量的循环化学信使有关。他解释说，一些现代疾病，比如"恶性忧虑"、焦虑发作和其他一些经典神经官能症，可能始于一些微小的忧虑，"慢慢积累，演变为一种毁灭性的过程，影响到正常的精神生活"。这就像电子计算机碰到逻辑悖论问题，它"进入一种循环过程，不能停下来"。他还将其他一些精神病状态比作信息"过载"，称这是一种新型技术问题，它既可能在人身上发生，也可能在机器上发生，其原因"要么是传载的信息量过大"，要么不需要的信息量过大。他预测，在这两种情况下，"正常的流通信息分配不到足够的空间，当达到某一节点时（会相当突然），就会产生某种形式的精神崩溃，可能达到疯狂的程度"。

在《控制论》最后几章，维纳介绍了控制论对社会和文化的重要性。他注意到，与计算机和大脑不同，社会的通信渠道不是由导线或神经网络构成的，其构成部分包括人与人之间使用语言和非语言通信而实现的信息交换，家庭和更大的社会组织内部的学习过程和团体通信，不同文化群体之间的信息和经验交流。在借鉴贝特森、米德以及其他一些参加梅西基金会会议的社会科学家的思想的基础上，维纳描述了"自我平衡过程"的稳定性功能，不管是原始社会还是现代社会，都存在这种"自我平衡过程"。他也描述了大量存在的力量因素，它们既可能加强，也可能削弱这些基本的自我平衡过程。他注意到，"小型、紧凑的社区具有相当程度的自我平衡，不管它们是文明国家识字程度很高的社区，还是原始、野蛮的山村"。但是，他不是很赞同当代的大众传播文化。

维纳第一次在自己专业作品的科学视角里注入社会批评的因素。他注意到，高度发达的大型社会缺乏健康的自我平衡过程，原因是现代社会信息过剩以及既定社会和政治利益团体对"通信手段的限制"。他批评了主张自由市场的理论家，认为他们的理论过于简单化。他特别反感当今那些"自吹自擂的推销商"、媒体大亨、工业巨头和政客，他们通过控制大众媒体寻求支配广大民众的权利。维纳写道，"任何有机体结合在一起……是通过掌握获取、使用、保持和传递信息的手段而实现的"，集体社会更是如此，因为人类社会太庞大，"成员之间不能彼此直接接触"。在结尾处，维纳用华丽的词句对读者发出警告："在所有反自我平衡的社会因素中，通信手段的控制是最有效的，也是最重要的。"

《控制论》有些地方十分难懂，涉及很多高等数学的内容，但是这本小册子也有精彩之处。这是维纳自在《波士顿先驱报》做专线记者以后，第一次展示他通俗读物的写作风格，他大量使用导语、自信满满的散文笔调和哲学评论，别具风味。他的新科学是革命性的，他发出的声音是蔑视性的，因此注定引起争议。书中也充满了挑衅性的言论，事后看来这些言论是具有预见性的。在一段玄妙深奥的文字里，维纳称赞了新生信息时代的主要资源，称其是自然界独特的力量和物质，他警告那些不尊重信息时代新的物理规则和人类法则的人将会遭受危险：

信息就是信息，不是物质和能量。任何不承认这一点的物质主义观点在当今都无立足之地。

从一开始，他对控制论以及它引领的新技术时代便寄予厚望。然而，他也在书中表达了较为灰暗的主题，从那一刻开始，这个主题在他的作品和专业研究工作中一直是很显著的存在：他对自己开创的控制论和这个强大的新知识将给人类带来的后果深感忧虑。他预测，控制论将有可能促使现代企业迅猛发展，从武器制造到大规模生产。他发出警报，警告新智能技术给各行各业的劳动者会带来潜在的影响。他担心，像第一次工业革命"通过引入机器竞争贬低了人类劳动的价值"一样，第二次控制论工业革命"也注定会贬低人类脑力劳动的价值，至少在做出比较简单、更常规化的决策方面是这样的。到时候，成就平庸的普通人就没有什么值得人们掏钱购买的体力和脑力了"。

创作《控制论》时第二次世界大战刚刚结束，战争的恐惧记忆依然鲜活、清晰，维纳对自己新科学的前景抱着宿命论的立场。他明确表明自己个人未来优先发展的方向，以及作为一个科学家所担负的义务：

我们这些为控制论新科学做出贡献的人，有一种不是那么令人舒服的道德立场。我们为新科学的启动做出了贡献，新科学致力于技术进步，其带来的可能性，既有好的，也有邪恶的，两者的可能性一样巨大。我们只能将它交付给我们周围的世界，这是一个有贝尔森纳粹集中营和广岛原子弹的世界。我们甚至没有抑制这些新技术发展的选择机会。它们属于这个时代……我们能做的最好的事情就是确保广大民众理解当今研究工作的趋势和方向，将我们个人的研究限定在那些领域……远离战争和剥削。

———

《控制论》在战后世界引起巨大反响。该书出版时，离20世纪中点还差两年，在世界范围内，它引领科学和社会进入全新的发展轨道。美国主要媒体也助了一臂之力，全力迎接新科学的到来，并对新科学之父、昔日的天才少年维纳进行了宣传。《科学美国人》杂志在1948年11月头版上，向包括科学家在内的广大读者介绍了维纳的研究工作。《新闻周刊》用整整一个版面报道了维纳，使用了很多漫画式的语言形容他，此后很多媒体也竞相模仿，比如，说他是"真正的少年天才"，长大了成为"一个蓄着胡子、语速很快的数学教授"，还准确描述了他在这个新型跨学科事业中的作用，"有点儿像科学媒人"。

几个星期之内，媒体都在探测发生科学海啸的蛛丝马迹。《时代周刊》年末版报道说："在不是很常见的情况下，一本科学著作的出版会在诸多不同科学领域引起强烈反响。《控制论》是这样的一部著作。"《时代周刊》用它招牌式的风格给维纳进行了重新定位，说他是美国世纪下一个阶段的先驱："他好像由神童变成了圣诞老人，他就是这样的人。"但是，《时代周刊》也抓住了维纳和他的同事打造的这个综合科学的本质:"控制论专家像一群探险者,他们冒险进入一个新的国家,结果发现大自然已经建构了人类大脑,抢在他们之前开辟了这片领地。"维纳对新科学带来的未来前景所产生的焦虑,《时代周刊》并不避讳:"在书中,维纳博士多次停下脚步,展望未来,浑身冒着冷汗。"

《控制论》非常畅销,刚出版6个月就重印35次,成为国际出版界谈论的话题。可能除了他的法国出版商,没有人比维纳对这本书的成功更感意外了。维纳事后承认:"弗赖曼对《控制论》的商业前景不是很看好,实际上,欧美两边没人看好它。当它成了科学畅销书时,我们都很惊讶,至少我是这样的。"

到1949年2月,甚至保守的《商业周刊》也觉得有义务告诉它的读者《控制论》所引发的社会现象。《商业周刊》将《控制论》同另一本话题更性感的年度科学畅销书,阿尔弗雷德·金赛博士写的关于美国男人性行为的报告进行了比较。《商业周刊》注意到"一本原本指望只有少数技术人群感兴趣的书……《控制论》……有个让人感到神秘的名字,书中满是恼人的数学符号和希腊字母,印刷质量低劣……然而,维纳的书有一点和《金赛报告》是相同的:公众对它的反应同书的内容本身一样重要"。4月,《纽约时报》跟踪了《控制论》的发行情况,称"销量让经销商很惊讶",他们"完全不理解这本书对公众怎么有这么大的吸引力"。《时报书评》的一位专栏作家采访了维纳,很高兴地发现维纳是个"矮胖的小男人……神经紧张,又充满活力","目光明亮、急切,渴望搜寻新的思想……说话反应速度极快,尽管蓄着胡子,但还是很容易看见少年天才的影子"。《时代周刊》的评论作者对《控制论》的印象甚至更为深刻:"穿插在数学方程式之间的……是整页整页闪闪发光的文学语言和富有激情的散文……每个句子都铿锵有力,修辞完美。"之后,另一位《时代周刊》评论员这样评价这本书:

"是一本有重大影响的书……其最终的重要性堪比……伽利略、马尔萨斯、卢梭、穆勒。"

《控制论》的出版刚好赶上了好时机。战后美国人口浪潮出现新情况，由于盟军战争期间的技术胜利，人们逐渐接受和习惯了科学和技术，渴望收获战后发明带来的新成果。它也拨动了民众的敏感神经，核战争的威胁日益加剧，人们倍感忧虑。还有一点，维纳在书中讨论了一种新的发展前景，机器可能不久就会取代人类从事工厂和办公室里的工作，而这些工作正是从战场上凯旋的老兵的谋生手段。

重工业和电子产业的技术人员已经准备好了接受维纳的思想。在麦克斯韦关于调节器的具有历史意义的论文出版后的 80 年里，商业反馈装置的生产呈几何级数增长，从第一代自动转向舵机和恒温装置到新型自动洗衣机和汽车变速箱，它们从流水线上源源不断地进入市场。自动化这个词是个新造词，用来描述在工业生产中使用自动机器协助或者替代人工。20 世纪 40 年代末，自动装置已经在工业和商业领域获得广泛使用，但工业和商业制造背后，理论和硬科学知识依然很少。

机械工程师只是模模糊糊地意识到，贝尔实验室正在开发的脆弱电子反馈电路和他们的重型金属设备有某些相同的地方。实际上，在《控制论》出版之前，大多数伺服机构和自动控制设备，"从设计、制造、生产各个环节……对被控制系统背后的动力学问题，都没有清晰的解释"。甚至麻省理工学院的电力和通信工程师，包括放射实验室和伺服机构实验室的顶级专家，都没有领会维纳那份受歧视的报告中提出的要点：控制和通信是同一个通用过程的两个方面，它和能量没有任何关系，和信息却息息相关。放射实验室的伊凡·格廷回忆说："贝尔实验室从事的通信反馈研究和作为所有伺服机构的基本要素的反馈之间没有联系。"

———

于是《控制论》出版了。维纳的出版商欢欣鼓舞,趁热出版了维纳的第二本技术著作,是他那份受歧视的报告的修订版本,战争结束后维纳一直努力寻求撤销它的保密状态。这本默默无闻的专著在工程领域的核心人群中已经成了传奇故事,最终于1949年被撤销保密状态,并于同年出版,取了一个很长的名字,叫作《外推法、内推法和平稳时间序列平滑法及其工程应用》(简称《时间序列》),书后还有一个长长的附录,详细说明了它在和平时期的广泛应用前景。这本书和《控制论》征服了整个战后工程世界。

维纳以前的学生、来自纽约的小表弟戈登·托比·莱斯贝克是那份受歧视的报告的出版编辑,《时间序列》出版时受雇在贝尔实验室的工程部工作,他回忆了维纳的书是如何突然影响到他的同事的:"1949年,人们开始运用诺伯特的研究成果对信号进行编码和检测,从那时开始,你**不得不**使用这些方法,因为它们比以前使用的方法要强大很多。也正是这时,诺伯特得到麻省理工学院以外的工程界和其他知名的电气工程学派的承认。"莱斯贝克清楚,因为没有得到美国数学家和工程师的承认,维纳深感挫败,但是他从历史上科学思想被接受的长远角度看待了维纳的成功:"我真的认为20年是相当短暂的,尤其是当你考虑到1940年到1946年这段特殊时期,况且后来在科学交流方面存在很多很严重的限制情况。"

比维纳晚一辈的历史学家凯文·凯利是《连线》杂志的特约编辑,也是所有新技术的化身,他梳理了维纳的研究工作是如何影响战后工程界的:"在《控制论》出版后的一两年内,电子控制电路给产业带来了革命性的变化……一代又一代的技术人员进行了大量辛勤的工作,试图完善工业生产过程的管控。但都徒劳无益……直到维纳出版了《控制论》,进行了绝妙的归纳总结。世界各地的工程师立即领会到他的关键思想,在工厂安装了电子反馈装置。"但是,影响远不止工厂生产。在维纳的影响下,各种彼此孤立的伺服机构和电子反馈电路融合为一种统一的专门技术,于是大量自动化机器、家用设施和电子设备开始源源不断流入市场。

的确,战后工业生产的大发展、经济增长和技术进步很大程度上都归功于维纳的研究工作。他的新科学改变了电子技术的研究和发展,改变了大规模生产的方法和成本,改变了所有产业领域工人所承担的工作任务,改变了消费者的购买习惯和生活方式,更重要的是,它促使世界各地的人们开始有意识地在智能机器、人类和生命物质之间建立起联系。

《控制论》的成功促成了维纳的身份转型,他不再只是一位杰出的数学家,他获得了新的身份:一个被证实了的"天才",美国舞台和国际科学的稀有领域升起的超级明星。被《时代周刊》和《新闻周刊》介绍后,维纳发福的照片经常整版整版地出现在《生活》杂志上。《财富》杂志、《纽约客》都刊发长文介绍他的研究工作,《时代周刊》的一篇关于计算机的封面文章也介绍了他的研究成果。法国《世界报》刊发文章介绍了《控制论》,瑞典对《控制论》的反响尤其强烈。1949年,维纳被邀请在美国数学协会年会上做了关于约西亚·威拉德·吉布斯的报告。1950年,他在哈佛大学举行的国际数学大会上发言。

控制论、反馈和诺伯特·维纳这个不好听的名字在美国和很多其他地方成了家喻户晓的词语,然而对维纳而言,同行的尊重要重要得多。《控制论》出版时,他在梅西基金会会议的同行都欣喜万分(尽管麦卡洛克抗议说,维纳的书"太过受欢迎,我买了两本,结果两本都被朋友们偷走了")。维纳一跃登上公众舞台,在梅西基金会会议的很多参会者看来,这对维纳本人和梅西团队都可以带来科学利益。《控制论》出版后召开的梅西基金会会议,总体气氛是欢欣鼓舞的。

海因茨·冯·弗尔斯特回忆说,1949年3月召开的第六次梅西基金会会议笼罩在兴奋的气氛中,他提出的关于会议议程的建议深深打动了维纳。

"我从维也纳出发抵达纽约,三个星期后,被邀请参加梅西基金会会议。与会的有诺伯特·维纳、约翰·冯·诺依曼、沃伦·麦卡洛克、玛格丽特·米德、格雷戈里·贝特森等整个梅西团队。我的英语词汇量可能只有50个,我说:'天哪,我连会议的**名称**都念不出来。'梅西基金会会议先确定的名称是'生物和社会系统中的循环因果和反馈机制'。我提议会议名称应该叫'控制论'。因为我刚读过维纳的这本书。所有其他的人立即笑着鼓掌,接受了我的提议,说这个名字好。维纳就坐在我旁边,同行们接受了'控制论'这个好笑的名字作为会议的名称,他深受感动。他眼里噙着泪花,只得离开房间,怕人看见。"

梅西基金会接受了与会代表达成的一致意见,此后的五次会议和出版的会议记录都用"控制论"这个简单的名字,原来的名字作为副标题。

———

随即,其他一些人开始加入维纳通信革命的前沿队伍。1948年,紧接着《控制论》的出版，一篇很长的技术论文发表了，它开启了控制论的姊妹科学——信息理论的新篇章。论文作者是维纳年轻的麻省理工学院同事克劳德·香农，他是贝尔实验室首席理论家之一。

和维纳一样，香农年轻时就涉猎了电子领域，他曾用半英里长带刺的电线从自己家里架设了一条简陋的电报线路到朋友家里。1936年他从数学和电子工程本科毕业后进入麻省理工学院，第一份工作是做范内瓦·布什的实验室助手，当时布什正在组建下一代微分分析机。香农从事的工作涉及棘手的模拟计算机控制单元，用了100个继电器。他根据自己的实际工作，运用布尔代数的二进制数学理论，完成了关于开关电路符号逻辑的硕士论文，论文深受好评。这篇论文只有10页，和图灵的那篇关于计算的里程碑式的理论论文相隔两年，它证明了可以运用简单的二进制电路来进行复杂的数学运算，并且二进制计算机既可以做出逻辑决策，也可以进行数学运算。

香农在麻省理工学院读书时，维纳和他没有多少接触，但他注意到，香农提出的一个观点在那时就具有深刻的独创性。战争期间，香农也对维纳的想法非常感兴趣，多次到维纳的战时实验室寻求他的帮助，但后来维纳有些厌倦了，怀疑香农"是来采摘我的头脑的"。

香农的论文《通信的数学理论》一共分两部分，发表在《贝尔系统技术杂志》上。论文的基础是20世纪20年代以来贝尔实验室理论专家所做的理论探讨，以及维纳在那份受歧视的报告里所做的研究成果。论文运用统计方法来研究通信理论，而通信理论直接源于维纳战时的研究工作。论文还扩展了维纳两年前在纽约科学院报告中提到的其他观点，比如使用以2为底的对数来测量二进制单元信息中的信息量，在物理上信息和熵是相互关联的见解。然而，香农和维纳存在技术分歧，香农宣称信息和熵是对等的，不像维纳所说的是负熵。

香农的论文还提出一些有历史意义的定义。他引入"二进制数字"，即"比特"的概念。"比特"这个术语是普林斯顿大学数学家、贝尔实验室咨询专家约翰·W.图基提出的，它很快成为用以 2 为底的对数测量信息的标准单位。香农提出的 20 多条定理给贝尔实验室的工程师提供了准确的公式，来计算传输线路的"通道容量"（单位是比特秒）和信息冗余度，所谓冗余是通过嘈杂的信道准确传递信号所需要的重复度。他还做了一个重要的区分，这对信息理论至关重要。他采取了一个大胆的行动，将传送和接收的信息的意义从信息的定义中完全剔除："通信的语义方面和工程问题无关。"这个原则完全颠覆了 14 世纪以来对"信息"这个词的定义，但是从纯粹的技术观点来看，香农的做法是有道理的，他澄清了很多和通信问题没有关系的语义混乱。

香农论文的第一部分发表于 1948 年 7 月，建立在他战争期间的密码学研究的基础上，从理论上讨论了离散信息的优点。所谓离散信息，就是独特的、不连贯的信息，例如莫尔斯电码中的点和线，或者加密信息中单独的字母，它们可以通过敲击电报键或者类似的电子脉冲来传送。论文的第二部分和《控制论》同月出版，集中讨论通过电话、无线电或者其他电磁波现象所实现的语音传输中的连续信息问题。维纳的通信理论研究几乎和离散域没有关系，但和连续信息有很大的关系，尽管它们的测量方法在统计学上几乎是一样的。

香农承认，他的新数学理论的一些中心观点要归功于维纳。他引用了维纳的战时研究成果，明确地说，"通信理论很大程度上要归功于维纳的基本哲学和理论"，维纳那份受歧视的报告"第一次清楚地陈述了通信理论就是统计问题的基本构想，和本论文有重要的间接引用关系"。在论文结尾的致谢部分，他坦言，维纳"简练地解决了"通信理论的基本问题，"极大地影响了本文作者关于本领域的思维方式"。

不久，香农的通信工程技术论文引起了战后美国科学界高层人物的注意。次年，香农和维纳的战时监督者沃伦·韦弗作为共同作者重印了这本薄薄的著作。这本书收录了沃伦·韦弗的一篇很长的论文，它为不懂技术的读者重新解释了香农的理论，称赞了它在技术和通信层面上对整个科学界的影响。

和维纳的控制论同期出现，香农的数字通信理论在工程世界"像炸弹爆炸一样，产生了巨大的力量"。工程师对他的新理论充满敬畏，实际上它在维纳出版《控制论》三个月前就在工程文献中确定了自己的专属位置。尽管香农承认了维纳的贡献，但信息理论很大程度上要归功于香农。"仿佛是晴天霹雳……我不知道还有哪种理论像它这样以完整的形式呈现出来，却没有什么先驱和历史研究。"约翰·皮尔斯这样说。皮尔斯是贝尔实验室的另一位先驱理论家，他创造了"晶体管"一词，后来还发明了通信卫星。奥利弗·塞尔弗里奇记录了香农的理论横扫坎布里奇的巨大冲击力："这是一种启示……在麻省理工学院，大家的反应是，'太妙了！我怎么没想到呢？'。"

香农和韦弗的著作出版时，维纳已经因为《控制论》而成为世界知名人物了，香农严谨的定理获得一片喝彩，这让维纳非常恼怒，因为香农的观点是从他们私下交谈时维纳告诉他的想法的基础上细化、发展而来的。在公开场合，维纳声称"对香农博士的科学成就和个人诚信怀有最高的敬意"，写文章称赞他是"当今具有重要品格的人物之一"，但是他决心要香农承认他对信息理论做出了贡献，就像他要别人承认他对计算机所做的贡献一样。在《今日物理》杂志上的一篇关于香农和韦弗著作的书评中，维纳承认"它的起源独立于我的研究工作，但从一开始就和我的研究工作紧紧联系在一起，因为我们彼此存在双向交叉影响"。在他的自传中，他会果断地谈到"香农-维纳信息量定义（因为它属于我们俩，每人一半）"。

最终，两人都获得他们应该得到的承认，为战后世界贡献了两个相互补充的信息概念：香农的贡献是他在战争期间研究编码的基础上提出离散的电子概念，维纳在他20世纪20年代以来研究统计学的基础上提出连续的模拟概念。香农具有创新精神的数字方法对很多电子工程师，尤其是年轻的电子工程师而言非常有吸引力。但是，维纳坚决要把这两种信息模式视为两个彼此排斥的技术信仰。在计算机领域，他是支持数字的方法的。他和同事从事的实验室研究大部分是模拟研究，比如，他们正在探究的生命过程。对于信息，维纳的目的是要防止幅度过大的摇摆，就像防空大炮那样。

然而，香农处理信息的技术方法也引起一些严重的新问题。香农认为，意义问题以及"通信的语义方面"和信息理论无关，这让很多通信理论家和研究者备受困扰。韦弗实际上对香农的通信理论进行了扩展，从而涵盖"所有人相互影响的过程……不仅包括书面和口头语言，而且有音乐、图画艺术、戏剧、芭蕾，实际上包含所有人类行为"。这只能让事情变得更为混乱。

后来，香农应邀参加了一次梅西基金会会议，很多与会的社会科学家，甚至一些物理学家，因为他排斥语义而发生了争执。来自维也纳的生物物理学家、梅西基金会会议文献汇编编辑海因茨·冯·弗尔斯特和20世纪最著名的语言哲学家维特根斯坦有亲戚关系，他坚持认为，即使在技术层面上，信息也不能和意义分割开来，否则会给人与人之间的相互理解造成可怕的后果。弗尔斯特回忆说："我反对在没有任何信息而只有信号流动的情况下使用'信息'这个词，我觉得他们所谓的信息理论应该叫作**信号**理论，因为那里只有'滴滴'的信号，没有信息。只有将一组信号转换为我们大脑能够理解的其他信号，才产生了信息。信息不存在于'滴滴'声中。与会的其他人表示同意，但是他们的反对声音被新技术在社会上甚至在梅西基金会会议内部产生的日益高涨的影响力掩盖了。

20世纪80年代晚期，香农的记忆力日渐衰退，他和妻子贝蒂（她是位数字分析师，他们在贝尔实验室相识，1949年结婚）坦率地谈到他的理论和他使用理论的目的。他为自己将信息技术理论同哲学上由来已久的语义争论以及现代语义理论分隔开来进行了辩护，因为它们和工程问题没有关系，但是他也澄清了一个历史事实，这个事实本可以避免很多不必要的混淆和科学混乱：香农否认"信息理论"这个词是他创造的。

"一开始，你称它为**通信理论**，"贝蒂提醒丈夫，"你并没有称它为信息理论。"

"是的，我当时认为，通信就是将比特从一个地方传送到另一个地方，不管它是《圣经》的一部分，还是掷硬币的方向。"香农证实。他此时的观点和40年前冯·弗尔斯特的观点几乎是一致的。

贝蒂证实，当一些和通信工程相距甚远的科学家也加入信息的讨论热潮时，香农感到"心烦意乱"，他注意到他的工作生涯和他提出的技术理论极不相称。贝蒂说："在整个过程中，这件事让你烦恼过好几次，但到那时，你也无法控制了。"

香农重申，他给自己的研究工作设置了一些限制，将自己的理论完全局限于具体的纯技术范围，缺少维纳研究控制论时所具有的更宏大的哲学抱负和社会联系。香农重复说："这个理论就是将比特从一个地方传送到另一个地方，这就是该理论的通信部分，是通信工程师努力要做的工作。信息所负载的意义，这是下一步，下一个目标，不是工程师考虑的事情，尽管它谈论起来很有趣。"

维纳的信息概念比香农和韦弗的要宏大一些，他是从工程和生物学的制高点来研究信息的，对待控制论也是如此。对他而言，信息不仅仅是离散的或连续的，不是绝对线性或循环的，不是物质也不是能量，而是一种全新的、在时间和空间上延展的东西，而且常常是鲜活有生命的。维纳的观点是，信息不仅仅是一串被传输的比特，也不是一系列有意义或没有意义的信号，而是**对系统组织程度的度量**。

"组织"是维纳的一个主要概念，它不再局限于信息传输的简单线性模式，将信息向前发展了一步。组织这个概念源于生物学，20世纪30年代，新一代理论生物学家和"生命系统"思想家使用这个词来解释具体的生命过程，并且从总体上描述"构成整体的各个等级结构和成分之间的和谐互动关系"。维纳在哈佛大学和罗森布鲁斯、坎农来往期间接受了这个概念。40年代，薛定谔将物理系统中的熵和生物物质中的负熵联系起来，维纳获得启发，对组织有了新的看法。

维纳在他的信息概念中引入的正是组织的这种新的动态品质，就像他在研究控制论和所有通信科学时那样。因为具有非凡的洞察力，维纳将生命世界和非生命世界联系了起来，在科学的无人之地搭建起连接的桥梁。他提出的模拟信息过程和数字信息过程之间存在"本质统一"的观点，涵盖了整个自然、社会和人类发明：身体里传递生命信息的、具有独特分子结构的微小化学信使，大脑神经网络和电磁波的不间断切换和脉动，以太网、电话线路和计算机电路中流动的模拟和数字数据电流，数量庞大的在现代社会"全体国民"之间负责传输诸多分散信息的语义和符号通信形式。在接下来的几年里，他将在所有这些领域自由漫行。

那时，维纳那群以工程为导向的同事还不能理解信息的物理纬度，以及它和基本生命过程的直接联系，但是不久之后，很多其他的人就加入进来,投入信息和通信的新生物学领域。

———

再回到普林斯顿大学,约翰·冯·诺依曼对这一切进展不是没有关注。他的 IAS 电子计算机的研究进展极其缓慢,主要是计算的内存设计碰到了很多问题,这种延误让人很沮丧。但眼看着新技术时代的基础正在奠定,一个全新科学新思维的时代正在到来,冯·诺依曼坐不住了。

麦卡洛克回忆说,在梅西基金会会议期间,冯·诺依曼"会后和我在一起待了很长时间,因为有可能用理论系统地阐述控制论的中心问题(像他提出博弈论一样),他为此感到很兴奋"。正如他于 1946 年私下向维纳透露的那样,冯·诺依曼对他的电子计算机架构的核心部分(即神经网络模型)的忧虑日益加深,但对像病毒那样简单的有机体和它们超乎想象的复杂行为的兴趣日益浓厚,这促使他开始从另一个角度考虑计算问题。现在,冯·诺依曼也开始将研究中心从无生命过程转移到复杂的生命过程本身,比如组织、生长、适应以及繁殖所必需的精细运行过程。他想知道,那些比大脑简陋得多的有机体是如何成功地完成这些复杂的过程的。他开始行动,决心弄清楚是否可以运用类似简单的思路设计和建造计算机,使其能够根据自身的经验自动地成长和学习,甚至自我繁殖。

冯·诺依曼和麦卡洛克一道,仔细研究了"用不可靠的部件建造可靠的计算机的可能性"。他还会见了梅西基金会会议的其他代表,以及在细胞生物学前沿领域从事研究的物理学家,同他们讨论以细胞生物为模型建造智能机器的前景,这种智能机器按照生物学的方式自行编制程序,通过自我组织的模拟电子过程来解决问题,这是一种将

"本质上混乱的东西变得有序"的过程。1948年9月，在帕萨迪纳的加州理工学院希克森基金会资助的计算机和"大脑机制"会议上，他第一次正式提出这一构想。麦卡洛克也参加了这个会议，还有8名梅西基金会会议成员，但维纳没有出席，他忙着出版《控制论》。

冯·诺依曼在希克森基金会的研讨会上的报告再一次完美地展示了他令人叹服的逻辑能力，他确定了属于自己的宏大综合理论，他称其为"自动装置的一般性理论和逻辑理论"。像他的离散变量自动电子计算机报告一样，他的新理论是在图灵和麦卡洛克–皮茨所从事的早期研究工作的基础上演变而来的。然而，这次他很尖锐地批判了麦卡洛克–皮茨神经网络模型，提出了以简单细胞组织为模型的下一代智能技术的新方案。他提出的诸多创新之中，有一个是一种结构复杂的、由磁带驱动的、自我复制的"自动装置，能够生产出其他自动装置"，这种精明的想法和几年后发现遗传物质DNA有异曲同工之处。

冯·诺依曼在他的自动装置的一般性理论中，整合了很多维纳的重要思想。他分析了循环反馈系统的逻辑特征，重复了维纳关于信息的模拟特性的观点，强调了严格的数字计算理论"和连续变量没有多少关系"，因此具有"严重的弱点"。冯·诺依曼呼吁开发一种新的逻辑系统，它根植于热动力学和测量信息的新统计方法，这让人想起信息和熵的相互联系，冯·诺依曼因为没发现这种关系而痛心疾首。在接下来的几年里，冯·诺依曼、麦卡洛克和其他一些人，对所有这些想法，连同冯·诺依曼后来提出的新"概率逻辑"方案，进行了细化和拓展。

控制论运动在大西洋两岸蓬勃开展。1950年,在英格兰,霍尔丹是第一个将维纳的理论直接应用于遗传学领域的生物学家。同年,他在伦敦大学的同事汉斯·卡尔马斯在《遗传杂志》上发表了一篇题为"遗传学的控制论因素"的文章,称"这种看待生命的新方法提供了统一的原则和强大的阐释框架",从而引起了人们对控制论的关注。

也是在1950年,奥地利生物学家路德维希·冯·贝塔朗菲(他于1949年移民加拿大)首次用英语发表了几篇论文,介绍了他在欧洲进行了20多年的"通用系统理论"研究所取得的成果。他的系统论方法是对控制论的完美补充。两者深层次的基础都是生物学的体内平衡原则和组织原则,两者共同的使命都是找到一种方法来化解生物学和所有其他科学中存在的还原主义倾向,两者都在既有领域培养了自己的支持者和传播者。但是,在战争期间受尽苦头的贝塔朗菲对自己的理论有极强的占有欲,他从未进入维纳的圈子,也没有参加过梅西基金会讨论控制论的会议。最终,他开始全面攻击控制论。贝塔朗菲的传记作家怀疑,这部分是因为"控制论抢了系统论的风头,以至很多作者开始认为控制论和通用系统理论是一样的"。

和工程学、生物学关系遥远的领域,也开始感受到维纳的影响力。《控制论》出版后不久,维纳在梅西基金会会议的同事格雷戈里·贝特森开始将注意力从部落文化转到研究不断发展的技术社会所引起的人类问题上。1949年,他和瑞士精神病学家尤尔根·吕施合作,开始了一项开创性的研究,探讨通信在精神病学上的作用。后来,他们的研究成果出版成书,叫作《通信:精神病学的社会矩阵》,受控制论新原则启发,它提出了第一个人类通信理论。在社会科学家里,他们率先研究人类和计算机、计算机和其他计算机之间的新通信联系及其刚刚显露的社会影响，因此他们的研究深入通信和文化更加广泛的领域。

　　维纳也在考虑这些社会影响。1950 年，他为非专业读者出版了第一部关于控制论的通俗读物。这本书的题目很抓人眼球，叫作《人有人的用处：控制论与社会》。该书涵盖了控制论新技术和科学涉及的所有领域，包括计算机、自动化、远程通信、生物学、医学、精神病学、经济学、大众通信、流行文化和艺术。这本小册子通俗易读，喜欢它的有像维纳一样关心新技术对人们的工作和生活带来影响的人，也有只是想了解日新月异的时代变化的人。它是维纳最畅销的作品，也让他在全美甚至世界范围内更深入地从事社会活动和社会批评工作。

　　控制论造成的影响远不止这些。维纳从事的研究工作在新技术时代具有开创性意义，它使人们能够从技术和人类两个纬度看待这个新世界。它不仅是物质和能量，也是信息和通信。很多人都意识到控制论带来的转折，但没有人比维纳在梅西会议的同事沃伦·麦卡洛克感受更深了。他称赞了这门新科学的里程碑意义：

　　控制论……诞生于 1943 年，受洗于 1948 年……它挑战了逻辑学和数学，鼓舞了神经生理学和自动化理论……更重要的是，它已经准备好了宣告哲学二元论和还原论的终结……我们的世界再次成为一个完整的世界，人类亦如此。或者至少可以这样讲，在那些从来不是天才、不是数学家的人看来，世界就是这个样子。

　　贝特森的评价更高，他用无限的热情宣告：

　　我认为控制论是过去 2 000 年来，人类从知识之树上采摘下来的最大的一颗果实。

维纳的新科学用惊人的速度提供了一种新的概念库和实践基础，受益对象有机械自动化和电子技术的设计和生产，硬科学、生命科学和社会科学的理论和研究，日常生活中的普通人，尽管他们还在苦苦挣扎着，试图理解和掌握新技术时代的诸多奇迹。

维纳终于在 50 多岁时实现了一位天才少年的承诺，向处在历史转折时期的世界证明了他的价值。但是维纳和他的同事为之欢欣鼓舞的胜利，却给维纳和他的家庭带来了压力，他的妻子玛格丽特对他的核心交际圈的人慢慢感到焦虑不安。

十
维纳行走（二）

我认识各式各样的人，但还没找到性情相投的伙伴。我不知道我有什么地方吸引别人；那么多人喜欢我、依恋我，然而我总是感到遗憾，因为我们只能在一起相陪相伴一小段时光。

——歌德《少年维特的烦恼》

刚刚出名的维纳并没有改变自己的日常生活规律。在麻省理工学院，"他是一道熟悉的风景：站着八字步，右手拿着雪茄放在嘴边，对学生、门卫、企业经理或惊愕不已的同事大讲俏皮话或深奥的科学理论，总是兴致勃勃"。他位于2号楼的办公室里满是散落的纸张，上面是潦草的数学笔记。负责协助他的工作、保持办公室整洁的秘书一个接一个。在家里，则是玛格丽特照看他。他的着装习惯也没有改变，上班的时候穿很普通的背心配西装，通常是淡颜色的粗花呢。女儿芭芭拉回忆说："他习惯在黑板上写字，然后靠在黑板上，所以不能穿黑色的衣服。"

他的视力越来越差,走路都成问题,但他找到一个很新奇的解决办法。他让配镜师给他做了一副倒过来的双光镜,阅读镜片在上面,看远处的镜片在下面,这样可以更好地看清道路。这一发明迫使他走路时仰着头,几乎和地面垂直,这让很多人有理由感觉他居高临下,瞧不起人。

他的讲话风格很正式,让很多人觉得他很做作。但维纳是前一个时代和他父亲传统教导的共同产物,货真价实,这使得他日益显得和时代脱节,尽管他所有的科学观点都是现代的。杰里·雷特文是这样评价的:"他的文章和谈吐清晰明了,像19世纪晚期的英国人。他的话语表达方式是清晰的、非省略的,非常直截了当,一点儿都不讨人喜爱。"

他继续教授麻省理工学院最基础的谐波分析及其工程应用课程。奥利弗·塞尔弗里奇是维纳小圈子里最年轻的成员,他发现维纳的课"相当不好懂"。维纳还偶尔会为生病请假的教授代课。米尔德丽德·西格尔是那时麻省理工学院不多见的女生之一,她记得有次维纳替系里的一位同事上初级微积分课程,结果很失败:"他走进教室,开始在黑板上写起来,**写啊写啊写啊**,突然他脸上露出异样的表情,然后走了出去,再也没回来。"

几年后,西格尔忙着写毕业论文,她又碰到维纳,这次是在她的厨房里。维纳突然逛进她和丈夫居住的公寓里,她丈夫是位物理学家,和维纳相识。西格尔回忆说:"我正在做晚饭,诺伯特走了过来。我碰到一个微积分问题,于是我说:'诺伯特,这道题你怎么做?'他看了看,说:'答案是5。'我说:'但是,诺伯特,我不懂。'他说:'我换种方法。'他看了看题,停顿了一会儿,说:'答案是5。'我再也没有请教过他问题了。"

在那大事不断的几年里,维纳不知疲倦地在麻省理工学院的校园里四处走动,他常常不请而至,同事们的反应也各不相同。杰尔姆·威斯纳是放射实验室的一颗新星,他参加过好几项维纳的战时研究项目。

他回忆说，维纳在麻省理工学院"每天从一个办公室转到另一个办公室，见面的第一句话总是'情况怎么样？'。他不等别人回答，就开始大谈他的最新想法"。威斯纳很高兴见到维纳，也很想听听他的想法："不管他脑子里有什么想法，维纳的到访对我和很多其他的人而言，是我们在麻省理工学院一天中最精彩的部分之一。"

有些人可没有这么乐意花时间关注维纳。有一群工程师非常讨厌维纳打扰他们，他们设计了一种"维纳早期预警系统"的极端反制措施。海姆斯说："他们在能看见维纳是否过来的地方安排一个人，其他人得到警报后马上四处散开，甚至躲进男厕所里。"法吉·莱文森认识一位同事，他一看到维纳走过来就躲在桌子下面。她丈夫诺曼回忆说，在学校里和维纳遭遇可能是"让人精疲力竭的体验"，也是一次昂贵的经历，因为维纳会要求他的同事"用最非凡的语言对他将要描述的研究工作加以肯定……要用最热情洋溢的辞藻"。

麻省理工学院有位教员……他很痛苦地抱怨一次偶然碰到维纳产生的代价。这个人……为了满足维纳的要求而努力伪装出非常热情的样子，结果事后他感到精神萎靡不振，对自己的研究工作失去了信心，以至不得不去看精神病医生，花了一大笔自己无法承受的费用。后来他早早地离开了麻省理工学院，和这件事有没有关系他没有说。

维纳也不总是以同样的礼节对待别人。如果一个新的定理让他很感兴趣，他会很专注地倾听。但更多时候，他的同事抱怨维纳对他们的观点没有什么兴趣。他出名后，老是烦扰系里的同事，老是打听"麻省理工学院其他人怎么看待他"这类的问题。当谈到其他机构的人时，"他的第一个问题总是，'他们怎么看待我的研究工作？'"。托比·雷兹贝克谈到乔治·波伊亚访问麻省理工学院时发生的一件事情，波伊亚是原籍匈牙利的数学家，战争期间维纳帮助他在美国找到了工作。"访问结束后，维纳开车送波伊亚到机场。他在波士顿高峰期的车流中突然停下车，问波伊亚：'斯坦福大学的人觉得我的研究工作怎么样？'周围的车都在按喇叭，但直到波伊亚回答了问题他才开动汽车。波伊亚确信他肯定会赶不上飞机，于是说：'他们觉得你的研究很棒。'维纳发动了汽车，波伊亚赶上了飞机。"

有时，由于身体肥胖，维纳感到体力不支，随着年龄的增长，他在专业场合睡着的情况越来越频繁。他在专题讨论会上鼾声如雷，让人无心开会。有一年在哈佛–麻省理工数学研讨会期间，发言的人展开了一场比赛，看谁有本事能够让维纳整场研讨会不睡着。一位来自欧洲的数学家获得了胜利，他做报告时每当看到维纳打瞌睡时就提到维纳的名字，但他这么做也产生了事与愿违的效果。一位与会代表回忆说："有一次，他提到维纳的名字，这次维纳和他讲的内容毫无关系，他也说明了这一点，说'这和维纳的遍历性定理没有关系'。维纳一下子跳了起来，使劲地想了一分钟，然后说：'不对，是有关系的。'接着就开始分析它们在概念上是如何有关系的。"

史蒂文·伯恩斯是放射实验室的一位年轻研究员，他眼中的维纳是位导师，也是个火灾隐患。"他常常来物理系开座谈会，手里拿着一份《纽约时报》。他一般坐在前排，当有人开始发言时，他就开始点上雪茄，打开报纸读起来，然后就睡着了。雪茄上的烟灰越来越长，所有的听众注意力都集中在他的雪茄上，担心烟灰会落在报纸上，把他点着。"约瑟夫·L.杜布是著名的或然理论专家，他回忆起1949年维纳访问伊利诺伊大学时差点儿引起一场灾难："他来到厄巴纳参加电气工程系大楼的落成典礼，当时正在放幻灯片，灯都熄灭了，大家在黑暗中只看到幻灯机旁有火星闪亮,那是维纳在抽雪茄。突然一声巨响,火星四散,原来维纳睡着了,从椅子上掉了下来。"

随着时间的推移,维纳的古怪故事越来越多。托比·雷兹贝克回忆说,有客人到他家吃晚饭时,"他吃饱了就从桌旁站起来,说'我到楼上打个盹',然后就走了。我认为他根本就不懂无礼这个概念"。不管是朋友还是诋毁他的人,都证实维纳在社交和职业方面有反复冒犯别人的行为,说他"不成熟""易怒""任性",在极端情况下"很幼稚"。妻子玛格丽特要照顾健忘、无礼、过于易怒的丈夫很辛苦,也很不满。她和麻省理工学院的教工夫人们聚会喝咖啡时诉苦道:"照顾他就像照顾三胞胎孩子。"妻子的抱怨可不是偶尔和**教授夫人们**聚会时说说,法吉·莱文森证实:"她每天都这么说。"

然而,维纳也不像妻子描述的那样一无是处。托比·雷兹贝克的看法是:"玛格丽特是想别人知道维纳需要她经常照顾和管理,这么做是为了显示她的重要性。我曾和维纳在一起待过几个月,他显然能够应对各种日常事务。"他回忆说,在战争期间,麻省理工学院的学生和教工整个夏天都驻扎在坎布里奇,参与军事研究项目。他和维纳被分配在相邻的公寓里,玛格丽特吩咐雷兹贝克多关照一下维纳,需要的时候帮助他一下:"她给我列了一个很长的单子,比如确保他晚餐吃得好,把他的衣服送到洗衣房洗干净,等等。"但是这种担忧是没有必要的:"她认为没有别人照顾,他完全不能生存。但实际上,他过得相当不错。"20世纪40年代,精神病学家杰里·雷特文经常和维纳往来,他同意这种说法,认为如果不是受抑郁症的折磨,"他是有能力照顾自己的"。

的确,那几年对维纳来说是快乐的时光。维纳最喜欢和家人一起去看电影,心情好的时候每周都要和家人或朋友一起去看电影。他十分喜欢希区柯克的电影，他的外形和这位著名的英国导演类似。在电影院，大家都注意到他的存在，甚至还觉得有些烦人。女儿芭芭拉回忆说："他去看悬疑片的主要目的就是大声提前宣布谁是凶手。"

维纳的另一项爱好就是喜欢打耳洞的女人。有段时间他和皮茨、雷特文一起在纽约，一天晚上三人走在纽约熙熙攘攘的大街上，维纳向两位好友透露了自己的癖好。雷特文回忆说："一个女人从我们身边走过，耳朵上吊着大大的耳环，维纳告诉我们，他对打耳洞的女人情有独钟。我和沃尔特都觉得很好玩儿。"

他对打耳洞的女人的喜爱以及他愿意谈论这件事，都符合他孩子气的行为模式。雷特文说："这只不过是一种无害的恋物癖罢了，不会有什么后续的行动。"但维纳的妻子可不这么认为，她觉得维纳所有色欲的言论都证明他是个变态，都是对她老旧的欧洲式情感的冒犯。但现在，维纳的女儿们都已经习惯了父亲的下流玩笑话。在餐桌上，情绪高涨时，维纳说话爱用双关语，偶尔还带有性暗示。对于父亲的双关语，芭芭拉有一套完美的应对办法。她说："我假装很傻，听不懂他说的话，或者根本不回答他。"女儿佩吉感到烦恼的不是父亲的话语，而是母亲的反应。她回忆说："甚至父亲说一句我们都长大了这样的话，玛格丽特也会表现得很震惊和嫌恶，父亲发表一番评论，没有猥亵的意思，母亲往往理解错了，认为他不应该说那样的话。"

———

玛格丽特和丈夫、孩子越来越格格不入。早在维纳写《控制论》成名之前，他们的家庭关系已经开始恶化，在很多情况下，家庭内部问题在家庭之外也造成了问题。

第二次世界大战战事正酣，女儿芭芭拉刚刚 13 岁，她在历史课上背诵了英文版希特勒《我的奋斗》中的段落，她是从妈妈的梳妆台上发现这本书的。她因此被短暂停课，也在当地社区引起了很多关于维纳家庭的议论。不久之后，玛格丽特开始担心倔强、任性的女儿有可能会向人披露更多家庭隐私，比如维纳的情感风暴和自杀威胁，以及玛格丽特自己的极端信仰等，担心这会给维纳的声誉和家庭逐步提高的社会地位造成潜在威胁。为了阻止来自家庭内外的潜在威胁，玛格丽特多管齐下，决心让大女儿在家庭之外的交际圈里不谈论他们的家庭生活。

玛格丽特威胁女儿，如果她泄露了家庭秘密，就会受到严重的报复。维纳不在场时，她发誓说："你瞧瞧叔叔弗里茨的下场。我们会把你送走。"她在镇里四处走动，碰到人，不管是亲戚、朋友、芭芭拉的老师，还是保姆、营地辅导员，甚至家庭教会的牧师，都把他们拉到一边，警告他们要当心自己的女儿，说她习惯"说谎话，来坏男人的名声"。

因此，芭芭拉产生了越来越严重的被排斥感，她想搬到另外一个完全不同的环境里继续上学。她说服了父母把她送到加拿大的一所寄宿学校，但事实证明，玛格丽特的威力已远达千里之外。学年初期，芭芭拉生病了，肚子痛得厉害，但学校保健护士说这完全是借口："我们非常了解你，你喜欢编造故事。"圣诞假期回家时，芭芭拉还是肚子痛，维纳开始处理此事，他请来家庭医生。芭芭拉被送进医院，几个小时后，她穿孔的阑尾被切除了。

后来，玛格丽特又无端指责她，这次更为荒唐。芭芭拉放假回家，在火车上有位年轻的士兵靠近芭芭拉，坐在她旁边，开始对她大胆调情。芭芭拉拒绝了他的挑逗，但在波士顿下车时，他自献殷勤，主动拿起芭芭拉的箱子，一下车刚好碰到维纳和妻子。玛格丽特看见年轻人拿着箱子，就得出毫无根据的结论。芭芭拉回忆说："第二天是星期天，我去了教堂，回家时发现医生在家里等着给我做检查。我母亲确信，我和年轻人偶遇肯定是'做出了让步'。"维纳了解妻子对待性的态度，但他为女儿做了辩护："父亲看了看我，把医生打发回去了，说，'任何人都不能再向你提起这件事情'。"

女儿佩吉也证实了玛格丽特对待性的问题有"偏执狂"的倾向，她回忆说："母亲似乎无中生有地扯上性行为和性暗示，对一切和性有关的事情都会感到极度不安，她过于烦心，这让她感到非常不舒服。"

她的这种不安与日俱增。一年后，维纳去墨西哥参加与罗森布鲁斯一块儿进行的夏季研究项目，一家人随同前往。其间，麦卡洛克未成年的女儿陶菲带着一位女性朋友南下墨西哥，来到维纳的公寓拜访。陶菲比维纳的女儿们大几岁，更加老成世故。陶菲和朋友非常喜欢墨西哥琳琅满目的打折银首饰，于是决定打耳洞，她们也邀请芭芭拉和佩吉打耳洞。当几个女孩儿耳朵上戴着小小的金耳环回到公寓时，玛格丽特对两个女儿大发雷霆，她联想到维纳公开表示喜欢打耳洞的女人的事情，然后就指责她们和维纳有不正当关系。芭芭拉还是个孩子时就受到过玛格丽特这样的指责。

芭芭拉回忆说："她指责我试图'勾引'和挑逗父亲。"佩吉认为："她完全是理解错误。我们只是想戴好看的耳环，而不用担心丢失，但母亲就是喜欢胡乱猜想。"麦卡洛克的女儿目睹了整个过程，对她而言，这件事不能说明维纳的偏好有什么问题，相反说明了玛格丽特"对任何事情都抱着色情的态度"。维纳对姑娘们打耳洞这件事没有任何意见。在写给阿图罗的信件中，他称赞了女儿们在墨西哥的历险经历，说这"对姑娘们很有价值，开阔了她们的眼界，使她们获得了更成熟的世界观"。

维纳和罗森布鲁斯的延期研究项目取得了很好的进展，但是美国方面毫无必要的延误妨碍了他们的研究工作。维纳曾安排皮茨帮助他们做一些关于神经纤维和心肌方面的实验室研究，因为皮茨的分析技能将有助于这两个领域的研究，并且也可以为皮茨的博士论文研究方向打下一些基础。在维纳的帮助下，皮茨申请到古根海姆基金奖，来支持他的博士论文项目，但是维纳不久得知，皮茨有两个备受困扰的缺陷，而这是维纳天才少年时期和成年后没有碰到的问题：一是不可救药的拖延习惯，二是恐惧被人评判，对于后一点，皮茨总是用虚张声势来掩盖。

海姆斯注意到，皮茨反对权威，似乎对战后美国社会的种种骗局，甚至对自己的事业不屑一顾，他和同时代垮掉的一代有很多共同点。他还注意到，皮茨"和垮掉派一样，与朋友们一起，花大量的时间'在路上'"。1946年夏天和秋天，皮茨、塞尔弗里奇和雷特文从波士顿出发，进行了一系列漫无边际的路上旅行，迂回曲折，前后去了芝加哥、科罗拉多、加利福尼亚，最终来到墨西哥，维纳和罗森布鲁斯正在那里卖力工作，等着皮茨出现。

皮茨的漫游旅行让维纳很恼火，但让维纳更恼火的是，他没有完成维纳指派的实验室研究任务，未能获得维纳、罗森布鲁斯以及古根海姆基金正在等待的随机神经网络的严格数学分析数据。维纳从墨西哥写信给麦卡洛克埋怨说："沃尔特是个漂泊流浪的人，我们不太确定如何接近他。" 5个月后，维纳回到麻省理工学院，他渐渐失去了耐心。1947年1月，当皮茨终于到达墨西哥时，维纳被迫采取严厉手段，他让罗森布鲁斯终止皮茨磨磨蹭蹭的行为："他必须在6个星期之内完成神经网络统计力学的论文，准备发表……不准再发生长途汽车旅行的胡闹行为了……应该采取一切措施劝诫，甚至阻止他再次旅行，直到他完成工作。"

但是，那年春天，皮茨又给维纳惹出了一个麻烦，给这个团队彼此的合作造成了危机，也无意中给维纳大女儿的生活带来了危机。

芭芭拉16岁时从寄宿学校毕业，被拉德克利夫学院录取。她每天和父亲一起坐公共汽车去坎布里奇，然后在麻省理工学院和父亲碰头，一起坐车回家。在拉德克利夫学院走读一年后，她转学到麻省理工学院，开始进入维纳的同事和男学生构成的小圈子，这些人之前经常来家里，夏天也和他们一起去新罕布什尔和墨西哥，所以都认识。她说："我喜欢和男学生们待在一起，他们是我第一次真正结识的朋友，使我有机会和我同龄的男孩儿一起说话、开玩笑，也不涉及隐藏的性需求。"芭芭拉自己承认，关于性她是"相当没有经验的"，这和那个时代的大多数女孩儿是不同的。

1947年年初，麦卡洛克给考虑从事生物学职业的芭芭拉提供了在他自己的实验室里工作的培训职位，还答应让她在芝加哥郊区的家里住一个学期。她渴望获得一定程度的独立，渴望摆脱父母的情感负担。在麦卡洛克保证这份工作不是因人设定后，维纳同意了这个安排。2月，芭芭拉前往芝加哥，开始了学徒生活。但在麦卡洛克家里发生的一些奇遇经历，是她始料未及的。

芭芭拉回忆了她第一次进入麦卡洛克具有异国情调的家族地盘时的情形，他们一家住在城外一所老旧的农舍里，家里宾客不断，麦卡洛克的大学同事也络绎不绝："城堡堡主随心所欲，时而露面，时而消失，或高谈阔论，或主持座谈会。会客厅里，留声机不断播放着西班牙内战歌曲和工会歌曲，除了我大家都知道歌词。根据堡主的命令，大家在这里享有完全的性自由，来这里的人似乎都精通此道，知识渊博。"

这里无拘无束的环境让刚刚逃离玛格丽特严厉的家庭世界的芭芭拉感到困惑，两个家庭最大的区别在于麦卡洛克的妻子鲁克，她是位现代女性，出生于一个著名的、信奉政治自由的纽约犹太家庭。鲁克有自己的职业，是位社会工作者，尽管如此，她并没有抛弃照看丈夫、孩子和他们一家收留的年轻学者的责任。杰里·雷特文说："鲁克是位圣人，有时候还真有点儿比圣人还圣人。"他这里是在朦朦胧胧地暗示麦卡洛克寻欢作乐的生活方式，这一点在芝加哥科学圈是尽人皆知的。

芭芭拉在麦卡洛克实验室的实习岗位上勤奋工作，一边为要出版的论文写摘要，一边在试验室的手术室里协助动物神经生理学方面的研究工作。她获得了独立女性所享有的新自由，甚至通过麦卡洛克的女儿认识了一位年轻有魅力的医学院学生，开始了自己的初恋。这几个月里，芭芭拉渐渐成长起来，皮茨和塞尔弗里奇也开始安下心来，认真地做维纳和罗森布鲁斯分派的研究项目。同时，雷特文开始在麻省理工学院学习高等数学和从事神经生理学方面的实验研究。然而，1947年4月，一场突如其来的风暴席卷了他们整个研究网络体系，可能影响到三位顶级科学家和他们的学生刚刚开始的通信研究工作。

这个小圈子里传言，维纳为某些事情大动肝火，说他将和所有的学生以及麦卡洛克，还有他们单独参与或共同参与的所有项目脱离关系。团队里没有人知道什么事情惹恼了维纳，他们的怀疑都集中在芭芭拉身上，芭芭拉在芝加哥面对新获得的自由环境时迷失了方向。她的初恋无果而终，第二段恋情让她和麦卡洛克身边密友圈的人关系紧张，他们开始担心，如果维纳和玛格丽特得知芭芭拉恋爱的事情以及麦卡洛克身边的人自由主义的生活方式,他们会怪罪的。一天晚上,因为担心芭芭拉可能对家里人说什么,麦卡洛克和当时正好来访芝加哥的雷特文在自家的会客厅里和芭芭拉当面谈起此事。

芭芭拉回忆说:"我和鲁克还有孩子们刚吃完晚饭,沃伦和杰里气冲冲地闯进来。很明显,我们正在遭遇危机,我是他们愤怒的焦点。似乎我做了很可怕的事情,但没人告诉我是什么。我终于弄明白,这和一封信有关,他们指责我给父亲写信了,说了他们一些坏话,导致父亲迁怒于他们,要和他们断绝往来。"芭芭拉真的没有做什么事情让父亲大发雷霆,但她的否认让事情变得更糟。"第二天早晨,我丢掉了工作,被赶出房子。没人愿意和我说话。"

几天后,大家弄清楚了维纳愤怒的真正原因。他曾经让皮茨审阅一篇论文的手稿,但几个月都找不到手稿到哪儿去了。维纳了解到皮茨的疏忽,要回了手稿,但已经晚了,这让他"在某些重要研究上失去了优先权"。维纳没有说研究内容是什么,但后来证明是一篇首次正式宣布他的新通信和信息理论的技术文章。如果不是耽误了几个月,那么它会在《控制论》出版之前很久奠定维纳本领域首席思想家的地位,比香农的信息理论论文要早一年。

维纳对皮茨、麦卡洛克和整个团队发起了一连串的指责,指责他们联合起来策划"沉默的阴谋",不让他知道他从事的研究工作遭受的损失。他写信给麦卡洛克,威胁要终止他们之间的联合研究项目,并且"完全脱离梅西基金会会议"。但是,其实没有什么欺骗维纳的阴谋。实际上,皮茨在四处游荡的过程中,不知道把手稿放在哪里了。彼此通了几封信后,事情解释清楚了,维纳的怒气也消退了。他向麦卡洛克道歉,但没有原谅几个学生。维纳采取措施进一步将皮茨和雷特文、塞尔弗里奇分开,他禁止三个学生一起或者其中任何两个人在皮茨工作的墨西哥会面。

最终,雷特文承担了因皮茨的疏忽造成损失的责任。雷特文回忆说:"我知道这给维纳造成的伤害相当大,于是我说,'你就怪我吧'。维纳有一阵子不和我讲话。我很郁闷。"

第一次风波就这么过去了,但给当事人都留下了伤疤。雷特文不久离开了麻省理工学院,到伊利诺伊的一家州立精神病医院工作。皮茨当年夏天和塞尔弗里奇一起回到墨西哥,两位年轻的浪子开始安下心来,和维纳、罗森布鲁斯一起进行了卓有成效的实验室研究工作。除了《控制论》,那年在墨西哥维纳只发表了一篇论文,是和皮茨共同署名的,研究神经网络的信号流。塞尔弗里奇解决了困扰维纳和皮茨的数学问题,发表了自己的第一篇论文。但是,他们之间的关系依然紧张。第二年,塞尔弗里奇没有获得博士学位就离开了麻省理工学院,维纳的女儿回到波士顿,有点儿心神不宁,她在这次危机中扮演的角色让她备受伤害,也没有人愿意原谅她。

让芭芭拉和维纳–麦卡洛克圈子的人没有料到的是,她在芝加哥短暂逗留的几年引发了一场更痛苦的危机,将撕裂整个控制论领域。

———

事实证明,写作《控制论》最终损害了维纳本来就不好的眼睛。他做了手术,清除了白内障。在康复期间,他了解消息全靠妻子和两个女儿读给他听。从那时开始,玛格丽特和秘书们要花更多时间帮他写东西、记录口授信息和处理往来信件。除了越来越担心他的新科学给战后世界带来影响,他现在又开始担心会完全失明。麻省理工学院一位同事注意到,为了做好准备迎接失明的日子,"他把头埋在书里,装作失明的样子，用手摸着墙沿着走廊走路。如果碰到教室的门没关，他就径直走进去，绕教室走一圈，整个教室的学生都看着他"。几年后，维纳和麻省理工学院的一位年轻工程师一同建造了一个轮式机器人原型机，装有光感"眼柄"，它行走的样子和维纳盲走的样子如出一辙。和维纳一样，这个低矮的机器人沿着麻省理工学院长长的走廊滚动，滚进每个没有关闭的入口，指引它的不是双手触摸，而是从明亮的教室和办公室里射出的灯光。维纳给它取了一个绰号，叫"自动酒吧蝇"。

那些年，维纳身边可不缺少陪伴的人。罗森布鲁斯回到墨西哥以后，他在哈佛医学院主持的每月一次的晚餐研讨会停办了。1948年春，维纳恢复举办研讨会，地点改在麻省理工学院校园附近的一家他最喜欢的中餐馆。就像梅西基金会会议为纽约的理论家和研究者提供了灵感一样，维纳的晚餐研讨会让麻省理工学院新一代的科学家和工程师接触了新科学，培养了他们高昂的科研情绪，这一点杰尔姆·威斯纳记忆犹新。威斯纳在回忆录里这样写道："第一次开会的情形让我想起了巴别塔。"这口气和麦卡洛克当年记录头几次梅西基金会会议情况时的沮丧情绪一致。但不久，他们大胆的多学科尝试变得越来越有意思，加上维纳父辈般的存在，研讨会慢慢找到了重点。"第一次会议后，我们每人轮流主持，一开始介绍一下我们的研究情况，维纳当场进行点评，为当晚的讨论做好准备。随着时间的推移，我们开始了解彼此使用的行话，甚至接受维纳提出的通信在宇宙中扮演通用角色的观点。"

维纳在麻省理工学院附近的餐馆设坛论道，也继续在贝尔蒙特的家里和在南塔姆沃思的乡间别墅招待最亲近的朋友。宽敞的餐厅、封闭式的门廊和隐秘的书房，有足够的空间容纳尊贵的客人，也可以满足维纳不同的情绪需求。第二次世界大战结束后，霍尔丹第一次访问美国，就住在维纳在贝尔蒙特的家里。此时，他是英国最有争议的生物学家，名声正旺。他的共产主义观点让英国政界大为不满，但维纳不在乎他的政治观点，甚至还很有兴趣。他们吸引彼此的是更深层次的科学价值观和根深蒂固的古老学术传统。

佩吉回忆说，他们"吃过母亲做的丰盛晚餐后，坐在桌旁唱克卢尼的伯尔拿的《金色的耶路撒冷》"。两位异教徒轻轻哼唱着这首轻松活泼的中世纪拉丁语轮唱圣歌：

和平之城，
家园……
金色的耶路撒冷，
我们用牛奶和蜂蜜向你祝福……
诗歌的最后一段是这样的：

世界非常邪恶，
时间已不多，
清醒起来，开始守夜，
审判者来到门前。

维纳后来改写了这首诗，用来警告战后世界所面临的来自新兴自动技术的危险。

在麻省理工学院，其他一些积极的力量正在维纳周围积聚。他的好朋友和同事李郁荣在中国滞留很长时间后回到麻省理工学院。为了让李郁荣很快跟上美国科学和技术的新发展，维纳让他承担控制论前沿领域的研究任务，给他布置一些有挑战性的研究问题，维纳给这些研究问题初步勾画出解决的方案,但还需要找出具体细节。在麻省理工学院,李郁荣承担了一些基础课程,介绍维纳的统计方法和组建自动机器和自动化工厂所需的专门知识,后者是一个新兴的技术领域,用维纳的话说,"已经远远超出像我这样的搞理论工作的人的范围"。李郁荣还撰写论文和图书,解释维纳的理论及其应用,这些工作很快奠定了他的特殊角色:一方面他向工程界解释维纳的思想,另一方面他是代表维纳和企业打交道的特使,维纳还是不愿意和企业打交道。

———

出版《控制论》带来的荣誉维纳是欢迎的,但是荣誉并不能根治他根深蒂固的不安全感和持续的躁狂抑郁状态。佩吉相信,《控制论》得到的普遍赞誉让维纳感受到心灵的安宁,这是他整个成年期为证明自己而努力追求学术研究的过程中获得的第一次认可:"我觉得他有生以来第一次真正感觉到自己获得应有的承认。"但是,所有这些赞誉并没有减少维纳和他的家庭所承受的压力。"本应该能减少压力,但实际上是这样吗?我不知道。"佩吉说。在很多方面,名声只是分散了维纳的精力和注意力,他开始感觉到应该将更多精力放在更重要的个人和职业责任上。佩吉回忆说:"《控制论》出版后,《生活》杂志的一名记者登门拜访。著名摄影师艾森施塔特给我们拍摄下棋的照片。我棋下得很糟,但爸爸心不在焉,我三步就胜了他。"

对于维纳新获得的地位,玛格丽特很骄傲,也很心满意足,觉得这是她自己所做出的牺牲的部分回报。芭芭拉注意到:"她是他的**教授夫人**,觉得父亲的名声为她争了光。"但是维纳的名望却让两个女儿吃了苦,他承认自己的名人地位给处于青少年晚期的两个女儿带来了压力和痛苦，他也承认孩子们从童年开始就一直有着心理负担。在他的自传里，他是这样写的："佩吉不止一次说过，'我不想做诺伯特·维纳的女儿，我想做佩吉·维纳'。"他曾经给妻子道过歉，现在他给女儿们道歉，因为他的性格和他的存在给她们的生活额外增加了很多困难："我并不是要强迫孩子们接受我设定的框架，但我就是我这个事实本身不可避免地让她们承受了某种压力，这和我的意愿是没有关系的。"

维纳的狂躁抑郁性精神病会时不时发作，他常常毫无征兆就大发脾气，他新获得的自我成就感渐渐消退，开始攻击同事、竞争对手和自己指导的学生。让麻省理工学院的很多同事不能理解的是，维纳臭名昭著的暴脾气既没有恶意，也不是完全变化无常，而是内在力量的驱使，通常是由具体事件引发的，比如因手稿不见了而勃然大怒。

出于这种原因，女儿佩吉对他进行了辩护："爸爸是没有恶意的，他可能妙语连珠，向别人挑衅，但他不设计陷害别人。他和别人较劲，总是有原因的，至少他是这么相信的。他直来直去，他不转弯抹角背后说别人坏话。这根本不是他的风格。"的确，维纳的爆发别具风格。在麻省理工学院期间，女儿芭芭拉目睹了维纳的多次情感爆发，觉得既痛苦又好笑。"我父亲的词汇量很大，因此和别人生气时，他会纠缠很长时间，操着维多利亚式的英语，说个没完没了。有时候，你把它当作文学语言听听，还是值得的。"但她也注意到，维纳这种火暴的脾气给同事和学生带来了深层次的影响："如果情绪好，他会感到幸福美满，将这种情绪传递给周围的人。接着就会情绪低落，每当这时，大家都很害怕，他们对自己的信心很大程度上取决于他对他们的信心。"

确实，情绪好的时候，维纳热情洋溢，但是在那事业成功的几年里，也有黑暗的时刻。麻省理工学院一届又一届的校长、院长、系主任都渐渐接受了这样一种现实，维纳常常会不请而至，闯进办公室，大声埋怨让他不爽的事情。杰尔姆·威斯纳回忆说："有时候，有人质疑他的观点，他就会感到烦躁不安。有时候，他确信美国总统或国务卿采取的行动很愚蠢，会让这个世界渐渐被人遗忘。"

情绪低落时，维纳几乎总会怒气冲冲地写一些辞职信，要辞去学校或者这样那样专业组织里的职务。数学系因为离他近，首当其冲，承受着维纳的愤怒，一位知情者说，维纳从数学系辞职过 50 次。然而，麻省理工学院的院系和管理者有一套经过时间检验的方案，来处理维纳的例行性行为。雷兹贝克回忆说："他们了解事情的原委，会及时给予他支持，确保他不做出出格的事情。"

其他一些人开始学会适应维纳提出辞职的节奏。第一次梅西基金会会议后，维纳第一次提出辞职，第三次梅西基金会会议后一个月，因为手稿丢失他又一次提出辞职。两次麦卡洛克都仓促应对，竭力拯救梅西基金会会议。但是也有一个组织面对维纳的发难毫不动摇，那就是美国科学院。20 世纪 30 年代初期，维纳当选美国科学院院士，但 10 年后他粗暴地辞去了院士的头衔，称美国科学院是"一帮自私、不负责任的人"。引起争议的导火索是，维纳认为组织策略玷污了科学院的颁奖仪式。在以后的调查中，其他一些科学院成员也支持这项指控，并做了文献记录。然而，在他的辞职信中，维纳用大量篇幅埋怨一些不重要的事情，比如科学院的"伙食差……晚餐时间太长、昂贵"，还有"会议气氛浮夸"。科学院官员没有恳求他三思而后行，从此维纳再也没有参加过任何其他科学社团。

因为这些行为，维纳的一些同伴与他反目成仇，大多数人只是感到困惑不解，其他一些人在偷偷地乐，觉得好玩。维纳常常从道德和伦理的角度为自己的辞职辩护，有些辩护还是挺有道理的，而有些明显是他狂躁抑郁性精神病的副产品。到 20 世纪 40 年代末，与维纳关系最密切的同事开始注意到他的抑郁症状出现了一种新特点。雷特文回忆说："我们注意到，只要维纳是在马萨诸塞州以外的任何地方，他就很快乐，情绪高涨，和大家相处得都很好。事实上，很奇怪，他的妻子不在时，他从未抑郁过。"

维纳的两个女儿从小观察到的情况得到了其他一些人的证实。的确，玛格丽特远远没有做到帮助维纳减轻内心的折磨，相反，她的情感失聪常常加重了丈夫的情绪波动。雷兹贝克曾经每周去维纳家里，他注意到："她让他失衡。她总是诱发他的抑郁。"雷特文说得更直接，他注意到，每当维纳陷入情感风暴或者因为工作暴怒时，玛格丽特总是火上浇油。他相信她有时候是故意挑事的。雷特文回忆起那段时间发生的一件事情，维纳接到伍斯特理工学院一位数学系学生写来的信件，说："我们没有钱，但您能来给我们做个讲座吗？"他很高兴。他总是说："任何学数学的学生都是我的朋友。"于是他写了回信说他会去的。接着，当天晚上他妻子说："你怎么敢免费去这么一个小地方做讲座？好像你一文不值。"她这么一说，维纳就写了一封很可怕的回信，断绝和伍斯特理工学院的所有联系。伍斯特理工学院的学生一直没弄明白到底是怎么回事。

到此时，两人之间这种关系特征已经很明显了。从与维纳相处的痛苦经历中，玛格丽特得出结论，维纳抑郁时，在家里更容易被控制，在社会上更容易为人所接受，更符合一个像他这样有身份的人的形象。她有意无意地遵从这种假定，运用习惯的力量刺破维纳自我膨胀的气球，或者用一切她可以利用的方法让他回到现实中来，她觉得这是为他着想。维纳身边细心的人还注意到维纳情绪波动的另一个特征，这个特征和他们所有人的生活都有关系。雷特文注意到："维纳还有一个问题，他在抑郁期间做出的决定从不更改，哪怕是抑郁过去了之后。"

他的情绪大起大落。他可能一连几天闷闷不乐，要么倒在椅子里，口中念着："我是废物，我是废物"，或者用德语说"我累了"，接着一下子站起来，做个敬礼的动作，或者说句他常说的话，比如"我要全力以赴"，开始干起活儿来。他并不沉湎于自己的混乱情绪中，也不炫耀它，而是像芭芭拉回忆的那样，对待自己的情绪状态，他一直"像只小绵羊，还感到一点点尴尬"。他甚至警告最亲近的朋友和同事，他快要抑郁时离他远点儿。雷特文回忆说："这个时候，你就别妨碍他，他抑郁期间尽量别让他注意到你。"

家人的安慰无济于事，于是维纳再次去看精神病医生。他去过纽约多次，悄悄见了著名的珍妮特·里奥克医生，这位进步的治疗师给维纳提供了一个他需要的感情宣泄出口，来避免他所担心的自己出现重大精神崩溃。和他早年接受严格的弗洛伊德式的心理分析体验不同，维纳很喜欢里奥克医生的治疗，说她不是"照本宣科"，也不是"躺在沙发里例行公事"，而是"付出很大的努力，把我当人看待，和我建立起一种和谐的关系"。

———

维纳的两个女儿渐渐地获得了她们的自由。芝加哥那段不堪回首的日子之后，芭芭拉从麻省理工学院转到波士顿大学，佩吉也和父亲一样，上了塔夫茨大学。女儿们都开始有了自己的生活，于是玛格丽特将生活的重心转移到确保维纳周围环境是稳定的，确保他能够得到支持，但是维纳受到的关注、承受的个人压力和职业要求都非常大，她根本无法应对。相反，她加强了对丈夫和那些她认为会给丈夫在麻省理工学院的名声造成潜在威胁的人的控制。

玛格丽特继续困扰于耳环的事情，其中有一副耳环还造成了她的强迫性行为。维纳出版《控制论》后，大量的书信往来大部分是数学系秘书玛戈·塞穆赖用打字机打印的，她忠于职守，将维纳怒气冲天的辞职信一一归档。20世纪40年代末，她订婚了。这位给人印象深刻的年轻女秘书打了耳洞，为自己的婚礼做准备。对此，维纳有没有什么不恰当的反应不得而知，但有很多人证实他妻子是有所反应的，雷文特回忆起麻省理工学院的人都在谈论的这件事。

"几天后，维纳女士来到数学系，她要求'立即'解雇秘书，数学系还真的这么做了。她被解雇了，一直不知道背后的原因。维纳也不知道。仅仅因为维纳喜欢女人打耳洞并且告诉过她，就这么简单。解雇秘书是她一手策划的。"

也许玛格丽特一直忙于照看维纳，但她越来越感到自己陷入绝望的境地，一方面她要照顾维纳，一方面维纳性情多变、想法摇摆不定，她很难施展计谋控制住他。她自己的恐惧和挫折感只有发泄到大女儿身上，芭芭拉成了替罪羊。几年前，芭芭拉和表兄托比·雷兹贝克关系很好，都到谈婚论嫁的地步了，但玛格丽特横加干涉，她害怕芭芭拉会将家庭秘密泄露给麻省理工学院，让其作为小道消息传播。

托比依然记得玛格丽特是如何处心积虑地阻止两人恋爱。"我们开始确定比较亲密的恋爱关系后没几个星期，芭芭拉的妈妈很正式地邀请我到他们家：'你能某某天来家里喝茶吗？'"那天刚好家里什么人也没有，"她让我坐下，开诚布公地对我说了一通心里话。她说，'你要格外小心，不要和芭芭拉走得太近'。"雷兹贝克一一列举了玛格丽特对芭芭拉的指控，还给出证据证明她说得对或不对。"比如她说，'芭芭拉是个病态的说谎者，你永远不要相信她说的话'。这和我的观察完全相反，因为我和她约会过，关系比较亲密，我从未发现她说过后来被证明是不真实的话；她还说，'芭芭拉酗酒，无法自控'。我知道这不是真的，因为有一两次我给她倒了杯酒喝，每个约会的少年都会这么做，但和诺伯特一样，她喝了马上就感到不舒服；第三件事情，玛格丽特说，'芭芭拉滥交，是色情狂'。同样，这和我的交往经历完全不符。"

雷兹贝克没有理会玛格丽特，继续追求芭芭拉，两人之间的关系越来越密切。当两人要结婚时，作为父亲的维纳心里不知道有多骄傲。他提前几个星期就不停地问芭芭拉："他向你求婚了吗？他向你求婚了吗？"芭芭拉说："如果你老是这么问，他**永远**不会向我求婚的。"

两人于1948年12月结婚。此时雷兹贝克已经获得电气工程学位，还得过英国罗德奖学金，在美国海军服过役，现在开始了在贝尔实验室的职业生涯。新婚夫妇搬到新泽西开始他们的新生活，远离他们曾经遭受的家庭压力，他们下定决心永远忘掉过去。

———

1950年秋，朋友曼德尔勃罗伊再次邀请维纳到法兰西学院做为期一学期的访问讲师，他还被邀请于第二年年初到巴黎召开的一次国际学术会议上，做关于计算机和自动化的讲座。那年12月，维纳一个人乘船前往巴黎，由富布莱特奖学金提供资助。他在巴黎待了几个月，准备大会发言和法兰西学院的讲座。国际大会结束后，他短暂访问英格兰，拜访了霍尔丹。这时玛格丽特和佩吉也坐船来到英格兰和他会合。佩吉在塔夫茨大学学习生物化学，维纳安排她在伦敦大学学院霍尔丹的遗传学实验室里给他当一个学期的助手，就像芭芭拉给麦卡洛克当助手那样。维纳和玛格丽特返回巴黎，开始了在巴黎的教学任务。新学期开学几个星期之后，佩吉坐飞机来到巴黎，妈妈到机场接她,就在那里母女俩又发生了不愉快的事。

佩吉回忆说:"在飞机上,我耳朵发胀,同座的乘客关心我。当我们一起走下飞机时,那人还关切地看着我。这一幕被妈妈看见了,还没等我说什么,她指责我对那人有性兴趣。我惊呆了,她这话太突如其来,我不知道说什么。"很多年后,佩吉还是不了解母亲的动机。"母亲以前也有类似的失控经历,每次总是和性有关。我不知道她为什么变成这样。我知道她那一代人更注重得体的生活方式,但她太极端了。"佩吉很尖刻地说:"我永远不知道她是怎么生的孩子。很可能她是闭着眼睛,心里想着德国。"

关于妻子最近对女儿们贞节的攻击,维纳是一无所知的,他和法国朋友四处游逛,在蒙帕纳斯大道的酒吧里下棋,虚心学习"了解巴黎的好餐馆和咖啡店"。曼德尔勃罗伊的侄儿贝努瓦·曼德尔勃罗伊是出生在波兰的法国人,也是崭露头角的数学家,他后来开创了分形几何的新领域,被称作混沌理论。他叔叔给他指派了一项任务,负责给维纳介绍巴黎比较好的小餐馆。贝努瓦回忆了那晚和维纳在一起的情形。

"叔叔对维纳赞美有加。我记得甚至在第二次世界大战之前我只有13岁时就听说过维纳的名字,他是我的榜样之一。他来巴黎时,我到利奥车站接他。他形象奇怪,大块头、个子矮,我感到很惊奇。我带他去了一家很好的餐馆,领班的服务员看到他腰身很粗,确信他一定是个很有名的美国美食家。每个人都等着看他点什么菜。服务员过来了,递给他菜单,他看了看——他其实什么也看不清楚,因为他近视——他合上菜单,说:'我要蔬菜。'服务员看看他,问:'什么蔬菜?'他说:'所有的蔬菜。'我用法语说:'先生吃素,眼睛近视,请挑你们最好的蔬菜给他。'他们给他上了一盘蔬菜,他很高兴,但是餐馆的人非常不安,因为他没有点花哨的美食。"

十一
决裂和背叛

> 意志动摇的人!
> 把刀子给我……
> 只有小儿的眼睛才会害怕画中的魔鬼。
> 要是他还流着血,
> 我就把它涂在那两个侍卫的脸上;
> 因为我们必须让人家瞧着是他们的罪恶。
>
> ——莎士比亚《麦克白》

20世纪40年代末50年代初,控制论继续影响着工业、技术和公众的想象力。在全球范围内,维纳著作的销量翻了好几番,邀请他做客座教授和讲师的请求源源不断地涌来。

1951年春末,结束了在巴黎的控制论讲座后,维纳和妻子应西班牙数学家和工程师的邀请,来到马德里做关于控制论的讲座。在接受邀请之前,维纳就警告西班牙的举办方,西班牙政府当局"如果了解我的学术观点,可能不会喜欢的",因为西班牙当局是当时战后西欧唯一的独裁政府。到了西班牙后,他准备用西班牙语做讲座,结果被告知他的观点的确被认为"是危险的自由主义",要求他用法语给西班牙听众做讲座,这样听得懂的人不会很多。

西班牙之行备受限制,之后维纳夫妇回到法国,开始全力从事一项维纳之前零零碎碎做了好几个月的工作,这是他自传的第一卷,将记述他的神童成长岁月和成年早期的历程。至此,维纳相信,他关于控制论的著作等身,给人类带来了巨大影响,他作为科学天才的国际声誉与日俱增,因此他的故事值得一讲,科学圈和那些想了解神童命运的普通人都会感兴趣。

那年夏初,他口授回忆录,由玛格丽特做记录。他们先后在海滨旅游胜地圣让–德吕兹镇、巴黎左岸的一家小旅馆和日内瓦湖畔法国一侧的山间疗养地待过。但是,即使是在事业顶峰的成年期,维纳回忆童年时期所遭受的种种压力,也倍感压迫,无法应对。重新经历过去的痛苦经历,尽管他的新精神病医生认为是一种理想的疗法,但是他觉得这给他造成了巨大的精神压力。他后来承认,欧洲学术假期结束时,"我因为讲座努力过度,再加上写作,每天上床睡觉时头疼欲裂"。结果他不得不到湖对岸的一家瑞士医院住院。

这段经历似乎不仅仅是他所描述的头疼,情况要严重得多,但维纳对此语焉不详。出院后,他和玛格丽特去了热那亚港,准备从那里启程回美国。然而,即使是这么一小段旅程,维纳也倍感费力,等他登上轮船时,不得不由船上的一位外科医生来照看他,继续执行医院开具的治疗方案。根据他后来的笔录,等回到家里,"身体已经相当好了,但累得要命"。这是他经常使用的标准委婉语,用来描述严重抑郁症发作或刚刚从中恢复的状态。

回到波士顿后,他随即去了墨西哥城,参加西半球最古老的大学墨西哥大学的400周年校庆。整个城市举行了为期两周的热闹庆典活动，维纳获得了一个荣誉学位。狂欢虽然快乐、热闹，但又一次耗尽了他的精力。然而，这次他的病情将严重得多。

———

随着控制论的爆炸式发展，维纳再也不能独自满足控制论新思想和教育的需求，也没有这个必要。沃伦·麦卡洛克，这位个人魅力十足的梅西基金会控制论会议创始人兼主席，已经成了控制论基本原理和观点的专家和传播者，他推广维纳的理论和思想的热情几乎和维纳一样。他也到美国甚至世界各地，在他自己的神经生理学领域和其他科学领域传播维纳的控制论。1951年年初，维纳也回报了他。

在维纳离开麻省理工学院到欧洲和墨西哥度学术假之前，经过他同意，刚上任的放射实验室副主任杰尔姆·威斯纳邀请麦卡洛克来坎布里奇领导一项有关大脑及其控制论关联的研究项目。麦卡洛克本身出生在美国东部，骨子里是个东部人，他辞去了伊利诺伊大学的教授职位和特殊津贴，很乐意地接受了放射实验室助理研究员这么一个卑微的职务。

放射实验室正酝酿着新的变革。1946年，战时秘密雷达实验室被赋予新的科学和技术使命，被重新命名为电子研究实验室，尽管"放射实验室"这个含义模糊的绰号一直保留着。经过充满变故的转型期，电子研究实验室为军方承担的雷达研究项目，连同它的主任一职于1951年转入新成立的林肯实验室，由威斯纳接管，并担任电子研究实验室的主任。在他的开明领导下，实验室的研究领域扩大了，涵盖整个通信理论和研究领域。除了电子学的基础研究，威斯纳在实验室内部又成立了新的实验室，主要致力于研究通信的人类要素，以期开发出新的机械和电子装置来辅助和加强人类通信。实验室还发起了兼收并蓄的跨学科研究项目，研究语音、听力和语言，为语言和听力残障人士开发电子辅助设备。电子研究实验室成立语言实验室，并最终从哈佛大学挖来了著名苏联语言学家罗曼·雅各布森和他的得意门生莫里斯·哈利，以及年轻的语言学超级明星诺姆·乔姆斯基。威斯纳主管的前沿研究项目中，有一项是研发自动语言翻译机，旨在在世界各地不同语言之间搭建一座桥梁，帮助新冷战时期美国外交官和情报人员解决日益繁重的通信任务。

威斯纳工作的重中之重就是在电子研究实验室内部建立一流的大脑研究实验室，很显然这项工作非麦卡洛克莫属。1951年整个上半年，维纳不在麻省理工学院，威斯纳和麦卡洛克一道完成了所有的准备工作，在20号楼成立了新实验室，这座结构散漫的建筑物是战争期间放射实验室的"临时"场所，今后50年将是电子研究实验室的主场。在威斯纳的安排下，实验室还从芝加哥引进两位顶尖的大脑研究专家，一位是杰里·雷特文，一位是帕特里克·沃尔。雷特文已经和维纳和解了，他是全能型的精神病专家，也是令人敬畏的神经生理学家，在伊利诺伊州的曼蒂诺州立医院有自己的实验室。帕特里克·沃尔是位年轻的英国神经生理学家，获得过牛津大学、耶鲁大学和芝加哥大学的学位，在曼蒂诺州立医院和雷特文共事过。同年，维纳的另一位学生，浪荡的塞尔弗里奇在美军通信兵团服两年兵役后也回到麻省理工学院，但他去了林肯实验室，在那里从事为旋风数字计算机开发程序的工作，不过他依然是麦卡洛克、雷特文和其他实验室人员的亲密朋友和助手。

维纳的得意弟子皮茨依然在麻省理工学院，还没有完成博士论文。维纳希望，麦卡洛克父亲般的影响力加上可供利用的最先进的大脑研究实验室，能够给皮茨提供完成他的随机连接神经网络理论所需要的动力和约束力。

雷特文依然记得他和麦卡洛克、皮茨、沃尔在电子研究实验室具体负责实施的远景计划，也记得维纳和他的新科学在他们的实验室研究工作中扮演的核心角色："威斯纳邀请我们加入电子研究实验室时，他的中心目标就是要创立这门在当时正在酝酿的学科……在我们的共同梦想中，维纳是不可或缺的。他将扮演关键角色，我们同他切磋，磨砺思想。"沃尔证实了麦卡洛克研究小组的使命以及同维纳研究工作的直接关系："我们都认为大脑是个超级通信器，这一共同信念让我们走到一起……我们的知识背景一部分是与控制论和控制相关的数学知识，一部分就是这个共同的通信问题。"

维纳和麦卡洛克及其团队共同拥有一个更宏大的哲学目标。归根到底，麦卡洛克新实验室的目标就是利用最好的现代科学工具和最新的电子技术，运用信息和通信的新术语体系来理解大脑更高层次的认知操作。罗伯特·格斯特兰是后来加入实验室的年轻的大脑研究人员，他回忆说："麦卡洛克实验室比任何其他实验室都更关心细胞活动和思想过程之间的关系。"实验室的精神特点就是门上的那块标牌：**实验认识论**。这个术语是雷特文和塞尔弗里奇创造出来的。

在新的电子研究实验室里，没有什么课题是不相关的、不可以研究的。这个地方完全是跨学科的，并且大家达成了共识，维纳是实验室的指路灯塔。威斯纳在回忆录里写道，电子研究实验室的很多研究工作"是受维纳以及他提出的关于人机通信和反馈的令人兴奋的观点启发的"。维纳在电子研究实验室和过道里的存在，对那些需要找他寻求帮助的人而言，是不可缺少的，对那些要躲避他的人也是如此。正如一位历史学家报道的那样，维纳"每天都要到实验室转一圈，检查每个人的研究情况，如果有什么新观点碰巧引起了他的注意，他就会滔滔不绝"。维纳战后的通信研究和技术完善工作，大部分是同年轻的研究人员和工程师合作进行的，他们都住在麻省理工学院校园北边的"夹板宫殿"里。

维纳眼看就要实现他的夙愿，在麻省理工学院成立一个跨学科研究中心，从新科学的技术和生物两个维度展开研究，和最亲近的同事以及控制论的坚定支持者在20号楼一起工作，而且，罗森布鲁斯也可能每两年有一个学期参与到他们的研究项目中来。维纳的天才业已证实，他的通信科学思想包罗万象；麦卡洛克具有神经生理学和心灵哲学两个方面的专门技能；皮茨是个古怪的天才，拥有解决大脑神经网络中的数学和逻辑问题的超凡技能。威斯纳相信，如果能够将他们三人的特点结合起来，一定会涌现出一系列创新实验，做出大量基础科学发现，更深入地理解人类感知、认知和智慧。大家都想当然地认为，他们三人强强联手，会迸发科学交叉领域的思想火花，找到具体应用新通信技术和计算机技术的有价值的途径。他们三人独当一面，再加上强大的支持团队，他们将引领控制论革命变革，成为新兴的技术科学和人类通信科学的智囊团。

但是，麻省理工学院的这项伟大冒险事业还未开始，维纳-麦卡洛克联盟就宣告破产，这是信息时代初期最混乱、最具悲剧色彩的事件之一。1951年年末，经过4年前第一次短暂的不合之后，维纳突然和麦卡洛克闹翻，也断绝了和这个才华横溢的研究团队所有人的关系，包括皮茨、雷特文以及他们的铁杆儿朋友塞尔弗里奇，甚至威斯纳。这次具有戏剧性的决裂渐渐演变为不可修复的裂痕，它将改变维纳开启的科学革命和新生信息时代的进程。

维纳和麦卡洛克分道扬镳的伤心故事，前因后果一直是个谜，甚至那些事业和生活都因此受到影响的主要当事人也不是很清楚。在麻省理工学院和控制论的圈子里，各种推测满天飞，人们谈论为什么维纳要和一位十多年的老朋友、比任何人都卖力传播控制论的科学家断绝关系。同样让人迷惑不解的问题是，为什么维纳要背弃一个有前途、有望实现他梦想的新事业？但是，维纳的动机不明，梅西基金会会议内部的控制论派和更大的学术圈流传着各种各样的传言，谣言和事实混杂，搅乱了20世纪后期的科学界。

维纳的同事佩西·马萨尼是《维纳选集》的编辑，也是维纳学术传记的作者，他将他们的分手简单归纳为"因某种愚蠢争论的升级而引起的"。海姆斯是那段时期历史事件的主要记录者，他很谨慎地记录说："这场争论部分是由两人不同的性格、世界观和生活方式引起的，但具体导火索涉及麦卡洛克和维纳家庭成员之间的私事。"雷特文对此只公开发表了一次评论，他在40年后收录在《麦卡洛克作品选集》的一篇论文中转弯抹角地说，是由于"个人误解，被维纳的家人利用……演变为激烈的矛盾"。

但是，披露的事实勾画出事件的整体情况，远远超出所有人的想象。

1951年秋，维纳很不开心。莫里斯·查菲茨是位年轻的精神病医生，来自马萨诸塞州。那年秋天，他在墨西哥城见过维纳，注意到维纳的精神状态很糟，挣扎着想完成自己的回忆录。查菲茨回忆说："我们约好在当地一家茶馆吃饭,我身边坐着的是个伟大的人物,但你知道整个午餐是怎样的吗?是他的哭泣——实实在在的哭泣。他哭是因为我是精神病医生,他要坐在**我**的脚边,倾诉他写回忆录时勾起的对父亲的情感反应。"

秋天过了一半,维纳写完了手稿,他用了一个自谦的书名:《弯曲的树枝》。书中披露了一些鲜为人知的亲密关系,也尖锐地批评了他母亲和一些早期的导师、同事。一些看过手稿的人觉得其中的内容会让他自己非常尴尬,也是对书中提到的人物的诽谤和中伤。接着,新一轮的折磨开始了。秋末,出版商拒绝出版传记的信件源源不断被送到维纳在墨西哥的寓所,解释为什么他们出版社不能出版这本直言不讳、谋求私利的书,信中说的话很难听。大众图书出版商霍顿·米夫林一年前还出版了维纳的畅销书《人有人的用处》,现在却是第一个拒绝他传记的人。两家英国出版商拒绝《弯曲的树枝》的理由是它缺乏"足够的热情",是"一本完全只有美国人感兴趣的书"。被大众出版社拒绝,维纳深感伤害。11月初,他写信给麻省理工学院科技出版社社长,寻求他的建议,毫无疑问,也是在为他的《弯曲的树枝》寻找出路。要知道,麻省理工学院科技出版社曾经为出版《控制论》大费周章。

在出版商纷纷拒绝维纳的传记时,维纳收到了皮茨和雷特文从坎布里奇寄来的信,信中谈到成立电子研究实验室开展联合研究的事情,兴奋之情溢于言表。这封同时写给维纳和罗森布鲁斯的信,用电子研究实验室的抬头信笺书写,大大地称赞了一番麦卡洛克的新实验室和使用的尖端研究设备。像麦卡洛克周围的所有人一样,两位年轻人用仿中世纪的语言和传统,表达了对维纳的问候,语气幽默顽皮:

亲爱的阿图罗和诺伯特:

特此告知最高贵、最宽宏大量和最强大的主人,我们现在建造了一个迷人的实验室——一个未开垦的地方，它神圣、充满魔力，仿佛是残月下的荒原，一个幽灵女人在呼唤着她的魔鬼爱人……在电子研究实验室，我们需要什么设备，既体贴又听话的大领导就马上提供给我们……比如前置放大器……照相机……激励器和控制它的同步装置……三个示波器，还有为实验者提供便利的其他所有辅助设备。

皮茨和雷特文继续描述他们即将开始的神经生理学开创性研究的一些技术细节，包括实验方案、仪器设置、工作假设和预期成果等等。最后，他们花言巧语地试图说服罗森布鲁斯一同加入实验室。他们夸口道："任何你可能想要的东西都可以在一周内被买到或建好，因为我们可以自由地利用麻省理工学院的绿色资源。"他们炫耀麻省理工学院有无可比拟的分析设备，即大量模拟设备，以及有权使用林肯实验室的新通用数字计算机，还有电子研究实验室的大量研究助手。信的结尾，他们发出了"威胁"（尽管是虚张声势的威胁），然后用同样的语气道别：

如果你（阿图罗）不来，我们还是可以在一起工作的，我们会想尽办法将诺伯特从你身边偷走……毫无疑问，他令人钦佩的忠诚会让他在你那里再坚持一两个月。但当我们每天都在这里解决信息计算方面的宝贵难题时，你只能从墨西哥给我们写写信，你能想象最终的后果吗？很明显，你也应该来。

你最卑微、顺从的仆人
沃尔特、杰里

维纳可没有心情和他们调侃，但这两位远在坎布里奇的学生可不知道他的痛苦，也不知道情况有多糟。他随即做了毫不留情的答复，

他给威斯纳发送了怒气冲冲的电报："收到皮茨和雷特文的无礼信件。请告知他们，我和你们项目之间的所有关系永久解除。他们是你的问题。维纳。"他没有给威斯纳、皮茨、雷特文或麦卡洛克答复，也没有给他们解释的机会。

但是，维纳的惩罚性反应是有一种解释的。在给威斯纳发电报的前一天，他接到一封让他悲痛欲绝的拒绝信件。麻省理工学院科技出版社的弗雷德里克·G.法塞特来信明确建议他不要出版这本极度情绪化的成长故事。法塞特信中写道："你现在正处于人生的辉煌时期。出版《弯曲的树枝》是否有助于你的毕生事业，是个很值得考虑的问题。诚然，我怀疑即使你以后出版这本书也不一定能达到这个目的……我建议你……再等上10到15年，到时候你也许希望写一本回忆录，讲述你的整个人生故事。"

这是个致命的打击，但是他没有写信给法塞特诉说自己的失望。相反，他把气撒在皮茨、雷特文以及他们的同事麦卡洛克和威斯纳身上。他给威斯纳发送了那封简短的电报，同一天给麻省理工学院校长詹姆斯·基利安写了一封很长的信。

维纳一开始就语出惊人，说"很长时间以来，我一直担心控制论在麻省理工学院的地位，并为此分心"，他认为"提醒你注意已经出现的严重、危险的状况是我的职责"。他提醒基利安，自己是控制论的创始人，强调他从事科学研究从没打算花麻省理工学院或者麻省理工学院主要资金提供者——美国政府的钱——这是维纳战后从事科研活动一直认真坚守的原则。他明确表示了自己关于科研经费的立场，重申"自从第二次世界大战结束后，我从未以控制论或任何其他项目的名义接受过政府一分钱"。

他接着把矛头对准麦卡洛克、威斯纳和几个学生。他语言尖酸刻薄，称麦卡洛克"是科学界的奇葩，虚张声势，魅力有余而可靠不足"。他暗示说，威斯纳把麦卡洛克引进麻省理工学院目的是想获得政府对电子研究实验室下属的神经生理学实验室的资助，他声称麦卡洛克以前雇用皮茨和雷特文"参与一项政府项目……给出的报酬过高，不合理"。他重复了先前对自己几个学生的埋怨，坚持认为他"从过去长期、痛苦的经历中了解到，皮茨先生和雷特文博士不应该被委托管理实验资金和实验设备，也不应该获得高额报酬"。他还说，"皮茨作为我的助手，彻彻底底没有履行自己的职责，尽管他在领取薪水"。他痛斥皮茨一直未提交毕业论文，未能完成一拖再拖的博士学位项目，逃避他对麻省理工学院和古根海姆基金会的责任。

最后，维纳谈到皮茨和雷特文写的那封信。他随信附上了信的复印件，"证明它有多么不得体"。他怒气冲冲地说："我当然不能容忍两个不负责任的年轻人给我压力，告诉我下一步该做什么工作，也不能接受他们洋洋得意地向我报告他们瞒着我所做的一切的语气。"信的结尾，维纳向校长发出威胁，尽管稍微有些掩饰：

> 我不能继续像过去那样心甘情愿地为其他技术项目服务，除非那些有从政野心的人不再滥用我的时间和耐心……我很可能无法阻止我的研究领域变成每个想捞一把的人追逐名利的场所，但我可以肯定地说，目前的环境使我不能继续从事控制论的研究工作。
>
> 您非常真诚的
> 诺伯特·维纳

基利安很了解维纳的冲动性格，他办公室抽屉里还放着维纳的辞职报告呢，但他这么猛烈地攻击麻省理工学院冉冉升起的新星威斯纳和电子研究实验室的新研究团队，着实让基利安目瞪口呆。一周后，他写了一封回信，表达了自己的牵挂。他安慰维纳，承认说来信让他深深地不安，因为他没有注意到维纳和威斯纳在组建新的神经生理学实验室的计划上有分歧。基利安引用了威斯纳曾经公开表达的关于"师徒相传的看法"，说："如果说威斯纳故意对你不友好，我觉得很难接受这个结论。"他替威斯纳的行为进行了辩护，说麦卡洛克在麻省理工学院组建的新研究团队是电子研究实验室宏大研究使命的一部分，是对维纳研究工作的扩展，对大家都有好处，其中维纳得到的好处最大：

我认为，电子研究实验室的研究活动，比如涉及麦卡洛克教授的那些活动，是完全恰当的、值得称道的，是在对您提出的基本概念进行实际应用研究……这恰好是证明您的研究工作的重要性和正确性的大好机会，难道不是吗？

基利安告诉维纳，麦卡洛克实验室的经费不是来自政府，而是来自贝尔实验室的拨款（这可得不到维纳什么好感）。他向维纳保证，麻省理工学院不会对麦卡洛克做出永久承诺。他也承认了麻省理工学院人人皆知的一件事实，那就是维纳和麦卡洛克、皮茨、雷特文、威斯纳以及电子研究实验室的所有研究人员都有互动关系：

我向您保证，电子研究实验室团队会全心全意支持您，他们在您的领导和激励下，已经开始了项目研究工作。我希望，他们的研究工作将进一步扩大您的基础研究工作的影响。

基利安在信的结尾好好安慰了维纳，这正是他常常需要听到的：

您在控制论领域的创造性学识，以及因此而获得的声望和荣誉，是无人能够否认的……您的贡献是巨大的，您在控制论领域的学术地位是牢不可破的，因此您可以一如既往、宽宏大量地看待那些在控制论边缘从事研究的人。

所有这些都使我坚信，您真的没有什么需要担心的，我可以向您保证，您在麻省理工学院的朋友和同事将继续大力支持您，我们也渴望尽一切努力，帮助您进一步开展研究工作，以便获得更广泛的承认。

您真挚的

J.R.基利安

基利安可不是故意屈尊去安慰维纳的。他关于维纳和他的研究工作的话是真心话。和所有熟悉维纳多变性格的人一样，基利安认为维纳的愤怒会很快消退。但情况不是这样的。

——

雷特文是麦卡洛克电子研究实验室初始研究团队中唯一健在的人，他对维纳的指控并不买账。很长时间以后，第一次看到维纳在写给校长的信件里那么诽谤自己时，他是这样说的："在那封信里，我和沃尔特除了表达美好的热情，没有任何其他意思，但维纳的误解真的让我目瞪口呆。"雷特文不能理解维纳的思维方式，他有足够的事实来反驳维纳的指控。

"他说我们拿官方经费给自己发高额工资，这不是真的。沃伦离开伊利诺伊大学的教授职位后，工资减少很多。沃尔也减少了同样数量的薪水。在曼蒂诺州立医院，我每年的工资是2万美元，来麻省理工学院后我的工资是3 000美元，我还要养老婆和两个孩子呢。至于说联邦政府的经费，这也是无稽之谈，因为电子研究实验室得到的拨款是集体拨款，是要分配给每个人的。的确，我们得到了联邦政府的经费，后来贝尔实验室也给了我们补贴，但这些钱从来没有多到可以过奢华的生活。沃伦和鲁克住在肯德尔广场一间破旧的公寓里，每月租金40到50美元。沃尔和他的妻子住在每月70美元租金的房屋二楼。沃尔特住的地方也是他力所能及的。维纳的话全是胡说八道。虽然我们的生存状况谈不上奢华，但是我们所从事的工作配得上这些待遇。"

雷特文进一步指出，维纳是知道电子研究实验室接受政府经费的，他本人就在电子研究实验室和威斯纳、李郁荣以及其他一些人合作做一些研究项目，之后好几年里继续和新的合作伙伴一起在那里工作，离麦卡洛克的实验室只有几个门的距离。

雷特文说："问题就出在这儿，他从来没关心过。这是不真诚的表现。"

无论是基利安、麦卡洛克、威斯纳，还是其他任何人，谁都不清楚到底是什么让维纳大动肝火。事实证明，这件事和政府拨款没有关系，和皮茨、雷特文的不当信件没有关系，和他在信中向基利安抱怨的其他事情也没有关系，甚至和他的自传被拒更没有关系。但是，他们差不多花了10年时间才弄清楚这一点。

大约半个世纪后，雷特文还在琢磨这些事情。整个这段时期，他拒绝透露他掌握的事件细节。他现在快80岁了，依然为朋友反目成仇感到悲哀和愤怒。整个故事要分几个阶段来说。

雷特文回忆说："在热那亚召开纪念维纳的国际会议时，他们坚持要求我参加会议，讲讲维纳的贡献。我精心准备了一个奉承有加的讲话稿。后来，维纳夫人过来祝贺我，向我伸出了手。我握了握她的手——你知道，她是个小个子女人——但我真心想狠狠揍她一顿，因为我知道我们的关系破裂是由她一手策划的。她执着地恨着麦卡洛克,简直难以置信,她要想方设法使我们反目成仇。"

玛格丽特策划维纳和麦卡洛克决裂的动机不清——如果是她策划的。根据各种流传的说法,她和麦卡洛克的交往只有一次是平安无事的,那次是20世纪40年代中期他来维纳家吃晚饭。雷特文无法解释为什么她如此厌恶麦卡洛克。"我不明白她为什么恨他,这是生物向性反应,"他说,心里也在纳闷自己为什么发自内心地不喜欢玛格丽特,"沃伦是个派头十足的人,说话总是尽可能地晦涩含糊,有时候极具启发性。但是,他的这种派头却让维纳夫人看不惯,觉得他不够得体。她感觉麦卡洛克会把维纳带坏,她要让他们散伙。她恨麦卡洛克,恨和他有关的所有人。"

玛格丽特不喜欢麦卡洛克有很多原因:他的魅力和多彩多样的生活习性;他言语充满机智警句,让人着迷,但她不以为然;他和妻子以及他们同龄人的自由主义生活方式和社会价值观;当然还有他嗜酒如命,这一点控制论圈子里的人是有目共睹的。麦卡洛克的女儿塔菲说:"我敢肯定,她不喜欢他。"保利娜·库克博士是伊利诺伊大学医学院的研究员,也是麦卡洛克圈子里的人,后来也搬到了坎布里奇。她说她也有相同的印象:"让玛格丽特喜欢麦卡洛克这样的人是不可能的。他所有的一切都不符合德国中产阶级的价值观,他们是两个世界的人。"

从佩吉自己的经验来看,她只能想象母亲对麦卡洛克圈子里的人的反应。"如果他们的家庭生活就是这样,母亲是不会理解的。如果她怀疑他们过着放荡的生活,她会大发雷霆,她一定会非常难过,认为他们道德败坏。"

除了道德评判,玛格丽特也担心在这群放荡不羁的人中间,丈夫的身心健康会受到影响。只有她知道维纳的抑郁症状和自杀倾向有多严重，了解在和他们闹翻之前的大半年时间里他心里有多烦。她可以替自己辩护，在面临她认为不健康、充满危险的社会环境时，她要为维纳的利益和心理稳定着想。但是这种辩护是站不住脚的。据大家讲，玛格丽特"情感失聪"，对丈夫、孩子和其他任何人的内心感受麻木不仁。她自己经常触发维纳的抑郁病情，并且完全不知道如何减缓、疏导其症状。在两个女儿看来，她担心维纳不稳定的精神状态，也担心他作为科学家的社会地位受到威胁。

毫无疑问，玛格丽特认为麦卡洛克调到麻省理工学院会侵害维纳的势力范围，威胁到他的突出地位。正如她一贯的所作所为，一旦相信维纳的利益受到威胁，她就会毫不犹豫地站出来展示自己在维纳职业问题方面的权威地位。1951年年初，就在她动身去欧洲和维纳会合、新的神经生理学实验室还未成立之前，玛格丽特私下去电子研究实验室找威斯纳，劝说他不要把麦卡洛克及其同伴弄到麻省理工学院来。然而，与她上次成功说服威斯纳解雇一位打耳洞的员工不同，这次威斯纳没有理睬玛格丽特。

这次维纳知道妻子的所作所为了，但是是在事情发生之后才知道的。几个月后，他在写给校长基利安的那封怒气冲冲的信里，态度意外地发生了一百八十度的转弯，声称他一开始就反对威斯纳让麦卡洛克组建实验室的计划，因为当时的情况让他感到非常不安，但什么都没说，因为他"不愿意说同事的坏话"。至于玛格丽特找威斯纳这件事，维纳为她进行了辩护，说这是她的"个人行为"，因为"我非常担心这件事，她为此感到不安"。但是，维纳的辩解和写信，都可能深受玛格丽特一面之词的影响。那时，维纳刚做完白内障手术，处于康复期。他承认妻子"协助"了他的写作活动，这几乎是靠口述来完成的。

女儿佩吉看穿了母亲这么做背后的动机。玛格丽特急切干预维纳在职业上的往来，竭力保护他的科学家地位，证明了她身上还有一种根深蒂固的欲望。佩吉说："很多年来，我一直以为母亲生活的驱动力是维护她的社会地位。我觉得，在母亲眼里，对父亲的威胁就是对她社会地位的威胁。"

她有一种强烈的欲望，要保持自己在维纳的生活和事业中的支配地位，因此需要既控制维纳的活动和行为，又不至于影响到她作为最亲密伙伴和重要顾问的作用。找威斯纳无果后，在墨西哥的最后几个星期，是她阻止维纳和麦卡洛克合作的最后机会，她应该在维纳于1952年1月回到坎布里奇前采取行动，并且做到不能让维纳有任何争辩的机会，因为届时麦卡洛克就会从芝加哥调过来，两人最终在电子研究实验室结合起来。她本能地知道，要阻止麦卡洛克和他的团队，得找个私人的、不可辩驳的借口。

随着维纳归期将至，她孤注一掷，要将维纳和麦卡洛克的合作扼杀在摇篮里。

——

雷特文说："直到10年后阿图罗告诉我，我才知道事情的原委。"20世纪60年代初，雷特文和妻子玛吉到墨西哥拜访罗森布鲁斯和其妻子弗吉尼亚。他们到墨西哥城一家豪华餐馆吃饭，其间雷特文问阿图罗是否了解维纳多年前为什么那么做，以及一直不和麦卡洛克整个团队说话的内情。

"难道你不知道？"罗森布鲁斯有些不相信，接着回顾了1951年决定事情发展走向的那个晚上，叙述了维纳撰写自传时遭受的痛苦折磨，以及自传纷纷被拒的绝望心情。罗森布鲁斯证实，皮茨和雷特文的那封打趣逗乐的信件写的确实不是时候。1951 年 12 月第一个星期六收到的，来自麻省理工学院科技出版社社长的拒绝信，是压垮骆驼的最后一根稻草。收到拒绝信后几个小时，维纳夫妇和罗森布鲁斯在一起闷闷不乐地吃晚饭。就在这时，玛格丽特告诉了维纳一件更可怕、更令人不安的事情。她说，4 年前，麦卡洛克团队的几个男孩儿——也就是维纳的学生——在麦卡洛克芝加哥的家里诱奸了大女儿。在她的指控中，玛格丽特说他们 19 岁的纯洁女儿第一次离开家、生活在寄宿学校安全的环境中时，"不止一个"维纳的学生诱奸了她。

维纳脸色苍白。想到自己的学生在麦卡洛克邪恶的兽穴里玷污纯洁的爱女，维纳脑子有些恍惚。第二天上午，他就给威斯纳发了那封愤怒的电报，给校长写了一封很长的信，断绝和麦卡洛克及其电子研究实验室团队的所有联系。

这真是个惊人的真相，除了一个重要的细节：整个故事都是编造的。雷特文惊呼："她完全是胡说八道！没有这回事。"每当她感到有可能失去对维纳的行动范围和事务的控制时，不管是有意还是无意，她就会编造一个弥天大谎。整整 20 年，她一直在败坏大女儿的名声，冤枉她"散布谣言，败坏男人的名声"，这次又如法炮制，再次利用自己的女儿充当替罪羊。

如果是一个更坚强、更冷静的人，他可能会先弄清楚这些严重指控的事实真相，然后采取行动，但维纳对玛格丽特的话深信不疑。他没有和女儿芭芭拉讨论关于她的传言，她从未对母亲说过所谓被诱奸的事情。他也没有给同事们一个机会解释玛格丽特的指控，他们甚至不知道有这些指控。

玛格丽特的计划大功告成。拿一件十分严重但又非常私密的事情来指控麦卡洛克和他的团队，她可以确保自己的阴谋诡计不会被传出去。在人们都小心谨慎的 50 年代，维纳是不会把所谓的女儿丢脸的事情说出去的。更妙的是，先拿性关系说事，然后协助维纳借工作上的事发牢骚，玛格丽特就可以确保麻省理工学院官方不会有人知道她的指控，人们也不可能发现真相。

在雷特文看来，玛格丽特拿性和放荡来陷害麦卡洛克的整个团队，只不过是掩盖她内心深处的恐惧和多疑，她也将这种恐惧和多疑直接或间接地传递给维纳。"玛格丽特想让维纳认为沃伦正在偷走他的控制论。我在他的信里读到这层意思时，感到毛骨悚然。我从未听到比这还荒唐的事情，没有谁要偷走他的控制论。"不管是什么原因，维纳倒是真的相信了。他们闹翻后，维纳给伦敦的一位同事写信，说他担心麦卡洛克正在损害他在控制论领域的主导地位，而几年前，麦卡洛克不辞辛苦地将控制论的火炬传递到英格兰时，还得到维纳的热情支持。维纳又一次郑重声明要退出梅西基金会会议，而且这次真开始了行动。他公开的退出理由掺杂着偏执，明显是荒唐可笑的："麦卡洛克教授……在梅西基金会会议上和其他场合，采取措施扩大自己在控制论领域的影响，以至我觉得我已经渐渐被挤出，不能公开参加这些会议了。"

麦卡洛克的同事保利娜·库克也看出来了，玛格丽特陷害麦卡洛克，以及维纳随后采取的所有行动背后的深层动机是那种偏执狂式的恐惧。库克把控制论领域的这次充满戏剧性的事件比作中世纪的一场宫廷悲剧，不过这次悲剧的主角是苏格兰人麦卡洛克，他被女版麦克白那双看不见的手谋害，她执意要陷害她的臣下，确保丈夫的王位不受觊觎。"像莎士比亚戏剧里的情节一样，她往国王的耳朵里灌注毒药，轻轻拍打着，让毒液流进去。'瞧他们对你干了什么。不知不觉间，你就会身处偏僻后楼，他们则在前台高楼。'"

得知这次决裂的真相后，维纳的两个女儿一点儿都不感到意外。佩吉是这样评价玛格丽特编造的所谓芭芭拉被诱奸的指控的："这种想法也只有母亲的脑子才想得出来。"她接受雷特文的说法，认为维纳的行为和金钱没有任何关系，"除非有人唆使他这么说，因为他不是个小气的人"。她权衡了一下证据，说："麦卡洛克和其他人对即将开展的研究工作的前景感到很兴奋，如果父亲不是被人指使和他们作对，他一定已经看到这一点了。"但佩吉依然弄不明白玛格丽特的最终目的。"问题是，母亲真的是故意编造故事，将他和竞争对手分开，以保持她的地位吗？她真的相信她对麦卡洛克团队的指控？她是个恶毒、自私自利、痴迷的人吗？不管哪种情况，都不是让人开心的。"芭芭拉一开始就是整个故事的主角，这件事让她更加怨恨母亲，但也没有完全宽恕父亲，她觉得父亲在玛格丽特的整套计划中充当了盲从、被动的角色。

表面上，面对败局，维纳泰然自若，但实际上他深受影响。这次分手事件使他在情感上几个月都没缓过来，也造成了身体上的伤害。1952年3月，他在墨西哥写信给莫里斯·查菲茨，告诉这位医生朋友他出现了一个新的健康问题："和'男孩儿们'闹翻这件事依然很讨厌，我忧心忡忡，开始有轻微心绞痛发作的症状。"一个星期后，他还是怒气冲冲，写信给罗森布鲁斯说："威斯纳-麦卡洛克-皮茨-雷特文纠葛造成的危害比我想象的要严重得多。"他又抱怨说有"非常轻微的心绞痛发作"，但他安慰这位心脏病专家朋友说他的病情一直"在观察之中"。

4月，维纳的病情好转，但也好不到哪里去。他告诉查菲茨："麦卡洛克这件事开始朝着对我有利的方向慢慢平息，虽然过程是艰难的，眼前的效果不是特别令人满意。我现在感觉很累，但我认为我已经走了出来，并没有造成严重的心脏伤害。"然而，到 7 月，维纳还没有恢复过来，有一位同事看见他"状态非常紧张"，依然害怕麦卡洛克和其他人要偷走他的控制论，他因此备受折磨。差不多一年后，他依然拒绝和威斯纳合作，以完成他们几年前就开始进行的一个项目，这个项目旨在建造一种自动机器，帮助失聪者通过触摸来"听声音"。他提醒威斯纳说："你会意识到，不管是现在还是将来，我们之间的合作都是不可能的。" 1952 年的大部分时间和 1953 年一整年，他因心脏问题、疲惫和情感低潮，大大减少了科研和公共演讲活动。

对麦卡洛克和那几个学生而言，维纳和他们断交造成的影响要慢慢地才能完全显现出来。一开始，所有人都信心满满，觉得这场暴风雨很快就会过去，就像 1947 年那次闹别扭一样。雷特文说："沃尔特和我很长时间都不相信这是真的，我们以为他只是发个脾气，关系可以修复。维纳的同事和其他一些人为我们去求情，他们回来都说，'不可能和他谈话，我们不知道到底发生了什么，但绝对没有希望'。"闹翻之后的几个月里，维纳甚至不承认以前这些朋友的存在。当他们在电子研究实验室、麻省理工学院教工会议或者食堂里碰到时，麦卡洛克和他的团队成员都会亲切地和维纳打招呼，但他就是不理睬他们。雷特文回忆说，他们都觉得莫名其妙："他就是不和我们说话，我们不知道为什么。"

对于整个事件，麦卡洛克感到极度震惊。一开始，他无法理解维纳的行为，然后他开始慢慢明白，维纳是铁了心要和他断绝往来。当麦卡洛克意识到这对他们的新研究项目意味着什么时，他无法接受这即将到来的严重后果。雷特文说："麦卡洛克继续从事自己的工作，但很明显他十分震惊。"闹翻后两个月，在芝加哥的一次讲座中，他对自己的宿敌——心理分析弗洛伊德学派大声痛斥，其言语暴怒、恶毒，以至有人私下议论麦卡洛克"正在经历一段心理不正常的时期"。此后在耶鲁大学做讲座时，有人注意到"他的语言和行为不稳定"。麦卡洛克的朋友，精神病医生劳伦斯·库比告诉一位同事，他很肯定，"让麦卡洛克心烦意乱的原因，可能是他来到麻省理工学院后维纳表现出来的狂妄自大、多疑易怒、不可思议的状态"。

但是遭受打击最大的是皮茨。维纳和他们的研究团队断绝关系后，皮茨的反应激烈，雷特文都看在眼里。雷特文说："沃尔特痛苦万分，这是他的世界末日。沃尔特深爱着维纳，维纳给了他从未感受过的父爱。失去维纳，他就失去了**生活的意义**。"对雷特文而言，看见朋友受苦，比和维纳闹翻更让他揪心。雷特文说："我觉得，这件事如果对沃尔特没有那么大的影响，其他一切都好说。但这件事对他是致命的打击。"分手后的几个月里，本性羞涩的皮茨几乎与世隔绝，他开始酗酒，曾经被寄予厚望的研究工作，包括他备受期待的博士论文都遭受了重大挫折。雷特文说："他烧掉了所有写好的东西，包括博士论文和其他所有研究项目的手稿，从此以后什么都不干了。"

麦卡洛克竭尽全力恢复自己的风度举止和看待事物的正确态度。对于和维纳决裂这件事，他最终的评价是这样的："**记住，他是圆颅党，我是骑士党！**"这让人想起英国内战时期清教徒和保皇派之间的大决裂。

但是他们之间的矛盾不仅仅是家庭内部的口角。正如海姆斯证实的那样，他们的决裂是永久、深远的，"注定对控制论的历史产生影响"。

———

电子研究实验室下属的新神经实验工作继续进行，但维纳没有参与，麦卡洛克也经常不在。在实验室运行的前几年里，雷特文、沃尔、皮茨（偶尔）和麻省理工学院的其他一些热血青年一起工作，提出了一些大胆的理论和假设，奠定了新兴"神经科学"的基础，还设计出巧妙的实验方法来检验这些理论和假设，他们提出的一些思想远远领先于时代。实验室里装备有当时最先进的电子设备，很多都是他们在简陋的实验室亲自设计和建造出来的。这些顶尖的弱信号发生器、检测器、放大器、同步器、照相机、数据记录仪、示波器和最新模拟及数字计算机第一次用于研究现实信息处理活动，来发现动物以及人类的大脑和神经系统的奥秘。想当初，皮茨和雷特文在写给维纳的信里还使劲称赞这些设备呢。

20 世纪 50 年代初期，几乎在维纳和麦卡洛克闹翻的同时，又出现一种新的分裂：整个新通信科学的基础框架土崩瓦解，这将撕裂现代思想和技术的每一个领域。几年前刚刚联合起来的通信理论、研究和工程实践的一整个领域开始走向崩溃。就像细胞分裂一样，通信革命从中心分裂开来，形成两个日益背道而驰的分支：一个是连续的、模拟通信及其控制过程的世界，维纳在《控制论》及早期成果中系统描述过；另一个是逻辑的、离散的数字信息过程的新世界，香农在他的贝尔实验室论文《通信的数学理论》中系统阐述过。从历史的角度来看，人类通信的特点就是采用模拟模式，从手势和言语到计数和书写符号系统，再到电子媒介、自动化技术和现代计算机，无一例外。但是，数字模式很迅速地被整合到最新电子技术的逻辑设计和电路中，它不久将会成为体现信息时代本质的象征符号。

这两种技术派系的产生标志着战后新一代工程师的生活将发生重大改变。相关领域的科学家以及很多历史较长的既定领域的科学家，都感受到一种日益强烈的冲动，要从两者中选择一个。战后社会各阶层的思想家和实践者（其中也包括在诸多新兴领域从事前沿研究的人）

意识到，信息时代出现了两条不同的道路，总体而言，大多数人都选择了这条隐约出现的新电子高速公路。

雷特文加盟麦卡洛克的电子研究实验室团队时，这两种道路开始摆在他的面前，他感觉到这种理论和实践的分道扬镳是具有历史意义的"细胞分裂"，于是像麦卡洛克、香农、冯·诺依曼这样具有高度逻辑思维的人选择了数字道路，而像维纳、贝特森以及梅西基金会会议的其他人这样具有高度模拟思维的思想家选择了另一条道路。所有人都乱作一团，努力寻找通向未来的线路图。

在皮茨和雷特文师从麦卡洛克和维纳的那几年里，雷特文就已经注意到这两种技术领域在并肩发展。雷特文说，共同的纽带将数字运算和模拟运算联系在一起，因为"很清楚，两者都是建立在相同的基础之上的"。这些共同的基础包括自然界普遍存在的信息、通信、反馈控制过程，以及无所不在、构成自然通用语言和人脑逻辑基础的计算行为。雷特文还记得，维纳、麦卡洛克、皮茨和其他参加梅西基金会会议、普林斯顿计算机大会等会议的人，在会议上自由地讨论模拟模式和数字模式，以期找到最佳的或组合的方法来实现他们所期待的技术的、生物学的或社会科学的目的。通过参加这些会议，他们带回灵活的学术态度和开放的体系结构。

雷特文说："也有些会议讨论是否可以设计出一种机器，它既是模拟的，也是数字的，这不是个坏主意。"他还记得，在电子研究实验室，他们流畅使用这两种类型的设备，现代神经科学不可缺少的敏感模拟信号检测器、波形分析器与麻省理工学院旋风数字计算机之间实现了数据交换。雷特文用略带怀旧的语气说："模拟设备比逻辑机器要复杂、有趣得多，模拟操作具有一定程度的**讲究**，但模拟计算是人间地狱。设备都是有生命周期的，因此一旦我们可以征服逻辑设备，可以用逻辑机器进行复杂的连续函数计算，大部分老旧的模拟机器就没有必要继续存在了。"

雷特文说，采用模拟和数字两种模式的统一方法的鼎盛时期，以及后来两者分道扬镳，分裂成两种完全不同的概念阵营，可以追溯到1948年秋天在加利福尼亚理工学院举行的传奇般的希克森会议，这是颇具讽刺意味的。会议上，冯·诺依曼第一次发表了不同的观点，他认为人脑太过复杂，没有希望被当作设计电子计算机和其他职能机器的现实模型。冯·诺依曼做出了一个令人意外的论断，他说麦卡洛克－皮茨的神经网络模型具有基础性缺陷，不能够作为设计计算机的模型，甚至不能用来理解大脑本身的工作原理，尽管他自己的电子计算机是以麦卡洛克－皮茨的神经网络模型为基础的。他的"自动装置的一般性理论和逻辑理论"坚持认为，在大脑和神经系统中，"模拟和数字两种过程的要素，都是可识别的……神经脉冲和二进制相比，基本上是一种全有或全无的状态……但是同样很明显，这不是整体面貌"。

冯·诺依曼重申了维纳在纽约学院的讲话，以及后来在《控制论》中提到的观点，即具有模拟特征的神经化学过程和激素过程在大脑计算活动中扮演着重要角色。他坚持认为，"甚至神经元都不完全是数字器官"。他告诫说，大脑的"化学及其他过程……甚至可能比电现象更重要"。冯·诺依曼宣称："事实上，在计算中所运用的'数字方法'可能和神经系统具有完全不同的性质。"在希克森会议上，以及后来的讲话中，冯·诺依曼进一步建议，逻辑学本身应该考虑大脑科学目前和将来的新发现，彻底调整思维方式和结构模式。

冯·诺依曼的惊人言论在计算机理论高层领域引发争论，这种争论在冯·诺依曼的追随者中将持续几十年，但在当时，它在新兴数字计算机的理论基础上留下了一个巨大的漏洞。1951年，一些重要的电子公司已经开始批量生产首批商用"电脑",也是这一年,麦卡洛克和他的团队在麻省理工学院组建了神经生物学实验室。而此时,冯·诺依曼,这位数字计算的总设计师,却公开宣称新型计算机的工作原理和人脑根本不一样。这种不同意见并没有阻止商用计算机公司、大学数学家和政府计算机实验室的科研人员,他们都竞相研制更快、更高效的冯·诺依曼型计算机,冯·诺依曼也没打算放弃他自己的计算机架构。但是,基础设计蓝图中存在的缺陷困扰着新型计算机的先驱,包括冯·诺依曼、麦卡洛克、皮茨和维纳,他们每个人都以自己的方式采取行动,以避免模拟和数字两种思维模式不可挽回地分道扬镳。

对20世纪50年代早期的大脑科学家而言,这两种通信和计算模式是他们面临的一个很大的困境。雷特文说:"在普通运算过程中,模拟和数字毫无冲突,但是在神经系统中,情况却完全不同。神经元是很奇怪的装置,信息是离散的,但处理过程是模拟的。沃伦和沃尔特都意识到,他们的计算机模型并非真正够用,但是模拟神经元工作过程需要的工作量是超乎想象的。"

从1948年的希克森会议,到1951年和维纳闹翻,以及之后的若干年里,麦卡洛克反复调整原始的大脑原理图。但是,尽管业界呼吁以模拟–数字混合模式为基础,开发一种更符合大脑实际情况的新理论,麦卡洛克却不为所动,成为逻辑事业的坚定支持者。他致力于研究逻辑学和神经学相互转换的奥秘,想要设计出神秘的"多值逻辑"和"概率逻辑"系统。在整个过程中,他试图利用维纳、冯·诺依曼和皮茨提出的统计理论,但都徒劳无益。没有维纳和皮茨的参与,他的研究思路失败了。

有一段时间,维纳一直在思考大脑的模拟通信渠道。在《控制论》里,他描述了大脑交互通信系统的工作原理,它既不是基于有或无的机制，也不是基于是或非的判断，而是基于一种更为微妙、随机的化学信号系统，其中包括模拟信息，"它们没有具体目标地进入神经系统，深入所有处于接收状态的组成要素"。这些没有具体目标的信息是通过多功能信使传输的，后来科学家们很快发现，这些信使属于一大类专门化的"神经传递素"。但是，和麦卡洛克分手后，没有人来帮维纳检验这些假设，沃尔特·皮茨更是不可能。

皮茨研究随机网络的博士论文沿着一条平行的方向展开，进入更深层的模拟领域。雷特文是这样评价皮茨的博士论文项目的："沃尔特领先于他的时代。他设想到一种多层次的策略，一种三维的网络。他要探究这种系统在输入信息后表现出来的基本特性。他采用的是模拟方法，具体运用了连续数学。维纳非常认可这种思路，也没有其他人做这项研究。沃尔特做了大量工作，得出一些有趣的结论。他已经很认真地写了两三百页的东西，题目是'三维系统中数据处理广义理论'。但是，和维纳闹翻后，沃尔特的研究就完全停止了。"

———

没有人可以肯定地讲，这次决裂给维纳和其他人，以及控制论理论与实践造成了什么样的损失，也不清楚如果没有发生这场变故，事情的结局将会有什么不同。但是，通过种种标志性事件，我们可以推知事情可能出现的相反结局。

如果没有这次决裂，很可能出现的情况的是，占据神经科学主导地位整整一个时代的大脑模型，即关于大脑功能以及运行结构的全有或全无的神经网络理论，可能很早就得到修改，从而涵盖那些令人讨厌的模拟过程，这些过程也正是维纳毕生研究的东西，但还没有完全整合到大脑和心智科学的理论模式中。在电子计算的技术前沿领域，如果麦卡洛克-皮茨模式中的缺陷得以纠正，冯·诺依曼提出的、备受吹捧的架构可能会得到完善，从而采纳、接受更加准确、更加贴近生活的计算方法，这也正是冯·诺依曼本人努力追求的。但是，就在团队的齐心合作有可能对不断发展的计算架构和信息时代的所有技术类型产生影响的关键时刻，研究工作突然中断。

雷特文不敢妄加推测假设的情况。他说："我一点儿都不知道，如果没有这一切可能会发生什么情况。皮茨从未提及和维纳分手这件事，麦卡洛克也没有推测可能出现的相反情况，也没有表现出什么惋惜的情绪。奥利弗·塞尔弗里奇身处林肯实验室，安然无恙，但他目睹了发生在电子研究实验室的整个灾难过程，他是维纳-麦卡洛克初始团队里唯一愿意冒着风险发表自己意见的人。""如果诺伯特和沃伦两人一直有交流，我认为，这两位伟大的人物会将更多的注意力集中到目的论上。"塞尔弗里奇说。目的论是他后期从事的人工智能和计算机理论研究的重点。他对大家所遭受的损失表示悲哀，尤其是皮茨："沃尔特和我是同龄人，他没有理由不去从事计算机研究工作。许多美妙的新事物不断出现，而他却没有机会负责主持其中任何一项工作、了解该领域的最新进展，这完全没有道理。在我看来，这是个大大的悲剧。"

然而，在塞尔弗里奇眼里，这次决裂对维纳的新科学影响最大。他坦率地说："这件事确实搞砸了控制论，因为发明这个术语和这种思想的人就在我们身边，但我们和他却没有任何相互作用，这是一种奇耻大辱。真正的悲剧在于，我们都很重视控制论，我们的认真态度本可以让维纳取得更大的成功，因此可以说这次决裂确实造成了很大的伤害。"

雷特文回顾了那个时代取得的成就以及背弃的诺言，心中充满热望。"那是一段幸福的时光，让人难以置信。"他怀念他失去的同志，尤其是维纳,"我非常想念他,我们都想念他。"

他们都为控制论和维纳思想的发展做出了贡献,但现在,由于维纳不顾后果的行动以及他妻子那双看不见的手,他同麦卡洛克、皮茨及其队友的重要关系已经一去不复返了。他们给维纳以及他的理论革命所提供的种种人脉因素,玛格丽特是不可能理解和感受到的,这包括他和麦卡洛克及其伙伴在一起时所体验到的生机勃勃的同志友情,被人接受、无忧无虑的感受,哪怕这些感受是短暂的。

由于玛格丽特的所作所为,控制论的发展在它的大本营陷入停顿,但在1952年寒冷的冬天,只有坎布里奇的一个很小的圈子才了解其中发生的一切,它产生的影响要到几年后才完全显现出来。20世纪50年代无与伦比的技术进步依然在向前发展,维纳引领的革命浪潮继续席卷世界。

维纳本人将重新审视自己科学家的使命和意义,向新的方向前进。

后果

第三部分

DARK HERO
OF
THE
INFORMATION
AGE

十二
一位科学家造反了

> 一个黑暗的晚上,他回到亲爱的家人们身边,他卷起鼻子,说:"你们好!"他们都很高兴见到他,随即说:"到这儿来,让我们打你的屁股,瞧你那不知足的好奇心。"
> "呸,"大象的孩子说,"我认为你们这帮人根本不知道怎么打屁股;可我知道,让我教教你们。"……
> 于是,那个大象的坏孩子打了所有亲人的屁股,花了好长时间,直到他们都浑身发热,一个个目瞪口呆。
> ——鲁德亚德·吉卜林《原来如此的故事》

早在和麦卡洛克分手之前,控制论和信息时代大爆炸还没有到来的时候,维纳就开始注意到新技术时代带来的问题,并为此感到深深的忧虑。他骨子里就是个反叛的人,时不时公开挑战、蔑视父母、导师和同行。现在,他50多岁了,将要成为战后科学和社会新战场上的强大对手,一个为人类而战的无畏战士。

原子弹摧毁了他对科学和技术等进步力量的信心,进一步证实了他内心最深重的恐惧,他担心科学技术被社会精英利用,从而带来危险。广岛原子弹爆炸后第二天，维纳正在麻省理工学院的校园漫步，他告诉德克·斯特罗伊克，在平民的头顶上扔原子弹的决定"象征着人类历史上新的恐怖时期的到来"。在他看来，关于原子弹，一个显著的事实不在于它迅速结束了战争，而在于它标志着一个新时代的来临……从此我们都要生活在原子弹的阴影之下："这是人类历史上从未发生过的，一个几千人的小团体具有彻底毁灭上百万人性命的能力……而不用担心给自己带来直接风险。"

他认为，"我们已经走过的路其他人将会跟随过来，我们将别人置于危险之地，最终我们自己也会处于相同的危险境地，这是实实在在、确定无疑的事情"。维纳大胆质疑科学家和工程师，他们不知不觉中被自己开发的武器的魅力迷惑。他还质疑"当代科学精英"、政府官员、军事指挥官、核武器研究管理者的动机，他们已经投入几十亿美元的研究经费，迟早会找出种种理由来为这笔开支辩护。更让人担忧的是，他在新生原子时代的科学家和技术官僚身上看到一种更深层次的冲动力："在所有这些背后，我感觉到他们难以抑制的欲望，让技术进步的车轮永远不停地转动下去。"

虽然没有参加"曼哈顿计划"，但他知道战争期间他协助开发的智能技术将会被应用于研制下一代原子武器，其中有的已经处在设计阶段，用于美国及其盟友同苏联之间的预期战争。那时，政府内外有很多人都感觉到，发生战争仅仅需要几年时间。1945年10月，第二次世界大战结束后两个月，维纳发誓，他和他的技术将永远不会和下一场战争发生任何关系，即使这意味着他要完全放弃数学和科学。

维纳对战后科学的发展方向也有自己的保留意见。他诅咒军方和政府投资人继续对基础科学实行保密管制，谴责科学、工业和军方合流，对政府和公司合伙人共同开发的新技术和生产的新产品实行专利控制。科学家已经接受了严厉保密措施以及对他们的研究选择、在国内外自由行动的严格限制,一切都因为战争的需要。维纳哀叹道:"我们曾经期望,战争过后国内、国际通信自由的精神将会回归,这才是真正的科学生活。"但是现在他发现,"不管我们愿不愿意,我们将成为机密的守护者,机密将成为整个国民生活的基础。在可预见的未来,我们再也不能自由地从事我们的研究工作。在战争期间获得权势和地位来支配我们的人,最不愿意放弃他们已经攫取的特权。"

他的担忧是有道理的。美国在两大战场取得了令人震惊的胜利,战后美国在军事、工业和经济领域成为世界支配力量,这些很大程度上要归功于美国科学家。以维纳在麻省理工学院的同事、战时科学研究发展局局长范内瓦·布什为首的美国科学管理者,急切维持并增加美国的科学产出,使科研成果服务于美国军方和美国工业。战后,美国国家科学计划得以重组,以服务于冷战和军事防御。

1945年,在提交给美国总统杜鲁门的一份报告中,布什制订了一个宏大的计划,根据这个计划,美国政府部门、大学和产业部门之间的联系得到强化,成立了一个新的非军方的国家研究基金,并注入大笔资金。与此同时,军方本身通过新成立的海军研究局以及其他军事部门的研究机构,也大力资助基础和应用科学研究。1950年,新的国家科学基金获得国会特许,通过建立多头筹资结构,美国政府资助大公司从事科学研究的资金,超过了政府支付给大学科学家和非营利研究机构的资金。

美国科学发展已经发生转向,且永远不会走回头路了。训练、容纳科学家的美国大学、技术学院和政府、军方形成了永久的纽带,还为了利润和私营企业达成各种协议。但是对于这种庞大的新兴国家科学体系,维纳是心存疑虑的。首先,他不能容忍军事-工业机器大规模运用他的新通信和控制科学，凭借一层层密不透风的保密措施，从事生产更大、更致命的原子武器的卑鄙勾当。

美国高层要员极力宣传所谓的"按钮式战争"，即通过计算机化的"指挥和控制"技术自动发射原子武器的战争。核战争的前景让维纳感到恐惧。他说："核战争的想法……对有些人是具有巨大诱惑力的，他们对新发明的威力过于自信，对人类抱有深深的不信任。"他觉得自己有义务站出来，积极反对军方的勃勃雄心，因为它已经威胁到科学家的思想，对整个世界构成严重危险。

"于是我决定转变立场，从最机密的状态转变到最公开的状态，呼吁世人注意新科学发展带来的种种可能性和危险。"

1949年年末，他的第一次机会来了。他收到西雅图波音公司一位研究人员的来信，请求他提供一份他那受到歧视的报告的复印件。信中明确表示，波音公司需要维纳战时提出的深刻见解和随后的技术工作成果，用于公司的一个导弹设计项目，该导弹是用来发射美国冷战新武器的。维纳的回复很简短，拒绝提供现在依然处于保密状态的专著和任何其他最新研究成果的复印件，他对自己的做法非常满意，在回信中毫无掩饰：

自从战争结束后，我感到非常遗憾，因为这个国家很大部分的科学努力都被用于准备下一场灾难。我很满意地看到，我的论文不再提供给那些研制制导导弹的人。当然，我也不能告诉你在哪里能找到这些论文。

他的下一个举动更为大胆。他将自己的回信修改、加长，寄送给波士顿的《大西洋月刊》，杂志编辑将来信全文刊载在 1947 年 1 月的《大西洋月刊》上，用了一个具有挑衅意味的标题"一位科学家造反了"，还配发了一个简短的介绍，含蓄地支持维纳的观点和立场。《大西洋月刊》称维纳是"世界上最重要的数学分析家之一"，"他的思想对通信和控制理论的发展起了重要作用，这些理论是赢得战争不可或缺的"。被要求参加战后新的军事装备竞赛，维纳感到非常愤慨，《大西洋月刊》将之描绘成很多科学家的共同感受，他们曾经怀着忠诚之心，服务于美国的战争努力。《大西洋月刊》没有提到波音公司的名字，只是说这封信写给"一家伟大的飞机制造公司"。信的结尾，维纳立下誓言，并向美国科学家同行发出呼吁：

我不打算出版任何将来的研究成果……因为它们可能落入不负责任的军国主义者手里，做出害人的事情。我冒昧地呼吁从事科学研究的其他人注意我这封信。我相信让他们了解这封信的内容是恰当的，如果遇到类似情况，他们就能够独立地做出判断。

他不是第一位发誓放弃核武器和核战争的知名科学家。前几年，20 世纪首批和平主义者之一的爱因斯坦，就敦促"每个有思想、善良和有良知的人……不应该参加任何形式的战争，不管什么原因，不应该直接或间接地提供任何支持"。战争结束后，很多物理学家都效仿爱因斯坦的做法。但是维纳是第一个新通信和控制领域的科学家，他公开表示拒绝与政府和政府代理商合作，参与名义上的国防项目。

在《控制论》出版前一年多，维纳写给《大西洋月刊》的火爆信件引起全美的注意。他是不会改变自己的立场的，但他的信件改变了他事业的方向，从某种意义上讲，他为此感到后悔。他后来承认："如果我仔细考虑一下我这样做需要承担的道德义务……我也许就会有所顾虑，尽管我最终很可能会觉得这种顾虑是懦弱的表现而抛弃它。我的所作所为的道德后果马上就来到了。"

那时，新电子计算领域的巨大潜在机遇依然摆在人们面前，吸引着大家争先恐后、相互竞争。冯·诺依曼和比奇洛的合作在普林斯顿建造的离散变量自动电子计算机的项目还没有被确定为主导的计算机架构。霍华德·艾肯的马克一号电子机械计算机已经运行了两年，他的全电子计算机"马克二号"在哈佛大学新建立的计算实验室接近完工。埃克特和莫奇里刚刚离开宾夕法尼亚大学，建造了他们的通用自动计算机，这是第一台商用计算机，就是后来大家熟知的通用自动计算机（UNIVAC）。

1946年年末，在第二次梅西基金会会议召开以及维纳在纽约科学院做主旨演讲后不久，也就是维纳给波音公司的一位崇拜者写了那封有重要影响的信件后几个星期，他收到洛杉矶加州大学一位同事的来信，邀请他到加州指导"有关机械计算的半军事项目"，开出的条件非常诱人。他终于有机会建造一个全数字计算机运行模型了，这个模型他6年前在写给布什的备忘录中就建议过，可布什从未公开过，到现在还处于保密状态。

对于所谓"半军事项目"，他心里有更为准确的判断。他后来写道："它实际上是美国标准局的项目，但很明显，该项目设计制造的设施……将在几年内由军方优先使用。我的熟人让我承担的工作，其目标是我厌恶的，而且还会有一些附加条件，比如保密、警方调查我的观点、行政责任限制等等。这些是我不能接受的……我收到邀请时，想到我写给《大西洋月刊》的信，我除了拒绝，没有别的选择……我的手被束缚着。"

1947年1月初，他的手又一次被束缚了。"一位科学家造反了"的来信发表后几天，艾肯在哈佛大学主持了一个关于自动计算机的会议，会议的协办方是美国海军军备局，是艾肯的长期赞助人。几个月前，维纳答应提交一篇论文。他回忆说："我去找艾肯，向他解释情况。我说答应提交论文就意味着我对战争有关的研究工作采取了一个明确的立场。我不能接受一个和军方有关的邀请而拒绝另外一个。因此我请求收回我提交论文的承诺。"

维纳描述了接下来发生的公共关系灾难：

我从艾肯那里获悉，他有时间将我的名字从发言者名单中去掉。然而，会议开始时，我发现艾肯只是将我的名字从发布给媒体的印刷议程中划掉。报纸记者找到我，问把我的名字划掉是不是和《大西洋月刊》上那封信有关系。我说有，试图解释前因后果……说我这么做不是怄气，也不是出于个人恩怨……艾肯觉得我参与了某种阴谋，想抹黑他，把这次会议弄成公共丑闻。事实上，如果他不是采取划掉我名字的方式，这件事就不会引起公众的关注。

这件事被媒体大肆炒作。这是第一个重要的计算科学会议，参加会议的有157名各大学代表、103名政府代表，还有75名是电子产业的代表以及来自英国、比利时和瑞典的科学家，但是一个人的缺席引起了全体与会者的注意。会议开幕后第二天，《波士顿旅行者报》在头版刊载题为"麻省理工学院科学家造战争研究会议的反：他援引道德立场，攻击'不负责任的军国主义者'"的报道，将维纳没有参加会议归结为他在《大西洋月刊》上发表的声明。一天后，《纽约时报》

转载了这篇报道，之后又被全世界的媒体转载。接着，维纳的科学不合作新政策得到在普林斯顿大学的爱因斯坦的支持，这又引发了新一轮的媒体大报道。爱因斯坦告诉媒体："我非常钦佩和认同维纳教授的态度。我相信，如果美国所有著名科学家都采取类似的态度，将极大有利于解决国家安全的紧迫问题。"

这个事件让艾肯丢了脸，给他主办的具有历史意义的研讨会蒙上了阴影。但事实证明，这给维纳造成的伤害更大，因为他选择的时机太不合适了，他被迫完全放弃了电子计算机领域的研究工作，而这正是他从20世纪20年代以来一直致力于发展的领域。为了兑现自己的承诺，在《波士顿旅行者报》刊载报道后当天，他给麦卡洛克写信，满是悲伤和悔恨："我放弃所有计算机相关的研究，因为它和制导导弹项目关系太紧密。"几个月后，在接受《纽约先驱论坛报》的采访时，维纳重申了自己的立场，甚至走得更远，他宣布不再从事和美国政府有关联的任何研究工作。第二年，《控制论》出版，他再次发誓"不会从事任何最终可能导致无辜百姓死亡的研究项目"。

他再也没有从事过计算机领域的研究工作了，也没有接受过军方或美国政府一分钱的研究经费。

———

相对于他的火暴脾气和古怪行为，维纳直言不讳的声明和反叛行为更使他同麻省理工学院的同事孤立起来。战争结束时，因为有来自美国军方的合同，麻省理工学院一跃成为"美国最大的非工业国防承包商"，和产业界的联系也更为紧密了。这一头衔将持续数十年，麻省理工学院为之自豪。麻省理工学院的教工、管理人员和政府、私人企业密切合作，开发了最新电子技术和军用产品。维纳的声明让他们感到很难堪，但又无能为力。

维纳的不合作声明在美国科学界高层引发了激烈争议，但是他是不会放弃反叛的。两年后，他在《原子能科学家公报》上发表了一篇措辞更为激烈的后续文章，提出更强烈的抗议。他的新声明让人们更明确无误地看到，他先前采取的行动是出于坚定的道德信仰，不是身陷情感风暴时的冲动之举。他写道："首先，很明显，科学家已经从独立的从业者和思想家堕落为科学工厂里的傀儡，他们失去了道德和责任感。这种堕落过程现在比我想象得更快、更具有破坏作用。应该独立思考的人屈从于行政权，这会毁掉科学家的士气，同样也会毁掉美国客观科学成果的质量。"

他重申了自己的承诺，并加以强化：

鉴于此，我依然认为没有理由向任何人，不管是一名军官还是一家大公司雇用的科学家，转让我的任何研究成果，只要我认为我的研究成果不是用来造福科学和人类的。

除了关注原子武器和"金钱科学"（维纳语）所带来的危害，维纳的道德关注延伸到产业和社会的其他领域。工业自动化的前景给他个人带来另一种职业困境："我不确定我是否应该采取这样一种道德立场，向世人告知物质可能带来的社会危害，将此作为我的首要义务。"他只能模模糊糊地预想即将发生什么样的变化，权衡其中的利弊：

自动化工厂将使用机械手段完全替代人工，这可能会引发新的社会问题……另一方面，为了管理生产，对高度熟练的职业工人的新需求将会增加……如果这些变化……是无计划、缺乏组织的,那么将会造成前所未有的失业问题。看起来,我们有可能避免这种灾难,但是要避免灾难,唯一的出路是更多的智慧,不能被动等待灾难的到来。

和对待军方的态度不同,维纳并不完全反对将自己的思想应用于工业领域,但是他知道,需要对广大民众进行大规模动员,使其准备好迎接即将到来的巨大变革。他开辟了新的科学活动前沿阵地,用直截了当的方式,尽可能让公众了解自己关心的问题,从而开始了民众教育的道路。他采取行动,亲自引领社会动员工作,直接向那些受影响最为深刻的人群宣传自己的观点。

战后初期,维纳积极接近劳工组织。他和两位工会领袖取得了联系,一位是劳工顾问,一位是印刷工人工会的高级官员。印刷工人工会隶属于有几百万会员的产业工会联合会。两人认真地听取了维纳的意见,深表赞同,但是不管是维纳还是这两位官员,都不能说服工会高层接受自动化可能带来的严重后果。这次经历让维纳感到很沮丧,他相信工会领导对自动化带来的现实后果理解片面,他们没有多少办法来应对劳工未来面对的巨大问题。

1948年《控制论》出版时,维纳对自动化的担忧愈加深刻,他相信,这将和原子武器带来的危险一样……

我们面临另一个社会潜在的可能性,不管是好还是坏,它的重要性是前所未有的。自动化工厂和无人生产线……机器的支配地位,虽然这种支配是个隐喻,但会立即带来非隐喻性的问题。它为人类提供了一大批新的高效率的机械奴隶,从事生产劳动。这种机械劳动具有奴隶生产的大部分属性……然而,**任何接受奴隶生产作为竞争条件的生产,都会接受奴隶生**

产的条件，因此本质上就是奴隶生产。

在他公开发表的关于即将到来的自动化社会的声明中，维纳努力采取不偏不倚的态度："机器使人类从乏味、令人讨厌的工作中解放出来，这也许是一件好事，也许不是。我不知道。"但他知道，"是否是好事，不能根据市场和节省的金钱来判断"。为了避免自动化生产给人类带来的影响，维纳提出一个简单、尝试性的解决方案，这后来成了他的标志性理论："**当然，答案在于建造这样一个社会，它的基础是人类价值，而不是买卖。**"这是至关重要的。对维纳来说，相反的情况是难以想象的。他说："为了实现这样的社会，我们需要大量的规划，也需要大量的斗争。"紧接着，他开始推销自己的规划和斗争的思想。

《控制论》出版后，维纳接受了大量媒体采访，他警告人们注意新控制论技术可能带来的威胁。媒体竞相转载，报道了他的坚定信念，即"能够思维、判断，甚至情绪失控的机器，将会取代工业生产线的工人，'淘汰'没有技能的人"。维纳说话时毫不闪烁其词，他预测"这种情况将会发生，像突如其来的地震一样"。他将智能技术带来的社会后果和其他一些困扰性的社会问题联系起来："智能机器产生的影响带给人们的震惊不亚于原子弹。"工业社会急切实现自动化，追求利润是唯一的动机，维纳称其"具有非常大的社会危害性"。他说："如果我们要出卖人类，用机器代替他，那么他就会愤怒。愤怒的人是危险的。"他对代表工业利益的贸易集团，比如美国制造商协会（他称其为"美国罪犯协会"），倍感愤怒，但是对方并没有对维纳抱有相同的敌意。

他开始收到一些重要产业公司的邀请，请求他提出关于自动化工厂的设计和实施的意见。1949年春，通用电气的管理人员找到他，要求他给公司工业控制部门的经理提一些关于自动化方面的建议，给该公司位于马萨诸塞州林恩市的庞大生产工厂的工程师传授自动化生产方法。第一次世界大战期间，维纳还在这家工厂短暂工作过。但是，这两项要求维纳都拒绝了。实际上，通用电气不断主动找到维纳，加上它在美国工业领域的巨大影响力，这促使维纳扩大了不合作的范围，除了军方和政府，他还拒绝参与任何有可能加速自动化机器的配置、取代人类工人的工作。这也促使他要努力为工人提供可以利用的筹码。

几个月后，维纳第二次主动接近劳工组织。1949年8月，他给美国人数最多、最强大的工会组织——美国汽车工人联合会总裁沃尔特·鲁瑟写了一封长信，提醒他注意自动化的技术前景以及给劳工带来的影响。维纳告诉鲁瑟有产业部门要他提供咨询建议的事情，恳请他"用足够的兴趣关注劳工被机器大规模替代带来的紧迫威胁"。他敦促鲁瑟"要抢先一步应对现有产业公司……在参与这类机器生产的过程中，要确保代表工人劳工利益的组织获得机器生产产生的利润。"他主动提出免费服务："我愿意忠诚地支持你，不要求任何个人回报……我不希望以任何形式来利用劳工为自己谋利。"

4天后，鲁瑟电报答复："对你的信非常感兴趣。希望尽快与你商讨此事。"但是，鲁瑟正忙着和福特汽车进行紧张的合同谈判，因为工会反对公司加速安装生产流水线，还准备举行罢工抗议克莱斯勒公司。这样，两人的见面一直拖了7个月。1950年3月，鲁瑟终于来到波士顿，维纳在鲁瑟下榻的宾馆里和他举行了一次非公开的早餐会议。

一位是好斗的工会领袖，一位是留着胡子的数学教授，两人坐在铺着洁白桌布的桌子两端，互相凝视，像两位特使一样。但两人关心的问题是一致的。维纳给鲁瑟简单介绍了新技术的发展情况及其给工厂带来的影响，鲁瑟认真地听着，提出很多有见地的问题。接着，两人临时决定组建一个实用的跨学科新团队，即联合成立"劳工科学委员会"，致力于提前做好准备应对社会变革给美国劳工带来的变化，并寻求应变之策。

鲁瑟对维纳的科学思想和社会关注有很深的理解，也愿意积极参与、面对各地工人阶级面临的更大范围、更长远的变化，并站在国际视野考虑劳工问题。这些都给维纳留下了深刻印象，这也说明他对待新技术及其带来的人类影响采取了全球性的整体方法。他很高兴"在鲁瑟先生及其同事身上找到了一种更全面的工会领导才能，这正是我当初开始和工会零星接触时没有发现的东西"。维纳和鲁瑟都不想重复19世纪英国纺织工人"卢德运动"的痛苦经历，当时工人毁坏自动纺织机器，结果给纺织业和工人的生计造成危害。两人都希望和产业资本家、工程师合作，对工人进行重新培训，提高他们的劳动技能，管理车间生产、处理生产故障，这样可以更好地和新机器和谐工作，从而减轻自动化给工人带来的冲击和影响。

但是，在这一前沿领域，维纳积极主动的行为使自己直接站在很多科学家同行以及他们的政府和产业赞助人的对立面。战后初期，工会组织的罢工数量创历史新高，很多实业家迫不及待地使用"不需要工人的机器"，打造自动化工厂的新时代。一些势力强大的政治团体和军方高层官员也有反工会情绪，特别是美国空军，积极倡导在飞机制造和导弹生产领域推行自动化。

维纳和鲁瑟强烈反对推行自动化而不考虑其社会影响的行为，但是因为两人都很忙，他们保卫工人利益的联合行动一拖再拖。维纳满世界推广他的控制论思想，鲁瑟则忙着代表美国汽车工人联合会和资方进行艰苦的谈判，还要动员美国产业工人迎接于1950年夏天爆发的朝鲜战争，这样他们只有通过书信商讨问题。

两年后，两人再一次见面，开始恢复他们的工作。

———

那些年，维纳关注社会问题所花的时间和精力远远超出他的科学研究工作，他将自己的才干和精力用于更有意义的、为更多人谋求利益的项目上，这使他暂时忘掉了自己的个人问题和各种无头绪的职业关系，这是他所喜欢的。1950年那个多事之夏，他利用移居墨西哥、还没开始写作自传这段空闲时间，出版了第一本以非科学群体为读者对象的著作。

写一本关于控制论及其社会影响的通俗读物的想法，首先是纽约著名出版商阿尔弗雷德·A.克诺夫于1949年年初提出来的。那时维纳收到很多和《控制论》有关的出版请求，他无暇顾及，所以拒绝了克诺夫的建议，但是他记住了这个想法。几个月之后，波士顿霍顿米夫林出版公司的编辑保罗·布鲁克斯再次敦促维纳，他知道其他的出版商曾经找过维纳，但没有成功，他也了解到维纳"善变""不可预测""难以取悦"。让布鲁克斯意外的是，维纳这次表示感兴趣，现在他"的确要给公众传达一个信息，警告人们不要让现代技术支配我们的生活"。

维纳归隐于南塔姆沃思的乡下，开始给秘书玛戈·塞穆赖口授这本书（玛戈那时还没有因为打耳洞的事惹怒玛格丽特，依然是麻省理工学院的雇员）。但当布鲁克斯收到书的第一章时，他蒙了，"内容和他们曾经讨论的主题完全没有关系……这是不可接受的"，布鲁克斯在回忆录里这样说道。他打电话给在新罕布什尔的玛戈，讨论了"糟糕的第一章，以及该怎么处理它"的问题。让布鲁克斯害怕的事情发生了，电话打到一半，维纳接过电话："我是维纳，我们取消这本书！"

布鲁克斯请求维纳再考虑考虑，赶紧给他写了一份很长的备忘录，提出了一些编辑建议。第二天，布鲁克斯接到从南塔姆沃思打来的电话："我是维纳，收到你的备忘录。我觉得可以照办。""他的确照办了。"布鲁克斯证实说。

确定书名也费了一些周折。维纳提出两个含义隐晦的古典味十足的书名：《潘多拉》和《卡桑德拉》，前者是神话中的女神，她打开了一个禁止打开的盒子，把所有的邪恶都释放到人间，后者是特洛伊的女预言家，她能预知未来，但对于她的警告人们不以为然，直到灾难降临。布鲁克斯断然拒绝了这两个题目，说这两个题目"会葬送这本书，我们这里每个人都这么认为"。他引用了维纳书稿中的一段文字，最终确定了书的题目。维纳描写了第二次工业革命渐渐渗入的对人的剥削，称自己致力于"抗议那种对人类不人道的利用"。维纳喜欢这个主意，完成书稿后就出版了。

布鲁克斯写信给维纳表达了赞赏："多么了不起的一本书！大多数关心人类价值的人一想到数学机器及其背后的理论在现代生活中扮演的角色就会不寒而栗。他们想当然地认为科学家是不关心人类的。对他们而言，一位新科学领域的领军人物对人类前途表现出极大的关注，这是一件新鲜事。"

《人有人的用处：控制论与社会》一书的出版标志着维纳的反叛进入下一个阶段，他开始将自己的精力从高度保密的工作转向高度公众化的工作。维纳的文字简单，没有专业词汇，他给读者突出呈现了控制论革命的总体面貌，以及它"真正的观念变革"。他从一位教育家和哲学家而不只是数学家的立场出发，宣告了写这本书的最终目的：帮助人们理解这种变革"给科学……和人们的总体生活态度带来的影响"。

维纳强调了控制论的社会维度，他坚信"只能通过研究社会所拥有的信息以及通信设施才能理解社会"。他认为通信是社会的"黏合剂","将社会组织黏合在一起"。他向不懂科学的读者提供了一个新颖的定义,来描述正在蓬勃兴起的信息新事物。对维纳而言,信息不是香农所定义的一连串的数字化字节,也不是韦弗所描述的那样包罗万象,而是一种有目的的过程:

> 接受和应用信息的过程就是我们适应环境的过程,是我们在此环境中有效生活的过程。现代社会的需求和复杂性对信息过程提出了更高的要求……我们的媒体、科学实验室、大学、图书馆……有义务满足这一过程的需求,否则就是失职。

维纳的信息定义在科学上具有革命性意义,但他关于信息的经济价值和商品属性的观点更具有革命意义,作为商品的信息和常规的物质-能量商品显著不同,因此他认为像很多新技术产业那样,用传统的市场价值来衡量信息和通信是不理智的。他相信,仅仅靠市场机制"不能体现人类价值的通用基础",他直截了当地告诉美国读者,了解这一点是至关重要的。他对市场方法的质疑不代表他对任何社会或经济学理论的批评,相反,这说明他承认信息具有独特的经济现实。他确信,市场方法将不可避免地"导致对信息及其相关概念的误解和误用"。

维纳不愧为信息时代的先驱,他率先提出信息不是可以买卖的可触摸商品,而是"内容",不管这个"内容"是诸如新闻、科学知识之类的短暂商品,还是人类从周围世界获取的日常生活经验。在他看来,信息或者任何与之有关的知识的价值,取决于它对人类生存的价值,取决于它丰富和改善社会和人类生活的真实潜力。维纳对商业企业并无恶意,他认为,如果以危害人类价值为代价利用信息,就会威胁到国民财富，威胁到人们的安全和生存。他呼吁任何形式的知识和信息都要能够"无障碍地交流"。

维纳督促社会在任何领域都将这些人类价值放在首位。如若人类将来被迫和自动工厂以及永不疲倦的机器人竞争，那么劳动和人类工人的价值将史无前例地被贬低：

很明显，这将导致失业，情况将会比30年代的大萧条更严重。这种萧条将摧毁很多产业，甚至那些利用新技术、具有潜力的产业……因此，新工业革命是把双刃剑，它可能造福人类……也可能毁灭人类。如果不能理性运用，它可能会在毁灭之路上走得更远。

但他看到的不仅仅是失业以及信息的经济学问题。在书的结尾，他谈到信息科学和控制的另一个固有危险，他警告人们注意控制论技术给人类社会带来的长远影响。这是全书最深刻的段落之一，他这样写道：

自动机器令人恐惧，不是因为它有可能实现对人类的自主控制，给人类带来危险……它真正的危险……是完全不同的，因为这样的机器，尽管本身是无助的，但是它可能会被某人或某些人利用来控制其他人……不是通过机器本身，而是通过……技术，这些技术狭隘，漠视人类的可能性，仿佛是机械孕育出来的……为了避免这种内部和外部的双重危险……我们必须了解……人性是什么，人类内在的意义是什么。

维纳将自己比作希腊神话中偷火送给人类、甘愿接受上帝惩罚的普罗米修斯，他说新技术的幽灵在他心中盘旋，他感到一种即将来临的"悲剧感"，他担心人类将屈从于机器，放弃选择和控制的权利。

一想到人们将"平静地向机器转让……选择善恶的责任,不再接受那种选择的全部责任",他就感到不寒而栗。维纳认为,人类这些有意识的选择行为就是信息的本质所在,而如今这种有意识的选择行为面临着来自多方面的危险,比如新计算机内在的逻辑思维能力,自动机器作为决策者不可比拟的速度和效率,可以相互连接、具有记忆能力,并从过去的决策、后果和错误中吸取教训的下一代智能机器。

维纳引用《圣经·旧约》和阿拉伯民间故事集《一千零一夜》,发出了预言性警告,告诫人类当心他曾协助创造的新技术:

任何以做决策为目的而建造的机器,如果它不具备学习能力,那么它完全是没有想象力的。如果我们让它来决定我们的行为,那么将是一种悲哀,除非我们预先考察它的行为规则,充分了解它是根据我们可以接受的原则来实施其行动的。另一方面,像瓶子里的魔鬼一样,机器绝对没有义务做出人性化的、我们可以接受的决策。人类如果意识不到这一点,将自己的责任抛给机器……就等于把自己的责任抛向风中,而最终责任又旋风般被吹了回来。

维纳用了他曾经和霍尔丹在饭桌上一起唱的那首歌(中世纪僧侣伯尔拿的诅咒)来总结新科学的美好前景,以及它的欺骗性诱惑和给新技术时代带来的危险。他恳请读者留心他给这个现代世界发出的警告:

时辰很晚了,善恶之选在敲我们的门。

———

控制论受到的种种指责,《人有人的用处:控制论与社会》也都未能幸免，甚至更多。比如它的结构松散，社会批评更加直言不讳。然而，这些表面上的缺点却引起了20世纪50年代早期焦躁不安的读者的共鸣，大家竞相购买，该书非常畅销。读者和评论家都很兴奋，他们没有想到像维纳这种级别的科学家能够站出来，对普通大众都很关心的紧迫问题发出强有力的呼吁。甚至维纳脾气古怪的导师伯特兰·罗素也在英国一家通俗杂志上高度评价了这位固执的学生，给予他衷心的支持。罗素那年快80岁了，上一年还获得了诺贝尔文学奖。他文章的题目是"人类还有存在的必要吗？"，他称赞维纳这部作品具有"巨大的重要性"，说维纳"用严肃的语气阐述了人类面临的灾祸，而这正是他自己以及其他一些天才人物辛勤劳动的结果"。他明确指出："若要避免新工业革命造成大范围的、史无前例的痛苦，我们就不得不改变一些有文明以来人类社会赖以运转的基本假设。"

维纳写这本书的目的是要将自己的新科学以及他关注的社会问题直接传达给广大民众，希望作为通信科学的控制论在技术和人文方面承担更大的责任，这也是一项具有明确道德义务的责任。新书被公众热情接受说明他的使命成功了。他反对武器研发的立场得到一些和他一样关心非道德的核战争的科学家的支持，比如，梅西基金会会议同事格雷戈里·贝特森、玛格丽特·米德和其他一些人都仗义执言，公开发表关于战后精神健康和国际冲突的意见和看法。然而，在涉及新控制论技术以及它给人类带来的影响等问题时，维纳则是孤军奋战，有时甚至明显受到同行的反对。

在美国战后所有的科学家中，和维纳形成鲜明对比的莫过于同样是少年天才的约翰·冯·诺依曼了。冯·诺依曼移居美国，对之心存感激之心，他坚信美国肩负着国家使命，急于证明美国制度的优越性和美国技术的优势地位。他是著名科学家，也是战争英雄，他设计的原子弹在太平洋战场上给日本致命一击。他坚定地支持大力发展军事工业，支持军事工业为促进技术研究和发展而实施的成效显著的运行机制。冷战初期，冯·诺依曼给差不多20家政府和工业部门提供咨询服务。苏联引爆第一枚原子弹后几个月内，他积极主张对这个共产主义国家实施"预防性"核弹攻击，他支持官方推行的保密制度，憎恨任何形式的公开和社会活动。

在他的影响下，冯·诺依曼提出的用于商业竞争的数学博弈论，成了两个拥有核武器的敌对大国相互较量过程中，美国手中的一张王牌。1946年，美国空军在洛杉矶成立的兰德公司是民间智库的原型。在兰德公司，冯·诺依曼为美国武器政策的制定发挥了重要作用，其标志性的成果是10年后美国实施的所谓核恐怖平衡战略，即大家熟知的"确保互毁"。

尽管冯·诺依曼富有侵略性的行为违背了他作为科学家所代表的一切价值观，维纳并没有直接批评他个人，却不可能对冯·诺依曼的理论不闻不问，他从控制论的观点立场出发，透彻思考了一些战略问题，质疑了冯·诺依曼高度假设性的理论基础。维纳在《控制论》中这样写道："冯·诺依曼的博弈论将博弈者描绘成十分聪明、十分无情的人，这是对事实的想象和扭曲。"他知道，人们做出决策，是出于各种各样理性或非理性的原因，他们感情用事，常常缺少信息或者得到错误的信息。另外，在很多竞争场合，有多个博弈者参与，他们形成一种联盟，结果又因为"背叛、出卖和欺骗"导致联盟瓦解。维纳从日常生活实例出发，对冯·诺依曼的理论一一进行了反驳，他引用了常用来影响公众购买某种商品或者为某一个候选人投票的营销和宣传策略，说技术和金钱的诱惑促使很多年轻的科学家从事核武器的开发工作。

对维纳而言，人类的生存不是博弈。他承认，采取巧妙的博弈形式的主张，在"唯利是图者"和军事战略家那里很有市场，这也"真实地反映了高层商业领域的整体面貌，以及政治、外交和战争之间的密切关系"。但是，因为他对复杂的控制论体系内部的各种动态关系，以及人性、人生意义有深刻的理解，所以对冯·诺依曼博弈论的邪恶和徒劳也有深刻的认识："从长远来看，即使是最聪明、最不讲原则的唯利是图者也注定会灭亡……不存在所谓的体内平衡。我们现在经历的从繁荣到失败的商业周期，是连续的独裁和革命的过程，是没有胜者的战争时期。这是现代社会的真实境况。"冯·诺依曼认为"人是自私和邪恶的……这是自然法则"，维纳对此断然否认。他写道："没有人是百分之百的傻瓜，也没有人是百分之百的无赖。普通人是具有中等智力水平的，能够在他们直接关注的问题上做出恰当的判断；在目睹关乎公共利益或个人痛苦的事情时，他们也都能够表示出恰当的利他情怀。"

很多人支持维纳的观点，其中包括非常崇拜冯·诺依曼的人。1950年，年轻冒失的数学天才约翰·福布斯·纳什从普林斯顿来到兰德公司，他提出自己的"非合作博弈"，这是一个混合策略博弈的新概念。到50年代初，纳什的混合方法赢得了军事战略家的支持，他也因为修正和扩展了冯·诺依曼的理论而获得诺贝尔奖。

―

40年代末到50年代初这段繁忙的时期，维纳和他的新合作者沃尔特·鲁瑟继续保持通信，共同策划劳动和科学联合委员会。但是，鲁瑟繁重的劳工谈判日程安排和维纳的国内外旅行计划相互冲突。最终于1952年1月，鲁瑟邀请维纳在克利夫兰举行的美国汽车工人联合会暨美国产业工会联合会大会上发言。这正是维纳所寻求的高规格的论坛，他可以在数百万美国工厂工人和官员中引起广泛的社会关注，因为他们将被自动机器取代。但是，维纳错过了这个在美国劳工大本营和劳工直接对话的大好机会。在一封简短的信中，维纳拒绝了鲁瑟的邀请，说自己过去一年在欧洲和墨西哥很忙，他的医生命令他休息。这件事发生在他和麦卡洛克及同事闹翻后仅仅几个星期之内，实际上，他不是信中所说的"疲惫"，而是抑郁症发作，还伴有心脏病，几个星期都不能自由行动。

机会一旦失去就永不再来。他再也没有收到自己渴望得到的邀请，永远失去了和鲁瑟一起大显身手、带领美国工人对抗自动化冲击的机会。

《人有人的用处：控制论与社会》的出版以及紧随而来的出版高潮之后，维纳希望有一段短暂的休息时间。他在公共教育以及治国理政方面所从事的活动让他受到很多关注，这是他始料未及的，也使他获得了很多追随者和仰慕者。然而，他不受约束的言行也不可避免地使他遭受批评和怀疑。他的晚年一直有些秘密的诋毁者，而他根本不知道这些人是谁。

十三
政府反应

> 如果所有的傻瓜都联合起来反对一个人,那么一个真正的天才出现了。
>
> ——乔纳森·斯威夫特

维纳的反叛引起了政府官员的注意。

在《大西洋月刊》上发表那封怒气冲冲、宣布放弃军事研究的信后不久,也就是他退出在哈佛大学召开的、由海军举办的计算机会议的信息被《纽约时报》报道后的次日,波士顿海军造船厂海军情报办公室的官员确信这位缺席会议的教授会对美国构成威胁。在波士顿以西90英里的韦斯托弗空军基地,美国陆军军事情报部门(也被称为G-2分队)的区域指挥官也从报纸上得到消息,他们得出类似的结论。

1947年1月10日,联邦调查局波士顿办事处收到军事情报机构一位官员对维纳的投诉。几个小时之后,在波士顿市中心一间俯瞰邮局广场的单调乏味的联邦政府办公室里,那里的人依据联邦调查局"安全事务"C等级,启动了对诺伯特·维纳的调查,将其定性为"涉嫌从事颠覆美国政府的活动"。

像在20世纪20年代的学术圈里一样，这次维纳再一次将自己置于无法回避的危险境地，他的反叛行为让美国政府的科技和军事先锋不寒而栗。对那些军方高层和文职官员而言，维纳公开拒绝合作开发制导导弹、拒绝参与任何政府资助的科学项目是显而易见的颠覆行为。他们担心，维纳在哈佛会议以及麻省理工学院从事的，由政府主导的重要军事研究项目等方面所表现出来的反叛行为，可能会引发更大范围的暴乱，并在各阶层的美国科学家中蔓延。这种威胁让所有美国政府特工和机构为了一个共同的目标团结起来。

联邦调查局波士顿办事处主管特工立即开始着手搜集这项新安全事务的情报。一周后，他给在华盛顿的联邦调查局局长埃德加·胡佛提交了他的第一份报告。

事实证明，20世纪40年代，维纳第一次被筛选，以平民身份参与战争科研活动时，联邦调查局就开始跟踪他的活动和社会关系。战争期间，许多秘密情报人员给联邦调查局提供了关于维纳及其同事、家庭成员和社交圈的情报。其中一个情报员报告了维纳的种族背景，高度赞扬了他的专业成就，他给政府的报告是这样说的："目标对象……是俄国犹太人出身，据说是仅次于爱因斯坦的数学分析家。"为了证明自己的说法，报告员附加了《波士顿旅行者报》刊登的一篇文章的复印件，该文章逐字逐句引用了《大西洋月刊》的一段文字，是这样说的："维纳博士是一位科学家，他为通信和控制理论的发展做出了重大贡献，而这些理论对美国赢得战争起了至关重要的作用。"

波士顿办事处主管特工还掌握了维纳其他一些小秘密，他抄录了《美国百科全书》中关于维纳父亲的词条，如实地报告说："目标对象的父亲……出生于俄国……在明斯克接受教育，他最大的编辑作品是

24卷本的托尔斯泰文集。"他还一字不差地转抄了另一位线人1941年写给联邦调查局的报告，内容是这样的：

有两位非常坚定的"共产主义者"，线人认为他们有可能在苏联参战之前替德国工作……他们是……诺伯特·维纳……和迪尔克·范德·斯特罗伊克。线人相信后者是苏联共产党员，从捷克斯洛伐克进入美国。

指控维纳是"坚定的共产主义者"是毫无根据的，尽管德克·斯特罗伊克的确如此。像20世纪前半期很多欧洲和美国的知识分子一样，斯特罗伊克深受俄国革命鼓舞，在经济动荡的大萧条时期接受了共产主义思想，他一直是荷兰马克思主义学派的坚定支持者。可悲的是，联邦调查局的线人弄错了斯特罗伊克的出生国和党派关系，但是这个错误的报告给关于诺伯特和斯特罗伊克的传言提供了额外的证据，让他们的问题显得更为紧迫。

政府通过一系列信息来源掌握了维纳整个战争期间的课外活动情况，包括他参与的各种学术的、人文的和公民自由的组织，这些组织旨在帮助受压迫民族，反抗国内外独裁统治。联邦调查局认为这些组织都是"颠覆性的"，包括美国科学工作者协会、国家宪法自由联盟、苏联战争救援、美国中国人民友好协会、联合反法西斯难民委员会。

战争结束后，联邦调查局继续收集对维纳及其同事不利的新证据，结果获得了一些缺乏证据的指控和暗示。波士顿办事处主管特工从一位线人那里得知，正在哈佛大学天文台游览的苏联宇航员代表团"表示希望和维纳谈谈"，参观一下麻省理工学院的计算机，"在麻省理工学院……他们和维纳见了一次面"。另外一个线人报告说："坎布里奇共产主义政治协会的一位成员是……维纳的……门徒。"第三位线人提供的信息似乎更具杀伤力，他几个星期之前就在当地共产党总部报告说，臭名昭著的英国共产党党员、生物学家霍尔丹来到波士顿，做了题为"马克思主义和科学之间的关系"的系列讲座，而霍尔丹是"维纳教授的客人"。联邦调查局永远不知道，维纳和他的剑桥老朋友除了在餐桌上唱歌，并没有干什么更出格的事情。

那几年，恶意反共热潮席卷美国。随着和苏联的冷战不断加剧，华盛顿众议院非美活动调查委员会的高层官员开始采取措施根除所谓的共产主义分子和他们潜伏在政府部门、学术界和娱乐界的"同路人"。美国国会议员呼吁联邦政府起诉爱因斯坦，从1932年开始，他因为反战思想和一些表面上看具有颠覆性的政治信仰而成为联邦调查局关注的目标。很多受尊敬的科学家，包括美国国家标准局局长、哈佛大学天文台台长、《原子能科学家公报》的编辑都被剥夺了安全许可证，被禁止从事政府研究项目，甚至被开除工作或者被迫辞职。

政治迫害热潮蔓延到州政府和地方政府。1947年4月，马萨诸塞州议会提议就"国民颠覆活动"展开听证会，并且禁止颠覆组织成员担任州政府公职。政治迫害让维纳惊愕不已，他在一份抗议声明中签下自己的名字，这份声明由马萨诸塞州公民自由联盟、教会联合会、妇女选民联盟以及"马萨诸塞州70位最著名公民"共同发起。这个抗议行动也如实地记录在维纳不断增加的联邦调查局档案里。

但是联邦调查局更迫切关心的问题是维纳继续谴责核武器以及美国军事工业设施。在《大西洋月刊》上发表慷慨激昂的谴责声明后的两年里，《原子能科学家公报》就他的不合作立场展开了激烈的辩论。1947年8月，物理学家、放射实验室战时雷达项目负责人路易斯·赖德诺尔在《原子能科学家公报》上抨击了维纳的立场，维纳进行了反击，这让联邦调查局大为恼火。他是这样写的：

武装力量不是教育和科学合适的救助者。把持武装力量的是这样一群人，他们的人生意义就是战争，没有战争就意味着挫折，是对他们存在意义的否定，尽管几乎可以肯定战争将会吞没他们自己……赖德诺尔博士所谓的"道德问题不涉及战争所需的技术或装备"的观点貌似正确，实则不然……如果武器可以免除科学承担不必要的、不加区分的杀戮的责任，如果武器毁坏我们在世人心中的形象，如果武器将控制我们国家命运的大权交到少数不能自控的人的手里，如果武器只能以屠杀平民来作为反击手段，那么这样的武器是坏武器，从技术、战略和道德上都是如此……

在第一颗原子弹试爆后不到两周，就有人声称能够有权决定是否使用它。将原子弹交到这样的人手中，无异于把刀片交到一个5岁孩子的手中。

———

更多有关维纳可疑行为的报告被收入到联邦调查局的档案里。有个线人无意中听到"一个明显带纽约犹太人口音"的妇女安排维纳和一位来自南美的访问科学家会面。诺贝尔奖获得者、法国化学家居里夫人所从事的研究工作为发现放射性元素镭的裂变特性做出了重要贡献，但她同情共产主义事业，公开支持废除原子武器。她来到美国，为联合反法西斯难民委员会筹集资金。在波士顿和纽约欢迎居里夫人的场合，"诺伯特·维纳教授"被邀请和居里夫人坐在同一张桌子边，还在欢迎晚宴上发了言。1948年11月，就在《控制论》出版后仅仅几个星期，英国坎特伯雷大教堂"声名狼藉"的休利特·约翰逊主教最终获得美国政府的签证，这之前他被拒绝进入美国，因为他的邀请函是"美苏友好全国委员会"发出的。"诺伯特·维纳教授"是专门欢迎他而成立的一个委员会的成员。

所有维纳签名的新评论文章和公共请愿书，连同线人记录维纳参加的每一次有争议的集会活动的报告，都被联邦调查局收入档案。但是，在麻省理工学院让联邦调查局紧张万分的不仅仅是维纳，该校的其他教工、学生，甚至校长都是怀疑对象。特别是数学系，据说是共产主义分子的温床，这也不无道理。除了德克·斯特罗伊克，维纳的得意门生诺曼·莱文森（当时是数学系副主任）以及数学系主任威廉·特德·马丁在战争期间都积极参加了当地共产主义小组的活动，但战争结束后两人都和这些运动组织断绝了来往。

大学校园里的联邦特工并没有公开强迫任何人出面做证，指控朋友或同事，他们没有必要这样做，因为联邦调查局到处都是间谍。几十个本地居民和潜入共产党内部的卧底，以及至少5位麻省理工学院的教授、管理人员和秘书给联邦调查局提供过关于斯特罗伊克、莱文森、马丁以及维纳的情报。联邦调查局的线人没有证据证明维纳是共产党员，或者有反对美国政府的非法行为。相反，他们以讹传讹，向上报告很多在麻省理工学院流传的闲言碎语，比如他"极度不稳定""政治幼稚""是个彻头彻尾的自高自大者""怪人"。有位没有公开身份的线人建议联邦调查局"应该重视维纳"，因为"大家都知道他是个疯子"。

另一位线人的指控更为严重。1948年10月4日，在《控制论》出版前两周，联邦调查局收到海军情报局局长发来的备忘录，说维纳在马萨诸塞州伍斯特市参加一次社交聚会时发表了一些言论，"表明了对美国不忠诚的态度"。海军情报局局长引用了在场目击证人的描述，该目击证人指责维纳公开表示不信任武装力量："恶意中伤所有科研人员",说他们"像妓女一样出卖自己……来增强美国的军事实力"。维纳还谴责美国政府使用核武器"亵渎人类",指责政府"有在全国范围内倡导绝对的军国主义和法西斯主义的倾向"。线人还列举了维纳提出的一项"未经证实的指控"作为例证,该指控说,"根据'回形针计划',外国纳粹科学家被允许进入美国,其数量比非纳粹科学家多,进入更便利"。

作为美国人,维纳有权发表自己的意见,并且事实证明,维纳说的是事实。不知道通过什么途径,维纳了解到战后美国政府施行的"回形针计划"。根据这个计划,联邦特工强制清除了身份可疑的欧洲科学家的档案。在接下来的10年里,这项秘密情报行动使好几百名德国科学家和其他人员获得了美国公民身份,而这些人都是忠诚的纳粹分子,并且帮助他们在美国科学界获得立足之地,希望他们提供有价值的情报,使美国在冷战时期在和苏联的竞争中取得先机。

海军情报局局长将维纳的相关证词提供给其他军事情报机关和新成立的平民情报机构中央情报局。他的备忘录强调,维纳拒绝和政府的制导导弹项目合作。备忘录还包括另外一条令人不安的情报:

同一线人报告说,维纳曾经告诉他,他会在下一场战争爆发后的第一天自杀,因为他知道"他的态度是不会被容忍的"。

关于维纳密集活动的消息通过政府的指挥系统层层下传,引起了当时麻省理工学院校长康普顿的注意。康普顿向政府部门保证,他早就意识到维纳有情感不稳定的问题,但"我觉得维纳博士是无害的",他在伍斯特发表的言论是对军方在战争期间使用核武器的直接反应。他承诺"尽快找个合适的时间"和维纳谈谈,"告诉他他的颠覆性言论会给麻省理工学院带来不利影响"。

1948年10月末,联邦调查局确信维纳的案子已经处理好了,他对国家安全的威胁已经解除,于是终止了对维纳的调查。但不久这个案子被重新调查。

———

在国外,冷战不断升级,但美国追踪隐匿的"内部敌人"的战斗才刚刚开始。1949年8月,苏联引爆了第一颗原子弹,比军方预测的时间早了好几年。1950年1月,德国出生的英国科学家克劳斯·福克斯在英格兰被捕,他被指控向苏联提供原子弹秘密情报,他曾于战争期间在洛斯阿拉莫斯工作。一周后,威斯康星州参议员麦卡锡开始了在整个国家开展清除政府部门和社会文化领域里的共产党员的战役。不久,国会通过内部安全法令,要求"世界共产主义运动"成员到美国政府进行注册,禁止共产党员和任何"极权组织"成员进入美国,并且允许对被认为对"美国领土和人民"构成安全威胁的任何人实行监禁。

随着麦卡锡战役的开展,联邦调查局局长胡佛和他的特工们加紧工作。苏联间谍罗森伯格夫妇在纽约被捕,被指控在战争期间向苏联提供原子弹秘密技术。政府也加大了对爱因斯坦的调查,联邦调查局非法拆开他的信件、监听他的电话,从精神病人和纳粹同情者那里搜集对他不利的证据。同时,美国移民局和胡佛密切合作,采取措施剥夺爱因斯坦的入籍资格,将他驱逐出境。

日渐浓厚的怀疑气氛给维纳笼罩了一层新的阴影。他的名字突然间在联邦调查局内部成了热门话题,而且因为发表新的言论攻击美国军方、谴责政府不断加紧控制科学家的生活，他更是成了热门人物。他在一次全美科学会议上发言，呼吁美国科学家"抵御国家'暴政'的侵袭，他们想把科学家变成'权力的奶牛'"。这件事被《纽约时报》报道了，又被联邦调查局记录在案。面对国会、军方、联邦调查局以及他的言论在媒体上引起的争议，维纳并没有被吓倒，他继续毫无畏惧地从事自己的工作。接下来他采取了一个行动，着实让胡佛惊慌不已。

1950年秋，就在《人有人的用处：控制论与社会》出版后不久，维纳请了一个很长的学术假，到巴黎和马德里讲学，在欧洲宣传他的科学思想和他对社会的关注。这段时期，他计划去伦敦见一下霍尔丹。当时有很多美国科学家因为间谍案件被起诉或者等待被起诉，维纳携家人离开美国的消息引起大西洋两岸官方的惊慌。

联邦调查局接到一位密切监视纽约各港口一举一动的线人的报告，他说："维纳或者他的一位家庭成员不久后将去英格兰会见著名的英国科学家霍尔丹。"这消息让相关各方非常紧张不安。这份报告重新提到两项已经完全被驳倒的指控："著名科学家维纳……会坦率地承认他是共产党员，而且已经很多年了"；"这个人……可以接触到某些最高国家机密"。当胡佛听到这个消息，他给波士顿办事处主管特工下发了一项新的命令："重启这桩案子，进行必要的调查。"同一天，胡佛给美国驻伦敦大使馆的司法部专员发了一封电报，强烈建议告知"英国情报当局"维纳即将和霍尔丹会面的事情，随后胡佛又给伦敦大使馆发了一系列秘密电报。

不久，胡佛在伦敦的人马和英国情报部门取得联系。在美国大使馆的请求下，他1951年1月中旬从法国赶过来和妻女见面的时候开始，英国特务机关就监视维纳在伦敦的一举一动，他几次去伦敦大学拜访霍尔丹，再到三个星期后和妻子一起返回法国，整个过程都被监视。

但是，英国特工未能弄清楚维纳几次和霍尔丹见面的目的，他们知道霍尔丹一直是位共产党员，但绝对不是间谍。英国军情五处和联邦调查局的特工完全不懂他们长时间谈论的控制论和遗传学问题，也不清楚在他们饮酒闲聊过程中，有多少涉及共产主义为统治世界而斗争这个问题。

军情五处倒是足够幸运，总算弄清了维纳女儿佩吉和霍尔丹交往的一些细节问题。在维纳把女儿委托给霍尔丹照顾后两个月，军情五处从英国移民官员那里得知，佩吉获得了英国签证，来到英格兰，在霍尔丹的实验室学习遗传学。弄清事实情况后，军情五处最终于1951年4月告知美国大使馆专员："到目前为止，我们没有注意到维纳及其家人和共产主义活动有任何联系。"随即，这位大使馆专员把这个消息转告给了胡佛。

———

尽管这份报告让胡佛松了一口气，但他继续要求英国政府提供维纳在欧洲活动情况的情报。1951年6月，维纳离开法国前往西班牙进行巡回讲座，除了西班牙警方的监视，军情五处在伦敦、巴黎和马德里的特工都被动员起来跟踪他，特工们被告知这个人"据报道是世界上顶尖的数学家之一……拒绝为美国陆军和海军从事研究工作……可以接触到美国最高机密"。

然而，就在联邦调查局自信维纳的一举一动尽在他们的掌控之中时，他消失了。前面提到，那年夏天，维纳在欧洲居无定所。他躲在法国的海滨和乡下，因为写童年回忆录而备受煎熬，"头疼欲裂"，不得不到瑞士就医。正是这段时间，胡佛的特工、使馆专员和外国同僚在整个欧洲和美国寻找维纳，结果一无所获。他们不知道，抑郁而疲惫的维纳已经携妻子坐船从意大利热那亚回到美国，随即又南下墨西哥参加和罗森布鲁斯的合作研究项目。

整个夏天一直到秋天来临，联邦调查局一直纳闷维纳为什么消失得无影无踪，他们担心维纳回去搞什么颠覆活动，而实际上这段时间维纳一直在墨西哥，到墨西哥受外国人喜欢的餐馆吃饭，曾有人看到，他有一次在和年轻的精神病医生莫里斯·查菲茨一起吃午饭的时候号啕大哭。10月末，联邦调查局得到来自得克萨斯州加尔维斯顿边境前沿据点的消息，称一位可靠的线人在墨西哥城看到维纳和罗森布鲁斯在一起，说"他们表现出了反美倾向"。

胡佛最终找到了维纳的行踪。他给美国国务院和中情局特别行动处助理主任下发新的命令，要求他们提供维纳在墨西哥的活动情况，以及他可能回美国的时间。同一天，华盛顿给其他政府部门派发了一份很长的备忘录，提供了维纳的个人简历、自1914年以来的旅行记录、外形特征（身体标志：左中指上有个疤痕），以及他在美国境外可能从事的颠覆活动和发表的叛国言论的详细描述。

和上次一样，胡佛的恐慌和多疑是不恰当的，但是联邦调查局直到1952年3月才意识到这一点，此时联邦调查局在麻省理工学院的线人证实，维纳早在3个月前就从墨西哥回到美国，没有发生任何意外情况。这几个月以及之前的半年时间，发生在维纳身上的事情联邦调查局并不了解：这段时间，他慢慢从在欧洲期间复发的严重抑郁症中恢复过来；接到出版商一连串拒绝出版他自传的邮件，痛苦不堪；妻子玛格丽特大搞阴谋诡计，导致他情感失控、同麦卡洛克和他的麻省理工学院的学生闹翻。这期间，维纳还做了一件事，如果联邦调查局知道，他们一定会非常感兴趣。

1951年9月12日，根据马萨诸塞州新颁布的妨害治安法，维纳的朋友德克·斯特罗伊克在波士顿被起诉，罪名是"支持、协助和煽动武装推翻共和国的行动"。远在墨西哥的维纳听到这个消息后，给麻省理工学院新校长、接替康普顿的基利安写了一封措辞严厉的信件，支持斯特罗伊克，还威胁说，如果麻省理工学院不站在他那一边，他将采取激烈的反应措施。维纳这样写道：

我了解斯特罗伊克，他品格高尚、为人诚实，无人能与他相比……说他是个谋反分子，这不符合他的性格，他也没有这个意图……如果……他和麻省理工学院的关系受损，除非有其他更严重的证据来指控他……否则很遗憾，我将不得不向您提交从麻省理工学院辞职的报告。

维纳这次的火暴脾气可不是情绪波动或因陷入情感风暴造成的，而是源于他的良知和感同身受的体验，他为了替斯特罗伊克辩护宁肯不要工作，是迄今为止他向麻省理工学院发出的最严肃的警告。他饱含温情地告诉基利安："麻省理工学院是我敬重和热爱的地方……然而，我认为哪里有压迫哪里就有反抗，我这么做可能会给麻省理工学院造成损失，也意味着我自己事业的终止，但是这些还不足以成为一个制衡因素，让我选择不这么做。"

面对政治迫害，斯特罗伊克是有心理准备的。两年前，他拒绝到众议院非美活动调查委员会做证。当他被起诉的时候，他一点儿都不感到意外，甚至也不怎么心烦。他回忆说："维纳比我心烦多了。"对于维纳的威胁，基利安还是当一回事的。麻省理工学院校方决定暂停斯特罗伊克的教学工作，直到案件结案，但工资全额发给他。维纳从未向斯特罗伊克提起过此事，他是后来听说的，但他相信是维纳的信拯救了他，使他免于为生计发愁，让他度过那段危机四伏的岁月。

维纳自己并非高枕无忧。1950年夏天，甚至在斯特罗伊克被起诉前，他给在纽约的精神病医生写信，述说了自己对"目前政治形势"的焦虑，他说："在整个社会结构中，告密者似乎无处不在。"他担心可能会因为在《人有人的用处：控制论与社会》一书中强势表达的一些观点而受到批评，尤其是他谴责美国资本主义和大公司的那些话。他写道："你知道书里有很多辛辣的东西，也知道我是如何饱受烈火煎熬的……我不知道麦卡锡主义者会采取什么样的行动。"

他的担忧是有道理的。维纳还在欧洲的时候，美国国内狂热的红色恐惧急剧升温。1951年3月，罗森伯格夫妇被审判，一个月后被宣判犯有间谍罪，被判处死刑。众议院非美活动调查委员会启动第二轮听证会，麦卡锡传唤了一些美国最受尊敬的作家和表演艺术家，要求他们提供其他共产党员的名单。成百上千的人被列入行业黑名单，他们失去了在本行业工作的机会。美国国内不断恶化的形势，使越来越多的科学家和学者被列入另一种形式的黑名单，即美国政府的秘密"安全指数"黑名单，里面有好几千名已知或所谓的共产党员。这些人也会被开除，禁止在政府部门工作，包括接收政府拨款的大学。在定义宽泛的国家紧急状态下，他们会面临被逮捕和拘留的遭遇。

维纳担心他可能是下一个目标，担惊受怕加重了他既有的压力。在瑞士，从医院出院、准备回美国之前，他给麻省理工学院的教导主任发了一封电报："将返回纽约……非常疲惫，为工作紧张，惊恐于美国的政治迫害，请评估我的风险并电告我。"可见他内心有多么不安。麻省理工学院校长基利安亲自回电，代表麻省理工学院向他保证："经咨询，我们觉得你没有必要焦虑，欢迎回家。"

一个月之后，维纳回到波士顿并安全到达墨西哥，他又写了一封信给基利安，饱含忧郁，他说："这是极度困难的时期。人们不禁要问会产生什么样的后果，世界局势何时才能回归正常。同时，你会觉得自己像猛犸象一样进入了一个巨大的呈网状的洞穴，没有任何线索或光亮来指引方向。"

美国的歇斯底里症逐年加重。1953年1月，美国总统艾森豪威尔宣誓就职后不久就公开质疑，是否应该允许共产党员担任教师，教授美国学生。胡佛命令联邦调查局的外勤人员开展调查。4月，他告知国会，称他已经掌握广泛证据，证明共产党已经渗透到美国高等教育中。在随后的调查中，麻省理工学院数学系首当其冲，遭受灭顶之灾。系主任威廉·泰德·马丁和副主任诺曼·莱文森被传唤到众议院非美活动调查委员会，要他们承认10年前就加入了共产党，应该为"麻省理工学院高比例的共产党员这种不正常现象"负责。

诺曼·莱文森的妻子法吉回忆说："整个麻省理工学院被弄得人仰马翻。每个人都面临着强大的压力，要提供共产党员名单。"在众议院非美活动调查委员会面前，马丁"吓坏了，表现得很可怜"，但是莱文森坚持了自己的立场。遭受这场痛苦折磨后，莱文森"备受打击，深感抑郁"。莱文森未成年的女儿精神崩溃，她父母坚持认为联邦调查局的骚扰至少是导致这种状况产生的部分原因。

维纳关注着整个事件的过程，心里默默承受着巨大的痛苦，他给予这位挚友和同事以支持和力量。法吉·莱文森回忆说："维纳非常忠诚。诺曼被众议院非美活动调查委员会传唤的时候，拒绝提供任何名单，每个人都认为他是个大傻瓜，但维纳理解他，知道他如果做假证内心会感到愧疚。"其他一些科学家激烈反对国会的这种调查，爱因斯坦恳求被传唤的证人拒绝做证，选择"不合作这种革命的方式"，但是维纳可没有这份信心，他是有充分的理由的，因为麦卡锡的政治迫害正朝他逼近。

1952年6月，就在麻省理工学院的同事被传唤前几个月，麦卡锡和胡佛的枪口瞄准了维纳。胡佛要求波士顿办事处提供新证据，欲将维纳纳入"安全指数"黑名单，但一无所获。波士顿办事处了解维纳不可捉摸的个性，也担心因此可能引起公众的强烈抗议，所以警告胡佛，维纳可能会对联邦调查局的调查工作构成一种不同的危险："这个人据说是数学天才，但性格极其不稳定……把他列入'安全指数'黑名单显然是没有正当理由的……因为维纳的脾气，这个时候和他面谈似乎是不现实的。"

但这并没有阻止胡佛和麦卡锡。1953年12月，麻省理工学院的新林肯实验室开始实施一项绝密的研究项目，为美国空军研制一个全国性的防空系统，来跟踪入侵的苏联轰炸机。就在此时，维纳的名字被列入麻省理工学院嫌疑颠覆分子名单，可能会被传唤到参议院政府运行委员会做证，这个委员会的主席就是麦卡锡。为了做好准备，胡佛又指示波士顿办事处主管特工，再次审核维纳的档案。他没有给予联邦调查局"地方安全小分队"多少操作时间，要求他们"在两个星期之内提交报告……如果有正当理由，建议列入安全指数名单，或者传唤"。同时，他还通知美国空军特别调查办公室、陆军军事情报处和"其他有兴趣的情报机构"，说维纳再次成为怀疑对象。

波士顿办事处主管特工没有漏过一份卷宗。他们仔细查阅了几十份个人和团体的文件档案，寻找维纳有颠覆行为的蛛丝马迹，这些档案还包括维纳女儿去英格兰师从霍尔丹时联邦调查局记录的材料。仅仅几个小时，波士顿的"安全小分队"都证实了一个众所周知的事实，即维纳和"林肯项目"以及"任何美国招标研究项目"没有关系。但是胡佛还是不满意。1954年1月初，在麦卡锡委员会的最后期限的前几天，胡佛再次给波士顿办事处主管特工施加压力："考虑到麦卡锡参议院可能有兴趣……维纳有可能被传唤就'林肯项目'做证……应该考虑要么将嫌疑对象列入'安全指数'名单，要么请求授权和他面谈。"

三天后，波士顿办事处主管特工提交了他的最后一份报告，里面没有麦卡锡委员会可以利用的东西。一位秘密线人曾看见维纳一年前去斯特罗伊克家参加圣诞晚会。这份报告详细描述了这样一种情况：在十多年间，当地共产党员一直努力吸引维纳的兴趣，动员他参加他们的活动，但没有成功。一位波士顿线人声称："从20世纪30年代末到40年代初这段时间，他多次试图引起维纳对共产主义的兴趣……动员他加入共产党，但完全没有成功。"波士顿办事处主管特工给胡佛拍了一封加急电报，还附带寄给他一份有封面的备忘录，费尽心思想让胡佛接受这样一个现实："自从上次报告以来，没有注意到维纳有不寻常的颠覆活动。"他重申了上次的评估结论："因为维纳的脾气、性格和态度，似乎……此时和他面谈是不明智的。"

接着，波士顿办事处主管特工说出了胡佛一直想听到的话，好像上面提到的情况都无关紧要：

进一步考虑维纳现有的材料后，我们决定出具一份总结报告，建议将他纳入"安全指数"名单。我们马上着手办理此事。

———

和以前一样，维纳压根儿不知道联邦调查局正在重新调查他的忠诚度和从事的活动，也不知道自己已经成为被传唤至麦卡锡委员会做证的候选对象。即使在这个时刻，联邦调查局还是不知道维纳的下落。实际上，他此时正在距离麻省理工学院 7 000 多英里的印度海得拉巴市，作为印度政府的尊贵客人被邀请参加印度科学大会。碰巧的是，在这次国际性的盛会上，维纳和来自苏联的，由知名科学家组成的庞大代表团混到了一起。

苏联科学家来到印度是为了给印度人展示"苏联科学的精华"。代表团的核心成员由苏联驻新德里大使馆的一群助手和翻译陪伴着，这些人实际上是苏联秘密警察的特工，他们的任务是阻止苏联科学家受到西欧和美国的影响。印度东道主把维纳和苏联人安排在一起，吃住都在一块儿。维纳心里清楚美国和苏联两国之间关系的进展，但为了体现良好的国际科学精神，维纳努力创造一种友好的气氛，也得到了苏联科学家的积极回应，他们很自由地用英语和他交谈，也没有刻意为苏联政府做政治宣传或者打听敏感信息。然而，当有政府陪同人员在场的时候，这些科学家就没有那么随心所欲了，他们被迫只讲俄语，给整个会议带来沉闷的气氛。苏联科学家突然拘谨起来，不愿意和其他科学家以及印度东道主自由交往，这突然的变化让维纳懊丧，他开始采取"刺激"和"嘲弄"的方法来表达对苏联科学家的不满。

但是维纳自己也没有感到自由自在。在他离开美国前几个月的时间里，更多科学家被传唤，罗森伯格被处决。就在他前往印度前几天，著名物理学家罗伯特·奥本海默就被贴上了"顽固的共产党员"的标签，称他"极有可能是苏联间谍"，被指控犯有叛国罪，被传唤到美国原子能委员会，在一个特别安全听证会上做证。要知道，奥本海默曾经领导过"曼哈顿计划"，是美国原子能委员会顾问委员会主席。

面临这种危险的政治环境,维纳突然开始担心自己在政府心目中形象不好,害怕他和苏联人交往会受到政府进行政治迫害的人的严厉评价。他甚至决定预先采取行动,重申他为美国效忠、坚定不移地忠诚于美国,这种做法完全不符合他的性格,足见他当时有多害怕。

1954 年 11 月 11 日,就在联邦调查局建议将他纳入"安全指数"黑名单之前三天,维纳从海得拉巴来到孟买,给美国总领馆打电话,要求会见领馆官员,解释他在国际科学大会上和苏联人交往的情况。第二天,他穿过孟买拥挤的街道来到美国总领馆,和两位高级别领馆官员进行了长时间的谈话。两星期后,联邦调查局和中央情报局收到总领馆发给美国国务院报告的复印件。

报告描述说维纳神情紧张、充满悔意,他承认在海得拉巴有一些无伤大雅的过错,嬉笑嘲弄过苏联安全警察,还称他们是"丑八怪":

教授说……苏联大使馆的代表……大会开始没多久就来到现场。教授说,大家心里很清楚,这些"丑八怪"来的目的是监视苏联代表团……教授……会议一开始就决定只要有机会就会嘲弄苏联代表团。比如……维纳教授会说中文,他告诉一位苏联代表说:"你真的应该学习中文,这是一个非常重要的民族的语言。"维纳教授用开玩笑的语气提到一位女苏联代表,她戴着一顶乏味、难看的帽子。他评论说,帽子端端正正地戴在她头上,从政治角度来讲,这至少是一顶恰当的帽子,因为它既不"左"也不"右"。

很显然,维纳教授非常担心他同苏联代表讲话,还或多或少和他们混得不错这件事会被误解。在谈话过程中,他时不时停下来问:"难道你们不相信我做的是对的?"或者会说:"难道这不是恰当的行为?"

维纳主动到孟买总领馆交代情况的消息还没来得及传到华盛顿，联邦调查局就做出决定将他移出"安全指数"黑名单，这份报告让联邦调查局获得了对他的一些信任。两个月后，维纳从印度回到美国，联邦调查局重新审核了维纳的档案，突然改变了早些时候的建议。有几条新的信息获得胡佛和波士顿办事处主管特工的好感。其一，联邦调查局碰巧看到《控制论》里的一段话，其中维纳提到他"多么希望完善人工假肢，造福于截肢患者"。在联邦调查局看来，这是个有社会价值的目标，这给维纳挽回了一些面子。其二，在维纳童年时期的回忆录中，他提到父亲利奥从一开始就非常反对共产主义者。其三，印度孟买总领馆关于维纳主动交代情况的报告经过多重部门最终送到了联邦调查局高层面前。

一份没有被搜集到的信息可能成为一个关键因素，它揭露了政府指控维纳的案件是多么荒唐，也证实了6年前麻省理工学院校长说"维纳是无害的"的评价是正确的。一位重要的线人出来做证，说他也觉得维纳是无害的……他听说过一个故事……有一次维纳到匹兹堡开会，会后忘了自己是开车来的，就坐火车回去了。回家发现车不见了，于是就报警说车被盗了。维纳这次到普罗维登斯开会期间发生的老故事现在有了新的解读，加上联邦调查局搜集到其他证据，最终波士顿办事处主管特工得出以下结论：

鉴于最近搜集到的证据，似乎没有足够理由将维纳列入"安全指数"黑名单。因此，将不再采取针对他的任何行动，除非联邦调查局做出相反的决定。

1954年12月，美国参议院谴责麦卡锡的行为，他领导的调查委员会被解散。这时，反共热潮开始消退，但是给美国科学家造成的伤害无可挽回。针对维纳的调查被终止后两个月，罗伯特·奥本海默被宣布叛国罪不成立，此时他已经在美国原子能委员会接受了长达半年的听证。但是他的安全许可证被收回，他被迫辞去在原子能委员会的职务。爱因斯坦虽然没有因为参加非战争活动而受到指控，或者被传讯到任何委员会做证，但是他一直到1955年去世时还在被联邦调查局调查。德克·斯特罗伊克在马萨诸塞州因为被刑事指控煽动暴乱而打了4年的官司，直到美国最高法院宣布所有煽动暴乱的法律条款都违反宪法，针对他的指控才被撤销。斯特罗伊克谈到他的个人遭遇以及整个麦卡锡时代时说，这让他"想到了纳粹德国，和《爱丽丝梦游仙境》"。

也许遭受创伤最大的是美国科学本身。因为有战后美国政府和军方的垄断基础研究资金的支持，以麦卡锡为首的政治迫害者能够肆无忌惮地践踏智识和科学基础设施。重要的科学组织都屈从于重压，面对歇斯底里的政治迫害保持沉默。美国国家科学院和其他协会完全融入政府的冷战事业，它们也害怕被贴上颠覆机构的标签，因此面对麦卡锡的迫害没有站出来保护自己的会员。许多正直的科学家和科学团体经过闭门磋商后公开宣布放弃他们担任的公共职务，而这只会进一步鼓励迫害调查，另外一些人和团体则热衷于为军方和政府联合体效劳。

维纳是一个例外。正如他在大多数公共论坛上都明确表达的那样，他没有兴趣获得任何政府合同或资金。他没有任何秘密信息可以泄露，也没有任何安全许可证，一开始政治迫害者对他是没有兴趣的。认识他几十年的同事都知道，维纳不是那种爱参加各种社团组织的人，即使是为了发展他奠立的新科学，他也只是和别人缔结脆弱的联盟。但他对于周围发生的政治激情戏，以及作为全球超级大国的美国陷入极端意识形态的旋涡也不是被动旁观的。

1950年夏，冷战热正在升温，维纳给新结识的朋友沃尔特·鲁瑟写信，表达自己关于这种问题的一些想法。信的内容表明，他对科学以及新的战争形式有非常敏锐的理解。他指出，交战双方通过使用前所未有的大规模杀伤性武器、全面的宣传攻势和无情的压制国内政治争论等一系列游戏策略发动战争。

我认为，普通美国人是不怎么了解当前这场冲突和我们以前参与过的所有其他冲突之间的区别的……在以前的所有对外战争中……我们不是敌人的主要战争对象……在第二次世界大战的欧洲战场是这样的，而日本……离我们太远……任何时候都不会严重威胁到美国本土的安全。(但是)让世界对美国怀有善意，这不是一件无关紧要的事情……我们不要匆匆加入一场大决战……即使我们可以指望民主国家提供一些有限的军事帮助，但是抱着漠不关心的态度来赢得世界的善意是远远不够的……当然，我们对那些接受各种形式的社会主义的国家采取的破坏行为，是没有什么好辩护的。我们也必须避免支持那些名声败坏的政权……我们必须对那些经济落后的国家……保持足够的合作兴趣……让（它们）感受到我们可以给予它们一个更安全、更有前途的未来……

如果我们做到这些……我们将有更好的机会在一个适合生活的世界里生存下来……然而，我们只有将世界的利益，无论是道义上的还是物质上的，当成我们自己的利益时，我们才能赢得整个世界。如果意识不到这一点，我们将走向灭亡，这是我们咎由自取。

对美国科学家的政治迫害只不过是战后美国政府和科学联姻后维纳所预测的种种严重后果之一。他的同伴因为和政府签订合同，受到种种限制，而有些人对美国国会唯命是从。维纳和他们不同，愿意站出来说话，强有力地、无可争辩地指出政府压迫、科学界压制以及非道德、非人道的原子武器等所带来的危险。这些都让政府里那些蛊惑人心的政客感到恐惧，把他当成敌人。

最终，维纳证明了自己不是那种危险的、需要被提防的人：他曾经还想方设法成为这种人，达到目标后还为之自豪呢。麦卡锡时代结束后，他这种不屈不挠的思想独立性让他受益匪浅。但是，这将注定他今后的人生道路是孤独的。

十四
维纳行走（三）

> 维特一次次放慢脚步，一次次停下来，站着发呆，看样子已打算往回走了。然而他终究还是继续往前走去。
> ——歌德《少年维特的烦恼》

整个 20 世纪 50 年代，麻省理工学院的走廊里每天都能看到维纳漫步的身影，他对政府的抵制态度始终没有软下来。在麻省理工学院，没人愿意挺身而出，和他一起抵制政府资助的科研项目。不过，大家都知道他的所作所为，即使有人没有听说过，一看到维纳过来别人马上也会告诉他们他是谁。

因为志不同道不合，维纳和同事之间会闹出一些匪夷所思的事情来。这里不得不提一下出生于波兰的数学家塔坦尼斯拉夫·乌拉姆。乌拉姆曾在洛斯阿拉莫斯与冯·诺依曼共事，他设计了一种抽样统计方法，并运用这种方法与冯·诺依曼一同在计算机上进行模拟核试验。此人与维纳曾有一段趣闻。杰里·雷特文回忆道："那时候，乌拉姆也在这里做事。维纳喜欢同他讨论问题，不过，维纳坚持认为乌拉姆的办公室是'联邦政府的地盘',坚决不肯踏进他的办公室半步。维纳宁可隔着老远,站在门槛外头,倾着身子和乌拉姆说话。"

这个时候的维纳已经是步履维艰、疲态尽显,酷似歌德笔下那个迷茫的维特:随着年纪增大、身体发福,他的步子已经不再轻盈;与麦卡洛克及其弟子决裂以后,他的精力更是一天不如一天;他的挚友早已不在身边,耳边又是悍妻诟骂,这些都让他感到心力交瘁。他本该是个道德楷模,供人瞻仰,如今名声却越来越坏,麻省理工学院也不再像个家,反而让他越来越感到孤独。在麻省理工学院的同事眼里,他古怪、经常让人难堪,越来越有可能会威胁到他们同政府和企业的合作。

1952年1月,维纳结束了他的墨西哥之行,回到麻省理工学院。在之后的两年里,他心力交瘁、萎靡不振,很是闷闷不乐。

1952年的那个夏天,维纳与法国数学家贝努瓦·曼德尔布罗特往来甚密。维纳的精神状态,贝努瓦是看在眼里的。贝努瓦曾在索邦大学求学,博士毕业后来到美国,希望同自己的偶像维纳一起工作。一年前在巴黎,两人曾有过一面之缘,那个时候的维纳才思敏捷,对着一桌素菜,维纳的食欲可是出奇地好,一点儿都没客气。如今,两人在麻省理工学院重聚,维纳和当初判若两人。贝努瓦万分感慨地回忆道:"他的精神很是游离,一点儿都不快乐。""在课堂上,他一开始会讲点儿什么,然后就不知所云。每次我到教室,他会兴高采烈地喊我过去,'来来来,小贝,我们一起做点儿事'。然后我们就会在黑板上讨论一些问题。可是不一会儿,他突然说,'不好意思,我累了,失陪'。一个人径直离开,不知去向。"

其时,维纳的精神状态跌到了人生低谷。对于这一点,贝努瓦并不陌生。可是贝努瓦并不知道维纳为何如此抑郁痛苦。贝努瓦试图让维纳回归日常工作,然而他很快发现,维纳的状态萎靡不振,麻省理工学院的师生也深受其苦。贝努瓦回忆说:"让他回归正常工作实在是难。他非常抑郁,情况一天比一天糟糕。""有一回我在教工俱乐部跟同事聚餐,这时候维纳进来了,主人一看到他,就把头扭过去。每个人都把头扭过去,像没看见他一样。大家都躲着他。整整一个月,我都没有看到有人给他送点儿温暖。这太令人失望了。我很想为这位老朋友做点儿什么,可是我实在是无能为力。"

自从那次休假以后,维纳开始谢绝演讲邀请。他深居简出,除了偶尔去波士顿、回新罕布什尔乡下的小屋看看,他很少出远门。这一时期,他的科研也遭遇滑铁卢。1952年,他整整一年都没有发表任何数学或科学论文,这是自从他被解除战时审查限制以来首次出现的情况。

对科学研究心灰意冷的维纳转而到回忆录中寻求慰藉。墨西哥之行结束后,纽约西蒙–舒斯特出版公司的亨利·西蒙主动提出出版维纳记述自己痛苦经历的自传《弯曲的树枝》,条件是对手稿进行大改,使之具有可读性,能引起普通读者的兴趣。西蒙注意到,维纳的书稿存在不少错漏,缺乏连贯性,对他早年接触过的人物多有非难、愤懑之辞。西蒙认为这些内容没有多少价值,完全可以删除。为此,他和维纳反反复复交涉了几个月,弄得双方都筋疲力尽。

几经修改后,维纳的书换上了一个新的名字:《昔日神童——我的童年和青年时期》,书的重心也做了调整。这本书是维纳天才的见证,也饱含维纳的人文情怀。书面世以后,反响十分热烈,得到《时代》杂志与《新闻周刊》的专题报道,成为媒体焦点。1953年3月,这本书的成功也让作者维纳成为美国全国广播公司电视台刚刚开播的早间节目《今日秀》的座上宾。这档节目也让维纳在隐姓埋名3年后再次出现在美国公众的视野中。出版商西蒙也难掩兴奋之情,几天后接受采访时大呼精彩,不吝赞美之词,将维纳奉为旗下头牌签约作家。

不过，维纳取得的文学成就并不是让每个人都欢欣鼓舞的。在写到父亲的棍棒教育、母亲的"非犹太式"教育的时候，维纳用语尖酸愤慨，这是维纳对父母权威最后的反叛，无疑结结实实地给了父母一记耳光，如同吉卜林寓言故事里的小象。这本书出版的时候，维纳的母亲尚在人世，她的母亲读过之后很是受伤。年近六旬的维纳已经顾不得人伦亲情，他一心想用这种方式消除童年的阴影。更重要的是，他想用这种方式告诉每一个人——崇拜他的也好，贬低他的也好——是什么样的个人和社会力量造成了他这样畸形的人格，他要证明所有的天才在成长的过程中都面临着超乎想象的压力。

著名学者玛格丽特·米德深刻揭示了维纳作品的内在主题。她在学术论文中指出："这本书从头到尾都弥漫着伤感的味道，然而字里行间有种神圣而庄严的客观性与风度。"维纳认为米德的品评最为恳切，道出了他的心声：整个社会对于那些所谓的"神话怪物"应该给予更多的理解和同情。

对维纳来说，这本书的成功未尝不是一种慰藉，多少舒缓了他失去亲密同事之后的沉痛心情。然而，麦卡洛克及其学生似乎不为所动，依旧在电子研究实验室从事研究工作。他们已经习惯了没有维纳这个"局外人"的日子。但是不可否认，维纳这个引路人的作用是巨大的。失去维纳之后，神经生理学实验室蒙上了一层阴影，所有人的学术前景都变得扑朔迷离。

与维纳决裂后，麦卡洛克中止了所有神经病理学实验，从"现代神经病理学先驱"的神坛走了下来——要知道，他在这个神坛上已经待了30多年。麦卡洛克转而投身数学模型逻辑与大脑机能方面的研究。他在麻省理工学院的赞助人对他的新研究表示支持，令麦卡洛克没有想到的是，赞助团队并不愿意给他提供任何头衔与津贴。他的办公室与电子研究实验室连着，狭窄简陋，连扇窗户都没有。据麦卡洛克的学生回忆："屋子中间4张桌子堆在一起……文件柜与书架靠墙排放着……只留下一个小小的空隙，放着一个装东西的箱子，人可以踩在箱子上，在3英尺高的小黑板上写板书。"

在与维纳断了联系之后，沃尔特·皮茨逐渐淡出人们的视线。麻省理工学院的校园、电子研究实验室与坎布里奇镇的小酒吧成了皮茨经常出没的地方。皮茨行踪不定、神出鬼没，你总是看不到他的人，只能看到他落在各个地方的衣服物件，或是听到他的只言片语。雷特文笑称："这家伙总是把帽子、夹克衫、围巾遗落在各个地方，本人神出鬼没，活不见人死不见尸。"20世纪50年代中期，皮茨非常消沉，常常用酒精和药物麻醉自己。包括雷特文在内的几位老朋友很是忧心他的身心状况。雷特文回忆说："1952年以后，他的状况急转直下，再也回不到从前了。""他总是不知所踪，我经常在夜里上街找他。"雷特文的夫人玛吉也亲眼见证了皮茨的情况，表示他是跟维纳关系破裂后才如此消沉的。据玛吉回忆，与维纳分道扬镳之后，皮茨整个人都不好了，简直像是慢性自杀，皮茨所做的一切都无异于自暴自弃。

不过，皮茨的传奇经历并未因此失色，依然引起了外界的兴趣。1954年6月，《财富》杂志评出美国科学界十大新星，皮茨赫然在列，位列名单的还有著名物理学家理查德·费曼、朱利安·施温格、DNA之父詹姆斯·沃森和基因科学家乔舒亚·莱德伯格。他们的学术事业蒸蒸日上，而皮茨一无所成。在十多年时间里，榜上有五位科学家在各自的研究领域获得诺贝尔奖，而皮茨远离同事，荒废了大好年华。

除了与麦卡洛克及其研究团队分道扬镳，维纳也同梅西基金会控制论大会决裂。梅西基金会控制论大会举行的系列会议活动正好与维纳的研究方向一致。精神生理学与心理学的前沿专家已经找到相关证据，试图证明大脑的工作模式是"模拟式的"，而非"数字式的"。这些研究也为维纳进一步研究生物与机器的沟通机理提供了支持。梅西基金会会议上出现了几位新的专家：一位是来自贝尔实验室的香农；一位是罗曼·雅各布森，此人出生于俄国，当时为哈佛大学的语言学专家；还有一位是马克斯·德尔布吕克，出生于德国，曾是物理学家，后转攻基因科学，当时供职于长岛冷泉港一所新成立的生物研究所。

自1950年3月第七次梅西基金会会议召开以后，维纳就再也没有出现在会议现场了。维纳的不辞而别严重影响了会议进程。会议没有中断，麦卡洛克继续担任主席，然而麦卡洛克已经没了往日的才情与哲思；皮茨虽然出席，但精神状态日渐恶化，无心参与；至于冯·诺依曼，维纳退出后，他也销声匿迹，无心参会。坚守原来的会议阵营的，还有格雷戈里·贝特森与玛格丽特·米德，他们倒是不忘初心。可是没有维纳，梅西基金会会议早已变了味。

梅西基金会会议另外组织了3次见面会，特地请来世界各地的优秀科研人才，想为会议注入活力，可是效果并不理想：维纳的作用是无可替代的。没有维纳的指引，没有维纳为控制论描绘蓝图，梅西基金会会议自然举步维艰，在技术细节上屡屡碰壁。要知道，维纳为大会构建了理论框架和哲学框架，作用重大、意义深远，厘清了一系列问题，如研究目的、意义和因果关系。最初，许多与会人员正是冲着这些问题来的。可惜，维纳走后，他亲手构建的框架开始土崩瓦解。在政治问题高度敏感的麦卡锡时代，大会极力避开政治、文化等方面的敏感话题。如何造福人类、扶危济困，一度是维纳关心的首要问题，此时也不再是梅西基金会会议上科学家重点研讨的问题。

最后，对于梅西基金会系列会议取得的成果，麦卡洛克本人也非常谨慎和悲观。1953年，最后一次会议的总结报告中，麦卡洛克无奈地承认会议小组的研究缺乏重点，游离在空洞的技术词汇之中，找不到实质方向。他指出："我们达成的最突出的共识，就是我们总归是更好地了解了彼此，学会了怎么公平竞争。"维纳的影子在所有人的脑海里都挥之不去，麦卡洛克神情怅惘地说道："我们的研究始于维纳，诺伯特·维纳与他的朋友们在数学、通信工程与生理学领域卓有建树，他们是我们的天才引路人……要是维纳一直都在我们的团队里就好了，这是我们所有人的心声。"

———

梅西基金会会议无疾而终，维纳与他人合作研究的辉煌期也一去不复返。维纳的新科学进入了一个摸索期。用雷特文的话说，控制论到了"发展期"。

维纳的新科学逐渐拓展到心理学与社会科学等领域。而在这些领域，贝特森本人引领了一场革命。贝特森的做法与维纳战后的做法类似：贝特森也表态，称绝不会将自己的知识用在有损人类利益的地方。他将开发出的通信工具直接交给诊疗师与广大群众，帮助这些人拓展自己的知识、拓宽社会关系网。1950年，贝特森与玛格丽特·米德离婚，随后迁往旧金山。此前维纳曾主张，传统的精神分析学应从信息、通信、反馈与系统的角度重新构建，为了顺应这一主张，贝特森也采取了相关措施。"双重束缚"的发现，标志着他在病理学领域的第一次临床突破。贝特森认为，"双重束缚"可以视作精神分裂症的重要开端，具有重要的病理学意义。根据贝特森的双重束缚理论，信息错乱可导致精神失常。贝特森与同他一道做研究的人员还发现，信息紊乱能够在人脑中催生迷惘、恐惧、愤怒、烦躁不安的情绪，甚至会让人产生妄想。这一理论与维纳的想法是息息相关的。维纳在梅西基金会会议上表达过自己的忧虑，在《控制论》一书中也有过类似的表述，那就是人与机器都有可能进入这样一个混乱的状态，走入精神错乱、程序崩溃的死循环。贝特森的理论在精神病学领域颇有分量，广为人们接受，20多年里一直是主流。后来，人们又开始从基因与神经化学层面解释病理，而不是从信息交流的角度去解释，此时贝特森的学术地位才慢慢下降，当然，这是后话。

20世纪50年代还有其他一些社会科学家运用控制论的模型和思想来研究大大小小的组织机构的通信过程。许多人师承贝特森与雷特文两位学者，在群体动力学领域进行了深入的研究，战后亦有欧洲心理学家来美国做了不少工作。在这些前辈的研究基础上，卡尔·罗杰斯、亚伯拉罕·马斯洛与罗洛·梅这三位"人本主义"心理学家，将传统的弗洛伊德学派发展到一个新的高度，并开发出以信息交流理论为基础的独特疗法。这一疗法适用于个人，也适用于群体，颠覆了整个心理保健行业，同时对美国文化产生了深远的影响。此外，以卡尔·多伊奇为首的政治学家还借鉴控制论原理进行政府管理，多伊奇曾在麻省理工学院与维纳共事过。将控制论原理应用到社会组织中，这可是破天荒头一回。密歇根大学经济学家肯尼思·博尔丁也是控制论的拥趸，曾以私人名义请求维纳助自己一臂之力，希望用控制论原理以及贝塔朗菲的一般系统论给惨淡经营的经济学理论注入新的活力，以期更好地解决现代科技社会中存在的复杂问题。

这一时期，控制论也在悄然影响美国隔壁的加拿大。1950年夏天，有位名叫唐纳德·特奥的多伦多大学研究生向自己的英语教授马歇尔·麦克卢汉大力推荐维纳的著作，并向老师介绍控制论学派引领的新思潮。特奥将《控制论》与《人有人的用处：控制论与社会》亲手交给老师，观察老师读后的反应。特奥回忆道："维纳可以说是信息与控制时代的先导与标杆，在麦克卢汉老师心目中占有特殊的地位。"维纳的思想对麦克卢汉产生了极大的鼓舞作用，启发后者将通信机制应用到艺术领域并奠定其理论基础。果然，有了这一理论基础，控制论思想便得以应用到艺术、文学以及大众文化等领域。

1953年，麦克卢汉在多伦多大学启动了他著名的系列研讨会，主题为"文化与通信"。10年后，麦克卢汉又将维纳思想运用到《理解媒介》一书中，手法可谓娴熟自由。这本书是麦克卢汉的转型之作，不过值得一提的是，麦克卢汉采取的是"拿来主义"，并未注明自己的观点源自何处。电视传媒，还有其他对人类意识与文化有引导作用的媒介，是这本书重点剖析的对象。书中有一则小标题是"人本概念的延伸"，同时，作者在书中预言"媒介即信息""电子媒介将世界变为地球村"。这些话与维纳在《控制论》与《人有人的用处：控制论与社会》中的表述有不少重合的地方。维纳的原话是，"信息的传播极大提高了人类感觉的阈值……整个世界都被纳入人类的感知范围""只有弄明白信息与信息交流工具的本质，我们才能真正理解我们的社会"。

一如既往，维纳的支持者总是来自国外。20世纪50年代初，控制论已发展成一种国际科学运动。1950年，法国科学家成立了第一个控制论科学协会，取名"控制论研究圈"，这个名字恰如其分。在意大利，物理学家、诺贝尔奖获得者恩里科·费米积极推动，于1954年在罗马大学召开了一场控制论研讨会，随即于1957年在那不勒斯理论物理研究所成立了控制论研究分部。同年，首个国际控制论协会在比利时成立。

控制论领域一些最重要的进展是在英国发生的。1949年年末，一群年轻的热衷于控制论这门新科学的生理学家、数学家和工程师按照美国人的传统,在伦敦组织了一个小型跨学科晚餐俱乐部。为了显示深奥,俱乐部取名"比率俱乐部"。俱乐部部分成员非常有名,包括艾伦·图灵、神经生理学家威廉·格雷·沃尔特以及神经学家罗斯·阿什比。沃尔特是脑电波研究先驱,制造了第一台移动机器人。阿什比即将成为继维纳之后控制论新理论发展的领路人。20世纪50年代中期,另外两位英国控制论专家开始将维纳的思想大规模地应用于实践。戈登·帕斯克运用控制论原理建造了第一台电子教学机器,还设计出一套新的控制论学习理论。斯塔福德·比尔将控制论原理应用于组织机构中,他提出的"管理控制论"科学被广泛应用于英国企业和政府部门,也为后来在加拿大、墨西哥、乌拉圭等国家实施的雄心勃勃的政府项目管理工程提供了借鉴。

与此同时,在英国剑桥大学,两位年轻的生物学家,一个是美国人詹姆斯·杜威·沃森,一个是英国人弗朗西斯·克里克,他们受控制论启发,开辟了生物学领域的新篇章。沃森和克里克利用控制论和信息理论新工具,试图发现遗传物质 DNA 的分子结构。1953 年,在写给《自然》杂志的信中,沃森在霍尔丹运用控制论思想从事遗传学研究的基础上,提出"控制论将在细菌层面的研究领域发挥重要作用"的论断。几个星期后,沃森和克里克公布了他们的 DNA 分子结构模型,该模型是一个由两条传递生化信息的链条围绕一个共同的中心轴构成的双螺旋结构。接着,他们破解了支配每个有机体生命过程的遗传密码。根据当时一位知名生物历史学家的说法,克里克不久后正式提出"信息是生物系统的一项基本属性"的观点,清晰地揭示了生命的新奥秘,其运用的模式和"10 年前维纳提出的模式惊人地相似"。

在维纳的概念、香农的公式以及冯·诺依曼的基因式"细胞自动机"假设的推动下,"控制论海啸"席卷了遗传学和分子生物学研究领域，产生了一大批新的通信模型和生动的技术隐喻。不久，生理学、免疫学、内分泌学、胚胎学以及进化生物学都充满了来自控制论和信息理论的观点和思想。在巴黎巴斯德研究所，颇具哲学家头脑的细胞生物学家雅克·莫诺和弗朗索瓦·雅各布合写了一本叫《酶控制论》的书，此书体现了维纳提出的诸多原理，具有深远意义，它重新定义了有机体和生命，称其为"一种控制论系统，支配和控制着发生在无数个节点上的化学活动"。他们还把维纳的目的论哲学概念重新打造成一种新的结构原则，他们称其为"目的性"，这是所有系统都共有的品质——"被赋予一种目的或计划"。莫诺将其描述为"所有生命物质共有的基本特征之一"。

———

那段时期，控制论和信息理论为另外两个新兴领域奠定了基础，它们即将对科学技术产生深远的影响。一个是范围广泛的跨学科研究领域，被称为"认知科学"，另一个是专业化的技术工程领域，其有个雄心勃勃的名字，叫"人工智能"。

新的认知科学1956年诞生于麻省理工学院的一次研讨会，其间，心理学家、脑科学家和计算机理论家形成一个新的联盟，旨在各自飞速发展的研究领域取长补短。不久，哈佛大学心理学家乔治·米勒和神经生理学家卡尔·普里布拉姆、心理学家兼数学家尤金·加兰特精诚合作，在维纳、罗森布鲁斯和比奇洛1943年发表的宣言的基础上，共同出版了具有开创意义的著作《计划与行为结构》。三位理论家采用新的控制论方法，"从行动、反馈环路入手来研究行为，根据反馈来研究行动的再调整"。以此为开端，认知科学取得飞速进展，它使用新的通信概念、新的计算机分析工具和模型，更深入、更科学地了解思维的主观过程。

认知的视角吸引了年青一代社会科学家、语言学家和哲学家，他们急切地运用新的通信概念和调查工具来探究信息和通信在人类意识形成和维持过程中的作用，以及经验、语言和文化诸因素的共同影响。20 世纪 50 年代兴起了两种以信息为基础的心理学研究方法，一种是诞生于实验室的心智科学，一种是所谓"第三种力量"的人本心理学，它改变了心理疗法的具体实践。这两种心理学研究方法从不同角度研究自己的研究对象，但是若干年后，它们最终将联合起来，帮助心理学摆脱根深蒂固的弗洛伊德和行为心理学的桎梏。

人工智能是计算机科学的一门新兴分支科学，它也是从控制论和信息论自然衍生而来的，它进一步证实了数字计算领域正在取得飞速进展。随着冯·诺依曼的计算架构的成功，大学、公司和政府实验室使用的数字计算机的数量呈几何级增长，于是计算机科学的尖端任务从硬件制造转移到计算机程序的编制。为了满足这一需求，新一代的计算机理论家和程序员应运而生，领军者是约翰·麦卡锡、马文·明斯基和奥利弗·塞尔弗里奇。麦卡锡是普林斯顿大学的一位青年数学老师，明斯基是哈佛大学一颗冉冉升起的数学明星，而塞尔弗里奇是维纳以前的学生。

塞尔弗里奇是人工智能发展的关键人物。塞尔弗里奇 1949 年离开麻省理工学院，两年后又高调返回，到林肯实验室工作，为实验室的旋风计算机研究小组注入一些令人眼花缭乱的思想，这些都是他当学生时从维纳那里学来的。他很快成为旋风计算小组的编程奇才。20 世纪 50 年代中期，他推出了名为"喧嚣"的模式识别程序，这是最早的人工智能程序之一，可以帮助旋风计算机识别字母和几何图形。

"喧嚣"是麦卡洛克和皮茨设计的通用图形识别神经网络方案的高级计算机版本。更了不起的是，这套程序可以从成功案例中进行自我学习，剔除缺点和自我完善，从而成为更为准确的模式识别器和决策者。

现在，塞尔弗里奇，这位维纳核心圈里的最年轻成员，已经成了领军人物，他的恩师们却都脱离了这个他们开创的新领域。麦卡洛克对人工智能持支持态度，但保持一定的距离。皮茨对人工智能和电子计算机无动于衷，而维纳是不会涉足这个研究领域的，因为不管在麻省理工学院还是在别的地方，它都和军方项目有密切的关系。

马文·明斯基记得曾经找到维纳，向他咨询关于人工智能这项新事业的看法，但没有什么结果。马文·明斯基于1957年到麻省理工学院林肯实验室工作，一年后在电子研究实验室建立了一个设施完善的人工智能实验室。明斯基说："维纳对人工智能没有什么思考。"但是，这两位数学家处在两个不同的轨道上，明斯基是在开辟一个新的电子计算机领域，而维纳在孜孜不倦地追求他最喜欢的模拟模式项目，这包括两个移动机器人，一个趋光"飞蛾"（他笔下的"自动酒吧蝇"，它会滚进每一个敞开的门口）和一个避光"臭虫"。这两个移动机器人的建造得到电子研究实验工程师的协助，也得到格雷·沃尔特的少许帮助。

人工智能更多得益于电子计算和信息论，而不是控制论。香农和冯·诺依曼帮助麦卡锡、明斯基和塞尔弗里奇奠定了人工智能研究领域的基础，他们写文章、举办会议，为这项新的革命造势。人工智能的迅速发展再一次证明了电子思维和技术已经在麻省理工学院和其他地方生根发芽，尽管以维纳为核心的控制论专家分道扬镳已经好多年了。1958年，香农回到麻省理工学院，美国军队的指挥和控制系统所使用的数字技术取得进展，同时工业自动化技术从模拟模式向数字模式转型，这一切都强烈地预示着数字时代的来临。

至此，自动化工厂有没有维纳的支持和帮助都会继续向前发展，这是显而易见的事实。20世纪50年代初期，通用电气开始测试其独具匠心的"记录回馈"技术，用于自动化生产过程。这套系统百分之百是模拟模式的，它将熟练机械师手工制作的复杂动作记录在打孔纸带或磁带上，将它输入无人操作的机器，可以复制出和机械师完全一样的动作，来操作一台或数百台机器，而耗费的人工劳动成本只是原来的一小部分。然而，在麻省理工学院伺服系统实验室的帮助下，美国空军开发了另一个数字系统，它纯粹使用数学编程方法和数字计算机技术，来生产喷气式飞机和导弹的零部件。这一系统不久将席卷美国工业自动化领域。

维纳小心翼翼地避免和林肯实验室、伺服系统实验室，以及麻省理工学院其他有军方和产业背景的研究项目有任何来往，但他还是定期到电子研究实验室逛逛。尽管不再和麦卡洛克及其团队有任何合作关系，甚至不同他讲话，与电子实验室主任威斯纳的关系也不好，但他依然在控制论的技术和生物领域激励着大家从事开创性研究，他依然是电子研究实验室的催化剂式的人物。若干年后，威斯纳承认："称他为催化剂式的人物还不足以描述他扮演的角色。"

20世纪50年代，威斯纳领导的电子研究实验里的信息处理和传输研究小组、感官通信研究小组进行了多种多样的研究项目，他本人还亲自负责主持通信生物物理学实验室的工作，这个实验室是个新成立的多学科研究项目,由澳大利亚工程师沃尔特·罗森布利斯组织,罗森布利斯是1951年从哈佛大学来到麻省理工学院的。罗森布利斯曾经参加过维纳主持的研讨会,进入维纳的超级俱乐部圈子。他后来组建了自己的研究团队,"借助最新的电子技术和维纳的分析手段"来研究生物通信过程。对维纳而言,最急切的事情莫过于分析神秘的脑电波现象,当年他去英格兰的时候,格雷·沃尔特向他介绍了这一现象。维纳相信,人类大脑日日夜夜向外迸发的微弱电磁能量是了解人类心智,以及人脑内在控制过程的一扇窗口。这一点,电子实验室的年轻同事都毫无异议。

受维纳的热情和好奇心的激励,罗森布利斯和他的团队与位于波士顿的马萨诸塞总医院的神经生理学家合作,开发出一种特殊用途的计算机,来记录和分析人类受试者的脑电波,他们将该计算机命名为"相关器"。计算机采取模拟运行模式,运用的正是维纳25年前开发的广义谐波分析原理。

"相关器"是第一台自动运用维纳的统计方法来分析大脑功能的模拟计算机,是他的新生儿宝贝。计算机的设计、定型以及最终成功运行的整个过程,维纳都参与其中。约翰·巴洛是研究团队里一位年轻的医生,他回忆说:"设备发出了巨大的声响。"机器的中央处理单元将不同的电波关联起来,在整个过程中,中央处理单元里的20多个中继器"不断发出咔嚓咔嚓的声音"。机器中的磁鼓存储器每秒转动4万次,也发出各种各样奇怪的声响。这种声音持续了20分钟,直到打出完整的"关联图",机器才砰的一声停止运转。维纳特别享受这种喧闹的噪声。巴洛回忆说:"他被迷住了,机器打印关联图的时候,他眼睛一直盯着看。"

维纳这个项目的目的是"找到破解脑电波之谜的线索"。他相信,那些看起来无序、无法理解的信号是揭开感知、认知和智力本质之谜的钥匙。在进行脑电波的简单关联性计算后，研究团队开始运用该计算机进行大脑奇怪的阿尔法脑电波研究，这是大脑在宁静、沉思的清醒状态下发出的缓慢起伏的电波。维纳和其他团队成员都认为，这是探索大脑思维能力的具体途径。出于对自己的智力基础的好奇，维纳主动提出充当实验对象，但是要获得维纳完整清晰的阿尔法脑电波，对他的研究伙伴来说是一件难事，因为他们不知道维纳患有慢性呼吸暂停症。

"我记得他躺在桌子上，我们告诉他放松，然而他很快就睡着了，当然阿尔法脑电波活动也随即消失了"，巴洛说。最终，研究团队还是获得了一份可观的电波记录，但是计算机分析结果并不是他所期待的超乎寻常的那种。巴洛透露说："在清醒状态下，维纳的阿尔法脑电波活动不是一流的，它很不规则，但在正常范围内。我可以感觉到维纳有些失望，自己没有漂亮的阿尔法脑电波。"但他还不是最差的。巴洛回忆说："格雷·沃尔特根本没有阿尔法脑电波，要喝两杯鸡尾酒后才会出现。"

通信生物物理实验室的脑电波研究取得了令人注目的成功，是电子研究实验室引以为豪的成果。维纳和他年轻的同事就此发表了大量的论文。维纳在《控制论》第二版里描述了该研究过程，第一次解释了人脑数以亿计孤立的神经放电活动是如何自发地自我组织起来，在整个大脑皮层产生可以检测到的连贯的电磁流的。这项研究提供了硬数据，来解释大脑的模拟信息处理过程，维纳的解释进一步揭示了人脑以及所有生命体克服自然界里熵和无序的不可阻挡的力量，逆流而上，获得成功。维纳认为，将他的统计方法应用于脑电波研究是他在生理学研究领域所从事的研究中"最为重要的"工作，是10年前他和罗森布鲁斯开始从事的研究工作的完美结局。

———

维纳电子研究实验室的新团队在某些程度上弥补了麦卡洛克及其团队离开所带来的损失,到20世纪50年代中期,一大群年轻、聪慧的研究生和博士后集聚在维纳的周围。他的新伙伴并非像先前的控制论研究团队那样关系紧密,但他们都能力出众,维纳可以和他们一起在少数领域从事高质量的研究工作,可以同他们建立密切的友谊,这为他的晚年生活提供了精神支持。

20世纪50年代,维纳还交了一个朋友,这段友情让他非常满意。1953年秋,维纳认识了年轻的电气工程师阿马尔·博斯,他在电气工程系读博士。后来,博斯留在麻省理工学院的声学实验室从事声音复制的研究工作,并由此建立了以他的名字命名的音频电子企业。他们的合作不是偶然的,而是电子研究实验室的管理部门一手策划的。博斯回忆说:"杰里·威斯纳招聘我到电子研究实验室同维纳一起工作。"那时,他不知道维纳和麦卡洛克团队闹掰的事情,不知道维纳和威斯纳本人也有矛盾,也不知道威斯纳急于找到一种办法,让维纳不断为电子研究实验室提供点子。"一开始,我有些恼火,但这是我一生中最好的决定之一,这开启了一段10年的时光,我几乎天天都能见到维纳。"

像以前他信赖那么多学术地位比他低很多的人一样,维纳也渐渐相信博斯。"他做报告的时候,如果我在场,他就会走过来问:'博斯,我讲的怎么样?我讲的怎么样?'他是用平等的语气和我说话的,他确实是想知道他讲的怎么样。"博斯给予维纳他急切需要的反馈,甚至更多。博斯喜欢维纳,他根据自己的需要去见维纳,对维纳的古怪行为或缺点没有任何偏见。维纳在别人眼里的一些个人癖好，博斯却认为是优点。他甚至还发现了维纳在麻省理工学院校园看似漫不经心的散步背后的深意。"散步绝不是漫不经心的，"博斯坚持说，"他特意挑选一个搞工程的，一个搞政治科学的，一个搞哲学的。他每天去见他们，同他们交谈15分钟，这样就可以获得他们整个研究领域的最新进展。"这可谓维纳的流动跨学科研究法。在博斯看来，那些"维纳行走"充分体现了维纳的坚定信念，即所有科学领域和学术研究领域之间应该进行自由的知识交流。他在行走时寻求最有用的思想启迪，不知疲倦地履行着这一信念。

博斯也看到了维纳身上阳光的一面。一天，两人在麻省理工学院教工俱乐部吃完午饭后，在衣帽间一大堆看起来相似的衣物中，维纳找不到自己"伦敦雾"牌的雨衣。"他说：'博斯，我有个主意。我们回到大厅里去讨论一些问题，等别人都走了，剩下的就是我的雨衣了。'结果我们在衣帽间的外边待了一个半小时，天南海北地闲谈，直到只剩下几件外套，这样他就可以找到自己的雨衣。"

还有一次，因为年事已高，加上他曾经公开表达的政治态度，他无法接受在俄亥俄州帕特森空军基地新技术研究中心举办的一次重要会议上发言的邀请，于是他请求博斯替他去参会发言。"他找到我，说：'博斯，有位将军邀请我去帕特森空军基地讲讲我的理论。你替我去讲吧。'"过了几个星期，维纳再也没有提起开会的事情。后来博斯得知，维纳把邀请信弄丢了，他忘了给他发邀请信的将军的名字。"他走进来，说：'帕特森空军基地的人办事糟透了。'"过了几天，一位博士生在数学系的信件收发室看到了维纳："那里有一个很大的信件桶，维纳撅着屁股埋头在桶里翻找信件，他把信件都扔了出来，地板上到处都是。"不久，博斯接到维纳秘书打来的电话："她说，'他刚刚口授了一封信件，他提供的地址是，寄给俄亥俄州代顿市帕特森空军基地给诺伯特·维纳写过信的任何人。我该怎么办'？"博斯说："你小时候给圣诞老人写过信吗？照着办。当然，我们从未收到回信，我也没有去参会发言。"

根据博斯的说法，维纳之所以能够给他身边的学生输送能量，在于他有一种"越过栅栏看见远方的路"的能力。这是维纳自己打的比方。博斯回忆说："数学系的数学家像蜜蜂围着花儿一样，在维纳身边转悠，希望从他那里得到一点点灵感，给自己下一个五年找点儿事情干。有个数学家本身干得很不错，但维纳说他的问题是'不能越过栅栏看见远方的路'。"在博斯看来，这个比喻恰好概括了维纳的超凡能力，他可以预见可能发生的事情，洞察他的数学理论和思想的潜在价值、在科学和技术上的应用前景，以及对将来社会的影响。博斯说："实际上，他可以预见任何研究努力的最终结果。他知道哪些是可行的，哪些是不可行的。他不担心你是如何越过栅栏的，他就是知道你可以到达远方。"

因为维纳有"越过栅栏看见远方的路"的能力，在他的带领下，他的团队开展了非凡的研究工作。他对脑电波的开创性研究促使他开始专攻应用数学领域里一个棘手的问题：非线性、随机过程研究，这是一种让人茫然不知所措的现象，在神经生理学、电气工程学、物理学、经济学以及其他很多领域都会碰到，简单的线性分析，或者常规的统计方法是无法解释的。维纳是博斯的论文指导老师，他要求博斯和他一起专攻这个项目。

博斯回忆说："他每天都在我的黑板上演算，持续了两三年。他一手拿着粉笔，一手拿着粉笔擦，一边写一边擦，运算工作在脑子里完成，黑板上从没有超过一行字。于是，有一天，他走进来，在黑板上写下最终的结果，对我说：'好了，博斯，就这样，把它整理出来。'"

博斯有些摸不着头脑，他说："你什么意思，整理出来？黑板上只有一行，你都擦掉了。"

博斯去找李郁荣，他长期和维纳合作，是电气工程系的元老。两人在一起找到一种解决维纳非线性创造过程的办法。他们说服维纳在黑板上从头演算一遍他的新数学推导过程，以便大家可以帮助他整理出版。他们挑选了一些麻省理工学院的研究生，举办了一个系列讲座，维纳重新讲了一遍。这次，大家都准备充分。"我们把他带到一间教室，他重新讲了一遍，拍了照片，还录了音。然后我和其他博士生回家把录音整理成文字。"不久，和所有曾经与维纳合作的人一样，博斯和其他人发现，和维纳一同工作存在一个困境："我们每天碰面，第一句话就是，'啊，我们抓到维纳的把柄了！他在这儿和这儿之间犯了一个错误'！我们都觉得自己了不起。他犯了很多这样的小错误，但是不可思议的是，整部书中没有一个最终计算结果是错误的。"

最终，维纳题为"随机理论中的非线性问题"的系列讲座的录音和图片经过艰辛的整理和更正后于1958年在美国和英国同时出版，这是第一部研究这一课题的英语著作。

新的朋友和研究工作让维纳走出和麦卡洛克分手带来的愁苦，到20世纪50年代中期，维纳又开始全方位地活跃在科研一线。1954年1月，他出席了在印度海得拉巴举行的全印度科学大会，随后在印度次大陆进行了为期7周的巡回讲座，非常辛苦。这次是他为数不多几次没有带上玛格丽特的海外旅行之一。几个月之前，女儿佩吉告诉父母要和麻省理工学院一位年轻的工程师结婚，他叫约翰·布莱克，来自波士顿，有贵族血统。所以，玛格丽特没有随维纳去印度，她要留在家里筹备女儿的婚礼。像当初姐姐芭芭拉结婚时一样，维纳很高兴，觉得这再次证明了知名数学家家庭存在一种无法解释的血脉相传。他这样吹嘘自己的两位女婿："我们家庭的情况很好地说明了一种独特的基因……那种数学能力从岳父传递给女婿。"

那一年是维纳的人生转折点。印度之行非常成功，第二年他又被邀请到印度讲学。回国途中，顺路到日本做了一次巡回讲座，在加州大学洛杉矶分校开了一期控制论的暑期课程班。后来在加州大学洛杉矶分校又上了两个暑期的课程，在意大利瓦伦纳也开了一个暑期课程班，接着到意大利那不勒斯大学当了一个学期的客座教授。他的行程不断，学会的当地方言土语也越来越多，家人都有些吃不消了。女儿芭芭拉回忆说："他可以用任何语言问'当地最便宜的雪茄是什么牌子'，一般没有什么口音。"但是舟车劳顿伤害了他的身心健康。米尔德丽德·西格尔回忆说："他去讲学，人家都会好好利用他，他不断地工作，等回到家要睡上好几天。玛格丽特试图让他只接受短期邀请，可他不听，因为这种相互交流的机会是他生活的目的。"

他和意大利、印度科学家建立起新的纽带关系，在欧洲和亚洲开辟了控制论新的前沿阵地。但是，相较而言，在美国本土维纳可没那么开心。冷战和核武器竞争不断升级，军方和产业结成新的联盟，共图以机器替代人类，现实让他对未来前景越发悲观、失望。法吉·莱文森回忆说："我记得维纳一度非常抑郁，他坐在椅子上，泪流满面。他一边说'我再也无能为力了'，一边做这个手势。"法吉说着用手指做了个割断脖子的手势。维纳的医生朋友约翰·巴洛理解维纳的不幸，也了解到他私下采取行动来克服不断加深的抑郁困境："当国际局势变得动荡不安的时候，他会问我：'你觉得会爆发战争吗？'他不是在开玩笑，他真的很担心发生这样的事情。他会时不时到麻省理工学院校医院住上几天，脑子里老想着战争的事情。"

令人奇怪的是，这段时期玛格丽特倒是显得很乐观。她曾经视为威胁维纳地位的麦卡洛克及其团队已经不存在了，两个女儿也远离了波士顿，有了自己的婚姻生活，夫妻俩在情感上也和两个女儿渐渐疏远，甚至芭芭拉给他们生了第一位外孙之后也是如此。然而，周围的人包括维纳都注意到，玛格丽特的性情有了显著的改善。和麦卡洛克分手后几个月，维纳给在墨西哥的罗森布鲁斯写了一封信。信中简单地提到玛格丽特："玛格丽特身体好，很开心。"杰里·雷特文那段时间经常碰到玛格丽特，觉得她似乎"非常快乐"。芭芭拉相信母亲最终赢得了旨在控制维纳"生活和事业"的"最后一场阵地战"。她安排着维纳的社交生活，准许他和麻省理工学院的新朋友和他们的妻子们以及其他一些没有威胁的年轻夫妻来往，玛格丽特的快乐和维纳不安的状态形成鲜明的对比。

———

对于控制论的命运，维纳深感痛苦。他试图保护好自己一手创立的控制论科学，以免自己的学说被别有用心之人滥用。其实维纳比谁都清楚，他已经掌控不了这一学说了。约翰·巴洛证实说："早期控制论碰到的问题之一就是它受到了太多的关注，这让维纳倍感困扰。"对于那些想利用控制论的人，无论动机卑下或是高尚，维纳都没有给予他们半点儿帮助。德克·斯特罗伊克也证实："他甚至对那些把控制论当作一项事业的人表示怀疑。那时候，有些人把控制论当作那种包治百病的万能药，对此他感到非常担忧。他曾经对我说：'我不崇拜维纳。'"

1952年夏，他终于失去了耐心，狠狠责骂了几位崇拜者，其中有一位年轻的作家，但他的怒气并不是都有道理的。纽约查尔斯·斯克里布纳斯父子出版公司的一名编辑给维纳写了一封信，恳求他评论一下29岁的退伍老兵库尔特·冯内古特的第一部小说。冯内古特刚刚辞去了通用电气研究实验室的工作，专心创作这部未来的小说。小说描述的是一个被自动机器和由工程师、技术官僚构成的新精英阶级支配的社会，这和通用电气的工业试验里正在形成的美好新世界非常相似。

维纳和冯内古特两人都曾经是通用电气的雇员，因此自然而然结成联盟，为未来而战，但就在那个夏天，维纳对谁都客气不起来。冯内古特的小说《自动钢琴》称赞维纳是一位预言自动化会给人类带来灾难的先知。小说里还有个虚构的人物，叫冯·诺依曼，冯内古特将他塑造为现代卢德运动的幕后策划者。当维纳读到这里的时候，他勃然大怒。在写给冯内古特的编辑信中，维纳敦促她告诫这位新秀作家"不要轻率地使用健在者的名字"，否则会受到惩罚。他抨击了那些从事战后新潮科幻小说创作的年轻作家，也把冯内古特一股脑儿地囊括其中，还指责他运用未来的景象逃避对当今科学实践的直接批判。几天后，冯内古特亲自给维纳写了回信，为引起维纳的不快道歉，但他为自己的作品进行了辩护，说他的小说"是对科学现状的谴责"，这一点是不言而喻的。

维纳自己也在文学创作领域小试牛刀。多年以来，他一直默默尝试着创作侦探小说和科幻小说。他的故事最先刊登在麻省理工学院的《科技工程新闻》上，使用一个一眼就可以看出的假名：维·诺伯特。后来，一些主流出版物也开始刊载他的小说，其中包括新科幻小说的权威《幻想与科幻》杂志。

同他的谈话一样，维纳的小说非常有文采，科学细节描写总是非常准确，还点缀着一些异想天开的旁白。写小说还有宣泄的功效，可以排解他的不良情绪，宣泄他对社会的担忧。他的创作作品不仅仅局限于出版，在 1952 年那段备受困扰的时期，他构思了自己的黑暗电影故事，准备卖给大导演希区柯克。在写给希区柯克的一封咨询信件中，他替自己的这个以墨西哥科学实验室为原型的故事进行了游说："在实验室里，我碰到了不同类型的人物和场景，可以很完美地改编为悬疑恐怖电影，这正是你在行的。"希区柯克没有回信，但维纳已经开始全力从事下一个写作项目。

继他的童年回忆录成功之后，维纳开始撰写他的第二卷自传，涵盖从 20 世纪 20 年代初期到 50 年代中期这段成年生活和职业生涯。1954 年春，他的新编辑，道布尔戴出版社的一位叫杰森·爱泼斯坦的土耳其人请求他为普通读者写一本关于他的"发明哲学"的非专业性书籍，爱泼斯坦打算用软皮书的形式在美国市场销售推广。这种简便、便宜的媒介形式为维纳提供了一个新的舞台，来表达他对战后时期的科学和发明那与日俱增的担忧。他接受了爱泼斯坦的请求，在几个星期之内，他就口授完成了一本书的初稿，书名是《发明：思想的关怀与感悟》，对从古希腊到现在的科学思想和发明进行了自由遐想式的回顾，绝大部分材料都是直接源于他强大的记忆。

三年来，他对这部几乎完工的手稿不断修修改改。其间，他出版了自传第二卷《我是数学家》。书中，他就处于危险境地的美国科学发表了看法，言论更个性化、更情绪激昂。维纳曾在《昔日神童：我的童年和青年时期》里抨击了"美国强烈的标准化欲望"，称美国科学家被它驱使……"像一块美国奶酪"。这次，他注意到美国科学决策者萌生了一种新的欲望，"他们甚至想像拜占庭王朝阉割国家公务员那样，切除科学家的大脑"，对此现象，维纳在书中给予了谴责。和以前一样，维纳利用这个机会和同事、竞争者一起算总账，但是他没有提及麦卡洛克、皮茨、雷特文、塞尔弗里奇以及在控制论成型早期他们之间富有成效的合作，维纳用这种"无声谴责"的方式来表达自己最为深沉的情感。

1957年8月，维纳给自己的编辑写信，宣布有意放弃这本关于发明的书。他之所以改变主意放弃这个项目，是因为书中的一个章节激发了他的想象力：这是一个关于英国行为古怪的物理学家、数学家和电报员奥列弗·赫维赛德的故事，他提出的"加感线圈"的概念可以增强信号，使长途电话成为可能。赫维赛德是笨拙的运算微积分的发明者，它实际上包含了维纳之前的所有通信工程理论。他于1887年发表文章提出加感线圈的概念，但是由于忽视以及不具备企业家的眼光，他没有申请专利。1900年，哥伦比亚大学工程系教授迈克尔·普平申请了加感线圈的专利，但只字未提赫维赛德，然后转手将专利以75万美元的天文数字卖给了美国电报电话公司，这是早期通信工程领域一件最具争议的事件。

业内人士都私下议论，这项交易是事先安排好的，旨在利用赫维赛德未经保护的概念来垄断市场，但不久对他们批评的声音渐渐平息了。普平继续名利双收，这位从塞尔维亚移民美国的穷小子还获得了普利策奖。而不幸的赫维赛德于1925年在英格兰一个偏远的海边小屋里死去，生前潦倒、悲愤，处于半疯狂的状态。

几年前，维纳从贝尔实验室的前辈科学家以及那些依然对赫维赛德和美国电报电话公司的所作所为不满的人那里了解到事情的真相。这个科学发明和公司阴谋的故事对维纳来说比写一本"关于发明的说明性的书"更有吸引力，因为其中涉及的道德问题在这个新技术年代是最恰当不过的。他写信告诉爱泼斯坦想要用虚构的形式来讲述故事。此时，爱泼斯坦正考虑从道布尔戴调到兰登书屋，他不愿意放弃《发明：思想的关怀与感悟》，同意将维纳尚未命名的小说带到兰登书屋。

在爱泼斯坦的帮助下，小说于1959年10月出版，书名为《诱惑者》。这不是一部杰作，却意外地得到了文学界和科学界的好评。像维纳想要的那样，这本书提供了一种新动力，推动解决赫维赛德和普平之间的历史问题，以正视听，并给予战后新一代科学家和工程师严厉的警告。然而，像所有第一次写小说的作家一样，维纳非常在意人们是如何评价他小说的文学艺术性的。他每天都去麻省理工学院的书店，看这本书卖了多少册。他问数学系一位同事是否看过这本小说，同事回答说看过，维纳马上问："那么告诉我'1908'那一章是什么内容？"

德克·斯特罗伊克对他倒是直言相告："他找到我，说有一篇评论不是太好，他很失望。我说：'算了吧，诺伯特，即使是爱因斯坦，写小说也不可能和陀思妥耶夫斯基一样好。'"

———

涉猎文学，维纳对此十分得意，他也很享受文学创作。不过，维纳写东西的目的，并不是聊以自娱。我们如果读一读他的小说，包括他写的每一本大众读物，就会发现，维纳探求的是科学领域之外的真理，他的写作目的是把自己大胆的想法传递给读者。但是，不知不觉中，他的个人探索将自己带往一个新的方向。

20世纪50年代末，医学界终于揭开了影响大脑各种活动状态的神经化学物质的秘密，了解了这些神经化学物质与情绪和高级认知功能之间的关系。新的发现印证了维纳早期关于这些神秘化学信号的作用的一些猜想。这些化学信号包括两种，一种是通过血管流向大脑的各种的激素，一种是大脑本身产生的神经激素和神经传递素。早在《控制论》一书中，维纳就指出，这些化学信号可能是精神病理学的原因。由于对精神疾病有了新的了解，维纳开始思考自己反复发作的狂躁、抑郁和情感风暴背后的化学成因。

当首批治疗精神分裂症的药物得到官方批准的时候，维纳的弟弟弗里茨从马萨诸塞州精神病医院出院回家，当时50多岁的他在那儿待了30年。维纳一直想念着弟弟，心里藏着深深的恐惧，害怕也会像弟弟一样彻底发疯，弟弟出院回家给了他很大的鼓舞。新药带来身体发抖的副作用，但有效地控制了病情，弗里茨还在位于波士顿以西90英里的格林菲尔德的一家泡菜厂找到一份清洁工的工作。弗里茨偶尔来贝尔蒙特看维纳和他夫人，夫妻俩热情地招待他。弟弟的到来使他们意识到兄弟俩虽然性情类似，命运却有天壤之别。

20世纪50年代，维纳再次遭遇精神疾病，再次有机会近距离审视这种新的神经化学现象，他早在10年前就预言了它的存在。1951年春天，浑身有一股子冲劲的数学家小约翰·福布斯·纳什来到麻省理工学院，时年23岁，此前他为普林斯顿大学和兰德公司工作，在博弈论领域取得了初步成就。维纳和他一见如故，按照纳什的传记作家的说法，维纳"热情地拥抱了他，鼓励纳什继续保持对这个课题的兴趣……这给纳什指明了方向，去从事他一生最为重要的工作"，这就是当初带领维纳走上辉煌之路的那个研究课题，即流体湍流统计分析。这个复杂的课题有助于纳什证明自己提出的均衡博弈论假设，后来他因此获得了诺贝尔经济学奖。然而，纳什得首先解决他自己的湍流问题。

1959年冬天，经过数年的发展，纳什终于病倒了，患上了偏执妄想症，很不情愿地被送到波士顿麦克莱恩医院就医，被诊断为急性精神分裂症。维纳和其他几个同事能够立刻理解纳什正经历着怎样的痛苦，将来又要面对怎样的折磨。9个月后，纳什自行从麦克莱恩医院出院，但幻觉日益严重，狂乱中他逃往巴黎。在巴黎，他主动给维纳写信。信的内容散漫无序，信封装饰着银箔："给您写信，我感觉就像在半黑暗的深坑里给一缕阳光写信。"两位数学家保持着联系，4年后，纳什回到美国，开始接受新药物和最新进步心理疗法的联合治疗，并最终产生了效果。他在普林斯顿附近的一家私人精神病院给维纳写信，说在痛苦的经历后，他开始理解自己的疾病："我问题的本质似乎是通信问题。"

纳什的传记《美丽心灵》和改编的同名电影讲述了他的这个著名病例，这提供了更多的证据来支持维纳在《控制论》中提出的关于精神病新理论的假设。最终，纳什的强迫症、妄想错觉和其他精神分裂症状开始为公众所了解，这是一种功能性障碍，是"大脑在活跃状态下保持的循环信息"和其他"次级交通干扰"引起的，可以通过新研制的调节大脑的药物和通信导向疗法得到有效的治疗。

大约在那个时期，大脑科学领域取得了另一项突破，对当时在认知科学、人工智能和其他很多领域风行一时的数字计算机模式提出了挑战。这项发现基于全新神经科学理论、方法和实验室研究，证实了人脑的信息处理方式和电子计算机的不同。新的发现将超越以前的所有理论假设，也超出所有人的想象。具有讽刺意味的是，麦卡洛克是在麻省理工学院的神经生理学实验室做出的新发现，但这次不是麦卡洛克或皮茨，而是杰里·雷特文，他引领大脑科学进入一个新的方向。

在电子研究实验工程的大力支持下，雷特文和英国同事帕特·沃尔研发出探测电极，可以侦测到大脑和神经系统微小细胞和纤维的微弱活动所产生的微弱信号。两人开展了一系列研究工作，在由几个才华横溢的年轻人组成的研究小组的协助下，取得了非凡的成就，这让麦卡洛克的实验室名声大噪，成为研究视觉和嗅觉背后的脊髓、感觉通路和大脑机制的前沿阵地。此时，麦卡洛克已经耗尽了生命活力，很少光顾自己的实验室。皮茨倒是参与了实验室的解剖实验，但无精打采。雷特文在发表重要研究论文的时候，把他们的名字都署上了，以维持他们的声望，尽管他们只是最低限度地参与研究工作。

20世纪50年代后期，雷特文及其研究团队的研究成果颠覆了半个世纪以来的神经科学。他们对青蛙视觉的研究，揭示了大脑最基本的信息处理过程是通过模拟方法进行的，这是业界以前从未考虑过的。他们发现，青蛙眼睛里的神经元能够处理复杂的图像侦测和分析活动，并且通过单个神经细胞先天固有的模拟信息处理过程执行复杂的任务，比如确定视觉范围内物体的形状、大小和运动。研究论文由雷特文和一位在实验室工作的年轻的智利研究人员共同署名，于1959年11月发表，题目非常撩人，"青蛙的眼睛告诉青蛙的大脑"。论文突然间迫使人们重新审视此前所有关于感官知觉和大脑认知过程的知识和假设。

对维纳而言，这些新发现给他出了一个很大的难题。"蛙眼"论文支持了他一直主张的模拟通信处理过程，提供了不可辩驳的证据，证明在大脑和神经系统最基本的层面上存在模拟信息处理行为，这强化了控制论的生物学基础，揭示了大脑中信息处理的新秩序。而与此同时，在技术应用方面，模拟过程以及控制论涉及的有机领域被普遍弃用。维纳远远地注视着这一切，正是那些曾经被他抛弃的人促进、发展了他的科学。

然而，他没有更多地向麦卡洛克、皮茨和雷特文靠拢。相反，他继续周游世界推广控制论，听众蜂拥而至，来聆听他关于新技术时代的美好前景以及潜在危险的报告。他偶尔也缓和一下不和大公司合作的态度，免费会见造访麻省理工学院的大公司的首席执行官。然而，他"有时难以预料，可能会冷落来自军事工业机构的重要客人，或者用尖刻的语言侮辱他们"。

麻省理工学院的校园，继续流传着关于维纳的新传言，比如他如何四处游荡，如何智识过人，如何会说多国语言，等等。有一次，在教工俱乐部，他被人介绍给来访的希腊贵客，他突然高声唱起希腊国歌。有一次，在麻省理工学院附近一家他最喜欢的中国菜馆吃饭的时候，他用标准的普通话点菜。20世纪50年代中期，这家餐馆搬到离维纳的2号楼办公室只有几步远的地方，于是维纳将自己每周一次的晚餐研讨会移至餐馆举行，餐馆女老板亲自出马，监督厨师准备维纳最喜欢吃的香菇豆腐。

但是，大多数时候，维纳过着低调、有规律的生活。中餐在沃克纪念馆快餐厅吃，一盒牛奶加上一袋薯片。他和学生打成一片，有些胆大的学生"习惯过来告诉他听到的关于他的最新传言，维纳通常一笑了之"，权当笑话。然后起身离去，边走边嘎巴嘎巴地吃花生米。

德克·斯特罗伊克坦言，与自己的弟子以及他的批评者不同，他并不总是把自己当一回事，在很多情况下，他总是在正儿八经地开玩笑。米尔德丽德·西格尔对此明察秋毫，认为维纳表面上神情恍惚、心不在焉，背后却有很深的套路，这可以追溯到他性格形成期在三一学院求学时从那些老奸巨猾的导师那里得到的经验教训："说他心不在焉,他确实如此,但这是一种狐狸般的心不在焉。"

20世纪50年代末,维纳渐渐淡出公众视野,维纳本人不得不承认,身体是革命的本钱,要想继续为科学研究做贡献,须养精蓄锐,徐徐图之。不过,了解维纳的人很快从维纳的寻常生活中发现了不寻常的迹象。这一时期,维纳与莫里斯·查菲茨私交甚密。查菲茨是位年轻的心理学家,与维纳相识于墨西哥,后来辗转回到美国,供职于马萨诸塞州总医院。通过这段交往,查菲茨与妻子玛丽昂的世界观发生了转变,查菲茨曾这样试图总结维纳的影响力:"这种体验很难描述,维纳从社会入手,又不拘泥于社会,将社会带到新的层次。他做的种种事情都是为了我们所有人。他绝不是只会影响你的思想,他会影响你的整个情绪,你的自我认知,跟他搞技术一个路子,他把钻研技术的精神放到私人生活上。他会放飞你的思想。他的视野覆盖全球,他的视野真的没有死角。"玛丽昂则认为,维纳的魅力似乎脱胎于大自然的某种魔力。她表示:"维纳的思想神秘、深邃又沧桑,难以描述。他能够唤醒我们沉睡已久的思想与感官。"还有一个人也有幸在麻省理工学院与麻省总医院听维纳开坛布道,此人叫约翰·巴洛。巴洛表示:"每当我在他身边工作的时候,整个人仿佛得到升华,我不再是在数学层面开展工作,而能够自由挥洒我的直觉和灵感。"

阿马尔·博斯与维纳相识10年,往来甚密,受益颇多,诸多感悟难以一一言说。博斯回忆道:"那时候我忙着搞我的博士论文,维纳常常会来我的办公室与我攀谈,但是我们从不会聊我的博士论文。他脑子里有各种各样的想法,都会对我娓娓道来。有一回,我们聊了一会儿，我突然意识到一件奇怪的事，有一次我们聊完，我埋头继续做自己的事，猛然有种豁然开朗的感觉。这种感觉真的太不可思议了。刚开始我还以为只是个巧合，但是这样的奇事一而再再而三地发生。我只能说，只要和维纳交谈，你的思维一定能上一个新台阶。"

博斯最后一次和维纳见面的经历或许最能说明维纳才思敏捷，正是得益于他的天才思维，博斯的灵感才得到充分释放。他回忆说："我最后一次看到他是在一次午宴上。午饭结束后，我跑到他的车前与他道别。我问他：'教授，您在数学与科学上可谓成果颇丰，贡献巨大，我想知道您是怎么做到这一切的？'维纳望着我，淡淡地答道：'常怀求知之心。'"

十五
向大象的孩子致敬——常怀求知之心

痴人熙熙攘攘，
你我互不相让，
手指大象诸人，
不识大象模样！

——约翰·戈弗雷·萨克斯《盲人摸象》

20世纪50年代，维纳的研究重心逐渐转移，促成这一转变的是他的印度之行。1953年，维纳离开波士顿，以控制论代言人的身份，朝着理想进发，开始了新的征程。在过去几年里，印度政府对维纳频频暗送秋波，希望维纳光临印度这块古大陆，指导印度的科学家和民间领袖，从而激发印度的工业潜力，让印度成为自动化生产巨头。印度经历了很长时间的内斗与政治纷争，才有了来之不易的独立，这段历史维纳是很清楚的。维纳很期待亲临这个新生的国家，了解印度国民，走进印度文化。维纳坚信，西方原本在科技文化与道德文明上占据着制高点，然而两次大战后，西方渐渐显出疲态，这个时候东方国家需要挺身而出。印度之行，恰逢其时。

事实证明，维纳的印度之行是印度科技发展的一个重要拐点。对维纳本人而言，这次印度之行也是他本人职业生涯的分水岭，意义重大。

印度官方在孟买为维纳举行了隆重的欢迎仪式，其排场不亚于接待功勋显贵。印度原子能委员会会长在飞机上同维纳会面，亲自领他过关。维纳下榻的则是气派豪华的泰姬陵大酒店，酒店是一座维多利亚式宫殿，坐落在老城区的中心，海港悉在眼中。安排维纳入住后，会长又殷勤地把维纳带去沙滩，在棕榈树下乘凉喝茶。

印度人志在向维纳取经，利用西方科学技术建设现代化强国。为此印度不惜给维纳贵宾级的待遇。在孟买新成立的原子能研究所，维纳受到印度总理尼赫鲁的欢迎。几天后，尼赫鲁由当时的世界首富海得拉巴的尼扎姆作陪，在海得拉巴召开会议，将优先发展科学技术写进国家发展蓝皮书。值得一提的是，这次会议结束后，维纳还与苏联代表团及苏联探子展开了一场针锋相对的较量。之后，维纳前往印度各个州县与研究机构讲学。他曾亲赴普纳，在印度国家化学实验室讲学，还曾到位于班加罗尔的印度科学院讲学。此外，维纳还访问了加尔各答的印度国家数据中心与孟买的塔塔基础研究中心，在两处各待了一个星期。

在差不多一个月的时间里，维纳一面讲学，一面探索这块古大陆。他与当地科学家同吃同住。维纳初步领略了印度源远流长的历史，体味到印度人的家国思想与国民性，印度人的雄心壮志也令维纳感触颇多。这段行程结束以后，维纳移步首都德里——许多处于草创阶段的发展规划都诞生在这座城市。

在德里，维纳围绕本次印度之行的主题进行了广泛的学术讲座。这一主题便是"印度的未来：论建设自动化工厂的重要性"。这段旅程让他对印度的潜力和印度的工业追求、科技愿景有了不少新的思考。维纳直言，印度的科学家比起其他任何国家都不落下风。但是，维纳也敏锐地指出，对于科研能力出色、经济发展水平落后、迫切想要跻身科技强国之林的国家来说，印度还有许多困难亟待解决。之前走访中国、日本的时候，维纳就认识到这一点。综合这些考量，维纳给殷勤的印度人提了一些详细的建议。西方工业靠旧式机器与大批血汗工人才得以兴起，这一传统可追溯至英国的"黑作坊"时期，而维纳建议印度不要走这条老路。维纳主张，印度应该着力开发新兴智能科技，开辟自己的发展道路。

传统的发展模式对于亟须完成工业化的国家很有诱惑力，印度正好有相当充裕的人力资源，这条老路是可以一试的。这一点维纳也是承认的。但是，在传统工业发展模式之下，那些历经沧桑、庙宇林立、承载着辉煌文明的印度城市，会逐渐变成饿殍遍野、尘埃滚滚的曼彻斯特式血汗工厂。维纳不禁发问：以人民福祉为代价的发展，是否值得？

维纳希望印度在全国范围内建立新型工厂，使用自动化技术，在实现现代化的过程中避免重蹈西方国家的覆辙。至于能不能达到理想的效果，维纳本人也没有十足的把握。他很清楚，尼赫鲁和其他印度领导人都迫切希望利用控制论完成工业化。与传统生产方式相比，自动化生产在技术、经济效益和生产效率上优势明显，能够帮助印度迅速夯实其工业基础，可以说是一条让印度跻身繁荣、高效的工业强国的捷径，因此，尼赫鲁本人对自动化生产的前景非常有信心，尼赫鲁的态度维纳也是心知肚明的。然而，考虑到美国出现的种种问题的迹象，维纳不得不告诫印方，自动化生产若是在温室环境下快速发展，不受操控，可能会带来灾难性的后果，弊大于利。

维纳意识到，摆在印度面前的还有一个可供选择的机会。维纳曾表示，印度面临的真正挑战，绝不仅仅是大修工厂，也不只是大力培养世界级科技人才，而在于培养大批技术人员，用维纳自己的话说，培养一批"体制外的科技工作者"，以期建立一个全新的科技型社会。印度工业基础薄弱，高级技工紧缺，因此，印度的自动化生产比美国还要依赖人力，对科学家、工程师的要求更高。印度也很需要维护人员与负责故障排查的技术员。维纳相信，印度的命运掌握在自己手里，印度有望在几十年内把事情搞定，解决这两大方面的困难。

有机会为印度的发展出谋划策，维纳深感荣幸。1954年2月，维纳返回美国，兴致颇高。印度之行重新点燃了他的激情，印度人对维纳理论及相关技术的痴迷，也如同一剂强心针。之后，维纳的印度朋友络绎不绝地前来邀请他出山讲学。1955—1956学年，维纳再次前往印度，在印度国家统计中心担任客座教授。其间，他讲了60多次课，与印度一线科学家、数学家并肩工作。

维纳访印之后的那些年里，印度在尼赫鲁的统筹规划之下建立了遍布全国的科研机构，培养出新一代科学家与工程师，并将其科研人才输往美国以及世界各个国家。不少从印度走出来的科学家大放异彩，成了炙手可热、备受追捧的技术人才。美国的计算机及电信产业发展迅猛，印度可以说居功至伟。硅谷的外国技术员中，印度人是最多的。到1990年，硅谷的半壁江山都是印度工程师与企业家打下的。

前面提到，20世纪50年代，维纳设想培养一批"体制外的科技工作者"。对印度领导人而言，这一设想对印度的未来发展甚至更有价值。印度领导人从中看到了这样的未来前景：经济依托科技蓬勃发展，高学历、高素质人才比比皆是，印度乃至整个全球信息产业的未来都掌握在这些英才手里，印度将在他们的带领下迈向 21 世纪。

———

维纳的印度之行深深触动了他的心灵。维纳有个习惯：每至一地，必深入其偏街闹市，考察其风土文化。维纳曾到印度东部港口城市马德拉斯，与老友维贾雅拉加万一起待了几天。维贾雅拉加万曾在麻省理工学院师从哈代，已经是印度数学协会的主席了。早在 20 世纪 30 年代，青年时代的维贾雅拉加万曾与维纳一家住在一起。那时候他们都住在贝尔蒙特，维纳家的两个女孩儿最喜欢和他一起玩，小姑娘们喜欢玩他那洁白、整洁的头巾，要知道，这头巾可是印度最高种姓婆罗门戴的。时过境迁，维纳访印之时，维贾雅拉加万将维纳迎进家门，身上再也没有象征身份的饰品，因为印度在 20 世纪 50 年代就废除了种姓制度。维贾雅拉加万一家热情款待维纳，维纳也深感欣慰。维纳写道："按照印度教的教规，我应该是个弃儿。老一辈的婆罗门见了我，怕是都避之唯恐不及。"

有一天早晨，维纳与维贾雅拉加万徒步来到孟加拉湾海滩，在印度洋波涛汹涌的海浪中游泳放松。维贾雅拉加万将自己的小孙子带来了，他和维纳的孙子年龄相仿。两位数学巨匠一面漫步海滩，一面议论科学问题与各种大小事情。维纳曾回忆道："我俩讨论了一下我们的孙辈会过上什么样的生活，我们在想，到了我们孙辈那个时候，世界上的宗教、种族偏见会不会消失，那时候的人们能否在共同的人文环境下自由交往。"

维纳认识许多活跃在英国和美国的印度数学家。他很早就明白，宗教在印度人的生活中占据中心位置。不过，透过这次印度之行，维纳意识到，印度人对其历史文化的认知正在经历一场变革。他曾借官方活动到访不少地方，也曾多次去各地进行私人旅行。他瞻仰过阿旎陀石窟与埃洛拉石窟，维纳也看过不少寺中描绘佛祖生平以及印度教发源本末的壁画。他还曾与印度同事走访各地，了解到印度教的传统观念在印度家长的脑海中依然根深蒂固。在印度，有一部分人选择淡出世俗，潜心向佛，甘当苦行僧。这些人曾在印度历史社会中扮演过重要角色，他们同样引起了维纳的关注。

几百年来，印度都在贫穷与苦难的轮回中挣扎。维纳知道，纯粹的冥想生活解决不了历史问题。印度的老一辈教徒，将满腔的宗教热情与人生智慧转而用到社区建设上，予取予求，不问回报，这种精神给维纳留下了深刻印象。这些老一辈工作者在印度的转型中扮演的角色让维纳惊叹。印度百姓已经不再是只会诵经念佛的虔诚教徒了，印度僧人向他们发出了更世俗、同样更具有感染力的号召，这一点也让维纳觉得很神奇。在维纳看来，老一辈印度人为印度的科学家、世俗领袖与普罗大众鞠躬尽瘁。要知道，一个国家光靠外部力量是解决不了自身问题的，需要汲取本土文化的营养，借鉴老祖宗的智慧，为发展保驾护航，应对新时期的困难。在这方面，印度做得很突出。

维纳走访过许多国家，他对各个国家的古老文化传统都满怀敬意。但"现代人"是他过去更加青睐的对象，包括科学家、数学家、工程师，还有许多他大力提携的青年才俊。如今在印度，他对这些老人的敬意油然而生：他们有的西装革履，有的还保留着旧日的服饰。他不无动情地写道："再破陋的围巾，搭在这些富有智慧与风度的老前辈肩上，看上去都贵气十足。"

对于宗教，维纳的态度是比较保守的，但他与印度及其流浪的圣贤有着相通的精神追求，他一生都不沾半点儿荤腥，清心寡欲，他一日三省其身，他甘当科技时代的先驱和代言人。印度人求知若渴，倾心于现代化，这让维纳想起欧洲的犹太人：当年，以摩西·门德尔松为代表的犹太先贤，带领族众披荆斩棘，筚路蓝缕，一路走来，直至融入欧洲科技文明，实现了现代化。维纳的祖先也有这样的精神，走过这条道路。在几年后的一场研讨会上，维纳动情地回顾这两个相通的文化现象。维纳说：

在印度……古老的村落曾孕育出杰出的吠陀高僧与大圣大哲……如今，大批现代意义上的自然科学家、数学家、经济学家与哲学家从这些地方走了出来。这些人是相通的……就像一个世纪以前的犹太人对传统学者的尊敬一样……到更现代的调查领域，两个民族锐意进取的精神、求知的欲望……不懈追求知识的决心与信念……学习这件事是富有挑战性的，值得一个人尽最大的努力。

———

从美国到印度，科学技术都在蓬勃发展。20世纪50年代中期，维纳有一段时间很看好新兴科技型社会的发展前景，可谓一反常态。运用新兴科学建立一个乌托邦式的技术世界，他依然持乐观态度。维纳曾多次表示："我们如果坚持以人为本，而不是以生产资料为本，就没有理由不相信机器时代将成为人类历史上最繁荣、最文明的时代之一。"然而，仅仅几年之后，他对美国科技发展就不那么乐观了：他在通用电气和麻省理工学院看到自动化的新动力，它们不是以人为本，而是以人为壑；人类在核武器研发上搞大跃进；科研人员与工程师都汲汲于名利，忙着做政府项目、与企业合作。战后科研资金井喷，科研进入"黄金"时代。然而50年代末，维纳用激烈的言辞抨击战后的科研环境。维纳坚称，这样的氛围，只会荼毒科研工作，贻害无穷。

早在动身前往印度之前，维纳就开始回归自己的使命了。维纳搞了30多年数学与科学研究，这一次，他开始用哲学的眼光，从历史的角度重新审视这个新兴科技社会，研究新时代的道德困境和人道危机。维纳为《圣路易斯邮报》撰文，将目光放在新兴的技术爱好者身上，称他们犯了幼稚的错误，崇拜新的器物，视器物为主人。第一次印度之行结束后，他公开抨击了这些人，说他们是"器物崇拜的狂热信徒"。他用更为生动、有力量的语言和意象，抨击某些"技术狂热者"，正是他们把方兴未艾的自动化技术引向了错误的发展轨道。同时，维纳表达了自己的道德担当，他志在维护自己亲手缔造的这一学科。这一回，维纳不再是为了个人恩怨，他要为自己科学的灵魂而战，为科技时代人类的存亡而战。

这一次，维纳披上了圣人的外衣，勇敢走上讲坛。他以一个公允的政治家的姿态，在业内同人面前发表看法。有人出钱请他做代言人，也被他拒绝了。这一时期，维纳逐渐热衷于挖掘他的新科学的哲学深度与伦理内涵。

1957年，维纳到哥伦比亚大学做了一场演讲。在演讲过程中，维纳从自己与印度科学家的学术互动入手，试图向美国新一代科学家、工程师传达一个明确的信息。他拿印度科学家与19世纪欧洲的犹太先贤类比，呼吁美国的青年才俊直面科学道路上的挑战，全力以赴、不问回报，在科研道路上不忘初心，顺从内心的感召。

1959年，维纳亲临美国科学促进会，发表了题为"自动化的道德和技术影响"的演讲。维纳先是回顾控制论进入应用阶段的第一个十年，究其工作原理与社会影响，进而指出，许多人都看不到新兴控制论技术的真正风险，没把其潜在的危险当一回事。维纳警告说，自动化机器的速度极快，在社会评价体系中迅速蔓延，越来越普遍，暗藏着危险。维纳回顾他的战时研究成果，用证据说明人类在信息处理的过程中具有滞后性与迟钝的内在特点。由此，他深感忧虑，并直言："我们人类的反应速度存在先天劣势，何谈有效控制机器。"

在这段时期，维纳最担心的问题是：军方核武器的自动化系统与防故障机制，其电子速度和自动响应策略将有可能使人类失去发动核战争的最终决策权。当时，许多科学家也怀有同样的忧虑。而维纳担心的问题涉及社会的方方面面。从军事部门、行政部门到国家经济体系，从最高国策到乡村事务，无一不存在自动化的影子。而这些自动化机制都是以冯·诺依曼所预示的博弈论为基础设计的。同时，美国人正在运用同样的逻辑与计算法则，设计新一代高速计算机。美国国家人工智能实验室也在源源不断地输出人工智能程序。新一代计算机能够遵照这些程序的相关指令，进行自我学习、自我纠正。

维纳认为，冯·诺依曼的理论与相关程序在原理上存在缺陷，具体来说，是对人类的推理与决策的方式存在错误的假定。同时他认为，此类程序既然建立在这些不靠谱的原理上，而社会公众还愿意相信这些电子系统，那会面临巨大的风险。然而，维纳无法调和自己与冯·诺依曼这位昔日天才少年之间的重大分歧。冯·诺依曼于1957年去世，死于骨癌，时年53岁。病因主要跟长期从事原子弹实验、暴露在核辐射中有关。他的概念已经渗入数字计算和自动机理论诸领域。他对学习和自我复制机器的仁慈力量的信仰深深扎根于人工智能的土壤，并深入计算机科学家、经济学家和军事规划者的头脑。

当时，许多新的自动机理论和人工智能项目的信徒都是同一批人，维纳谴责他们是新的军工官僚体制中的齿轮，他们把自己的责任抛到九霄云外，然后发现它以旋风般的速度找上门来。他担心运行国家安全设备的主计算机，或者根据博弈论，以及关于大脑、人类动机等缺陷理论的基本原理而编程设计的次要计算机，会使其操作者无法明确理解它的操作基础。他担心，当这种机器以一种没有人能比拟的速度响应输入数据时，在人们可以推翻其决策之前，它可能会以破坏性的方式行事。

维纳更担心冯·诺依曼的自动机理论可能导致的另一个前景。人工智能理论和编程方法的进步有可能创造出自编程式自动机。若要生产出如冯·诺依曼和他的学生们所设想的那样充分发挥功能的，具有自我编程、自我生产功能的自动机，新的程序是最后一个环节。这种自动机是以生物有机体的细胞模型为基础的。

机器的幽灵无休止地复制和修改它们的人工智能计算机程序，这是维纳在新技术时代的终极噩梦。他脑海中充满了无法控制的毁灭、生产和复制的场景，这些场景提出复杂的技术问题，以及更加清醒的道德和哲学问题。正如他在全美最大的科学协会上告诫同行的那样："我们如果使用一个机械来实现我们的目的，那么一旦我们启动它，就不能有效地干预该机械的运作，因为其行动是如此迅速且不可撤销，以至我们无法在其行动完成之前进行干预。所以我们最好确信倾注到机器上的目的就是我们真正想要的目的，而不仅仅是对真正目的的丰富多彩的模仿。"

他关于对系统进行制约与平衡的观点，也是每个科学家和工程师的想法，他认为这些人是变革和控制世界先进技术社会的主要推动者。他恳求他的同事们在他们的编程工作和所有的专业努力中要更加高瞻远瞩，以科学的宏伟时间尺度来看待他们对当时科学革命的贡献，并且保证在任何情况下，他们的所作所为都不是为了他们自己、雇主或机构的利益，而是为了人类更大的利益。

———

他的演讲和通俗著作在其范围内变得越来越具有历史性。他的语言和想象力总是富有激情、充满力量，但现在他正努力在更高的层面上与同龄人和公众交流，就像他对他最好的学生所做的，表达他对在技术突飞猛进的浪潮中感受到的非人性化趋势日益增长的警惕，并催促人们建立新的道德行动来面对威胁。他警告不止一个听众：

如果我们想和机器一起生活……我们不应该崇拜机器。我们必须在与他人生活的方式上做出许多改变……我们必须让伟大的商业、工业、政治领导人转变思想状态，即他们应该将人们的利益视为于己相关的事，而不是可以置之脑后、于己无关的事。

维纳越来越依赖寓言和民间故事向世界传达他的紧迫信息。他反复援引的典故包括：歌德的寓言，讲的是不幸的巫师徒弟开启了一个他无法停止的"魔鬼行为"；《一千零一夜》里装在瓶子里的妖怪的故事，它的寓意是"如果你有三个愿望，你选择的时候一定要非常小心"；还有英国作家 W.W. 雅各布斯的短篇小说《猴爪》，它现在已经成了表示新技术危险性的另一个黑色隐喻。在雅各布斯 1902 年写的恐怖故事中，一个贫穷的工薪阶层英国人从印度得到一只被施了魔法的猴爪，它给了它的主人三个愿望。正如维纳所讲述的那样，他"希望有 100 英镑，结果发现儿子所在的公司派人来到家里，给了他 100 英镑，作为儿子在工厂去世的抚慰金"。对维纳来说，雅各布斯的"猴爪"严峻地提醒我们，"任何为决策目的而建造的机器都将是完全缺乏想象力的""绝对不可能做出正确、可接受的决策"。

整个 20 世纪 50 年代，维纳都用这些故事来告诫科学家和社会大众，不要"像无知无畏的小牛犊那样，对机器顶礼膜拜"。他的所有比喻都隐含着永恒的真理和中肯的经验教训，这些都是新技术及其强效通信过程和原则所固有的巨大力量，是它们强加给发明者的新道德标准，每个公民、政府机构和公司都有责任明智地利用新知识和技术造福于人类。他认为这些伦理和道德责任不是利他主义的选择，而是非常紧迫和重要的，是一种普遍的戒律，与新技术本身是分不开的。

20 世纪 60 年代初，工程、生物学和社会诸领域发生的控制论革命所面临的种种敏感的伦理和道德问题，维纳都进行了讨论。他的担忧将成为他最后的畅销作品的主题，这是一本简短而值得深思的书，名为《上帝与傀儡：对控制论影响宗教的某些问题的评论》。

这本书收录了维纳的一些讲座和报告，包括 1962 年 1 月在耶鲁发表的一系列讲座、在历史悠久的特例讲座上所做的题为"科学和哲学关照下的宗教"的讲座，以及那年夏天在巴黎郊外，由皇家哲学协会举办的科学哲学座谈会上他关于"人与机器"的演讲。在他的新书中，他要讨论的"不是整个宗教和科学，而是通信和控制科学中的某些问题"，它们冲击着宗教领域，并包含着"当代人类可能会陷入其中的一些最重要的道德陷阱"。

他拒绝陷入传统的神学争论和逻辑悖论。这些争论和悖论之所以产生，是因为人们认为现实世界的"知识"和"权力"是全知、全能的，崇拜的概念只能从一神论的角度来理解。他在知识的沙盘上画了一条线，作为他争论的先决条件，他坚持认为，新控制论技术所造成的知识、权力和崇拜的道德困境是事实，"与公认的神学完全不同，它们有待人们对人类进行深入调查"。他还呼吁"科学家……聪明诚实的文学家和牧师"消除个人偏见和社会禁忌，直面新时代的一些"不愉快的现实和危险的比较"。

在维纳的心目中，最危险的比较是人类历史角色的转变，曾经是上帝"根据自身的形象"创造出来的最智慧的生物，现在却变成了创造者，更危险的是成了智能机器的创造者，这些机器"完全有能力根据自己的形象创造其他的机器"。人类的这种新角色带来严重的现实和道德困境，其中包括具有学习能力的机器有可能在简单的游戏和致命的现实竞争中完胜人类创造者。维纳担心，这些机器可能变得"极其精明"，获得超越其设计者或程序员预设的"出人意料的智力"。他将这种局面比作《失乐园》《约伯记》和其他一些宗教文本所描绘的天国冲突，其中神的创造物智勇双全，让神吃尽了苦头。

维纳最新使用的一个寓言是欧洲中世纪的泥人故事。泥人没有生命，布拉格的犹太法师通过法术使泥人获得生命。根据传说，16世纪，布拉格的犹太人遭受强人袭击，这位泥土巨人挺身而出，拯救了犹太人。可后来，泥人得意忘形，开始胡作非为、杀戮好人，犹太法师也因此受到牵连，被人诟病。法师随即口念咒语，泥人变回泥土。在维纳看来，古老的泥人是控制论技术在新时代最及时、最恰当的隐喻。他坚持认为，"机器……是现代版的泥人"，它们拥有无限的机会在现代社会胡作非为。如果缺乏完善的体制和持续的人类监督，拥有军事实力的"泥人"有可能绕开安全机制而触发大规模毁灭性的核战争。如果缺乏充分的规划和对它们造成的社会和经济破坏的警惕，工业领域的"泥人"有可能引起无法控制的大规模生产，从而给经济和社会造成毁灭性的打击和大规模的失业潮。

维纳警告，这样的科技"无异于一把双刃剑，迟早会祸及人类自身"。在这场与新兴科技的"泥人"的较量中，维纳很清楚自己的立场。维纳表示：

如今，有些人以为有了机器给人做牛做马，未来的人类就不用自己动脑思考了。事实上，这样的想法很容易落空。机器固然会帮到我们人类，但是人类需要牺牲自己的诚实与智慧。可以预见的是，在未来社会，我们人类会因自己的聪明才智不够而受到困扰。不存在躺在床上当老爷，让机器人伺候我们这样的美事。

———

维纳慨然以天下为己任，将自己视作信息时代的先知和引路人，不断朝这个新的角色转变。他关于"上帝与泥人"的系列演讲，给他的研究领域的技术难题蒙上了一层伦理意味与超物质色彩，引发了哲学意义上的大讨论。维纳这一时期身份上的转变，也是他个人征程的一个拐点。他开始审视、释放自己长期以来一直被压抑的精神诉求。

从童年时代开始，维纳对犹太主义就怀有复杂矛盾的感情。维纳和他的父亲和祖父一样，对宗教组织并不感兴趣，尤其是玛格丽特和两个女儿参加的那个平庸的一神教教会。然而，芭芭拉证实，维纳对《圣经启示录》的内容非常了解。他觉得妻女教会的布道内容平庸无聊，说"我都可以信口说出"。然而，维纳的印度之行让他与印度古老的精神文明传统产生了共鸣。维纳说，在加尔各答的印度统计研究所那段时间，他曾不止一次登临附近的印度教神庙，就自己的科研工作进行苦思冥想。当时，寺庙的内堂才刚刚对异教徒开放没多久，维纳即有幸受邀进内堂参观。维纳并未过多谈及他的见闻与会谈细节，不过可以肯定的是，别人把他引荐给了一位德高望重的印度教长老，这位长老深深触动了维纳的灵魂。由此，维纳深深体会到南亚古大陆精神文明的神髓。回到美国之后，维纳用不可思议的方式，将他的这段经历与所学所思展现出来。

20世纪50年代中期，维纳回到麻省理工学院，和学院的犹太专职牧师赫尔曼·波拉克建立了温馨的友情。和维纳一样，波拉克说话直率，讲原则，是追求社会正义的斗士。两人惺惺相惜，就社会、政治和精神问题进行了广泛的交流。那段时间，麻省理工学院其他一些有影响力的人物都转而注意伦理和精神问题。校长基利安鼓励麻省理工学院的学生和教师开展讨论，探讨有关原子武器以及战后新技术的严肃问题，坦诚面对这些问题给科学家和工程师带来的伦理和道德挑战。在麻省理工学院的校园中，主流宗教及其专职牧师比以前更加引人注目。学校聘请芬兰设计师萨里宁设计了一座小教堂，作为集会和举行论坛的场所，不管你是否有信仰，都可以参加。有位校园牧师回忆说，校长基利安和其他项目策划人希望建一个"看起来不像教堂的新型小教堂"。

萨里宁的设计满足了他们的想象力。小教堂由红砖砌成，造型奇特，椭圆形、没有窗户，坐落在中世纪芬兰城堡的塔楼和核电厂冷却塔之间，像个十字架。小教堂顶部有个精致的铁钟，旁边还有个向上弯曲的铝质尖塔，整个建筑被一条壕沟围绕着。萨里宁的设计理念是要传达"独立、内敛的感觉"，同时传达"精神上超凡脱俗"的氛围。

麻省理工学院对之赞赏有加，称其为"冥想的宁静小岛，远离城市喧闹、纷扰的避难所"。

看到这形状古怪的建筑物，维纳乐了。米尔德丽德·西格尔回忆说："教堂建成后，维纳说，这样大家就会把上帝挂在嘴上了。因为一看到它人们就会说：'啊，我的上帝。'"但是，维纳去参观的时候，发现它真的如萨里宁所期待的那样，是个适合沉思默想的宁静小岛，非常安静，只有壕沟里反射过来的跳动的阳光会打乱教堂的宁静。他经常和波拉克一同去那里，参加麻省理工学院举办的有关科学和技术伦理问题的活动。有一次参加活动的时候，维纳从小教堂最后一排的座位上站了起来，完成了一次信仰的飞跃。

那天主持活动的是波士顿罗摩克里希那·吠檀多学会的牧师萨尔瓦加塔南达大师，他于1954年12月被麻省理工学院聘为印度教专职牧师。他那天的演讲内容是关于转世再生的。当他讲完的时候，维纳径直走到他面前，双手握着大师的手，说："大师，你关于转世的说法，我接受。我知道你是对的。"

转世是印度教教义，相信灵魂本着因果报应的原则不断循环往复。维纳表达了自己关于转世的看法，大师并不感到意外。但是维纳一辈子都是不可知论者，尽管祖辈有多人是东欧著名的犹太拉比，还有位据说是著名的希伯来圣人，他却自称是"被剥夺继承权的犹太人"，所以他这样公开透露心声倒是令人震惊。考虑到他是新科学和技术时代的奠基人，这样公开地表达自己的神秘主义信念同样让人震惊。然而，对一个毕生研究自然循环的人来说，这也不算什么大的出格。

维纳接受转世的观念不是一时兴起。萨尔瓦加塔南达大师每周五来麻省理工学院，维纳每周都要去小教堂的咨询办公室和他见面。20

世纪90年代，这位年事已高的圣人解释了在60年代早期，维纳是如何开始接受世界上最古老宗教的主要宗旨的。他回忆了他们之间的一次对话，维纳相信他找到了他全方位天赋的根源。

"他来到我的办公室，我问他：'你为什么对转世感兴趣？'他说：'我相信它。''为什么？'他告诉我：'你瞧，小时候做数学题的时候，我发现我都会做。老师考我的时候，我全回想起来了，因为我知道我前世都知道这些东西。我前世是优秀的数学家，因此我现在在数学上有所成就。前世学过的东西我会忘掉，但接着就会记起来，都在我的仓库里。'他的确相信转世。"

那种以前生活过、学习过的原始体验可能从童年时期起就深藏在维纳的记忆仓库里。到了晚年，这似乎给了他一个新的角度重新审视、理解自己早熟的思想，帮助他了结长期以来因为父亲自私地宣称是他一手培养了神童维纳而给他带来的痛苦和折磨，同时给他提供了一种新的诱人的内在力量源泉，使他获得了科学洞察力。

其实，相信转世的人在神童和昔日神童中并不少见。塔夫茨大学心理学教授大卫·亨利·费尔德曼调查了很多神童，发现"神童有种深深的感觉，冥冥中和过去的人或事联系在一起……转世的概念不止一次被人提起，用来解释他们取得的令人惊讶的成就"。费尔德曼虽然听说过维纳的情况，但对印度教大师披露的事情一无所知，他观察到"神童的生活中反复出现神秘的、超自然的，也可以说是奇怪的情形"。他的研究对象报告说"历史人物给了他们不同的心灵影响……他们都不约而同地描述了前世的体验，这种体验随着孩子的生长成熟而渐渐消失"。

维纳在科学著作和自传中只字未提转世，但他像印度教大师很生动地描述了自己的神秘体验，这比社会科学家注意到在其他神童身上也存在相同的情况要早好几十年。"我们讨论过很多次。有一天他来到咨询办公室，问我：'大师，你能解释一下转世的理论吗？它到底是怎么回事？你是怎么做的？'我告诉他：'是这样的，当我们离世的时候，我们的心理残留依然存在，包括我们所有的知识、经验、潜能，到了下辈子我们继续利用它。'"

对于这种解释，维纳似乎并不感到难以接受。

大师还记得和维纳在私下讨论时的一些有趣的对话，他注意到维纳也有顽皮可爱的一面："每周来的时候，他对秘书说：'告诉大师，他的大胡子朋友来了。'每次来，他就会待上一整天，因为他很有兴趣，有很多问题要和我讨论。"但是，尽管进门的时候显得幽默、搞笑，维纳和大师交谈的时候往往很忧郁，满怀不祥之感。

"我们谈论哲学、人类进步和自动化的潜能。我告诉你，他对世界形势并不开心，"大师回忆说，"对很多事情他都很悲观，比如美国文化和世界文化的发展趋势。他告诉我：'最重要的问题是，大家不了解人类的需求，不了解人类应该把人当人看。'这对他来说非常重要。现在我能够理解他当时所预测的所有东西。"

从大师的语气中可以听出他对维纳的新型知识赞赏有加，但他也毫不犹豫地转达了维纳发出的警告："50年代末期，有一天他告诉我：'大师，这些计算机会毁掉人的大脑，一小撮人给计算机设计程序，普通大众就只是机械地照办。'"大师还记得，让维纳担忧的是，将人类的决策过程交给计算机系统，久而久之会削弱人类独立思考和做出选择的能力。"他对此毫不保留地表达了自己的看法。他说：'任何东西都是用进废退，这些计算机具有非常大的潜能，但它们会毁掉人的大脑。大师，你可以活到下个世纪目睹这一切，我活不到那一天了。'"

两人之间的交流对话持续了十多年，他们在一起讨论一些重要的问题。但是，尽管他们讨论过转世这个严肃的问题，大师公开否认有些报道所说的，他是维纳的"宗教顾问和精神导师"。他说："我没有给他提供任何建议，我们是朋友，我们在一起聊天。"维纳也从未向大师袒露自己内心的骚动和情感风暴，没有提及给他带来很多痛苦的家庭矛盾，也没有和大师讨论自己和麻省理工学院的同事之间的恩怨。他和大师见面的时候，他的心灵超越了世俗的纷扰，上升到一个更高的层面。然而，大师对维纳所受的嘲讽和负面评价是非常清楚的，他觉得这些批评不是针对维纳的古怪行为的，相反，它们证明了维纳的强大、诚实、直率，证明了他蔑视自负，绝不参与琐碎的政治活动。

"我告诉你，他说话直率，非常直率，"大师回忆说，"我同他一起去参加教工会议，人们都躲着他。他们害怕他，因为他直言不讳。"

有人指责维纳长期处于幼稚状态，有时候在情感和行动上甚至是婴儿的水准，对此大师有自己的看法："我告诉你，他不是婴儿的水准。诚实的人就是这样子。我对他的评价是：孩子气、诚实、厚道。他关心人不带任何私心。他用孩童的眼光看待人和事。"

大师本人的信条就是主张世界不同的宗教和谐共处。基于此，他尊重维纳的个人哲学以及维纳对人类的永恒信心，称赞维纳具有普遍人文主义思想："你知道，在精神上，维纳用宽广的态度对待生活，他的态度不是狭隘的、教条式的。他是一个伟大的人，一个文明的人。诺伯特是伟大的，因为他关爱人，不是这个人或那个人，而是所有人。我认为这是精神性的真正意义，即做一个正派的人。"大师的评价又为我们提供了一个与众不同的角度去了解维纳，有很多人都自认为了解维纳，但每个人的看法都不相同。印度的盲人摸象的故事用在维纳身上，似乎很合适。

大师说："那就是维纳。他是个纯粹的人，我知道。"

大师援引盲人摸象的寓言故事告诫人们，随着信息时代的发展，不要忘了维纳所从事的工作和他发出的警告："啊，他对我们发出的警告，那才是至关重要的。他警告我们不要变成摸象的盲人。"

——

维纳的个人信仰为大师所洞察，于是人们更有理由相信，维纳确确实实是人类历史上少有的天才，这位天才诞生在人类历史上一个关键的节点，为的是帮助人类在这个星球上更好地繁衍生存，谋求通达与平衡。维纳的精神信仰并非凭空而来。从他发现自己与犹太先祖迈蒙尼德有血缘关系之时开始，维纳的东方之旅绵延半个世纪之久。那时他便意识到，他的家族传统、家学渊源中埋藏着深厚的东方文化，或者说"东方性"，甚至比"犹太性"还要深。这些多少促成了他的个人信仰。维纳的这位先祖是犹太人，生活在穆斯林社区，受人尊重。维纳不禁发问："我到底是谁？……为什么我只能通过东西方的冲突来定义我的身份？"

维纳孜孜以求的，是在东西方之间架起一座科学的桥梁。维纳的目的论及因果循环观与东方思想更为相通，相比之下，他的这些观念与西方主流思想反倒没有那么契合。维纳的同事和子女都大为不解：要知道，维纳这个人对宗教一直不冷不热，怎么突然对印度教的转世这么执着了。维纳的女儿芭芭拉直言："我简直无法相信，莫非我爸爸身上还有许多连我都不了解的地方？不可思议。"德克·斯特罗伊克也表示难以置信："我从来没见过维纳的这一面。我们不是没聊过哲学，按理说，他有这样的精神追求，我应该早就有所了解呀。"话说，终其一生，斯特罗伊克都是一名坚定不移的共产主义者。麻省理工学院曾有神学教授问他，为什么维纳"如此杰出"。斯特罗伊克当时的回答是："因为与我们其他人相比，维纳是离上帝更近的那个人。"这个回答当即把那位教授给镇住了。

维纳还有一位年轻的同事，叫阿马尔·博斯。他是位印度裔科学家，与印度教萨尔瓦加塔南达大师也相熟。当博斯听说维纳与大师往来甚密，是其"大胡子学生"，几乎天天在一起谈玄论道时，他很是震惊。以前博斯完全忽视了维纳的精神追求，得知这一经历再回过头审视维纳生活的方方面面，似乎也可以察觉到维纳精神生活的蛛丝马迹。

"也许曾经也有一些蛛丝马迹，但当时我没有多想，"博斯回忆道，"他可能是害怕被人笑话，所以才不怎么聊那些玄乎的东西。"

维纳的灵魂，或许只有他本人才能看透，维纳的人生哲学，则是展现给全世界看的。我们从维纳晚年的创作中可以看出，晚年的维纳试图重新诠释科技时代的人性与人的内在诉求。维纳从信息角度重新描绘新时期的人类形象，从"生命"与"组织"的生物学关联（即薛定谔所说的"负熵"）出发，将"组织"升华到其最高形式——人性。在人类发现携带生命信息的分子物质 DNA 之前的三年，维纳就从控制论的角度描述了大自然的一次伟大飞跃：无序的物质世界突然出现了前所未有的"有组织的复杂性"的不同模式，在这些不同的模式中聚合了所有的生命形式，并最终诞生了人类。维纳说，那种组织模式"是我们个人身份的试金石。在我们的一生中，身体组织是变化的，我们吃的食物和呼吸的空气变成了血肉和骨骼……**我们只不过是湍流不息的河流中的漩涡。我们不是可以随意被摆布的物质，而是永恒的模式。**"

―――

几年后，在维纳自传的第二卷《我是一个数学家》成书之际，维纳又对人生的意义进行了更为深刻的独家论述。他用短短几段文字阐明这样一个道理：宇宙一片混沌，只有靠交流才能扫清混沌，将混乱的宇宙凝聚起来；无论是对社会还是对个人，交流沟通机制都是非常重要的。第二次世界大战之后，战争的阴影还未散去，社会上还弥漫着悲观与不安的情绪，20世纪50年代，存在主义哲学家的"宿命论"甚嚣尘上……维纳的控制论，多少能带领当时的人们走出迷惘。

混沌的洪流汹涌而来，我们正逆流而上……那么，我们的主要任务，是开垦出一块有秩序、系统性的园地……人类生存下来，还将继续生存下去，这可能是旷古未有的巨大胜利。能够在这个冷漠的宇宙中生存片刻，就是我们的成功，再大的失败也无法夺走我们的胜利果实。

这不是失败主义言论……自然界总是朝着无序与混乱发展运动，而我们宣扬人性，在混乱无序的自然界中努力重整秩序，这本身是对上帝以及上帝赋予我们的义务的傲慢反抗。这是悲剧，也是荣耀。

我想在存在主义者的悲观思想中加上几分乐观。我并不是主张用盲目乐观的哲学思想替换原有的悲观思想。我所主张的，不过是对宇宙与人生多一份积极与乐观。

上面这段论述，是对维纳的哲学思想与人文情怀的最后概括。要知道，维纳在历尽人世的无奈和悲凉之后，才总结出这么一段话。他的话，可以说振聋发聩，令人味之不尽。

维纳用洋溢着希望与乐观的笔调，给《我是一个数学家》一书成功收尾。维纳同时也开始展望未来的工作，将目光投向自己人生的第三个阶段。对他而言，除了"劫后余生"这个词，没有什么词能更好地形容他人生的下一个阶段了。维纳曾表示："60岁这样一个年龄，并不代表我的科学研究就要走到头了，我希望我的科研还能有新的突破。我不知道我还有多少时间……但即便是现在，我也能清楚地感受到，我的科学生涯起步虽早，结束却并不早，它具有耐久的生命力。"

十六
前尘隔海，童年不再

人固有一死，然魂魄长存不灭。人之精神，上可游于宇内，下可荡及八荒。所谓"灵魂永生"，正是此理。至于圣贤之魂魄，必能吞吐百川，藏纳须弥，盖生前有博闳之器，功德圆满之故也。其魂魄如日月之高悬，震古烁今，历时愈久，愈光彩照人。

——奥利弗·赫维赛德《记麦克斯韦之死》

1949 年夏天，维纳的第一个外孙出生了，其出生之日与维纳的父亲利奥刚好是同一天。

芭芭拉回忆道："我们的孩子出生的时候，他真的很开心。而当我给孩子取名迈克尔·诺伯特的时候，他简直欣喜若狂。我想他真的很想把自家香火延续下去。"

不过，爷孙俩见面的次数并不是很多。小迈克尔（全名迈克尔·诺伯特·雷兹贝克）生命最初的 12 年都是在新泽西度过的，而这期间维纳基本上都身在国外。不过，夏天的时候，托比夫妇会把小迈克尔带到新罕布什尔，芭芭拉借此让爷孙俩熟悉一下。芭芭拉表示，这对爷孙二人都很重要。

从20世纪30年代起，维纳消夏的方式都没有多少变化。维纳喜欢带上女儿们与南塔姆沃思的其他小朋友一起上"大熊营地"池塘游泳，或是到怀特山参加野营。年过六旬的维纳，脚步已经不如年轻时那么矫健了，不过他的兴致却未曾消减，他把自己天涯游子的情怀与对漫游山地的无限热爱传给了他的孙辈。小迈克尔曾回忆道："外祖父会和我一起散步。他的步子很慢，我一点点长大，他的身体也一天天衰老。他身材臃肿，血压很高。爷爷只是缓步走着，从容不迫，有些刻意。他喜欢这样，我也喜欢。"

50年代某一年夏天，维纳给外孙从国外带了一件精巧的小礼物：一台玩具蒸汽机。这台玩具蒸汽机做工很逼真，需要小盒燃料提供动力。它由锅炉、排烟口以及一个在顶上旋转的控制杆组成，与工业革命之初瓦特发明的蒸汽机原型几乎别无二致。维纳把玩具放到走廊的小桌子上，弯下腰，亲手为外孙打开开关。4岁的小迈克尔自然无法理解这台原始自动装置的奥妙。50年后，这一幕时时浮现在迈克尔的脑海里。迈克尔回忆道："我记得那台蒸汽机！把燃料放进去，机器就会咔嚓咔嚓地动，顶部的控制杆则会调控运转速度。那真是奇妙的感受啊！"

后来，维纳与小迈克尔和他的其他几个孙辈相聚的机会越来越少。与麦卡洛克团队决裂后，在长达10年的时间里，维纳夫妇与女儿芭芭拉的关系相当紧张。60年代初，托比到一家科技咨询公司谋了个职位，随后带着家人迁回波士顿。这样一来，芭芭拉与母亲的关系更加紧张了。要知道，她母亲，也就是维纳的夫人，时常想控制维纳和他周围的人，然后让芭芭拉替她"背锅"。有一回，她母亲甚至不认她这个女儿了。与此同时，芭芭拉与父亲维纳的关系也在恶化。

在杰里·雷特文的指导之下，麦卡洛克团队发表了一篇研究青蛙眼睛的论文，给维纳留下了非常深刻的印象。文章从细胞层面分析人脑在信息处理过程中主导的一系列模拟行为，这给维纳长期以来在大脑和神经系统中假定的模拟功能增加了一个全新的行为顺序。他知道，麦卡洛克小组成员对控制论在生物学和神经学应用方面的掌握是无与伦比的，而且他们仍然可以在他的总体计划中发挥重要作用，使他的科学超越工程和技术的局限。现在他准备与他们和解。

在芭芭拉看来，维纳产生了一个很激进的念头：经过10年的疏远，他正在考虑和麦卡洛克和解，并重新开始他们在电子研究实验室的联合研究项目。他相信这个团队成员对女儿芭芭拉传言中的性侵犯已经受到惩罚，而且他原谅女儿也有了充足的理由——如果不是为了别的，也是为了科学——于是他向女儿征求了对他的计划的意见，并请求得到她的祝福。父女之间谨慎的商谈进一步支持了雷特文的说法，即双方闹翻从来都不是因为麦卡洛克研究团队得到了麻省理工学院的资金支持，或任何来路不明的赞助基金，因为他们的突破性论文明确规定，该项目是由政府和维纳痛斥的公司利益集团资助的，其中包括陆军、空军、海军和他的眼中钉贝尔实验室。

维纳的和解计划让芭芭拉不寒而栗，她也失去了和维纳的同事们的友谊，尤其是温柔的沃尔特·皮茨。她渴望与自己和解，并已采取措施与麦卡洛克团队的成员重新建立联系，但是她的初步尝试遭到拒绝。现在，她担心如果那些旧伤疤再一次被揭开，她会遭到新一轮的指控和人身攻击，而且"我会再次成为替罪羊"。维纳告诉她"什么都不要担心"，他仍然不知道是玛格丽特编造了对麦卡洛克和他学生的指控，而且芭芭拉仍然不知道母亲利用了她，使她成为其阴谋诡计的牺牲品。后来，维纳把他的计划告诉了别人，得到的反应也比较复杂。

最后他再也没能和那些被遗弃的同事和解。

维纳继续独自穿过麻省理工学院的走廊和黑暗潮湿的电子研究实验室。几十年来，他深入麻省理工学院的每个门户和实验室，最终被任命为"学院教授"这一受人尊敬的职位，在这个职位上，他的职责完全是跨部门的，不再仅仅隶属于数学系。他的综合身份是官方认可的，在麻省理工学院各个大厅里都可以看到他来来往往的身影，他自豪地向同事宣布，他现在是"合法的"。"当他上任时，我问他：'这是什么意思？'"阿马尔·博斯回忆说，"他说：'这意味着我可以做任何该死的事情，这就是我过去40年来一直在做的事情。'"

1960年春天，刚过65岁生日，麻省理工学院的政策要求他退休，但这只是维纳履行的一个手续。研究所为他举办了一次盛大的退休晚宴，他的头衔被改为名誉教授，但他仍然活跃在麻省理工学院，也仍然是控制论的世界代言人。他应邀返回意大利，在那不勒斯大学度过秋季学期，该大学超过麻省理工学院，成为控制论理论和研究的中心。正如他几年前对印度科学家所做的那样，他欣然接受这个机会，与意大利科学家以及欧洲各地的其他科学家一起工作。他希望给他们灌输"一种广泛的好奇心和正直感，去探究新的科学问题，不管这些问题会导致什么后果"。

然后，在1960年夏天，维纳所从事的积极研究工作呈现出新的国际维度。

起初，苏联并不看好控制论。

苏联当局在冷战初期对科学采取严厉的意识形态控制，苏联党报谴责维纳的科学宣扬了腐朽西方的"资产阶级的堕落","目的是将工人转变成机器的延伸和帝国主义的反动武器"。有一次，苏联政府甚至在党报《真理报》上对维纳进行人身攻击，称他是"资本主义战争贩子"和"一个抽雪茄的工业家奴隶"。维纳喜欢这两种诋毁——他喜欢夸口说，苏联将他比作抽雪茄的资本主义拥护者的漫画"只对了一半"。猛烈的抨击是官方拒绝西方科学和科学家的长期传统的一部分，这个传统始于斯大林主义时代，在1948年的李森科主义闹剧中达到顶峰，这个带有苏联意识形态的遗传学派抛弃了整个遗传学。

1953年斯大林逝世后，苏联科学的意识形态控制放松了。国际交流的窗口打开了，控制论成为其中一股首先涌向这片真空地带的新鲜空气。在一年之内，苏联科学家开始在他们的研究所、期刊上和党中央委员会面前大力宣传控制论原理，而这时的苏联中央委员会正面临着严重的经济和社会问题。1958年春，控制论科学理事会成立了。

新科学在营养不足的苏维埃土壤中茁壮成长。工程师启动了应急计划来生产计算机和自动化机械。生理学家和医生设计了创新的生物控制论应用。社会科学家将控制论原理应用于公共管理问题，以改革国家混乱的社会结构。物理学家欢迎控制论，认为它是"一门为物质存在的每一种形式提供关键依据的新科学"。哲学家就历史的动力和社会主义的命运提出新的控制论观点。20世纪60年代初，根据研究那段时期苏联科学的西方著名历史学家洛伦·格雷厄姆的说法："控制论的范围如此之大，以至在一些苏联学者看来，这门学科似乎可能会成为马克思主义的对手。"格雷厄姆追寻着这一席卷各级苏联科学家和公众的浪潮，并总结道："在苏联历史上，人们再也找不到其他能与控制论相媲美的时刻——科学上的一次特定发展抓住了苏联作家的想象力……在比较流行的文章中……控制论的运用等同于共产主义的到来和革命的完成。"

而维纳，作为新科学之父，被视为苏联控制论革命的英雄。到1960年，他的技术作品以俄语、捷克语和波兰语出版。他的传记和《人有人的用处：控制论与社会》一书——包括维纳自己对美国军队和公司的抨击——很快在国家出版机构的影响下，在南斯拉夫、罗马尼亚和匈牙利出版。曾经笑维纳是抽雪茄的美国数学家的苏联党报现在也改变了语气，宣称"苏联哲学家谴责控制论的创始人的行径是有罪的"。

不可避免地，邀请函来了。1960年6月，在他被提升为麻省理工学院荣誉教授一个月后，随着50年代政治运动的正式结束，维纳同意前往莫斯科，在第一届国际控制与自动化大会上发表演讲，然后前往纳普勒斯大学完成他的秋季教学任务。当他踏上苏联的土地时，按照苏联的标准，他受到的接待与几年后颇受欢迎的英国摇滚乐队在美国受到的接待是相当的。

在苏联逗留的一个月里，他出席了许多会议，并在莫斯科、基辅和列宁格勒讲学。他受到《真理报》和其他党报明星般的待遇。他还收到了在东欧国家出版的图书的第一批版税。（他的收入，用卢布支付，在西方毫不值钱，所以他接受了用廉价的鱼子酱和香槟付款，他把鱼子酱和香槟存放在新罕布什尔州他家的地窖里，从来没有品尝过。）

现在，所有经国家批准的苏联科学工作者都把维纳抱在苏联母亲的怀里，但维纳在莫斯科会议上不是资本家或共产党人的工具。考虑到当时冷战正酣，他像一个旧世界的钟表匠一样，在发表言论的时候，两边权衡，甚是谨慎。他一如既往地拥护新科学和新技术，赞扬它们的潜力，并预示它们的危险，他认为两大强国的权力机构同样要对后果负责。

维纳在东方，就像在西方一样，大声疾呼"科学必须摆脱狭隘的政治意识形态的束缚"。他向两个冷战阵营的科学家和官员发出请求，警告他们机器崇拜者和"热衷权力的大人物"对人类生存造成的危险。其中有一种人在西方，打着自由企业和经济利益的旗号。他尖刻的话语并没有妨碍他的科学在东方推进。维纳访问后的第二年，苏联第22届中央委员会会议认可控制论是"创建共产主义社会的主要工具之一"。苏联领导人尼基塔·赫鲁晓夫宣布："必须更广泛地推进控制论……在生产、研究……规划、会计、统计和国家管理中的应用。"

"维纳是我认识的唯一单枪匹马征服苏联的人。"在维纳向莫斯科进军后，维纳的荷兰朋友、共产党员德克·斯特罗伊克这样评价他。

——

西方科学家对苏联实施控制论计划的规模感到震惊。一群英国科学家从1960年的科学大会回来后，承认他们对苏联在自动化方面的成就感到"十分惊讶"，苏联的计划全面超越了西方。苏联人对维纳产生了新的兴趣，这没有逃过美国政府的注意。美国联邦调查局在麻省理工学院的线人监视维纳的时候，看到一位来访的苏联科学家给了维纳俄文版的《控制论》。20世纪60年代初，苏联人对控制论的热爱引起了美国中央情报局的注意。维纳在莫斯科时，中央情报局的外国情报部门正密切追踪不断迅速发展的"苏联控制论"。

一段时间以来，由美国中央情报局科学情报办公室的苏联专家约翰·福特领导的中央情报局情报分析小组，一直在监测控制论在东方集团不断蓬勃发展的态势。西方国家曾两次被苏联的科学进步吓得不知所措。1949年，苏联首次引爆原子弹，随后在1957年令人意外地发射了第一颗地球轨道人造卫星,美国政府不想再对此无动于衷了。在人造卫星升空的那一年,美国中央情报局的福特开始开发他的情报来源,搜集有关苏联控制论发展的情报。肯尼迪政府上台时,冷战正进入"最危险时刻",面临着核武器扩散的危险。福特已经开始在政府部门之间散发一系列内部报告,以及关于"控制论在苏联的意义"的机密情报备忘录。

福特庞大的数据库是从该机构在东欧国家内部的资产、苏联政府出版物和科技期刊以及"工业、政府、劳工、金融和学术界"的匿名来源中获取的,这些数据库揭露了一个令人惊讶的事实。福特了解到,苏联人的控制论概念比美国主流的控制论概念要广泛得多。

根据福特的说法,苏联控制论委员会已经制订了一个大规模的实验计划,用控制论的方法培养"新共产主义者"。该委员会的17个技术部门和数以千计的分部门已经为控制论项目指派了100个研发设施。而苏联在工业自动化方面取得巨大进步的同时,他们也在开发控制论技术以"优化经济控制",并着手进行规划,期待着"有朝一日'思维网格'……将给服务技术带来革命性变革"。

福特承认西方在计算机技术方面的领先地位,但他也看到苏联正在缩小这种差距。他甚至注意到苏联正在实行一个互联网式的国家信息网络或"联合信息网"原型的计划,以协调整个苏联的工业和经济活动。福特不相信控制论能治愈苏联所有的经济和社会弊病,但是随着新的情报不断引起他的注意,他失去了早期的信心,担忧与日俱增。

一年后,在另一份机密报告中,福特和他的团队向美国政府发出无声的警告,即警惕控制论在苏联不断发展壮大。这份长达126页的报告显示,苏联正在迅速实施其控制论总体计划,并将其努力扩展到国防、航天器制导和城市规划等各个领域。苏联人正朝着维纳梦寐以求的目标前进：将控制论的许多分支学科以及所有新通信和控制科学整合起来，纳入"控制论"这个大的科学框架。苏联更宏大的计划是：将自动化机械和全国电信网络的生产，同人工智能的研发项目结合起来。苏联称人工智能为"自动智能"。

报告还显示，苏联控制论专家已经开始研究处于科学萌芽时期的混沌理论，并且已经制订计划设计冯·诺依曼式细胞自动机。研究还发现，在维纳非常感兴趣的医学领域，苏联人也加大了研究力度，包括利用控制论技术开发新一代增强型假肢装置，来满足东欧国家数百万战争幸存者的持续需求。为盲人设计的自动阅读器、假体以及完整控制论器官（即"半机器人"）已经推出了原型样品。苏联人在研究人机交互和自动化的心理和社会影响时，甚至还提到维纳最大的社会关切，即控制论技术对人类的影响。

正如美国中央情报局评估的那样，苏联计划的长期目标是利用控制论原理和技术将苏联的制度带到"更高的……社会进化论状态"，它将延伸到苏联势力范围内的每一个国家，包括古巴、越南、东德和朝鲜。通过这种方法，苏联控制论委员会主席宣布："控制论方法……使我们更全面地认识到社会主义制度相对于资本主义制度的根本优势。"

福特和他的同事警告说，苏联在军事控制论或军事指挥和控制方面取得的进步尤其令人担忧。然而，在福特看来，苏联控制论最具威胁性的进步并不是战略性的。苏联在控制论理论方面的进步表明，苏联可能很快会取得新的突破，将控制论应用于解决实际问题，这大大提高了"苏联将在某些应用领域逐渐取得领先地位……并缩短与西方在计算机技术方面的差距的可能性"。自维纳、麦卡洛克、皮茨以及冯·诺依曼所做的开创性工作以来的几年里，这个问题在很大程度上一直被美国科学家忽视。

苏联哲学家正在发展一种完整的控制论世界观，实践者已经在全苏联的特别寄宿学校制造出"未来新型苏维埃人"的原型，这些寄宿学校设定的目标是培养200万年轻的计算机程序员。福特的研究小组证实，苏联已经开始生产用于经济和军事用途的新型数字计算机，而苏联的人工智能研究人员则走上"一条解决一系列……美国研究者仍未解决……问题的道路"。

福特承认，在大多数实际应用领域，苏联仍然远远落后于美国，但他警告，在这场具有全球影响力的、超级大国之间不断升级的控制论竞赛中，西方国家的骄傲自满是危险的。他强调，许多苏联人相信他们的控制论计划将被证明是东西方竞争的决定性因素。他也赞同这种观点，认为控制论计划可以成为世界新兴国家遵循的典范，并"影响它们沿着敌视美国政策的未来发展道路前进"。

福特既不是胆怯小鸡也不是反共斗士，但是他越来越担心他的中情局上司没有认真对待他的团队的发现。在肯尼迪政府早期，他开始定期会见总统的弟弟——司法部部长罗伯特·肯尼迪以及他的圈内人士，讨论苏联控制论，并仔细考虑美国决策者应该采取什么样的措施，来缩小东西方在控制论领域日益扩大的差距。

肯尼迪庄园和其他政府官员的家里经常举行专题研讨会。1962年10月15日晚，福特应邀参加，并做了专题演讲。那天晚上的研讨会由国防部部长罗伯特·麦克纳马拉主持，罗伯特·肯尼迪和其他政府高层人士出席。然而，在福特谈话的中途，他的陈述被中情局官员打断了，他们提供了更紧急的情报：第一批空中侦察照片证实，苏联在古巴部署了核导弹。

至此，肯尼迪对福特的演讲表示"非常肯定"，其他与会的人也有兴趣，希望了解更多。但那天晚上，情报人员带来的来自古巴的最新消息,让福特敦促政府支持美国控制论的倡议,以及对其他所有国家事务的提议,都因为两个超级大国之间的导弹危机而完全停了下来。

———

在冷战高峰时期,福特在学术界、产业界和政府之间建立了广泛的联系网络,但他从未与维纳进行过正式或非正式的接触,因为维纳仍然在美国联邦调查局的个人名单上,"联邦特工在他们的调查过程中不应以任何方式与被调查者取得联系"。相反,他会见了麻省理工学院与维纳合作过的人,也会见了其他控制论专家,他还在华盛顿组织了一个由技术顾问和政府官员组成的非正式讨论小组,他们与维纳一样担心苏联人正在赢得控制论的竞赛。然而,在那些精英圈子之外,美国科学技术的其他发展比控制论吸引了更多的关注。

在坎布里奇,受过格式塔训练的心理学家约瑟夫·利克莱德是维纳参加的最后一次梅西基金会会议的主持人,也是维纳星期二晚餐会的"忠实追随者"。他正在进行自己的研究,以回应维纳号召采取新的方法来研究"人机交互"的系统。在林肯实验室,他帮助编写了半自动地面防空系统防空网络的第一个人机交互界面。1960年,他发表了一篇具有里程碑意义的论文,将计算机和人工智能的最新思想融入一个新的愿景,即人和机器在全球联网计算机的"超级社区"中协同工作。两年后,利克莱德前往华盛顿,实现了自己的愿景。

1962年10月,也就是导弹危机发生的当月,利克莱德被任命为美国国防部高级研究计划署新成立的信息处理技术办公室主任。高级研究计划署是军方为了应对苏联发射人造地球卫星而组建起来的,并以战时科学研究与发展局为样板。在高级研究计划署,利克莱德每年能得到 1 200 万美元的经费，可以分配给全美各地的科学家，为军方设计一个新的全球指挥控制计算机网络。1963 年 3 月，在其首次资金分配中，他的办公室奖励 230 万美元给麻省理工学院新的"多路存取计算机项目"，该项目由麻省理工学院信息理论家罗伯特·法诺和奥利弗·塞尔弗里奇共同领导，后者还参与了利克莱德主持的半自动地面防空系统的编程工作。这笔钱将用于开发交互式的分时共享网络，几年后推出阿帕网络（即高级研究计划署网络），这是互联网最早的形态。

高级研究计划署在给多路存取计算机项目的首次拨款中，100 万美元用于麻省理工学院新的人工智能实验室，为新的计算机网络提供"智能援助"。接下来的 10 年里，有更多资金被投入使用，总计近 1 000 万美元，其中包括利克莱德和他的继任者奖励给斯坦福大学、卡内基理工学院、兰德公司和其他 10 个人工智能研究中心的新人工智能实验室的资金。国家慷慨拨款体现了对人工智能研究的支持，使这一新领域成了正当的科学事业。

得益于美国国防部高级研究计划署的慷慨资助，马文·明斯基所负责的麻省理工学院人工智能实验室取得了巨大成功。据他回忆，那是科学研究的全盛时期，有不受限制的军事资金支持，计划署还网罗了大量麻省理工学院的优秀人才："利克莱德和我一直是很要好的朋友，当时他去了华盛顿。有一次我和法诺去拜访他，聊天时他说：'我们需要一个分时共享系统。'然后他提议：'我们为何不启动一个更大的人工智能项目呢？我每年能拿到 300 万美元的资金。'这个项目后来交由我的一个学生负责。在项目开展的那 10 年里，一旦有人退出，我们就能够马上另派一个博士后接手，现在想来恍如做梦。项目完全由我们自己的学生运行，没有委员会，没有任何约束，简直是个慈善机构。当然，我们不可能花完那么多钱，所以我们造了一些机器。后来的几年里，我在决定资助哪个项目上从未遇到难题,因为我们完全有条件同时运行两个项目。"

在那个年代,大量的资金涌入计算机网络和人工智能研究领域,而控制论项目却没有得到任何来自国防部高级研究计划署的资助。海因茨·冯·弗尔斯特当时是伊利诺伊大学新成立的生物计算机实验室的负责人,他的实验室长期筹不到足够的项目资金。随着国防部高级研究计划署以及人工智能登上科技舞台,人工智能成了美国科技官员口中的流行语,受到越来越多的关注,而控制论研究的热度却逐渐冷却下来。弗尔斯特正是控制论这段惨淡历史的见证人之一。

弗尔斯特表示,在那个充满意识形态斗争硝烟味的年代,苏联对控制论和美国军方对人工智能的钟情,预示着控制论在美国注定不成气候。"政府想要尽快停止控制论研究,尽管当时没有采取强制措施,但控制论也没有得到应有的重视,相反,它被忽视了。所有的资金都一股脑儿地投入到人工智能领域,不管是人工的还是自然的。"弗尔斯特说道。在谈到人工智能的时候,他描述了当时一些政府资助机构的态度:"我费尽唇舌,和那些人解释了一遍又一遍。我告诉他们:'你们对人工智能这个术语存在误解。'他们却说:'不不不,我们非常清楚我们在资助什么,是情报。'"

在很长一段时间里,弗尔斯特为筹集科研资金四处奔走,但在所有投资人眼中,控制论已经成为一个冷门研究领域,而人工智能才是时下的热点。"我们在伊利诺伊大学开展了一个大型研究项目,是关于控制论和认知研究的——而非人工智能。所有的投资人都对我说:'海因茨,什么时候你对人工智能感兴趣,我们再谈资金的事。'"弗尔斯特谴责联邦官员和投资机构的思维过于局限,他们无法把握控制论的理论核心,也忽视了其对科学和社会发展的潜在价值。

弗尔斯特所讲的这个故事预示了 20 世纪 60 年代初控制论研究在全美范围内的衰落。其中部分原因在于美国科学界内部的政治运作，部分原因是冷战时期科技领域里的竞争。"这或多或少敲响了控制论的丧钟，"弗尔斯特表示，"人们都喊着要远离控制论，说它会损害美国人的思维方式。"

多年来，维纳一直反对将这种新科技应用在军事领域，他坚决抵制这类行为。如今，他的科学终于受到了神和美国科学巨头们的惩罚，为其在外国领土上所取得的成功付出了实实在在的代价。也许也是因为维纳那些充满挑衅的言论和行为吧。

———

尽管维纳并不参与制定官方决策，但他始终对政策动态保持着密切关注。在控制论遇冷后，他决定另辟蹊径。20 世纪 60 年代，他的兴趣点发生变化，开始回归童年的梦想，关注战争造成的痛苦和恐惧，重拾战后曾经考虑的首要任务，即"修复……他所参与制造的战争武器所造成的伤害"。他的第一个项目是与杰里·威斯纳合作的，旨在为失聪者量身定制一种可以将声音转化成触觉的"听觉手套"，但由于他和麦卡洛克以及威斯纳之间产生了分歧，这个项目被永久地搁置了。不过，极富想象力的他又设想了一种新的可能性，打造一款能够产生触感，并能与大脑神经信号共生运作的智能假肢。后来，这一构想被成功地付诸实践，标志着维纳朝着自己利用控制论改善人类福祉的伟大理想又迈进了一大步。

1961 年 9 月，从苏联回国一年后的一个平常日子，维纳在穿过麻省理工学院 7 号楼前往实验室的路上，不慎从楼梯上摔下，臀部骨折，随后被送往查尔斯河对岸的麻省总医院。当给他做牵引手术的医生认出他时，他们完全不敢相信自己的好运。原来，这批麻省总医院最优秀的整形外科医生刚从莫斯科回来，在那里，他们亲眼看见苏联首次将生物控制论运用在临床上，他们制造出一只由传感器、伺服马达和其他控制装置精准控制的电动假肢，这群美国人对眼前的景象感到震惊。其中一位医生表示，令他们更为震惊的是苏联人对他们说："这些东西你们想必已经非常熟悉了，我们的想法全部来自维纳的理论。"于是，这个团队决心回国找到维纳，请他指导他们开展自己的假肢项目，结果竟然轻易地在自家医院的贵宾病房里找到了他。"真没想到，这下，他成了他们的俘虏了，"阿马尔·博斯回忆道，"所有人都围着他，问他这到底是什么玩意儿。而维纳表示，这些东西基本上是他10年前就已经向他们讲过的。"

事实上，早在20世纪50年代初，维纳就在哈佛大学医学院发表过有关电子技术在医学领域的应用前景的演讲。他表示，人类将不再需要诸如机械假肢或铁肺等传统的非自动生物医学装置。新型仿生假肢或假肺能够向大脑传递神经信号，并获取中枢神经系统发送的指令，即使残肢神经末梢被切断了，患者仍然能够灵活控制假肢。"当时，一些数学家认为这个设想十分荒谬，对此不屑一顾。"博斯回忆道。但就在10年之后，直到他们亲眼看见苏联人制造的假肢，这群医生才反应过来。他们纷纷围在维纳的病床边，请求他担任他们的项目指导。这一次，他们不仅想要打造一只假肢，还要造一只手臂来减轻高位截肢病人的痛苦。

博斯没有出席那次会议，但他在之后的研究中扮演了十分重要的角色。当初，维纳招募他共同从事一些研究项目，这次他又被拉进"波士顿假肢"项目。"麻省总医院的几个外科医生给我打电话说，'本周召开第一次会议'，"他回忆道，"我很诧异，我问：'什么会议？'他们说：'你在开玩笑吧，你可是负责人啊！'这时我才知道维纳举荐了我。"

当时，他最信任的博士后博斯和新的团队伙伴聚在他的病床边，维纳躺在床上完成了第一只控制论手臂的细节设计。按照他的构想，这款装有电子传感器的穿戴式假肢，可以通过皮肤，接收佩戴者胳膊上神经末梢传递的神经信号。他们将结合仿生技术，使该装置只受病人大脑发出的指令的控制，并且通过反馈训练不断进行改进和完善。维纳的远见卓识为整个项目勾画了蓝图，博斯则负责监督项目的运行和领导整个由医生、电气工程师以及生物医学技术人员组成的团队。研究设备由麻省总医院、麻省理工学院和哈佛医学院联合提供。另外，总部设在波士顿的利宝互助保险集团也为他们提供了资金帮助，该公司内部的众多残疾员工对他们的项目表示出极大的兴趣。

经过两年不断的研究和改进，研究小组准备对这种装置进行初测。这时，一位后期才加入团队的毕业于哈佛的年轻医生悄悄将博斯拉到一边。"他当时告诉我，'维纳泄露了我们的研究机密。你得提醒他，我们不希望有任何信息泄露，对项目造成影响'。"博斯向维纳转达了这位医生的担忧。"我去找维纳，他像个犯了错的孩子一样向我道歉：'我不记得我有跟任何人说过项目的事，但也有可能是我无意间说漏了嘴。对此我深感抱歉。'后来，事情终于水落石出。原来维纳根本没有向任何人泄露过机密，而是这位年轻医生想要确保自己能够抢先将成果据为己有，所以自导自演了这场戏。"

终于，项目进行到尾声，他们迎来意义重大的时刻。"我们成功地造出一只手臂，还找来一位高位截肢的患者，帮他试戴假肢。"博斯回忆道："我至今还清楚地记得他当时的反应。他坐在那里，胳膊突然抬了起来，他吓了一大跳：'天哪，这东西在追我！'10分钟后，他已经能够灵活地使用它了。"所有人都欣喜若狂，尤其是维纳。

1963年12月，《星期六评论》刊登了首篇有关该项目的报道。这篇文章简单提及了维纳，称其早期有关控制论的理论是一种"充满诗意的构想"。然而，在提到同在利宝互助保险集团旗下诊所工作的那位年轻的哈佛医生时，文章写道："就对科学的贡献来说……（他）使维纳的理论构想真正成为现实，值得我们为之喝彩。"经博斯回忆，当时维纳异常平静。"我把杂志递给他，他读完了整篇报道，然后把杂志放在一边。一句话都没说，一个字都没有，没有任何批评。他什么都没说。"

博斯还记得，接下来这只假肢首次向公众展示，媒体纷纷跟风报道。"《纽约时报》的报道将整个项目成果都归功于那个医生，这根本就是一场骗局，他对这个项目没有任何贡献。展出的最后一天，当我们的展示者戴着那只假肢进行演示时，他和媒体一同出现，还拍了他在现场的照片。"

如果把整个波士顿项目的曲折历程看成一部小说，那么最后这一章完全再现了维纳小说《诱惑者》中的场景——剽窃科研成果和商业阴谋。就在几年后，利宝互助保险集团拿到了波士顿假肢项目研发的可穿戴假肢的专利权，该公司随即开始进行产品的生产和销售。在项目伊始，维纳曾明确声明："一旦项目申请专利，它只能用于造福人类，而不是为了牟利。"但最后，由于那位哈佛医生和他背后的赞助商使用的种种手段，维纳曾为人道主义做出的一切努力都成了泡影，换来的仅仅是一个公司的商业项目。

波士顿假肢项目的成功是控制论研究领域的一项重大成就，也有力地展现了维纳的科学理念对人机交互研究领域产生的巨大推动作用，以及给人们的日常生活带来的切实便利。维纳本人并没有从这一发明以及后期逐渐繁荣起来的智能假肢行业中获利。他坚守自己的道德准则，并为这项意外成就感到由衷的自豪。德克·斯特罗伊克回忆道："我几乎从未看到他这么高兴过。他告诉我，和残疾人的幸福相比，自己的不幸可以忽略不计。"

到1963年，维纳的臀部渐渐康复，但整体健康状况却有所恶化。他的体重又增加了，超过200磅[①]。医生诊断出他患有2型糖尿病，并给他开了一种可以帮助排清他体内多余液体的利尿剂。但他的心脏并不强健，一直没有从之前的心绞痛中完全康复，出于此考虑，医生给他增加了洋地黄。同时，他的听力也在下降。他买了一个助听器，但这种原始的电子设备没有过滤器，噪声很大，所以他经常关掉它，这让玛格丽特大为恼火。

玛格丽特仍然一如既往地悉心照料着丈夫，但她已经不再是他的坚强后盾了。20世纪60年代初，玛格丽特被诊断出患有结肠癌，她接受了结肠镜手术。手术很成功，但她的身体一直很虚弱，这使夫妇二人都很苦恼。妻子患癌这件事给维纳的打击非常大。"诺伯特过去常到我家来，他一想到可能会永远失去她就止不住掉眼泪，"米尔德丽德·西格尔回忆道。法吉·莱文森也表示，维纳内心十分痛苦："每次谈起她，他总是泪流满面。他觉得这是自己的失职，心里很不好过。"

尽管频频受到疾病的侵扰，1964年新年伊始，这个家庭还是迎来了一个巨大的喜讯。维纳得知自己被选为国家科学奖章的获得者，这

[①] 1磅=0.453 6千克。——编者注

是美国科学界的最高荣誉。这枚奖章象征着国家对他在战时以及和平时期对科学做出的卓越贡献的认可和感谢。同时，对维纳来说，更重要的是，这还意味着科学界同行的肯定。他得到由美国最杰出的科学家和数学家组成的专家小组的提名，肯尼迪总统本人也参与了最终的评选。

这是维纳职业生涯中的一个高潮。作为一名卓越的美国科学家，他跨越了国别的藩篱，在前人研究的基础上一心一意投身科学，在国际科学舞台上为自己和他的国家增光添彩。对一个在联邦调查局黑名单里的人来说，这实在是了不起的成就。

也是在这一年，肯尼迪总统意外遇刺身亡。1月，维纳、玛格丽特和佩吉前往华盛顿白宫，参加由新任总统林登·贝恩斯·约翰逊主持的颁奖典礼。由于和父母的关系十分紧张，芭芭拉不愿在任何庆祝活动上和他们碰面，更何况，这时她已经怀上了第五个孩子，无法出席颁奖典礼。典礼开始前，维纳一家人在杰里·威斯纳位于白宫旁边的旧行政办公大楼里候场，维纳和威斯纳彼此亲切地交谈着，他们已经十多年没有联系了。威斯纳在肯尼迪任期时被任命为总统科学顾问，之后他在约翰逊总统任期内工作了几个月就卸任了。接着，威斯纳领着他们穿过连接行政办公室和白宫的地下隧道，到达白宫图书馆准备上台领奖。"一路上爸爸非常开心。"佩吉回忆说。

这是有史以来在白宫举行的最具盛名的一次科学集会，也是最尴尬的一次。除了威斯纳作为官方代表参加这次颁奖典礼，维纳的另外一位老朋友还有一位老对头也是获奖者，他们分别是范内瓦·布什和贝尔实验室的通信研究主管约翰·皮尔斯。布什是维纳麻省理工学院的同事，也是战争时期他的顶头上司，他之前否定了维纳早期的数字计算机的设计理念，还将维纳从团队中开除。而皮尔斯当时偏爱维纳的同事克劳德·香农进行的研究项目，对于维纳在信息理论方面做出的贡献则不予重视。

维纳站在一众获奖者旁，身体僵直，屏息以待。当约翰逊总统念到他的名字时，他走向前，接过总统授予的奖章。总统用一副得克萨斯州人特有的慢条斯理的语调念出官方颁奖词：

……具有深远意义的开创性工作，涵盖纯粹数学和应用数学，并勇于深入工程和生物科学领域，在多方面都做出了卓越贡献。

当维纳与总统以及其他获奖者合影时，有那么一瞬间，聚光灯聚焦在他身上，他的眼睛里反射出绚烂的光芒。不过他气色看上去并不太好，脸色苍白，显得十分憔悴，一是因为他近期身体状况不佳，二是出于对玛格丽特的担心。这么多年来，一直是玛格丽特为他的健康操心，如今，一切都反过来了。维纳与高大的约翰逊总统站在一起，一眼望过去，他显得既高大又瘦小，但是再也没有了曾经的孩子气。69 岁的他，稀疏花白的头发像一把稀疏的梳子，苍白的下巴隐在浓密的山羊胡中。在经过漫长的生命旅程后，他已然变得年迈，疲态尽显。

然而，仅一个月后，维纳又开始工作，着手开展自己的课题。这一次他将离开美国，远离长期笼罩在他科学生涯中的权势与意识形态之争。他与玛格丽特计划于 1964 年 2 月前往欧洲旅行，维纳将作为访问学者以及荷兰中央大脑研究所神经控制论方向的名誉负责人，在那里度过整个春季学期。

佩吉给在华盛顿的父母发去了祝福，但芭芭拉没有和他们道别，她已经很多年没有和他们中的任何一方联系了。不凑巧的是，她选择了一个最坏的时机把事情做了彻底了结。在离开前夕，维纳再次给自己的爱女打电话，但她仍然对往事耿耿于怀，不愿接听。"我只是不敢面对他，"芭芭拉承认，"我觉得他会恳求我回来，重新做朋友。我没法拒绝他，所以还是不要说话的好。"几天后，维纳和玛格丽特动身前往阿姆斯特丹。

受聘于荷兰中央大脑研究所让维纳感到异常兴奋，他将有机会从事与控制论密切相关的大脑研究工作，这是他在与麦卡洛克及其团队决裂后一直无缘接触的领域。同时，他满心期待着与老朋友德克·斯特罗伊克的重逢。在麦卡锡时代结束后很长的一段萧条时期，麻省理工学院没有向斯特罗伊克提供名誉退休职位，他也没能在美国找到其他教职，所以只好回到自己的家乡。在那里，他收到乌得勒支大学的聘请。他们两人计划带上各自的妻子好好地庆祝这次相聚。然而，就在维纳在阿姆斯特丹安顿下来不久，他不得不离开荷兰几个星期，去挪威和瑞典做一系列演讲。离开前，他给斯特罗伊克打去电话。他说："我在斯堪的纳维亚有几项工作要做。等我回来后，我们就共进晚餐。"这成了一个永远无法兑现的诺言。

维纳的批评者后来将维纳的瑞典之行视为他觊觎诺贝尔奖的一次游说之旅。因为这一奖项涵盖了诸多领域，却唯独没有设立数学奖。和克劳德·香农以及其他对传播理论做出了重大贡献的世界级数学家一样，维纳替自己和整个数学界感到不公。但事实上，正如他晚年时期的其他活动，维纳此次出行瑞典是作为控制论的传播者和使者，并非为了乞求或是斥责诺贝尔委员会。完成了在挪威的特隆赫姆持续 4 天的演讲后，维纳于 3 月中旬抵达斯德哥尔摩，在皇家科学院发表了一场演讲。第二天，他和瑞典同事一起参加了为他举办的午宴，并带领大家就他的研究开展了热烈的讨论。随后，他前往皇家理工学院参观了该学院的新通信实验室。

在维纳和陪同他的瑞典东道主走上皇家学院的长台阶时，他突然感到呼吸费力、心跳加速。他痛苦地抽搐着，猝然昏倒在地，不省人事。就在那长长的台阶之上，他的心脏停止了跳动，呼吸也随之停止。1964 年 3 月 18 日下午 3 点 30 分，他被宣布死亡。鉴于当时事发突然，并考虑到维纳的名声，法医对他的尸体进行了尸检，查明死因为肺栓塞。这种突发性疾病往往是致命的，并伴随着极大的痛苦。可能是他还未从之前的骨折中完全康复，也有可能是在去往斯堪的纳维亚的长途飞行中他不得不长时间保持坐姿，这些最终导致了这场悲剧。

维纳逝世的消息飞快地传到麻省理工学院的无尽长廊和电子研究实验室。那里是他工作了 45 年的地方，每一处都留下他的足迹。听到这个噩耗，所有人都停下手头的工作，聚在一起追悼故人。麻省理工学院降半旗向这颗陨落的巨星致哀。

那天晚上，一群科学界精英在乔伊斯·陈的家里举办维纳晚餐俱乐部的最后一场聚会。有人从活页本上撕下一张纸，在上面写了几个字。21 个人，包括维纳的第一个研究生李郁荣，麻省理工学院伺服机构实验室的创办者戈登·布朗，曾在战时担任雷达实验室和贝尔实验室火控研究团队联络员的物理学家杰罗尔德·扎卡赖亚斯，麻省理工学院林肯实验室的第一任主任阿尔伯特·希尔，麻省理工学院通信生物物理实验室的创办者沃尔特·罗森布利斯，信息理论学家罗伯特·法诺，从华盛顿赶回来的杰里·威斯纳，麻省理工学院校长朱利叶斯·斯特莱顿，以及沃伦·麦卡洛克和乔伊斯·陈，都在那张薄薄的赠予玛格丽特的纸上签上了自己的名字。那上面只有 4 个字：

我们爱他。

官方对维纳死因的调查结束后，玛格丽特在斯德哥尔摩安排了一场小型葬礼。维纳的遗体在葬礼上被火化，骨灰被送回美国。玛格丽特在葬礼结束后先去了德国探望亲人，然后才回国。按照维纳的遗愿，他的遗体被安葬在位于南塔姆沃思的维顿山公墓深处的一个不起眼的角落里，隐在一排糖枫树的树荫下，与骄傲的新英格兰人为邻，他曾经喜欢他们那种高贵的庄重与沉默。玛格丽特还为他举行了一个小型安葬仪式，由当地圣公会的一位神父主持。

几周后，玛格丽特回到贝尔蒙特，在自己和女儿们常去的一座一神教教堂组织了一次公开的追悼会，吸引了许多来自麻省理工学院和大波士顿社区的人，但是这些传统的基督教仪式并不是玛格丽特真正想要的。她沉浸在痛失爱人的悲伤和与日俱增的不安情绪之中，终于，她拿起电话打给麻省理工学院牧师办公室的萨尔瓦加塔南达大师。

"他的离开多么令人痛心啊！"大师对玛格丽特说，他代表麻省理工学院全体牧师向她表示慰问。但玛格丽特心中仍然悬着一块大石头。

"维纳夫人打电话给我，她对我说：'大师，诺伯特不开心。'"大师回忆道："我听到这个消息时感到很震惊，'你说诺伯特不开心是什么意思'？她说她得到暗示。我觉得她可能是做噩梦了。"

玛格丽特向大师求助："你知道的，他生前最爱的就是你，可你没有来参加我们举行的追悼会。"她说，"他喜欢梵文，但是他们都讲英语。"她让大师在麻省理工学院的小教堂举行一场追悼会。"我会很高兴的。诺伯特也会很高兴的。"

追悼会的日期定在周五，大师邀请了麻省理工学院所有的牧师，包括犹太人、天主教徒和新教徒。那天参加追悼会的人是麻省理工学院有史以来最多的一次。"你能想象吗？教堂里挤满了人！大厅也挤满了人，教堂外面也全是人。连教堂外面都挤满了人！我看了看，再也没有地方容纳来客了,天主教父都难以穿越人群。"

1964年1月2日,萨尔瓦加塔南达大师为了纪念诺伯特·维纳,在麻省理工学院举办了一场追悼会。在会上,他用梵语宣读了《奥义书》和《薄伽梵歌》等印度教圣典。诺伯特·维纳是迈蒙尼德的后代,也是控制论之父和一名不可知论者。他博大的人文关怀以及在麻省理工学院受到的拥戴,让他获得了世界三大教派牧师的一致认同。牧师们的祷告也成为世界为他举行的最后一次送行。

人们纷纷发来唁电。《纽约时报》头版、各大通讯社的新闻报道以及《美国数学学会公报》《神经与精神疾病杂志》《纽约书评》等各类出版物都刊载了维纳的讣告和照片,同时他的崇拜者和批评者都抓住最后一次机会,在"大象的孩子"身上做文章。《泰晤士报》的一篇文章将维纳描述成一个"对生活太过吹毛求疵,缺乏幽默感,在同事中独树一帜"的人。《时代周刊》称赞他为一位跨学科的思想家:"像一位中世纪的学者,在各个院校游历讲学。然而,教室之外的广袤世界对他几乎一无所知。"《新闻周刊》称他"并不是被抚育长大的,而是某种被预设好程序的人体通用计算机"。

麻省理工学院的同事更好地捕捉到维纳的本质特征。尽管沃伦·麦卡洛克被赶出维纳的核心圈子多年,他还是能够抓住维纳的本来面目——这个他相识之前就一直是一个谜的男人:

诺伯特不仅富有想象力和创造力,而且充满激情,他迫切地想与人分享他对于有益、有用事物的见解……我们离他的距离太近了,所以无法正确地审视他的伟大之处。拥有如此天赋的人很少会花时间或精力来建立一种防御层,使自己隔离于粗暴的世界,他整个一生都童心未泯……有一件事是毫无疑问的:如果没有他的存在,不论是医学界、工程界还是数学界都无法达到今天的程度。

———

当他的死讯出现在《波士顿环球报》上时，联邦调查局波士顿办事处的特工将这则剪报放进维纳的档案，并终止了17年前就展开的安全调查。虽然维纳的命运现在掌握在历史的手中，但是控制论——他的智慧结晶，却不那么安全。

小约翰·福特是中央情报局负责苏联科学和技术工作的专家，他曾在罗伯特·肯尼迪主持的核桃山研讨会上做过报告。几天后，应肯尼迪总统的特别助理阿瑟·施莱辛格的请求，他又准备了一份关于苏联控制论的综述报告，并由施莱辛格亲自交给总统。

肯尼迪和他的助手对于这份报告重要性的认识极为不一致。古巴导弹危机渐渐解除的时候，肯尼迪指派他的科学顾问杰里·威斯纳从总统科学咨询委员会抽调人员组成一个专门的"控制论小组"，以便独立评估福特的调查结果和他们自己对苏联威胁的评价。在第一轮会议中，小组几乎一致认同福特的担忧，然而，还没等到提出任何实质性的政策决定，肯尼迪遇刺，肯尼迪政府里的一些进步思想家对美国科学和冷战外交政策的影响力也随之终止。

中央情报局内部就此问题争论了5年，又和总统科学咨询委员会争论了一年，最后于1964年2月第一次发布了福特的苏联控制论报告，送达国防部的百名成员、国务院、美国国家航空航天局、原子能委员会、顶级机密的国家安全局以及中央情报局反情报和心理战办公室等部门传阅。这是中央情报局发表的首份关于控制论的官方文件。然而，政府官员对此报告却鲜有回应。尽管军事研究和发展办公室会对人工智能、交互计算、工业自动化项目慷慨解囊，但是军方和文职官员都公开表示反对控制论，他们大多数人对控制论一无所知。另外一些人对其不理不睬，还有一些人则表示，在美国政府的眼里，控制论就是带有一种令人不愉快的共产主义色彩。

福特徒劳地向上级控诉美国军方和文职官员目光短浅，只关注控制论在机械领域的价值，"沉浸在以硬件为导向的虚幻狂喜状态之中"。他相信，他们几乎完全没有意识到控制论有更为广泛的生物和社会维度，而这正是苏联正在利用控制论技术大力发展的领域。福特私下告诉同事和家人："他们根本不懂这些。"

福特并不是唯一对美国科学界和政府高层普遍反对控制论的状况感到失望和惊恐的人。维纳去世不久之后，沃伦·麦卡洛克加入在华盛顿以福特为首的控制论小圈子。他很清楚，维纳离开之后，能在美国推动控制论发展的就只剩他和该领域的其他一些主要人物。麦卡洛克还将分散在美国各地的控制论研究的重要人物介绍进福特的圈子，包括弗尔斯特、玛格丽特·米德、维纳以前的伙伴李郁荣、朱利安·比奇洛和阿图罗·罗森布鲁斯。

1964年7月，福特和他的队伍正式组织并成立了美国控制论协会，旨在"促进该学科的发展，预测控制论的影响，提供最新控制论信息"。该协会尤其注重鼓励年轻人学习和从事控制论研究。麦卡洛克十分清楚，维纳不想自己的科学被一些"想要改革社会的人"利用，也明白自己已被驱逐出维纳的圈子。然而，不论是他还是美国控制论协会的其他创始人，都清楚他们所承担的职责，即"努力抢占先机，阻击投机取巧者和空想社会改良家"；按照维纳所设想的那样，促成控制论获得公众的认同；将控制论这个新领域同其他科学领域联合起来，为全社会提供重要信息。"说不定我们能成功呢，"麦卡洛克满怀希望地说，"苏联人就做到了。"

最终，控制论并没有帮助苏联在冷战中获胜。维纳早在1960年访问莫斯科时就警告过，社会主义制度下的计划经济，以及僵化的自上而下的统治，与提倡自我管理的控制论中的大部分基本原则背道而驰。他还指出，苏联存在的结构性缺陷最终会摧毁苏联这一整座大厦。

30年之后，由于种种原因，苏联解体，给人们带来了重大灾难。史学家由此证实了苏联控制论带来的惨痛教训，认为"（自由的）信息传播和……分散控制"对社会制度和技术体系都是至关重要的，而且，"一个社会计算机化程度的提高不仅会强化该社会保护和大力发展信息处理相对独立性……的趋势"，还提高了整个体系中的人们享有的"自由度和参与度"。苏联的解体很大程度上是因为信息时代的基本要素被忽视或被蔑视了，苏联领导人没有意识到新通信设备——个人电脑、大型数据库和统一信息网络——以及使用它们的人民群众是不可能以集中统一的领导来控制的。

这些致命的缺陷说明了苏联解体的部分原因，也解释了为什么苏联控制论未能实现促进东欧国家科技进步和社会变革的历史重任。但是美国的制度同样存在缺陷，这些缺陷导致控制论在美国社会的影响力同步下降。20世纪六七十年代晚期，玛格丽特·米德与她在美国控制论协会的同事尽力说服政府将控制论应用于和平事业，提倡在该领域开展跨学科研究，增进大国之间的跨文化合作，使世界人民更加坦诚地交流。然而，随着苏联控制论的发展和苏联统一信息网的初步形成，她发现，美国政府间蔓延着一种新的忧虑："……当千万台计算机被连接起来，构成一个前所未有的高效系统，苏联体制可能会被彻底控制论化。"她恳求美国科学界的权威人士："我们如果继续用一种竞争和惧怕的心态探讨苏联（体系）计算机化的问题，控制论作为一种思考方法就不会获得意识形态上的自由。"她敦促他们转而用批判的眼光看待美国社会的诉求,借助控制论来开发更高级的方案,以处理她所谓的"极其需要关注"的美国体系。

在米德看来,控制论已经带有政治色彩,沦为国内外科学界冷战的牺牲品。对弗尔斯特来说,当时盛行的科研资金政策偏袒麻省理工学院和其他一些机构的人工智能实验室,因为他们承诺向军方提供系统化的新型"情报"来源,这严重打击了控制论研究者,因为他们的研究对象基本上都是生物学、仿生学、社会科学和跨文化通信等方面更为人性化的项目。40年之后,当弗尔斯特回顾当年新兴通信科学领军人物维纳所遭受的一切,从而导致天平倾斜的情形时,他仍然感到很震惊:"一项宏大的研究计划土崩瓦解。这一切不是很难以置信吗?控制论理念对于我们认识自己和他人十分重要。它非常有助于提高道德修养和促进交流合作。然而就在那个时候,它崩溃了。"

控制论在和人工智能的较量中败下阵来,不仅没有得到资金支持,还失去了自己的地盘。但是,正如弗尔斯特所言,维纳的科学在科技新时代更广阔的领地赢得了人心。"控制论引进了一种新的思维方式,这种方式潜在地存在于其他许多领域,但是并未被直接称作控制论,"他说,"没有人会说它是控制论,但是他们都明白这是一种整体的……综合性的思考方式……我认为,控制论作为一个研究领域已经与其他……许多领域相互融合了。"美国控制论协会的创始人之一约翰·迪克逊对此也表示认同:"它的概念已经被传播到其他领域,引起这些领域发生形态上的改变。控制论这个词语虽然不再被使用,但是维纳的工作却以其他名义继续进行着。纵观脑部研究、数学建模、计算机和网络的发展,所有这些都可以被称为控制论。

维纳逝世后的10年,控制论在美国科学与社会的部分领域占有一席之地，并获得了蓬勃发展。但这并不是因为人们有组织的努力，而是因为控制论提供了强大的新概念工具，具有解决实际问题的能力。这也得益于维纳深得人心的形象，以及他不断重印出版的众多著作。控制论原理不断地催化着跨学科研究和对话的发展，维纳坚定的道德原则也在青年一代和许多科学家与学者心中颇有权威。这些科学家和学者曾立誓绝不苟同于美国对越南战争的政策。

20世纪70年代晚期，控制论在西方已经日薄西山。随着它的逐渐衰落，维纳的名字和遗产也渐渐从人们的记忆中消失。然而，他的智慧以及他做出的警示是无可否认的。维纳10年前曾为他大胆的预测制订了雄心勃勃的计划，尽管当时他的许多预测鲜有成为可能的迹象。史蒂夫·海姆斯证实，维纳关于新型技术及其社会影响的预测"基本上就是一种预言，它走在了时代的前端"。

20世纪60年代，美国产业工人数量空前下降。在第一次失业浪潮中，近百万名工厂工人因为自动化的发展而失去工作，其中包括沃尔特·罗伊特汽车工人联合会中的16万会员。到了70年代，随着微芯片技术的发展，产业领域积极推动自动化和裁减人员，用某位历史学家的话说，这是"一种虚拟踩踏事件"。制造业领域的失业现象愈演愈烈，并延伸到服务业以及专业和管理岗位。正如维纳预言的那样，美国社会突然转向，朝无须劳动力的未来发展。

维纳对生物和脑科学的预言更具有先见性。当人们发现大脑和血流中存在千百个沿不规则路径运动的新型神经传导分子时，他关于神经激素和其他一些"不确定信息"的直觉再一次得到证实。此外，他晚年曾预言控制论未来能够应用于医学领域，虽然当时被认为纯粹是天马行空，如今多数也得以实现。在他去世前两个月，英国《新科学家》杂志曾对维纳做过一次访谈，他预言未来会出现新型控制论医疗手段，

"通过体内的感知设备"来检测疾病。他预测，"到1984年，生物材料将会成为计算机的部件"，并且"活细胞中携带基因信息的核酸也会被用于机器"。他的预测仅仅在时间上存在10年的误差。90年代，医学研究人员开始对用来检测疾病的微型摄像机进行测试，它们小得可以像药丸一样被吞下去，并且市场开始推广混合硅"生物芯片"，这种芯片能够用DNA片段检测基因缺陷和其他系列"生物信息学"标记。

到那时，新型激光和光纤技术得到应用，维纳早年对光计算的幻想变成了日常生活中的现实，个人电脑随处可见。交互计算网络在公共领域的普及也验证了维纳的技术预言。60年代早期的某个下午，维纳的编辑杰森·爱泼斯坦正在喝牛奶、吃薯条。就在那时，他收到维纳有关计算机科学的前景最为大胆的声明："我预计，10年之内或不到10年，固态设备将替代真空管，使目前占据一室大小的计算机变得小巧。这些微型设备会通过无线网络或电话线路连接至图书馆以及其他的信息来源，说着他便伸出手掌来表示它们最后的大小。这是一个包罗万象的反馈回路，能够不断自我纠错和更新，因此从理论上讲，世界上所有人都能够从中获得所有无限量的数据。"但当时爱泼斯坦摒除了这个预想："我并没有太重视维纳的预言，这也反映了我个人以及我那些有文化的朋友们的世界观的局限性……那天吃晚饭的时候，我的这些自命不凡的朋友，称西方文明的命运取决于他们的成就……我应该意识到维纳描述的是一种深刻的技术转型，比活字印刷术和内燃机更为重要，然而……因为维纳不是我们圈子内的人，他的预言对我们来说太过虚幻了，所以我就直接忽视了。"

25年后，为表示对维纳的远见及其科学的认可，年轻的科幻小说家威廉·吉布森创造了"网络空间"这个新词，来描述互联网的宇宙大爆炸。在小说《神经漫游者》中，吉布森对"网络空间"进行了定义，这可比维纳的描述生动多了："是所有国家的几十亿合法用户每天都能体验到的一种交感幻象……是从人类系统的各台电脑储存中抽离出来的数据图示。它具有无法想象的复杂性。光束在由人脑和数据群构成的'非空间'里漫游。就像城市的灯光，逐渐消失……"

维纳的智慧结晶在他的愿景还没实现之前就开始走下坡路了。他清楚，要完成控制论的核心规划，在科技新时代重新定义人类的本质和目的，还有很长的路要走。但是，正如年轻的英国控制论学者戈登·帕斯克于50年代所言："维纳……意识到他还需要做一件事，但是他不知道如何去做。他在等待别人接过他的接力棒，然后奋力向前，来完成他开启的事业。"

虽然维纳已经离去，但他还是像在世时那样不断为人类做着重要贡献。维纳逝世后，他的最后一部非科学作品《上帝与傀儡》于1964年出版，并荣获了科学、哲学和宗教类国家图书奖。他还获得了一系列以他的名字命名的奖项，例如，由美国数学学会、工业与应用数学学会联合颁发的诺伯特·维纳应用数学奖，由美国控制论学会设立的诺伯特·维纳控制论奖章，以及诺伯特·维纳社会与专业责任奖。最后一个奖项是由公共利益团体"计算机专业人员社会责任联盟"颁发的，每年一次。1970年，月球探测器绘制出月球表面的地图，国际天文学联合会以维纳的名字命名了位于月球远端的一座周长为234英里的环形坑。

———

维纳的同事和亲人的命运各不相同，有的大获成功，有的生活悲惨。尽管沃伦·麦卡洛克依旧留在电子研究实验室下属的神经生理学实验室，但是他再未能从和维纳决裂的打击中恢复过来。到了1968年，即使在他自己看来，他也已经是位老者了。那年，玛丽·凯瑟琳·贝特森说他是"喜悦与悲伤的奇怪结合体，竞争意识强又温文尔雅"。奥利弗·塞尔弗里奇说："他可能是喝了太多的酒，我担心他的饮酒量还在增加。"

整个60年代，沃尔特·皮茨都在肮脏的酒吧度过，他患有严重的震颤性谵妄，每说两句话身体就不受控制地颤抖。尽管皮茨从未踏进麻省理工学院的校园，麻省理工学院还是保留了他讲师的身份，甚至答应只要皮茨愿意在一份文件上签字，就授予他博士学位。皮茨拒绝了。1969年5月，他在坎布里奇的公寓房里孤独离世，死于急性酒精中毒引起的并发症，享年46岁。同年9月，麦卡洛克在他位于康涅狄格州莱姆镇的农场静静地离开人世，享年70岁。

维纳的夫人玛格丽特在南塔姆沃思度过晚年，但是她并没有找到她结婚以来一直追求的宁静生活。虽饱受直肠癌的痛苦，她依旧保持高贵的姿态，而且很少抱怨自己身体不好。但她从未停止在邻居面前说自己两个女儿的坏话。她死于1989年，终年95岁，遗体被安葬在维顿山公墓，与她的丈夫葬在一起。

多年以后，维纳留下的最后几箱资料被送到麻省理工学院的档案室。在一箱装有家庭成员物品的箱子里，人们发现一本玛格丽特的粉色精装日记本，是她用来记录家庭收支和日常随笔的。其中有一页，她写了一句格言，似乎描述了她的人生哲学以及她作为维纳教授夫人所遵循的策略：

> 生为平民的人想要踏入贵族阶级的方法之一
> 　　就是远离任何形式的自由主义。

这条箴言为解释维纳和麦卡洛克的分道扬镳提供了最后的线索，也说明了麦卡洛克团队那群放荡不羁的波希米亚分子，为何会对维纳的妻子和她想要进入上层社会的梦想造成威胁。

维纳的女儿佩吉获得毒理学博士学位，之后便成了纽约州警察犯罪实验室的一名法医毒理学家。1988年，她参加了智力竞猜电视节目《危险边缘!》，荣获高级锦标赛冠军，并获得价值2.2万美元的现金及奖品。2000年12月，她死于癌症。芭芭拉获得发育生物学博士学位，并在美国东北大学担任助理教授。2003年12月，她同丈夫托比·雷兹贝克共同庆祝结婚55周年，他们有5个子女，11个外孙和一个满周岁的重孙。

维纳的长孙迈克尔·诺伯特·雷兹贝克后来成为波士顿128号公路高科技园区的一名律师和软件工程师。如今他已步入中年，有两个年轻的儿子。他一直在思考利奥·维纳的育儿实验，以及他外祖父和其他几位奇才的命运。为什么他们能够卓有成就却又生活不幸？这些问题在他的脑海中挥之不去。"你对10个孩子进行这样的育儿实验，9个孩子被毁掉了，而剩下的一个变成了神童。世界会因为你的这种做法而变得更好吗？"他这样问道，"我本来不太赞同对儿童实施这样的教育。然而现在，让我们退后一步，看看文明发展的进程和我们现在所取得的成就。我们不禁会问：人类是否需要一些真正富有才华的人来推动社会进步？如果人人都只是被培育成一个快乐的载体，一群快乐的农夫，那么当人类遭遇严峻考验时会发生什么情况呢？比如环境灾难、瘟疫，或下一个希特勒的出现，等等。如果我们创造了这样一个世界，生活在其中的人都不那么聪明，但都能很好地适应这个世界，那么当我们真的面对这些挑战的时候，我们能拿得出必要的工具来应对吗？"

迈克尔从来没有和他的外祖父争论过这些问题，但是维纳已将答案留给了他。这个世界上最不平凡的小男孩儿——大象的孩子，带着无法满足的好奇心漫步于查尔斯河两岸和世界各处，他留下的卓越思想给世界带来了深刻而又不可逆转的改变，而且还有可能打破人类在地球上继续生存的平衡点。从更大的意义上说，他是一名黑暗英雄，他不安于现状，富有反叛精神，发起了一场伟大的科技革命。决定这场科技革命的因素有两个：一个是通信所迸发出来的巨大能量，它改变了社会的面貌；一个是维纳所秉持的坚定信念，即人比机器更重要。

他伟大的智慧、不屈不挠的精神以及对每个人身上微小灵感的持久热爱，在这场由他发起的变革中经久不衰，也将永远存在于一切服务于人类的新知识和科技中，存在于全球信息社会的每个角落，存在于广袤无垠的网络空间。

后　记
乘风破浪，涅槃永生

> 我时常会思考，科学界层出不穷的新发明最终会演变成什么样子。在某种意义上，我们是在作茧自缚……我们想做的东西太多，生怕商业发展陷入停滞，几乎是慌不择路……如今想要回归正轨、按部就班地发展，已经相当困难……我不敢想象科技会给未来的人们带来怎样的厄运……我们需要做大量的工作才能重回正轨，才能真正得到自己想要的。道路是曲折的，但是这条路非走不可。让我们共同祈祷，希望我们能把这条路走通。
> ——诺伯特·维纳《物质时代科学家面临的困境》

在 21 世纪全球一体化的今天，维纳的许多预言都已成为现实。事实雄辩地证明了维纳对于信息时代的意义：他是信息时代的黑暗英雄。

维纳很早就在《控制论》和《人有人的用处：控制论与社会》中表达了自己的忧虑。在之后的 50 年里，他的观点越来越具有警示意义。如今，新的科学技术层出不穷，人面临与机器的竞争，国与国之间的矛盾日益尖锐，人类开始遭遇前所未有的生存困境和精神危机，疲于适应科技时代下的快节奏生活……可以说，维纳是非常具有先见之明的。

维纳的很多早期技术设计，即使放在21世纪也算得上是尖端技术。比如，早在20世纪20年代，维纳就提出光学计算的概念，如今光学计算已经取得重大进展，他还是仿生学的先驱和缔造者。另外，20世纪40年代，他与沃尔特·皮茨一道，大胆运用自己提出的理论来设计仿人脑的三维电子线路和网络。我们知道，维纳很早就与皮茨决裂了，他们的研究也随着两人关系的破裂无疾而终。不过，50年后的计算机科学家与制造商依然从他们的三维设计中获得了不少灵感，成功生产出效率更高、功能更多样的电网和芯片。早在21世纪初，计算机鬼才雷·库兹韦尔就指出："三维设计无疑是未来发展的一大方向。"库兹韦尔相信，随着这种三维模型的不断发展，新的三维电路与计算工具将具备更强大的性能，运行速度比人脑要快上百万倍，必将推动未来几十年电子行业的发展。

当然，受维纳影响最深的还是神经科学。维纳与他的同事很早就开始研究人脑复杂的工作机制。多年以后，研究人员才观测到人体器官中的化学信号与传感细胞，佐证了20世纪50年代维纳的观点。这进一步说明，人脑的工作机制远比电脑复杂，电脑固然可以从事劳动，但指望电脑大包大揽，满足人类的一切需求，显然是不切实际的。

越来越多的例子都在说明这一点。想当初，美国军方利用维纳的控制论开发原子弹，维纳当即表示反对。今天的美军越来越依赖计算机系统，智能化程度越来越高，其安全性还有待考察。维纳若泉下有知，看到如今的美军装备，也会和他们对着干。第二次世界大战期间，维纳负责为美国军方设计一款自动防空大炮。自20世纪90年代初起，美国军方就开始在中东战场部署先进的防空雷达和反导装置，这些装置正是以维纳的自动防空高射炮为基础重新打造的。然而，这些智能装备常常将友方军机错误地识别成敌机，而操作人员仅仅有几秒钟的反应时间，根本来不及纠正错误指令，以至悲剧频发。美军武器库中，还有不少容易误伤友军与平民的智能武器装备。此外，军方精心布置了大量反导系统，其安全系数也是个未知数。曾有一位麻省理工学院的教授为此事发声，表达了自己的忧虑，这位教授随即被军方视为眼中钉。不过，这位教授的义举激起千层浪，他随后获得了"计算机专业人员社会责任联盟"颁发的维纳奖。

———

从许多方面看，现今全球社会无疑是一个繁荣进步的社会。维纳的发明创造引领了一场又一场知识革命、创新巨潮，让世界人民都能享受到实实在在的便利：民众生活日趋便利，市场上的商品琳琅满目，数据信息空前发达，生物医药技术的广泛应用也使人均寿命大大延长……这些都是维纳那个时代的科学家努力做研究的初衷。科技创新与技术变革衍生出数百万个工作岗位，一个又一个新兴行业，以及许多前所未有的职业。科技的进步也让国际贸易壁垒化为乌有。科学技术由里到外彻底颠覆了整个社会的固有模式，改变了全世界人民沟通交流的方式。然而，维纳的贡献远不止推动了科技进步。事实上，维纳的思想非常深远，在这场人与机器的博弈中，维纳更关心的是人这一方。

无论是对个人还是对企业，控制论引发的科技革命都意味着机遇，也意味着挑战。对于这一点，维纳早有先见之明。1950年，他就大胆预言，智能设备的出现将会引起失业恐慌。与这场灾难相比，30年代的那场大萧条简直是小巫见大巫。几乎整个20世纪，维纳的预言都没能实现。然而，90年代科技泡沫破裂之后，维纳的预言慢慢成真：许多行业走向没落，哪怕是在新技术的基础上兴起的行业，也开始摇摇欲坠。新千年之初，依托科技而繁荣起来的股市遭遇崩盘，制造业和高科技行业纷纷转移到国外……这一现象非常具有警示意义。维纳曾指出，单纯依靠高新科技，是无法为多数美国人建立一个乌托邦社会的，更不用说全世界了。并且，越是有前景的技术，越是容易虚耗人力。

当今的企业家、经济学家和媒体人要乐观得多，在他们看来，自动化带来的影响没有维纳预测的那么悲观。他们更关注的是，自动化提高了生产力（具体表现在单位产量的进步与服务效率的提高上），科技给企业、国家带来了种种便利。正是得益于科技的发展，企业与国家才能在这个全球竞争空前激烈的时代得以生存。然而，在技术进步与竞争的共同作用下，工业化程度高的社会难免爆发周期性的失业，行业也会面临重新洗牌。对百万计的失业工人而言，"生产力"只不过是一个可以接受的政治、社会隐喻，来掩盖削减工作岗位的事实。即便是手头还有饭碗的工人，日子也没有那么好过，他们的生活也多了不少压力和几分不确定性。维纳预料的远不止于此，失业风暴仅仅是一连串危机中的一个。即使在最具发展活力的信息经济领域，比如计算机编程技术服务行业，也绝非牢不可破，也无法对这场席卷整个行业的风暴完全免疫。随着局势的发展，行业中大量受教育程度高、经验丰富的高级技工也会显得多余。

维纳期盼印度以及其他发展中国家能从科技发展中挖掘机会，找到捷径，从而迅速繁荣起来。20世纪50年代，维纳曾建议印度政府着手训练新一代的"科技卫士"。维纳相信，在全球化的时代，控制论引发的这场革命会逼得大批收入微薄的技术工人走投无路、揭竿而起，国际形势会变得动荡不安，国与国之间的摩擦会日渐频繁。至于究竟会动荡到何种程度，维纳只能给出一个大概的预计。

维纳认为，要想真正走向繁荣，一个国家必须立足于本国国情，打造出一个稳定、控制系统健全的高科技社会。许多新兴国家已经意识到这一点，正在朝这个方向努力。看吧，积贫积弱的昔日的苏联成员国还在慢慢恢复元气，还在补20世纪落下的课，印度与中国早已摸清了门道，利用科学技术极大改善了国民的物质生活，算是千年未有之壮举。今天，印度的工程师与企业家正沿着维纳设计的道路一直向前，可以说成绩斐然。对于印度这样的人口大国，印度工程师、创业者的数量还算不上多，但是这一群体取得的成就令人瞠目结舌：他们在收获维纳预想中的科技成果的同时，也吸取了旧时代工业发展的教训，没有走弯路。而中国的企业家与政府官员做了两方面的工作：一方面，大力发展科学技术，培养技术人员；另一方面，沿着传统道路前进，他们组织人力，从事更传统的工业生产。当然，这里的传统工业生产是经过升级改良的，自动化程度更高。应当说，中国人的这两手准备都卓有成效。不过，中国人的发展观也绝非尽善尽美。

中国式的工业发展过度依赖大规模的物质商品生产，这会让中国以及全球经济坠入危险的深渊。数十年前维纳就预测到，如果世界经济无法消费大批量生产的商品，就会爆发生产过剩的危机。就像歌德在《魔法师的学徒》里描绘的魔法扫帚一样，生产过剩让世界经济陷入商品过剩的泥沼，使资源和原材料供应变得日益紧缺，推高必需品的价格，造成通货紧缩，影响市场价格，从而产生不稳定的震荡力量，足以摧毁一切秩序，对此维纳深有体会。

各种经济力量之间这种微妙的平衡关系说明了全球一体化具有控

制论属性，其受制于不同因素的相互作用，也隐藏着"巨大反馈"的危险。这种所谓的"巨大反馈"，维纳早在第一次战时武器研究过程中就注意到了，这让他苦恼不已。然而那些对价格和生产产生影响的物质因素只不过是冰山一角，维纳还预测到下一轮危机浪潮，这一危机浪潮现在已经开始，影响到全球信息产业的每一家企业、每一位员工。此外，信息技术、科学技术乃至整个人类活动的价值基础都会遭遇危机。

基于这一判断，维纳呼吁，我们的社会应当重新估量、重新审视信息的经济效益和经济价值。可惜，维纳的这一倡议和以往一样石沉大海，响应者寥寥无几，以至信息行业地震频发，企业家深感困扰。不同形式的信息、知识与经验被加工成信息碎片，以便流通和复制。这样，信息经济的大部分行业，包括音像公司、电影公司、软件开发公司，都沦为无形商品的商贩，尽管这些信息产品不能用与一般有形物质商品和服务一样的方法来生产、保存和推销。维纳发出警告：人类必须搞清楚信息的本质，必须早日在信息的价值、信息技术的发展、信息产品的维护（包括信息产品开发者权益的维护）等问题上达成共识。否则，人们就永远不会明白一个真理，那就是"信息就是信息，不同于具体的物质或能量"，"当今社会，不承认这一点，物质主义就没有生存的空间"。

维纳的这些关于信息产业的看法，也同样适用于自动化、全球化等领域。很多国家的政府和企业观念相当陈旧，还在用落后的标准简单衡量科学发展的利弊得失，从而对人们的就业进行规划指导。维纳对这种衡量标准嗤之以鼻，在他看来，这种标准仅仅是围绕金钱与经济效益建立的，缺乏远见。信息技术、自动化与全球化这三大课题，对人们的生产生活具有重要意义。因此，对于这些国家的民众，维纳的观点尤其值得借鉴。那么，政府、企业以及社会应该怎么做？答案很简单，维纳很早就为政府和企业画了一条底线。这条底线就是：社会应当以人为本，而不是以买卖为本，重新评估优先发展的顺序。然而，真正做到以人为本，不越过这条红线是非常困难的，需要当政者具有足够的远见，这个过程必定万分艰辛，充满斗争。

在迈向"以人为本"的征途中，人类还面临着另外一个危险，这是一个世界各国需要认真考虑的具体问题。维纳敏锐地意识到，传统文化正在转型，与现代技术和惯例格格不入。他可能不会想到，在21世纪，人们会面临一波又一波的宗教危机、政治危机。随着原子弹等武器问世，人类社会进入一个新的时代。在这样一个时代，礼乐崩坏，恐怖势力猖獗，万千黎民的生死掌握在区区几千兴风作浪之徒的手里，这不免让人感到恐惧。这种恐惧感与当年维纳的体会何其相似。在这样一个时代，人类文明的未来看上去十分黯淡。

如今，许多宗教激进分子以西方科技与互联网为武器，发起"圣战"，骚扰美国与其他国家的人民群众。维纳若泉下有知，恐怕也会义愤填膺、捶胸顿足。然而具有讽刺意义的是，他们的祖国有着源远流长的古代文明，孕育了一大批改变人类历史进程的数学家、天文学家与建筑大师。这些大圣大贤，都曾到开罗朝觐过维纳的始祖迈蒙尼德。维纳晚年曾写过一本颇具神秘色彩的书，书名为《上帝与傀儡：对控制论影响宗教的某些问题的评论》，探讨未来人类可能遭遇的危机。然而，恐怖分子盗取信息技术，滥用先进武器，屠戮良民，其手段之多，在道德和精神上为害之深，远超维纳的预计。

众所周知，新恐怖主义是在错综复杂的历史、宗教与政治因素的共同作用下形成的。从维纳的社会观来看，我们或许会对恐怖主义的本质有更深刻的理解。我们不妨回到《控制论》这本书。这本书开宗明义地指出，决定现代社会稳定（或不稳定）的最重要因素是"通信手段的控制"。中东国家的动乱就是很好的例证：猖獗的恐怖分子利用卫星通信、互联网与阿拉伯文化中的非正式通信渠道对其他国家进行渗透，制造危机。维纳很早就意识到通信与心理健康的关系，他的真知灼见有助于解释，为什么恐怖分子的宣传工作如此猖獗，以及民众的心理健康是怎样一步步被铺天盖地的宣传侵蚀的，民众是如何被恐怖分子成功洗脑的。受到蛊惑的狂热分子没有意识，没有独立思想，没有判断能力，在某种程度上变成了维纳所说的"血肉机器"。维纳几十年前就断言，终有一天，"人肉原子交织在一起，形成一个组织，人不再享有完全的权利，而是机器中的……齿轮、控制杆和连杆"。人成了"机器零件"，等同于机器的用途和目的。

　　总之，恐怖主义形成的原因相当复杂，也给了我们诸多启示。从恐怖势力的组织形式及宣传策略探究其根源，我们会发现，恐怖分子主导的袭击其实是在发泄对全球化的不满。从侧面看，它本身也是全球化发展的必然产物。恐怖主义的产生进一步说明，倘若不以人为本、忽视人文精神，盲目发展信息技术，那么人类将面临灾难。今天，西方国家从恐怖袭击中得到不少经验和教训，也慢慢掌握了消灭恐怖主义的策略与方法。这与维纳在20世纪50年代所说的共产主义不无相似之处。简言之，要想管理好中东这样动荡地区的人民，让没有选举权的"社会弃民"安守本分，当政者必须让他们尝到现代化的甜头，给予他们受教育的权利和获取可靠信息的渠道，让他们有一个体面的生存状态，这样他们就可以分享技术全球化带来的好处，能够用他们自己的方式和节奏慢慢实现他们的宗教和文化传统中固有的价值观。

在瞬息万变的大环境下,技术通信和人类通信相互冲突,维纳思想所衍生出的最新技术正雄辩地证明,维纳提出的伦理准则历久弥新,对人类的生存具有深远的意义。这些新技术并不是数字设备,而是模拟领域的技术进步。终其一生,维纳都在这一领域耕耘探索,相比于数字技术,他对模拟技术更有激情、信心更足。要知道,这些新技术才是最具前景的,然而从某种意义上说也是最危险莫测的。

今天,人们在各个领域都取得了模拟技术上的突破:生物技术、基因工程、机器人技术、分子与纳米技术……方方面面,不一而足,标志着信息加工技术的兴起。21世纪的信息加工技术不同于数码设备,数码设备对信息进行编码,将其处理成一串串由0和1构成的数字符号,通信主要是在设备之间进行的。1950年,维纳曾设想在计算机上安装"传感器"和"与外界互动的……效应器"。如今,技术员在维纳设想的基础上,开发出功能更强大的传感器技术和效应器技术,这些技术给医学带了革命性的变化,改进了实验室和身体内部疾病的诊断技术,增强了假肢的作用,甚至在某些情况下,可以利用新设备实施手术。不只是医药行业,新兴模拟技术也将颠覆传统工业,引领"超级自动化赛博制造"新潮流,它极大地提高了生产线的生产速度,促进了工厂与工厂以及国与国之间的合作,同时颠覆传统质量标准。新兴技术也在无孔不入地影响着商业市场,生物工程学技术产品、物美价廉的传感设备与小型机器人如雨后春笋般兴起,进入千家万户。从能够自动辨位的清洁机器人,到智能汽车防撞系统,再到能记录主人喜好和天气的智能衣柜……我们可以看到,新技术、新产品正在悄然改变人们的生活。

新型模拟技术对于数字化进程无疑也具有革命意义。有预言家称，新型模拟产品正在一点一点颠覆我们对数字化世界的认知。在实际应用中，相比零散的数字体系，模拟技术明显更真实。这一特点是模拟技术的一大优势，也意味着传统数字体系已经无法满足人们的技术需求，模拟技术将取而代之。往近了说，人们会结合数码技术与模拟技术的优点，合二为一，取长补短，这种做法在短期内势必很有成效。而在很多业内人士看来，长远来说，僵化的数码科技势必会被模拟技术取代。一度失宠的模拟技术必将成为未来发展的趋势，促使越来越多的科学家和技术人员重新挖掘20世纪中叶的研究成果，从中汲取灵感，为21世纪的科学发展做出贡献。

几年前，以上的种种预言听上去还很荒诞，而随着模拟科学的复兴，维纳的观点与忧虑慢慢地得到应有的关注，这些预言也成了不言自明的真理，为人们所理解和接受。维纳若是有幸看到我们今天的发明创造，恐怕会既激动、兴奋又深感忧惧。如今的机器人与微型机械，都脱胎于维纳及其同事运用控制论原理发明的第一代"臭虫"和"自动酒吧蝇"。维纳看到这些新时代的产品，一定会感到很骄傲的。然而，维纳更多会为下一代人的命运而忧虑：机器正在取代人类，下一代人该何去何从？20世纪50年代，维纳高屋建瓴地将控制论与生命科学结合在一起，描绘了发展蓝图。今天，人类在生物科学领域的巨大进步一定会让这位控制论之父惊叹，科学家已经可以在最基础的层面上操纵生命，然而看到这一幕，维纳恐怕不会高兴。恐怕，他更多会担心生命体在科学家的随意操控下变得面目全非，担心生物科技会变成洪水猛兽，为人类的未来带来灾难。

数字系统的信息处理技术也有其局限性，正是因为这一局限，数字革命的进程很快就到头了，模拟技术应运而生，成为新潮流。然而，模拟技术可能带来福音，也可能带来比维纳的童话式寓言还要可怕的厄运。维纳曾想象，有机材料与无机材料生产出的各式机器化身恶魔，无限扩张，不受人类控制。而新兴技术某种程度上正在将维纳的噩梦变成现实。与数字技术相比，模拟技术原理更简单，在某种意义上又更为复杂。模拟技术不依赖铰链式程序，其原理是依靠细胞式全自动装置，以数学运算和生物学原理为基础开展作业。终极模拟产品不需要任何外界辅助，可以自动运行。除此之外，许多模拟程序不仅仅以快著称，超灵敏的即时反应能力也是它们的一大亮点，这些自动程序能够根据输入数据与环境做出调整。

而危机恰恰就在这里。机器的运行机制太复杂了，反应太快了，人类能不能跟上机器的反应速度、牢牢控制住机器，还很难说。这一点也是维纳最担心的。人类社会的许多重要组成部分，从互联网到股市，再到军事部门，无一不是在数字化设备的辅助下运行的。随着新型模拟产品的广泛应用，这一趋势将更加显著，这些部门的命脉也不再掌握在人类自己的手里。这些自动装置、纳米级智能设备的运行速度太快，有时候机器自己都无法及时纠正错误指令，更何况人类。对模拟系统而言，模拟系统的工作指令瞬息万变，每一时刻执行的任务都可能不一样，执行任务时的自主决策也千变万化，让人捉摸不透。

各大联合实验室、军事基地、大学与私人研发中心都有不少从事模拟技术研究的技术员。考虑到种种潜在危险，技术人员有必要把维纳的警告放在心上，不能一门心思地钻研技术。同时，在开发可能会妨害人类与地球安全的高危技术时，要时刻保持谨慎，实施一定的限制措施。这样才是明智的做法。

———

当今的数字科技与模拟技术不仅对工程师和企业家,而且对社会上的每一个人,乃至对这个日益紧密相连又日益分裂的世界带来了前所未有的挑战。我们需要更新思维模式,升级思想观念,解决这些复杂的技术难题与人际关系难题,从而应对好这一挑战。而维纳的科学观与伦理观,无疑是不可多得的思想宝藏,能够帮助我们处理好这些难题。

维纳从一开始就清楚地表明,控制论的普遍程序和原则(包括信息处理机制、交流与反馈机制、因果循环机制与目的机制),同样适用于技术、生物学和所有复杂的社会系统。在维纳生前及去世后的数十年里,科学技术不断进步,控制论对于生物学、社会学的意义却没能受到人们的重视。这些被人忽视的部分,恰恰是控制论的精髓,能够帮助我们弄清社会生活的本质,其意义绝不亚于简单的高科技产品。

作为一种思想工具,控制论能够升级我们的思维模式,帮助我们提高效率、扩大产出,从而开拓创新。有了这一思想工具,我们人人都可以成为维纳高徒,跳出思想藩篱,洞察全局、高屋建瓴。控制论、信息理论与系统论(与控制论同出一脉)以及从中衍生出的诸多理论作用非凡,它们能够帮助科学家与各行各业的专家统筹全局,从长远考量,从而解决好问题,描绘好蓝图,在危机到来之前排查障碍。总的来说,学海无涯、人生苦短,学好控制论,掌握相关理论和技巧,并将其运用到生活琐事乃至天下大事上,是以不变应万变的不二法门,也势必会成为未来的学习潮流。

在许多21世纪的专家看来,维纳当年的悲观预测未免有点儿杞人忧天。不过也有计算机专家直言,维纳的警示很及时,屡屡带领我们走出歧途。可惜,维纳最重要的警示却被人遗忘了。一系列技术危机与人类生存发展危机已经露出苗头。未来就业问题与工人的保障问题亟待解决,相关部门须出台长远的发展规划。此外,科技发展与人类长远利益多有抵牾,人类也须进行抉择。科学家与技术人员开始为自己的发明带来的意外后果买单。不光是他们,日常交际与文化生活的方方面面,都避不开类似的科学伦理问题。

在这样一个全球化的时代,世界上的每个人都无法游离在社会这个大集体之外。今天,人们通过多种多样的信息技术和社交媒体传递信息,从这个意义上讲,每个人都是全球化的参与者,可能是直接参与,也可能是间接参与。每个人发出的信息都很有分量,哪怕是只言片语,都能影响政府企业的决策。所以我们每一个人都必须小心处理手头的信息,对自己的言行负责。今天,社会上还有很多人喜欢兴风作浪。黑客也好,网络罪犯、恐怖分子也好,维纳的思想对他们也极具指导意义,谁也不能把维纳的智慧不当回事。这些唯恐天下不乱的好事之徒,最好能朝着正确的方向,做些有意义的事。

与其他国家的人相比,美国人总是最先抓住科技发展带来的机遇,美国人也最应该积极担负起历史责任。美国是维纳思想诞生的地方,很多改造了人类经济与社会的划时代发明都在这里诞生。美国必须担负起领头羊的重任,引领美国乃至全世界的发展,发展科技的同时不忘发展人力,并打造良好的社会结构与经济生态,确保国际交流、商贸与文化都能平稳高效地发展。值得庆幸的是,相关部门已经开始采取有效措施,用维纳的话说,似乎有了一丝"黎明的曙光"。美国与其他国家的许多有识之士与社会组织正在开展合作,承担起科技发展的重责,探讨科学发展中的伦理问题、生物技术的安全问题,以及模拟技术带来的其他环境问题和公共问题。一些社会活动家正在用激进的手段，保护互联网使用者的权利与隐私，还有不少人正在不遗余力地开拓渠道，以期让科学技术服务于普罗大众与更多欠发达的国家和地区。

当今时代，当然，维纳也会为今天的英雄们鼓掌，他们将前沿科技用于改善民生，成绩斐然。一些年轻的梦想家以军方内部的通信网为基础，设计出覆盖全球的互联网，极大地方便了人们的生活。也有程序员提倡资源共享，主张知识与技术是全社会的共同财富，这些人自然赢得了英雄的美名。今天，不少科学家就基因工程与纳米技术是否会给人类带来灾难而争吵不休，看到这样的一幕，假使维纳尚在人世，想必也会会心一笑吧。

维纳清醒地意识到，发展新科技并不能真正带领人类走出危机。不过，维纳至少给我们指明了努力的方向，为我们展示了未来的种种可能。维纳教会了我们这样一个道理：人的知识和技术永远都是有限的，人类社会的机关部门（政府、企业、军队等）也不是万能的。如果人类冥顽不灵，仍旧把信息当成普通的物质或能量，只看重经济效益，按照传统商业模式经营信息产业，那么失败在所难免。他毫不讳言人类在宗教与文化中表现出的短视、自大。在这样一个高度发达、高度智能化的时代，人类要想不迷失自我，就要学会保留人性中最宝贵的一些东西。至于是哪些东西，维纳也给了我们答案。维纳深信，不在科技中爆发，就在科技中灭亡，摆在人类面前的，无非两种选择：要么迎难而上，成为科技的主人，创造出以人为本的美好世界；要么沦为科技的奴隶，将人类文明带向毁灭的深渊。

今天，维纳的思想仍在发挥余热，人类文明的发展也到了一个关键的节点。如果世界人民（特别是美国人）真的心怀天下，志在改造社会，那么相信我们一定会迈过这道坎儿，挺过新兴科技带来的考验，成功地打造出更加安全、文明而繁荣的新社会。在这个过程中，我们一定会认清前进的方向，弄清人的本质以及人类发展的终极目的，从而真正创造出不偏离人文大义的新世界，迎来"人有、人享、人治"的美好未来。

致谢

在自传中,维纳恳请人们尊重他的个人生活隐私,除非是那些"和他科学家生涯直接相关的事件"。维纳和妻子玛格丽特的私人关系是他们之间的事情,但是玛格丽特在维纳生活中所扮演的角色远远超越私人领域,从而影响到维纳的科学研究,以及那些和他关系密切的人的个人生活和职业生涯。这些事件对科学历史以及信息时代的发展进程产生了深远影响。

本书的筹划用了 12 年时间,写作过程持续 8 年。在此过程中,得到了芭芭拉·维纳·雷兹贝克及其丈夫托比·雷兹贝克、佩吉·维纳·肯尼迪、迈克尔·雷兹贝克的大力支持,他们给我们提供了无限制地查阅维纳私人档案、照片和家庭记录的机会。没有他们,本书的写作是不可能完成的。我们对他们提供的回忆录和参与本书的写作工作表示深深的感谢。维纳的两个女儿还恳请知情者有朝一日站出来,讲述维纳和沃伦·麦卡洛克、沃尔特·皮茨以及其他圈内科学家关系破裂背后的故事。芭芭拉在 1998 年的一封信中写道:"真相至关重要。"她希望维纳核心圈里的健在者"有勇气站出来,讲述他们所了解的故事,不管对我的家人来说是好听的还是不好听的。"佩吉表示赞同。她说:"关于爸爸的生活以及和同事们的关系,还有很多严肃的问题没有找到答案。"不管情况如何,了解全部真相是非常重要的,更不用说我那"无法满足的好奇心"。

我们感谢杰里·雷特文,他在麻省理工学院传奇般的 20 号楼办公室里的最后一段日子里,对我们坦诚相待,回忆了那些往事。维纳的其他朋友、同事以及他们的孩子们向我们讲述了维纳的天才学识、他的阴暗面、他的闪光点以及他经历的历史性事件。他们包括:约翰·巴洛、朱利安·比奇洛、阿默·博世、卢迪·卡尔森、莫里斯·查菲茨夫妇、海伦·陈、波林·库克、伊万·格廷、陶菲·麦卡洛克·霍兰德、吉恩·金、玛吉·雷特文、法吉·莱文森、贝努瓦·曼德勃罗、大卫·麦卡洛克、马文·明斯基、卡尔·普里布拉姆、保罗·塞缪尔森、萨尔瓦加塔南达大师、奥利弗·塞尔弗里奇、克劳德·香农夫妇、阿曼德·西格尔夫妇、多萝西·塞特里夫、德克·扬·斯特罗伊克、海因茨·冯·弗尔斯特。还有其他一些人提供了有关控制论早期以及 20 世纪五六十年代发展时期的重要人物的回忆材料,他们包括:诺姆·乔姆斯基、约翰·迪克森、查尔斯·菲尔、帕特里克·福特、莫里斯·哈利、安吉拉·麦道斯、罗伯特·曼、保罗·帕纳罗、唐纳德·特沃尔、特里·威诺格拉德。

我们还要感谢玛丽·凯瑟琳·贝特森、科妮莉亚·贝茜、伊丽莎白·比奇洛、杰里·雷特文夫妇、麦卡洛克一家人、汤姆·冯·霍斯特。他们提供了回忆材料和家庭照片。拉比迈克尔·阿左斯、里克·福特和沙维特·本–阿里为我们提供了宗谱研究支持以及迈蒙尼德后裔在中东和东欧的资料线索。

史蒂夫·海姆为我们提供了维纳、冯·诺依曼以及控制论梅西会议参与者的肖像画。他也是第一个记录现代科学史上这段骚动萌发时期的人。感谢我们的长期恩师阿尔弗雷德·史密斯、卡尔·迈克尔和弗雷德·克罗威尔,从他们那里我们获得了有关通信科学发展的历史视角；拉里·奥古斯汀、理查德·斯托曼、斯图尔特·安普利比和大卫·沃伯特就当今科学技术提出了独特的见解；艾米·迪恩和约翰·科腾让我们了解到美国国内和国际劳动力市场的情况；雷吉·克里斯从临床的角度就高科技场所人们所面临的生活压力提供了他的见解。

我们对和我们合作参与本写作项目的诸多档案管理员表示感谢，特别是麻省理工学院图书馆学院档案和特色馆藏部的档案管理员玛丽·埃莉诺·墨菲和麻省理工学院博物馆科学技术馆馆长黛博拉·道格拉斯。感谢麻省理工学院图书馆学院档案和特色馆藏部的伊丽莎白·卡普兰、西尔维娅·梅西亚和杰夫·米夫林，麻省理工学院博物馆的珍妮·奥尼尔，哈佛大学档案馆的梅勒妮·哈洛伦，美国哲学协会的艾莉森·刘易斯，贝尔实验室/美国电话电报公司档案馆的朱迪思·马克尔、埃德·埃克特、艾琳·列维奇、邦尼·怀特、罗曼·阿伯特，洛克菲勒基金会档案馆的欧文·勒夫德，美国电气与电子工程师协会《控制系统杂志》的芭芭拉·菲尔德，美国电气与电子工程师协会历史中心的罗伯特·科伯恩，普林斯顿大学高等研究院的琳达·阿恩特泽尼斯，美国国会图书馆的玛丽·沃尔夫斯吉尔、伊冯·布鲁克斯和邦妮·科尔斯，纽约医学专科学院的阿琳·沙纳，跨文化研究学院的帕特丽夏·伊，耶鲁大学数学图书馆的保罗·卢卡西维奇，耶鲁大学数学系的凯伦·菲茨杰拉德，美国地质调查局的詹妮弗·布鲁，联邦调查局波士顿办事处的金伯利·麦卡利斯特。

我们感谢其他为我们提供文献资料和专业指导的科学家、工程师和科学史专家，他们是：谢菲尔德大学的斯图亚特·班尼特、圣安德鲁大学的埃德蒙·罗伯逊、密歇根大学的保罗·爱德华兹、匈牙利罗兰大学的米克罗斯·勒代、墨西哥国家心脏病研究所的佩德罗·安东尼奥·雷耶斯·洛佩兹博士、墨西哥城的苏珊娜·金塔尼利亚、加尔各答印度统计学院的侯赛因博士，以及杰·豪本、杰拉尔德·霍尔顿、约翰·哈钦斯、拉里·欧文、路易斯·斯莱辛、桑德拉·塔嫩鲍姆、约翰·汤立。

我们感谢约翰·吕诺、埃里克·雷曼和林赛·史密斯为我们提供法律和媒体事务指导，感谢伦纳德·格林伯格和乔治·佩里斯基提供专业协助。

我们要特别感谢我们在纽约的支持团队，他们是诺埃尔·亚当斯、穆罕默德·阿门、安东尼娅·阿图索、米歇尔·巴柳、奥维迪奥·比亚基、大卫·比诺埃、约翰·坎贝尔、约翰·卡诺尼、格洛丽亚·克鲁兹、凯文·库伦蒂、麦莉·迪亚兹、雷萨·迪亚兹、玛丽·哈姆、阿里·哈桑、罗杰·约翰斯顿、穆斯塔法·科恩、南希·雅各布斯、罗斯安·朗坦、文森特·马里阿诺、里奇·马斯洛、蒂姆·梅尔卡多、格伦·克林斯基、米切尔·刘易斯、芭芭拉·梅尔萨、桑迪·奥尔森、朗达·波梅兰茨、杰西卡·鲍瑞尔、丽莎·里特尔、约瑟·罗德里格斯、拉娜·罗森博格、阿特·罗斯纳、约瑟·萨纳夫里亚、艾丽斯·桑切斯-赫尔南德斯、萨福克斯·楚罗斯。

我们感谢我们的家人和朋友在整个写作过程中给予的关爱、耐心和帮助，他们是莫林·阿斯朗尼亚、玛格丽特·巴瑞拉、帕特里夏·巴伦、凯瑟琳·克拉克、戈登·克拉克、詹姆斯·克拉克、小鲍勃·康韦、弗吉尼亚·康韦、克莉丝汀·康韦、罗伯特·文森特·康韦、霍利·康韦、迈克·希林、凯西·康韦、帕特里克·格林、洛雷塔·康韦、内莉·麦克艾拉维·康韦、苏珊·迪芙洛拉、布拉德·德姆塞、琳达·德姆塞、鲍勃·埃蒙斯、妮娜·拉温格、艾伦·菲尔、汤姆·费兰、汤姆·福斯特、达纳·海瑟林顿、苏珊·霍尔顿、凯瑟琳·哈德森、琼·拉扎勒斯、希拉德·拉扎勒斯、丹·波尔斯特、丹·罗斯、劳伦·罗宾、雷·斯密里奇、理查德·温加滕、比尔·怀斯。

本书的完成离不开埃莉诺·克拉克的好客、慷慨和睿智，离不开林恩·弗雷斯特的友情和支持。斯蒂尔普因特出版社的同事锡德·巴克在本书写作的头几年里给我们提供了巨大的帮助。布拉德和伊莱娜·瑟尔斯为斯蒂尔普因特出版社提供了必要的帮助。

我们要特别感谢马克·贾菲，他尊重了我们在这个写作项目上的优先权；感谢培格·卡梅伦，我们将继续学习他的经验；感谢丽莎·德鲁斯，她在该书写作的初期就表现出了兴趣；感谢布鲁斯·哈里斯，他为该书的出版提供了宝贵的建议。我们感谢作家库尔特·冯内古特，感谢他的友情以及他为该书和我们从事的其他所有项目提供的巨大支持。

我们非常感谢查德·班德纳提供了最终成为书名的短语；感谢比尔·斯蒂弗勒、南希·米特尔曼和安布尔·达拉赫，是他们帮助我们和查德·班德纳取得联系。

我们感谢文学经纪人，在该书的写作过程的每一环节一直给予我们帮助。他们是卡莱尔公司的迈克尔·卡莱尔和尼尔·巴斯康姆，弗莱彻·帕里公司的梅利莎·琴琪拉，英国柯蒂斯·布朗的彼得·罗宾逊。我们衷心感谢我们的经纪人克里斯蒂·弗莱彻，感谢她为我们所做的非凡努力。

本书的出版还得益于两位杰出的编辑。我们感谢阿曼达·库克对本书的大力奉献，她在本书原始手稿上做了大量细致精巧的工作。我们感谢乔·安·米勒，他对书稿终稿的编辑工作既快速又细致。

最后，我们感谢我们的父母罗伯特和海伦·康韦以及伦纳德和阿琳·西格尔曼，他们为我们提供坚定的支持。他们的爱将继续支持着我们，鼓舞着我们。

悼 念

朱利安·比奇洛	佩吉·维纳·肯尼迪
克劳德·香农	阿曼德·西格尔曼
老罗伯特·康韦	伦纳德·西格尔曼
海伦·康韦	德克·斯特罗伊克
伊万·格廷	海因茨·冯·弗尔斯特

注释

除非另外说明，维纳尚未出版的论文和信件都收藏在麻省理工学院图书馆学院档案和特色馆藏部 MC 22 区"诺伯特·维纳论文"部分。其他信件和未出版的材料是从维纳家人那里获得的，被统称为"维纳家庭记录"（WFR）。本书作者由衷感谢学院档案部和维纳家人为本书提供文献资料。史蒂夫·海姆和佩西·马萨尼所从事的研究工作对本书的写作产生了极大作用，并极大地丰富了本书的内容。

——弗洛·康韦 吉姆·西格尔曼

缩写表

档案资料以及经常被引用的著作

Cyb	Cybernetics: or Control and Communication in the Animal and the Machine (Wiener 1948a).
ExP	Ex-Prodigy: My Childhood and Youth (Wiener 1953c).
G&G	God & Golem, Inc.: A Comment on Certain Points where Cybernetics Impinges on Religion (Wiener 1964a).
HUHB	The Human Use of Human Beings: Cybernetics and Society (Wiener 1950a, page references are from Avon edition unless otherwise noted).
IAM	I Am a Mathematician: The Later Life of a Prodigy (Wiener 1956b).
LoC	Library of Congress, Washington, D.C.
McC CW	Collected Works of Warren S. McCulloch (McCulloch 1989, vol. # I, II, III, IV).
NYT	The New York Times.
NW CW	Norbert Wiener 1894–1964 (Collected Works) (Wiener 1976, 1979, 1981, 1985, vol. # I, II, III, IV).
WFR	Wiener Family Records.
YP	"Yellow Peril" (Wiener 1942/1949b).

经常被引用的访谈以及个人通信

BWR	Barbara Wiener Raisbeck, personal communication.
	Barbara Wiener Raisbeck & Gordon "Tobey" Raisbeck.
B&TR1	1st int., Cape Negro, Nova Scotia, Canada, Aug 27–28, 1997.
B&TR2	2nd int., Portland, ME, Apr 23, 1998.

B&TR3	3rd int. (telephone), May 17, 1998.
B&TR4	4th int., Portland, ME, Dec 10, 1999.
PWK	Peggy Wiener Kennedy, personal communication.
PWK1	1st int., Lake Oswego, OR, Dec 28, 1997.
PWK2	2nd int. (telephone), May 3, 1998.
PWK3	3rd int. (telephone), May 17, 1998.
PWK4	4th int. (telephone), June 8, 1998.
PWK5	5th int. (telephone), Aug 21, 1999.
PWK6	6th int. (telephone), Aug 29, 1999.
	Julian Bigelow
JB1	1st int., Princeton, NJ, Apr 28, 1999.
JB2	2nd int. (telephone), June 27, 1999.
JB3	3rd int., Princeton, NJ, Oct 30, 1999.
JB4	4th int. (telephone), June 14, 2000.
	Jerome "Jerry" Y. Lettvin
JL1	1st int., Cambridge, MA, Nov 24, 1997.
JL2	2nd int., Cambridge, MA, Apr 22, 1998.
JL3	3rd int. (telephone), May 31, 1998.
JL4	4th int., Cambridge, MA, Dec 12, 1999.

题记

1 Epigraph: Eliot.

序言

2 Two academic biographies . . . memoirs . . . autobiography: Heims 1980 and Masani 1990; Norman Levinson 1966 and Rosenblith & Wiesner; Wiener 1953c and Wiener 1956b.

3 "watch your hat and coat": Wiener and Campbell 1954c.

4 "a two-edged sword, and sooner or later it will cut you deep": G&G, 56.

第一部分

一

5 Epigraph: "The Elephant's Child," in Kipling.

6 "Hey, mother . . . isn't it time to go to college?": *New York World Magazine*, 10.7.1906.

7 "I am myself overwhelmingly of Jewish origin": *ExP*, 8.

8 *Ex-Prodigy*: Wiener 1953c.

9 "attitude toward life": *ExP*, 9.

10 Talmudic scholars in the Wiener line: Raven, 42; *ExP*, 10. Among them were Rabbi Joseph Ettinger of Jaworow, a liberal activist who fought the spread of orthodox Hassidism in southern Poland in the mid-1700s; Rabbi Pollack of Brody, who wrote the famous religious commentary "The Heart of the Lion," published in 1820; and Rabbi Akiba Eger, the Grand Rabbi of Posen from 1815 to 1837, a traditionalist who, to Wiener's dismay, staunchly opposed the new wave of secular learning that infused European Jewry under the influence of the German-Jewish philosopher Moses Mendelssohn.

11 A family legend . . . Maimonides: The link to Maimonides was in the family of Wiener's great-grandmother Rosa Zabludowska. BWR, 8.30.00.

12 "After so much passage of time . . . shaky legend": *ExP*, 10.

13 A cousin of Wiener's: Raven, 11–12.

14 several hundred modern descendants of Maimonides: Inquiries by the authors on the genealogical website www.jewishgen.org found multiple links to Maimonides in that region on the Polish-Lithuanian border: in a small Polish town southeast of Lublin, in Kielce, Poland, and in Sereje, in southwest Lithuania. A young Israeli was descended from a "very large family tree of hundreds of people that come from the Maimon family," many of whom left Lithuania for Palestine before World War II. Lublin, Kielce, and Sereje (now called Seirijai) were joined by old roads that met at Bialystok.

15 "frenzied fury": Raven, 12.

16 more than forty languages: *Harvard Gazette* (Mar 1940) claimed thirty; Wiener said "some forty," *IAM*, 48; Raven said forty-two. Raven, 11.

17 "young Slav engineering student": Unless otherwise cited, details of Leo's career and early travels are from Leo Wiener 1910.

18 "vegetarian humanitarian socialist commune": Raven 15.

19 *In a Balcony*: *ExP*, 21, although Wiener mistakenly refers to the work as *On a Balcony*.

20 "incurables": *ExP*, 32.

21 "horrible and hair-raising" tracts: ibid., 15.

22 "moderate inconvenience": ibid., 41.

23 still counting on his fingers . . . multiplication tables: ibid., 45, 66.

24 "in order to instill in him something of the scientific spirit": "The Case of the Wiener Children," typescript of unknown authorship and origin, circa 1913 (perhaps a partial transcript of Addington), MIT, box 33b, folder 903.

25 "tactful compulsion": "The Case of the Wiener Children," op. cit.

26 "the blessedness of blundering": "Harvard's Four Child Students," *Boston Sunday Herald*, 11.14.1909.

27 "the child must be made, in a kindly manner": "The Case of the Wiener Children," op. cit.

28 "systematic belittling": *ExP*, 70.

29 "My father would be doing his homework for Harvard": Amar Bose int., Framingham, MA, 11.26.97.
30 "Brute!" "Ass!" "Fool!" and "Donkey!": *ExP*, 67.
31 "austere and aloof figure": ibid., 34.
32 "He would begin the discussion in an easy, conversational tone": ibid., 67.
33 "juvenile ineptitudes . . . morally raw all over": ibid., 68.
34 "I relearned the world . . . still totally astonishing": Amar Bose int.
35 "analogous to the . . . fall of a train of blocks": *ExP*, 64.
36 the wild idea that he could turn a doll into a baby: ibid., 83.
37 "quasi-living automata": ibid., 65.
38 "fight or flight": Cannon 1929.
39 "homeostasis": Cannon 1932.
40 the works of Tolstoy, all twenty-four volumes: Tolstoy 1904–1905.
41 "The Theory of Ignorance": Wiener 1905.
42 "Futile as it was . . . the slightest danger": *ExP*, 99–100.
43 "Little as I wished to grow up . . . not nearly out of the woods": ibid., 100.
44 "an outsider at the feast": ibid.
45 "no good": PWK1.
46 "crabbed": *ExP*, 104.
47 "drawing was a bugbear": "The Case of the Wiener Children," op. cit.
48 his mind worked faster than his body: *ExP*, 130.
49 "effectors": *HUHB*, 213.
50 "at probably the greatest cost in apparatus": *ExP*, 105.
51 James . . . co-founded . . . pragmatism: James 1907. James named the doctrine and identified his Harvard colleague Charles S. Peirce as its founder.
52 Leo . . . incorporated James's education theories: James, like Leo, denounced "the philosophy of tenderness in education" and saw genius as "nothing but a power of sustained attention." James 1899, 51–52, 78.
53 Norbert . . . admired James's colorful style far more than his logic: *ExP*, 110.
54 "a field in which one's blunders . . . with a stroke of the pencil": ibid., 21.
55 his math professor turned the class over to him: "I used to sit in the front row while he worked at the board. It was easier that way." Professor William Ransom, *Boston Globe*, 2.2.64.
56 "I could not stop the wheels from going around": *ExP*, 115.
57 *"What should I do in the future"*: ibid.
58 "doubt as to whether the future of an infant prodigy": ibid., 116.

59 "This was the first time . . . a freak of nature": ibid.
60 "the child who makes an early start": ibid., 117.
61 "rather it petered out": ibid., 121.
62 "a sword with which I could storm the gates of success": ibid., 122.
63 Harvard . . . in service to the ministry: An early brochure (ca. 1643) proclaimed Harvard's mission: "To advance Learning and perpetuate it to posterity; dreading to leave an illiterate Ministry to the Churches." www.harvard.edu.
64 "the slicks": *ExP*, 119.
65 "who were eager to sell my birthright at a penny a line": ibid., 118.
66 "Harvard's Four Child Students": *Boston Sunday Herald*, 11.14.1909.
67 "My children are *not* anomalies . . . could have been ready for Harvard at 8": ibid. (emphasis added).
68 "a conscious blunder is a grand thing": ibid.
69 "sober dignity, reserve . . . reticence": *ExP*, 141.
70 "the sharing of a precocious school career": ibid., 139.
71 Berle . . . Roosevelt's Brain Trust: Berle served as Roosevelt's Assistant Secretary of State for Latin American affairs (1938–44) and ambassador to Brazil (1945–46).
72 Sessions . . . three Pulitzer Prizes: Two for his Concerto for Orchestra and a special Pulitzer citation for his life's work.
73 William Sidis soared briefly: After graduating with great fanfare, Sidis began his career as a mathematics professor, but he was mocked by his students for his immaturity. After eight months, he quit teaching and disavowed mathematics entirely. He suffered a nervous breakdown, went into seclusion, and spent his adult life doing menial work and writing ponderous books on obscure subjects. In 1937, a reporter for *The New Yorker* dragged him back from obscurity (Manley, www.sidis.net/newyorker3.htm). Other views suggest Sidis was no failure. He published a theory of black holes fifteen years before the idea was accepted by astronomers (Sidis 1925) and a "100,000-year history of North America" (Sidis 1982). See also Sperling; Wallace; www.sidis.net.
74 "a cruel and quite uncalled-for": *ExP*, 134.
75 "You Can Make Your Child a Genius": *This Week Magazine* (*Boston Sunday Herald*), Mar 1952; *ExP*, 135.
76 "So you can make your child a genius, can you?": ibid., 136.
77 "a dear sweet bit of arsenic and old lace": PWK1.
78 "much earlier philosopher": *ExP*, 143.

79 "disinherited": ibid.
80 "where it really hurt . . . internal spiritual security": ibid., 147.
81 "As I reasoned it out to myself": ibid., 148–149.
82 "To be at once a Jew": ibid., 153–156.
83 "One thing became clear very early": ibid., 153–154.
84 "a turbid and depressing pool": ibid., 152.
85 In an article in the popular *American Magazine*: Bruce.
86 "When this was written down": *ExP*, 159.
87 His philosophy papers during those formative years: Wiener 1912a, 1912b, 1913a.
88 oral exams in a "trance" of dread: *ExP*, 172.
89 Prodigies . . . as omens "of impending change in the world": Feldman and Goldsmith, 4.
90 "fabulous monsters": *ExP*, 288.
91 a greater "gambit" on nature's part: Feldman and Goldsmith, 11.
92 "exemplar and beacon": ibid., x.
93 "may have something to tell us . . . existence on this earth": ibid., 213.
94 "omnibus prodigy . . . extreme precocity": ibid., 234.
95 "curious almost beyond belief": ibid., 239.
96 "rarely do the young sprigs blossom . . . fundamental and irreversible": ibid., 15–16.
97 "Nubbins": B&TR1.
98 *a small or imperfect ear of corn*: *American Heritage Dictionary*. New York: American Heritage, 1975.

—

99 Epigraph: Goethe.
100 "conflicting and self-contradictory": *ExP*, 182.
101 "a heavenly relief": ibid.
102 "flirtation of an old sea captain's daughter": ibid.
103 "Russell's attitude seems to be . . . utter indifference mingled with contempt": NW to Leo, 9.30.13.
104 "My course-work under Mr. Russell is all right": NW to Leo, 10.18.13.
105 His blustering attacks: Russell was a formidable scholar, but he was described by friends and detractors alike as a callous, egotistical, sadistic, and at times suicidal figure. Ayer; Macrae; Monk.
106 "I have a great dislike for Russell": NW to Leo, 10.25.13.
107 "infant prodigy named Wiener": Russell to Lucy Donnelly, 10.19.13, in Grattan-Guiness 1974.
108 "a slovenly, mean little woman": *ExP*, 185.
109 "hopelessly and utterly lonely": ibid., 186.
110 "in such a way to comb a Yankee's hair the wrong way": ibid., 184.

111 "happier and more of a man": ibid., 197.
112 "a very close and permanent bond between myself and England": ibid., 184.
113 "the perfect March Hare": ibid., 195.
114 "with his pudgy hands": ibid.
115 Harvard . . . "has always hated the eccentric": ibid., 197.
116 Hardy's course was "a revelation": ibid., 190.
117 Wiener thanked Hardy, not Russell: *IAM*, 190–191.
118 Lebesgue integral: ibid., 22–23.
119 his first published paper: Wiener 1913b.
120 "Looking back . . . I do not think it was particularly good": *ExP*, 190.
121 His next paper for Hardy . . . significant contribution to the field: Wiener 1914a. H. E. Kyburg called it "fundamental and justly famous." NW CW I, 33.
122 "humbug": *ExP*, 189.
123 his special theory of relativity: Einstein 1905c.
124 his quantum theory of photoelectricity: Einstein 1905a.
125 In that third paper: Einstein 1905b (see also Einstein 1906).
126 "It appears to me unlikely that . . . Mr. Russell's set of postulates": Wiener 1915a.
127 Kurt Gödel's Incompleteness Theorem: Gödel.
128 "It is not very easy for me . . . to write of . . . Russell": *ExP*, 193.
129 "Nevertheless he turned out well": Grattan-Guinness 1975.
130 "the one really universal genius of mathematics": ibid., 209.
131 he did "not have the type of philosophical mind . . . at home in abstractions": ibid., 214.
132 "I soon became aware that I had something good": ibid., 211–212.
133 The paper he produced: Wiener 1915b.
134 "to see a difficult, uncompromising material take living shape and meaning": *ExP*, 212.
135 "more or less by itself": ibid.
136 "long, moist, and harmonious": ibid., 206.
137 "a not too hilarious Christmas dinner": ibid., 220; Masani, NW CW IV, 73.
138 "The Highest Good" . . . . "Relativism": Wiener 1914a; 1914b.
139 "You seem to be doing philosophy rather than math": Eliot to NW, 1.6.15.
140 "no knowledge is self-sufficient": Wiener 1914b.
141 "*All* philosophies are . . . relativisms": ibid. (emphasis added).
142 "The hypothesis that a highest good exists may well be doubted": Wiener 1914a.

143 Eliot was a devout realist: although he would later become a devout convert to the Church of England.
144 "In a sense . . . philosophising is a *perversion* of reality": Eliot to NW, 1.6.15 (emphasis added).
145 "I am quite ready to admit . . . avoid philosophy": ibid.
146 Eliot . . . gave Wiener a rave review: ibid.
147 sowed seeds that would blossom in his work decades later: see Masani in NW CW IV, 68–75.
148 "took it green up to the bridge": *ExP*, 221.
149 "emancipation": ibid., 216.
150 "much more a citizen of the world": ibid., 215.
151 "the cream of the intellectual crop": ibid., 216.
152 "Slough of Despond": ibid., 215. The phrase is from John Bunyan, *Pilgrim's Progress*, Part I.
153 "completely lacking in tact": *ExP*, 222.
154 "low point": ibid., 226.
155 "men of the American scene": ibid., 208.
156 "facile . . . a certain thinness of texture": ibid., 224.
157 "pontifical": ibid., 228.
158 "youthful loquacity . . . gift for gab": ibid.
159 "I was protected by my very inexperience": ibid.
160 "inconsiderate": ibid., 127.
161 "an aggressive youngster," "not a very amiable young man": *IAM*, 28.
162 "certainly no model of the social graces": *ExP*, 132.
163 Anti-Jewish attitudes at Harvard: ibid., 131. In 1922, Lowell proposed the use of quotas for Jewish college students. He later retracted the statement, but the precedent was set and quotas were widely instituted by American universities.
164 "a star of the first magnitude": ibid., 230.
165 Birkhoff's "special antipathy": *IAM*, 28. Masani defended Birkhoff against Wiener's charge of anti-Semitism but acknowledged that "There is no evidence, however, of Birkhoff's opposition to the Jewish [quotas]." Masani, 363. Einstein, too, believed that "Birkhoff is one of the world's great academic anti-Semites." Nasar, 55.
166 resentments aimed at his father: *ExP*, 231–232.
167 "without the benefit of any foreign training whatever": ibid., 230.
168 "my eyesight . . . to hit a barn out of a flock of barns": ibid., 238.
169 "a strapping lot of young farmers and lumberjacks": ibid., 240.
170 "my eyes were against me everywhere": ibid., 244.
171 "shamefaced resignation": ibid., 248.
172 "to dare to contravene his orders": ibid.
173 "utter balderdash": ibid., 251.

174 "useless fumblers with symbols": ibid., 255.
175 "dust, flies, heat—everything but water": NW to Leo/Bertha, 7.29.18, WFR.
176 "I see more shell and shrapnel bursts in a day": ibid.
177 "not to be a slacker": NW to Leo/Bertha, undated, WFR.
178 "I have a special talent for making blunders": ibid.
179 "I was appalled by the irretrievability": *ExP*, 259.
180 Two days later, the Armistice was signed: ibid., 260.
181 "strained by my corpulence": ibid., 259.
182 "Dear Dad: I am well and happy": NW to Leo/Bertha, 10.6.18, WFR.
183 "Dear Conta: I'm O.K.": NW to Constance, 10.10.18, WFR.
184 "Dear Ma: I am well and happy here": NW to Bertha, 11.21.18, WFR.
185 "Dear Ma: . . . I have delayed in writing to you . . . rather depressed": NW to Bertha, 1.13.19, WFR.
186 "there were many good candidates": *ExP*, 271.
187 "many blunders": *IAM*, 29.
188 "Americanization . . . completely out of touch with the educated elements": *ExP*, 267.
189 "not unready to leave the paper": ibid., 268.
190 "did not have a particularly high opinion of me or the job": ibid., 271.

=

191 Epigraph: Browning.
192 A single, labyrinthine corridor . . . gerrymandered textile mills: Hapgood, 54.
193 "infinite corridor": ibid.
194 Tech brooked no nonsense . . . had no chapel: *ExP*, 281–282; Hapgood, 39.
195 "running interference for the engineering backs": *ExP*, 277.
196 "Tech boys" wanted to work: ibid., 282.
197 "How could one bring to a mathematical regularity . . . the water surface?": *IAM*, 33.
198 "problem of the waves": ibid.
199 The problem had been around for two centuries: Swiss mathematician Daniel Bernoulli is credited with founding the science of fluid dynamics in his *Hydrodynamica*, published in 1738.
200 the writings of G. I. Taylor: Wiener read Taylor's writings at Trinity. NW CW I; Masani, 4; Taylor.
201 "*I came to see that the mathematical tool for which I was seeking*": *IAM*, 33.
202 *Elementary Principles of Statistical Mechanics*: Gibbs.

203 "an intellectual landmark in my life": *IAM*, 34.
204 Wiener's favorite example—the path of a drunken man: ibid., 35, 37.
205 "essential irregularity of the universe": ibid., 323.
206 Gibbs's statistical principles, of which Einstein was unaware: www.in-search-of.com/frames/biographies/einstein_albert/einstein.shtml.
207 his major work on Brownian motion: Wiener 1921.
208 "Wiener measure": K. Itô, NW CW I, 513–515.
209 "Wiener space": a probability measure over an infinite dimensional space. NW CW IV, 372.
210 "new and powerful communication techniques of Oliver Heaviside": *ExP*, 281.
211 "shot effect": The shot effect was first analyzed by W. Schottky in 1918. Ott.
212 "discreteness of the universe": *IAM*, 40.
213 "everything from a groan to a squeak": ibid., 75.
214 "harmonic analysis . . . generality and even rigour": www-groups.dcs.st-and.ac.uk/00history/Mathematicians/Fourier.html.
215 Wiener reformulated Fourier's work: Wiener acknowledged that he was not the only clarifier of communication engineering during that period. He wrote later: "From . . . 1900 until 1930, Heaviside's methods dominated . . . communications engineering technique, and their rigorous mathematical justification was a moot question. . . . Toward the end of this period . . . several avenues [for formalizing] Heaviside calculus were found. . . . The construction of a comprehensive table of Fourier transforms by Drs. Campbell and Foster of the Bell . . . Laboratories almost at once replaced the Heaviside calculus . . . as the method of choice in communications engineering." *YP*, 7–8. See also Bush 1929 (Appendix by Wiener); Campbell and Foster.
216 electronic signals could be captured and frozen in time: Wiener's "great contribution to harmonic analysis . . . was translation invariance or stationarity." Masani, NW CW II, 809.
217 "stillborn": *IAM*, 40.
218 "to clear the tracks for the two doctoral candidates": ibid., 84.
219 "thundered": ibid., 85.
220 "I was more or less repelled . . . too dangerous to be ignored": ibid., 87.
221 "a complete right of veto": ibid., 32.
222 Hedwig . . . as many careers as Leo Wiener: Hedwig worked as a cook in lumber camps in Utah and Montana, ran a boardinghouse in Salt Lake City, and later a dry-cleaning establishment. B. Raisbeck 1986; BT1.

223 "was beautiful in a pre-Raphaelite way": *ExP*, 282–283.
224 "were not silent in their approval": ibid., 284.
225 Lebesgue himself . . . lauding Wiener's work: *IAM*, 92; Masani, NW CW I, 5.
226 "the whole system of . . . physics must be restructured from the ground up": *NYT*, 12.12.2000.
227 "My talk in Göttingen, like quantum theory . . . no music at all": *IAM*, 105–107.
228 Heisenberg . . . was sitting in Wiener's seminar that day: Masani, 117.
229 "presented to the Göttingers . . .": *IAM*, 107.
230 Born sought Wiener's help: ibid., 108.
231 "notable contribution" in the advance of quantum theory: Armand Siegel, "Comment," NW CW III, 531; Wiener and Born 1926a.
232 "hardly assimilated": Born did not see the quantum wave dynamics implicit in his work with Wiener. "We worked together hard on this project . . . but we just missed the most important point in a way which makes me ashamed even to this day," he wrote later. "Thus we were quite close to wave mechanics but did not reach it, and Schrödinger is rightly considered its discoverer." Born, 226–230.
233 "his statistical interpretation of the wavefunction": www.almaz.com/nobel/physics/1954a.html.
234 "an excellent collaborator": www.nobel.se/physics/laureates/1954/born-lecture.pdf. In his memoirs, Born recalled the start of his collaboration with "a remarkable young man, Norbert Wiener . . . a mathematician of repute" (Born, 226). Wiener recalled Born's initial skepticism: "Born had a good many qualms about the soundness of my method and kept wondering if Hilbert would approve of my mathematics. Hilbert did, in fact, approve of it" (*IAM*, 108–109). Soon after he returned to Göttingen, Born unveiled a new statistical interpretation of Schrödinger's wave mechanics. He asserted that Schrödinger's "electron wave" was not a physical wave but a "probability wave"—a remapping onto the quantum plane of Wiener's probability measure of Brownian motion. But Born claimed the concept as his own. He later insisted that "the idea of electron waves was familiar to me when Schrödinger's papers . . . appeared," and that, "At that time it was clear that the proper interpretation of quantum mechanics must be of a statistical type" (Born, 231). However, he acknowledged that, in his work with Heisenberg and others before he teamed with Wiener, "we never contemplated waves, and all they imply" Born, 220.
235 Cecilia Helena Payne: Zipporah "Fagi" Levinson int., Cambridge MA, 8.24.98.
236 "a person more like himself . . . with hope of matrimony": Heims 1980, 24.
237 "a bit too intermittent to suit us": *IAM*, 110.

238 "I was in a very exulted mood . . . boasting and gloating": ibid., 112–113.

239 "Dear Parents: Marguerite and I are having a wonderful honeymoon": NW to Leo/Bertha, 3.30.26, WFR.

240 "Gretel": NW to Leo/Bertha, Constance, Fritz, beginning with NW to Leo & Bertha, 11.27.26, WFR.

241 "Your (no longer) dutiful son Norbert." NW to Leo and Bertha, 4.11.26, WFR.

242 Nationalist extremists dogged his . . . interactions: NW to Constance & Phil Franklin, from Italy, summer 1926, WFR.

243 Courant turned against Wiener: "Courant was trying to seesaw between me and the government. . . . I felt the cards were stacked against me": ibid.

244 to the verge of a nervous breakdown: "the edge of a nervous breakdown." *IAM*, 115.

245 "blues": ibid.

246 "black depression": ibid., 119.

247 "partly to share in my supposed success": ibid., 117.

248 "to work out our problems of adjustment": NW to Bertha/Leo, 8.3.26, WFR.

249 "really afraid . . . a nervous breakdown. . . . Norbert needs absolute quiet": Margaret to Leo/Bertha, Aug 1926, WFR.

四

250 Epigraph: Sophocles.

251 "to a life of handyman domesticity": *IAM*, 124.

252 "was never my métier": ibid.

253 every young woman in the United States: www.pbs.org/wgbh/amex/telephone/filmmore/transcript/index.html.

254 "*the size of the message*": Hartley 1926 (emphasis added).

255 "*transmission of intelligence*": Nyquist (emphasis added).

256 "*the commodity to be transported by a telephone system*": Hartley 1926 (emphasis added).

257 There simply was no rigorous science of communication: "Heaviside's methods worked by black magic—they gave the right answers, but nobody knew why." Gordon Raisbeck, personal communication, 7.23.99. Raisbeck contrasted the days of circuit design before Wiener and his doctoral student Y. W. Lee as the era of "cut-and-try methods," in contrast to "a systematic tailoring [of circuits] to a set of criteria chosen in advance."

258 The distinction between strong and weak currents: "What the Germans call . . . *Starkstromtechnik* and *Schwachstromtechnik*." *YP*, 3.

259 the fundamental assumption of Gibbs' statistical mechanics . . . not merely inadequate, but impossible": The "ergodic hypothesis" was first stated by Gibbs and Boltzmann and later refined by Wiener's nemesis G. D. Birkhoff and by Wiener himself. Wiener 1938. "Wiener was . . . shocked and surprised that . . . Gibbs had obtained valid results by methods that were mathematically hopeless." Dennis Gabor, "Comments," NW CW III, 491.

260 "years of growth and progress": *IAM*, 124.

261 more than a dozen papers: The most important of these were Wiener 1926b, 1926c, 1926d.

262 "Generalized Harmonic Analysis": Wiener 1930.

263 "noise": Wiener's papers on harmonic analysis contributed to a rigorous mathematical theory of "haphazard disturbances" such as radio-telephone "tube noises." Wiener 1926d. See also Wiener 1926c; Wiener 1930/NW CW II, 4–5, 133, 159, 298, 372–374.

264 "a valuable means of measuring the electronic charge": Wiener 1926d.

265 "series of data": Wiener 1930/NW CW II, 259.

266 "an infinite sequence of choices . . . binary": Wiener 1930/NW CW II, 276.

267 a new "movement" in scientific thinking: Wiener 1938/NW CW II, 800. See Masani's further comments, NW CW II, 807–810.

268 ahead of its time by a decade or two . . . three: Masani, NW CW II, 377.

269 "Norbert does the math and I do the arithmetic": Dorothy Setliff telephone int., 9.9.98.

270 "very demonstratively affectionate": PWK1.

271 "my new personality as a married man": *IAM*, 128.

272 "had taken a great deal too much for granted . . . family captivity": *ExP*, 285.

273 "made him look as if he had been painted by Rembrandt": *IAM*, 125.

274 "when my life is a simple alternation": ibid., 127.

275 "give our children the experience of the country": ibid., 126.

276 Barbara . . . from the first mood of the first figure of the syllogisms: BWR, 5.14.01.

277 "pure universal": "A pure universal syllogism contains three universal propositions. . . . The AAA–1 syllogism is the highest form of syllogistic argument." www.gibson-design.com/philosophy/Concepts/organon-dictionary-$.html#barbara_1.

278 "*Barbara, Celarent, Darii, Ferio*": From the medieval poem, "The Rhyme of Reason," www.phil.gu.se/johan/ollb/Syllog.machine.html.

279 "as a very clumsy pupil in the art of baby sitting": *IAM*, 127.

280 "Everything is going first rate here": NW to Leo, 7.30.28.

281 "*One fine morning . . . this 'satiable Elephant's Child*": Kipling.

282 "featly tread": Horace, *Carmina Odes*, 1.37. The phrase is from Conington's 1870 translation.

283 "I can still hear his Latin verse": BWR, 7.8.97.

284 Pascal . . . Leibniz . . . Babbage: For background see the excellent biographies of the School of Mathematics and Statistics, University of St. Andrews, Scotland: www-groups.dcs.st-and.ac.uk/00history/BiogIndex.html.

285 "Difference Engine . . . Analytical Engine": www-groups.st-and.ac.uk/00history/Mathematicians/Babbage.html; www.fourmilab.ch/babbage/contents.html.

286 all the basic components of a modern computer: including a "mill" or central processing unit, a "store" for holding the partial results of arithmetic operations, a logical "control" for deciding among different options as results were obtained, and a press to print the end product of the computation. fourmilab.ch/babbage.baas.html.

287 A hundred years later, Vannevar Bush: Zachary.

288 "closely associated . . . on my own account": *IAM*, 111.

289 "The number of operations . . . is simply enormous": ibid., 138.

290 "I was visiting the show at the old Copley Theatre": ibid., 112.

291 Wiener's earlier work on . . . light waves: Wiener 1925. See also Wiener 1926c, 1926d; Wiener 1930.

292 an all-electronic *optical* computer: *IAM*, 137–138.

293 "The idea was valid": ibid., 112.

294 "got a nice letter from Bush about my machine & his": NW to Leo/Bertha, Breslau, 11.27.26, WFR.

295 "Product Integraph . . . Cinema Integraph": See Bennett 1994a; Masani, 162–163.

296 Bush did not opt for optical computing: Later Bush saw the light. In the 1930s, he became an advocate of optical technology and, with an MIT colleague, developed an optical data-sorting device for microfilm systems. In the mid-1940s, he proposed an expanded optical system he called a "memex," which has been praised as the prototype for hypertext information storage and retrieval. Zachary, 75–76; Bush 1945a.

297 The machine could compute in fifteen minutes: ftp.arl.mil/00mike/comphist/61ordnance.chap1.html.

298 In 1929 Bush . . . book on circuit theory for electrical engineers: Bush 1929.

299 "of considerable practical value": *IAM*, 139.

300 Bush sought Wiener's advice on many of the chapters: ibid.

301 "the fun we had in working together": ibid.

302 "did not know an engineering and a mathematician could have such good times together": Bush 1929; v-vi.

303 "the high-speed computing machines of the present day follow very closely": *IAM*, 138.

304 "The future development of computing machines . . . borne me out in this opinion": ibid., 137–138.

305 The "Wiener-Hopf" equations: Wiener and Hopf 1932b. See also T. Kailath, NW CW III, 63–64.

306 "His steadiness and judgment": *IAM*, 133.

307 "adjustable electronic circuit": ibid.

308 "at the cost of a great wastefulness of parts": ibid.

309 "reduced a great, sprawling, piece of apparatus": ibid.

310 the best circuitry of its kind . . . physically attainable: The Wiener-Lee network consisted of a latticework of lumped linear circuit elements (resistors, capacitors, and inductors) and functioned as a sensitive bandpass filter that separated and further refined in each successive layer the specified band of frequencies to be passed along by the network. Its layers of progressive filtering components, in effect, translated Wiener's method of harmonic analysis into a practical form that, in principle, could be expanded to an infinite number of layers. Gordon Raisbeck, personal communication, 7.23.99.

311 a patent application was filed: "Electrical Network System," Patent No. 2,024,900, *Official Gazette*, U.S. Patent Office, Dec. 17, 1935, 688.

312 "Now Lee wasn't a mathematician . . . no one believed it": Amar Bose int., Framingham, MA, 11.26.97.

313 "When Lee made his doctoral presentation . . . They pounced all over him": Bose was referring specifically to the real and imaginary components of Wiener's harmonic analysis theory and Lee's application of it.

314 Lee's dissertation . . . a landmark: Lee 1930/1932; www.eecs.mit.edu/greateducators/lee.html.

315 over the $5,000 mark in annual income: MIT raised NW's salary to $6,000 in 1931. MIT to NW, 11.11.31.

316 J. D. Tamarkin: *IAM*, 129–130.

317 "I began to be heard of in this country": ibid., 130.

318 Even politically isolated mathematicians in the strife-torn Soviet Union: ibid., 145.

319 "made it possible to allay some part of the hostility": ibid., 128.
320 "Another university is apparently quite desirous of your services": Compton to NW, 12.12.30.
321 Princeton's . . . new Institute for Advanced Study: NW-Veblen letters, Feb 1931.
322 "wear the arms of Trinity College . . . only on the left hand": *IAM*, 150.
323 his first book-length work: Wiener 1933.
324 "tall, powerfully built, beetle-browed man": *IAM*, 160.
325 Haldane "had used a Danish name": ibid.
326 "I have never met a man with better conversation": ibid., 161.
327 Haldane . . . controversial stands . . . most ardent and articulate communists: Clark, 75–77, 209–210, 290–293.
328 "wild, long-haired Russian": Leo Wiener, 1910.
329 the probabilities of genetics . . . statistical methods: In ten papers. Haldane 1924–1934; Clark, 71–73, 306–308.
330 "discoursing loudly at table": Sheehan.
331 "Following his example, I smoked a cigar": *IAM*, 162.
332 "a reasonably routine life": ibid., 164.
333 "extreme sensitivity . . . a pupil, a friend, a colleague": Struik 1966.
334 "It took me some time to come back to a mental equilibrium": *IAM*, 170.
335 "Paley-Wiener criteria for a realizable filter": Wiener and Paley 1934; Masani, NW CW III, 4.

五

336 Epigraph: Goethe.
337 "as he tossed peanuts into the air and caught them in his mouth": Heims drew the classic image of Wiener as he was frequently described by students and colleagues, "walking the long, industrial halls, leaning backward in his ducklike fashion, looking up as he tossed peanuts into the air and caught them in his mouth—a skill he had perfected." Heims 1980, 381.
338 "safaris": Jackson.
339 "At MIT he used to walk all the corridors": Dirk Struik int, Belmont MA, 8.28.98. See also Struik 1966; Struik 1994.
340 he seemed oblivious to the world around him: Recollections of Morris Halle and others, Heims 1980, 380–381; David Cobb, a former MIT student, reported seeing him walking across campus in his tie and jacket "unaware of the snowstorm raging around him." MIT 1994 (NW centennial program).

341 "He stopped me halfway . . . already had my lunch": Ivan A. Getting telephone int., Coronado, CA, 5.2.99.
342 Sometimes he seemed wholly unaware of the person to whom he was talking: Heims 1980, 380–318.
343 "Wiener needed to write, so he walked . . . into the nearest office": Donald Spencer in MIT 1994.
344 "famously bad": Recollections of Hans Freudenthal, Masani 1990, 353.
345 "In class, while presumably deriving a theorem on the blackboard": Heims 1980, 333.
346 "He could range among the worst and among the best": Struik 1966.
347 five-foot-long equations . . . without notes: "Master Mind," *MD*, June 1975.
348 Wiener's students had to hunt him down: Recollections of Asim Yildiz, Heims 1980, 384.
349 picking his nose "energetically": Recollections of Armand Siegel, ibid., 382.
350 On at least one occasion, he strode into the wrong classroom: Recollections of Albert Hill, Heims 1980, 381.
351 wrote a large "4" on the blackboard: Recollections of David Cobb in MIT 1994.
352 "Every student . . . got an A": Zipporah "Fagi" Levinson int., 8.24.98.
353 "a most stimulating teacher . . . secretary for a young student": Norman Levinson 1966.
354 "Norman came from a very poor family": Zipporah Levinson.
355 "He would lean back and start to snore": Gordon "Tobey" Raisbeck, B&TR1.
356 "Actually, he could fall asleep *and* talk!": Doob 1994.
357 "right-hand man": *IAM*, 170.
358 Both men viewed science as a collaborative venture: ibid., 171.
359 "a field into which few real mathematicians had strayed": Rosenblith and Wiesner.
360 "Ultimately the theme of the many discussions": *IAM*, 171–172.
361 "no man's land between . . . established fields": *Cyb*, 2.
362 "sales resistance . . . more than we could overcome": *IAM*, 135.
363 "was cut out for us . . . some of whom went through my hands": ibid., 174–175.
364 Karl Menger . . . Notre Dame: Menger later found a home at the Illinois Institute of Technology.
365 "desperate straits": *IAM*, 180.
366 "I have never felt the advantage of European culture over . . . the Orient": ibid., 182.
367 "affected by the rigidity that so often taints a university": ibid., 184.

368 "to report our every word and attitude to the management and . . . the police": ibid.
369 Lee's wife, Betty: *IAM*, 186; BWR, 5.20.01.
370 "There was common to almost all that love of the whole world": *IAM*, 197.
371 for the modest sum of $5,000: AT&T to NW, 9.26.35.
372 "the great advantage . . . for purposes of mass production": U.S. Patent # 2,124,599, July 26, 1938.
373 "All this effort we had made went into a paper patent": *IAM*, 135.
374 What was lacking in our work . . . feedback . . . failure was the consequence": ibid., 189–190.
375 "mixture of glamor [*sic*] and squalor": ibid., 194.
376 "It was intriguing to walk down ill-paved alleys": ibid.
377 "Margaret and I now had a large stock of common experiences": ibid., 207.
378 "He stopped me in a hall and asked me if I played tennis": Ivan Getting telephone int., 5.2.99; Masani 1990, 349.
379 seven miles on snowshoes: Bose heard Wiener went in on skis. Bose int., 11.26.97. Barbara heard snowshoes. BWR, 12.5.98. Wiener used both. *ExP*, 242–243; 284.
380 "He liked to recite Greek and Latin . . . I couldn't do anything to make him stop": B&TR1.
381 "He'd come around . . . when nobody was dressed": Recollections of Armand Siegel, Heims 1980, 389–390.
382 "unburdening himself . . . they sent him home": ibid., 385.
383 "He was a friend who could get on your nerves": Dirk Struik int., 8.28.98.
384 painted into a corner: Dorothy Setliff telephone int., 9.9.98.
385 "But you *drove* down!": B&TR1.
386 "When we moved to the Cedar Road house": B&TR1.
387 "It is entirely possible . . . totally *im*possible": PWK1.
388 Before I should even think of subjecting any child": *ExP*, 292–293.
389 "I find my father's often-repeated claim": BWR, 10.21.97, 7.5.00, 8.18.00.
390 "desperate not to have happen to us what happened to him": PWK1.
391 "Princess Sabbath" . . . tore Wiener apart: *IAM*, 215.
392 "He would stand in the front hall shouting and crying": BWR, 7.8.97.
393 "I do not remember my father possessing any sort of firearm": BWR, 10.20.97, 10.27.97.

394 "temper tantrums . . . I was terrified": PWK1.
395 "My father always required vast amounts of praise and reassurance": BWR, 7.6.01.
396 "After the storm crested . . . his 'unnatural' feelings for me": BWR, 7.8.97.
397 "emotional deafness . . . the first magic that came to her mind": B&TR1.
398 "My father's responses were *perfectly* natural": PWK1.
399 "internal storm . . . psychoanalytic help": *IAM*, 212–213.
400 "resistance . . . my spiritual make-up . . . what made me tick": ibid., 214–215.
401 the psychiatric diagnosis of manic depression: Kraeplin.
402 "a very exulted mood": *IAM*, 112.
403 Like depression . . . common among creative minds: Among mathematicians especially depression and/or mania have been attributed to Newton, Russell, Cantor, Klein, and Courant (respectively, Manuel, 70; Macrae, 104; Cantor: www-groups. dcs.st-and.ac.uk/00history/Mathematicians/ Cantor.html; www-groups.dcs.st-and.ac.uk/ 00history/Mathematicians/Klein.html; www.nap.edu/readingroom/books/biomems/rcourant.html). Heaviside suffered depression and extreme agoraphobia (Nahin). In the worst tragedy, Boltzmann, who was chronically depressed over his peers' early attacks on his work in statistical mechanics, hanged himself in a hotel room in Trieste in 1906, shortly before his theories were verified experimentally: www-groups.dcs.st-and.ac.uk/ 00history/Mathematicians/Boltzmann.html.
404 steered by some underlying neurochemical component: Nemeroff.
405 "a disorder of the brain": www.ndmda.org (National Depressive and Manic Depressive Assn.).
406 Severe apnea . . . a trigger of manic behavior: "Disruptions in Sleep May Lead to Mania in Bipolar Disorder," Report on 2nd Intl Conference on Bipolar Disorder, June 1997, www.mentalhelp. net/articles/bipolar1.htm.
407 "We are really very much alike": NW to Fritz, 12.26.26.
408 "My father had a real terror of turning out like Fritz": B&TR1.
409 "I think he did believe that, and I rather think Mother nurtured it": PWK, 6.8.99.
410 "He would come to her, obviously looking for approval or support": B&TR4.
411 "I don't think she knew what she was doing": ibid.
412 "Dad was a very warm and generous person": PWK5.
413 cyclothymia: www.ndmda.org/biover.htm.

414 "there were loose pages with mathematical notes": BWR 7.6.01.
415 "at a level of consciousness so low . . . in my sleep": *ExP*, 46.
416 "Very often these moments seem to arise on waking up": ibid., 213.
417 "when I think, my ideas are my masters rather than my servants": ibid., 46.
418 "he lived in fear that ideas would lose interest in him": BWR, 10.27.97.
419 *"Haw, haw, haw"*: Mildred Siegel int. Brookline, MA, 8.24.98.
420 "She was an intelligent woman . . . a bit lost": PWK1.
421 "Her sense of humor tended more towards *Schadenfreude"*: PWK, 10.27.00.
422 "One day she told us . . . *Judenrein'"*: B&TR1.
423 "She told me once that Jesus was the son of a German mercenary": BWR, 10.15.01.
424 "Two books decorated her dresser . . . copies of *Mein Kampf*": BWR, 7.8.97.
425 "very painful": B&TR1.
426 "Margaret spoke very openly about . . . her relatives in Germany": Zipporah "Fagi" Levinson int., 8.24.98.
427 "to whom national and racial prejudice have always been as foreign as they have been to me": *IAM*, 182.
428 "the fact that Nazism threatened to dominate the": *ExP*, 211–213.
429 as Hitler's troops were massing on the Polish border. B. Raisbeck 1986.
430 humanitarian values . . . he took from Tolstoy: *ExP*, 69–70.
431 "*élan* . . . and the emotions thereof": ibid., 74.
432 "that scholarship is a calling and a consecration": ibid., 292.
433 uncompromising intellectual honesty: ibid., 70.
434 "fierce hatred of all bluff and intellectual pretense": ibid., 292.
435 "It was because of this, because my taskmaster was . . . my hero": ibid., 74.
436 "It was an experience curiously reminiscent of that time twenty-four years before": *IAM*, 225.
437 "to take stock of our emotions and expectations": ibid.

六

438 Epigraph: Diderot, www.quotationspage.com.
439 "the organization of small mobile teams of scientists": *IAM*, 231.
440 The other was Wiener: Lee, Winkler, and Smith.
441 "apparatus of the computing machine should be numerical . . . electronic tubes . . . scale of two": *Cyb*, 4. See also Wiener 1940.
442 a method Wiener himself had first applied ten years before: Wiener 1930.
443 "That the entire sequence of operations . . . on the machine itself": Wiener called for the program to be "built into the machine itself," as opposed to von Neumann's later "stored-program" concept which maintained the program actively in the computer's memory. Ferry and Saeks write that Wiener's proposed machine "exhibits every characteristic of the modern digital computer except for the stored program." They note that Wiener's machine was "a textbook example of a Turing machine. . . . [His] realization of Turing's 'tape' . . . in which the 'bits' of a binary number are recorded simultaneously on parallel tracks came . . . a quarter century ahead of the industry." Ferry and Saeks. "Wiener's proposed machine employs . . . a discrete . . . algorithm . . . binary arithmetic and data storage [and] an electronic . . . logic unit. [His] conceptions were to be borne out brilliantly, but only a decade and a half later." Masani, 173–175.
444 Alan Turing . . . "universal" machine: Turing 1936/1937. In 1936, Turing, a young British mathematician, developed his idea for a symbol-processing "universal machine . . . which can be made to . . . carry out any piece of computing, if a tape bearing suitable 'instructions' is inserted into it." However, Turing made no attempt to build such a machine. Lee, Winkler and Smith; www-groups.dcs.st-and.ac.uk/00history/Mathematicians/Turing.html.
445 John V. Atanasoff: The Atanasoff-Berry Computer (ABC) was conceived in 1937 by Atanasoff and developed with his grad student Clifford Berry. It was the first digital machine with vacuum-tube computing elements, a rudimentary memory, and special "logic circuits." However, the ABC used mechanical inputs (punched paper cards) and did not have the internal programming capacities Wiener envisioned. Work on the project ended after Pearl Harbor and the prototype was dismantled. Mollenhopf; www.scl.ameslab.gov/ABC/Biographies.html (Iowa State Ames Laboratory); Lee, Winkler, and Smith.
446 Bush . . . not yet convinced of his design's practicability: Bush to NW, October 1940.
447 Bush turned down Wiener's proposal: "turning Wiener down flat." Zachary, 266.
448 "it is undoubtedly of the long-range type": Bush to NW, 12.31.40 (Zachary, 266). As Wiener recalled it, Bush deemed his conception "too far in the future." *IAM*, 239.
449 "I hope you may find some corner of the activity": NW to Bush, 9.21.40.

450 Bush . . . believed defense against air attack was . . . America's foremost problem: Zachary, 96.
451 "ducks on the wing": *IAM*, 240.
452 "usurp a specifically human function": *Cyb*, 6.
453 the new British microwave radar: See Buderi, 59–64.
454 another MIT engineer: Richard Taylor of the Electrical Engineering department. Bennett 1994b.
455 "He said, 'You *can't* go into the service'": Bigelow quotes are from JB1-JB4 unless specifically noted.
456 A crew of up to fourteen men: Bennett 1996.
457 "To some extent this is a purely geometrical problem": *IAM*, 241 (text adapted with permission).
458 "will probably zigzag, stunt, or in some other way take evasive action": *Cyb*, 5.
459 "only a prophet with the knowledge of the mind of the aviator": *IAM*, 241.
460 "The pilot does *not* have complete freedom": *Cyb*, 5 (original emphasis).
461 "There are . . . in fact, means . . . to accomplish the minor task": *IAM*, 241.
462 "interesting and exciting, and in fact not unexpected": ibid., 244.
463 "violent oscillation": ibid.
464 "Perhaps this difficulty is in the order of things": ibid.
465 "If then we could not . . . develop a perfect universal predictor": ibid.
466 "mean square error" method: "For the actual distribution of curves which we wanted to predict, or . . . the actual distribution of airplanes that we wanted to shoot down . . . we took the square of the error of prediction at each time. . . . We then took the average of this over the whole time of the running of the apparatus. This average of the square error was what we were trying to minimize." ibid., 244–245.
467 Bell's M-6 mechanical antiaircraft predictor: Bell Labs began developing a radar-guided fire control device with manual tracking controls in late 1937 at its Whippany, NJ laboratory. Buderi, 131.
468 Wiener offered the Bell team his new statistical prediction method: As the official record described it: "to predict non-uniform curvilinear performance of the target [using] a knowledge of the probable performance of the target during the time of shell flight and . . . a statistical analysis of the correlation between the past performance . . . and its present and future performance." Bigelow 1941.
469 "which did not involve statistical concepts in any form": ibid.

470 "We didn't think it was so hot. . . . They told us very little": Bigelow's report stated that, "The MIT group was favorably impressed," and that Wiener was "greatly pleased," particularly by the two teams' "identical concepts of realization by electrical means." However, neither Wiener nor Bigelow accepted Bell Labs' explanation that "no statistical approach was necessary." Bigelow explained the discrepancy between his memory of the meeting and Wiener's words in their report to the NDRC command. "Wiener was careful of what he said in public." JB3.
471 That month, the Bell Labs and Rad Lab teams linked up: In May 1941, Jerrold Zacharias and another Rad Lab staff member began an eight-month assignment at Bell Labs in New Jersey. Buderi, 132.
472 "in the metal": *IAM*, 245.
473 "little laboratory": ibid., 248.
474 The initial funding . . . totaled $2,325: NDRC to S. H. Caldwell for work on Wiener's Project #6 from 12.1.40 to 5.31.41. Later, another $10,000 went to Caldwell for unspecified work through 6.30.42. It "seems to be a second contract for the Wiener work but I cannot be certain of this." S. Bennett, personal communication, 6.1.00.
475 Rad Lab . . . first-year budget of $815,000: With another $500,000 underwritten by MIT. Buderi, 50, 113.
476 "as much more of a shame and a humiliation than a surprise": *IAM*, 272.
477 "something was about to blow off in Japan": ibid.
478 "The Extrapolation, Interpolation and Smoothing of Stationary Time Series": Wiener 1942 (*YP*).
479 "Yellow Peril": Wiener's *YP* was preceded by another "Yellow Peril" well known to engineering students during the war years, technical publications by Springer that also were bound with yellow covers. JB3. No deliberate effort was made to link that phrase to the anti-Asian sentiment it acquired during the initial wave of Chinese immigration to the United States early in the 20th century, although obviously a similar level of fear was intended for a humorous effect.
480 he formally distinguished . . . power engineering . . . from . . . communication engineering: *YP*, 2–3.
481 "the study of messages and their transmission": ibid., 2.
482 "array of measurable quantities distributed in time": ibid.
483 "a message . . . corrupted by a noise": ibid., 117. Hartley (1928) was first to address abstract considerations of the transmission of messages, to describe messages in terms of possible choices, and

472

484 to develop "the concept of noise as an impediment in the transmission of information." Aspray. But his perspective was not statistical in the mathematical sense which Wiener pioneered.

484 "a conscious human effort for transmission of ideas": YP, 2.

485 "servomechanism . . . is also a message": ibid.

486 all communication operations "carried out by electrical or mechanical . . . means": ibid.

487 "fundamental unity of all fields of communication": ibid.

488 *"measure or probability of possible messages"*: ibid., 4 (emphasis added).

489 *"such information will generally be of a statistical nature"*: ibid., 9 (emphasis added).

490 A week after Wiener delivered his Yellow Peril, Stibitz: G. R. Stibitz, "Note on Predicting Networks," Feb 1942. Stibitz note is accompanied by a longer paper, dated Feb 8, 1942, "Prediction Circuits a la Wiener." In an earlier report to Section D–2, computer pioneer John V. Atanasoff praised Wiener's prediction theory as a "brilliant and important piece of work." Atanasoff to Weaver, 11.1.41. Bennett 1994b.

491 "did some work on the statistical approach to fire control . . . made no sense": Ivan Getting telephone int., 5.2.99.

492 "big shots": NW to Edward L. Bowles, professor of electrical engineering, MIT, 3.22.42.

493 "knew little to nothing about the microwave electronics": Statement by Lee A. DuBridge. Zachary, 134.

494 "the highly chaotic and anarchic regime . . . in the radiation laboratory": NW to Bowles, 3.22.42.

495 The next day, the Army ordered 1,256 units: Buderi, 134.

496 "herky-jerky": ibid., 131.

497 "theory group": ibid. MIT engineers Albert C. Hall and Ralph S. Phillips headed the Rad Lab's fire-control theory group under Getting's direction. JB3; Getting telephone int.

498 "[Rad Lab] people are coming to us all the time": NW to W. Weaver, 2.22.42.

499 a half second *before* it arrived at the targeted coordinates: IAM, 250.

500 a "miracle" . . . "was it a useful miracle?": Bennett 1996.

501 But to be of practical value in the field . . . time would have to be doubled or tripled: ibid.

502 The Greeks invented automatic wine dispensers and water clocks: See Kelly (www.kk.org/outofcontrol/ch7-a.html); F. L. Lewis.

503 "slave-motors" or servomechanisms: Bennett 1994a.

504 The problem persisted until 1927: Bell Labs engineer Harold S. Black conceived the idea of negative feedback on Aug 6, 1927 while traveling to his lab on West Street in New York City and sketched the first negative feedback circuit on a page of that morning's *New York Times* ("Retired AT&T Bell Laboratories Researcher, Inventor of Negative Feedback, Dies," Bell Labs News, 1983). His discovery was quickly applied to Bell's telephone, radio, and sound-recording devices, but it was not reported in the engineering literature until Jan 1934. "Historic Firsts: The Negative Feedback Amplifier." *Bell System Technical Journal*, Dec 1943. See also Black.

505 Thousands of servomechanisms were in commercial use: Bennett 1994a.

506 there was scant theory beneath those diverse feedback inventions: "There was little theoretical underpinning." Bennett 1994a. Nicolas Minorsky, of the General Electric Company, made the first attempt to model and analyze a modern servosystem. Minorsky 1922. Harold L. Hazen, an MIT electrical engineer and protégé of Vannevar Bush, published two seminal papers on servomechanisms in 1934. Hazen 1934a, 1934b.

507 "purpose tremor": *Cyb*, 8.

508 "to regulate their conduct by observing the errors": IAM, 252.

509 Rosenblueth's insights helped them to . . . make improvements: *Cyb*, 9.

510 "pathological conditions of very great feedback": IAM, 253.

511 only a ten percent improvement . . . a marginal gain: Wiener and Bigelow, Final Report to NDRC, Sec 2, Div D, Dec 1942. Bennett 1994b; Masani, 190.

512 By February 1944, the first sets . . . saved Allied lives at Anzio: Buderi, 222.

513 V-1 "buzz bomb" attacks: ibid., 223, 226–228.

514 In December . . . the Battle of the Bulge: ibid., 227.

515 one of the American war machine's "greatest success stories": ibid., 223. The first sets reached the Pacific theater in 1944 in advance of MacArthur's return to the Philippines, where they helped to down nearly 300 Japanese planes. ibid., 234.

516 Rad Lab theorists drew directly on Wiener's theories: "Wiener's work . . . was picked up by R. S. Phillips, who was working on the auto-follow radar systems and was seeking criteria . . . that would . . . minimize the errors due to noise." Bennett 1994b; Phillips 1943. Bennett, a British science historian and expert on control engineering, spent a year combing the NDRC's records and concluded that, "The reduction of Wiener's results to practical usable form was considered vital to the

war effort." Bennett 1994b; Bergman; Norman Levinson 1942; 1944; Blackman, Bode and Shannon. In a textbook he co-authored after the war, Phillips reported that he had applied Wiener's work on generalized harmonic analysis to the Rad Lab's signal-smoothing problem and acknowledged that the statistical approach used in his textbook "was inspired by . . . Wiener's [*YP*]." James et al.

517 The Bell Labs team, too, used Wiener's work: Bennett did not know of any technical improvements that were made to the M-9 as a direct result of Wiener's work, yet he conceded that "hearing about Wiener's work . . . may have helped and clarified what [the Bell people] were trying to do [and] it showed that the M-9 was within ten percent of the best achievable." S. Bennett, personal communication, 6.23.00. See also Blackman, Bode, and Shannon.

518 another mathematician at Princeton: Peter G. Bergman. Bergman; Bennett 1994b.

519 Wiener's war work . . . spelled out . . . the physical limits: Bennett 1994b.

520 as the Rad Lab theorists . . . acknowledged: In their textbook, Phillips and his Rad Lab co-authors stated, without mentioning Wiener directly, that work during the war had taken "the theory of servomechanisms in a new direction . . . intended to deal with [devices] of known statistical character in the presence of interference with known statistical character." James et al., Preface. "The Wiener-Bigelow project . . . significantly influenced most future work on radar, noise filtration, and servo designing in communication engineering, military and nonmilitary." Masani and Phillips, 170–171.

521 At the Philadelphia Navy Yard one day late in the war: "Master Mind," *MD*, June 1975. "The story could have originated from Warren Weaver." S. Bennett, personal communication, 6.1.00.

522 "effectiveness . . . estimating which messages are frequent and which are rare": *YP*, 4.

523 Claude E. Shannon . . . in the Bell Labs fire-control group: Bennett 1994b.

524 He would later publish a seminal paper: Shannon 1948.

525 "In the time I was associated with Wiener, Shannon would come and talk": JB1, JB3.

526 "Wiener was very kindly": Zipporah "Fagi" Levinson int., 8.24.98.

527 Through the later years . . . Wiener continued to submit ideas to the NDRC and OSRD: Owens notes that Weaver tried to find more work for Wiener in the war effort, but Wiener's interests remained more theoretical than practical. "Bigelow . . . reported that Wiener . . . 'simply will not hammer out [a] solution with the cheap-and-nasty tools of the everyday applied mathematician.'" Bigelow to Weaver, 4.22.44 (Owens, 291). Wiener was terminated from the war effort three weeks later. Bush to NW, 5.12.44.

528 government's security concerns . . . about Wiener's emotional stability: "There is a letter from . . . Weaver to . . . J. C. Boyce of MIT . . . referring to Wiener's nervous condition and his failure to submit promised reports. . . . Boyce replied that he had advised Wiener to take a few days rest, and he was hopeful that 'this part of the zoo will be quiet again.'" Masani, 192.

529 At one point . . . brink of breakdown: *IAM*, 249.

530 Nazis "almost to a man": B&TR2.

531 "not over our project, but over a feeling of powerlessness": JB3.

532 "war fatigue": NW to John von Neumann, 4.27.45, von Neumann papers, LoC.

533 "detested the arrogance displayed in the use of the bomb against Asians": Struik 1966. Wiener wrote later, "I was acquainted with more than one of these popes and cardinals of applied science, and I knew very well how they underrated aliens of all sorts in particular those not of the European race." *IAM*, 301.

534 "assistance in the early phases of the war . . . splendid cooperation": Bush to NW, 5.12.44.

535 "general breakdown of the decencies in science": *IAM*, 272.

536 "I found that among those I was trusting": ibid.

537 "Tell me, am I slipping?": Norman Levinson quotes Wiener saying this even before the war. N. Levinson 1966.

第二部分
七

538 Epigraph: Malory.

539 Josiah Macy Jr. Foundation: The foundation, established in 1930, made its mission "the search for new methods and ideas" in biomedical research, but by the 1940s its reach had broadened considerably (Heims 1991, 164). R. H. Macy, the department store magnate, was a third cousin of Josiah Macy, Jr., but the foundation had no connections, financial or otherwise, to that line of the family or to Macy's Department Store.

540 Rosenblueth's wholly unexpected presentation: Heims confirms that Wiener, Rosenblueth and Bigelow 1943 was "the written version of Rosenblueth's talk." Heims 1991, 289.

541 "burly, vigorous man of middle height": *IAM*, 171.

542 Twelve years before, Lawrence Kubie . . . had published one of the first papers: Kubie.

543 Rafael Lorente de Nó had confirmed . . . circular neural networks: Heims 1991, 122; Lorente de Nó.

544 For McCulloch, the new communication perspective... raised exciting prospects: Heims 1991, 16.
545 Bateson quickly grasped the human implications of a science of communication: ibid., 17.
546 "I did not notice that I had broken one of my teeth": Mead 1968; Heims 1991, 15.
547 "the cybernetics group": Heims 1991.
548 "Behavior, Purpose and Teleology": Wiener, Rosenblueth and Bigelow 1943.
549 "final cause . . . the purpose means being the best of things": Aristotle, *Physics*, II.3.
550 Born in Orange, New Jersey: McCulloch's background and early work: Heims 1991, 31–36; Lettvin 1989a, 1989b.
551 "*What is a number that a man may know it*": McC CW I, 21–22.
552 His suspicion was . . . logical relations described in the *Principia*: Northrop/McC CW I, 367.
553 McCulloch's paradox of "nets with circles" exceeded his grasp: "It required a familiarity with modular mathematics which I did not have." Arbib 1989/McC CW I, 341.
554 Walter Pitts was an awkward, painfully shy, boy-wonder: Pitts background: JL1–JL4; Lettvin 1989b/McC CW II, 514–529; Heims 1991, 40–45.
555 Russell directed Pitts to study with Rudolf Carnap: JL2; McC as told by Manuel Blum/McC CW I, 339.
556 "Walter would attend classes occasionally": JL2.
557 "Carnap had just written a book on logic": JL2; Carnap.
558 "Walter once came into a science survey class . . . a true-false final exam": JL4.
559 "to understand how [the] brain could so operate": Lettvin 1989b/McC CW I, 516.
560 "A Logical Calculus of Ideas Immanent in the Nervous System": McC and Pitts 1943/McC CW I, 343–361.
561 "could compute any logical consequence of its input": ibid.; McC 1949/McC CW II, 585.
562 "The whole field of neurology and neurobiology ignored the . . . message": Lettvin 1989a/McC CW I, 17.
563 the founding work . . . of artificial intelligence: ibid., 8, 17.
564 By 1943, McCulloch already knew . . . about Wiener and his work: McC 1974/McC CW I, 39.
565 "To me he was a myth before I met the man": McC 1965b/McC CW III, 1350.
566 "I was amazed at Norbert's exact knowledge": McC 1974/McC CW I, 39.
567 His co-intern, a young cousin of Wiener's: Alden Raisbeck, older brother of Gordon "Tobey"

Raisbeck, was Wiener's first cousin, once removed, on his mother's side. B&TR1.
568 "I said, 'I know a mathematician you would like'": JL4.
569 "Pitts has told me of your offer. I'm delighted": McC to NW, 8.27.43.
570 "He is without question the strongest young scientist": NW to Henry A. Moe (Guggenheim Foundation), Sept 1945 (Heims 1991, 40–41).
571 "We used to sneak beef stock into the soup": Oliver Selfridge int., Cambridge, MA, 4.20.98.
572 Pitts relocated to New York . . . a petrochemicals company: the Kellex Corporation, a subsidiary of M. W. Kellogg Company, designed the gaseous diffusion plant for the Manhattan Project.
573 "He was wonderful company": JL4.
574 Born in 1903, the son of a wealthy Budapest banker: background on von Neumann: See Heims 1980 especially; also Ulam 1958; Ulam 1976; Halmos; Macrae; Poundstone; Wigner.
575 "theory of games": von Neumann 1928.
576 "a kindly milquetoast uncle": Poundstone, 21.
577 "a perfect instrument": Wigner, 260.
578 "conservative, bankerlike attire . . . exuded Hungarian charm": Heims 1980, 353; Nasar, 80.
579 Wiener and Margaret came to Princeton: for four days in April 1937. JvN to NW, 3.28.37.
580 "Gentleman Johnny": BWR, 1.11.98.
581 "ABC" Computer: See note in chap 6.
582 Aiken . . . IBM Mark I: Aiken's machine also used paper punched cards to store and input data. Its design was more primitive than the ABC: It ran numbers in decimal, not binary, form and used electromechanical relays, not vacuum tubes. See I. B. Cohen.
583 Wiener . . . principal consultant on computation: Ferry and Saeks/NW CW IV, 137–139.
584 von Neumann . . . proved the viability of the implosion method: Heims 1980, 192; www.lanl.gov/worldview/welcome/history/21_implosion.html.
585 "obscene interest" in computing: Macrae, 276.
586 Bush's new 100-ton analog computer . . . was already being overwhelmed: Zachary, 73; Macrae, 276–277.
587 ENIAC . . . Mauchly . . . Eckert: For details on ENIAC, see McCartney; Goldstine; Augarten. The two men claimed they had worked out their design over ice cream and coffee in a Philadelphia restaurant, but in truth Mauchly had taken much of ENIAC's design from Atanasoff's computer. See Mollenhopf; www.scl.ameslab.gov/ABC/Trial.html.

588 In August 1944, he joined the ENIAC group . . . mathematics of atomic fission: Macrae 284–286.

589 It was initiated, not by von Neumann, but by Wiener: *IAM*, 269.

590 "a group of people interested in communication engineering": Aiken, von Neumann, and Wiener to Princeton conference invitees, 12.4.44.

591 a mere seven invitees: The other invitees were S. S. Wilks from the Princeton University mathematics department, W. E. Deming from the U.S. Census Bureau, Leland E. Cunningham from Ballistics Research Laboratory, Aberdeen Proving Ground, and Ernest H. Vestine from the Carnegie Institute.

592 In a second letter . . . "be known as the Teleological Society": At von Neumann's request, an eleventh participant was added, Captain Herman Goldstine, an Army mathematician at Aberdeen, with a Ph.D. in mathematics from the University of Chicago, who was the military's liaison to the ENIAC project. Aiken, von Neumann, and Wiener to invitees, 12.28.44.

593 their group would not solicit, or be beholden to . . . corporations: ibid.

594 Wiener's position was seconded by Aiken . . . even greater frustrations . . . with IBM: See I. B. Cohen; Harry R. Lewis.

595 Wiener believed—or wished to . . . von Neumann's views . . . in harmony with his: Heims suggests that von Neumann had his own agenda as a founder of the Teleological Society. "He realized that for the impending hydrogen bomb project . . . better and faster [computing] machines were needed. . . . There appeared to be . . . parallels between the brain and computers [but] he had little preparation in physiology. . . . It would be useful . . . to be in close touch with an experimental physiologist such as . . . McCulloch so . . . he could [have access to] experimental information concerning the nervous system." Heims 1980, 187.

596 unanimous in their feeling that . . . IBM, RCA, Bell Labs: "Memorandum to Mr. Killian," (signed) R.M.K., 10.26.44, MIT Institute Archives, Collection AC 4, Office of the President, Records 1930–1959, box 238, folder 3.

597 The tiny Teleological Society met . . . on January 6 and 7, 1945: *Cyb*, 15; Heims 1980, 185.

598 "Lorente de Nó and I . . . were asked to consider . . . two hypothetical black boxes": McC 1974/McC CW I, 40.

599 "Very shortly we found that people . . . were beginning to talk the same language": *IAM*, 269.

600 "a great success": NW to AR, 1.24.45.

601 Neumann . . . appeared to be fully on board Wiener's train: JvN memo to Princeton conf. participants, 1.12.45.

602 he put some distance between himself and Wiener: JvN to NW, 2.1.45.

603 "our little [Teleological Society] fits perfectly into the picture": NW to JvN, 3.24.45.

604 "the Princetitute": ibid.

605 "would go through on wheels": ibid.

606 "a very slick organizer": NW to AR, 1.24.45.

607 "the best way to get 'something' done . . . propagandize everybody": JvN to NW 4.21.45.

608 ENIAC . . . the largest agglomeration of electronic circuitry ever assembled: ftp.arl.mil/00mike/comphist/61ordnance/chap2.html.

609 "First Draft of a Report on the EDVAC": von Neumann 1945. Von Neumann received sole credit for the 101-page report and the writing was almost entirely his work, but EDVAC was designed largely by Mauchly and Eckert, who conceived the stored-program concept before von Neumann joined the project. Goldstine, 191. See also Augarten (www.stanford.edu/group/mmdd/SiliconValley/Augarten/Chapter5.html); Macrae, 288.

610 Von Neumann cited only . . . McCulloch-Pitts paper: "Johnny was 'enormously impressed' with it. . . . [It] helped explain why, when shown an electronic computer, Johnny mentally hit the ground running." Macrae, 283. "Certainly he developed a great interest in neurophysiology around the time the paper appeared." Goldstine, 275.

611 "neuron analogy": von Neumann 1945, 4.

612 "the *associative* neurons . . . *sensory* or *afferent* and the *motor* or *efferent* neurons": Von Neumann 1945, 3 (original emphasis).

613 Language like this had never been used before: Mauchly and Eckert dismissed von Neumann's EDVAC report as a summary of their concepts translated into the neural language of McCulloch-Pitts which, as Macrae observed, "they plainly regarded as pretty weird." Macrae, 286–287.

614 striking similarities to . . . neural analogies in Wiener's wartime paper: Wiener, Rosenblueth, and Bigelow (1943) linked "input" and "output" mechanisms in machines to "sensory" or afferent nerve impulses and "efferent . . . pathways" in the brain and nervous system, and spoke interchangeably of "the sensory receptors of an organism [and] the corresponding elements of a machine."

615 Von Neumann's . . . computer . . . incorporated key features of Wiener's . . . error-correction . . . feedback principles: JB2; von Neumann 1945, 1, 14, 24, 33.

616 Wiener probably conveyed all, or nearly all, his ideas . . . to von Neumann: "Wiener and von Neumann . . . talked to each other a good deal

about their work, with the exception of von Neumann's work on the . . . bomb." Heims 1980, 188.

617 D. K. Ferry: At the time (1985) Ferry was director of the Center for Microelectronics Research at Arizona State University, Tempe. NW CW IV, v.

618 "Most of the elements of the von Neumann machine," save the stored program: Ferry and Saeks/NW CW IV, 137–139.

619 "It really looks . . . the appointment and his acceptance were in the bag": NW to AR, 7.2.45.

620 "Johnny was down here. . . . He is almost hooked": NW to AR, 8.11.45.

621 "superbomb": The thermonuclear "superbomb" was the brainchild of von Neumann's Hungarian colleague at Los Alamos, physicist Edward Teller, but the two men worked collaboratively on the math and physics that brought the superbomb to fruition, and von Neumann was a leading advocate for the bomb within the government's bureaucratic circles. Heims 1980, 247; Ulam 1976, 209.

622 Wiener may not . . . have known the details of von Neumann's . . . EDVAC report: There is no record of the report reaching Wiener. Von Neumann probably did not give Wiener a copy of what he "thought . . . was a working document . . . clarifying the way he and [the Moore School team] should move ahead in what . . . he still regarded as a crucial wartime project." Macrae, 288.

623 von Neumann was quietly negotiating a better deal: "Von Neumann, with the MIT offer in hand . . . sought to persuade the [IAS] to permit him to build [his] computing machine at the institute itself." Heims 1980, 189. See also Macrae, 299–300.

624 Late in November 1945, von Neumann . . . formally declined: JvN to NW, 11.20.45 (JvN papers, LoC). "The [IAS] and [RCA] . . . have decided to undertake a joint high-speed, automatic, electronic computer. . . . I have been offered the over-all direction of this project." The language suggests this was von Neumann's first mention of his EDVAC project to Wiener.

625 Von Neumann had other new partners: Goldstine, 243; Heims 1980, 189; Macrae, 300–304.

626 von Neumann got his man . . . Bigelow: IAM, 243.

627 The IAS computer's vital organs . . . complex feedback mechanisms: JB2.

628 Bigelow was the perfect person to implement . . . mechanisms: "Without his leadership it is doubtful that the computer would have been a reality." Goldstine, 306; also 308–309.

629 "great heresy": McC 1954/McC CW III, 881.

八

630 Epigraph: Carroll.

631 Fremont-Smith . . . "supper club": Heims 1991, 166, 164–165.

632 "This meeting is going to be a big thing for us and our cause": NW to McC, 2.15.46.

633 Bateson prevailed: Heims 1991, 17.

634 Nattily attired, as always, in his vested suit: Heims 1980, 205.

635 "could compute any computable number or solve any logical problem": McC 1947.

636 "duet": ibid.

637 "the computing machine of the nervous system": ibid.

638 "this statement is false . . . and vice versa": ibid. See also Heims 1991, 21.

639 After lunch, Wiener and Rosenblueth took the floor: McC 1947. See also Heims 1991, 21–22.

640 "took cognizance of the world about it": McC 1947.

641 That night, Gregory Bateson and Margaret Mead: Heims 1980, 203.

642 "more limbs and height than he knew what to do with": Mary Catherine Bateson 1984, 20.

643 Born into Britain's scientific gentry: Bateson background: Heims 1991, 55–59; Lipset; www.oikos.org/baten.htm.

644 Mead . . . a Quaker family: Mead background: Heims 1991, 67–72; Mary Catherine Bateson 1984, 18; Howard. By the time of the Macy meetings, Mead was assistant curator, and later curator, of ethnology at the American Museum of Natural History in New York. She was one of only two women in the core group of conferees. The other was Molly Harrower, a South African-born Gestalt psychologist and brain researcher who was a prominent figure in early psychological and neurological research along the lines of the conferences' scientific themes. For more on Harrower, see Heims 1991, 138–139.

645 *Coming of Age in Samoa*: Mead 1928.

646 one of the most controversial figures in American science: Mead found that teenage girls in Samoa, who engaged in guilt-free sexual relations with many young partners as a matter of custom, entered adulthood happier and healthier than their counterparts in cultures that sought to repress those urges. Her conclusions set off a firestorm of debate that was still burning at the end of the twentieth century. See Mary Catherine Bateson 1984, 224; www.dispatch.co.za/2000/01/24/features/FOCUS4.HTM.

647 "achieved stability by inverse feedback": McC 1947.

648 a comical ritual transvestite ceremony: Heims 1991, 24.

649 Heinrich Klüver, a German-born psychologist: background on Klüver, Heims 1991, 224–234.

650 Klüver appealed to the conferees . . . how the mind perceives *forms*: ibid., 224.

651 Klüver's challenge: Klüver's question "sparked a period of active research in . . . perception and . . . cognition . . . that continues today." ibid., 225.

652 Wiener would ponder the problem from a communication perspective: Heims 1991, 231; *Cyb*, 133–143.

653 Kurt Lewin . . . "electric effects": Bradford et al., 82–83. Some of those effects were discovered after Lewin arrived in the U.S. For background on Lewin, see Heims 1991, 209–220; Ullman; Mark K. Smith.

654 Paul Lazarsfeld: For background, see Heims 1991, 187–193.

655 "looking to mathematics and engineers working on communications": McC 1947.

656 "Of our first meeting Norbert wrote . . . *'Don't stop me when I am interrupting.'*": McC 1974/McC CW I, 40–41 (emphasis added). Wiener's quote is from *Cyb*, 19.

657 "the study of the nervous system as a communication apparatus": Wiener, Rosenblueth, and García-Ramos/NW CW IV, 466–510.

658 In their multi-year plan funded in part by the Rockefeller Foundation: The foundation funded Wiener's time in Mexico but not Rosenblueth's time in Boston. According to Heims, the foundation wanted to keep Rosenblueth in Mexico "as part of its policy to promote science in Latin America." Heims 1991, 50.

659 "indications of a new way of living with more gusto": *IAM*, 276.

660 in keeping with the mandate of the Instituto . . . electrical signals . . . of the heart: Wiener and Rosenblueth 1946a.

661 "pathological conditions of very great feedback": *IAM*, 253.

662 "I want nothing more to do with the nervous system. To hell with it": JL1.

663 "is possible only in a logarithmic system": *Cyb*, 20.

664 Their numbers were almost identical to . . . as far back as the 1920s: ibid., 20–21. Wiener cited MacColl (1945) as the source of his insights. MacColl, in turn, cited Nyquist (1924). Wiener found that the same logarithmic relation appeared in physiological studies dating back to the 1860s. Ibid., 20.

665 Robert Merton: Heims 1991, 187.

666 Clyde Kluckhohn: ibid., 184–186.

667 Talcott Parsons . . . especially "became an enthusiast": ibid., 184, 312.

668 Pitts . . . was preparing . . . his doctoral dissertation: "Walter agreed with Norbert as to the importance of activity in random nets. Walter had found a way of computing this by means of the probability of a neuron being fired in terms of the probability of activity in the neurons affecting it." McC 1974/McC CW I, 43–44. For more on Pitts's doctoral project, see Cowan 1989a; 1989b.

669 "the interplay between a leader . . . and a group": Heims 1991, 218.

670 He had laid out his findings in a long article: Lewin 1947. Lewin died suddenly of a heart attack in February 1947, a month before the third conference. His approach proved elusive for some conferees, who found his subjective Gestalt framework and interpersonal "field" theories to be short on mathematical rigor and physical evidence. Yet, in his brief appearances at the Macy conferences, Lewin forged a permanent connection between the new communication theories and the advancing sciences of social, industrial, and organizational psychology; and he mapped out a program for future research that his disciples, and a generation of social scientists he inspired, would follow. For more, see ibid., 209–220.

671 "Teleological Mechanisms": New York Academy of Sciences conference, Oct 21–22, 1946. Frank et al.

672 "is not a regressive movement . . . a new frame of reference": ibid.

673 "the notion involves *entropy* as well": Wiener 1946c/Frank et al., 203 (original emphasis). The connection between entropy and information in the technological sense had no history in the literature before Wiener's New York Academy address, but it had a prehistory. Weaver states that, according to von Neumann, Bolzmann made the first link between entropy and "missing information" in 1894; and that both Szilard and von Neumann himself had treated information in the context of particle physics and quantum mechanics (Shannon and Weaver, 3). However, Finnemann, who read Boltzmann in German, found no mention of the term "missing information" in Boltzmann (Finnemann 1994/1999). Similarly, Kay reports that Szilard's paper on Maxwell's demon showed "the relation between entropy and . . . 'some kind of memory,' or 'intelligence,'" but Szilard "never used the term *information*." Kay, 65, original emphasis.

674 In the first statement on record . . . information . . . conceived today: Hartley (1928) first stated the logarithmic rule for measuring information, but he expressed no preference for one base over another. Wiener made the choice for electronic technology and information theory generally that the logarithmic measure should be "to the base 2." Wiener 1946c/Frank et al., 203.

675 "Entropy here appears . . . *information is the negative of entropy*": ibid. (emphasis added).

676 "In fact, it is not surprising that entropy and information are negatives": ibid.
677 "The number of digits . . . will be the logarithm . . . to the base 2": ibid. (emphasis added).
678 "the information furnished by such a machine": ibid., 212.
679 "the coupling of human beings into a larger communication system": ibid.
680 "emotional non-verbal communication": ibid., 218–219.
681 "forecast of several extensions": McC 1946/Frank et al., 259–288.
682 Bateson laid out an ambitious program: G. Bateson 1946; Heims 1991, 249–250. Bateson's paper was not published in the Academy's *Annals*. Heims found a preprint in the Margaret Mead papers (box 104) at LOC.
683 "business cycles, armaments races . . . checks and balances in government": Heims 1991, 250.
684 G. E. Hutchinson, the ecologist, Hutchinson/Frank et al., 221–258. Hutchinson was then a zoologist at Yale and a colleague of Mead's at the American Museum of Natural History. His address that day, and his ongoing applications of the new communication framework at Yale, would redefine ecology and environmental science. Bryant.
685 "regard it as a personal communication . . . you may find fruitful in your own field": form letter from McC, Aug 1947.
686 Erwin Schrödinger: Schrödinger's 1944 book, *What Is Life?*, started Wiener thinking about the physical nature of information and its role in the cycles of living systems. Schrödinger, in turn, found Wiener's paper to be "very interesting, at least I think so. . . . The fact that I am not acquainted with the concepts of 'Communication' makes it very difficult to understand for me": Schrödinger to McC, 10.11.47. Schrödinger had made no mention of information in his theory of negative entropy. He was speaking only about purely physical sources of negative entropy obtained by organisms through the metabolism of "foodstuffs." ("The device by which an organism maintains itself stationary . . . consists of continually sucking orderliness from its environment . . . in more or less complicated organic compounds.") Kay notes that Schrödinger later rejected the information-negentropy connection on the grounds that it did not correspond quantitatively to the physics of entropy (Kay, 65), but he may not have fully understood Wiener's and Shannon's information concepts.
687 "The Bell people are fully accepting my thesis": NW to McC, 5.2.47.
688 "You see to what extent your ideas on . . . information are taking hold": McC to NW, 4.24.47.

689 "had appreciated the connection between entropy and information even before Wiener": Heims 1980, 208.
690 "Johnny had a genuine admiration for Wiener's mind": Macrae, 107.
691 Wiener was more comfortable than von Neumann with the uncertainties: Later, von Neumann would confess to physicist George Gamow, "I shudder at the thought that highly efficient purposive organizational elements should originate in a random process." JvN to Gamow, 7.25.55; Heims 1980, 154.
692 "we selected . . . the most complicated object under the sun": JvN to NW, 11.29.46.
693 his own thinking was . . . gravitating to . . . biology: Wiener and Rosenblueth 1946a; Wiener 1946c/Frank et al., 210.
694 "At subsequent meetings . . . there was a noticeable coolness": Heims 1980, 208.
695 "When Wiener was lecturing, von Neumann sat in the front row": ibid.
696 "pouring all the stuff out and punching with both fists": Bateson to Heims, ibid., 205.
697 "the sharpness of his intellectual arguments and show of contempt": Heims 1991, 45.
698 "She kept the sessions going"...Wiener was the "papa": Heinz von Foerster, 1st telephone int. (Pescadero, CA) 2.8.98
699 "in his role as brilliant originator of ideas . . . *enfant terrible* . . . evidently enjoyed the meetings": Heims 1980, 206. "irrepressible in his enthusiasm": Heims 1991, 28.
700 "a perpetual conference and in the wash of speculation": Mary Catherine Bateson 1972, 8.
701 "floating dreamily in the water . . . binary discriminations were key": Mary Catherine Bateson 1984, 43–47; Heims 1991, 68.
702 Wiener . . . "used to stop by, smoking smelly cigars": Mary Catherine Bateson 1984, 38, 48.
703 "enormous sense of delight, fun, joy": Heims 1991, 37.
704 He never threw a tantrum . . . while he was there: JL3; Taffy McCulloch Holland and David McCulloch int., Old Lyme, CT, 11.28.97.
705 "I am absolutely certain he never told Mother . . . skinny dipping": PWK1. Casual nudity notwithstanding, there were no reports of lewd behavior at Old Lyme. Lettvin's wife, Maggie, a frequent summer guest, confirmed that the fun was exceptionally clean. "People went skinny dipping in the lake, but they didn't behave sexually toward one another. It was nice, healthy skinny dipping." JL4.
706 Other scientists shared bohemian lifestyles: Most notably, the tribe of molecular biologists whose work and play catalyzed the discovery of DNA. Watson 2002.

707 "the elaboration, critique, extension, refinement": Heims 1991, 18.

708 "played a significant historical role . . . the human and the natural sciences": ibid., vii. However, as Heims notes, not everyone was enamored of the Macy conferences and some disciplines were not even represented at them. Behavioral scientists were largely absent and some Freudians were disturbed by the proceedings, which at times were openly hostile to their orthodoxy. No economists or political scientists were invited to the explicitly nonpolitical conferences. Ibid., 18–19.

709 "The first five meetings were intolerable": McC 1974/McC CW I, 40–41.

710 "Nothing that I have ever lived through . . . like the first five of those meetings": McC CW III, 856.

711 "unit of cultural micro-evolution": Heims 1991, 80.

712 "evolutionary cluster": Mead 1964, 248, 265, 272; Heims 1991, 80.

713 Wiener was that "one irreplaceable individual": Heims 1991, 80.

九

714 Epigraph: *Cyb*, 132.

715 Such a cosmic convergence . . . once before in recorded history: as it happened, soon after Leo Wiener set sail from Europe for America in the spring of 1882. umbra.nascom.nasa.gov/eclipse/010621/text/saros-history.html (NASA). www.mreclipse.com/SENL/SENL9905/SENL905ca.htm (Solar Eclipse Newsletter).

716 "entirely ripe for the assimilation of the new": *IAM*, 315.

717 "the engineering work excellent": *Cyb*, 23.

718 "one of the most interesting men I have ever met": *IAM*, 315.

719 "as nearly free from the motive of profit": ibid., 131. 316.

720 "Why don't you write a book on the theories": Latil, 11.

721 "we sealed the contract over a cup of cocoa": *IAM*, 317.

722 "When Wiener left, Freymann smiled and said, 'Of course he'll never'": Latil, 11.

723 "It became clear to me almost at the very beginning . . . of the universe, and of society": *IAM*, 325.

724 He wrote longhand in pencil . . . "somewhat manic mood": BWR, 1.5.02, 4.30.02.

725 "I went to work very hard on this, but . . . what title": *IAM*, 321–322.

726 The classical texts . . . *kubernêtai*: Homer, *Odyssey*, book 11, line 10; Sophocles, *Oedipus Tyrannus*, 922; Euripides, *Suppliants*, 879; Aeschylus, *Suppliant Women*, 769.

727 "The art of the steersman saves the souls of men and their bodies": Plato, Gorgias, 11, www.ilt.columbia.edu/publications/Projects/digitexts/plato/gorgias/gorgias.html. See also Aristotle, *Politics*, 1279a.

728 "art of government": Ampère.

729 "but at that time I did not know it": *IAM*, 322.

730 *gubernātor*: e.g., Caesar, *De Bello Civili*, I:58:1; Cicero, *Epistulae ad Familiares*, 2:6; Suetonius, *De Vita Caesarum*, 10:4; Plautus, *Miles Gloriosus*, 4:4:40.

731 "On Governors": Maxwell.

732 the first automatic, feedback-controlled steering engines: Bennett 1994a; 1996.

733 "it was the best word I could find": *IAM*, 322.

734 "an air-mail package arrived at the Rue de la Sorbonne": Latil, 11. Latil may have compressed the timing a little.

735 "There's something to get on with. . . beat American efficiency twice over." Latil, 11.

736 "the MIT authorities . . . to publish the book in America": *IAM*, 331.

737 "could not let the work of one of its own professors": Latil, 12.

738 Selfridge claimed Wiener had confused the two copies: Selfridge int. with Heims, Heims 1991, 293.

739 the book "came out in a rather unsatisfactory form": *IAM*, 332.

740 "I had only an hour's chance . . . 12-year-old seeking approbation." McC 1974/McC CW I, 41–42.

741 *Cybernetics: or Control and Communication in the Animal and the Machine*: Wiener 1948a (*Cyb*).

742 "memorable and influential" works of twentieth century science: Morrison and Morrison.

743 "a patron saint for cybernetics": *Cyb*, 12.

744 "no-man's land . . . boundary regions . . . blank spaces": ibid., 2–3.

745 "the essential unity of . . . communication [and] control": ibid., 11.

746 the jargon of the engineers "became contaminated . . . a common vocabulary": ibid., 15.

747 "it had become clear to all that there was a substantial common basis of ideas": ibid.

748 "fundamental notion of the message": ibid., 8.

749 "*statistical theory of the amount of information*": ibid., 61 (emphasis added).

750 "discrete or continuous": ibid., 8.

751 "control by informative feedback": ibid., 113–114.

752 "something catastrophic": ibid., 102.

753 purpose tremor . . . Parkinson's . . . hapless drivers on icy roads: ibid., 95–96, 107–108, 113.

754 Under his influence the term would leap into . . . the repertoire: "No single word for that general idea seems to have existed in the English language before *feedback* was introduced in the context of cybernetics." Heims 1991, 271.

755 Building on the insights of Gestalt . . . and . . . McC and Pitts: *Cyb*, 140–141.

756 electronic scanning mechanism . . . brain waves in the visual cortex: ibid., 137–139. Computer visual displays first appeared on MIT's Whirlwind in 1951, but computer vision systems using television technology were not developed until the 1960s. www.rl.af.mil/History/1960s/1960s_DPandDisplay.html.

757 "functional . . . diseases of memory . . . secondary disturbances of traffic": *Cyb*, 147; 121, 129–130.

758 "malignant worry . . . no way to stop": ibid., 147.

759 "overload": ibid., 151.

760 "a point will come . . . very possibly amounting to insanity": ibid.

761 "homeostatic processes": ibid., 158.

762 "small, closely knit communities have a very considerable measure of homeostasis": ibid., 160.

763 the modern glut of information . . . "constriction of the means of communication": ibid., 158, 161. Wiener's social concerns were informed by his cybernetic insights, his awakening social conscience, and his lifelong respect for the uncertainty inherent in all knowledge. He acknowledged the limits of cybernetic applications in the social sciences, owing to the complexity of the subject matter and the problems of obtaining "verifiable . . . information which begins to compare with that . . . in the natural sciences" (ibid., 164); yet he believed such applications were essential to cybernetics and to society. "We cannot afford to neglect them; neither should we build exaggerated expectations of their possibilities." Ibid., 162–164.

764 "hucksters": ibid., 159–160.

765 "Any organism is held together . . . by the possession of . . . information": ibid., 161.

766 "Of all of these anti-homeostatic factors in society . . . control of the means of communication": ibid., 160.

767 "Information is information, not matter or energy": ibid., 132.

768 "the human arm by . . . the human brain . . . nothing . . . worth anyone's money to buy": ibid., 27–28.

769 "Those of us who have contributed to the new science of cybernetics thus stand": ibid., 28–29.

770 *Scientific American*: Wiener 1948b.

771 "a true boy genius . . . fast-talking professor of mathematics": *Newsweek*, 11.15.48.

772 "Once in a great while a scientific book is published that sets bells jangling wildly": *Time*, 12.27.48.

773 The book flew off the shelves: Latil reported, "The book sold twenty-one thousand copies" in its initial sale, a modest number by today's mass-marketing standards but a major coup for a scientific book in those days, and that figure may have represented sales of the French edition only. Latil, 11–12.

774 "Freymann had not rated the commercial prospects of *Cybernetics* very highly": *IAM*, 331.

775 "a book which . . . would appeal to only a small technical audience": *Business Week*, 2.19.49.

776 "amazed dealers by [its] sales . . . rhetorically impeccable": Davis.

777 "seminal books . . . Rousseau or Mill": John R. Platt, *New York Times* (n.d.), quoted on back cover of *Cyb*, 2nd ed.

778 "automation": coined in 1935 by Delmar S. Harder, a General Motors factory manager.

779 Mechanical engineers were only dimly aware: MIT engineer Harold Hazen published the first formal theory of servomechanisms (Hazen 1934a), but "at the time . . . Hazen was unaware of . . . Black's work on the negative feedback amplifier. . . . He 'did not recognize . . . the . . . fundamental interconnection between this and the [servomechanism] approach,' and he associated it only with communication network theory." H. L. Hazen int., Bennett 1994a.

780 "designed, built, and manufactured . . . without any clear understanding of the dynamics:" Bennett 1994a. "There was a lack of theoretical understanding with no common language . . . and . . . no . . . easily applied analysis and design methods."

781 "There was no connection between the Bell Labs work . . . and . . . servomechanisms": Ivan Getting telephone. int., 5.2.99.

782 published with a long appendix: written by Wiener's protégé Norman Levinson. N. Levinson 1942.

783 *Extrapolation, Interpolation and Smoothing*: Wiener 1949b (*Time Series*).

784 Together, the two books . . . took the postwar engineering world by storm. "The ideas contained in [*Time Series*] have had a tremendous impact on communication engineering." Masani, NW CW III, 5.

785 "Within a year or two of *Cybernetics*'s publication": Kelly, 120.

786 *Life . . . Fortune, The New Yorker . . . Time*: *Life*, 1.9.50, 5.29.50, 12.18.50; *New Yorker*, 10.14.50; *Fortune*, Dec 1953; *Time*, 1.23.50.

787 The French newspaper *Le Monde* . . . Sweden: Freymann to NW, 12.29.48; Wallman to Wiener, 1.4.49; Dubarle.

788 "too popular. . . stolen by my friends": McC to NW, 12.9.48.

789 "I arrived in New York from Vienna and, three weeks later": Heinz von Foerster, 1st telephone int, 2.8.98.

790 Shannon, like Wiener, had toyed with electronics since his youth: Background on Shannon: Claude and Betty Shannon int. Winchester MA, 10.19.87. See also Liversidge; Waldrop; Gleick.

791 The ten-page thesis, written two years after Turing's landmark theoretical paper: Shannon 1938. The thesis, which laid the logical and technical foundation for digital computing, has been called "the most important master's thesis of the twentieth century" (Waldrop). However, the early digital computing pioneers, including Bell Labs' Stibitz, Iowa State's Atanasoff, Harvard's Aiken, Penn's Eckert and Mauchly, and von Neumann at Princeton, make no reference to Shannon's thesis in their designs and theoretical contributions. Stibitz's computer was conceived a year before the thesis appeared. There is no mention of it in accounts by Atanasoff, Aiken, Eckert, and Mauchly, or in von Neumann's EDVAC report. "Atanasoff knew of Boolean algebra . . . but he did not know of . . . the development by . . . Shannon . . . of a general method for . . . the synthesis of electromechanical relay switching circuits." Burks and Burks, 31.

792 "hit on an idea which even then showed a profound originality": *IAM*, 178.

793 "coming to pluck my brains": Zipporah "Fagi" Levinson int., 8.24.98.

794 Shannon's two-part paper, "A Mathematical Theory of Communication": Shannon, 1948/Shannon and Weaver 1949. Page references refer to Shannon and Weaver (*MTC*). *MTC* drew heavily on Nyquist (1924) and Hartley (1926, 1928), and on Wiener's *YP* (see below).

795 ideas Wiener had introduced two years earlier: McCulloch sent copies of Wiener's NY Academy address to Shannon and others at Bell Labs in the summer of 1947, although the paper did not appear in print until October 1948 (Frank et al.). Wiener claimed, "The Bell people are fully accepting my thesis," in May 1947. NW to McC 5.2.47.

796 logarithms in base 2 . . . information and entropy: Shannon correctly traced the first use of logarithmic measures to Hartley's 1928 paper, but Hartley's perspective was not statistical in the strict sense and made no reference to probability measures taken over a "set" or "ensemble" of possible messages, as Wiener (1938; *YP*, 4) and, then, Shannon did (*MTC*, 31, 81–96).

797 Shannon declared information . . . equivalent of entropy, not negative entropy: In a letter to Wiener, Shannon remarked on that divergence in their respective theories which had left him "somewhat puzzled. . . . I consider . . . the larger the set the more information. You consider the larger uncertainty . . . to mean less . . . information." CS to NW, 10.13.48. Wiener's response was gracious. "I think that the disagreements between us on the sign of entropy are purely formal, and have no importance whatever." NW to Shannon, n.d., ca. Oct 1948. In fact negative entropy as Schrödinger (1944) defined it was essential to Wiener's concept of information and would factor into his philosophy of communication and of life itself. *HUHB*, 130; *IAM*, 324–328.

798 "binary digit . . . bit": Tukey also received a copy of Wiener's New York Academy paper in August 1947. Around that time, he proposed the term "bit" to Shannon, who was the first to use it in print. *MTC*, 32; Waldrop.

799 "These semantic aspects of communication are irrelevant": *MTC*, 31. The statement echoed a statement by Hartley: "It is desirable . . . to eliminate the psychological factors. . . . Hence . . . we should ignore the question of interpretation . . . and . . . set up a . . . quantitative measure of information based on physical considerations alone." Hartley 1928, 536–538.

800 That dictum flew in the face . . . since the fourteenth century: The word "information" first appeared in print in 1390 and signified "communication of the knowledge or 'news' of some fact or occurrence." Aspray, 117.

801 "Communication theory is heavily indebted to Wiener": *MTC*, 84–85.

802 "elegant solution . . . considerably influenced the writer's thinking in this field: ibid., 115. He was referring specifically to Wiener's solution to "problems of filtering and prediction of stationary ensembles."

803 a slim volume Shannon co-authored with . . . Weaver: Shannon and Weaver (*MTC*). Weaver's descriptions in his introductory essay were strikingly similar to Wiener's. He said information was "to be measured by the logarithm of the number of available choices. It being convenient to use logarithms to the base 2" (ibid., 9), where Wiener had written, "the number of significant decisions between two alternatives which we make in our measurement is the logarithm to the base 2" (Wiener 1946/Frank et al., 203). He offered a similar apology for complicating the theory of information with abstruse logarithms. "It doubtless seems queer, when one first meets it, that information is defined as the logarithm of the number of choices." (*MTC*, 10) As Wiener had written, "It may not be

obvious, at first sight, why the notion of logarithm occurs in the measurement of the amount of information" (Wiener 1946/Frank et al., 203). Weaver even used the same vivid example of information choices that Wiener had introduced in the Yellow Peril, citing "a man picking out one of a set of standard birthday greeting telegrams" (*MTC*, 10), as Wiener three years earlier had described the choice, "if I send one of those elaborate Christmas or birthday messages favored by our telegraph companies." Wiener 1946/Frank et al., 202.

804 "exploded with the force of a bomb . . . a bolt out of the blue . . . a revelation": Waldrop.

805 Wiener voiced the "highest regard for Dr. Shannon . . . his personal integrity": NW to Francis Bello, technology editor of *Fortune* magazine, 10.13.53. Others were not so generous. In a review of *MTC*, probability theorist Joseph L. Doob wrote: "It is not always clear that the author's mathematical intentions are honorable. The point of view is that stressed by Wiener in his [Yellow Peril]." Doob 1949. Gordon Raisbeck suggests one motive for Wiener's generosity with regard to Shannon: "Wiener must have known that he had a reputation for being less than generous about the professional work of his contemporaries." However, Raisbeck notes that for the most part Wiener "did little to ameliorate" that reputation (G. Raisbeck, 1973). Shannon, for his part, gave little credit to Wiener in a later interview. "I don't think Wiener had much to do with information theory. He wasn't a big influence on my ideas [at MIT], though I once took a course from him.'" Shannon 1993, xix; Mindell et al.

806 "one of the major spirits behind the present age": *IAM*, 179.

807 "a work whose origins were independent of my own work": Wiener 1950b.

808 "the Shannon-Wiener definition . . . (. . . belongs to the two of us equally)": *IAM*, 263.

809 "all of the procedures by which one mind may affect another. . . all human behavior": *MTC*, 3.

810 "I complained about the use of the word 'information' . . . there was no information at all": Heinz von Foerster, 1st telephone int., 2.8.98.

811 "In the first place, you called it a theory of *communication*": Claude and Betty Shannon int. Winchester, MA, 10.19.87.

812 Wiener's conception . . . was greater than Shannon's or Weaver's: As Wiener stated in a blunt letter to the technology editor at *Fortune* magazine, who wrote a major piece on information theory and its originators (Bello 1953): "Dr. Shannon is an employee of Bell Telephone Company, and is committed to . . . developing communication notions within a . . . limited range confronting the interests of the company. . . . He must work much more . . . towards immediately usable results than I do, and he has been both industrious and prolific. . . . On the other hand, I am a college professor, and . . . I have found the new realm of communication ideas a fertile source of new concepts not only in communication theory, but in the study of the living organism and in many related problems." NW to Francis Bello, 10.13.53.

813 *a measure of the degree of organization in a system*: *Cyb*, 11 (emphasis added).

814 *organon*, organ of the body. www.geocities.com/etymonline (Online Etymology Dictionary).

815 "the harmonious interaction of . . . parts that gave meaning to the whole": Kay, 46; Weiss, 102.

816 "essential unity": *Cyb*, 11.

817 von Neumann "spent hours after the meetings and other long sessions with me": McC 1974/McC CW I, 44.

818 "the possibilities of building reliable computers of unreliable components": ibid.

819 He met with other Macy conferees, and with physicists . . . the new cell biology: McCulloch describes von Neumann's long conversations with von Foerster. ibid. See also Kay, 106–108.

820 self-organization, "of things essentially chaotic becoming organized": McC 1974/McC CW I, 44.

821 "cerebral mechanisms": Hixon Symposium on "Cerebral Mechanisms in Behavior," Sept 20–25, 1948. The full text of von Neumann's remarks can be found in Jeffress and in von Neumann's *Collected Works*, V.

822 McCulloch was there, and eight other Macy group conferees: The list is in McC CW III, 820–827.

823 "automaton whose output is other automata": von Neumann 1948/Jeffress, 315.

824 "probabilistic logic" inspired by the model . . . Pitts was developing under Wiener: "Johnny . . . saw its importance." McC 1974/McC CW I, 43–45.

825 Haldane . . . the first . . . to apply Wiener's theories . . . to . . . genetics: In 1950, Haldane wrote a paper on "population cybernetics" and later reported to Wiener that he had "worked out the total amount of . . . information . . . in a fertilized egg, and . . . similar points." Haldane to NW, 7.13.50; Haldane to NW, 5.6.52.

826 "A Cybernetical Aspect of Genetics": Kalmus; Kay, 87. The text quoted is from Kay, not Kalmus.

827 "general system theory": Bertalanffy 1950a, 1950b, 1968. For the fullest treatment of living systems dynamics, see James Grier Miller.

828 Bertalanffy . . . fiercely possessive: Davidson, 19.

829 "cybernetics upstaged . . . systems thought": Davidson said Bertalanffy "damned cybernetics with faint praise, and occasionally he just damned it." ibid., 204–205. In fact, soon after *Cybernetics* appeared, Bertalanffy wrote to Wiener praising his "pioneering work" and seeking "a relationship between our ideas which is perhaps worthwile [sic] to be further developed." Wiener replied cordially, but, amid the many requests he was receiving, he did not follow up on Bertalanffy's invitation. Years later, Wiener arranged to address the Boston chapter of the Society for General Systems, but he came down with a fever and had to cancel the engagement. Bertalanffy to NW, 5.17.49; NW to Bertalanffy, 6.6.49; William Gray, M.D. (secretary-editor, Boston Systems Group) to Bertalanffy, 1.19.64 (in NW papers, MIT, box 24, folder 336).

830 *Communication: The Social Matrix of Psychiatry*: Bateson and Ruesch 1951.

831 *The Human Use of Human Beings*: Wiener 1950a (*HUHB*).

832 "Cybernetics . . . was born in 1943 [and] christened in 1948": McC 1974/McC CW I, 49.

833 "I think that cybernetics is the biggest bite out of the . . . Tree of Knowledge": G. Bateson 1972, 471, 476.

834 Epigraph: Goethe.

835 "he was a familiar sight, standing splayfoot": McC 1965/McC CW III, 1350.

836 "He had a habit of writing on the blackboard and then leaning against it": BWR, 8.6.01.

837 a pair of inverted bifocals: JL1.

838 "He wrote and talked with the clarity of the late nineteenth-century Englishman": JL2.

839 "pretty damn incomprehensible": Oliver Selfridge int., 4.20.98.

840 "He came in and started writing on the blackboard": Mildred Siegel int., Brookline, MA, 8.24.98.

841 Armand, a physicist with whom Wiener had become acquainted: And with whom he would later collaborate on research in the mathematics of quantum theory. Wiener and Siegel 1953e; 1956a; Wiener et al. 1966.

842 "Whatever was on his mind . . . Wiener's visit was one of the high points": Wiesner.

843 "Wiener Early Warning System": Recollections of Edmond Dewan, Heims 1980, 383.

844 Fagi Levinson knew of one colleague . . . under his desk: Zipporah Levinson.

845 "to affirm in the strongest terms the great excellence . . . There was an instructor at MIT": N. Levinson 1966, 26.

846 "what others at MIT thought of him": Heims 1980, 207.

847 "his first question was 'What do they think of my work?'": Gordon "Tobey" Raisbeck, B&TR1.

848 "After their visit, Norbert was driving Pólya to the airport": ibid.

849 "One time he said Norbert's name": ibid.

850 "He used to come to the physics department colloquia . . . drop on the newspaper and catch him alight?" Stephen Burns int., Cambridge, MA, 11.24.97.

851 "He was in Urbana at the dedication . . . fallen out of his chair": Doob 1994.

852 "he'd get up from the table as soon as he had had enough to eat": Gordon Raisbeck, B&TR1.

853 "immature": N. Levinson 1966, 25; "petulant": Masani, 16; "infantile": BWR, 7.8.97.

854 "It was like caring for triplets": Mildred Siegel int., 8.24.98.

855 "No, that she said every day": Zipporah "Fagi" Levinson int., 8.24.98.

856 "Margaret Wiener had a big stake . . . he got along just fine": Gordon Raisbeck, personal communication, 7.23.99.

857 "he was quite competent": JL1.

858 "I would pretend to be too stupid to understand them": B&TR1.

859 "even to a comment from our father that we were growing up": PWK4.

860 "Look what happened to Uncle Fritz. We'll put you away!": B&TR1.

861 "telling lies that ruined men's reputations": BWR, 7.8.97; B&TR1.

862 "The next day was Sunday. I went to church": B&TR1.

863 Margaret's "paranoia" over sexual matters . . . "very, very uncomfortable": PWK1, PWK4.

864 "She accused me of trying to 'seduce' my father": B&TR1.

865 "She misinterpreted grossly": PWK1, PWK2.

866 "prurient view of everything": Taffy McCulloch Holland int., Old Lyme, CT, 11.28.97.

867 "very valuable to the girls in enlarging their outlook": NW to AR, 1.6.47.

868 Pitts, "like the Beats, spent a good bit of time 'on the road'": Heims 1991, 46.

869 "Walter is such a migratory person": NW to McC, 8.27.46.

870 "He must get [his] paper on the statistical mechanics of the nervous network . . . ready for publication": NW to AR, 1.6.47.

871 "I clung to the boys . . . didn't involve any hidden demand for sex": BWR, 1.5.02.

872 "The laird of the castle appeared and disappeared . . . incredibly sophisticated and knowledgeable": BWR, 7.8.97.

873 "Rook was a saint . . . a little *too* saintly": JL2.

874 McCulloch's cavortings, which were common knowledge: "McCulloch believed in an unrestricted sex life. His was what a later generation labeled an 'open' marriage": Heims 1991, 132.

875 "I had just eaten supper with Rook and the children": BWR, 7.8.97.

876 "The next morning I was out—of a job, out of the house": ibid.

877 "lost priority on some important work": NW to McC 4.5.47. As he wrote to Rosenblueth in the midst of the mess: "This meant that the paper of one of my competitors, Shannon of the Bell Telephone Company, is coming out . . . before mine." NW to AR, 4.16.47.

878 "conspiracy of silence": NW to McC, 4.5.47.

879 A few more letters set matters straight . . . He apologized to McCulloch: NW to McC, 4.10.47; McC to NW, 4.24.47.

880 "the three boys together, or any two of them": NW to McC, 5.2.47.

881 "I saw that the damage to Walter would be considerable. . . . I was under a cloud": JL4.

882 the only paper Wiener co-authored with Pitts: Wiener et al. 1948d.

883 Selfridge solved a mathematical problem . . . his first published paper: Selfridge 1948.

884 "he practiced being blind by burying his face in a book": MIT 1994 (NW centennial program).

885 "the automatic barfly": BWR, 10.3.98. Wiener's "barfly" emulated the work of his British colleague W. Grey Walter. See also *IAM*, 320; Masani, 90; and note on Grey Walter in Chapter 14.

886 "After the first meeting, one of us would take the lead . . . role of communications in the universe": rleweb.mit.edu/rlestaff/p-wiesj-dp.HTM; See also Wiesner.

887 "sitting at the table . . . singing *De Contemptu Mundi*": PWK1; PWK, 4.1.98.

888 *Urbs Sion aurea, patria lactea*: Bernard de Morlaix, Monk of Cluny, ca. 1140.

889 Wiener would later paraphrase the poem: *HUHB*, 254.

890 "went well beyond the ambit of a theoretical man like me": *IAM*, 275.

891 Lee also wrote technical papers and books . . . "interpreter to the engineering public": ibid., 274; Lee, 1950; Lee 1960; www-eecs.mit.edu/greateducators/lee.html.

892 "I think it was the first time . . . the recognition he deserved": PWK1.

893 "She was his *frau-professor*": B&TR4.

894 "Peggy said, on more occasions than one, 'I'm tired of being Norbert Wiener's daughter'": *IAM*, 223.

895 "Dad was not malicious. . . . That wasn't his style at all": PWK1.

896 "My father's vocabulary was enormous . . . worth listening to as a literary product": B&TR1.

897 "Sometimes he was disturbed: someone had challenged one of his ideas": Wiesner.

898 one witness said he resigned from the department fifty times: Amar Bose int., Framingham, MA, 11.26.97.

899 "They knew what was happening . . . make sure he didn't go off the rails": Gordon Raisbeck, B&TR1.

900 Warren McCulloch scrambled to save the Macy conferences: After the first Macy conference, when the foundation failed to fully cover his expenses, he demanded to "take my name off the list." NW to McC, 5.10.46. The grievance was redressed and Wiener's participation was secured, until he threatened to quit again a year later. NW to McC, 4.5.47.

901 "a self-perpetuating . . . irresponsible body of men": NW to Dr. Frank B. Jewett, President, National Academy of Sciences, 9.22.41. Masani writes: "It should be noted that Wiener's criticism of internal politics within the Academy was not entirely groundless . . . the Academy 'employs a wondrously arcane electoral process that has all the attributes of a papal election except smoke.'" Masani 1990, 360–361. See also Greenberg.

902 "bad catering . . . tedious and expensive dinners": NW to Jewett, 9.22.41.

903 "It seemed to us whenever we saw Wiener elsewhere . . . he was jovial": JL3.

904 "She unbalanced him. She would induce his depressions": B&TR1.

905 "Wiener had this problem": JL1.

906 "I'm no good. I'm no good": PWK1.

907 *"Ich bin muede"*: BWR, 7.6.02.

908 "I'm just doing the best I can": Morris and Marion Chafetz int., Washington, DC, 5.14.98.

909 "a little sheepish, a little embarrassed about it": B&TR1.

910 "Then you stayed out of his way . . . during a depression": JL1, JL2.

911 Dr. Janet Rioch: Along with Harry Stack Sullivan and Erich Fromm, Rioch and her brother David were co-founders of the New York-based William Alanson White Institute, "the premier representative of the 'loyal opposition' to the psychoanalytic establishment in the United States." wawhite.org/abriefh.html.

912 "by the dream book . . . in rapport with me as a human being": *IAM*, 215–216.
913 "A few days later, Mrs. Wiener showed up in the math department": JL1.
914 "On the flight over I had bad pressure in my ears": PWK1, PWK2.
915 "How she had children I'll never know": PWK2.
916 "to know a little bit about the good restaurants and cafés of Paris": *IAM*, 335.
917 My uncle spoke of Wiener in extraordinarily glowing terms": Benoit Mandelbrot int., Scarsdale, NY, 7.8.00.

+—

918 Epigraph: Shakespeare, *Macbeth*, Act II, Scene II.
919 "might not like my views when they found out what they were": *IAM*, 335–336.
920 "my overexertion in lecturing": ibid., 336.
921 "a reasonably well man but dead tired": ibid., 337.
922 the RLE's . . . director: Albert G. Hill, the veteran Rad Lab physicist.
923 an automatic language-translation machine: See Hutchins.
924 "When Jerry Wiesner invited us to RLE": Lettvin 1989b/McC CW II, 519–20.
925 "We'd all been brought in . . . with the idea . . . the brain was a supercommunicator": Wall 1993.
926 "The McCulloch laboratory . . . cared about . . . cellular events and . . . mind": Gesteland 1989/McC CW III, 1007.
927 the RLE's work "was inspired by . . . Wiener and his exciting ideas": rleweb.mit.edu/rlestaff/p-wiesj-dp.HTM. rleweb.mit.edu/rlestaff/p-wiesj-dp.HTM; see also Wiesner.
928 "daily rounds of the laboratory to investigate everyone else's research": Edwards, Chapter 8.
929 "arose from exacerbation of some silly dispute": Masani, 218.
930 "The blow-up arose in part from the two men's differing temperaments": Heims 1991, 138.
931 "a personal misunderstanding . . . a violent rift": Lettvin 1989b/McC CW II, 520. Observers farther from the action could only guess at what happened. Neil Smalheiser, in the sole biographical work written about Pitts, attributed Wiener's actions to "an alleged slander" involving one of his family members (Smalheiser). Michael Arbib, a brain researcher who worked with both Wiener and McCulloch at MIT, claimed a "tone deaf" and "emotionally challenged" Wiener had "spent three years of his life" working on a new theory of brain function that he took literally from one of McCulloch's colorful metaphors, had it "shot down" at an important "physiology congress," and concluded "that McCulloch had set him up—and thus the fury." Arbib attributed this version to Pat Wall. Arbib 2000.
932 "We arranged to have lunch at a local restaurant": Morris and Marion Chafetz int., 5.14.98.
933 "a book of almost wholly American interest": Stanley Unwin, Allen & Unwin Ltd, to NW, 12.10.51.
934 "Dear Arturo and Norbert: Know, o most noble, magnanimous and puissant lords": Pitts/Lettvin to NW/AR, 11.14.51.
935 "IMPERTINENT LETTER RECEIVED FROM PITTS AND LETTVIN": NW to Killian, 12.2.51.
936 "You are now in the midflight of a brilliant life": Frederick G. Fassett/Technology Press to NW, 11.28.51.
937 "for a long time been distracted and worried about . . . cybernetics at MIT": NW to Killian, 12.2.51.
938 "feeling of discipleship . . . knowingly followed any course unfriendly to you": Killian to NW, 12.11.51.
939 "Walter and I meant nothing but a wonderful enthusiasm": JL3.
940 "That's the point. He *never* was concerned": ibid.
941 "I'm sure she disapproved of him": Taffy McCulloch Holland and David McCulloch int., Old Lyme, CT, 11.28.97.
942 "It would be impossible for . . . Margaret Wiener to like Warren": Pauline Cooke int., Cambridge, MA, 11.25.97.
943 "If this was the kind of household they had, Mother would not have understood it": PWK1, PWK, 1.18.98.
944 "loth to . . . damn a colleague": NW to Killian, 12.2.51.
945 his wife "collaborated" in his writing activities: Wiener acknowledged in *ExP*, written during that period, that "the greater part of the . . . manuscript was dictated to my wife [who] has collaborated with me through the entire book." *ExP*, Foreword. Margaret also "served as his secretary writing letters for him . . . when they were traveling abroad together. She did know all about his correspondence because she had typed it." BWR, 4.6.98.
946 "For years I've thought . . . the real motivating force . . . her social position": PWK, 5.1.99.
947 "I didn't know what happened until Arturo told me ten years later": JL2.
948 Margaret alleged . . . "more than one" of the boys had seduced JL2. Lettvin's account was confirmed by other witnesses. Lettvin's wife, Mag-

gie, who was with Lettvin at the dinner with Rosenblueth, corroborated his testimony (JL2). Morris Chafetz and his wife, Marion, provided further corroboration. Morris Chafetz said, "Arturo was a remarkable human being. He would not have lied about that. If he told you that happened, that happened." Marion Chafetz said, "Margaret told me . . . what a bad influence [McCulloch] was on Norbert and how he should separate from him." She also "heard this ugly story about this awful mass seduction or whatever." Morris and Marion Chafetz int., 5.14.98.

949 "She made it all up!": JL2. Barbara confirmed that she never made any sexual allegations about McCulloch's group or said anything Margaret could have misconstrued. "I never had any sexual contact with any of the McCulloch group. I never claimed any such contact." BWR, 2.10.02. And Wiener harbored no such suspicions. In fact, in a letter to McCulloch's wife written soon after Barbara returned to Boston, Wiener thanked Rook McCulloch and her family for their "kindness to Barbara" during her time in Chicago. NW to Rook McC, 5.6.47. Margaret, too, continued to interact amicably with McCulloch and his wife for more than a year after Barbara moved back from Chicago. "If you or Mrs. McCulloch should be in town anytime please let us know." Margaret Wiener to McC, 3.3.48.

950 "Margaret wanted Wiener to think Warren was stealing cybernetics": JL3.

951 "Professor McCulloch . . . has taken such measures to aggrandize his role in cybernetics": NW to J. Z. Young, University College, London, 12.14.52. See also NW to Fremont-Smith, 3.25.53.

952 "There she was, feeding poison into the king's ears": Pauline Cooke int., 11.25.97.

953 "It is the sort of story that would spring to Mother's mind": PWK2.

954 "The question is, did Mother deliberately make up this story . . . or . . . really believe what she said": PWK, 5.30.98.

955 Barbara . . . further embittered toward her mother . . . not entirely forgiving of her father: "My father should have known me better and I think he did, but I would guess that . . . he saw the situation primarily as a threat to . . . his career. . . . He was, in fact, exceptionally kind and considerate to me when he came back from Mexico." BWR, 5.1.98, 6.7.98.

956 "The affair with 'the boys' is still rather nasty": NW to Morris Chafetz, 3.1.52.

957 "The Wiesner-McCulloch-Pitts-Lettvin imbroglio stinks . . . anginal attack": NW to AR, 3.10.52.

958 "The McCulloch thing is settling itself essentially in my favor": NW to Chafetz, 4.7.52.

959 "in a rather nervous state": "It is clear also that he thinks . . . people are stealing his ideas." D. A. Sholl to McC, 7.22.52.

960 enable the deaf to "hear" by touch: See Heims 1980, 214; Wiener 1949c; Wiener and Levine 1949d.

961 "You will realize that neither now nor in the future is any collaboration possible": NW to Wiesner, 11.17.52.

962 "Walter and I didn't believe it for a long time": JL3.

963 "He wouldn't talk and we didn't know why": JL2.

964 "Warren kept on going, but . . . he also was devastated": JL1.

965 McCulloch unleashed a rant . . . so splenetic: McC 1952/McC CW II, 761–787.

966 "was going through a disturbed episode": Kubie to Franklin McLean, 3.19.54/Heims 1991, 137. See also Kubie to McLean 2.20.52/Heims 1991, 136.

967 "something about his talk or behavior was erratic": Heims 1991, 137.

968 "One force which may be relevant to [McCulloch's] upset": Kubie to John Fulton, Yale University, 3.21.53/Heims 1991, 138.

969 "Walter suffered monstrously": JL3.

970 "He burned everything he'd ever written": JL1, JL2.

971 *"Remember, mutatis mutandi, he was a Roundhead; I, a cavalier!":* McC 1974/McC, CW I, 40–41.

972 "destined to have an effect on the history of cybernetics": Heims 1991, 138.

973 "neuroscience": In the early 1960s, MIT launched its Neuroscience Research Project directed by Francis O. Schmitt, who was said to have coined the term "neuroscience." Kay, 304.

974 The analog mode . . . first electronic media: Even the telegraph, with its two-figure code of dots and dashes, was not strictly digital and depended on various wave forms, transmission frequencies and, after 1900, radio waves. See Nyquist.

975 "cleavage": JL1.

976 "elements of both procedures, digital and analogy [sic], are discernible": von Neumann 1948/Jeffress.

977 Von Neumann restated a point Wiener had made: Wiener 1946c,/Frank et al., 210; *Cyb*, 129–130, 156.

978 Von Neumann's bombshell began a debate . . . would continue for decades: See Rumelhart and McClelland, 1986; Hillis, 1985, 1987. These theorists began in the 1980s to design "massive distributed parallel processing" neural network computers that sought to embody von Neumann's idea of "reliable computers/computing from unreliable compo-

nents" by using many processors connected in parallel, like the connected neurons in the brain.

979 "electronic brains": The first UNIVAC was delivered to the U.S. Census Bureau on Mar 31, 1951. www.computinghistorymuseum.org.

980 "There's nothing that you deal with . . . where digital and analog are in combat": JL2, JL4.

981 "multi-valued logic . . . probabilistic logic": Lettvin 1989b/McC CW II, 518, 529.

982 "messages which go out generally into the nervous system": *Cyb*, 129.

983 "Walter was ahead of his time": JL2, JL3, JL4 (edited with permission).

984 "They were halcyon days": JL4.

985 They made primary contributions to . . . the evolution of Wiener's thinking: "Both McCulloch and Pitts played an absolutely positive role in the evolution of Wiener's ideas in neurophysiology . . . on the problems of logical manipulation, Gestalt or pattern-recognition, gating, brain rhythms and sensory prosthesis." Masani, 218.

第三部分
十二

986 Epigraph: Kipling.

987 "signified the beginning of a new and terrifying period in human history": Struik 1966.

988 "a new world . . . with which we should have to live ever after": *IAM*, 299–300.

989 "the practical certainty that other people will follow": *IAM*, 303.

990 "the lords of the present science": *HUHB*, 173; *IAM*, 304.

991 "Behind all this I sensed the desires . . . to see the wheels go round": *IAM*, 305.

992 In October 1945 . . . Wiener vowed to remove himself . . . quitting . . . science altogether: "I have no intention of letting my services be used in such a conflict . . . I have seriously considered the possibility of giving up my scientific productive effort because I know no way to publish without letting my inventions go to the wrong hands." NW to Giorgio de Santillana, 10.16.45 (Heims 1980, 188). Two days later, Wiener drafted a letter to MIT's president declaring his intention "to leave scientific work completely and finally. I shall try to find some way of living on my farm in the country. I am not too sanguine of success, but I see no other course which accords with my conscience." NW to Karl Compton, 10.18.45. However, Heims believed the signed letter in Wiener's files "was probably never sent." Heims 1980, 189.

993 "We had expected that after this war": *IAM*, 306–307.

994 Under the master plan Bush set forth: Bush 1945b; Mazuran.

995 government paying more money to large corporations: "Most Federal R&D funding was channeled through private corporations, even at the peak of university support." Sent, Esther-Mirjam, "The Economic Value(s) in and of Science." www.uab.edu/ethicscenter/sent.htm (adapted from Mirowski and Sent, Introduction).

996 "push-button warfare . . . The whole idea . . . has an enormous temptation": *IAM*, 305.

997 "I thus decided that I would have to turn from . . . the greatest secrecy": ibid., 308.

998 "Since the termination of the war I have highly regretted": NW to George E. Forsythe, Boeing Aircraft Company, 10.31.46; *IAM*, 296.

999 "I do not expect to publish any future work": Wiener 1947a.

1000 "every thoughtful, well-meaning and conscientious human being": Einstein to War Resisters' International, 1928. www.san.beck.org/GPJ23-Einstein.html.

1001 "If I had thought out fully how I was thus subjecting myself to a deep moral commitment": *IAM*, 296–297.

1002 "semimilitary project on mechanical computation": ibid., 297.

1003 "It was in fact to be under the Bureau of Standards. . . . My hand was forced": ibid., 297–298.

1004 "I went to Aiken and tried to explain the situation": ibid., 298.

1005 Symposium on Large-Scale Digital Calculating Machinery: Held in Cambridge, MA, Jan 7–12, 1947. For further details, see Goldstine, 251.

1006 "M.I.T. SCIENTIST 'REBELS' AT WAR RESEARCH TALK" . . . *New York Times: Boston Traveler*, 1.8.47; *NYT*, 1.9.47.

1007 "I greatly admire and approve . . . of Professor Wiener": Einstein statement of 1.20.47, Overseas News Agency, in Nathan.

1008 "I am . . . giving up all work on the computing machine": NW to McC, 1.8.47.

1009 "not work on any project . . . the . . . death of innocent people": *Wiley Bulletin*, John Wiley & Sons, Nov 1948.

1010 "the nation's largest non-industrial defense contractor": with 75 separate contracts worth $117 million. libraries.mit.edu/archives/exhibits/midcentury; Buderi, 255.

1011 its ties to industry were second to none: The Rad Lab alone had contracts with 70 companies, including defense contractors General Electric, RCA, Raytheon, Westinghouse, Western Electric, Philco and Sperry. rleweb.mit.edu/Publications/currents/4–2cov.HTM.

1012 Tech's faculty and administrators . . . were embarrassed: "MIT had all these contracts with the [military], and the president of MIT worked with the generals in Washington, so it was very embarrassing for the administration. They tried to make him moderate his objections but it had no effect." Zipporah "Fagi" Levinson int., 8.24.98.

1013 "In the first place, it is clear that the degradation of the . . . scientist": Wiener 1948c.

1014 "megabuck science": Wiener 1958b.

1015 "I wondered whether I had not got into a moral situation": *IAM*, 295.

1016 "The automatic factory could not fail to raise new social problems": *IAM*, 295–296.

1017 He made contact with two union leaders . . . Congress of Industrial Organizations. ibid., 308; *Cyb*, 28.

1018 "we were here in the presence of . . . good and for evil": *Cyb*, 27 (emphasis added).

1019 "It may very well be a good thing for humanity to have the machine remove from it the need": ibid.

1020 *"The answer, of course, is to have a society based on human values"*: ibid., 28 (emphasis added).

1021 "This thing will come like an earthquake": "THINKING MACHINE SEEN REPLACING MAN: MIT SCIENTIST SEES DAY WHEN UNSKILLED LABOR WILL BE OBSOLETE," *Boston Traveler*, 4.17.49.

1022 "a very dangerous thing socially": ibid.

1023 National Association of . . . "Malefactors": *Cyb*, 27; BWR, 7.6.01.

1024 General Electric . . . he refused both requests: Noble, 75.

1025 "show a sufficient interest in the very pressing menace": NW to Reuther, 8.13.49.

1026 "DEEPLY INTERESTED IN YOUR LETTER": Reuther to NW, 8.17.49.

1027 Finally, in March 1950, Reuther came to Boston: NW-Reuther meeting March 14, 1950. Heims 1980, 343.

1028 "labor-science council": ibid., 343.

1029 "found in Mr. Reuther and the men about him": *IAM*, 309.

1030 The early postwar years . . . a record number of strikes: Zachary, 351.

1031 "machines without men": Leaver and Brown.

1032 Air Force . . . leading the way . . . to bring automation: Noble, especially Chapter 6.

1033 The idea of writing a popular work: Knopf to NW, 1.11.49; NW to Knopf, 1.19.49; Knopf to NW, 1.24.49; NW to Knopf, 1.26.49.

1034 "mercurial . . . unpredictable . . . touchy": Brooks, 55–56.

1035 *Pandora* and *Cassandra*: He had two earlier working titles, *The Communication State* and *Man, Progress and Communication*. Davis; NW to McC. 8.10.49.

1036 "would, in the opinion of everyone here, kill the book dead": Brooks to NW, 11.10.49.

1037 "protest against this inhuman use of human beings": ibid.

1038 "What a book!": ibid.

1039 "real change of point of view": *HUHB*, 13. Quotes in text are from 2nd edition, published by Houghton Mifflin in 1954. Page references are to the Avon Books paperback, 1967.

1040 "in working science, and . . . in our attitude to life in general": ibid., 19–20.

1041 "society can only be understood through . . . messages and . . . communication facilities": ibid., 25.

1042 "cement . . . which binds its fabric together": ibid., 39.

1043 The process of receiving and of using information": ibid., 27.

1044 "does not represent a universal basis of human values": ibid., 154.

1045 "leads to the misunderstanding and the mistreatment of information": ibid., 155.

1046 "content": ibid., 26.

1047 "unhampered exchange": ibid., 166.

1048 *"It is perfectly clear that this will produce an unemployment situation"*: ibid., 220 (emphasis added).

1049 "The [automatic machine] is not frightening . . . what man's nature . . . and . . . built-in purposes are": ibid., 247–250.

1050 "calmly transfer to the machine . . . the responsibility": ibid., 252–253.

1051 "Any machine constructed for the purpose of making decisions": ibid., 253–254.

1052 *The hour is very late, and the choice of good and evil knocks at our door*: ibid., 254 (emphasis added).

1053 "a book of enormous importance . . . since civilisation began": Russell 1951.

1054 When the Cold War commenced, von Neumann enlisted . . . two dozen . . . organizations: Including the Los Alamos Scientific Laboratory, Oak Ridge National Laboratory, the Armed Forces Special Weapons Project, the Army Bureau of Ordnance, the Navy Bureau of Ordnance, the Air Force Scientific Advisory Board, Nuclear Weapons Panel and Strategic Missiles Evaluation Committee, the General Advisory Committee of the Atomic Energy Commission, the Central Intelligence Agency, the National Security Agency, the RAND Corporation, and, in the corporate sector, Standard Oil and IBM. Macrae, 333–334; Kay, 102.

1055 "preventive" atomic attack: "If you say why not bomb them tomorrow, I say why not today? If you say today at five o'clock, I say why not one o'clock?" Heims 1980, 247.

1056 Under his influence . . . game theory . . . became the centerpiece in America's arsenal: ibid., 313.

1057 At the RAND Corporation . . . "think tank" . . . a major player in . . . the nation's weapons policies: ibid., 315.

1058 MAD—mutual assured destruction:"Game-theoretic thinking played a major role in evolving and justifying the policy of deterring attack by the threat of massive retaliation." ibid., 319.

1059 "Von Neumann's picture . . . a perversion of the facts": *Cyb*, 159–160.

1060 "hucksters . . . only too true a picture of the higher business life": ibid.

1061 "In the long run, even the most brilliant and unprincipled huckster": ibid., 159.

1062 "people are selfish and treacherous as . . . laws of nature": JvN quoted in Wigner, 261.

1063 "No man is either all fool or all knave": *Cyb*, 160.

1064 "cooperative games . . . a logical circle": Nasar quotes Dixit and Nalebuff's description of realistic games that progress by principles of circular causality. "A game with simultaneous moves involves a logical circle. . . . Poker is an example of, 'I think he thinks that I think that he thinks that I think.'" Nasar, 97.

1065 Finally, in January 1952, Reuther invited Wiener: Reuther to NW, 2.5.52; NW to Reuther, 2.7.52.

十三

1066 Epigraph: Swift, Jonathan, "Thoughts on Various Subjects," 1706/1726.

1067 "NORBERT WIENER a.k.a. NORBERT WEINER": FBI #B2, 1.10.47. Documents from Wiener's FBI headquarters (Washington, DC) file #100–348294, released to the authors under the Freedom of Information Act on Apr 9, 1999. Additional files released on appeal on Mar 2, 2001. Boston Field Office file #100–18619 released on Mar 27, 2000. Some other files released by Army and Navy intelligence agencies as designated. FBI headquarters files designated with FBI # only; Boston files designated with #B prefix.

1068 "Security Matter–C . . . persons suspected of subversive activities": The phrase was used by Roosevelt in 1940 to authorize wiretapping of suspected subversives.

1069 "key facility": FBI #21, SAC Boston to Hoover, 1.14.54.

1070 SAC Boston sent his first report: FBI #1/#B3, SAC Boston to Hoover, 1.16.47.

1071 "subject . . . was of Russian-Jewish extraction . . . essential in winning the war": FBI #1.

1072 "There were two very strong 'Communists'": withheld in FBI #1, released in #B38.

1073 Those groups . . . deemed to be "subversive": American Friends of the Chinese People reported during 1942 screening for OSRD, copied in #B70.

1074 "had expressed a desire to talk to Wiener": #B5, 1.17.47; #B9, 2.25.47.

1075 "a member of the Communist Political Association . . . a protege of . . . WIENER": FBI #3/#B38, 10.29.48.

1076 Haldane . . . "a guest of Professor . . . WEINER": #B8, 1.18.47.

1077 Members of Congress called for federal prosecution of Albert Einstein . . . concern to the FBI since 1932: www.amnh.org/exhibitions/einstein/global/mccarthy.php (American Museum of Natural History).

1078 director of the National Bureau of Standards: Physicist Edward U. Condon, NBS director, was the target of repeated congressional security investigations. Wang 1999; Wang 2001.

1079 the head of the Harvard Observatory: Harlow Shapley, director of the observatory since 1921, lost his security clearance based on anonymous charges. eee.uci.edu/programs/humcore/essayeighttips.html (Univ Calif Irvine); www.aas.org/publications/baas/v25n4/aas183/abs/S104.html (American Astronomical Society).

1080 the editor of *The Bulletin of the Atomic Scientists*: Russian-born chemist Eugene Rabinowitch, who worked in the Manhattan Project's Chicago Metallurgical Laboratory and later co-founded the *Bulletin* and served as its editor for twenty years, was one of many scientists who "faced bizarre, kafkaesque circumstances" for their advocacy of international control of atomic energy. Wang 1999; www.thebulletin.org/issues/1999/ja99/ja99reviews.html [sic].

1081 "seventy of the most distinguished citizens of Massachusetts": #B17, 4.24.47.

1082 a shot that made the FBI see red: #B20, copy of SAC Chicago to Hoover, 8.20.47; #B34, 9.27.48.

1083 "The Armed Services are not fit almoners for education and science": Wiener 1947b.

1084 "a distinct New York Jewish accent": #B13, 3.29.47.

1085 Madame Irène Joliot-Curie: Madame Joliot-Curie was the daughter of physicists Pierre and Marie Curie, pioneers in the study of radioactivity, and her own research was important in the discovery of uranium fission. After the war, she became an advocate for the international control of atomic energy and the abolition of nuclear weapons. www.nobel.se/chemistry/laureates/1935/joliot-curie-bio.html.

1086 "Prof. NORMAN WEINER" [sic]: #B25, 3.27.48. See also #B23, 3.10.48; #B24, 3.27.48; #B26, 3.30.48; #B27, 3.30.48.

1087 "Red Dean . . . Prof. ROBERT WEINER": #B40, 11.18.48.

1088 The institute's faculty, students, and even its president were under suspicion: Nasar, 152–153. "Karl Compton . . . president of MIT [whose] family had been missionaries in China and . . . were sympathetic with the communists there . . . felt that he would be next." Zipporah "Fagi" Levinson int., 8.24.98.

1089 Levinson . . . William Ted Martin . . . in local communist groups: Nasar, 153.

1090 at least five MIT professors, administrators and secretaries, fed information to the FBI: FBI #3/#B38, 10.29.48, released on appeal, lists Confidential Informants T6, T11, T14, T15, and T16 as individuals associated with MIT.

1091 "extremely erratic . . . naïve politically": Confidential informant "T-8, a colleague of Prof. WIENER." #B62, 5.23.51.

1092 "a complete egotist": Confidential informant "T-14," another MIT source. FBI #3/#B32, 5.28.48;

1093 "a screwball": Confidential informant "T-16 . . . was attached to the staff of MIT": FBI #3/#B33, 6.1.48;

1094 "worried about Wiener, as 'he is known to be nuts'": #B3; #B28, 3.31.48.

1095 "indicating a disloyal attitude toward the United States": Confidential Informant "0." Report on NW remarks at dinner with members of the staff of the Worcester Foundation of Biological Research, Worcester, MA. FBI #3/#B70, full text released on appeal.

1096 Project Paperclip: In Sept 1946, President Truman authorized "Project Paperclip" to bring selected German scientists to work for America during the Cold War, although Truman excluded anyone found to have been a Nazi party member or active supporter of Nazism. CIA Director Allen Dulles had scientists' dossiers cleansed of incriminating evidence. By 1955, more than 760 German scientists, including former members of the Gestapo who had conducted medical research in concentration camps, had become U.S. citizens and risen to prominent positions in American science. Hunt.

1097 The same source reported that WIENER . . . would commit suicide: FBI #23/#B70, 11.30.51, released by the Navy.

1098 "at the first appropriate occasion . . . a derogatory manner upon MIT": FBI #23/#B70, 11.30.51, released by the Navy.

1099 Satisfied that the threat to the nation had been . . . neutralized . . . FBI closed its . . . investigation: The investigation was closed on Dec 29, 1953. FBI Communications Section to SAC Boston, 12.29.53, FBI #18.5 (decimals added to unnumbered documents between FBI #17 and #19)

1100 Internal Security Act . . . "world Communist movement": history.acusd.edu/gen/20th/coldwarspies.html; www.multied.com/documents/McCarran.html.

1101 Julius and Ethel Rosenberg were arrested in New York City: foia.fbi.gov/roberg.htm.

1102 The government also stepped up its campaign against . . . Einstein: foia.fbi.gov/einstein.htm. See Jerome; D. Overbye, "New Details Emerge From the Einstein Files," *NYT*, 5.7.02.

1103 "to resist the inroads of 'tyranny'": "Scientist Scorns 'Ivory Tower' Life: Mathematician Urges Entry into Political Quarrels—Warns of 'Tyranny,'" report on NW address to Philosophy of Science Assn. meeting at Columbia University. *NYT*, 3.13.49; #B53, 7.21.49.

1104 "WIENER or a member of his family . . . British Communist, J. B. HALDANE": FBI #4, John Clements Associates, NYC to Clyde Tolson, FBI, 12.20.50.

1105 "TO REOPEN THIS [MATTER] AND CONDUCT THE NECESSARY INVESTIGATION": FBI #5/#B58, Hoover to SAC Boston, 12.29.50.

1106 "British Intelligence Authorities": FBI #6, Hoover to Legat London, 12.29.50, released on appeal.

1107 Neither MI-5 nor the FBI had the foggiest notion: FBI #7, Legat London to Hoover, 2.20.51.

1108 "None of the WIENER family have come to our notice": FBI #9, Legat London to Hoover, 4.3.51, released on appeal.

1109 "reported to be one of the world's foremost mathematicians": FBI #12, Legat London to Hoover, 6.7.51, released on appeal.

1110 "racking headache": *IAM*, 336.

1111 "they displayed anti-American tendencies": #B68, SAC Houston to Hoover, 10.31.51.

1112 He sent new orders to the State Department, and to the CIA's . . . Special Operations: FBI #13, Hoover to Donald L. Michelson, Department of State; cc: Lyman B. Kirkpatrick, Assistant Director for Special Operations, Central Intelligence Agency, 11.30.51.

1113 "Marks: Scar on left forefinger": #B70, SAC Boston to SAC WFO (Washington Field Office), 11.30.51. ONI copy released by Navy.

1114 Once again, Hoover's panic and paranoia were misplaced . . . Wiener had returned . . . without incident: #B71, SAC Boston to Hoover, 12.20.51; FBI #16/#B76; report from SAC Boston, 3.21.52; #B77; SAC Houston to Hoover, 4.23.52.

1115 "to advocate, advise, counsel, and incite the overthrow by force and violence": Jackson.

1116 "I know Struik to be a person of the highest character and honesty": NW (from Mexico) to Killian, 9.13.51.
1117 "Wiener was far more upset than I was": Dirk Struik int., Belmont, MA, 8.20.98.
1118 "the current political situation . . . the informer seems to be running wild": NW to J. Rioch, 6.22.50.
1119 The House Un-American Activities Committee . . . "name names": huac.tripod.com.
1120 "Security Index": The FBI created this detention list in the 1940s, even before legislation was passed providing any statutory authority (the Emergency Detention Act of 1950). www.eff.org/CAF/civil-liberty/freedom.essay (Electronic Frontier Foundation). The list at FBI headquarters included 11,982 names; FBI field office lists contained over 200,000 names. Halperin et al.
1121 "RETURNING NYC . . . GREATLY FATIGUED . . . WELCOME YOU HOME": Text of telegrams, August 1951, MIT Institute Archives, Collection AC 4, Office of the President, Records 1930–1959, box 238, folder 3.
1122 "These are extremely difficult times, and one wonders what the outcome will be": ibid.; NW to Killian 9.27.51.
1123 "abnormally large percentage of communists at MIT": Statement by Robert L. Kunzig, HUAC counsel, 4.22.53. Nasar, 152.
1124 "MIT was turned topsy-turvy . . . pressure to name names": Zippporah "Fagi" Levinson int., in Nasar, 153.
1125 Martin "gave a pathetic, frightened performance": ibid.
1126 Levinson held his ground: "He stipulated that he would not disclose any names of individual who had not already been revealed to the committee." Zipporah "Fagi" Levinson int., 8.24.98.
1127 Martin "shattered and deeply depressed" . . . Levinson's teenage daughter: Nasar, 153–154.
1128 "Wiener was incredibly loyal": Zipporah "Fagi" Levinson int., 8.24.98.
1129 "the revolutionary way of non-cooperation": *NYT*, 6.12.53. See also Jerome; foia.fbi.gov/einstein.htm.
1130 "This individual has been described as a genius . . . does not appear practicable": #B79, SAC Boston to Hoover, 6.5.52.
1131 SAGE air defense system: for Semi-Automatic Ground Environment. www.nap.edu/readingroom/books/far/ch4_b1.html (National Research Council).
1132 "Security Squad . . . Security Index . . . or an Interview . . . other interested intelligence agencies": FBI #18.5/#B82, 12.29.53; #B83, 12.31.53.
1133 Files on dozens of individuals and groups were searched . . . Wiener's daughter: FBI File No.

100–17997, Subject: Margaret [a.k.a. Peggy] Wiener. #B83, 12.31.53.
1134 "No Association . . . Project Lincoln . . . any U.S. Government . . . Research": #B85, SAC Boston to Hoover, 12.29.53.
1135 "In view of the possible interest of . . . McCarthy": FBI #19/#B87, Hoover to SAC Boston, 1.11.54.
1136 SAC Boston filed his final report: FBI #20/#B93, FBI #21/#B88, #B92, SAC Boston to Hoover, 1.14.54.
1137 "on numerous occasions . . . attempted to . . . recruit him . . . completely unsuccessful": FBI #21/#B88, #B92, details released on appeal.
1138 "No unusual subversive activity noted": FBI #20/#B93, 1.14.54.
1139 "Because of WIENER'S temperament . . . unwise at this time": FBI #21;#B92.
1140 After further consideration . . . recommend him for inclusion on the security index": FBI #21/#B88; #B92.
1141 "the cream of Soviet science": *IAM*, 347.
1142 "needling": FBI #22. Confidential Foreign Service Despatch [*sic*], American Consul General, Bombay, to U. S. State Dept., Washington (cc: CIA), 1.25.54.
1143 "ribbing": "I ribbed the Russians." *IAM*, 350.
1144 J. Robert Oppenheimer . . . "a hardened Communist": Blackwell, Jon, "Security risk" (*The Trentonian*) www.capitalcentury.com/1953.html. See also www.aps.org/apsnews/0601/060106.html (American Physical Society).
1145 "The professor said . . . representatives from the Soviet Embassy . . . the proper course of action?": FBI #22.
1146 "WIENER mentions how he hopes to perfect artificial limbs . . . he also felt that Wiener was harmless . . . no further action will be taken in relation to him": #B98, SAC Boston to Hoover, 4.13.54.
1147 "half reminiscent of Nazi Germany, half of *Alice in Wonderland*": Struik 1993.
1148 The National Academy of Sciences and other associations: See Wang 1999; Wang 2001; Walker 1999; Walker 2002/2003; Wittner.
1149 "I do not think that the average American has much idea . . . we shall deserve to perish": NW to Reuther, 7.26.50.

十四

1150 Epigraph: Goethe.
1151 "Ulam was here at the time": JL1.
1152 "He was not focused at all and he was extraordinarily unhappy": Benoit Mandelbrot int., Scarsdale NY, 7.8.00.

1153 He had received an offer to publish . . . "The Bent Twig": Henry W. Simon to NW, 1.17.52; Simon to NW 1.31.52.
1154 "animadversions . . . dispensable": Simon to NW, 4.14.52.
1155 *Time* and *Newsweek*: *Time*, Mar 30, 1953; *Newsweek*, Mar 30, 1953.
1156 the *Today* show: NW appeared on *Today* Mar 27, 1953.
1157 *"Magnificent!"*: Simon to NW, 3.30.53 (emphasis added).
1158 The memoir was especially hurtful to his mother: B&TR1.
1159 "The story is shot through with pain": Mead 1953.
1160 "There were four desks pushed together in the center of the room": Arbib 2000.
1161 "Pieces of him appeared, a hat, a jacket": JL quoted in Taffy McCulloch Holland and David McCulloch int., Old Lyme, CT, 11.28.97.
1162 "After '52 it was straight downhill": JL2.
1163 "Walter was so totally devastated by what Wiener did": Maggie Lettvin in JL3. When packaged goods and patent medicines no longer sufficed, Pitts held up in the neurophysiology laboratory, where he synthesized potent long-chain alcohols and "novel analogues of barbiturates and opiates." The potions gave Pitts blackouts and, later, seizures. Smalheiser.
1164 Pitts . . . hailed by *Fortune* magazine: Bello 1954.
1165 five of the young scientists . . . would win Nobel prizes: Feynmann, Schwinger, Watson, Lederberg, and biochemist Robert Woodward.
1166 "that the brain functions more 'analogically' than 'digitally'": paper presented at 7th Macy conf. by Ralph Gerard, who would become McCulloch's successor at the University of Illinois Neuropsychiatric Institute. Heims 1991.
1167 Shannon from Bell Laboratories: attended as a guest at the 7th, 8th, and 10th Macy confs.
1168 Roman Jakobson: attended as a guest at 5th Macy conf.
1169 Max Delbrück: attended as a guest at 5th Macy conf.
1170 his sudden, unexplained departure blew a hole in the proceedings: "For me it was a . . . hole that was left." Heinz von Foerster, 1st telephone int., Pescadero CA, 2.8.98.
1171 "psychological deterioration": Heims 1991, 155.
1172 discussions of pressing social and cultural issues were studiously avoided: Heims 1991, 76.
1173 "to improve the human condition or alleviate and prevent misery": ibid., 28.

1174 "babel of laboratory slangs . . . I wish Wiener were still with us": McC 1955; Heims 1991, 277.
1175 "developmental" stage: JL1.
1176 "rewritten in terms of information, communication, feedback and systems": Heims 1991, 127.
1177 "double bind": Bateson et al. 1956/G. Bateson, 1972, 207.
1178 His theory traced back to Wiener's concerns . . . was the reigning model: *Cyb*, 144–154; Heims 1991, 151. Bateson's work at the Langley Porter Psychiatric Clinic and his later studies at the Palo Alto VA Hospital and with colleagues at Stanford put a firm foundation under his "theory of communication, adapted to the human situation." His new psychology, "based on the premise that all actions and events have communicative aspects" and the new awareness that, "as human beings and members of a society, we are biologically compelled to communicate" (Bateson & Reusch, 6–7) became a rallying cry for psychology and all the human sciences in the 1950s. Fired by Bateson's enthusiasm on the West Coast, and Mead's commanding presence back east, the human communication perspective transformed anthropology and clinical psychology. It also gave rise to new domains of communication science: nonverbal communication and its subdisciplines "kinesics" (or as it became known "body language"); "proxemics," the study of spatial relations as a factor in communication; "paralinguistics," the study of the vocal effects that accompany human speech; and the broad realm of intercultural communication. Bateson and Mead worked with fellow anthropologist Raymond Birdwhistell, a pioneer of nonverbal research (Mary Catherine Bateson 1984, 109; Birdwhistell; Fast). Mead and Birdwhistell influenced their colleague Edward T. Hall, a pioneer of proxemics and intercultural communication (Hall 1959; 1966). Hall's colleague George Trager led the field of paralinguistics (Hall and Trager 1953; Trager 1958). Since the 1980s, Bateson's double bind theory has been widely considered to be discredited, but several recent efforts have been made to revive and reframe it in the new organic context of clinical psychology and neuroscience. See Koopmans; Roberts.
1179 Other social scientists in the 1950s . . . small groups and large organizations: Kurt Lewin's disciples branched out from MIT and established pioneering group research centers. The National Training Laboratory in Bethel, Maine, founded just after Lewin's death in 1947, became the incubator of influential "t-groups," "encounter groups," and "sensitivity training" methods predicated on providing group participants with immediate, unfiltered feedback on their personal responses and group in-

teractions. www.ntl.org/about-history.html. See also Leavitt and Mueller; Rosenberg and Hall; Cadwallader.

1180 the new "humanistic" psychologists: "What we sought was a new paradigm for humanistic psychology, a new set of metaphors, a new underlying structure. . . . Bateson's contribution . . . was and will be great." May in Brockman, 77. Other support came from the next wave of Gestalt and existential psychologists who arrived from Europe after the war, and from Macy psychiatrists Lawrence Frank and Lawrence Kubie. "This victory was the door by which therapy by psychologists became legal throughout the whole nation . . . with the help of . . . Frank . . . Kubie, and other far-sighted psychiatrists." May, xi.

1181 Kenneth E. Boulding . . . "missionary" effort . . . the dismal science: Boulding to NW, 1.12.54; Boulding 1950 (the last chapter addresses the application of cybernetics to economic ideas and methods); Boulding 1953; 1956.

1182 Donald Theall . . . handed McLuhan copies of *Cybernetics*: D. Theall, personal communication, 4.19.03.

1183 "The relevance of Wiener in McLuhan's mind": ibid.

1184 "culture and communication": The Center for Culture and Technology opened in 1963 with McLuhan as its director. www.mcluhan. utoronto.ca/marshal.htm.

1185 "the medium is the message . . . global village": McLuhan 1964; 1968.

1186 "the transportation of messages . . . an extension of man's senses" . . . "society can only be understood . . . messages and . . . communication facilities": *HUHB*, 133, 25. McLuhan did not cite Wiener or his work in his books. Theall took issue with his "habits of borrowing" and his loose approach to "the way we credit those we have used. . . . Cybernetic issues remained central in McLuhan's thought, even if concealed." D. Theall, personal communication, 4.19.03. See also Theall.

1187 Cercle d'Etudes Cybernétiques . . . Divisione di Cibernetica . . . Intl Assn for Cybernetics: Mindell et al.; pespmc1.vub.ac.be/IAC.html, www.iiass.it/caianiel.html.

1188 W. Grey Walter . . . built the first mobile robot; www.epub.org.br/cm/n09/historia/greywalter_i.htm; www.epub.org.br/cm/n09/historia/turtles_i.htm; www.ias.uwe.ac.uk/goto.html?walterbot.

1189 W. Ross Ashby . . . cybernetic theory after Wiener: See Ashby 1952, 1956.

1190 Gordon Pask: www.pangaro.com/Pask-Archive/Pask-Archive-listing.html. See also Pask 1957, 1960a, 1960b.

1191 Stafford Beer . . . "management cybernetics": Beer 1959.

1192 Canada, Mexico, Uruguay . . . the entire economy of Chile: Beer 1973; Beckett.

1193 reinvented biology in the light of cybernetics . . . Watson and . . . Crick: "reinvented biology," *NYT*, 2.25.03.

1194 "the possible future importance of cybernetics at the bacterial level": Watson 1953.

1195 Crick "formalized information . . . remarkably similar to . . . Wiener's": Kay 173–174. Crick 1957/1958.

1196 "cybernetic groundswell": Kay, 64. Kay places equal, if not greater, emphasis on what she calls the "information discourse." (Kay, xvi) However, she often uses cybernetics and information theory interchangeably, and she tends to disparage both disciplines in her critique of the influence of information concepts in biology and related sciences from the 1950s on.

1197 "cellular automata": Von Neumann introduced the concept at Hixon. Burks coined the term after von Neumann's death, when he completed and co-edited von Neumann's papers on the subject. Burks 1970; von Neumann 1987.

1198 "*Cybernétique Enzymatique*": Kay, 221; Monod 1970, 45. "Both [Monod and Jacob] credited . . . Wiener . . . and [other] 'founding fathers' of information theory . . . for this profound reorientation of biology." Kay, 17.

1199 "teleonomy": Monod, 9. See also Monod and Jacob.

1200 "cognitive science": Gardner saw Wiener, Rosenblueth, and Bigelow (1943) and Wiener's larger "cybernetic synthesis" as "an integrated vision" that contributed to the foundations of cognitive science. (Gardner 19–21) He noted that, "The basic ideas for cognitive science were . . . heatedly debated at the Macy conferences" (Gardner, 26) and concluded, "Though Wiener's synthesis was not ultimately the one embraced by cognitive science . . . it stands as a pioneering example of the viability of such an interdisciplinary undertaking." Gardner, 21.

1201 The new cognitive science was born in 1956 . . . at MIT: Gardner, 28–29.

1202 *Plans and the Structure of Behavior*: Miller et al.

1203 "a cybernetic approach to behavior": Gardner, 32–33.

1204 The new subdiscipline . . . artificial intelligence: In 1952, McCarthy convened a small private conference in New Jersey, in conjunction with Shannon at Bell Labs, on the nascent theory of machine intelligence (Shannon and McCarthy). A year later, Minsky and Selfridge organized the first public conference on the subject in Los Angeles. That meeting and a later trip by Selfridge planted the seeds of AI among incipient computer programmers on the West Coast, including the young Stanford mathematician, Allen Newell, and Herbert Simon, an expert on organizational decision-making from Carnegie Tech, who were then consulting with the RAND Corporation in Los Angeles. In 1956, McCarthy, Minsky, Selfridge, Shannon, Simon, Newell, and others formally launched the new field at a summer conference at Dartmouth. AI had other forerunners: McCulloch and Pitts (1943) provided a blueprint for many early computer programmers. Turing (1950) proposed the first systematic test of machine intelligence. In 1952, Grace Hopper, a former assistant to Aiken at Harvard, then working on the UNIVAC at Remington Rand, conceived the first high-level programming language that raised the process above binary logic and enabled programmers to assemble "pre-written code segments" into programs (Lee et al; Hopper). The Air Force's SAGE nationwide air defense system in progress at MIT's Lincoln Laboratory gave a "massive momentum" to the push for improved programming methods. Edwards, Chap. 8.

1205 Selfridge . . . a pivotal figure in the evolution of AI . . . programming whiz: Selfridge wrote some of the first programs for the Whirlwind in 1953. The same year, he and Minsky organized the Western Joint Computer Conference. O. Selfridge int., 4.20.98. Newell described his meeting with Selfridge in Sept 1954 as a "conversion experience." Simon 1997 (in Edwards).

1206 "Pandemonium": Selfridge 1955; 1958/1959. "Pandemonium and its predecessors resembled the neural nets of McCulloch and Pitts." Edwards.

1207 Pitts was indifferent to AI and computers: Smalheiser speculated: "Though he and McCulloch worked closely with . . . pioneers of AI, they never felt attracted personally towards the quest for machine intelligence. Ultimately, [they] were humanists, interested in the fundamental nature of man rather than of machines." Smalheiser.

1208 Marvin Minsky: Minsky co-founded MIT's AI Lab in 1958 with John McCarthy, who came to MIT that year.

1209 "Wiener didn't think about artificial intelligence": Marvin Minsky int., MIT Media Lab, Cambridge, MA, 7.11.00.

1210 Shannon and von Neumann helped . . . to launch the field: Shannon and McCarthy (eds.) 1956; von Neumann 1956.

1211 "record-playback" system: Noble, 82–83. The system was developed by engineers in GE's Industrial Control Division, based at the company's main facility in Schenectady, NY. Noble, 154.

1212 However, another system . . . MIT's Servo-mechanism Laboratory . . . "by the numbers": Noble, Chaps. 5–6. The numerical control ("NC") venture reached widely into the MIT community. Servo Lab engineers joined forces with MIT's new Digital Computer Laboratory to develop the first programming language and control tapes for numerical control machines (Noble, 140–143). MIT's School of Management even mounted a campaign to promote the Servo Lab's NC technology to executives in industry (Noble, 133–135). Some Servo Lab staffers started commercial NC ventures of their own, but MIT officials grew uncomfortable with their growing ties to the private sector. In 1955, President Killian requested the lab and its staff to scale back on their "industrial projects," and he formed a committee to examine charges that Tech faculty were, in Noble's words, "using the Institute's position and name to aid and promote . . . business ventures," and that they were rife with "alleged conflict of interest [among] Institute personnel who sat on government advisory boards . . . and . . . were themselves recipients of [government] contracts." Noble, 138–139, 199–200.

1213 "though catalyst is a lukewarm description of his role": Wiesner.

1214 "with the aid of up-to-date electronics and Wienerian . . . techniques": Rosenblith.

1215 Spurred on by Wiener's enthusiasm and curiosity: "Powerfully spurred on by . . . Wiener's interest, curiosity, and hopes." Rosenblith.

1216 "correlator": rleweb.mit.edu/aboutrle/comphist/others.htm; rleweb.mit.edu/groups/g-audhst.htm.

1217 The correlator was Wiener's baby: John S. Barlow int., Mass General Hospital, Boston, 7.12.00. See also Barlow 1997.

1218 "chattered incessantly among themselves": Barlow, "Analog Correlator System for Brain Potentials," rleweb.mit.edu/aboutrle/comphist/correlat.htm.

1219 "find the Rosetta stone for the script of brain waves": *IAM*, 289.

1220 Wiener . . . published their findings . . . second edition of *Cybernetics*: Wiener 1956c, 1957; Wiener 1984a/1961, Chapter X.

1221 "most significant . . . in physiology": *IAM*, 288–290.

1222 "I was drafted by Jerry Wiesner": Amar Bose int., Framingham, MA, 11.26.97.

1223 *Nonlinear Problems in Random Theory*: Wiener 1958c.

1224 "Thus, I have in my own family exemplified that peculiar genetics": *IAM*, 333. Other examples of prominent father-in-law mathematicians include Richelot (Kirchhoff), Hermite (Emile), and Landau (Schoenberg). Klein was married to Hegel's granddaughter.

1225 "He could say 'What is your cheapest cigar?'": B&TR1.

1226 "He would just get completely worn out": Mildred Siegel int., 8.24.98.

1227 "I remember seeing Wiener when . . . tears would roll down his face": Zipporah "Fagi" Levinson int., 8.24.98.

1228 "When the international scene would become unsettled . . . 'Do you think there will be a war?'": John S. Barlow int., Boston MA, 7.12.00.

1229 "Margaret is well and happy": NW to AR, 3.10.52.

1230 she seemed "so cheerful": JL2.

1231 "last ditch fight for total control": BWR, 6.8.98.

1232 "One of the problems cybernetics had in the early days": John S. Barlow int., 7.12.00.

1233 "He was even skeptical of those who were making *cybernetics* a cause": Struik 1966 (emphasis added).

1234 "He was very worried . . . 'I'm not a *Wienerian*'": Struik 1994.

1235 *Player Piano*, lauded Wiener as a prophet of . . . automation: Vonnegut, 21–22.

1236 "he cannot with impunity . . . play fast and loose": NW to Hope English, Charles Scribners Sons, 7.17.52.

1237 "indictment of science as it is being run today": Vonnegut to NW, 7.26.52.

1238 *Tech Engineering News* . . . *Fantasy and Science Fiction*: Wiener 1952a, 1952b.

1239 sprinkled with whimsical asides: "Miracle of the Broom Closet" (Wiener 1952b) had a conceit about a fish who brought back photographs of fishermen to his undersea friends "and the pride of the fish is in the weight and size of the American who appears beside him."

1240 "where I have run into a . . . suspense and horror movie . . . you are expert": NW to Alfred Hitchcock, 2.4.52.

1241 "philosophy of invention": Wiener 1993, xii.

1242 "the American lust for standardization": *ExP*, 257.

1243 "to decerebrate the scientist": *IAM*, 363.

1244 Heaviside . . . "loading coil": The Heaviside-Pupin story had been burning in Wiener for three decades. In the early 1930s he made his first attempt to write a book on the incident (*IAM*, 207). In June 1941, he pitched the story to Orson Welles in Hollywood but Welles did not respond (NW to Welles, 6.28.41). Wiener charged that Pupin took the idea from Heaviside via George Campbell, the lead scientist in the Bell Company's Boston research center. Nahin documents Heaviside's origination of the loading coil concept in 1887 and its descent through Campbell to Pupin. Nahin, 148, 263, 275–276.

1245 "a purely expository book on invention": NW to Epstein, 8.2.57; Wiener 1993, xiii.

1246 *The Tempter* . . . received surprisingly good reviews: *Saturday Review* (Nov 1959) praised the book as "straightforwardly told in direct and effective prose." *Science* (Mar 4, 1960) said "Wiener has certainly done a service by pointing . . . out" the moral problems arising from interactions among "science, engineering, and business."

1247 "Then tell me what happens in the section called '1908'": MIT 1994 (NW centennial program).

1248 "He came to me with a review that was not too favorable": Dirk J. Struik int., 8.20.98.

1249 "to-whom-it-may-concern" messages: *HUHB*, 97–98.

1250 he first wrote about in *Cybernetics*: *Cyb*, 146–151.

1251 The new understanding of mental illness . . . play on Wiener's mind: Dr. John Lyman, a neuroscientist and professor of bioengineering at UCLA, where Wiener spent three summers in the late 1950s and early 1960s, remembered speculating at length with Wiener about the neurochemical causes and effects of his manic-depressive states, and possible treatments for them. John Lyman int., Westwood CA, Feb 1977. However, Wiener's daughters confirmed that he never seriously considered taking any of the new medications.

1252 sweeping the floor in a pickle factory: Zipporah "Fagi" Levinson int., 8.24.98.

1253 "embraced him enthusiastically and encouraged Nash's . . . most important work": Nasar, 136.

1254 "I feel that writing to you there I am writing to . . . a ray of light": Nash to NW, 12.9.59. Nasar, 277.

1255 "My problems seem to be essentially problems of communications": Nash to Wiener, May 1963. Nasar, 307.

1256 *A Beautiful Mind*: Nasar.

1257 "the circulating information kept by the brain . . . secondary disturbances of traffic": *Cyb*, 146–151.

1258 With expert support from the RLE's technicians, Lettvin and . . . Pat Wall: JL1–JL4; Wall 1993.

1259 The pair . . . and . . . their small crew . . . forefront . . . studies: Howland et al., Gesteland et al. 1955; Gesteland 1989. See also Wall 1989.

1260 "What the Frog's Eye Tells the Frog's Brain" . . . rethinking . . . cognitive operations: Lettvin et al. 1959/McC CW IV. "The [paper] . . . may well be the most important seminal work which has led to the present explosion of understanding of the visual system and. . . sensory systems in general." Wall 1989/McC CW III, 1015–1016.

1261 "was not always predictable . . . insult him in scathing language": Heims 1980, 382.

1262 At the faculty club . . . a visiting Greek dignitary: Recollections of Henry Zimmerman, Heims 1980, 382.

1263 During a lunch at . . . Joyce Chen's: Recollections of Edmond Dewan, Heims 1980, 389–90.

1264 In the mid-1950s, he moved . . . bean curd with mushrooms in brown sauce: Helen Chen telephone int., Cambridge, MA, 6.10.02.

1265 "made it a habit to regale him . . . goodhumoredly": Recollections of Karl Wildes, Heims 1980, 333.

1266 "His tongue was never far from his cheek": "Master Mind," *MD*, June 1975.

1267 "Was he absentminded? . . . *like a fox*": Mildred Siegel int., Brookline, MA, 8.24.98.

1268 "if I want to contribute anything more to science": *IAM*, 332.

1269 "It's difficult to describe": Morris and Marion Chafetz int., 5.14.98.

1270 "séances . . . I think I was functioning at a different level": John S. Barlow int., 7.12.00.

1271 "He'd come into my office . . . 'Insatiable curiosity'": Amar Bose int., 11.26.97.

十五

1272 Epigraph: Saxe. The parable appears in the *Udana*, a canonical Hindu scripture.

1273 "rapid industrial growth under the . . . automatic factory": *IAM*, 356.

1274 "we need the Orient more and more to supplement a West": ibid., 339.

1275 Tata Institute for Fundamental Research: In Bombay, Wiener joined forces with Pesi Masani on a vexing problem in matrix mathematics and "was luckily able to close the books on it." *IAM*, 452. Masani, who had studied at Harvard and Princeton, moved to the U.S., where he and Wiener collaborated on papers in prediction theory and stochastic processes. Wiener and Masani, 1957c, 1958a. Later he served as Wiener's academic biographer and the editor of his collected papers. Masani 1990; Wiener (Masani, ed.) 1976, 1979, 1981, 1985.

1276 In Delhi, Wiener lectured extensively: mainly at the National Physical Laboratory and the University of Delhi.

1277 "the significance of the automatic factory for the future of India": *IAM*, 354.

1278 "Indian scientists are the intellectual equals of those in any country": ibid.

1279 "the special problems of countries . . . a truly international scientific life": ibid., 339.

1280 "dark satanic mills": *Cyb*, 27. The reference is from William Blake's poem "Jerusalem."

1281 "a chance to capitalize . . . Indian famine and Manchester drabness": *IAM*, 355.

1282 "might well be an easier avenue towards a prosperous . . . country": ibid., 356.

1283 "the class of skilled technicians . . . non-commissioned officers of science and technology": ibid., 354.

1284 "its demands on human efforts not at the bottom . . . within a matter of decades": ibid., 355–356.

1285 the academic year 1955–1956 . . . Indian Statistical Institute . . . sixty lectures: mospi.nic.in/arep0002_chapter7.pdf.

1286 some of the world's brightest minds . . . nearly half of . . . Silicon Valley companies: Michael Lewis, describing the views of Jim Clark, founder of Silicon Graphics and Netscape, called Indian engineers "some of the sharpest technical minds" and "most sought-after corporate employees on the planet." Lewis cites statistics from a study by Berkeley sociologist AnnaLee Saxenian. Michael Lewis, 68–76.

1287 "when one realizes that I am . . . an outcast": *IAM*, 351.

1288 "we speculated much on the lives . . . our grandchildren might live": ibid.

1289 Wiener knew that the purely contemplative life: ibid., 345.

1290 "no country can make adequate use of motives and modes . . . passed on to it": ibid.

1291 "modern people": ibid.

1292 "how aristocratic a simple wool shawl can look": ibid.

1293 "In India . . . the same groups and even the same villages": Wiener 1957a (emphasis added).

1294 For a while in the mid-1950s, Wiener was . . . optimistic: A. L. Samuel, "Comments," NW CW IV, 689.

1295 "If we accept the primacy of man over his means of production": Wiener 1953b.

1296 "an evil effect on scientific research all down the line": Wiener 1958b.

1297 "into the childish error of worshiping the new gadgets": Wiener 1953/NW CW IV, 678.

1298 "cult of gadget-worshippers . . . eager beavers": Wiener and Campbell, 1954c NW/CW IV, 680.

1299 "example of devotion and an inner call": Wiener 1957a.

1300 "Some Moral and Technical Consequences of Automation": Wiener 1959/1960.

1301 "failsafe" mechanisms: *G&G*, 63–64.

1302 Von Neumann died . . . exposure to radiation: Poundstone, 189; Casti, 158.

1303 *self*-programming automated machines: Wiener described machines empowered by "a programming technique of automatization" and "the programming of programming." Wiener 1959/1960.

1304 "If we use, to achieve our purposes, a mechanical agency": ibid.
1305 "If we want to live with the machine . . . we must not worship the machine": Wiener 1954a.
1306 "if you are given three wishes, you must be very careful what you wish for": *HUHB*, 251.
1307 *The Monkey's Paw*: Jacobs.
1308 "wished for a hundred pounds . . . his son's death at the factory": *HUHB*, 253. In *HUHB* Wiener says £100. In his later writings, he says £200, as Jacobs did in his story. *G&G*, 58–59.
1309 "Any machine constructed for the purpose of making decisions": *HUHB*, 253–254.
1310 "the worship of the machine as a new brazen calf": ibid., 221.
1311 "Religion in the Light of Science and Philosophy": Previous lecturers included John Dewey, Carl Jung, Reinhold Niebuhr, and Paul Tillich. www.yale.edu/terrylecture/Lecturer_list.htm.
1312 "not religion and science as a whole . . . the communication and control sciences": *G&G*, 1.
1313 "some of the most important moral traps": ibid., 13–14.
1314 "knowledge . . . power . . . worship . . . subject to human investigation": ibid., 2.
1315 "the scientist . . . the intelligent and honest man of letters . . . clergyman as well": ibid., 5.
1316 "unpleasant realities and dangerous comparisons": ibid., 3.
1317 "Squeamishness is out of place here": ibid., 4.
1318 "made in His own image": ibid., 12.
1319 "are very well able to make other machines in *their* own image": ibid., 13 (emphasis added).
1320 "an uncanny canniness . . . unexpected intelligence": ibid., 21–22.
1321 "The machine . . . is the modern counterpart of the Golem": ibid., 95 (emphasis added).
1322 Golems in industry . . . a devastating bounty . . . uncontrolled mass production: ibid., 33, 64, 72, 86.
1323 "is a two-edged sword . . . it will cut you deep": ibid., 56.
1324 "No, the future offers very little hope ... robot slaves": ibid., 69.
1325 "He used to say, 'They blow neither hot nor cold'": B&TR1. The reference is from Rev. 3:14–21 (NASB/New American Standard Bible).
1326 "to think over my scientific work": *IAM*, 353–354.
1327 "a new type of chapel . . . which should not look like a church": Swami Sarvagatananda int., Boston, 11.28.97.
1328 "a self-contained, inward-feeling . . . serene island of contemplation": web.mit.edu/evolving/projects/chapel/index.html.

1329 "When they built it, he said, . . . *'Oh, my god!'*": Mildred Siegel int., Brookline, MA, 8.24.98.
1330 Swami Sarvagatananda . . . Ramakrishna Vedanta Society: a Hindu order founded by Sri Ramakrishna, an ascetic nineteenth-century sage who preached the harmony of all religions.
1331 "a sense of being connected to generations and times past": Feldman and Goldsmith, 186–187.
1332 "mystical, metaphysical or otherwise . . . odd!": "The reports cannot be dismissed out of hand," Feldman maintained, although he added that "no self-respecting psychologist would embrace [them] without comment or skepticism." Feldman and Goldsmith, 186–193.
1333 "religious counsellor" [*sic*]: Masani 1990, 370.
1334 "something to tell us that might help tip the balance. . . ": Feldman and Goldsmith, 213.
1335 "even deeper than our simple Jewishness . . . the Orient": *ExP*, 155.
1336 "I can't believe that": B&TR1.
1337 "I never saw that": Dirk J. Struik int., 8.20.98.
1338 "so outstanding . . . I told him that Wiener was a little closer to God": Struik 1966.
1339 "There were maybe small glimpses, but I did not see them": Amar Bose int., 11.26.97.
1340 "what man's nature is and what his built-in purposes are": *HUHB*, 250.
1341 "is the touchstone of our . . . identity . . . *patterns that perpetuate themselves*": ibid., 130 (emphasis added).
1342 "We are swimming upstream against a great torrent of disorganization": *IAM*, 324–328.
1343 "At the age of sixty, I do not find myself at the end": ibid., 365.

十六

1344 Epigraph: Heaviside in Berg and Nahin.
1345 "He was absolutely delighted when our son was born": B&TR1.
1346 "He and I would go walking": Michael Norbert Raisbeck int., Chelmsford, MA, 11.22.97.
1347 the whole rogues' gallery . . . Wiener reviled: including the U.S. Army Signal Corps, the U.S. Air Force Office of Scientific research, Air Research and Development Command, the U.S. Navy Office of Naval Research, and Bell Labs. Lettvin et al., 1959/McC CW IV, 1161.
1348 Wiener's reconciliation plan . . . "worrying about nothing": B&TR1; BWR, 6.7.04.
1349 "legitimate": Heims 1980, 380.
1350 "When he came in the office, I asked him, 'What does this mean?'": Amar Bose int., 11.26.97.
1351 "a broad curiosity and the integrity": Heinz von Foerster, "Comments," NW CW IV, 253.

1352 "bourgeois perversion": Pav, 777.

1353 "Cybernetics clearly reflects one of the basic features of the bourgeois worldview": Materialist (in Pav, 778–779). Graham claimed "the initial Soviet hostility toward cybernetics . . . has been exaggerated outside the Soviet Union" (Graham, 268) and that "In the early 1950s Soviet ideologists were definitely hostile to cybernetics, although the total number of articles opposing the field unequivocally seems to have been no more than three or four (Graham, 272). Gerovitch maintained that, "in the early 1950s, nearly a dozen sharply critical articles appeared in Soviet academic journals and popular periodicals, attacking cybernetics and information theory as products of American imperialist ideology and totally ignoring Russian traditions in these fields" (Mindell et al). For more on the internal dynamics and politics of Soviet cybernetics, see Gerovitch 2001a, 2001b, 2002a, 2002b; web.mit.edu/slava/homepage.

1354 "a capitalist warmonger . . . cigar-smoking slave of the industrialists": FBI #22; Masani, 251.

1355 "half right": BWR, 6.24.03.

1356 the farce of Lysenkoism: See Sheehan (www.comms.dcu.ie/sheehanh/lysenko.htm); Graham.

1357 Within a year, Soviet scientists began vigorously propounding cybernetic principles: Graham, 274.

1358 Engineers initiated crash programs to produce computers and . . . automated machinery: Gerovitch made clear that the Soviet military embraced cybernetics throughout the official "anti-cybernetics" period and made the new communication and control sciences available to computer developers for the same purposes their counterparts were pursuing in the West—to aid in the design of atomic weapons, guided missile design and control systems, and antiaircraft weaponry—while formally separating the "philosophical" and "man-machine" dimensions of cybernetics. Gerovitch 2001a, 2001b, 2002b.

1359 "a new science providing the key to literally every form of the existence of matter": Graham, 276.

1360 "the range of cybernetics . . . a possible rival to Marxism": ibid.

1361 "One can find no other moment in Soviet history": ibid., 270–271.

1362 "virtually stated that it was criminal . . . to denounce the founder of cybernetics": Mikulak, in Dechert, 138.

1363 he received the star treatment from *Pravda* and . . . the Party press: "He was lionized." Pav, 780.

1364 "cheap Russian caviar and champagne": B&TR4.

1365 "science must be free from the narrow restraints of political ideology": Pav, 780.

1366 "that through-the-looking-glass world": G&G, 53. See also G&G, 83–84; Wiener 1961.

1367 "one of the major tools of the creation of a communist society": Graham, 271.

1368 "It is *imperative* to organize wider application of cybernetics": Ford 163–164; CIA #1, 3 (see ref. note below) (original emphasis).

1369 "Wiener is the only man I know who conquered Russia, and single-handed at that": Struik 1966.

1370 "flabbergasted": "Soviet Exhibit of Automation 'Shatters' Western Experts," Associated Press, 6.29.60.

1371 The FBI's informants . . . *Cybernetics* translated into Russian: FBI #B108, 4.8.59.

1372 "hour of maximum danger": Kennedy, in his inaugural address, Jan 20, 1961. www.jfklibrary.org/j012061.htm

1373 "The Meaning of Cybernetics in the USSR": "Intelligence Memorandum: The Meaning of Cybernetics in the USSR" (Confidential) ("CIA #1"), CIA Office of Scientific Intelligence, Feb 26, 1964, 2. The CIA reports cited here were released to the authors under the Freedom of Information Act in Nov 2000. Some material was withheld under claimed FOIA exemption (b)(1), allowed for "material which is properly classified pursuant to an Executive order in the interest of national defense or foreign policy." After an appeal under the FOIA, no additional records pertaining to Soviet cybernetics were identified or released by the Agency. CIA to authors, 4.17.03. Other records obtained by the authors indicate that the CIA's "First Draft Report on Cybernetics in the USSR" (PD 0–9) was initiated in Sept 1958 and distributed internally for comment on Aug 21, 1959. According to those records, the Moscow conference on control and automation "caused a furor in DCI's [Director of Central Intelligence Agency] office when Soviet progress in the field was reported publicly for the first time." Two months later, a full-time task force, designated "Project Rudder," was authorized, with John J. Ford as its head. Its first report on "The Role of Behavioral Science in Soviet Strategy" (PD 5–43) was circulated on Sept 21, 1960. In Jan 1961 the project was given its own office within the Agency and named the Control Systems Branch (later renamed the Cybernetics and Behavioral Sciences Branch) with Ford as its chief and fifteen staff positions. John J. Ford, "Intelligence on Cybernetics in the USSR: Chronology of Events (1957–64)" CIA, Mar 9, 1965. See also Ford 1964/1966.

1374 "in industry, government, labor, finance, and the academic world": "Scientific Intelligence Re-

1374 search Aid: The Features of the Soviet Cybernetics Program through 1963, A Research Source Book" (Official Use Only) ("CIA #2"), CIA Office of Scientific Intelligence, Jan 5, 1965, Preface.

1375 Ford learned that the Soviets' conception of cybernetics . . . much broader than the . . . American sense: It included "all those notions borrowed from Wiener" and "a few extensions" reminiscent of British and European developments that gave the Soviets "a comprehensive view of cybernetics . . . as a tool for . . . managing complex systems, not just in the domain of technology, but also in government . . . politics and philosophy . . . up to national economies and societies." CIA #1, 2.

1376 "new Communist man": CIA #1, 8.

1377 "thousands of subsections . . . one hundred research and development facilities": ibid., 5–6.

1378 biggest strides in industrial automation: ibid., 8.

1379 "technology for the optimal control of the economy": ibid., 1.

1380 "when 'thinking cybernatons' will revolutionize . . . service technology": ibid., 8.

1381 Ford recognized the West's commanding lead . . . but he saw signs . . . narrow the gap: Ford reported that production of computing and industrial control equipment was estimated at six times higher in the US than in the USSR, and the number of general-purpose computers in the US was estimated at ten times the number in the USSR. But he reported that the output was "growing 25–30% annually in both countries." ibid., 9.

1382 "Unified Information Net": ibid.

1383 A year later, in another classified report . . . defense, space vehicle guidance, and urban planning: CIA #2, 2, 4. See also CIA #1, Fig. 1.

1384 "autointelligence": CIA #2, 2, Fig. 1. The Soviet program sought to provide solutions to the society's problems "with the use of high-speed computer equipment," "information machines" for "automatic . . . coding, retrieval and abstracting," and "self-adaptive systems" for "pattern recognition" and even "human creativity." As Ford noted, "It is obvious from this . . . that . . . cybernetics . . . and 'artificial intelligence' have far more in common than is usually recognized." CIA #2, 5, 17, 26, 45–46.

1385 chaos and complexity theory: building on biologically based theories in which "order arises spontaneously from the chaos of a huge quantity of microelements." CIA #2, 11.

1386 von Neumann-style cellular automata: "the construction of reliable systems which consist of comparatively unreliable elements" ibid., 11.

1387 And it uncovered a surge of activity in . . . medicine . . . "cyborgs": "Thousands of projects are devoted to . . . medical cybernetics [including development of] instrumentation and computer aids within . . . newly created laboratories for biocybernetics" ibid., 21–24, 47.

1388 man-machine interactions . . . psychological and social effects of automation: ibid., 6.

1389 "a higher state . . . of social evolution": ibid., 4.

1390 "cybernetic methodology . . . socialist over the capitalist system": Declaration of Admiral A. I. Berg, chairman, Soviet Cybernetics Council. Ibid., 43.

1391 "'military cybernetics'": "a particularly important field" that included air- and missile-defense systems, "electronic countermeasures," and cybernetic methods for military training and logistics. According to one CIA source, "military cybernetics is already capable of constructing algorithms for the control of weapons and troop movements in a manner closely approximating the optimum." ibid., 18, 40.

1392 "a distinct possibility that the Soviet Union will gradually assume supremacy": ibid., 27–28.

1393 "the New Soviet Man of the day after tomorrow": ibid., 20.

1394 Ford's team confirmed . . . a new line of digital computers: "Scientific and Technical Intelligence Report: Major Developments in the SovBloc Cybernetics Programs in 1965" (Secret) ("CIA #3"), CIA Office of Scientific Intelligence, Oct 3, 1966, 1–2.

1395 "the path to solution . . . which US investigators have left unanswered." CIA #3, 9–10.

1396 Ford acknowledged that . . . the Soviets were still well behind the United States: "Soviet descriptions of automation . . . indicate a level of knowledge on a par with that found internationally. In practical applications, however, the Soviets demonstrate a definite backwardness." CIA #2, 6–7.

1397 the dangers of Western complacency . . . an escalating cybernetics race: "If a race were on to demonstrate superiority of Western knowhow, there would certainly be room for Western complacency . . . however, it is poor consolation. . . . The Soviets . . . probably will go far beyond the state of the art . . . by combining their native talent with whatever they get from the West." Ibid., 25.

1398 "influence their paths of future development along lines inimical . . . to U.S. policy": CIA #3, 3.

1399 On the evening of October 15, 1962: John Dixon telephone int., Washington D.C., 3.5.00 (1st) and 5.6.01 (2nd); J. Patrick Ford telephone int., 11.20.03; Detzter, 93–94.

1400 his presentation was interrupted by . . . the first aerial reconnaissance photographs: Dixon 1st & 2nd telephone ints. See also Detzter, 96 (the location is in error, and perhaps the time as well).

1401 "very affirmative": John Dixon, a U.S. State Department officer who met Ford in the early 1960s and was privy to his meetings with Kennedy and other government officials, described RFK's response as "very affirmative . . . Bob Kennedy was always very attentive and supportive." Dixon 2nd telephone int., 5.6.01.

1402 individuals who "should not be contacted in any way . . . unknown inquirer": FBI #B108, 6.7.62. Ford may have been the "unknown inquirer" who received that reminder from the FBI in June 1962.

1403 an informal discussion group . . . in Washington: The group, which included employees of the State Department, the Office of Naval Research and the U.S. Patent Office, named itself the Washington Cybernetics Society but remained "an unchartered social institution." www.asc-cybernetics.org/organization/history.htm.

1404 "faithful adherent": Aspray and Norberg. See also, J. R. Hauben, 1996; Michael Hauben and Ronda Hauben, 1994/1997.

1405 "machines and human beings . . . joint enterprises": Wiener 1959/1960; G&G, 13–14, 71–73.

1406 At the Lincoln Lab . . . interfaces for the SAGE air defense network: See Edwards; www.columbia.edu/00jrh29/years.html; www.orangepeel.com/history/licklider.htm.

1407 worldwide "supercommunity" of networked computers: Licklider 1960. See also Licklider 1968.

1408 ARPA: For background, see Edwards.

1409 $12 million annually: Norberg and O'Neill.

1410 "Project MAC": MAC's multi-purpose acronym meant "Man and Computer," "Multi-Access Computing," and "Machine-Aided Cognition." Project MAC became the centerpiece of MIT's new Laboratory for Computer Science and received $25 million in total from ARPA in the 1960s. National Research Council; Norberg and O'Neill; Reed et al.; Fano; Edwards; www.lcs.mit.edu/about/about.html.

1411 $1 million went to MIT's new Artificial Intelligence Laboratory: Marvin Minsky int., 7.11.00. See also Norberg and O'Neill; Reed et al.; National Research Council (www.nap.edu/readingroom/books/far/ch4_b2.html).

1412 "intelligent assistance": National Research Council.

1413 $10 million over the next decade: Other recipients of ARPA funding included Licklider's former employer, Bolt, Beranek, and Newman, the Systems Development Corporation (a spinoff of RAND), and the independent Stanford Research Institute. Edwards.

1414 Those generous grants . . . established [AI] as a legitimate scientific enterprise: "provided the bulk of the nation's support for AI research and . . . helped to legitimize AI as an important field of inquiry." National Research Council (www.nap.edu/readingroom/books/far/ch9.html). ARPA remained the "primary patron for the first twenty years of AI research." Even in the 1980s, ARPA—which was renamed DARPA (for Defense Advanced Research Projects Agency) in the 1970s—"typically provided between 50 and 80 percent . . . by far the largest share" of government funding for AI research. Edwards.

1415 "Licklider went to Washington . . . we could just do both": Marvin Minsky int., 7.11.00. Allen Newell, co-founder of Carnegie Tech's AI lab, concurred. "The DARPA effort . . . had not been in our wildest imaginings." National Research Council (www.nap.edu/readingroom/books/far/ch9.html).

1416 "They wanted to chase out cybernetics . . . It's *intelligence!*": Heinz von Foerster 2nd telephone int., 3.12.00.

1417 "That more or less gave it the death knell": In the years that followed, von Foerster encountered "tremendous difficulty" finding funding for his laboratory's studies of cybernetic processes in living systems. He secured some modest grants from the National Institutes of Health and the National Science Foundation, and the Air Force Office of Scientific Research distributed some small sums for cybernetics research. Heinz von Foerster 2nd telephone int., 3.12.00.

1418 "repair the . . . damage done by the weapons": Heims 1980, 214.

1419 "sensory prosthesis": Wiener 1949c, Wiener and Levine 1949d, Wiener 1951.

1420 "Look, you people must know all about this": Amar Bose int., 11.26.97 and all Bose quotations below.

1421 Indeed, in the early 1950s, Wiener had given a speech at Harvard Medical School: probably a rendering of ideas developed in citations above. See also *IAM*, 287–288.

1422 Boston-based Liberty Mutual Insurance Company: the nation's largest underwriter of workers' compensation policies. www.libertymutual.com.

1423 "poetically appropriate . . . putting the Wiener theory to work": "Under Poetic License," *Saturday Review*, Dec 7, 1963. Initial research and development work on the engineering aspects of the Boston Arm was conducted at MIT, primarily by Bose and his graduate student Ralph Alter, who wrote his dissertation on the possibilities of cybernetic limbs. Early in 1964, Robert W. Mann and his graduate student Ronald Rothchild took the lead in R&D on the biomedical engineering aspects of the arm. R. W. Mann int., Lexington, MA, 12.11.99. See also Mann.

1424 *The New York Times*: "New Process Will Help Amputee to Control Limb with Thought," *NYT*, 8.16.65.

1425 Several years later, a patent was granted: U.S. Patent No. 3,557,387.

1426 Liberty Mutual . . . proceeded to manufacture and market the device: Mann, 408. Dr. Mann, a professor emeritus of biomedical engineering at MIT, who led the Boston Arm engineering team after Wiener and Bose departed from the project, and whose former students were hired by Liberty Mutual to complete design and development work on the project, notes: "Liberty had patented versions of the Arm based on theses performed at MIT under my supervision, with no citations of the theses or publications based on them or reference to me or MIT" (R. W. Mann, personal communication, 10.25.00). "I can say categorically . . . that all the work that created the Boston Arm was done at MIT in the mechanical engineering department. [My student Ronald] Rothchild's master's thesis *was* the Boston Arm." Robert W. Mann int., 12.11.99. See also Mann. Mann cited a statement by Scott Allen, Asst. Vice-President for Public Relations for Liberty Mutual: "I have never heard of anybody stating or being accused of denying Wiener his prognostications about the potential for a thing like the Boston Arm." However, according to Bose, "Wiener described something farther along than just a possibility." In an independent assessment for the U.S. Congress's Office of Technology Assessment, Sandra Tanenbaum, who received her Ph.D. in political science from MIT, found, in Mann's words, that "Liberty wasn't interested in disseminating this, to keep it proprietary for their disability insurance and other reasons." Mann int. See also Tanenbaum; www.libertymutual.com/libertytechnology/products.html.

1427 "if any patents are taken out . . . not to make any profit": Wiener 1963.

1428 "I have seldom seen Wiener so happy": Struik 1966.

1429 "Norbert used to come over . . . and his tears would be running down his face": Mildred Siegel int., 8.24.98.

1430 "When he talked about her, his face welled with tears": Zipporah 'Fagi' Levinson int., 8.24.98.

1431 the award ceremony in the White House: The ceremony took place on Jan 13, 1964.

1432 John R. Pierce . . . dismissed Wiener's contributions to information theory: Pierce alternately praised Wiener's work in *Cybernetics* (Pierce 1972; Hauben and Hauben, 1994/1997) and dismissed his contributions to information theory. "Wiener's head was full of his own work. . . . Competent people have told me that Wiener, under the misapprehension that he already knew what Shannon had done, never actually found out. . . . *Cybernetics* . . . is . . . irrelevant to information theory in the sense in which Shannon proposed it" (Pierce 1973). Gordon Raisbeck replied: "Although I do not doubt that competent people have made such reports to Dr. Pierce, I believe that what they reported is untrue. I worked as an editorial assistant [on] . . . Wiener's . . . *Time Series* . . . and prepared . . . the second edition of . . . *Cybernetics*. These . . . contacts gave me ample opportunity to talk about . . . information theory with him. Any gap in his knowledge as big as ignorance of what Shannon had done . . . would . . . have been quite conspicuous to me." Raisbeck 1973.

1433 fellow recipients: Another recipient that year was physicist Luis Alvarez, who had played a leading role in wartime radar research at the Rad Lab and, later, developed the detonators for von Neumann's implosion-method plutonium bomb.

1434 "He said, 'I have several jobs in Scandinavia'": Dirk Struik int., 8.20.98.

1435 "to lobby to get the Nobel prize": Macrae, 107.

1436 Like Claude Shannon . . . Wiener felt the injustice personally and for his field: CS: "You know, there's no Nobel in mathematics, although I think there should be." Claude and Betty Shannon int., Winchester, MA, 10.19.87. "Norbert always felt it wasn't reasonable that there's no Nobel prize in mathematics." Mildred Siegel int., 8.24.98.

1437 He was pronounced dead . . . on March 18, 1964: Press Release, Office of Public Relations, MIT, 3.18.64.

1438 "What a man we have lost!": Swami Sarvagatananda int., 11.28.97.

1439 the front page of *The New York Times*. *NYT*, 3.19.64.

1440 *Bulletin of the American Mathematical Society*: *Bulletin of the AMS*, 72: 700, Jan, 1966.

1441 *The Journal of Nervous and Mental Disease*: *JNMD*, 140:1, 1965.

1442 *The New York Review of Books*: *NYRB*, 9.24.64. See Toulmin 1964.

1443 "view of life so critical and lacking in humor": *NYT*, 3.19.64.

1444 "drifted from university to university like a medieval scholar": *Time*, 3.27.64.

1445 "wasn't brought up, he was programmed like some human Univac": *Newsweek*, 3.30.64.

1446 "Norbert had not only the imagination to invent": McC 1965b.

1447 In their first meetings . . . near-unanimous agreement with Ford's concerns: "Report on Meeting of the Panel on Cybernetics of the President's Scientific Advisory Board: Criticism of [CIA] Draft Report, 'Long-Range Soviet Scientific Capabilities, 1963–70': Proposal for the Formation of a Task

Force to Make an Independent Evaluation of the Soviet Cybernetics Effort" (Secret-Internal Use Only), CIA: Washington, DC, Apr 8, 1963.

1448 Finally, in February 1964 . . . a hundred recipients: including 76 at the Defense Intelligence Agency, 10 at the State Department, 5 at NASA and 2 at the Atomic Energy Commission. CIA #1.

1449 However, Ford's reports drew scant response from government officials: In its response to the authors' Freedom of Information Act request and appeal, the CIA did not release or identify correspondence from any party commenting on Ford's reports.

1450 "state of hardware-oriented false euphoria": Ford to Asst. Director, Office of Scientific Intelligence, CIA, 7.14.60.

1451 "They just don't get it": J. Patrick Ford telephone int., 11.20.03.

1452 In July 1964 . . . American Society for Cybernetics: www.asc-cybernetics.org/organization/history.htm. McCulloch served as the society's first president and Ford served as its executive director.

1453 "youngsters": Minutes of 6.24.66 meeting. McC Papers (Ford/ASC folder), American Philosophical Society, Philadelphia.

1454 "Perhaps we will succeed. . . . The Russians have": McC CW I, 46.

1455 As Wiener himself had forewarned Moscow: G&G, 83–84. See also, Wiener 1961; Pav, 780–783. Ford and his CIA team reached the same conclusion: "Further centralization holds less prospect for improvement than would a trend in the opposite direction." CIA #1, 9. Through the mid-1970s, as Graham, chronicled, cybernetics was "a positive rage in the USSR," where it "enjoyed far more prestige . . . than in any other country in the world." But in the late 1970s and early 1980s, "its status diminished considerably," as the new cybernetic ideals of Soviet scientists were quashed by a sudden upsurge of Cold War rhetoric and heightened tensions between the superpowers. In the backlash that followed, cybernetics was forcibly "subordinated to Marxism," reduced by party propagandists merely to "one science among many, operating on a lower plane than the general laws of the dialectic." Graham, 266; Pav, 782.

1456 "[freedom] of information . . . and . . . reaction available": Graham, 289–292.

1457 "that the Soviet system may become totally *cyberneticized*": Mead 1968 (emphasis added).

1458 "A tremendous research project collapsed . . . it was eclipsed": Heinz von Foerster 2nd telephone int., 3.12.00.

1459 "Cybernetics introduced a way of thinking . . . into many . . . other fields": Franchi et al. (int with Heinz von Foerster).

1460 "The concepts were transmitted and transmogrified": John Dixon 1st int., 3.5.00.

1461 scientists and scholars . . . in the Vietnam war: Heims chronicled the protest that began in March 1969 with a work stoppage and teach-in by dissident students and faculty members at MIT and spread to thirty other universities and technical schools. A decade later, Wiener's banner was raised again by scientists and engineers in government and the private sector to encourage whistle blowing and other protests against the lack of adequate safety precautions in the nuclear power industry. Heims 1980, 345–46.

1462 "on the whole prophetic and ahead of their time": Heims 1989.

1463 In the first wave, more than a million factory workers lost their jobs to automation: Noble, 249–250.

1464 "a virtual stampede": ibid., 324.

1465 "to-whom-it-may-concern messages": *HUHB*, 97.

1466 "by sensing devices within the body . . . living cells would be used in machines": *New Scientist*, 1.23.64.

1467 pill that patients could swallow . . . "biochips . . . bioinformatics": Meron; "The Healthy Promise of Biochips," *Business Week*, 1.21.04 (www.ebi.ac.uk European Bioinformatics Institute).

1468 "Wiener predicted . . . computers . . . linked by wireless or telephone lines": Epstein (quoted in Lombreglia).

1469 "A consensual hallucination experienced daily": Gibson 1984, 51.

1470 "Wiener . . . realised there was another step to take": Glanville.

1471 Norbert Wiener Prize in Applied Mathematics: www.ams.org/prizes/wiener-prize.html.

1472 Norbert Wiener Medal for Cybernetics: In recognition of "outstanding achievements or contributions in the field of cybernetics." www.asc-cybernetics.org/organization/awards.htm.

1473 Norbert Wiener Award for Social and Professional Responsibility: www.cpsr.org/cpsr/wiener.html.

1474 International Astronomical Union . . . crater . . . Wiener: "Report on Lunar Nomenclature," Intl Astron. Union, 1971.

1475 McCulloch . . . an old man even in his own eyes: Heims 1991, 153.

1476 "a curious blend of glee and grief, of belligerence and gentleness": Mary Catherine Bateson 1972, 24.

1477 "He probably consumed too much ethanol": Oliver Selfridge int., 4.20.98. Heims confirmed: "He was indeed frail, his hair and beard were white, his teeth were bad, and he drank too much." Heims 1991, 153.

1478 Pitts . . . delirium tremens . . . shaking uncontrollably: Arbib 2000.

1479 Pitts his Ph.D. . . . He refused: JL1; Smalheiser; Heims 1991, 46.

1480 "One way to arrive at the aristocracy": MIT, NW Collection MC 22, box 25A, folder 345c.

1481 *Jeopardy!*: PWK1. See also Trebek.

1482 "Is the world better off": Michael Norbert Raisbeck int., Chelmsford, MA, 11.22.97.

后记

1483 Epigraph: Wiener 1957a.

1484 "It's quite clear . . . the third dimension": Kurzweil echoed Wiener's vision and Pitts's Ph.D. thesis at a symposium at Stanford on future technology (Kurzweil). Soon after, IBM announced a new initiative to build three-dimensional integrated circuits that would "interconnect separate layers directly at thousands or even hundreds of thousands of points." *NYT*, 11.11.02.

1485 the brain's myriad chemical transmitters . . . and . . . fleeting brain waves: Neuroscientist Karl H. Pribram, a pioneer in the field of cognitive science, has found evidence that the brain's hundred billion neurons operate, not like digital on-off switches, but like little "harmonic analyzers" that analyze their inputs much as Wiener did in his pioneering work on the harmonic analysis of electronic signals (Pribram, 1986; 1991, 1997). McCulloch, the consummate logician, found evidence predictive of those findings: "We have now been obtaining . . . differences of response according to frequency from deeper structures. Moreover, they are . . . attributable to . . . filters that pass impulses at one frequency to one structure and at another frequency to another structure somewhere downstream. . . . It means that a new day has dawned in physiology." McC to NW, 4.24.47.

1486 The military's advanced radar-guided antiaircraft and antimissile systems: In the 1991 Gulf War, the widely hailed Patriot antiaircraft/antimissile systems misfired routinely and hit only nine percent of their targets, at most (Cirincione). In the 2003 Iraq war, erring Patriots killed American and British pilots in a scenario from "a bad science fiction movie in which the computer starts creating false targets." *60 Minutes*, CBS News, 2.22.04.

1487 One outspoken MIT professor: MIT physicist Theodore Postol incurred the wrath of the military—and won the 2001 Norbert Wiener Award from CPSR—for his critique of the Patriot system before the U.S. Congress, and for his outspoken opposition to the military's planned land-based and space-based antimissile systems that failed repeated performance tests. www.pbs.org/wgbh/pages/frontline/shows/missile/etc/postol.html;

www.cpsr.org/conferences/annmtg01/wiener.html. See also Kaplan.

1488 "produce an unemployment situation, in comparison . . . a pleasant joke": *HUHB*, 220.

1489 "non-commissioned officers of science and technology": *IAM*, 354.

1490 He only dimly envisioned . . . worldwide work force . . . economic conflict between nations: Many studies confirm that offshoring is not the primary threat to American jobs. The greater factor by far has been the replacement of human workers by technology. Even in high-tech industries and the knowledge-intensive work of computer programming, American workers have lost more jobs to advances by American companies in the automation of computer operations and programming than they have to technical workers abroad. "Of 2.8 million jobs lost from March 2001 . . . only a third at most (15–35%) were attributable to offshoring," while "productivity improvements at home . . . account[ed] for the great bulk of the job loss." *NYT*, 10.5.03. "'The impact of outsourcing is overblown,' Professor [Erik Brynjolfsson, Sloan School of Management, MIT] said. 'The far larger factor is substituting technology for labor.'" *NYT*, 3.9.04.

1491 the former Soviet bloc countries are only beginning to recoup the losses they suffered: See Dyker; Hart.

1492 "very great feedback": *IAM*, 253.

1493 "information is information, not matter or energy": *Cyb*, 132.

1494 "in the terms of the market . . . the money they save": ibid., 27.

1495 human values beyond buying or selling . . . struggle: "The answer, of course, is to have a society based on human values other than buying or selling. . . . We need a good deal of planning and a good deal of struggle." Ibid., 28.

1496 "a limited group of a few thousand people": *IAM*, 299–300.

1497 "control of the means of communication": *Cyb*, 160.

1498 "build itself up into a process totally destructive to the ordinary mental life": ibid., 147.

1499 "when human atoms are knit into an organization . . . an element in the machine": *HUHB*, 254.

1500 powerful sensor and effector technologies: Saffo, 1997/2002.

1501 "elements of the nature of sense organs . . . effectors": *HUHB*, 212–213. Actually Wiener described "receptors and effectors" four years earlier at the first Macy conference. McCulloch 1947.

1502 "*hyper*automated cybermanufacturing": Saffo 1997/2002 (emphasis added).

1503 "the erosion of the entire digital order . . . impossible to accomplish . . . with digital technology": ibid.

1504 "digital will seem just a bit dull": ibid. Saffo, research director of Silicon Valley's Institute for the Future, goes further and predicts that, in the long run, "digital is dead. . . . We may suddenly discover that a host of insights from the analog 1950s are going to be very relevant in the analog years after 2000." See also Hedger.

1505 Wiener's ultimate legacy for better and for worse: Already, the new analog technologies are finding eager customers in the American military where they are being developed for use in unmanned "warbots" and submicroscopic "smart dust" surveillance systems, to name only a few applications (Roos). See also "Little Worries: Invasion of the Nanobots?" *Time Europe*, 5.12.03 (www.time.com/time/europe/magazine/printout/0,13155,901030512–449458,00.html); robotics.eecs.berkeley.edu/00pister/SmartDust.

1506 "over the fence" . . . the end result of any effort: Amar Bose int., 11.26.97.

1507 "it was his timely warnings that saved us": Arthur L. Samuel, a Bell Labs veteran, and pioneer in artificial intelligence. A. L. Samuel, "Comments," NW CW IV, 690.

1508 "there are hopeful signs on the horizon": *HUHB*, 220. See e.g., Electronic Frontier Foundation (www.eff.org); Cyber-Rights & Cyber-Liberties (U.K.) (www.cyber-rights.org); Global Internet Liberty Campaign (www.gilc.org); ETC (Action Group on Erosion, Technology and Concentration, www.etcgroup.org); Acorn (Association of Community Organizations for Reform Now, www.livingwagecampaign.org); the Foresight Institute (www.foresight.org).

1509 his twenty-first century colleagues ringing alarms: See especially Joy 2000a, 2000b.

致谢

1510 "directly relevant to the incidents of my career as a scientist": *IAM*, 86–87.

1511 "The truth matters": BWR, 3.15.98.

1512 "Serious unanswered questions remain": PWK, 1.18.98, 3.25.98.

参考书目

Ampère, A. M. *Essai sur la Philosophie des Sciences.* Paris: Bachelier, 1845.
Anon. "The Case of the Wiener Children." (typescript, ca. 1913) MIT Institute Archives, MC22, box 33, folder 903.
———. "Master Mind." *MD*, June 1975.
Arbib, Michael A. "Comments on 'A Logical Calculus of the Ideas Immanent in Nervous Activity.'" In McCulloch 1989, I.
———. "Warren McCulloch's Search for the Logic of the Nervous System." *Perspectives in Biology and Medicine*, 43.2, 2000 (muse.jhu.edu/demo/pbm/43.2arbib.html).
Ashby, W. Ross. *Design for a Brain: The Origin of Adaptive Behavior.* London: Chapman & Hall, 1952.
———. *An Introduction to Cybernetics.* London: Chapman & Hall, 1956.
Aspray, William. "The Scientific Conceptualization of Information: A Survey." *Annals of the History of Computing*, 7:2, Apr 1985.
——— and A. L. Norberg. "Interview of J. C. R. Licklider." (Cambridge, MA, Oct 28, 1988), OH 150, Charles Babbage Institute, Univ. of Minnesota, Minneapolis, MN (www.cbi.umn.edu/oh/display.phtml?id=87).
Augarten, Stan. *BIT by BIT: An Illustrated History of Computers.* New York: Ticknor & Fields, 1984 (www.stanford.edu/group/mmdd/SiliconValley/Augarten/Chapter5.html.)
Ayer, A. J. *Russell.* London: Wm. Collins, 1972.
Barlow, J. S. "The Early History of EEG Data-Processing at the Massachusetts Institute of Technology and the Massachusetts General Hospital." *International Journal of Psychophysiology*, 26: 443–454, 1997.
Bateson, Gregory. "Circular Causal Systems in Society." (New York Academy of Sciences Conf., Oct 21–22, 1946), Library of Congress, Washington DC, Margaret Mead Papers, Box 104.
———. *Steps to an Ecology of Mind: A Revolutionary Approach to Man's Understanding of Himself.* New York: Chandler/Ballantine, 1972; Chicago: Univ. of Chicago Press, 2000 (with a new foreword by Mary Catherine Bateson).
———. *Mind and Nature: A Necessary Unity.* New York: Dutton, 1979/Bantam, 1979.
——— and Jurgen Reusch. *Communication: The Social Matrix of Psychiatry.* New York: Norton, 1951, 1968.
———, G. D. Jackson, J. Haley and J. Weakland. "Toward a Theory of Schizophrenia." *Behavioral Science*, 1: 1956 (in Bateson 1972, 201–227).
Bateson, Mary Catherine. *Our Own Metaphor.* New York: Knopf, 1972.
———. *With a Daughter's Eye: A Memoir of Margaret Mead and Gregory Bateson.* New York: Morrow, 1984.
Beckett, Andy. "Santiago dreaming." *The Guardian* (U.K.), Sept 8, 2003. (www.guardian.co.uk/chile/story/0,13755,1037547,00.html).
Beer, Stafford. *Cybernetics and Management.* New York: Wiley, 1959.
———. *Brain of the Firm: The Managerial Cybernetics of Organization.* New York: Herder and Herder, 1972; 2nd ed. New York: Wiley, 1981.
———. "Fanfare for Effective Freedom: Cybernetic Praxis in Government." The Third Richard Goodman Memorial Lecture. Brighton Polytechnic (U.K.) Feb 14, 1973. (www.staffordbeer.com/papers/Fanfare%20for%20Effective%20Freedom.pdf).
Bello, Francis. "The Information Theory." *Fortune*, Dec 1953.
———. "The Young Scientists." *Fortune*, June 1954.

Bennett, Stuart. "A Brief History of Servomechanisms." *IEEE Control Systems*, 14: 2, 75–79, Apr 1994a.

———. "Norbert Wiener and Control of Anti-Aircraft Guns." *IEEE Control Systems*, 14:6, 58–62, Dec 1994b.

———. "A Brief History of Automatic Control." *IEEE Control Systems*, 16:3, 17–25, June 1996.

Berg, E. J. "Oliver Heaviside: A Sketch of His Work and Some Reminiscences of His Later Years." *Journal of the Maryland Academy of Sciences*, 1: 105–114, 1930.

Bergman, Peter G. "Notes on the Extrapolation." Dec 14, 1942, Records of NDRC, Sec 2, Div D, National Archives & Records Service, Washington DC.

Bertalanffy, Ludwig von. "The Theory of Open Systems in Physics and Biology." *Science*, 111, 23–29, 1950a.

———. "An Outline of General System Theory." *Brit. J. Philos. Sci.* 1, 139–164, 1950b.

———. *General System Theory: Foundations, Development, Applications*. New York: George Braziller, 1968.

Bigelow, J. "Conference at Bell Laboratories, Julian H. Bigelow and Professor Norbert Wiener." Confidential memo, June 4, 1941, declassified Aug 2, 1960. Records of NDRC, Sec 2, Div D, Record Group 227, Project #6, National Archives & Records Service, Washington, DC.

Birdwhistell, Ray. *Kinesics & Context: Essays on Body Motion Communication*. Philadelphia: Univ. of Pennsylvania Press, 1970.

Black, Harold S. "Stabilized Feedback Amplifiers." (paper presented at winter convention of AIEE, Jan 23–26, 1934), *Bell System Technical Journal* and *Electrical Engineering*, Jan 1934.

Blackman, Hendrick Bode, and Claude Shannon. *Monograph on Data Smoothing and Prediction in Fire Control Systems*. Feb 1946. Records of NDRC, Sec 2, Div D, National Archives & Records Service, Washington, DC.

Born, Max. *My Life: Recollections of a Nobel Laureate*. New York: Scribner's, 1975.

Bose, Amar G. "Ten Years with Norbert Wiener" (centennial ceremony speech, transcript). Cambridge, MA: MIT, Oct 12, 1994.

Boulding, Kenneth E. *A Reconstruction of Economics*. New York: Wiley, 1950.

———. *The Organizational Revolution: A Study in the Ethics of Economic Organization*. New York: Harper, 1953.

———. *The Image: Knowledge in Life and Society*. Ann Arbor: Univ. of Michigan Press, 1956.

Brand, Stewart. "For God's Sake, Margaret" (interview with Gregory Bateson and Margaret Mead). *CoEvolutionary Quarterly*, June 1976 (www.oikos.org/forgod.htm).

Brockman, John, ed. *About Bateson: Essays on Gregory Bateson*. New York: Dutton, 1977.

Brooks, Paul. *Two Park Street: A Publishing Memoir*. Boston: Houghton Mifflin, 1986.

Browning, Robert. "In a Balcony." 1884. In *Poems and Plays, Vol. II: 1844–1864*. New York: Dutton, 1963.

Bruce, H. Addington. "New Ideas in Child Training." *The American Magazine*, July 1911.

Bryant, Bill. "Nature and Culture in the Age of Cybernetic Systems." (epsilon3.georgetown.edu/~coventrm/asa2000/panel3/bryant.html).

Buderi, Robert. *The Invention That Changed the World: How a Small Group of Radar Pioneers Won the Second World War and Launched a Technological Revolution*. New York: Simon & Schuster, 1996.

Burks, Alice R. and Arthur W. Burks. *The First Electronic Computer: The Atanasoff Story*. Ann Arbor: Univ. of Michigan Press, 1988.

Burks, Arthur W. *Essays on Cellular Automata*. Urbana, IL: Univ. of Illinois Press, 1970.

Bush, Vannevar. *Operational Circuit Analysis* (appendix by N. Wiener). New York: Wiley, 1929.

———. "As We May Think." *Atlantic Monthly*, July 1945a (www.press.umich.edu/jep/works/vbush/vbush-all.html).

———. "Science—The Endless Frontier." Washington, DC: U.S. Govt Printing Office: July 1945b (www.nsf.gov/od/lpa/nsf50/vbush1945.htm).

———. *Pieces of the Action*. New York: Morrow, 1970.

Cadwallader, Mervyn, L. "The Cybernetic Analysis of Change in Complex Social Organizations." *The American Journal of Sociology*, 65:154–157, 1959 (in Smith, A.G.).

Campbell, George A., and Ronald M. Foster. *Fourier Integrals for Practical Applications*. New York: Bell Telephone Laboratories, 1931.

Cannon, Walter B. "Organization for Physiological Homeostasis." *Physiological Review*, 9, 1929.

———. *The Wisdom of the Body*. New York: W. W. Norton Co., 1932.

Carnap, R. *The Logical Syntax of Language*. New York: Harcourt, Brace and Company, 1938.

Carroll, Lewis. *Alice's Adventures in Wonderland & Through the Looking-Glass* (1865, 1871). New York: New American Library, 1960.

Casti, John L. *The One True Platonic Heaven: A Scientific Fiction of the Limits of Knowledge*. Washington DC: Joseph Henry Press/National

Academies Press, 2003 (books.nap.edu/books/0309085470/html/158.html).

Cirincione, Joseph. "The Performance of the Patriot Missile in the Gulf War: An Edited Draft of a Report Prepared for the Government Operations Committee, U.S. House of Representatives." Carnegie Endowment for International Peace, Oct 1992/Nov 2003 (www.ceip.org/files/projects/npp/resources/georgetown/PatriotPaper.pdf).

Cohen, I. B. *Howard Aiken: Portrait of a Computer Pioneer.* Cambridge, MA: MIT Press, 1999.

Cohen, Louis, *Heaviside's Electrical Circuit Theory* (introduction by M. I. Pupin). New York: Mc-Graw-Hill, 1928.

Cowan, Jack. "Epilogue." 1989a (in McCulloch 1989, I).

———. "Neuronal Nets." 1989b (in McCulloch 1989, III).

Clark, Ronald W. *JBS: The Life and Work of J. B. S. Haldane.* New York: Coward-McCann, 1968, 1969.

Crick, F. H. C. "The Biological Replication of Macromolecules" (paper presented to Society for Experimental Biology, 1957). *Symp. Soc. Exp. Biol.* 12: 138–163, 1958.

Davidson, Mark. *Uncommon Sense: The Life and Thought of Ludwig von Bertalanffy (1901–1972), Father of General Systems Theory.* Los Angeles: J. P. Tarcher, 1983.

Davis, Harry M. "An Interview with Norbert Wiener." *New York Times Book Review*, 4.10.49.

Dechert, Charles, R., ed. *The Social Impact of Cybernetics* (Papers presented at a Symposium on Cybernetics and Society, Washington, DC, Nov 1964, under the sponsorship of Georgetown University, American University, and George Washington University, with the co-operation of the American Society for Cybernetics). Notre Dame, IN: Univ. of Notre Dame Press, 1966/New York: Clarion/Simon & Schuster, 1967.

Detzer, David. *The Brink: Cuban Missile Crisis, 1962.* New York: Crowell, 1979.

Deutsch, Karl W. "Mechanism, Teleology and Mind." *Philosophy and Phenomenological Research*, 12: 1951a.

———. "Mechanism, Organism and Society." *Philosophy of Science*, 18: 1951b.

———. *The Nerves of Government: Models of Political Communication and Control.* London: Free Press of Glencoe, 1963.

Dixit, Avinash K., and Barry J. Nalebuff. *Thinking Strategically: The Competitive Edge in Business, Politics and Everyday Life.* New York: Norton, 1991.

Doob, Joseph L. "Review of C. E. Shannon. 'The Mathematical Theory of Communication.'" *Mathematical Reviews*, 10: 133, Feb 1949.

———. "Norbert Wiener Centennial Speeches" (transcript). Cambridge, MA: Royal East Restaurant, Oct 9, 1994.

Dubarle, Dominique. "A New Science: Cybernetics." *Le Monde*, 12.28.48.

Dyker, David. "The Computer and Software Industries in the East European Economies: A Bridgehead to the Global Economy?" www.sussex.ac.uk/spru/publications/imprint/steepdps/27/steep27.doc.

Edman, Irwin. "Mind in Matter." *The New Yorker*, 10.14.50.

Edwards, Paul N. *The Closed World: Computers and the Politics of Discourse in Cold War America.* Cambridge, MA: MIT Press, 1996 (www.stanford.edu/group/mmdd/SiliconValley/Edwards/ClosedWorld1995.book).

Einstein, A. "Über einen die Erzeugung und Verwandlung des Lichtes betreffenden heuristischen Gesichtspunkt" ("On a Heuristic Point of View about the Creation and Conversion of Light"), *Annalen der Physik*, 17: 132, March 1905a.

———. "Über die von der molekularkinetischen Theorie der Wärme geforderte Bewegung von in ruhenden Flüssigkeiten suspendierten Teilchen" ("On the Motion of Small Particles Suspended in a Stationary Liquid According to the Molecular Kinetic Theory of Heat"). *Annalen der Physik*, 17: 549, May 1905b.

———. "Zur Electrodynamik bewegter Korper" ("On the Electrodynamics of Moving Bodies"), *Annalen der Physik*, 17: 891, June 1905c.

———. "Zur Theorie der Brownschen Bewegung." *Annalen der Physik*, 19: 371, 1906 (translated as "Investigations on the Theory of the Brownian Movement," 1926).

Eliot, T. S. "Four Quartets." In *Collected Poems 1909–1935.* New York: Harcourt, Brace, 1936.

Epstein, Jason. *Book Business: Publishing Past, Present, and Future.* New York: Norton, 2001.

Fano, Robert M. *Transmission of Information: A Statistical Theory of Communication.* Cambridge, MA: MIT Press, 1961.

Fast, Julius, *Body Language.* New York: M. Evans/Lippincott, 1970.

Feldman, David Henry with Lynn T. Goldsmith. *Nature's Gambit: Child Prodigies and the Development of Human Potential.* New York: Basic Books, 1986; Teachers College Press, 1991.

Ferry, D. K., and R. E. Saeks. "Comments." Wiener 1979/NW CW II, 137–139. Reprinted in *Annals of the History of Computing*, 9: 183–197, 1987.

Festinger, Leon. *A Theory of Cognitive Dissonance.* Evanston, IL: Row Peterson, 1957.

Finnemann, Niels Ole. *Thought, Sign and Machine: The Computer Reconsidered (Tanke, Sprog og Maskine).* Copenhagen: Akademisk Forlag, 1994; translated by Gary Puckering for e-text ed., rev. and abridged by the author, Mar 15, 1999. www.hum.au.dk/ckulturf/pages/publications/nof/tsm/contents.html.

Ford, John J. "Soviet Cybernetics and International Development." In Dechert.

Franchi, Stefano, Güven Güzeldere, and Eric Minch. "Constructions of the Mind" (interview with Heinz von Foerster). *Stanford Humanities Review*, 4: 2, June 26, 1995 (shr.stanford.edu/shreview/4-2/text/interviewvonf.html).

Frank, Lawrence K., G. E. Hutchinson, W. K. Livingston, W. S. McCulloch, and N. Wiener. "Teleological Mechanisms" (New York Academy of Sciences Conf., Oct 21–22, 1946). *Annals of the New York Academy of Sciences*, 50: 4, Oct 1948.

Gardner, Howard. *The Mind's New Science: A History of the Cognitive Revolution.* New York: Basic Books, 1985, 1987.

Gerovitch, Slava. "'Mathematical Machines' of the Cold War: Soviet Computing, American Cybernetics and Ideological Disputes in the Early 1950s." *Social Studies of Science*, 31: 2, 253–287, Apr 2001a.

———. "'Russian Scandals': Soviet Readings of American Cybernetics in the Early Years of the Cold War." *Russian Review*, 60: 4, 545–568, Oct 2001b.

———. "Love-Hate for Man-Machine Metaphors in Soviet Physiology: From Pavlov to 'Physiological Cybernetics.'" *Science in Context*, 15: 2, 339–374, 2002a.

———. *Newspeak to Cyberspeak: A History of Soviet Cybernetics.* Cambridge, MA: MIT Press, 2002b.

Gesteland, R. C., J. Y. Lettvin, and W. H. Pitts. "Chemical transmission in the nose of the frog." *Journal of Physiology* (U.K.): 181: 525–559, 1965.

———. "The Olfactory Adventure." In McCulloch 1989, III.

Gibbs, J. Willard. *Elementary Principles of Statistical Mechanics.* New York: C. Scribner's Sons, 1902.

Gibson, William. *Neuromancer.* New York: Ace/Berkeley, 1984.

Gilbert, Edgar N. "History of Mathematics at Bell Labs." 00cm.bell-labs.com/cm/ms/center/history.html.

Glanville, Ranulph. "A Cybernetic Musing: In the Animal and the Machine." *Cybernetics & Human Knowing*, 4: 4, 1997.

Gleick, James. "Bit Player." *NYT*, 12.30.2001.

Gödel, Kurt. "*Über formal unentscheidbare Sätze der Principia Mathematica und verwandter Systeme, I*" ("On Formally Undecidable Propositions"). *Monatshefte für Mathematik und Physik*, 38: 173–198, 1931.

Goethe, J. W. von. *The Sorrows of Young Werther* (1774). New York: Modern Library/Random House, 1971, 1993.

Goldstine, Herman H. *The Computer from Pascal to von Neumann.* Princeton: Princeton Univ. Press, 1972.

Graham, Loren R. *Science, Philosophy, and Human Behavior in the Soviet Union.* New York: Columbia Univ. Press, 1987.

Grattan-Guiness, I. "The Russell Archives: Some New Light on Russell's Logicism." *Annals of Science*, 31, 1974.

———. "Wiener on the Logics of Russell and Schröder. An Account of his Doctoral Thesis, and of his Discussion of it with Russell." *Annals of Science*, 32, 1975.

Greenberg, D. S. "The National Academy of Sciences: Profile of an Institution." *Science*, Apr 14, 21, 28, 1967.

Haldane, J. B. S. "A Mathematical Theory of Natural and Artificial Selection." *Transactions of the Cambridge Philosophical Society*, 1924–1933 (parts 1–9); *Genetics*, 1934 (part 10).

Hall, Edward. T. *The Silent Language.* New York: Doubleday, 1959.

———. *The Hidden Dimension.* New York: Doubleday, 1966.

———, and George Trager. *The Analysis of Culture* (Foreign Service Institute training manual). Washington, DC: U.S. State Department, 1953.

Halmos, P. "The Legend of John von Neumann." *American Mathematical Monthly*, 80, 1973.

Halperin, Morton, Jerry Berman, Robert Borosage, and Christine Marwick. "The Bureau (FBI) in War and Peace." Excerpt from *The Lawless State: The Crimes of the U.S. Intelligence Agencies.* New York: Penguin Books, 1976, www.thirdworldtraveler.com/NSA/Bureau_War_Peace_LS_html.

Hapgood, Fred. *Up the Infinite Corridor: MIT and the Technical Imagination.* Reading, MA: Addison Wesley, 1993.

Hart, Shane. "Computing in the Former Soviet Union and Eastern Europe" www.acm.org/crossroads/xrds5-3/soviet.html (Association for Computing Machinery).

Hartley, R. V. L. "Transmission Limits of Telephone Lines." *Bell Laboratories Record*, 1: 6, 225–228, Feb 1926.

———. "Transmission of Information." *Bell System Technical Journal*, 7: 535–563, 1928.

Hauben, J. R. "Norbert Wiener, J. C. R. Licklider and the Global Communications Network." 1996, www.columbia.edu/~jrh29/licklider/lick-wiener.html.

Hauben, Michael, and Ronda Hauben. "Cybernetics, Time-sharing, Human-Computer Symbiosis and Online Communities: Creating a Supercommunity of Online Communities." Chapter 6 in *The Netizens and the Wonderful World of the Net: On the History and the Impact of the Internet and Usenet News* (online manuscript, Jan 10, 1994, www.columbia.edu/~hauben/netbook; latest version: www.columbia.edu/~rh120. Published as *Netizens: On the History and Impact of Usenet and the Internet*. Los Alamitos, CA/Hoboken, NJ: IEEE Computer Society Press/John Wiley & Sons, 1997.

Hazen, Harold L. "Theory of Servomechanisms." *Journal of the Franklin Institute*, Sept 1934a.

———. "Design and Test of a High Performance Servomechanism." *Journal of the Franklin Institute*, Nov 1934b.

Hedger, Leigh. "Analog Computation: Everything Old Is New Again." www.indiana.edu/~rcapub/v21n2/p24.html.

Heims, Steve J. *John von Neumann and Norbert Wiener: From Mathematics to the Technologies of Life and Death*. Cambridge, MA: MIT Press, 1980.

———. Introduction to *The Human Use of Human Beings*. London: Free Association Books, 1989.

———. *Constructing a Social Science for Postwar America: The Cybernetics Group, 1946–53*. Cambridge, MA: MIT Press, 1991, 1993.

Hillis, W. Daniel. *The Connection Machine*. Cambridge, MA: MIT Press, 1985.

———. "The Connection Machine." *Scientific American*, Vol. 256, 108–115, June 1987.

Holton, Gerald. "From the Vienna Circle to Harvard Square: The Americanization of a European World Conception." In Stadler, F., ed. *Scientific Philosophy: Origins and Developments*. New York/Dordrecht (The Netherlands): Kluwer Academic Publishers, 1993.

Hopper, Grace Murray. "The Education of a Computer." *Proc. ACM Conference*, reprinted in *Ann. Hist. Comp.*, 9:3–4, 271–281, 1952.

Howard, Jane. *Margaret Mead*. New York: Ballantine, 1984.

Howland, B., J. Y. Lettvin, W. S. McCulloch, W. H. Pitts, and P. D. Wall. "Reflex inhibition by Dorsal Root Interaction." *Journal of Neurophysiology*, 19: 1–17, 1955.

Hunt, Linda. *Secret Agenda: The U.S. Government, Nazi Scientists and Project Paperclip*. New York: St. Martin's Press, 1991.

Hutchins, John. "'From First Conception to First Demonstration: The Nascent Years of Machine Translation, 1947–1954. A Chronology." *Machine Translation*, 12:3, 1997a, 195–252 (ourworld.compuserve.com/homepages/wjhutchins/PPF–2.pdf).

Hutchinson, G. E. "Circular Causal Systems in Ecology." (New York Academy of Sciences Conf., Oct 21–22, 1946), in Frank et al.

Itô, Kiyosi. "On Stochastic Processes (Infinitely Divisible Laws of Probability)." *Japanese Journal of Mathematics*, 18: 1942.

Jackson, Allyn. "Dirk Struik Celebrates his 100th." *Notices of the AMS*, 42:1, Jan 12, 1995.

Jacobs, William Wymark. "The Monkey's Paw." In *The Lady of the Barge*. New York/London, Harper & Brothers, 1902.

James, H. M., N. B. Nichols, and R. S. Phillips. *Theory of Servomechanisms*. New York: McGraw-Hill, 1947.

James, William. *William James Talks to Teachers on Psychology and to Students on Some of Life's Ideals*. New York: H. Holt, 1899; Cambridge, MA: Harvard Univ. Press, 1983.

———. *Pragmatism, A New Name for Some Old Ways of Thinking*. New York: Longmans, Green, 1907.

Jeffress, L. A., ed. *Cerebral Mechanisms in Behavior: The Hixon Symposium*. New York: John Wiley & Sons, 1951.

Jerison, David and Daniel Stroock. "Norbert Wiener." *Notices of the American Mathematical Society*, 42:4, Apr 1995.

Jerome, Fred. *The Einstein File: J. Edgar Hoover's Secret War Against the World's Most Famous Scientist*. New York: St. Martin's, 2002.

Joy, Bill. "Why the Future Doesn't Need Us." *Wired*, Apr 2000a.

———. "Will Spiritual Robots Replace Humanity by 2100?" Symposium organized by Douglas Hofstadter, Symbolic Systems Program, Stanford Univ., Apr 1, 2000b, technetcast.ddj.com/tnc_play_stream.html?stream_id=258.

Kalmus, H. "A Cybernetical Aspect of Genetics." *Journal of Heredity*, 41: 19–22, 1950.

Kaplan, Fred. "How Smart Are Our Smart Bombs? They're better than ever, but they still won't topple Saddam." *Slate*, 10.17.02 (slate.msn.com/id/2072709).

Kay, Lily. *Who Wrote the Book of Life? A History of the Genetic Code*. Stanford, CA: Stanford Univ. Press, 2000.

Kelly, Kevin. *Out of Control: The New Biology of Machines, Social Systems, and the Economic World.* Reading, MA: Perseus Books, 1994.

Kipling, Rudyard. *Just So Stories.* New York: Penguin Books, 1974.

Koopmans, Matthijs. "From Double Bind to N-Bind: Toward a New Theory of Schizophrenia and Family Interaction." *Nonlinear Dynamics, Psychology, and Life Sciences,* 5:4: 289–323, Oct 2001.

Kraeplin, Emil. *Clinical Psychiatry: A Textbook for Physicians.* New York: Macmillan, 1913.

Kubie, Lawrence. "A Theoretical Application to Some Neurological Problems of the Properties of Excitation Waves Which Move in Closed Circuits." *Brain,* 53: 166–178, July 1930.

Kurzweil, Ray. "Will Spiritual Robots Replace Humanity by 2100?" Symposium organized by Douglas Hofstadter, Symbolic Systems Program, Stanford Univ., Apr 1, 2000, technetcast.ddj.com/tnc_program.html?program_id=82.

Lane, Edward William, trans. *Stories from the Thousand and One Nights.* New York: Collier & Son, 1909.

Latil, Pierre de. *Thinking by Machine: A Study of Cybernetics* (Y. M. Golla, trans.). London: Sidgwick and Jackson, 1956 (orig. *Le Pensée Artificielle.* Paris: Gallimard, 1953).

Leaver, Eric W., and Brown, John J. "Machines Without Men." *Fortune,* Nov 1946.

Leavitt, Harold J., and Ronald A. H. Mueller. "Some Effects of Feedback on Communication." *Human Relations,* 4:401–401, 1951 (in Smith, A. G.).

Lee, J. A. N., Stanley Winkler, and Merlin Smith. "Key Events in the History of Computing" (summary prepared for IEEE Computer Society 50th Anniversary), 1996, ei.cs.vt.edu/~history/50th/30.minute.show.html. Virginia Tech.

Lee, Yuk Wing. *Synthesis of Networks by Means of Fourier Transforms of LaGuerre's Functions.* Dissertation for Sc.D. Elec. Eng., MIT (completed in 1930), *J. Math, and Physics,* 11: 261–278, 1932.

———. *Applications of Statistical Methods to Communications Problems.* Cambridge, MA: MIT Research Laboratory of Electronics, 1950.

———. *Statistical Theory of Communication.* New York: Wiley, 1960.

Lettvin, J. Y. "Introduction." McCulloch 1989, I, 7–20 (1989a).

———. "Warren and Walter." McCulloch 1989, II, 514–529 (1989b).

———, H. R. Maturana, W. S. McCulloch, W. H. Pitts. "What the Frog's Eye Tells the Frog's Brain." *Proceedings of the IRE,* 47:11, 1940–51, Nov 1959 (in McCulloch 1989, IV, 1161–1172).

Levinson, Norman. "Prediction of Stationary Time Series by a Least Squares Procedure." Report produced under U.S. Army Air Force Air Corps Meteorological contract about Mar 1942. Records of NDRC, Sec 2, Div D, Record Group 227, Project #6, National Archives & Records Service, Washington, DC.

———. "Report of Conference on the Methods of N. Wiener, Oct 3, 1944." Statistical Research Group/Division of War Research/Columbia University. Records of NDRC, Sec 2, Div D, National Archives & Records Service, Washington, DC.

———. "Wiener's Life." *Bulletin of the American Mathematical Society,* 72: 700, Jan 1966.

Levinson, Zipporah (Fagi). "Norbert Wiener Centennial Speeches" (transcript). Cambridge, MA: Royal East Restaurant, Oct 9, 1994.

Lewin, Kurt. "Frontiers in Group Dynamics." *Human Relations,* 1: 5–153, 1947.

Lewis, F. L. *Applied Optimal Control and Estimation.* New York: Prentice-Hall, 1992 (www.theorem.net/theorem/lewis1.html).

Lewis, Harry R. "Computing's Cranky Pioneer" (review of I. B. Cohen). *Harvard Magazine,* May-June 1999.

Lewis, Michael. *The New New Thing: A Silicon Valley Story.* New York: Norton, 1999.

Licklider, J. C. R. "Man-Computer Symbiosis." *IRE Transactions on Human Factors in Electronics,* HFE-1, 1960 (memex.org/licklider.pdf).

———. and Robert Taylor. "The Computer as a Communication Device." In *Science and Technology: For the Technical Men in Management,* 76: Apr 1968 (memex.org/licklider.pdf).

Lipset, David. *Gregory Bateson: The Legacy of a Scientist.* Englewood Cliffs, NJ: Prentice Hall, 1980.

Liversidge, Anthony. "Father of the Electronic Information Age" (Claude Shannon interview). *OMNI,* Aug 1987.

Lombreglia, Ralph. "The Believer" (rev. of Epstein). *Atlantic Unbound,* 1.18.01 (www.theatlantic.com/unbound/digitalreader/dr2001-01-18.htm).

Lorente de Nó, Rafael. *A Study of Nerve Physiology.* New York: Rockefeller Institute, 1947.

MacColl, LeRoy A. *A Fundamental Theory of Servomechanisms.* New York: Van Nostrand, 1945.

Macrae, Norman. *John von Neumann: The Scientific Genius Who Pioneered the Modern Computer,*

Game Theory, Nuclear Deterrence and Much More. New York: Pantheon, 1992.

Malory, Sir Thomas. *Le Morte Darthur*. etext.lib.virginia.edu.

Mandrekar, V. R. "Mathematical Work of Norbert Wiener." *Notices of the AMS*, 42:6, 664–669, June 1995.

———. with Pesi R. Masani, eds. *Proceedings of the Norbert Wiener Centenary Congress* (Michigan State University, Nov 27-Dec 3, 1994). American Mathematical Society, 1997.

Manley, Jared (rewrite by James Thurber). "Where Are They Now? April Fool!" *The New Yorker*, Aug 14, 1937 (www.sidis.net/newyorker3.htm).

Mann, R. W. "Sensory and Motor Prostheses in the Aftermath of Wiener." *Norbert Wiener Centenary Congress, Proceedings of Symposia in Applied Mathematics* (Ann Arbor, MI centennial). Providence, RI: American Mathematical Society, 52: 401–439, 1997.

Masani, Pesi R. *Norbert Wiener 1894–1964* (Vita Mathematica Series). Boston: Birkhauser, 1990.

———. and R. S. Phillips. "Antiaircraft Fire-Control and the Emergence of Cybernetics." In Wiener 1985/NW CW IV, 141–179.

Mason, Stephen F. *History of the Sciences*. New York: Collier-Macmillan, 1962 (originally published as *Main Currents of Scientific Thought*. Abelard-Shuman Ltd, 1956).

Massachusetts Institute of Technology. "The Legacy of Norbert Wiener: A Centennial Symposium" (program notes prepared with the assistance of Tony Rothman). Cambridge, MA: Oct 8–14, 1994.

Materialist (pseudonym). *Komu Sluzhit Kibernetika?* ("Whom Does Cybernetics Serve?"). *Voprosy Filosofii (Problems of Philosophy)* 7: 210–219, 1953 (Pav, in Wiener 1981/NW CW III, 778–779).

Maxwell, James Clerk. "On Governors." *Proc. Roy. Soc.* London, 16: 270–283, 1868.

May, Rollo. *Psychology and the Human Dilemma*. New York: Norton, 1967, 1979.

Mazuzan, George T. "NSF- The National Science Foundation: A Brief History." (NSF 88–16) 1994 (www.nsf.gov/pubs/stis1994/nsf8816/nsf8816.txt).

McCartney, Scott. *ENIAC: The Triumphs and Tragedies of the World's First Computer*. New York: Walker, 1999.

McCulloch, Warren Sturgis. "A Recapitulation of the Theory, with a Forecast of Several Extensions" (New York Academy of Sciences Conf., Oct 21–22, 1946), in Frank et al.; McCulloch 1965a; McCulloch 1989, II.

———. "An Account of the First Three Conferences on Teleological Mechanisms." New York: Josiah Macy, Jr. Foundation, Oct 1947.

———. "Through the Den of the Metaphysician" (lecture at the Univ. of Virginia, 1948). *Brit. J. Phil. Sci.* 5: 1954 (also in McCulloch 1965a; McCulloch 1989, III).

———. "The Brain as a Computing Machine" (address to AIEE winter general meeting, NY, NY, Jan 31-Feb 4, 1949), in McCulloch 1989, II.

———. "The Past of a Delusion" (speech to Chicago Literary Club, Jan 28, 1952), in McCulloch 1965a/McCulloch 1989, II.

———. "Summary of the Points of Agreement Reached in the Previous Nine Conferences on Cybernetics." *Transactions of the Tenth Conference* (Apr 22–24, 1953). New York: Josiah Macy, Jr. Foundation, 1955 (also in McCulloch 1965a; McCulloch 1989, III).

———. *Embodiments of Mind*. Cambridge, MA: MIT Press, 1965a.

———. "Norbert Wiener and the Art of Theory." *Journal of Nervous and Mental Disease*, 140:1, 1965b (in McCulloch 1989, IV).

———. "Recollections of the Many Sources of Cybernetics." *ASC Forum*, VI: 2, Summer 1974 (in McCulloch 1989, I).

——— (Rook McCulloch, ed.). *Collected Works of Warren S. McCulloch*, Vols. I-IV. Salinas, CA: Intersystems Publications, 1989.

McCulloch, W. S., and Walter H. Pitts. "A Logical Calculus of Ideas Immanent in the Nervous System." *Bulletin of Mathematical Biophysics* 5: 115–133, 1943 (in McCulloch 1965a/McCulloch 1989, I).

———. "How We Know Universals: The Perception of Auditory and Visual Forms." *Bulletin of Mathematical Biophysics*, 9: 127–147, 1947 (in McCulloch 1965a/McCulloch 1989, II).

McLuhan, Marshall. *Understanding Media: The Extensions of Man*. New York: McGraw-Hill, 1964; Signet/New American Library, 1966.

———. with Quentin Fiore. *War and Peace in the Global Village: An Inventory of Some of the Current Spastic Situations That Could Be Eliminated by More Feedforward*. New York: McGraw-Hill, 1968.

Mead, Margaret. *Coming of Age in Samoa: A Psychological Study of Primitive Youth for Western Civilisation*. New York: W. Morrow & Company, 1928.

———. (review of *Ex-Prodigy*), *Virginia Quarterly Review*, Summer 1953.

———. *Continuities in Cultural Evolution*. New Haven: Yale Univ. Press, 1964.

———. *Soviet Attitudes Toward Authority: An Interdisciplinary Approach to Problems of Soviet Character.* New York: McGraw-Hill, 1951; Westport, CT: Greenwood Press, 1979; New York/Oxford, U.K.: Berghahn Books, 2001.

———. "Cybernetics of Cybernetics." In *Purposive Systems: Proceedings of the First Annual Symposium of the American Society for Cybernetics* (Washington, DC, Oct 25–27, 1967). New York: Spartan Books, 1968.

Meron, Gabi. "The Development of the Swallowable Video Capsule (M2A)." *Gastrointestinal Endoscopy*, 52: 6, 2000.

Mikulak, Maxim W. "Cybernetics and Marxism-Leninism" (in Dechert).

Miller, George A., E. Galanter, and K. Pribram. *Plans and the Structure of Behavior.* New York: Holt, Rinehart & Winston, 1960.

Miller, James Grier, *Living Systems.* New York: McGraw-Hill, 1978.

Mindell, David A. "Opening Black's Box: Rethinking Feedback's Myth of Origin." *Technology and Culture*, July 2000.

———, Jérôme Segal, and Slava Gerovitch. "From Communications Engineering to Communications Science: Cybernetics and Information Theory in the United States, France, and the Soviet Union." In Walker 2002/2003 (jerome-segal.de/Publis/science_and_ideology.rtf).

Minorsky, Nicolas, "Directional Stability of Automatically Steered Bodies." *J. Am. Soc. Naval Eng*, 34: 284, 1922.

Mirowski, Philip and Esther-Mirjam Sent. *Science Bought and Sold: Essays in the Economics of Science.* Chicago: Univ. Chicago Press, 2001.

Mollenhoff, Clark R. *Atanasoff: Forgotten Father of the Computer.* Ames: Iowa State Univ. Press, 1988.

Monk, Ray, *Bertrand Russell: The Spirit of Solitude, 1872–1921.* New York: Free Press, 1996.

Monod, Jacques. *Chance and Necessity: An Essay on the Natural Philosophy of Modern Biology* (Austryn Wainhouse, trans.). New York: Knopf, 1971/Vintage, 1972.

Monod, Jacques and François Jacob. "Teleonomic Mechanism in Cellular Metabolism, Growth, and Differentiation." *Cold Spring Harbor Symposia on Quantitative Biology*, 26: 389–401, 1961.

Morrison, Philip and Phylis Morrison. "100 or So Books That Shaped a Century of Science." *American Scientist*, 87:6, Nov–Dec 1999.

Nahin, P. J. *Oliver Heaviside: Sage in Solitude: The Life, Work, and Times of an Electrical Genius of the Victorian Age.* New York: IEEE Press, 1988.

Nasar, Sylvia. *A Beautiful Mind: A Biography of John Forbes Nash, Jr., Winner of the Nobel Prize in Economics, 1994.* New York: Simon & Schuster, 1998/Touchstone, 1999.

Nathan, Otto. *Einstein on Peace.* New York: Avenel/Crown 1960, 1981.

National Research Council. *Funding a Revolution: Government Support for Computing Research.* Washington, DC: National Academy Press, 1999.

Nemeroff, Charles B. "The Neurobiology of Depression." *Scientific American*, June 1998.

Noble, David. *Forces of Production: A Social History of Industrial Automation.* New York: Oxford Univ. Press, 1984.

Norberg, Arthur, and Judy E. O'Neill. *Transforming Computer Technology: Information Processing for the Pentagon, 1962–1986.* Baltimore: Johns Hopkins Univ. Press, 1996.

Northrop, F. S. C. "On W. S. McCulloch." McC CW I.

Nyquist, H. "Certain Factors Affecting Telegraph Speed." *Bell System Technical Journal*, 3: 324–346, 1924.

Ott, H. *Noise Reduction Techniques in Electronic Systems.* New York: John Wiley & Sons, 1976.

Owens, Larry. "Mathematicians at War: Warren Weaver and the Applied Mathematics Panel, 1942–1945." In Rowe, D., and McCleary, J., eds. *The History of Modern Mathematics, Vol. II* (287–305). Boston: Academic Press, 1988.

Pangaro, Paul. "Cybernetics: The Center of Science's Future." Address to Philosophical Society of Washington, Feb 2, 1991, www.pangaro.com/abstracts/philos-wash-cybersci.html.

Pask, Gordon. "Automatic Teaching Techniques." *British Communications and Electronics*, Apr 1957.

———. "Teaching Machines." *Proc. 2nd Cong. Intl. Assn. Cybernetics* (Namur 1958). Paris: Gauthier Villars, 1960a.

———. "The growth process in the cybernetic machine." *Proc. 2nd Cong. Intl. Assn. Cybernetics* (Namur 1958), Gauthier-Villars, 1960b.

Pav, P. "Soviet Cybernetics. A Commentary." In Wiener 1981/NW CW III, 777–783.

Phillips, Ralph S. "Servomechanisms." Cambridge, MA: MIT, Radiation Laboratory Report No. 372, May 11, 1943.

Pierce, John R. "Communication." *Scientific American*, 227, Sept 1972 (reprinted in *Communications: A Scientific American Book*. San Francisco: W. H. Freeman, 1972).

———. "The Early Days of Information Theory." *IEEE Transactions on Information Theory*, 19:1, Jan 1973, 3–8.

Poundstone, William. *Prisoner's Dilemma: John von Neumann, Game Theory and the Puzzle of the Bomb*. New York: Anchor Books, 1993.

Prescott, Samuel C. *When MIT Was "Boston Tech."* Cambridge, MA: The Technology Press, 1954.

Pribram, Karl H. "The Cognitive Revolution and Mind/Brain Issues." *American Psychologist*, 41: 507–520, 1986.

——. *Brain and Perception: Holonomy and Structure in Figural Processing*. Hillsdale, NJ: Lawrence Erlbaum Associates, 1991.

——. "What Is Mind That the Brain May Order It?" In Mandrekar and Masani, 1997.

Pupin, Michael I. *From Immigrant to Inventor*. New York/London: Scribner's Sons, 1923.

Raisbeck, Barbara. "Viewing." *Columbia*, 11: 1986.

Raisbeck, Gordon. "Comments on 'The Early Days of Information Theory,'" *IEEE Transactions on Information Theory*, 19: 6, Nov 1973.

Raven, Paul. *Deep Roots and Lofty Branches: The History of a Great Family*. London: (privately published), 1980.

Reed, Sidney G., et al. *DARPA Technical Accomplishments, Volume 1: An Historical Review of Selected DARPA Projects*. Alexandria, VA: Institute for Defense Analysis, 1990.

Rheingold, Howard. *Tools for Thought: The History and Future of Mind-Expanding Technology*. Cambridge, MA: MIT Press, 2000.

Ridenour, Louis. "Military Support of American Science, a Danger?" *Bull. of Atomic Scientists*, 3: 8, Aug 1947.

Roberts, John. "Family or Fate? A Critical Evaluation of a Psychogenic and a Genetic Theory of Schizophrenia." www.ahisee.com/content/schiz1essay.html, 2001.

Rogers, Everett M., William B. Hart, Yoshitaka Miike. "Edward T. Hall and the History of Intercultural Communication: The United States and Japan." *Keio Communication Review*, 24: 2002 (www.mediacom.keio.ac.jp/pdf2002/Rogers.pdf).

Roos, John. "WarBots: Eyes and Ears for MOUT [Military Operations in Urban Terrain]." *Armed Forces Journal International*, 139: 4, 2001.

Rosenberg, Seymour, and Robert L. Hall. "The Effects of Different Social Feedback Conditions upon Performance in Dyadic Teams." *Journal of Abnormal and Social Psychology*, 57: 271–277, 1958 (in Smith, A. G.).

Rosenblith, Walter A. "From a Biophysicist Who Came to Supper." In *Research Laboratory of Electronics, R.L.E.: 1946+20*. Cambridge, MA: RLE/MIT Press, 1966 (rleweb.mit.edu/Publications/currents/6-2back.htm).

—— and Jerome Wiesner. "From Philosophy to Mathematics to Biology." *Bulletin of the American Mathematical Society*, 72: 700, Jan 1966.

Rumelhart, David E., James L. McClelland, and the PDP Research Group. *Parallel Distributed Processing: Explorations in the Microstructure of Cognition*. Vols. 1 and 2. Cambridge, MA: MIT Press, 1986.

Russell, Bertrand, *The Autobiography of Bertrand Russell*. London: Allen & Unwin, Vol. 1, 1967.

——. "Are Human Beings Necessary?" *Everybody's* (U.K.), Sept 15, 1951.

Saffo, Paul. "Sensors: The Next Wave of Infotech Innovation." www.saffo.com/sensors.html, 1997/2002.

——. "Smart Sensors Focus on the Future." *CIO Insight*, Apr 15, 2002.

Samuelson, Paul A. "Some Memories of Norbert Wiener." *Proceedings of Symposia in Pure Mathematics*, 60: 37–42, 1997.

Saxe, John Godfrey. "The Blind Men and the Elephant" (in Sillar, FC and RM Meyler, Elephants Ancient and Modern. London: Studio Vista, 1968), www.milk.com/random-humor/elephant_fable.html.

Schramm, Wilbur. "Information Theory and Mass Communication." *Journalism Quarterly*, 32:131–146, 1955 (in Smith, A. G.).

——, ed. *The Science of Human Communication: New Directions and New Findings in Communication Research*. New York: Basic Books, 1963.

Schrödinger, Erwin. *What Is Life?* Cambridge: Cambridge Univ. Press, 1944 (home.att.net/~p.caimi/Life.doc).

Selfridge, Oliver G. "Some Notes on the Theory of Flutter." *Arch. Inst. Cardio. Mexico* 18: 177–187, 1948.

——. "Pattern Recognition and Modern Computers." *IRE Proceedings of the 1955 Western Joint Computer Conference*, 1955.

——. "Pandemonium, a Paradigm for Learning." *Proc. Symp. Mechanisation of Thought Processes*, Teddington (U.K.), Natl. Physical Lab., Nov 1958 (in D. V. Blake and A. M. Utley, eds. *Proceedings of the Symposium on Mechanisation of Thought Processes*. London: H. M. Stationery Office, 1959).

Shannon, Claude E. "A Symbolic Analysis of Relay and Switching Circuits." *Trans. Amer. Inst. Elec. Eng.* 57: 713–723, 1938.

——. "A Mathematical Theory of Communication." *Bell System Technical Journal*, 27: 379–423, 623–656, July and Oct 1948.

——. "The Bandwagon." *IEEE Transactions on Information Theory*, Mar 1956.

_____ (Sloane, Neil, J. A., and Aaron D. Wyner, eds.). *Collected Papers.* Piscataway, NJ: IEEE Press, 1993.

_____ and John McCarthy, eds. *Automata Studies.* Princeton: Princeton Univ. Press, 1956.

_____ and Warren Weaver, *The Mathematical Theory of Communication.* Urbana, IL: Univ. of Illinois Press, 1949.

Sheehan, Helena, *Marxism and the Philosophy of Science: A Critical History: The First Hundred Years.* Atlantic Highlands, NJ: Humanities Press Intl, 1985/1993.

Sidis, William J. *The Animate and the Inanimate.* Boston: Gorham Press, 1925.

_____ (John W. Shattuck, pseud.). *The Tribes and the States.* ca. 1935/Scituate, MA: Penacook Press, 1982.

Simon, Herbert A. "Allen Newell." *Biographical Memoirs*, vol. 71. Washington, DC: National Academies Press, 1997 (stills.nap.edu/readingroom/books/biomems/anewell.html).

Smalheiser, Neil R. "Walter Pitts." *Perspectives in Biology and Medicine*, 43: 2, 2000.

Smith, Alfred G., ed. *Communication and Culture: Readings in the Codes of Human Interaction.* New York: Holt, Rinehart and Winston, 1967.

_____. "The primary resource." *Journal of Communication*, 25: 2, 15–20, 1976.

Smith, Mark K. "Kurt Lewin: Groups, Experiential Learning and Action Research." National Grid for Learning (U.K.), 2001, www.infed.org/thinkers/et-lewin.htm.

Sophocles. *Electra* (Jebb, R. C., trans.). classics.mit.edu/Sophocles/electra.html.

Sperling, Abraham. *Psychology for the Millions.* New York: F. Fell, 1946.

Stibitz, George R. "Note on Predicting Networks." Feb 1942. Records of NDRC, Sec 2, Div D, Record Group 227, Project #6, National Archives & Records Service, Washington, DC.

Struik, Dirk Jan. "Norbert Wiener—Colleague and Friend." *American Dialog*, Mar-Apr 1966.

_____. "The Struik Case of 1951." *Monthly Review*, Jan 1993.

_____. "Norbert Wiener Centennial Speeches." (transcript), Cambridge, MA: Royal East Restaurant, Oct 9, 1994.

Tanenbaum, Sandra. *Engineering Disability: Public Policy and Compensatory Technology.* Philadelphia: Temple Univ. Press, 1986.

Taylor, Geoffrey I. "Turbulent Motion in Fluids." Cambridge (U.K.), 1915.

Theall, Donald. *The Virtual Marshall McLuhan.* Montreal/Ithaca, NY: McGill-Queen's Univ. Press, 2001.

Tolstoy, L. N. *Complete Works* (24 vols.) (L. Wiener, trans.). Boston: D. Estes & Co., 1904–1905.

Toulmin, Stephen. "The Importance of Norbert Wiener." *New York Review of Books*, Sept 24, 1964.

Trager, George. "Paralanguage: A First Approximation." *Studies in Linguistics*, 13, 1–12, 1958.

Trebek, Alex with Peter Barsocchini. *The Jeopardy! Book: The Answers, the Questions, the Facts, and the Stories of the Greatest Game Show in History.* New York: Harper Perennial, 1990.

Turing, Alan M. "On Computable Numbers with an Application to the *Entscheidungs* Problem." *Proceedings of the London Mathematical Society*, 42:2, 230–265, 1936; rev. 1937.

_____. "Computing Machinery and Intelligence." *Mind*, LIX: 236, Oct 1950.

Ulam, S. "John von Neumann, 1903–1957." *Bulletin of the American Mathematical Society*, 64: 3: 2, May 1958.

_____. *Adventures of a Mathematician.* New York: Scribners, 1976.

Ullman, Deborah. "Kurt Lewin: His Impact on American Psychology, or Bridging the Gorge between Theory and Reality." 2000, www.sonoma.edu/psychology/os2db/history3.html.

von Foerster, Heinz, ed. *Cybernetics: Circular, Causal and Feedback Mechanisms in Biological and Social Systems. Transactions of the Ninth Conference.* New York: Josiah Macy, Jr. Foundation, 1953.

_____. *Cybernetics: Circular, Causal and Feedback Mechanisms in Biological and Social Systems. Transactions of the Tenth Conference.* New York: Josiah Macy, Jr. Foundation, 1955.

Vonnegut, Kurt, Jr. *Player Piano.* New York: Charles Scribner's Sons, 1952; Avon, 1967.

von Neumann, John. "Zur Theorie der Gesellschaftspiele" (Theory of Parlor Games). *Mathematische Annalen* 100, 295–320, 1928 (in von Neumann 1963, 6: 1–28).

_____. "First Draft Report on the EDVAC." (Moore School of Electrical Engineering, Univ. of Pennsylvania, June 30, 1945) *IEEE Annals of the History of Computing*, 15:4, 27–75, 1993 (qss.stanford.edu/~godfrey/vonNeumann/vnedvac.pdf).

_____. "The General and Logical Theory of Automata" (paper presented at Hixon Symposium, Oct 1948). In Jeffress (crl.ucsd.edu/~elman/Courses/cog202/Papers/vonneumann.pdf).

_____. "Probabilistic Logics and the Synthesis of Reliable Organisms from Unreliable Components." In Shannon and MacCarthy; von Neumann 1961–1963 (*Collected Works*), 1956.

_____. *Theory of Self-Reproducing Automata* (Arthur Burks, ed). Urbana: Univ. Illinois Press, 1966.

_____. *The Computer and the Brain.* New Haven: Yale University Press, 1958.

_____ (A. H. Taub, ed.). *Collected Works*, Vols. I–VI. New York: Macmillan/Pergamon Press, 1961–1963.

_____ (William Aspray and Arthur Burks, eds.). *Papers of John von Neumann on Computing and Computer Theory*, Charles Babbage Institute Reprint Series, Cambridge, MA/Los Angeles: MIT Press/Tomash Publishers, 1987.

Waldrop, M. Mitchell. "Claude Shannon: Reluctant Father of the Digital Age." *Technology Review*, 104: 6, July/August 2001.

Walker, Mark. "Atomic Secrets and the Red Scare" (review of Wang, 1999). *Physics World*, May 1999 (physicsweb.org/article/review/12/5/1).

_____, ed. *Science and Ideology: A Comparative History.* London: Routledge, 2002/2003.

Wall, Patrick. "An Assessment of the Significance of the Physiological Contributions after 1950" (in McCulloch 1989, III).

_____. "Oral History Interview with Patrick Wall" (Aug 10 1993). John C. Liebeskind History of Pain Collection (ms. no. 127.2), Darling Biomedical Library, Univ. of California, Los Angeles, www.library.ucla.edu/libraries/biomed/his/wall-oralhistory.htm, 1993.

Wallace, Amy. *The Prodigy: A Biography of William James Sidis, America's Greatest Child Prodigy.* New York: Dutton, 1986.

Wang, Jessica. *American Science in an Age of Anxiety: Scientists, Anticommunism and the Cold War.* Chapel Hill, NC: Univ. North Carolina Press, 1999.

_____. "Edward Condon and the Cold War Politics of Loyalty." *Physics Today*, 54:12, Dec 2001. (www.physicstoday.org/vol-54/iss-12/p35.html).

Watson, James D. "Terminology in Bacterial Genetics." *Nature*, 171: 701, 1953.

_____. *Genes, Girls & Gamow.* New York: Knopf, 2002.

Weaver, Warren. *Scene of Change: A Lifetime in American Science.* New York: Scribner, 1970.

Weiss, Paul, *Principles of Development.* New York: Henry Holt, 1939.

Wiener, Leo. "Stray Leaves from My Life." *Boston Evening Transcript*, Mar 19, 26, Apr 2, 9, 16, 26 and 30, 1910.

_____. *Africa and the Discovery of America.* Philadelphia: Innes & Sons, 1920–22; Brooklyn: A & B Books, 1992.

Wiener, Norbert. "The Theory of Ignorance." MIT Institute Archives, MC22, box 10, folder 421, 1905.

_____. "The Rationalism of Descartes, Spinoza and Leibniz." MIT Institute Archives, MC22, box 26D, folder 434, circa 1912a.

_____. "The Place of Relations in Knowledge and Reality" (Bowdoin Essay), MIT Institute Archives, MC22, box 27A, folder 448, 1912b.

_____. "Bertrand Russell's Theory of the Nature of Reality." MIT Institute Archives, MC22, box 27A, folder 452, 1913a.

_____. "On the Rearrangement of the Positive Integers in a Series of Ordinal Numbers Greater than that of any Given Fundamental Sequence of Omegas." *Messenger of Mathematics*, 3: 511, Nov 1913b.

_____. "A Simplification of the Logic of Relations." *Proceedings of the Cambridge Philosophical Society*, 27: 5, 1914a.

_____. "The Highest Good." *Journal of Philosophy, Psychology and Scientific Method*, 9: 19, 1914b.

_____. "Relativism." *Journal of Philosophy, Psychology and Scientific Method*, 9: 21, 1914c.

_____. "The Shortest Line Dividing an Area in a Given Ratio." *Journal of Philosophy, Psychology and Scientific Method*, V: 12, 1915a.

_____. "Studies in Synthetic Logic." *Proceedings of the Cambridge Philosophical Society*, 28: 1, 1915b.

_____. "The Average of an Analytical Functional and the Brownian Movement." *Proceedings of the National Academy of Science*, 7: Oct 1921.

_____. "Verallgemeinerts Trigonometrische Entwicklungen." *Gött. Nachrichten*, 1925.

_____ and Max Born. "A New Formulation of the Law of Quantization for Periodic and Aperiodic Phenomena." *Journal of Mathematics and Physics*, 5: 2, Feb 1926a.

_____. "The Operational Calculus." *Mathematical Annals*, 95: 4, Feb 1926b.

_____. "The Harmonic Analysis of Irregular Motion" (1st paper), *Journal of Mathematics and Physics*, 5: 2, Feb 1926c.

_____. "The Harmonic Analysis of Irregular Motion" (2nd paper), *Journal of Mathematics and Physics*, 5: 3, Mar 1926d.

_____. "Generalized Harmonic Analysis." *Acta Mathematica*, 55: 117–258, Sept 1930.

_____. "Back to Leibniz! Physics Reoccupies an Abandoned Position." *Technology Review*, 34: 1932a.

_____ and E. Hopf. "Uber eine Klasse Singularer Integralgleichungen." *Sitzungsber. d. Preussischen Akad. d. Wissensch.*, 696, 1932b.

_____. *The Fourier Integral and Certain of its Applications.* Cambridge: Cambridge Univ. Press, 1933.

_____ and R. E. A. C. Paley, *Fourier Transforms in the Complex Domain.* New York: American Mathematical Society Colloq. Publications, 19: 1934.

_____. "The Historical Background of Generalized Harmonic Analysis." *Amer. Math. Soc. Semicent. Publs.* Vol. II, Semicentennial Addresses, 1938.

_____. "Memorandum on the Scope etc. of a Suggested Computing Machine" (memo to Vannevar Bush, National Defense Research Committee) Sept 1940. MIT Institute Archives, MC22, box 28A, folder 558.

_____. "The Extrapolation, Interpolation, and Smoothing of Stationary Time Series" (monograph), Report 370, Feb 1, 1942. Records of NDRC, Sec 2, Div D, National Archives & Records Service, Washington, DC.

_____, A. Rosenblueth, and J. Bigelow. "Behavior, Purpose and Teleology." *Philosophy of Science,* 10: 18–24, 1943.

_____ and A. Rosenblueth. "The Mathematical Formulation of the Problem of Conduction of Impulses in a Network of Connected Excitable Elements, Specifically in Cardiac Muscle." *Arch. Inst. Cardiol. Méx.*, 16, 205–265, 1946a.

_____, A. Rosenblueth, and J. García Ramos. "Muscular Clonus: Cybernetics and Physiology." (written ca. 1946, not published until Wiener 1989) 1946b.

_____. "Time, Communication and the Nervous System." (New York Academy of Sciences Conf., Oct 21–22, 1946), in Frank et al. 1946c.

_____. "A Scientist Rebels." *Atlantic Monthly*, 79: January 1947a.

_____. "The Armed Services Are Not Fit Almoners for Research." *Bull. of Atomic Scientists*, 3: 8, Aug 1947b.

_____. *Cybernetics: Or Control and Communication in the Animal and the Machine.* Cambridge, MA: The Technology Press and New York: John Wiley & Sons; Paris: Hermann et Cie., 1948a; 2nd ed., 1961.

_____. "Cybernetics." *Scientific American*, 179: 5, Nov 1948b.

_____. "A Rebellious Scientist After Two Years." *Bull. of Atomic Scientists*, 4: 11, Nov 1948c.

_____, A. Rosenblueth, W. Pitts, and J. Garcia Ramos. "An Account of the Spike Potential of Axons." *J. Comp. Physiol.*, Dec 1948d.

_____. "A New Concept of Communication Engineering." *Electronics*, 22: 1, Jan 1949a.

_____. *Extrapolation, Interpolation and Smoothing of Stationary Time Series, with Engineering Applications.* Cambridge, MA: The Technology Press and New York: John Wiley & Sons, 1949b.

_____. "Sound Communication with the Deaf." *Philosophy of Science*, 16: 3, July 1949c.

_____ and L. Levine. "Some Problems in Sensory Prosthesis." *Science*, 110: 2863, Nov 1949d.

_____. *The Human Use of Human Beings: Cybernetics and Society.* Boston: Houghton Mifflin, 1950a; 2nd ed., 1954; New York: Avon Books, 1967; New York: Da Capo Press, 1988; London: Free Association Books, 1989 (with a new introduction by Steve J. Heims).

_____. "The Mathematical Theory of Communication" (review of Shannon and Weaver), *Physics Today*, 3: 31–32, Sept 1950b.

_____. "Problems of Sensory Prosthesis." *Bulletin of the American Mathematical Society*, 56, 1951.

_____ (W. Norbert, pseud.). "The Brain." *Tech Engineering News*, Apr 1952a (reprinted in Conklin, Groff, ed. *Crossroads in Time*. New York: Doubleday, 1953).

_____ (W. Norbert, pseud.). "Miracle of the Broom Closet." *Tech Engineering News*, Apr 1952b (reprinted in *Fantasy and Science Fiction*, Feb 1954).

_____. "The Concept of Homeostasis in Medicine." *Transactions and Studies of the College of Physicians of Philadelphia*, 4: 20: 3, Feb 1953a.

_____. "The Future of Automatic Machinery." *Mechanical Engineering*, Feb 1953b.

_____. *Ex-Prodigy: My Childhood and Youth.* New York: Simon & Schuster, 1953c; Cambridge: MIT Press, 1964.

_____. "Problems of Organization." *Bull. Menninger Clinic*, 17: 34, 1953d.

_____ and A. Siegel. "A New Form for the Statistical Postulate of Quantum Mechanics." *Physical Review*, 91:6, Sept. 1953e.

_____. "The Machine as Threat and Promise." *St. Louis Post Dispatch*, Dec 13, 1953f (Wiener 1985/NW CW IV, 673–678).

_____. "Men, Machines, and the World About." *Medicine and Science*, 16 (New York Academy of Medicine Lectures to the Laity). New York: International Universities Press, 1954a (Wiener 1985/NW CW IV, 793–798).

_____. "Conspiracy of Conformists." (n. r.), May 1, 1954b (Wiener 1985/CW IV, 752).

_____ and Donald Campbell (Assoc. Professor of Elec. Eng., MIT). "Automatization: Norbert Wiener's Concept of Fully Mechanized Industry." *St. Louis Post Dispatch*, Dec 5, 1954c (Wiener 1985/NW CW IV, 679–683).

_____. "On the Factorization of Matrices." *Commentarii Mathematici Helvetici*, 29: 2, 1955.
_____ and A. Siegel. "The 'Theory of Measurement' in Differential Space Quantum Theory." *Physical Review*, 101: 429–432, Jan. 1956a.
_____. *I Am a Mathematician: The Later Life of a Prodigy*. New York: Doubleday, 1956b; Cambridge, MA: MIT Press, 1964.
_____. "Brain Waves and the Interferometer." *J. Physiol. Soc. Japan*, 18: 8, 1956c.
_____. "The Role of the Mathematician in a Materialistic Culture (A Scientist's Dilemma in a Materialistic World)." (Proceedings of the Second Combined Plan Conference, Oct 6–9, 1957), *Columbia Engineering Quarterly*, 22–24, 1957a (in Wiener 1985/NW CW IV, 707–709).
_____. "Rhythms in Physiology with Particular Reference to Encephalography." *Proceedings of the Rudolf Virchow Medical Society in New York*, 16: 109–124, 1957b.
_____ and P. Masani. "The Prediction Theory of Multivariate Stochastic Processes." Parts I and II, *Acta Mathematica*, 98: 111–150, 1957c; 99: 93–137, 1958a.
_____. "Science: The Megabuck Era." *New Republic*, Jan 27, 1958b.
_____. *Nonlinear Problems in Random Theory*. Cambridge, MA: The Technology Press and New York: John Wiley & Sons, 1958c.
_____. *The Tempter*. New York: Random House, 1959.
_____. "Some Moral and Technical Consequences of Automation" (adapted from a lecture to the AAAS Committee on Science in the Promotion of Human Welfare. Chicago, Dec 27, 1959). *Science*, 131: 1355–1358, Dec 6, 1960.
_____. "Science and Society." *Voprosy Filosofii (Problems of Philosophy)*, 7: 1961.
_____. Contribution to: *Proc. of Int'l Symposium on the Application of Automatic Control in Prosthetics Design*. Opatija, Yugoslavia, Aug 27–31, 1962.
_____. "The Mathematics of Self-Organizing Systems." *Recent Developments in Information and Decision Processes*. New York: Macmillan, 1962.
_____. "Introduction to Neurocybernetics" (with J. P. Schade) and "Epilogue". *Nerve, Brain and Memory Models* (in *Progress in Brain Research*, vol 2.). Amsterdam: Elsevier, 1963.

_____. *God & Golem, Inc.: A Comment on Certain Points Where Cybernetics Impinges on Religion*. Cambridge, MA: MIT Press, 1964a.
_____. *Selected Papers of Norbert Wiener, including Generalized Harmonic Analysis and Tauberian Theorems* (with contributions by Y. W. Lee, N. Levinson and W. T. Martin). Cambridge, MA: MIT Press, 1964b, 1965.
_____, A. Siegel, B. Rankin, W. T. Martin, eds. *Differential Space, Quantum Systems, and Prediction*. Cambridge, MA: MIT Press, 1966.
_____. 1894–1964 (Pesi Masani, ed.). *Mathematical Philosophy and Foundations; Potential Theory; Brownian Movement, Wiener Integrals, Ergodic and Chaos Theories, Turbulence and Statistical Mechanics (Collected Works*, vol. I). Cambridge, MA: MIT Press, 1976.
_____. 1894–1964 (Pesi Masani, ed.). *Generalized Harmonic Analysis and Tauberian Theory, Classical Harmonic and Complex Analysis (Collected Works*, vol. II). Cambridge, MA: MIT Press, 1979.
_____. 1894–1964 (Pesi Masani, ed.). *The Hopf-Wiener Integral Equation; Prediction and Filtering; Quantum Mechanics and Relativity; Miscellaneous Mathematical Papers (Collected Works*, vol. III). Cambridge, MA: MIT Press, 1981.
_____. 1894–1964 (Pesi Masani, ed.). *Cybernetics, Science, and Society; Ethics, Aesthetics, and Literary Criticism; Book Reviews and Obituaries (Collected Works*, vol IV). Cambridge, MA: MIT Press, 1985.
_____. *Invention: The Care and Feeding of Ideas* (with an introduction by Steve Joshua Heims). Cambridge, MA: MIT Press, 1993.
Wiesner, Jerome. "The Communication Sciences." In *Research Laboratory of Electronics, R.L.E.: 1946+20*. Cambridge, MA: RLE/MIT Press, 1966.
Wigner, E. *Symmetries and Reflections*. Cambridge, MA: MIT Press, 1970.
Wittner, Lawrence S. (Review of Wang 1999). *Bull. of the Atomic Scientists*, 55: 4, July/Aug 1999 (www.thebulletin.org/issues/1999/ja99/ja99reviews.html).
Zachary, G. Pascal. *Endless Frontier, Vannevar Bush, Engineer of the American Century*. New York: Free Press, 1997.

索引

Aberdeen Proving Ground, 42–43, 45
Acta Mathematica, 66
Advanced Research Projects Agency (ARPA), 320–321
Aftermath (N. Wiener), 311
AI. *See* Artificial intelligence (AI)
Aiken, Howard, 145, 146, 147, 241–242
American Association of Scientific Workers, 257
American Friends of the Chinese People, 257
American Magazine, 25
American Mathematical Society, 81, 102, 334
American Scientist magazine, 176
American Society for Cybernetics, 330–331, 334
American Telephone and Telegraph Company (AT&T), 63–65, 88–89, 105, 289
Ampère, André-Marie, 174
Analog processes and technologies, xiv, 72, 150, 177–178, 229–232, 281–282, 292, 338, 342–345
Analog-digital technologies, 230–231, 343
Annals of the New York Academy of Sciences, 166
Antiaircraft fire control, 110–119
Appalachian Mountain Club, 22
ARPA. *See* Advanced Research Projects Agency (ARPA)
Artificial intelligence (AI), 279, 280–281, 320–321

Artificial Intelligence Laboratory (MIT), 320–321
Ashby, W. Ross, 278
Atanasoff, John V., 106, 144
Atlantic Monthly, 240–242, 255, 256, 258
Atomic Energy Commission, 152, 267
Atomic weapons, 127, 167, 237–238, 239–240, 258, 259, 301–302, 338
AT&T. *See* American Telephone and Telegraph Company (AT&T)
Automation, 243–254, 301–304, 308, 333, 339–340, 341, 343–344

Babbage, Charles, 71–72
Barlow, John, 282–283, 286–287, 293
Bateson, Gregory, x, 132, 134, 155, 157–158, 159, 161, 165, 167, 168, 180, 185, 192–193, 230, 251, 275–277
Bateson, Mary Catherine, 334–335
Bateson, William, 157
A Beautiful Mind (book; film), 291
Beer, Stafford, 278
"Behavior, Purpose and Teleology" (Wiener, Rosenblueth, and Bigelow), 135
Bell, Alexander Graham, 52
Bell Laboratories, 64–65, 74–75, 88–89, 105, 106, 114–124, 125, 144, 147, 164, 183
Bell System Technical Journal, 186
"The Bent Twig," 218, 220, 273
Berle, Adolf, 20, 22
Bertalanffy, Ludwig von, 192, 277

Bigelow, Julian, 109–116, 118–123, 125–126, 132, 134, 139, 150, 152, 155, 177, 240, 330
Biocybernetics, 322–324
Birkhoff, G. D., 40, 55, 61, 85
Blake, John, 286
Boas, Franz, 157
Bôcher, Maxime, 15, 81
Boeing Aircraft Company, 239
Bohr, Harald, 63
Bohr, Niels, 57
Boltzmann, Ludwig, 50
Bonaparte, Napolean, 54
Born, Max, 57–59, 75
Bose, Amar, 76–77, 283–286, 293, 310, 314, 323–324
Boston Arm project, 323–324
Boston Globe, 329
Boston Herald, 25, 45
Boston Sunday Herald, 21
Boston Traveler, 242, 256
Boulding, Kenneth E., 277
Brain science, 290–292, 338
Broglie, Louis de, 58
Brooks, Paul, 247–248
Brown, Gordon, 328
Brown, Robert, 51
The Bulletin of the Atomic Scientists, 243, 257, 258, 329
Burns, Steven, 197
Bush, Vannevar, 72–74, 75, 89, 104–105, 105–106, 107, 109, 110, 115, 127, 144–145, 150–151, 177, 186, 238–239, 326
Business Week, 182

Caldwell, Samuel H., 109
Cambridge University. *See* Trinity College (Cambridge University)
Cambridge University Press, 78–79
Cannon, Walter, 15, 85, 122, 190
Carnap, Rudolf, 138–139
Chafetz, Marion, 293
Chafetz, Morris, 218, 226, 227, 262, 293
"Cerebral Mechanisms in Behavior". *See* Hixon symposium
China, 86–87

development as technological society, 339–340
CIA (Central Intelligence Agency), xiii, 260, 268, 317–320, 329–331
Circle of Cybernetical Studies (*Cercle d'Etudes Cybernétiques*), 278
"Circular Causal and Feedback Mechanisms in Biological and Social Systems". *See* Macy Conference on Cybernetics
Circular causality, 131–135
Cognitive science, 279–280
Cold War, xiii, 239, 260, 270, 286, 314–322, 329–331
Columbia University, 38–39, 136, 155, 159, 161, 289, 301
Coming of Age in Samoa (Mead), 157
Communication: The Social Matrix of Psychiatry (Bateson and Ruesch), 193
Communication technology, 66–68, 116–119, 164–165, 185–188, 229–230
  and mental health, 342
  and terrorism, 341–342
Compton, Karl, 78, 260
Computer Professionals for Social Responsibility, 334, 338. *See also* Norbert Wiener Award for Social and Professional Responsibility
Computers, 71–77, 149–152, 160, 171, 241–242, 308
  and mental disorders, 179–180
Cook, William, 52
Cooke, Pauline, 224, 227
Cornell University, 23–25
Council of Labor and Science, 253
Courant, Richard, 59, 61
Crick, Francis H. C., 278
"A Cybernetical Aspect of Genetics" (Kalmus), 192
Cybernetics, x, xi, xii, xiii, 171–194
  and biocybernetics, 322–324
  decline of, 332–333, 334
  derivation of, 174–175
  and developmental stage, 276–279
  and the Soviet Union, 314–320, 329–331
Cybernetics: Or Control and Communication in the Animal and the Machine (N. Wiener), x, 175–183, 184–185, 187,

191, 192, 199, 204, 206, 210, 218, 229, 231, 234, 240, 242, 244–245, 247, 251, 253, 258, 259, 268, 276–277, 283, 290, 317, 337, 341–342
Cyberspace, 334

Delbrück, Max, 275
Deutsch, Karl, 277
Dewey, John, 38
Digital computers, 105–106, 149–151, 171, 231–232
Digital processes and technologies, xiv, 105, 177, 188, 229–230, 342–345
Dixon, John, 332
Doob, Joseph L., 197–198

Eckert, J. Presper, 105, 145, 241
EDVAC (Electronic Discrete Variable Automatic Computer), 149–152, 241
Einstein, Albert, 3, 32–33, 34–35, 51–52, 86, 240, 242, 261, 265, 269
Eisenhower, Dwight D., 265
Eisenstadt, Alfred, 206
Electrical signal transmission, 52–55
Electronic Discrete Variable Automatic Computer. *See* EDVAC
Electronic Numerical Integrator and Calculator. *See* ENIAC
Elementary Principles of Statistical Mechanics (Gibbs), 50
Elephant's Child, xiv, 26, 71, 237
Eliot, T. S., 36–37, 38
Emergency Committee in the Aid of Displaced German Scholars, 86
Encyclopedia Americana, 41–42
Engemann, Hedwig, 56, 101, 102
Engemann, Herbert, 56
ENIAC (Electronic Numerical Integrator and Calculator), 145, 149
Epstein, Jason, 288–289, 333–334
"Essential irregularity of the universe," 51
Ex-Prodigy: My Childhood and Youth (N. Wiener), 6, 13, 22, 24, 273–274, 289
Extrapolation, Interpolation and Smoothing of Stationary Time Series, with Engineering Applications (N. Wiener). *See* "Yellow Peril"

Fano, Robert, 320, 328
Fantasy and Science Fiction magazine, 288
Fassett, Frederick G., Jr., 220
FBI (Federal Bureau of Investigation), xiii, 255–271, 317, 320, 325, 329
Feedback, x, 89, 120–123, 148, 152, 156–157, 165–166, 178–179, 183, 279, 307
"The Feedback Mechanisms and Circular Causal Systems in Biology and the Social Sciences Meeting", 155. *See also* Macy Conference on Cybernetics
Feldman, David Henry, 307
Fermi, Enrico, 278
Ferry, D. K., 151
Feynman, Richard, 275
Fire control, 110–119
Fluid turbulence, 49–50, 54
Ford, John J., 317–320, 329–330
Fortune magazine, 185
Fourier, Jean-Baptiste-Joseph, 54
Fourier Transforms in the Complex Domain (N. Wiener), 81
Frank, Lawrence K., 155, 168
Franz Ferdinand (archduke of Austria), 35
Fremont-Smith, Frank, 154, 155, 159, 168
Freymann, M. (*Cybernetics* publisher), 172, 175, 182
Fuchs, Klaus, 260

Game theory, 144, 252–253, 291. *See also* von Neumann, John
Gauss, Carl Friedrich, 34–35
"The General and Logical Theory of Automata" (Von Neumann), 191, 231
General Electric, 41, 245, 287
"Generalized Harmonic Analysis" (N. Wiener), 55, 66, 67
Genius, beliefs about, 26–27
Gesteland, Robert, 216
Getting, Ivan A., 82–83, 91, 118, 183
Gibbs, Josiah Willard, 50–51, 52, 176, 185
Gibson, William, 334
Global competition, 339
Globalization, 338–339, 341
Global society, 337–347
Gödel, Kurt, 33, 86

God & Golem, Inc.: A Comment on Certain Points Where Cybernetics Impinges on Religion (N. Wiener), 304–305, 334, 341
Göttingen University, 34–35, 59–61
Graham, Loren, 315
Great Depression, 77, 80–81
Guggenheim Foundation, 59–60, 201
The Guide of the Perplexed (Maimonides), 6

Haeckel, Ernst Heinrich, 4
Haldane, J. B. S., 78–79, 90, 171, 192, 205, 211, 251, 257, 261–262, 266
Halle, Morris, 215
Hardy, Godfrey Harold, 31–32, 49–50, 77, 78, 84
Harmonic analysis, 54–55, 58–59, 66–67
Harvard University, ix, 4, 13–15, 17–18, 20–23, 25–27, 30, 36, 37, 39–40, 45–46, 47, 55, 57, 59
    anti-Semitism at, 40, 45
    Harvard Graduate School, 20–23, 25–27
    Harvard Medical School, 85, 122, 154, 177, 323
    Harvard Observatory, 75, 257
Heaviside, Oliver, 53, 289–290
Heims, Steve J., 83, 166, 167, 168, 169, 196, 201, 217–218, 333
Heisenberg, Werner, 58–59
"The Highest Good" (N. Wiener), 36
Hilbert, David, 34–35, 52, 59
Hitchcock, Alfred, 288
Hitler, Adolf, 100, 101, 103, 107, 199
Hixon Fund, 191
Hixon symposium, 231–232
Hoover, J. Edgar, 256, 260, 261, 262–263, 265, 266
Hopf, Eberhard, 75
Houghton, Cedric Wing, 20, 22
Houghton Mifflin, 218
Human labor, and automation, 243–254, 339, 343–344
The Human Use of Human Beings: Cybernetics and Society (N. Wiener), 193, 218, 248–251, 254, 261, 264, 277, 315–316, 337
Hutchinson, G. E., 155, 165–166
Hyperautomated cybermanufacturing, 343

I Am a Mathematician (N. Wiener), 288–289, 311
IAS computer, 152, 160
IBM (International Business Machine Corporation), 109, 145, 147
Ikehara, Shikao, 86–87
India, xiv, 267, 286, 295–300
    development as technological society, xiv, 305–306, 339–340
Information theory, 125–126, 185–190, 203–204, 279, 326
Insitute for Advanced Study (Princeton), 78, 143, 144, 147, 151–152, 155
Instituto Nacional de Cardiología, 142, 160, 173
International Astronomical Union, 334
Invention: The Car and Feeding of Ideas (N. Wiener), 288–289

Jacob, François, 279
Jacobs, W. W., 303
Jakobson, Roman, 215, 275
James, William, 18, 25
Johnson, Rev. Hewlett, 258
Johnson, Lyndon, B., 325–326
Joint Anti-Fascist Refugee Committee, 257
Joliot-Curie, Iréne, 258
Journal of Heredity, 192
Journal of Nervous and Mental Disease, 329
Journal of Philosophy, Psychology and Scientific Method, 33
Just So Stories (Kipling), xiv. *See also* Elephant's Child

Kahn, Henry (maternal grandfather), 10
Kakutani, Shizuo, 87
Kalmus, Hans, 192
Kellogg, O. D., 55, 57
Kelly, Kevin, 184
Kennedy, John F., 325, 329–330
Kennedy, Margaret "Peggy". *See* Wiener, Margaret "Peggy" (daughter)
Kennedy, Robert F., 319–320, 329
Kennedy administration, 317
Khrushchev, Nikita, 316
Killian, James R., Jr., 147, 220–224, 263–264, 306
Kinsey, Alfred, 182

The Kinsey Report, 182
Kintchine (*also* Khintchine), Aleksandr, 166
Kipling, Rudyard, xiv
Kluckhohn, Clyde, 161
Klüver, Heinrich, 158, 160
Knopf, Alfred A., 247
Kolmogoroff (*also* Kolmogorov), Andrey, 166
Kubie, Lawrence, 132, 134, 155
Kurzweil, Ray, 338

Latil, Pierre de, 172, 175
Lazarsfeld, Paul, 155, 159, 161
Lebesgue, Henri, 50, 52, 57
Lederberg, Joshua, 275
Lee, Betty, 88
Lee, Yuk Wing, 76–77, 86, 87–89, 108, 121, 147, 177, 183, 206, 223, 286, 328, 330
Leibniz, Gottfried Wilhelm von, 176
Le Monde, 185
Lettvin, Jerome, 138–139, 140, 141, 143, 161, 198, 199, 201–204, 208–209, 215–223, 225–233, 272, 275, 276, 287, 291–292, 313
Lettvin, Maggie, 225, 275
Levinson, Zipporah "Fagi", 84, 100–101, 196, 198, 265, 286, 325
Levinson, Norman, 84–85, 124, 196, 259, 265
Lewin, Kurt, 155, 158–159, 162–163, 168, 277
Liberty Mutual Insurance Company, 322–324
Licklider, Joseph C. R., 320–321
Life magazine, 206
Littlewood, J. E., 43
Lorente de Nó, Rafael, 132, 134, 146, 148, 155
Los Alamos (New Mexico), 42, 152, 160
Lowell, Abbott Lawrence, 40

Macy Conferences on Cybernetics, 131–135, 154–158, 158–160, 161–166, 166–168, 185, 189, 191, 214, 241, 251, 275–276, 320
MAD (mutual assured destruction), 252
Maimonides, Moses, ix, xiv, 6, 7, 23, 24, 310, 341

"The Man and the Machine" (N. Wiener), 304
Mandelbrojt, Szolem, 90, 171, 211–212
Mandelbrot, Benoit, 212, 273
Manhattan Project, 104, 126, 238, 267
Marconi, Guglielmo, 52
Mark I/II electromechanical computer, 241
Martin, William Ted, 259, 265
Masani, Pesi, 217
Maslow, Abraham, 277
Massachusetts General Hospital (Mass General), 282, 293, 322–324
Massachusetts Institute of Technology (MIT), ix, xi, xii, 46, 47–57, 58, 63–68, 71–77, 77–78, 82–86, 89, 90–91, 109–115, 123–124, 146–149, 195–198, 201–210, 220–224, 228–230, 242–243, 257–260, 263–264, 265, 274–275, 279–281, 283–284, 288, 291–293, 306, 314, 316–317, 320–321, 323, 327–329, 332, 335. *See also* Rad Lab
Mathematical logic, 25–26, 29, 32, 34, 36, 137, 138–139
"A Mathematical Theory of Communication" (Shannon), 186–188, 229. *See also* Information Theory
Maturana, Humberto R., 292
Mauchly, John, 105, 145, 241
Maxwell, James Clerk, 50, 174–175, 176
May, Rollo, 277
McCarthy, John, 280–281
McCarthy, Senator Joseph R., 260
McCarthy era, 255–271, 326, 327
McCulloch, Rook, 202, 223
McCulloch, Taffy, 200–201, 224
McCulloch, Warren Sturgis, xii, 131–132, 134, 136–143, 146, 148, 150, 153–155, 158–162, 165–170, 176–177, 179, 185, 191–193, 200, 202–205, 208, 214–217, 280, 291–292, 319, 328–331, 334
  background, 136–138
  epitaph for Wiener, 329
  first meeting with Wiener, 141
  gatherings at farm in Old Lyme, 168–169

McCulloch, Warren Sturgis *(continued)*
   and Macy Conferences on Cybernetics, 154–155, 159–162, 165–166, 169–170, 275–276
   and post-split activities, 229, 274
   death of, 335
   and Wiener-McCulloch split, 217–234, 242, 272–275, 281, 283, 286, 287, 313–314, 322, 327, 334, 335
McLuhan, Marshall, 277
McNamara, Robert S., 319
McTaggart, J. E., 31
Mead, Margaret, x, 132, 134, 155, 157–159, 161, 168, 170, 180, 185, 251, 274–276, 330–332
Mein Kampf (Hitler), 100, 199
Mendelssohn, Moses, 8, 299
Menger, Karl, 86
Mental disorders, 290–292
   and computers, 179–180
Merton, Robert, 161
Microchip technology, 333
Middle East
   communication factors in religious-political terrorism, 341–342
Minsky, Marvin, 280–281, 321
MIT. *See* Massachusetts Institute of Technology (MIT)
"The Monkey's Paw" (Jacobs), 303
Monod, Jacques, 279
Moore, G. E., 31
Moral Sciences Club (Cambridge University), 31
Morse, Samuel, 52
"The Most Remarkable Boy in the World," 5
Mutual assured destruction. *See* MAD

Napoleon. *See* Bonaparte, Napolean
Nash, John Forbes, Jr., 253, 290–291
National Academy of Sciences, 81, 208, 269
National Defense Research Committee (NDRC), 104, 109
National Federation for Constitutional Liberties, 257
National Medal of Science, x, 325–326
National Science Foundation, 239
National Security Agency, 330

NDRC. *See* National Defense Research Committee (NDRC)
Nehru, Jawaharlal, 296
Neuromancer (Gibson), 334
Neuroscience, 338
"New realism," 26
New Scientist, 333
Newsweek, 181, 185, 274
New York Academy of Sciences, 163, 166, 177, 241
New Yorker, The, 22, 185
New York Review of Books, The, 329
New York Times, 242, 255, 261, 329
New York Times Book Review, The, 182–183
New York World, 18
Norbert Wiener Award for Social and Professional Responsibility, 334, 338
Norbert Wiener Medal for Cybernetics, 334
Norbert Wiener Prize in Applied Mathematics, 334

Office of Scientific Research and Development (OSRD), 104, 320
Oppenheimer, J. Robert, 267, 269
Osgood, W. F., 46
OSRD. *See* Office of Scientific Research and Development (OSRD)

Paley, Raymond E. A. C., 81, 84
"Paley-Wiener criteria for a realizable filter," 81
Parsons, Talcott, 161
Pascal, Blaise, 71
Pask, Gordon, 334
Payne, Cecilia Helena, 59
Peabody School, 12
Philosophy of Science, 135
Physics Today, 188
Pierce, John, 188, 326
Pitts, Walter, xii, 134, 138–143, 146, 150, 154, 155, 158, 160–162, 167, 175, 177, 179, 191, 199, 201–204, 216–222, 227–234, 274–275, 280, 291–292, 314, 319, 337
   background, 138–140
   effects of Wiener-McCulloch split, 228–229, 274–275

524

death of, 335
first meeting with Wiener, 141
and Macy Conferences on Cybernetics, 161, 162
and post-split activities, 274–275
Player Piano (Vonnegut), 287–288
Pollack, Rabbi Herman, 306
Pólya, George, 86, 197
Potential theory, 55, 57
Pribum, Karl H., 279
Principia Mathematica (Russell and Whitehead), 26, 29, 33, 136, 137, 138
Prodigies, 19, 26–27, 336
and belief in reincarnation, 307–308
Project MAC, 320
Pupin, Michael, 289–290

Quantum theory, 59
von Newmann's contributions to, 144
Wiener's contributions to, 58–59

Rabinowicz, Rosa (née Zabludowska; paternal great-grandmother), 7
Rabinowicz, Salomon (paternal great-grandfather), 7
Rademacher, Hans, 86
Radiation Laboratory. *See* Rad Lab
Rad Lab (Radiation Laboratory, MIT), 115–124, 183, 215
Raisbeck, Barbara. *See* Wiener, Barbara (daughter)
Raisbeck, Gordon "Tobey," 184, 197, 198, 208–209, 210–211, 312–313, 335
Raisbeck, Michael Norbert, 312–313, 335–336
RAND Corporation, 252–253
Rashevsky, Nicolas, 139
RCA, 147, 151, 152
"Relativism" (N. Wiener), 36–37
Research Laboratory of Electronics. *See* RLE
Reserve Officers' Training Corps, 41
Reuther, Walter, 245–246, 253, 333
Ridenour, Louis, 258
Riemann, Bernhard, 34–35
Rioch, Janet, 209, 264
RLE (Research Laboratory of Electronics), 215–225, 229, 233, 281–283
Rockefeller Foundation, 160

Rogers, Carl, 277
Roosevelt, Franklin D., 22, 103, 104, 109
Rosenberg, Julius and Ethel, 260–261, 264, 267
Rosenblith, Walter, 281–282, 328
Rosenblueth, Arturo, 85–86, 104, 122, 123, 132–134, 135, 137, 139–142, 148, 150, 151, 154–156, 160–161, 173, 177, 190, 200, 201, 203, 205, 218–219, 226, 262, 330
Royce, Josiah, 25–26
Ruesch, Jurgen, 192–193
Russell, Bertrand, 26, 29–30, 30, 31, 32–34, 36, 37, 38, 44, 78–79, 84, 136, 137, 138, 251
Russia, 316. *See also* Soviet Union
Russian War Relief, 257

Saarinen, Eero, 306
Saeks, R. E., 151
SAGE (Semi-Automated Ground Environment) air defense network, 320
Santayana, George, 25–26
Sarvagatananda, Swami, 307–310, 328–329
Saturday Review, 324
Schlesinger, Arthur, Jr., 329
Schrödinger, Erwin, 166, 190, 310
Schwinger, Julian, 275
Scientific American, 181
"A Scientist Rebels," 240–241
Selfridge, Oliver, 142–143, 175, 188, 196, 201, 203–204, 215–217, 233, 280–281, 320, 335
Servomechanism, 117, 121
Servomechanisms Laboratory (MIT), 121, 183, 281
Sessions, Roger, 20, 22
Shannon, Betty, 189
Shannon, Claude E., ix, 166, 177, 186–190, 204, 229–230, 275, 279, 281, 326, 327
and birth of information theory, 125–126
reflections in late 1980s, 190
wartime meetings with Wiener, 125–126, 187
and Wiener, different conceptions of information, 189–191

525

Shot effect, 53–54
Sidis, Boris, 20, 22
Sidis, William James, 20, 22
Siegel, Armand, 196
Siegel, Mildred, 196, 286, 293, 306, 325
Simon, Henry W., 273–274
Société Philosophique de Royaumont, 304
Society of Industrial and Applied Mathematics, 334
"Some Moral and Technical Consequences of Automation" (N. Wiener), *301*
Soviet bloc, 340
Soviet scientists, 267
Soviet Union, xiii
 and biocybernetics, 322–323
 and cybernetics, 314–320, 329–331
 and military cybernetics, 318–319
St. Louis Post-Dispatch, 300
Stalin, Joseph, 315
Statistical mechanics, 50–51, 66, 163
Stibitz, George R., 105–106, 118, 120, 123, 144
Stratton, Julius, 328
Struik, Dirk Jan, 69, 80, 83, 92, 127, 237, 256, 259, 263–264, 266, 269, 287, 290, 293, 310, 316, 324, 326, 327
Szegö, Gabor, 86
Szent-Györgyi, Albert, 166

Tamarkin, J. D., 77
Taylor, G. I., 49
Tech Engineering News, 288
"Teleological Mechanisms in Society", 161. *See also* Macy Conferences on Cybernetics
"Teleological Mechanisms" (New York Academy of Sciences conference), 163
Teleological Society, 146–149, 159
Teleology, 135–136
The Tempter (N. Wiener), 289–290
Terrorism, and communication science/technology, 341–342
Terry Lectures (Yale), 304
Theall, Donald, 277
"The Theory of Ignorance" (N. Wiener), 16, 33, 58–59, 66
Thilly, Frank, 23
Time magazine, 182, 185, 274, 329

Today show, 274
Trinity College (Cambridge University), 28–34, 35, 36–38, 78–79
Truman, Harry, 239
Tufts College, 4, 17, 19
Tukey, John W., 186
Turing, Alan, 106, 140, 144–145, 150, 171, 177, 191, 278

UCLA, 286
Ulam, Stanislaw, 272
Understanding Media (McLuhan), 277
Unemployment, and automation, 243–254, 339, 343–344
United Automobile Workers (UAW-CIO), 245, 253, 333
UNIVAC, 241
University of Maine, 41
University of Missouri, 10–11
U.S. Army, 43–44, 314
U.S. Navy, Office of Scientific Research, 239

Veblen, Oswald, 42, 45, 78
Vijayaraghavan, T., 298
Von Foerster, Heinz, 167–168, 170, 185, 189, 321–322, 330, 332
Vonnegut, Kurt, Jr., 287–288
Von Neumann, John, ix, 86, 143–152, 154–157, 160, 162, 166–167, 171, 177, 185, 191–192, 233, 241, 251–253, 272, 279, 281, 319
 background, 143–144
 computer architecture, 149–151, 233
 death of, 301–302
 early meetings with Wiener, 144
 and game theory, strategy of nuclear deterrence, 144, 252
 and Macy Conferences on Cybernetics, 154–157, 162, 166–167, 275
 and Wiener, disagreements, 152, 166–167, 251–253, 301–302

Wall, Patrick, 215–216, 222, 229, 292
Walter, W. Grey, 278, 281, 282–283
Watson, James, 275, 278
Watt, James, 121, 313
Weaver, Warren, 109–110, 114–116, 118, 123, 187–188, 190

"What the Frog's Eye Tells the Frog's Brain" (Lettvin, Maturana, McCulloch and Pitts), 292, 313
Wheatstone, Charles, 52
Whitehead, Alfred North, 26, 33, 136, 137
Wiener, Barbara (daughter), 87, 90, 93, 143, 198, 207, 305, 310
 birth of, 70, 71
 career of, 335
 children of, 287, 312–313
 college years of, 202–204, 209
 on father's emotional problems and "storms", 94–95, 95–96, 98, 207
 on father's mental processes, 99
 on father's *wienerwegs,* 91
 marriage of, 211
 on mother's anti-Semitism, 100
 on mother's emotional deafness, 96, 100–101
 mother's verbal attack on, 199–201, 210–211, 313, 335
 and parents, alienation from, 313, 325, 326
 and Wiener-McCulloch split, 227, 313–314
Wiener, Bertha (née Kahn; mother), 10, 11, 59
 and anti-Semitism, 23
 and influence on son's courtship experiences, 56, 59
 and interference in son's marriage, 61–62, 68
 and Sunday teas, 56
Wiener, Bertha (sister), 15, 25, 56
Wiener, Constance "Conta" (sister), 11, 21, 25, 40, 56
Wiener, Frederic "Fritz" (brother), 17, 199
 and schizophrenia, 97–98, 290
Wiener, Freida (née Rabinowicz; paternal grandmother), 7, 8, 12, 39
Wiener, Leo (father), 4, 17, 20, 30, 35, 40, 48, 70, 256, 268, 312, 336
 birth of, 8
 childhood of, 8–9
 and claim to son's intellect, 25, 307
 as college professor, 10–11
 death of, 101
 early life of, 9–10
 and excoriating son in the press, 21
 and faint praise of son, 5
 and following son abroad, 28
 as full professor at Harvard, 25
 and home schooling by father, 8–9
 and home schooling of children, 11, 12–14
 and influence on son's career, 23, 41, 45
 and influence on son's courtship experiences, 56, 59
 as instructor at Harvard/Radcliffe, 11
 and interference in son's marriage, 61–62, 68
 paternal gifts of, 101
 and son's doctorate exam, 26
 as translator of Tolstoy, 15–16
 tutelage methods of, 13, 21, 33, 274
 verbal abuse of, 13–14, 18
 as young high school teacher, 10
Wiener, Margaret (née Engemann; wife), xii, 56–57, 59, 61, 77, 80, 87, 90, 92, 95–96, 143, 144, 169, 194, 207, 214, 261, 286, 305, 326
 anti-Semitism of, 100–101
 and control of husband, 209–210, 287
 death of, 335
 and early marriage years, 68–71
 and emotional deafness, 96, 100–101, 208–209, 224
 engagement of, 60
 health problems of, 325
 and husband's emotional problems, 98
 marriage and honeymoon of, 60, 62
 and Nazi sympathies, 127
 and obsession over pierced ears, 199, 210, 247
 and overprotection of husband, 198
 and paranoia over sexual matters, 199–201, 210
 and verbal attack on daughter Barbara, 199–201, 210–211, 313, 335
 and verbal attack on daughter Peggy, 211, 335
 and Wiener-McCulloch split, 223–227, 234, 272, 287, 313–314
Wiener, Margaret "Peggy" (daughter), 87, 90, 93, 100, 143, 169, 199, 200–201, 205, 206, 262, 325, 326

Wiener, Margaret "Peggy" *(continued)*
  birth of, 70–71
  career of, 335
  college years of, 209
  death of, 335
  on family dynamics, 99–100
  on father's emotional problems and "storms," 95–96, 98–99, 207
  on father's *wienerwegs*, 92–93
  marriage of, 286
  on mother's emotional deafness, 96
  mother's verbal attack on, 211, 335
  and Wiener-McCulloch split, 224, 225, 227
Wiener, Norbert
  activism of, xiii, 193
  as adult, living with parents, 39, 44, 56
  on alliance of science, industry, and the military, criticism of, 238–239, 315–316, 338
  ancestry of, 6–10
  on atomic weapons, 127, 167, 237–238, 239–240, 258, 259, 301–302, 338
  on automation, 243–254, 301–304, 333
  birth of, 10–11
  and birth of information theory, 125–126, 188–192
  and Bôcher prize, 81
  and Bowdoin Prize, 37
  as child prodigy, 3–7, 10–27, 97
  child-rearing practices of, 93
  children of. *See* Wiener, Barbara; Wiener, Margaret "Peggy"
  and children's education, 93
  collaborative bent of, 75
  college graduation of, 19
  on computers, 308
  courtship experiences of, 17
  and cyclothymia, 98
  and daughter Barbara, alienation from, 313, 325, 326
  death of, xi, 327–329
  eccentricities of, 195–199, 292–293
  emotional stability of, 126–127
  emotional storms of, 94–96, 207
  on father's training formula, 22
  FBI investigation of, 255–271
  and fear of mental illness, 98, 209, 290

  as fiction writer, 288–290
  and Fulbright teaching fellowship, 211
  and graduate work, 23–25
  grandchildren of, 287, 312–313, 335–336
  in high school, 16–17
  and hip fracture, 322, 325, 327
  home schooling of, 11, 12–14
  humanitarian efforts of, 24–25, 309–310, 322–323
  as infant prodigy, 4
  Jewish roots of, ix, 6, 12, 23–24, 39, 274, 307
  legacy of, 337–347
  and letters of resignation, 208–209, 210, 221
  and manic-depressive state, xii, 20, 44, 61, 62, 80–81, 93–94, 98, 127, 206, 207, 208–209, 273, 286–287
  marriage of. *See* Wiener, Margaret Engemann
  mental processes of, 99
  and National Book Award, x, 334
  and National Media of Science, x, 325–326
  near-photographic memory of, 14
  and nickname "Nubbins," 27
  in officers' training corps (World War I) 40–41
  on organized religion, 305–306
  personal philosophy of, 311
  and Ph.D., 26
  physical problems of, 18, 97, 98, 143, 325, 327
  and pierced ears, fondness for, 199
  and postdoctoral fellowship, 36, 38
  and psychiatric treatment, 96, 209
  and reincarnation, belief in, 307–310
  on relations between technology and human beings, 304–305
  and scientific activism, 243–254
  social warnings of, x–xi, xiii–xiv, 180, 181, 193, 243–254, 300–304, 308, 333–334, 337–347
  speaking style of, 195–196
  spiritual excursions of, xiv, 298–300, 305–310
  and suffering and mutilation, abhorrence of, 11, 322

suicide threats of, 95
summers in New Hampshire, 21–22, 40, 69–70, 87, 92, 312–313
teaching style of, 39–40, 41, 48–49, 83
travels to China, 86–87
travels to Europe, 57–59, 80, 171–173, 211–212, 213–214, 327
travels to India, xiv, 286, 295–300, 305–306, 339–340
travels to Japan, 86–87, 267, 286
travels to Mexico, 201, 214, 218
travels to Soviet Union, 316
in U.S. Army, 43–44
and vegetarian diet, 11, 18
vision problems of, 14, 18, 175, 195, 204–205
weight problem of, 18, 325
and *wienerwegs*, 49, 82–83, 85, 90–91, 91–93, 196, 272, 312–313
on wife's anti-Semitism, 100–101
as youngest "college man" in history, 18

Wiener, Salomon (paternal grandfather), 7–8
Wiesner, Jerome, 196, 205, 207, 214–217, 219–226, 283, 322, 325–326, 328, 329–330
Wildes, Karl, 109
Wired magazine, 184
The World Magazine, 5
World War I, 35–36, 37–38, 40, 41, 42–44
 and mathematicians, need for, 42–43
World War II, ix, 103–128, 131, 133, 135, 144–145, 149, 198–199, 237–238, 256

"Yellow Peril" (N. Wiener), 116–119, 125, 132, 183–184, 239
Yosida, Kosaku, 87

Zacharias, Jerrold, 328
Zemurray, Margot, 210, 247